梁偉康 著

社會服務機構
卓越管理

理念與實務

商務印書館
新家園協會

責任編輯　吳佰乘
裝幀設計　涂　慧
排　版　肖　霞
印　務　龍寶祺

社會服務機構卓越管理：理念與實務

作　者　梁偉康

出　版　商務印書館（香港）有限公司
　　　　香港筲箕灣耀興道 3 號東匯廣場 8 樓
　　　　http://www.commercialpress.com.hk

發　行　香港聯合書刊物流有限公司
　　　　香港新界荃灣德士古道 220-248 號荃灣工業中心 16 樓

印　刷　中華商務彩色印刷有限公司
　　　　香港新界大埔汀麗路 36 號中華商務印刷大廈

版　次　2022 年 6 月第 1 版第 1 次印刷
　　　　©2022 商務印書館（香港）有限公司
　　　　ISBN 978 962 07 6684 8
　　　　Printed in Hong Kong

作者簡介

梁偉康先生 1952 年出生於廣州，並於 1961 年到香港特區定居，及後入住香港學生輔助社荷蘭宿舍。梁先生畢業於香港中文大學及香港大學，並曾前往英國國家社會工作學院攻讀社會福利管理與實務深造課程及完成中大和英國培訓學院所合辦的培訓管理文憑課程。

梁先生曾任非政府機構前線及中層主管一職，至退休前擔任仁愛堂社會服務總監，現任非營利組織卓越管理有限公司行政總裁兼首席顧問，矢志提升海峽兩岸暨香港、澳門非營利組織 / 社會服務機構的組織能力。梁先生亦曾任香港大學、香港城市大學及香港理工大學之客席講師 / 助理教授，為攻讀碩士課程之學生講授社會服務機構行政管理課程；現擔任內地、香港及澳門三地多間社會服務機構的行政顧問，並致力籌辦多項實用的管理培訓課程供我國大灣區社會服務機構之員工參與。梁先生之主要著作包括：

1. 《社會服務機構行政管理與實踐》(共印刷四版)
2. 《學前教育機構行政與優質管理》(共印刷兩版)
3. 《社會服務機構管理新知》(梁偉康、黃玉明編著)
4. 《在服務機構推行全面優質管理》(梁偉康、陳洪濤合著)
5. 《社會服務機構質素標準的制訂和與監察機制之建立》(梁偉康、莊明蓮、陳洪濤合著)
6. 《學前教育機構表現指標執行手冊》(梁偉康、葉潔茵合著)
7. 《社會服務質素標準集思錦囊》(梁偉康、黎志棠主編，仁愛堂、香港仔坊會社會服務中心聯合出版)
8. 《表現衡量和管理全新攻略：社會服務平衡計分卡之構思與

實踐》(梁偉康、黎志棠主編，仁愛堂、香港仔坊會社會服務中心聯合出版)

9. 《成效管理：非營利社會服務組織全面實踐策略》

10. 《追求卓越：非營利組織邁向優質管理之旅》

11. 《社會服務機構戰略性規劃與管理實用手冊》(梁偉康、卓美容主編，非營利組織卓越管理中心、深圳市龍崗區春暖社工服務中心聯合出版)

12. 《社會服務機構／單位進行運作性規劃及年度計劃制定實用手冊》(梁偉康主編、江紅妹副主編，非營利組織卓越管理中心、深圳市升陽升社會工作服務社聯合出版)

　　梁先生現專注協助內地、香港及澳門三地的社會服務機構及民辦非營利組織提升其整體的管治能力；除擔任多間機構的管理顧問外，還向上述組織提供員工培訓和發展課程，並埋首撰寫一系列實用管理工具叢書供第三界別從業員作參考之用。如欲與作者聯絡，可電郵至 percylwh.leung@gmail.com。

總序一

社會服務機構的管理，是社會工作及社會行政課程重要的部分，但要到最近二、三十年，社會服務機構的管理才受到重視。早期的社會工作訓練，重點放在社會工作的基礎理論和實踐技巧，因為那時社會工作作為專業才剛開始，加上一般社會服務機構的規模還較小，對於機構的管理難免有所忽略：管理人員多是憑藉本身積累的經驗，或按照機構傳留下來的方式辦事，並不太理會服務的成效及資源的有效運用。

隨着社會服務的發展，政府撥給社會服務的資源不斷增加，社會服務的管理開始受到關注：一來，政府撥給社會服務的資源必須確保「物有所值」，這樣才可向市民交代；二來，服務機構接受政府的資助，也必須證實資源用得其所，不但沒有浪費，且能達到預期的效果；三來，資源增加，服務種類較前繁雜，聘用的員工分門別類，如何管理逐漸成為機構必須面對的問題。基於以上轉變，社會工作及社會行政課程開始加入管理的元素，民間有關社會服務機構管理人員的訓練課程也應運而生。

初期開辦的社會服務機構管理課程，多是借用工商管理方面的理論，因為企業管理在二十世紀初已成為不少西方大學商學院的重要課程，有關理論經過多次修訂，逐漸系統化，成為有助企業運作的知識。不過，商業所要達成的目標及其營運模式，與社會服務的管理總不可相提並論。況且，香港大部分社會服務機構接受政府的資助，與英美等地的同類機構，性質上有很大差異。因此，自上世紀八十年代開始，社會福利界有呼聲，認為香港必須發展一套適用於本地社會服務機構的管理理論和技巧，也必須加緊社會服務機構管理人才的訓練。

就我記憶所及，香港社會服務聯會聯同香港中文大學的工商管理學院，曾開辦社會服務機構管理課程，對象是社福機構的管理人員，

這已是三十多年前的事，而課程維持一段時間，直到大部分管理人員都接受了有關訓練才結束。到九十年代，幾間興辦社會工作訓練的大學，開始提供社會服務機構管理碩士課程，目的是提升社會服務機構的管理水平和效率，使得機構能更有效為廣大市民服務。

社會服務機構管理課程的核心，除理論知識的吸收外，更着重的是幫助學員，認識機構管理的實際運作，這方面的訓練，多參考了工商管理課程的做法，就是大量利用個案進行課堂討論和分析，讓學員從中學習管理的技巧和奧妙。但合適的個案是需要時間積累的，也需要有豐富經驗和分析能力的管理人員去撰寫。

我十分高興知道，梁偉康先生將撰寫社會服務機構管理叢書，並由商務印書館出版。梁先生多年負責社會服務機構的管理工作，退休後仍孜孜不倦的撰寫有關文章，並著書立說。未來五年，梁先生計劃完成整套社會服務機構管理叢書。叢書出版後，我深信海峽兩岸暨香港、澳門及大灣區的社會服務機構管理人員將獲益良多，我誠心推薦。

周永新 JP, SBS, GBS
香港大學社會工作及社會行政學系榮休教授

總序二

社會工作是一種基於社會服務機構實踐的專業,因此,服務機構的行政管理,包括管治、財政、長遠策劃、人力資源管理、服務監管、公共關係、籌款、機構品牌建立、風險管理等都可以直接及間接影響社工的投入感、滿足感和工作成效。有關機構的管理,這是高層的責任。

此外,當前線社工一步一步向上晉升時,其行政管理工作便會增加。中層的督導工作包括督導下屬、項目設計、執行和評估、社區關係及優質服務確認等。

社工學習機構及服務管理在大學課程及實習中的機會不多,有關參考資料大多是以西方經驗為主,不容易直接應用在香港。香港實在缺乏有關社會服務管理理論和實踐的書籍。此外,一些機構舉辦的管理課程,很多時只會集中某個管理範疇,而不少的導師都是行外商業管理背景,並不一定適用於服務機構。

有見及此,新家園協會特別邀請了梁偉康先生作主編,撰寫一套社會服務機構管理叢書,期望可以填補這個專業知識和技巧的空缺。梁偉康先生有豐富的社會服務機構行政經驗,亦曾出版多本有關機構管理書籍,這些書籍現已成為香港及內地社工重要的參考資料。多年來,他亦積極參與香港及內地的社工機構管理培訓,並擔任多間內地機構的顧問。

梁先生所準備出版的社會服務機構管理叢書都是建基於他多年工作、著述、培訓經驗,以及智慧所結合編寫而成。我相信這套書將會成為社工培訓學院及機構不可或缺的參考資料。

梁祖彬 JP, MH, BBS
香港大學社會工作及社會行政學系名譽教授

序一

梁偉康先生的新著《社會服務機構卓越管理：理念與實務》在其《成效管理：非營利社會服務組織全面實踐策略》(2012) 和《追求卓越：非營利組織邁向優質管理之旅》(2016) 之基礎上進一步升華和完善，並呈現以下特點：

一、整體性 —— 該書將社會服務機構管理過程，概括為「問題分析與規劃」、「管理系統建立和組織能力建設」、「方案與專業實務介入評估和組織績效評估」三大核心部分，對於認識和改進不同服務領域之社會服務機構的管理活動提供了一個指導框架；

二、科學性 —— 該書各章節內容着重說明驗證的實際成果，特別在社會服務各個環節上強調證據或資料的有效性和可靠性，並充分體現專業管理能促進其服務質素水平之提升；

三、前沿性 —— 本書展示了香港特區與歐美先進國家之社會服務機構管理的知識精華，其中所介紹的新公共管理、新卓越管理的理論和實踐，對全球華人社區的社會服務機構管理具有重要的借鑒作用；

四、系統性 —— 該書從社區問題界定與識別開始，提出機構在使命和願景制定、運作規劃、人力資源管理、財務管理、內部治理、風險管理、資源募集、優質服務及績效評估等方面改進管理的一系列措施和方法，環環相扣，形成了一整套優化社會服務機構管理的指導標準；

五、實用性 —— 所推介或制定的諸多模式、模型和量表，如目標制定中的 "SMART+NCB" 原則、整合性目標樹、績效評估中的平衡計分卡及擴大的評估體系模式等，都屬於極具操作價值的實務知識。書中依據一些具體實例論述相關組織管理的問題，比如說，如何恰當地陳述機構「使命」或「目標」、如何穩妥地進行機構的

「策略性規劃」及如何進行風險管理和績效評估等,這對改進專業管理提供了有益的參照範例。

《社會服務機構卓越管理:理念與實務》是一部代表第三部門使命實踐者發聲的著作;而第三部門作為現代社會的產物,是在政治經濟發展到相當水準之基礎上出現的。針對社會體系功能而言,第三部門與第一部門和第二部門互補互動,而不是挑戰和取代後兩個部門。梁偉康先生的著作重點從組織管理角度闡述了第三部門的使命和目標、運作機制和績效評估,體現了第三部門的專業管理者已經達到的理論和實踐高度,而第三部門社會服務機構在彌補市場邏輯與政府邏輯的局限性或特定的「政府失靈」及「市場失靈」時,也清晰地認識到如何通過自身能力和優勢的建設,致力提供卓越管理和以成效為本的服務,避免「志願組織失靈」,並以「志願組織有效」促進「政府有效」與「市場有效」為目標。香港具有悠久的社會服務傳統,現今約有五百多家[1] 不同類別之非政府社會服務機構和三千多個服務單位,為香港市民提供超過九成的社會福利服務。此外,香港業界已建立了較為健全的非牟利組織登記制度、服務表現監察制度(如《津貼及服務協議》及《服務素質標準》等)、減免稅待遇、資助體系、資源開發與籌款途徑。《社會服務機構卓越管理:理念與實務》基於以上組織和制度背景,具體揭示第三部門基本屬性和社會服務機構的管理規範,其核心理念和實務方法具有代表性、普適性和先進性。

伴隨着社會經濟體制改革開放的發展,中國內地所開辦的社會服務機構已開始重返社會舞台,從深圳、上海等地逐步擴展,並延伸至「政府主導推動,民間組織運作」的「社會服務購買—供給模式」,為民辦非營利組織的發展提供了起步的平台。相比中國香港和中國台灣較為成熟和發達的社會服務體系,內地大多數的民間社會服務機構起步短、隊伍年輕、管理制度不健全、業績有限、信譽不高、社會認

---

1 根據《香港社會服務機構總覽 2016》,香港社會服務機構的數目已由 2002 年的 337 間,上升至 2015 年的 564 間,升幅達六成七,網址:http://www.dss.hkcss.org.hk。截至 2019 年底因數據資料仍不足,但估計機構之數目已超逾六百家。

受性低；因此，必須加快培育和自我成長，當中「學習」和「借鑒」域外社會服務機構的管理經驗是促進其成長不可或缺的有效策略。如果《社會服務機構卓越管理：理念與實務》所闡述的組織內部治理結構和相關之權利制衡機制能在內地加以落實，這無疑將增強組織社會服務的規範性，大大改善服務品質差異和區際法律衝突的問題。

　　梁偉康先生從二十世紀八十年代後期開始致力於社會服務機構管理理論與實踐研究，所撰寫的多部社會服務機構行政管理著作已被我國學者編寫的社會工作專業基礎教科書所引用。梁偉康先生退休後雖擔任管理顧問，但仍筆耕不輟、勤於著述，為第三部門實務知識體系的更新和深化持續作出突出的貢獻，也為社會服務界同仁和後學樹立了終身奮鬥的榜樣。相信梁偉康先生的新著能為我國同仁帶來新的知識營養，有助於啟發社會服務機構管理水平的提升，並成為高校社會工作專業有關社會行政、社會服務機構管理、社會福利服務等課程富有教益、不可多得的重要參考書籍。

高鑒國教授
山東大學哲學與社會發展學院社會工作系系主任

序二

自上世紀七十年代後期新管理主義興起之後，無論是傳統的非營利組織（Non-Profit Organization, NPO），抑或因政府契約委外而造就的契約型 NPO，皆紛紛投入社會服務的行列。這股試圖以市場機制獲致服務輸送的經濟、效率與效能，已將傳統默默行善的 NPO 帶進具有競爭元素的準市場（Quasi-market）。經過三十多年的發展，無論是 NPO 的數量或規模皆不斷擴張，為社會服務營運帶來新能量與新氣象，且大大提升服務的可近性與可及性。然而，當「市場」遇見「公益」卻衍生出諸如軟柿效應（Cream-skimming Effect）、營利的偽裝（For-profit in Disguise）之「契約委外失靈」或「準市場失靈」的現象。為減輕新管理主義所帶來之負面影響，九十年代後期興起的新公共服務及最佳價值，致使政府與 NPO 轉而重視績效、責信、協作伙伴及公平正義。

無論是新管理主義、新公共服務或最佳價值，我們不禁想問：「NPO 真的能夠具備經濟、效率與效能嗎？NPO 在內外環境挑戰下，真的能夠實現其使命、目的或目標嗎？NPO 真的能夠與政府和社區建立協力的伙伴關係嗎？」若這些問題能朝向肯定面發展，主要關鍵乃在於 NPO 能否發揮其經營管理與治理的能力。在 NPO 學術界與實務界人士的努力下，我們已看到許多 NPO 功能的發揮，卻也看到不少 NPO 陷入經營的困境。如何提供適當的經營管理教材或教育訓練，以協助 NPO 進一步的成長與發展，是關注 NPO 的持份者須共同正視的議題。

筆者於二十年前開始教授社會工作管理課程時，即拜讀梁偉康先生於 1997 年撰寫的《社會服務機構行政管理與實踐》一書；而 2000 年撰寫《社會工作管理》一書時，更是受到梁先生著作的諸多啟發。更確切的說，梁先生的著作啟動與啟發我對社工管理的興趣。2012

年當梁先生出版《成效管理：非營利社會服務組織全面實踐策略》一書時，有幸獲邀寫序，在深入拜讀該著作時，深深覺得這真是一本能夠兼顧理論與實務的 NPO 經營管理絕佳教材，自 2013 年個人於暨南國際大學創設 NPO 經營管理碩士學位學程（在職專班）後，梁先生的著作更是被列為每年教授 NPO 績效管理的主要教材。

欣聞梁先生出版新著《社會服務機構卓越管理：理念與實務》一書，深感這是海峽兩岸暨香港、澳門 NPO 之福。該書以三大主軸——「問題分析與規劃」、「管理系統建立與組織能力建設」、「方案／項目評估與組織績效評估」，共分十五章，深入淺出地介紹當前 NPO 經營管理必備的知能。這是一部作者以畢生經營社會服務組織的經驗，再融入 NPO 理念撰述而成的經典著作，它不僅提供了學界教授 NPO 經營管理絕佳的教材，且務實地回應當前 NPO 經營管理實務的方法與技巧。無論是大學的社工管理或 NPO 相關課程的教師，抑或是社會服務機構及 NPO 的經營管理者或實務工作者，若能仔細閱讀並領略本書的內容，相信對自身之 NPO 知能的提升，抑或是經營管理實務的能力，必定能帶來大幅的進步與成長。

個人深感榮幸能再度獲梁先生邀約寫序，相信本書將會是個人日後教授社工管理或 NPO 相關課程的主要參考著作，個人亦樂於向 NPO 之學習者、經營管理者及實務工作者極力推薦，若能吸收本書的精髓，並將其方法與技能加以實踐，當可活絡 NPO 的經營管理實務，強化 NPO 的經營管理績效與問責，造福更多接受社會服務的弱勢者，進而實現我們所共同關注之社會正義與公民權利的理念與價值。

黃源協博士

暨南國際大學社會政策與社會工作學系特聘教授

兼 NPO 經營管理碩士學位學程（在職專班）執行長

台灣社會政策學會理事長

台灣 NPO 經營管理學會理事長

序三

梁偉康先生擁有豐富的非牟利機構管理經驗，除了具有香港的前線、中層及高層管理之實務經驗外，在內地及澳門亦從事多年非政府機構的管理顧問工作，他更博覽羣書，對國際性管理新趨勢充滿敏銳的觀察力，更難得的是他耗用數年時間撰寫這本《社會服務機構卓越管理：理念與實務》一書，供第三界別部門作參考之用，實在值得推介。

梁先生於本書結合了自己在上述三地豐富的管理心得，並且運用嶄新的管理知識；故此，全書的論述全面而深入。本人特別推介〈第八章：社會服務機構風險及危機管理〉、〈第九章：社會服務機構公共關係與組織形象塑造〉、〈第十一章：社會服務機構募款與社區資源募集〉，以及〈第十四章：社會服務機構整體性績效衡量與評估〉。以上論述的篇幅，對社會服務機構管理者而言均是較難駕馭的範疇，但卻是這些機構現正面對的極大挑戰！

本人在香港城市大學講授社會服務機構管理課程多年，一直極難找到理論與實踐雙結合的管理書籍作參考之用，梁先生的新作正好填補這方面的不足；故此，本人極力推薦本書給教授社會服務機構管理課程的老師及修讀該課程的學生、非牟利機構的董事局成員及管理階層、政府及基金組織的成員及希望提升機構管治能力的有心人！

莊明蓮博士
香港中文大學賽馬會公共衛生及基層醫療學院客座教授

序四

於 2000 年前，社工界同工較輕視「管理」的重要性，但自 1990
年代中期，社會福利署推行服務質素標準機制及要求社福機構之服務
提施和行政實務（Service Delivery and Administrative Practices）皆須依
循既定的標準去執行，以確保受資助機構及其轄下單位的服務質素達
到可接受的水平，社署並建立外審機制以評估機構／單位整體性績效
有否符合要求；另在 2001 年初實施整筆過撥款制度，致使社會服務
機構／非政府機構領導層必須重視其機構的管理有否成效及要推行多
方面的改革（如有效善用財務資源、實施薪效掛鈎制度、完善績效管
理機制，以及提升組織能力等），這才可應付現今和未來的新挑戰。

新家園協會於 2010 年成立，是一間致力服務新來港、少數族裔
人士及其他弱勢社羣的社會服務機構，旨在提供優質及專業的一站式
社會服務，推動上述服務對象積極參與社區事務和推動社會共融，從
而創建一個平等和關愛的社區。

本協會為提升整體的管理水平，故特聘資深管理人員梁偉康先生
擔任行政顧問，協助本協會建立各種管理制度，從而改善本協會的內
部治理。現經本協會積極策劃和協助下，其最新力作《社會服務機構
卓越管理：理念與實務》一書快將出版，並由香港商務印書館負責印
刷及發行。該書共有十五章，而內容主要分為三部分：第一部分是有
關社區問題分析與規劃；第二部分是闡述社會服務機構管理系統建立
與組織能力建設；最後部分則論述如何進行方案／專業實務介入評估
與組織績效評估。

本人深信，該書可供海峽兩岸暨香港、澳門社會服務機構的員工
作參考之用，但願更多同仁能從中受益，並冀盼社會服務機構／非政

府機構管理層能夠以追求卓越為目標，勇於創新之餘，亦竭力帶領機
構成為管理優良的組織。

黃頌總幹事
新家園協會

自序

　　筆者自 2012 年從仁愛堂正式退休後，自立開辦管理顧問有限公司，專為內地、香港與澳門三地之非政府機構提供管理顧問服務及培訓課程，並埋首撰寫適用於社會服務機構的實用管理工具書，主要完成的書籍包括《成效管理：非營利社會服務組織全面實踐策略》(2012年出版)、《追求卓越：非營利組織邁向優質管理之旅》(2016 年出版)，最新力作《社會服務機構卓越管理：理念與實務》於 2022 年由香港商務印書館出版，此書涵蓋十五章篇幅，以深入淺出形式闡述社會服務機構管理相關之理論和應用工具(包括實用表格及流程圖等)，並引用港澳及國內社服機構的實踐經驗和案例與讀者分享，務求拋磚引玉，引發社會服務機構從業員對社會服務管理的興趣，期冀共同推動機構成為卓越管理的組織。除上述著作外，筆者已訂立宏圖，未來數年擬撰寫超逾十本的實用管理手冊／工具書以供海峽兩岸暨香港、澳門從事社會服務管理實務的管治組織成員、機構管理層、專業社工及臨床實務工作人員作參考之用。

　　筆者早於 1985 年已努力鑽研社會服務管理相關的多項範疇，並矢志加強人羣服務組織的管理水平，一方面提升整體性組織能力；另方面促進其成為兼具「效率」和「效能」的機構。若要完成上述的冀盼並非易事，筆者除為內地、香港及澳門的社會服務機構提供管理顧問服務及培訓外，還善用餘暇持續涉獵有關人羣服務組織的管理工具與最新理論，通過實戰經驗，再結合數十年的心得，然後將有關精髓融會於著述之中，而《社會服務機構／單位進行運作性規劃及年度計劃制定實用手冊》和《社會服務機構戰略性規劃與管理實用手冊》這兩本於 2019 年出版的著作，便是集結了管理理論及實踐經驗的心血結晶。筆者雖已踏進耄耋之年，但仍孜孜不倦學習，餘暇除著書立說外，至今仍擔任數間社會服務機構的顧問，這並非為名利而戰，而是

冀盼有生之年能繼續為人羣服務組織管理水平之提升盡一點綿力，發熱發光！

本書得以順利出版，荷蒙海峽兩岸暨香港學者達人如香港大學社會行政及社會工作系榮休講座教授周永新博士和名譽教授梁祖彬博士為作者所計劃出版之社會服務機構管理叢書撰寫總序、山東大學哲學與社會發展學院社會工作系主任高鑒國教授、暨南國際大學社會政策與社會工作系特聘教授黃源協博士、香港中文大學賽馬會公共衛生及基層醫療學院客座教授莊明蓮博士，以及新家園協會總幹事黃頌先生為這本新書惠賜序言，殊深銘感！此外，筆者特別感謝葉潔茵女士對本書內容作出嚴謹的校對，並衷心感謝香港商務印書館俞允發行才得以順利出版。

本書內容共有十五章，有關的內容簡介請參閱本書的導論。本書着重管理理論／工具與實踐相結合，當中除重點介紹一些重要的管理理論／模式／工具，筆者亦引用多個實例以作闡述，並附載多份實用表格供讀者參考[1]。由於筆者見識有限，書中內容錯漏難免，敬希　四方君子不吝賜教，待再版時將作出必要的修改，是所至禱！

非營利組織卓越管理有限公司行政總裁兼首席顧問

 謹上

2021 年 12 月 31 日

1　筆者所制定的實用表格實在太多，礙於篇幅所限，只能刊載其中的部分，期望未來數年所編撰的著作中，可將個案、小組工作、社區工作、行政管理、人力資源管理及評估等相關的實用表格彙編成冊，以供業界參考和採用。

目　錄

第一部分
問題分析與規劃

第二部分
管理系統建立與組織能力建設

導

論

導言

　　筆者自 1976 年於香港中文大學畢業後便從事管理的工作，由中心主管擢升至部門經理和社會服務總監，及至退休後自立開設管理顧問有限公司，主力向內地、香港與澳門三地之社會服務機構提供專業培訓及管理顧問服務。過去 40 多年的工作歲月裏，筆者發覺社會服務機構的弊病沉痾已久，其普遍狀況如下：

一、不掌握使命、願景、目的和目標的制定 [1]，也不清楚上述各項彼此間有何關連，並經常將之混為一談。

二、未能善用寶貴的資源，欠缺效率之餘，亦造成不必要的浪費。

三、除了大型的社會服務機構，一般中、小型機構皆未有推行策略性和運作性之規劃，更遑論制定策略性及運作性計劃 [2]。

四、未能運用系統的方法以識別社區問題和目標對象人口羣（Target Population）之需求，亦未能針對服務方案與專業實務介入進行有效評估，更沒有採取適當策略以解決社區問題和／或滿足社區需求，由此可見，機構／單位負責人不僅抱着觀望心態，還漠視整體性績效評估之重要性。

五、未建立完善的質素保證機制和制定相關標準，因此窒礙全面優質

1　筆者曾細閱中國大陸和中國台灣所出版的社會服務機構管理、社會工作管理和社會工作案例等書籍，當中發現很多管理者及社會服務從業員對目的（Goals）與目標（Objectives）總是分辨不清，因此制定目標時便容易出錯，相信是制定過程中沒有依循 "SMART+NCB" 原則，亦不認識三大類目標有關。

2　「規劃」乃是一個過程，而「計劃」可說是一種成果，至於「計劃」是依據「規劃」的主要內容而制定的。過往 10 多年，筆者在擔任顧問工作時曾審閱超逾 100 間機構的策略和運作性計劃，不單如此，還閱覽了超逾 500 個社會服務單位所制定的運作性計劃。儘管如此，當中只有極少數單位制定了策略性計劃，至於運作性計劃之制定，基本上都是錯漏百出。

管理之發展步伐。

六、管理者普遍欠缺領導力和管理能力，致使組織績效不彰，亦間接
促使機構淪為「失靈的組織」。

七、管理者忽略部門之間的矛盾和衝突，導致團隊士氣低落，這不單
妨礙組織使命和目標之達成，其組織整體性效能亦受到質疑。

八、管治組織[3]形同虛設，加上會議決策過程經常議而不決，決而不
行，組織內多項運作與功能亦未能有效發揮，導致機構發展停滯
不前；和

九、未有建立完善的策略性人力資源管理制度，因此難以吸引人才、
培訓和發展人才，以及善用和保留人才。

隨着上世紀新公共管理和優質管理相關理論之急步發展，不難發
現社會服務機構致力提升其管理及整體性能力的「必要性」和「迫切
性」之有力理據，由於形勢如箭在弦，因此管理者須戮力推動組織成
員，並運用有效策略以彌補上述弊病所衍生的各種問題，這亦是促使
筆者撰寫此書之原因。

3　管治組織包括理事會／董事局及監事會等。

第 一 節

新公共管理的發展

　　從二十世紀八十年代開始，公營機構所提供的服務被評為成本高昂、缺乏彈性和效率低劣，而社會服務機構除了被公認較為有效回應服務對象之需求外，還提供具效率的服務，因此西方學者極力倡導社會服務私營化。社會服務機構面對新公共管理發展之衝擊，而當中所強調的是「組織變革、優質服務、高效領導、運籌帷幄[4]、用人唯才、推動創新、持續學習、善用資源及責信交代[5]等」，面對汰弱留強這個社會環境，這些管理新思維日漸受到管理者所重視，甚至作為改善機構整體性績效的有效手段。事實上，這種模式乃建基於邁克爾·波特（Michael E. Porter, 1980）所提出的「通用管理模式」而發展出來[6]，當中的關鍵性績效指標可供機構進行整體性績效評估時作參考之用。新公共管理模式所倡導的改革不單被公共機構所採用，還實踐於服務提施之中，可見上述改革已在社會服務機構逐漸萌芽，假以時日，勢必成為不可逆轉的主流。與此同時，這種發展趨勢亦確立了一個假設——「良好的管理可被證明是對多種經濟和社會弊端一種有效的解決方案」（Pollitt, 1993：1），而公營機構及非政府社會服務機構藉着借鑒於私營商業機構，從而改善組織績效。加上責信革命（Revolution in Accountability）的崛起，驅使上述機構作出多方面的改變，包括提供以成效為導向的方案（Outcome-focused Programs）、強調服務成效評

4　管理者須致力推動策略性計劃及策略性規劃的工作，從而為機構制定長遠的發展方向及策略。

5　機構因需要向其持份者作出合理交代，因此它須進行組織績效及方案評估。

6　「通用管理模式」是由美國哈佛大學商學院教授邁克爾·波特（Michael E. Porter）所提出，他認為管理學有關的競爭策略主要涵蓋三種基本通用模式，包括成本領導（Cost Leadership）、產品差異化（Product Differentiation）及聚焦（Focus）。

估和建立新的方案評估模式[7]、制定明確的方案目標、採用績效標準、推行策略性策劃及制定策略性目標和指標、追求持續改善、積極建立策略性聯盟以及嚴謹監控服務流程等（Ginsberg, 2001；Glendinning, Powell, & Rummery, 2002），這些轉變對社會服務機構的管理與運作確實產生不少的衝擊。

此外，新公共管理模式強調將服務提施外判予私營及非政府社會服務機構，此舉可確保服務對象獲取更符合經濟成本、更具效率和成效的服務（Hood, 1991；Karger & Stoesz, 2006），而用來提升更高生產力的手段便是「外判」（Contracting）。新公共管理倡導者認為，承辦機構若能符合協約的要求，即表示其所提供的服務基本已達到既定的質素水平，因此「合約」內所定的指標水平便成為衡量績效管理不可或缺的一部分[8]。不單如此，管理者除制定「合約」所需達到的指標水平外，還須衡量機構的達標水平及成果，由此可見，「管理」亦逐步成為「指導組織」（Steering Organizations）的一種有效手段。另方面，為有效回應服務對象[9]的期望，機構必須迅速回應其需求，這不僅加深其獲取服務的正面體驗，亦可促進組織效能（Organizational Effectiveness）之提升。綜上所述，顧客與服務提供者的關係乃建基於其對服務之滿意程度，因此機構必須「將顧客放於第一位」，除了重視其所提出之反饋意見，還須賦予選擇的權利（Aberbach & Christensen, 2005：235）。總而言之，社會服務機構須向服務使用者適當賦權和關注其對服務之評價，而藉着持續的改善，將可促進整體性組織績效之提升。

總的來說，新公共管理的急遽發展無疑對社會服務機構管理者產生巨大的衝擊，現歸納為下列八點（Aldgate et al., 2007；梁偉康, 2012）：

7　方案評估模式如方案邏輯模式。
8　香港特區社會福利署於 2003 年開始採用競投服務合約的機制，而深圳特區也於 2011 年採用競投機制，並將「項目」外判予中標的競投機構營辦。
9　「服務對象」又稱為「顧客」。

一、競爭（Competition）

社會充斥着一種很強的信念，就是服務提供者之間的競爭會促使市場提供更經濟、更高效率及成效的服務，有見及此，管理者必須在這個互爭雄長的服務市場找到「對」的位置——「定位」，這樣其他機構便順理成章地成為「服務購買者」。在佔據市場優勢的大前提下，不管是服務對象還是其他的服務購買者，選購「價廉」而「物美」的服務相信是理所當然之事。

二、協定（Contracting）

因應「合約」機制的應運而生，市場中的「服務購買者」及「服務提供者」之定位已顯然而見，前者可要求後者提供協定的服務（包括符合要求之服務質素、數量及價格）；而後者則須履行合約協議的要求。

三、消費者主義（Consumerism）

管理者必須搜集服務使用者之反饋意見，一方面迎合偏好而提供其所需的服務；另方面亦讓其享有選擇服務的權利。

四、績效指標（Performance Indicators）

管理者必須因時制宜，並儘量採用多樣化的評估方法（如產出、質素及成效評估）及制定清楚明確的標準以衡量方案、專業實務介入及整體性組織績效，這些舉措不單有助監察組織績效，在履行「合約」之餘，亦能向政府相關部門及出資方作出合理的交代。

五、在有限的人力資源下承擔更多工作

為提高組織績效與效率，管理者必須竭力激勵組織成員辛勤工作，務求用較少資源以達到最佳成果，這不僅善用資源，還能達到物超所值（Value for Money）的目標，相信這亦是公營和私營機構之持份者、出資方及社會大眾樂見其成之事。

六、不斷增加的審查（Increased Scrutiny）

現時，管理者除可透過資訊科技系統以審視機構所推行的方案／項目之實施進度外，還能監察員工有否依循《運作管理手冊》、工作指引及年度計劃切實執行相關的工作。除此之外，在個案服務之專業評審與成效衡量方面，管理者亦須制定相關機制，如制定標準化測量工具、方案與專業實務介入程序以及成效評估機制等，這樣將促進服務質素及成效之監察。

七、把關及定量分配（Gate-keeping and Rationing）

管理者須肩負「把關」及「定量分配」的職責，並要求組織成員擔當微型管理者（Micro-managers），此舉除可發揮監控作用，還能適度進行資源的調配。由此可見，管理者若能嚴謹掌控服務的審核權，做好「把關」工作之餘，亦能定量分配服務資源。

八、交代的革命

早在二十世紀八十年代末期，社會服務業界已開始倡導「成效為導向」，隨着「問責」之風氣愈趨熾熱，社會服務機構所提供的方案與專業實務介入，其「成果」和「成效」亦日漸受到重視，可見，方案評估逐漸成為管理者向社會大眾及出資方「交代」其服務效率及效益的一種手段。

另外，在二十世紀末期的英國，最佳價值（Best Value）在社會服務領域中亦扮演着重要的角色，當中要求管理者須持續改善服務質素和降低營運成本；換言之，採用符合經濟成本、具成效及效率的方式以提供服務對象所需的服務。明確而言，支持最佳價值的四大原則，當中涵蓋了新公共管理的關鍵性要素及主要方向（Department of the Environment, Transport and the Regions, 1998），管理者切勿掉以輕心，這包括：

（一）挑戰（Challenge）—— 為何及如何提供服務對象所需的服務；

（二）比較（Compare）—— 須與其他的服務提供者比較績效，包括針

對績效指標所定的達標水平與同業競爭對手進行比較；

(三) 諮詢（Consult）—— 在制定績效指標水平的過程中，向社會大眾、服務使用者及相關的團體進行意見的徵詢與收集；和

(四) 競爭（Compete）—— 通過競爭手段以向同業對手一較高下，並藉此作為持續提升高效率及成效的一種自我鞭策。

筆者已於上文闡述新公共管理發展的趨勢對社會服務機構所帶來的衝擊。事實上，現時機構面對種種的不利環境，管理者所承受的壓力絕對是難以想象，至於壓力來源大致分為四種，現簡列如下：

(一) 社會服務機構身處「責信的年代」（Age of Accountability），其管理者受着問責之風所影響，必須以「業績」來證明機構能否善用資源以提供高效率及成效的服務；亦即是說，一方面依循其所定的方案標準（Programme Standards）而提供服務對象所需的服務；另方面以此作提升服務質素的指標要求。以往的信口胡謅，不僅未能客觀反映其服務成效，更未能證明公帑是用得其所，故須利用系統的評估方法，藉此向納稅人和政府相關部門作出交代，證明機構所提供的服務除可紓緩社區問題外，還滿足了社區需求。顧名思義，「責信」一詞涵蓋了一系列的組成要素，如問題識別和需求評估、目標制定、受惠對象界定、服務監察、效率和效能等。由於「責信」已在新公共管理發展趨勢作了詳細的討論，因此不再贅述。

(二) 近年，西方先進國家的經濟發展停滯不前，加上深受全球經濟一體化及疫情的不良影響，各國政府無奈緊縮開支。針對社會服務的資助，政府除採取大刀闊斧的開支削減外，還對服務加強監察，期冀社會資源能用得其所。由於海峽兩岸暨香港、澳門大部分的社會服務機構皆依靠政府和／或基金會的撥款資助，雖然如此，資助終歸不是「免費午餐」，故機構的服務發展及資源運用亦受到資助條款所掣肘。事實上，政府一方面對受資助機構之績效進行嚴謹的監察；另方面會因應庫房儲備的狀況而決定投放的資助額。若然管理者推動內部治理力有不逮，致使整體

性績效不彰，長此下去，機構的生存絕對是岌岌可危，面對這些危機，管理者豈能獨善其身。

(三) 社會愈是發達，伴隨衍生的社會問題愈見複雜，自古而然。有見及此，管理者須懂得運用嶄新的管理技能和工具以分析各種社會問題，繼而針對有關問題而推行適切的介入方案與策略。無可否認，管理者不單要具備高效的管理能力，還須應用系統的分析方法及相關的專業知識，否則面對社區問題與新挑戰時便會束手無策。

(四) 身處廿一世紀，各個先進國家早已進入一個資訊年代，海峽兩岸暨香港、澳門亦然。隨着資訊科技的急遽發展，服務對象的社會觸覺亦日漸提高，因此管理者須密切關注服務質素和成效，並經常進行服務檢討，藉以確保機構所提供的服務能滿足服務對象之需求。若因管理不善而導致組織績效不彰，這不僅激發服務對象的不滿情緒，更甚者將招致社會大眾的抨擊，這勢必對組織形象和聲譽造成無法彌補的損害。

面對內憂外患的種種壓力[10]，管理者必須針對其所面對的問題而進行全面的分析，透過問題主因的識別，繼而按部就班地推動組織變革，如此才能應對內外衝擊所帶來之壓力。

筆者於 2016 年所發表的著作中指出，社會服務機構必須先提升其核心能力，才能改善其整體性績效，倘若內外環境所衍生的壓力得到紓緩，日後管理者於推動機構變革時勢必得心應手。有見及此，管理者必須掌握多種改善組織績效之管理工具／模式，如全面優質管理、學習型組織、業務流程改善與重整、知識管理、創新管理，以及平衡計分卡等，藉着上述工具的有效實踐，將有助組織整體性績效之提升。舉例而言，在組織裏推行全面優質管理，可促使員工上下一心、羣策羣力，而各部門成員的通力合作，不單改善服務質素，還可

---

10 外在壓力包括同業競爭激烈和政府削減資助等；內部壓力包括員工嚴重流失、士氣低落、管理不善和整體性績效低劣等。

滿足和甚或超逾受惠對象的期望。

另外，在機構若致力推動學習型組織，這將有效加強組織的學習能力，並藉此促進服務質素水平之提升。管理者可透過成立多個質素改善團隊（Continuous Quality Improvement Team），針對繁複的業務流程而進行適切的改善[11]。除此之外，重整團隊（Re-engineering Team）亦可針對關鍵性業務流程（Critical Business Processes）進行精簡和優化，藉以提升流程的效率和效能[12]。社會服務機構若要成為一間成功的機構，它必須重視知識資本（Knowledge Capital）[13]；亦即是說，依據組織內外部的知識而適切進行選擇、獲取、分類、儲存、分享、擴散、應用、創新和發展，這是知識管理模式所須實踐的重要元素，亦是善用知識資本及提升組織績效不可或缺的手段。

毋庸置疑，社會服務機構若要屹立不倒，必須做到「人無我有、人有我優、人優我創和人創我變」；換言之，機構只要通過「創新」和「求變」才能持續穩步發展，有關的做法如採用逆向思考法、六帽子思考法、設計思考和業務產生模式圖（Business Generation Canvas）等，管理者不妨多加應用。

由於政府及基金會日漸重視受資助機構之績效，因此，管理者務必採用系統的管理工具以對相關的資助項目進行成效評估，在芸芸管理工具當中，平衡計分卡及公共價值計分卡這兩種績效衡量和管理模式扮演着極其重要的角色，而邏輯模式（Logic Model）和社會衝擊導向模式（Social Impact Orientation Model）的應用，可針對方案／項目之績效進行系統的評估。上述各種促使社會服務機構邁向卓越管理水平的管理工具／模式，筆者已在本書進行論述，讀者可作參考。

11　很多管理者普通採用「戴明圈／改善圈」以推動各項的改善項目。

12　經進行業務流程重整後，相關流程無論在速度、時間、質素、成本和服務均有極為突出的改善，詳見梁偉康著作《追求卓越：非營利組織邁向優質管理之旅》第十章（2016）。

13　「知識」基本分為「顯性」和「隱性」兩種，後者乃指從實務經驗及工作心得等融匯而成的知識，但不管哪一種知識，都是屬於機構的重要戰略資產，必須善加運用與保存。

本書各章簡介

　　本書主要針對社會服務機構如何有效實踐卓越管理而撰寫，藉以促進管理者及組織成員提升組織及服務的效能，從而達到機構所定的目標。筆者現將本書各章之精要內容簡介如下：

　　第一章主要簡介如何制定清晰的使命、價值觀、願景、目的、策略及彼此間之關聯。彼得・杜魯克（Peter F. Drucker）在其著述中曾大力抨擊社會服務機構所制定的使命不正確，加上目的與目標過於抽象和不切實際，因此難以作出衡量。筆者在本章除簡介上述概念外，同時引用一些實例加以闡述。

　　第二章主要論述社會服務機構如何識別社區問題和評估受問題所困擾的目標對象人口羣之需求。由於社會服務機構存在之價值和意義乃是要解決社區問題和／或滿足服務對象之需求，因此管理者必須識別有何嚴重的社區問題需要處理，繼而針對服務對象之需求作出適切的評估。為方便讀者掌握箇中竅門，本章亦提供多種問題識別和需求評估的方法以供參考，並針對問題／需求之關鍵性成因與目標之間的關連，以及依據問題／需求之主因制定出成效目標而進行詳細的分析。由於目標分為三大類型，包括成效、過程及運作性目標，它們之間關係密切，筆者遂將上述類型目標進行聯結，並引用「整合性目標樹」詳加闡述。在制定目標（尤其是成效目標）方面，雖然恪守"SMART+NCB"這八大原則[14]是十分重要；惟經常被忽略，致使組織

14　對於 SMART 原則之定義，學者各有不同的演繹，筆者將在本書第二章作詳細的論述。

目標不單流於抽象，更是難以衡量，根本無法進行目標達成評估[15]。

第三章主要分為如何在社會服務機構實踐策略性和運作性規劃及制定策略性計劃和運作性計劃（又稱「年度計劃」）這兩大部分，並引用實例加以闡述。對管理者而言，進行策略性規劃及制定策略性計劃可說是當前重中之重的工作，而藉着制定策略性方向和識別重要的策略性事件，將有助策略之制定。除此之外，本章亦詳細論述如何在社會服務機構制定運作性規劃及運作／年度計劃，當中除了介紹多種實用的方法／工具外，亦引用相關實例以供管理者及服務策劃團隊參考。

第四章主要論述策略性人力資源管理。狹義來說，「策略性」是指社會服務機構為配合組織人才發展所需而推行的人力資源管理工作，而本章集中概述如何實踐吸引人才、培訓人才、發展人才、善用人才及維繫人才的有效策略。管理者須集中精力推動人才的發展和任用，這樣才可「留才」。事實上，「人才」是組織賴以生存及永續發展之重要基石，同時是不可多得的寶貴資產，因此必須「惜才」。

第五章論述社會服務機構如何建立完善的員工績效管理體系與員工督導制度。由於機構普通重視員工績效評核和績效反饋與改善，因此，漸漸忽略了員工績效策劃和績效監察之重要性。事實上，完善的績效管理包括員工績效策劃、監察、評核以及反饋與改善這四個重要的步驟。此外，為有效推動績效管理，筆者特別簡介最新發展的"OKR"[16]（目標與關鍵性成果）和"GOSM"[17]（目的、目標、策略與檢核），以及"CFR"[18]（會談、反饋與讚揚）之應用，藉此提升績效管理之功能。至於員工督導方面，本章主要介紹督導的三種功能及所須達成之督導目標，還用了頗長的篇幅以論述如何制定員工督導計劃，包括員工督導需求評估、督導目標制定、督導模式、方法和安排以及督

15　筆者曾細閱中國內地多個省市所出版的社會工作案例，其所制定的目標基本上是不正確的，按邏輯推論，其後根本無法推行目標達成的評估工作。至於部分中國台灣出版的社會工作管理相關的書籍，當中的案例也同樣犯上這種錯誤，可見管理者及工作員普遍未能掌握目標的制定，值得業界關注。

16　"OKR" 全寫為 Objectives and Key Results。

17　"GOSM" 全寫為 Goal, Objective, Strategy and Measure。

18　"CFR" 全寫為 Conversations, Feedback and Recognition。

導活動效能之衡量。

第六章簡述了社會服務機構財務管理，包括預算編製及監控、財務會計和監控、固定資產管理、採購和招標等，管理者須確保機構依循所定的財務管理機制切實執行和善用寶貴的資源。綜觀海峽兩岸暨香港、澳門很多社會服務機構仍未建立完善的財務管理制度，故筆者特別推介讀者細閱。

第七章主要論述社會服務機構如何實施內部治理（又稱「機構管治」），而良好的內部治理不單有助組織形象和口碑的推廣，還對可持續發展之推動尤為重要，故筆者在本章詳細介紹內部治理模式及其組成元素，並針對理事會／董事局與機構管理層所須履行的重要職責，以及如何衡量內部治理之成效進行詳細討論。

第八章是討論風險管理與危機管理，當中簡述管理的風險類型及為何要採取有效的措施以對應風險。筆者用了較長的篇幅介紹風險管理的主要過程，包括風險識別、分析、評估及處理，並介紹多種實用的方法以供機構的風險管理團隊參考。關於危機管理的模式，主要包括危機預防、危機處理及危機解決這三個階段，倘若危機一旦發生，管理者須適時啟動危機管理機制以應付危機和維護組織的信譽，並確保機構的損害減至最低。

第九章主要論述社會服務機構如何運用公共關係策略以協助組織與其重要持份者維持良好的互動關係，並塑造良好的組織形象，如此將有利於日後的資源募集，亦促進其永續的經營與發展，而有關如何推動公共關係的工作，讀者可參閱本章所引用的實例。至於社會服務機構如何塑造優良的組織形象，比如整體形象的塑造、實踐組織識別策略以及擴大知名度和提高美譽度等，以上各項亦會在本章作出簡介。

第十章主要探討社會服務機構如何實踐行銷管理，當中主要介紹了 "PTS+7Ps" 模式及附以實例加以說明，務求加深讀者的了解。此外，筆者亦指出行銷管理與全面優質服務之間存在着相輔相成的關係，並致力提供高質素及切合目標對象人口羣需求之服務。

第十一章集中論述社會服務機構如何進行募款與資源募集。毋庸置疑，機構若要達到永續的經營，充足的資源（包括金錢、人力、物

力、設施及方案等）絕對是不可或缺，因此在這個資源匱乏的年代，定期進行募款對其持續發展是至關重要。筆者於本章詳述社會服務機構如何識別募款來源、成功實踐募款的原則和策略以及推動社區資源募集，期冀管理者能掌握相關技巧，以便日後能開拓更多的社區資源。

第十二章主要論述社會服務機構如何建立管理審核機制，當中包括策略性管理、財務管理、績效衡量和管理、知識管理、資訊管理、人力資源管理、內部治理／機構管治、持份者關係建立及服務推廣以及風險與危機管理等，上述的管理系統對提升機構整體性績效極為重要，倘若這些管理系統運作暢順，必能促進組織能力建設和發展。筆者於本章特別附上一些機構自我評估的相關表格，期冀協助管理者進行管理審核，藉着持續不斷的改善，從而提升整體性組織績效。

第十三章主要介紹方案評估與專業實務介入評估的方法。「方案」可被視為一種活動或計劃項目，當方案推行後便須進行評估的工作，筆者在本章介紹多種方案評估方法以供讀者參考，當中推介的是方案成效評估方法[19]。此外，在專業實務介入評估方面，筆者除介紹多種評估方法之外，亦引用實例加以闡述，確保讀者能全面掌握各種實用的介入評估方法及加以應用。

第十四章集中論述社會服務機構如何進行整體性績效衡量與評估，有關的評估模式眾多，筆者將集中介紹平衡計分卡、公共價值計分卡、擴大的評估體系模式、行動體系模式及邏輯模式等供讀者參閱，並引用實例加以闡述。雖然管理者普遍欠缺評估組織整體性績效之能力，但身處責信的年代，他們必須向社會大眾、重要持份者及出資方作出交代，這樣才能證明其所提供的服務是「物有所值」。

第十五章主要探討社會服務機構如何演進為成功及管理優良的機構。筆者在本章明確描繪一間成功的機構所展示的特徵及所需具備的要素，並針對如何成為管理優良的機構進行了詳細分析，管理者若能切實執行有關的理念與實務方案，成為一間成功及管理優良的機構勢必指日可待。

19　重要持份者較重視方案的成效及其所造成的衝擊。

筆者在此強調，管理者若能全面實施本書所論述的重點與竅門，相信成為卓越管理的機構相距不遠矣。筆者耗用數年時間撰寫此書，深切期望能為社會服務機構管理者及其重要持份者（如理事會／董事局成員和員工等）提供一本理論與實踐相結合的實用管理工具書，藉着切實執行與應用，改善組織整體性績效之餘，亦能提升其管治水平，最終達到可持續的發展，這是筆者撰寫此書之宏願。

本 章 主 要 參 考 資 料

1. Aldgate, J., Healy, L., Malcolm, B., Pine, B., Rose, W., & Seden, J. (Eds.) (2007). *Enhancing social work management: Theory and best practice from the UK and USA.* London: Jessica Kingsley Publishers.

2. Aberbach, J.D., & Christensen, T. (2005). "Citizens and consumers: An NPM dilemma". *Public Management Review*, 2005, Vol.7(2), pp.225-246.

3. Department of the Environment, Transport and the Regions. (1998). *Modernising local government: Improving local services through best value.* UK: DETR

4. Ginsberg, L.H. (2001). *Social work evaluation: Principles and methods.* Boston: Allyn and Bacon.

5. Glendinning, C., Powell, M., & Rummery, K. (Eds.) (2002). *Partnerships, new labour and the governance of welfare.* Bristol: Policy Press.

6. Hood, C. (1991). "A public management for all seasons?" *Public Administration*, 1991, Vol.69 (Spring), pp.3-19.

7. Karger, H.J., & Stoesz, D. (2006). *American Social Welfare Policy: A pluralist approach* (5th ed.). Pearson: Allyn and Bacon.

8. Pollitt, C. (1993). *Managerialism and the public services:Cuts or cultural change in the 1990s?* Oxford: Blackwell Business.

9. Pollitt, C., & Bouckaert, G. (2000). *Public management reform: A comparative analysis-New public management, governance, and the Neo-Weberian State.* New York: Oxford University Press.

10. Porter, M. (1980, 1998 reprinted). *Competitive advantage: Techniques for analyzing industries and competitors.* New York: The Free Press.

11. 梁偉康 (2012),《成效管理:非營利社會服務組織全面實踐策略》。香港:非營利組織卓越管理有限公司。

12. 梁偉康 (2016),《追求卓越:非營利組織邁向優質管理之旅》。香港:非營利組織卓越管理有限公司。

1

社會服務機構使命與
目的及策略之制定

導言

　　任何一間管理優良的社會服務機構，其先決條件必須要完成制定使命（Mission）、價值觀（Values）、願景（Vision）、目的（Goals），以及達到目的之有效策略（Strategies）。廣義來說，「使命」不單勾畫出機構存在的因由，亦彰顯其價值觀、未來方向及存在的意義與責任。至於「價值觀」是指機構所堅持的信念，它對能否達到未來期望的理想，以及對所採取的策略和行動影響至深。而「願景」主要用以描繪機構未來達到成功的藍圖；「策略」則是其廣泛的、定向的優先項目（Broad, Directional Priorities）。由於組織目的代表着理想或期望達到的成效，目的若能達成，其使命亦終必達到，因此「目的」與「使命」必須是共存和相容的（Compatible），兩者關係絕對是密不可分（Coley & Scheinberg, 2000）。

　　筆者於本章先簡介組織使命、價值觀、願景、目的和策略之各項概念，並引用一些實例的分析，務求拋磚引玉，讓讀者進一步認識如何制定上述概念之竅門與要義。

第 一 節

何謂使命和價值觀及如何制定

一、使命的界定

毋庸置疑，人羣服務組織的使命是創造組織效能（Organizational Effectiveness）的基礎[1]，它既能描繪機構的存在價值和意義（Why We Exist），還可加深其重要持份者[2]對機構的認識與了解。對人羣服務組織而言，使命不只是一種強而有力的「工具」，它亦是一套具價值的系統，兼具團結和指導的功能，並致力朝向一個共同目的而將重要持份者匯聚於一起（江明修審訂，2004）。

至於如何制定機構使命？以下是管理學大師彼得・杜魯克（Peter F. Drucker, 1998）的一些實踐心得，讀者可作借鑒。杜魯克提及他與社會服務機構員工會談時，每次均會提出五個重要問題：

（一）你們的使命是甚麼？

（二）誰是你們的顧客[3]？

（三）你們的顧客重視甚麼？

（四）你們的成效是甚麼？

（五）你們有何提升成效的計劃？

杜魯克認為員工若能成功回答以上問題，足可反映其對機構的核心信念有較深入的了解；亦即是説，他知悉「機構成立的根由及存在的價值是甚麼？」因此藉着使命宣言的制定，可作為提升和發展組織

---

1 若要衡量機構的效能，必須先制定其使命、價值觀、願景及目的，繼而制定較具體及可衡量的成效目標及過程目標；後兩者可分別制定用以衡量目標是否達到的表現指標，從而評估組織整體性績效，詳情請參閱本書第十四章。

2 「重要持份者」乃指理事會／董事局成員、管理層、員工、服務對象、義工、地區領袖、資助團體及政府代表等。

3 「顧客」乃指「服務使用者」或「服務對象」。

效能的基礎；除此之外，還讓創辦人、領導者與服務對象對其成立目的有更清晰的了解（Drucker, 1998）。由此可見，使命宣言基本能體現出機構之存在目的，而下列三種陳述亦為使命的釋義提供了清晰的指引（Harley-McClaskey, 2017）：

（一）本機構所需履行甚麼角色和功能？

（二）本機構需服務甚麼對象？

（三）本機構應做甚麼？如何去做？

綜言之，使命宣言為機構提供了清晰方向，它不僅發揮導引作用，還讓其服務提施不致脫離正軌（Kettner, 2001），因此它可算是社會服務機構的座標，萬事以使命為起始，萬事皆源於使命（Drucker, DePree, & Hesselbein, 1998）。

二、使命的制定

既然制定使命如斯重要，那麼，管理層及服務策劃團隊（下簡稱「規劃團隊」）在策略規劃過程中，務必審慎檢視下列的核心問題（Drucker, 1998；Dees, Emerson, & Economy, 2001；梁偉康，2012），這包括：

（一）我們（本機構）為何存在？

（二）我們是誰？

（三）我們在做甚麼？

（四）我們目前的定位在哪裏？

（五）我們的身分和本質是甚麼？

（六）我們存在的理據是甚麼？

（七）我們存在的主要功能是甚麼？

（八）我們為誰而存在？

（九）對我們而言，最重要的持份者是誰？

（十）我們能滿足上述持份者哪些基本的需求？

（十一）我們為何要做這些事情？

規劃團隊經反覆討論上述的核心問題後，除可有效識別機構存在之價值和意義外，還可勾畫其主要功能和存在理據，甚至識別重要持

份者是甚麼。正如彼得・聖吉（Peter M. Senge, 1998）所言：「使命告訴組織成員為何在一起，並如何為這個世界作出貢獻。若機構未有使命，便缺乏了組織建立的基礎⋯⋯」；因此，一個良好的使命宣言不僅是高尚和偉大的、具感染力的，以及簡潔和易明的（Brody, 2005），還能涵蓋其願景及目標對象人口羣之需求（Martin & Henderson, 2001）。但更重要的，使命儼如對社會大眾作出的公開承諾，同時還可突顯機構的優勢和特點、確認其核心信念、甚至識別外間環境的契機和社區需求等。即使如此，使命不應只打着漂亮的宣傳口號，而是賦予實際行動潛力，用詞亦須針對其所付出的努力、所需做的和實際可行的事務上。

筆者現引用一些使命宣言的例舉，並針對如何制定鮮明的使命作出更深入的探討與分析，而下列是香港一些社會服務機構所制定的使命，讀者可作參考。

基督教家庭服務中心於 1954 年創立，其使命宣言[4]如下：

> 本中心本着基督的愛服務有需要之人士，致力支持及促進家庭功能，並創造一個可供人們成長及改進的環境。我們提倡社會公義，重視個人尊嚴，並努力在香港建立一個富同情心及關懷的社會。

仁愛堂於十九世紀五十年代創立，並於 1977 年註冊成為非牟利團體，其使命宣言[5]如下：

> 以匡老扶幼、興學育才、助弱保康、關社睦鄰為宗旨，為市民提供福利、教育、醫療、康體等服務。

4　基督教家庭服務中心所制定之使命宣言，網址：https://www.cfsc.org.hk/tc/aboutUs/mission，瀏覽日期：2020 年 10 月 1 日。

5　仁愛堂所制定之使命宣言，網址：https://www.yot.org.hk/?r=site/page&id=3&_lang=zh-TW，瀏覽日期：2020 年 10 月 1 日。

新家園協會於 2010 年創立，其使命宣言[6]如下：

> 提供專業及優質服務，協助新來港及少數族裔人士和其他弱勢社羣融入社區及作出貢獻，推動他們建立互助互愛、多元包容的社會。

香港家庭福利會成立於十九世紀五十年代初期，乃香港特區營辦家庭服務最具規模的機構，其使命宣言[7]如下：

> 我們基於「以家為本」的信念，致力提供高質素的專業社會服務，為香港的家庭及大眾謀福祉，培育一個互相關顧的社會。

針對上述四個使命宣言進行簡單的分析，不難發現這些機構存在的價值和意義是甚麼。舉例而言，基督教家庭服務中心之存在價值乃是致力支持和改善家庭功能，並創造一個可供服務對象成長及改進的環境。而仁愛堂之存在價值乃是透過提供安老、幼兒、醫療、健體、教育等服務，造福社羣。筆者認為較精闢的使命宣言最好是由數個句子組成，而且能回應下列四個重要問題（Weinstein, 2009：12）：

（一）機構有甚麼主要業務？

（二）機構所需履行甚麼角色和功能？

（三）機構需服務甚麼對象？

（四）機構如何履行其承諾？

筆者現引用一個較具參考價值的例子，從中可展示出機構是如何制定其使命宣言，詳見如下：

某社會服務機構之使命是「提供短期的經濟援助、工作機會及保護的服務以改善失業青年之生活質素」，經拆解上述的使命宣言，可

6　新家園協會所制定之使命宣言，網址：http://www.nha.org.hk/file.aspx?clid=122&atid=32&lan=1，瀏覽日期：2020 年 10 月 1 日。

7　香港家庭福利會所制定之使命宣言，網址：https://www.hkfws.org.hk/about-us/our-mission，瀏覽日期：2020 年 10 月 1 日。

分為四個組成部分：

第一部分：動詞 —— 即「提供」；

第二部分：重要的產出 —— 即「短期的經濟援助、工作機會及保護的服務」；

第三部分：主要受助人 —— 即「失業青年」；和

第四部分：承諾要做的 —— 即「改善失業青年之生活質素」。

毋庸置疑，使命宣言具有結合社會資源的功能，而通過方案資源的募集，一來促進目標對象人口羣其生活質素的提升，二來有助機構的長遠發展；由此可見，藉着服務提施能反映組織成員竭力履行其服務承諾，甚至勇於問責。因此規劃團隊於制定使命時，務必貫徹執行下列各點（江明修審訂，2004：32-33；Brody, 2005；梁偉康，2012；Harley-McClaskey, 2017）：

（一）使命宣言必須能說明機構為何要奮鬥，同時提供平台以擴大其組織成員的進步空間，確保工作受到尊重。

（二）使命宣言的制定必須能因時制宜，並配合社會狀況的轉變而適時作出檢討與修訂；就算社會問題已獲得解決，機構仍需定期重檢其使命宣言，並按需要作出修訂（至少每三年重檢一次）。

（三）使命宣言雖由規劃團隊負責制定，但醞釀過程最好能與組織成員共同分享和承擔。

（四）使命宣言必須能為機構賦予一個強而有力的創新機會。

（五）使命宣言必須能付諸行動，這才可對社區及目標對象受助人產生正面的衝擊；就算面對困難與挑戰，它亦可激勵組織成員之工作熱忱與毅力。

有見及此，管理層須定期向組織成員及重要持份者分享機構的使命宣言，並時加運用，激勵人心，從而逐步邁向機構目的之達成。此外，使命宣言必須與時並進，並配合機構之最新發展及社會轉變而作出審視與修訂。基於其重要性，使命宣言已被視為機構最珍貴的資產，可見使命的制定是領導者致力探索的其中一個重要範疇（江明修審訂，2004）。

三、價值觀定義及如何制定

價值觀[8]是指機構最基本和最恆久的信念 (The Deeply Held Beliefs)，它是一套堅實的指導原則 (Guiding Principles)，而對組織成員來說，它所呈現的是一套內在固有的價值與重要信念 (Collins & Porras, 2011)。在制定價值觀的前期階段，規劃團隊務必把服務使用者、員工、服務及管理等方面所堅持的信念和原則細列出來，並依據下列的核心問題進行反覆討論，這包括：

（一）我們（本組織）對服務使用者、員工、服務及管理所抱持的基本態度是甚麼？

（二）我們（本組織）深信甚麼？

（三）我們（本組織）認為上述的指導原則是指甚麼？

（四）我們（本組織）所需堅持的信念是甚麼？

藉着深入的討論可輕易描繪出一些指導原則，而規劃團隊可依此而將機構所堅持的信念勾畫出來。實際上，價值觀是一些根深柢固的信念 (Martin, Charlesworth, & Henderson, 2010：71)，它可決定甚麼是對？甚麼是錯？哪些是最重要？哪些並不重要？可見，價值觀確能反映社會服務機構營運的信念。

筆者現引用香港學生輔助會及香港家庭福利會兩個機構的價值觀以作闡述。首先介紹的是香港學生輔助會，它成立於 1957 年，其早期制定的價值觀是非常詳細的，但現時已作出重大修改[9]；它除秉承聖經的教誨外，還強調三個 "E" 的價值取向——「進取創新 (Entrepreneurial Spirit)、追求卓越 (Excellence) 及重視效率 (Efficiency)」。至於香港家庭福利會，它一向秉持着以家為本的信念，並致力為香港的家庭及市民謀求福祉，其價值觀[10]如下：

我們認同家庭的整全性及其照顧培育家庭成員的功能；

8　「價值觀」另可譯作「核心價值」。

9　香港學生輔助會所制定的價值觀，網址：http://www.hksas.org.hk/b5_mission.html，瀏覽日期：2020 年 10 月 1 日。

10　香港家庭福利會所制定的價值觀，網址：http://www.hkfws.org.hk/about-us/our-mission，瀏覽日期：2020 年 10 月 1 日。

我們尊重個人的權利、尊嚴及潛質；

我們堅守保密原則；

我們增強家庭及個人應變與面對挑戰的能力；

我們採納綜合服務的模式，由一羣優秀及熱心的員工，提供廣泛的家庭服務；

我們着重員工培訓及研究，以提高服務成效；

我們推展各類先導服務，以配合香港社會的需要；和

我們致力倡議訂立一個完善的家庭政策。

一般而言，社會服務機構所持的價值觀是受着內外環境[11]所影響，而影響最深者，莫過於社會和政府的價值觀，當中包括了健康的社會模式（Social Model of Health）、權利和責任、共同合作、服務使用者選擇和需求的滿足（Martin, Charlesworth, & Henderson, 2010）。此外，歐蒂娜等學者所提出之社工專業性相關的價值觀，譬如人類尊嚴和價值、社會公義和公平、服務人性化、誠信和能力等（Hardina, et al., 2007），亦對機構的價值觀產生深遠的影響。

眾所周知，社會性價值觀一向衝擊着機構的價值觀，而機構的價值觀亦直接影響着小組 / 團隊的價值觀，後者甚至影響着個人的價值觀，彼此息息相關，其關連如圖 1-1 所示：

圖 1-1：四種價值觀之相互影響

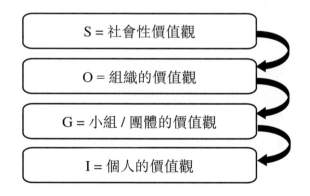

---

11 影響外部環境的因素如政府政策、出資方的資助機制和社會大眾的迴響等，而影響內部環境的因素則包括組織成員、理事會 / 董事局成員、服務使用者及義工等對機構的支持與認同。

針對外間環境的價值觀，應如何作出最恰當的選擇？這可由管理層協同專業職系員工及服務使用者代表共同成立工作小組，藉以檢視相關的專業團體[12] 其所應用的社會性價值觀是甚麼、其所倡導的價值觀又是甚麼？與此同時，亦要檢視機構本身所持的價值觀／信念，以及其工作團隊／個人的價值觀等；凡此種種，可資借鑒。此外，工作小組還可採用漏斗式提問法，並結合聚合性問題（Convergent Questions）與散發性問題（Divergent Questions）兩種方式進行討論，當然亦可考慮採用名義小組方法以取得小組成員的共識。

　　總括而言，藉着使命及價值觀的制定過程，規劃團隊不單能認清機構的存在價值和意義，還可再三確認其所堅持的信念及指導原則。如此，最終可讓組織成員明白他們為何要走在一起，以及如何為社會大眾或有需要人士作出更大貢獻，其重要性不容小覷。

第 二 節

何謂願景及如何制定

一、願景的定義

　　究竟一間社會服務機構的共同方向是甚麼？其所秉持的遠大理想或長遠抱負又是甚麼？哪些因素可促成其別樹一幟？經過一連串的提問後，規劃團隊在制定願景時切記慎重考量，這樣才可得心應手。總之，倘若機構沒有願景，便會缺乏方向；若然迷失方向，它又如何能踏出成功的「第一步」呢？由此可見，機構若對制定願景置若罔聞，其未來發展必定裹足不前（鍾國豪，2005）。

12　這些團體包括香港社會工作人員協會及香港社會工作者總工會等。

廣義來說，願景是指機構期望未來達到的境況／成就（Future Desired State）（Niven, 2003；梁偉康、黎志棠主編，2006；梁偉康，2012）或是指其對長遠發展的希冀和渴望，由此可見，它包含了鮮明的價值基礎（Martin, Charlesworth, & Henderson, 2010）。另一方面，願景的制定可驅使全體員工集中其寶貴的精力和時間，逐步邁向機構期望的境況／成就之達成，因此它如同渴望實現的理想境界，並致力傳達饒富意義和鼓舞的訊息，激發人心。

二、勾畫出具理想成效的願景

至於願景的組成可涵蓋三大元素（鍾國豪，2005：45），這包括：未來的（Future）、具吸引力的（Attractive）和可信的（Believable），而三者中最重要的元素是「未來的」，故「願景」又被稱為「未來成功之路」（Road Map to Future）。社會服務機構若要制定願景，從而規劃其邁進路線，它必須堅守以顧客導向的（Customer-oriented）和團隊為基礎底的（Team-based）兩項原則。前者是從服務使用者之需求出發，傾向主動性，後者則主要由工作團隊及管理者共同建立，並經過反覆討論[13]才發展出來；換言之，願景可說是員工對組織未來路向的冀望，藉着彼此了解、接納與共識，以讓其對組織的未來看得「更遠」和「更廣」。至於願景能否為機構塑造一個具吸引力的未來（Attractive Future），則須檢視其是否符合以下三個準則（鍾國豪，2005：60；Brody, 2005；謝家駒，2009）：

（一）此願景是否代表明天會更好？

（二）此願景是否易於理解？

（三）此願景可否激勵人心？

倘若願景的實踐能有效達到期望的改變，它可算是具有一定的吸引力。至於依據哪些準則以衡量願景的釐定是「好」或「不好」，這方面可考慮採用 "ICAC" 四大準則以作判斷（鍾國豪，2005；謝家駒，2009；Martin, Charlesworth, & Henderson, 2010），現簡列如下：

13　可採用大腦激盪法（Brainstroming）反覆作出討論。

I = Inspirational（具感染力的）

C = Challenging（具挑戰性的）

A = Achievable（可達到的）

C = Concise（簡潔易明的）

社會服務機構若要制定一個具激勵性及富感染力的願景，其目標必須是遠大且具挑戰性的，這樣才可讓組織成員認同其所付出的努力是極具意義，非參與不可。事實上，現時大部分機構已完成其願景宣言的制定，當中主要涵蓋兩個重要的組成部分（Collins & Porras, 2011），分別是：（一）核心意識形態 —— 核心價值觀和核心目的；和（二）展望的未來（Envisioned Future）—— 機構熱切要邁向、達成及創造的未來境況。以香港為例，在芸芸 200 間非政府機構之中，保良局較早期所制定的願景宣言[14] 包含了「遠大和具挑戰性的目標」，值得業界借鑒，現簡介如下：

　　成為最傑出及多元化的慈善團體，領導善業，造福社羣，為國際所推崇。[15]

上述的願景宣言能清楚說明保良局冀盼成為香港特區最傑出及多元化的慈善團體，領導善業之餘，亦為國際所推崇[16]，而與其相似的例子是香港科技大學於成立初期所定下的一個既遠大、具挑戰性和清晰的宏圖，當時是由首任校長吳家瑋教授高調宣佈耗用 10 年時間將科大打造成為「亞洲 MIT」—— 亞洲麻省理工學院，這亦是其最初期的

14　「願景宣言」又稱為「冀盼」，此乃保良局之用詞。

15　這是保良局較早期制定的願景（曾於 2010 年 7 月 29 日籌款活動資料中發佈，網址：http://www.poleungkuk.org.hk/fund-raising-events/feed/rss.html），但現時已作大幅度的修改，至於最新修訂的願景是「幼有所育、少有所學、壯有所為、老有所依，貧寡孤困殘病者皆有所望」，網址：https://www.poleungkuk.org.hk/about-us/about-po-leung-kuk，瀏覽日期：2020 年 10 月 1 日。筆者認為後者的「願景宣言」仿似「使命宣言」，相對空泛及抽象。

16　保良局早期所制定的願景宣言既遠大且具挑戰性，其宏大的理想 / 冀盼確實與眾不同，足以振奮人心。

願景[17]。經過 10 年光景，科大的世界排名已不斷上升，迄今更躋身於全球最頂尖的大學，排名 27，成績斐然[18]。

除上述的願景宣言外，有些非政府機構所制定的願景宣言亦是值得提出來供讀者參閱，這包括：

香港仔坊會社會服務中心：

> 成為卓越的綜合服務機構，共創可持續發展的社會。[19]

香港樂施會：

> ⋯⋯我們透過全面、務實、創新和可持續的工作手法，開展倡議、研究、教育、發展和人道救援項目。我們與世界各地的弱勢社羣、夥伴團體、前線工作者、義工、政府部門和基層社區攜手合作，共同創造一個「無窮世界」。[20]

上述兩個願景宣言，當中以香港樂施會所制定的宏願頗有「烏托邦之夢想」，不太切合實際；而香港仔坊會的願景則略欠遠大目標、感染力及挑戰性[21]，建議重新檢視並加以修訂。

當機構制定出一個令人自豪、具挑戰性、可達到及簡潔易記的願景後，便須付諸行動，這可從三個層面入手（鍾國豪，2005；Martin, Charlesworth, & Henderson, 2010；梁偉康，2012）：

---

17 香港科技大學於 2012 年所制定的願景是："To be a leading university with significant international impact and strong local commitment"，但現今已作出修訂，詳見網址：https://www.ust.hk/zh-hant/about#mission-vision。

18 英國 QS 公司（Quacquarelli Symonds Limited）所發佈的 2021 年世界大學排名（QS World University Rankings 2021），詳見網址：https://www.topuniversities.com/university-rankings/world-university-rankings/2021，瀏覽日期：2020 年 12 月 1 日。

19 香港仔坊會社會服務中心所制定的願景宣言，網址：http://www.aka.org.hk/pdf/about_02_belief.pdf，瀏覽日期：2020 年 10 月 1 日。

20 香港樂施會所制定的願景宣言，網址：https://www.oxfam.org.hk/tc/about-us/vision-mission-core-values，瀏覽日期：2020 年 10 月 1 日。

21 香港仔坊會的願景宣言與保良局早期所制定的相比，略欠遠大目標、感染力及挑戰性。

（一）組織層面

為達到願景，管理層必須重新釐定目標（Re-target），並集中寶貴的資源和精力以促進新目標之達成，這樣，機構不只要投放資源以研發新的技藝（Technology），還須募集更多資源以加強員工培育和發展。為全盤掌握機構的人力資源狀況，並致力善用及挽留人才，它必須建立一個內外激勵兼備的人力資源管理機制，與此同時，須因應不同員工的績效表現，通過晉升、提拔、獎勵和懲處等有效手段以實踐其人力資源策略。

（二）領導層面

以上述及的組織層面工作，無疑是營造一個易於實踐行動的環境，然而「蛇無頭而不行」，一間管理優良的機構須有賴領導者掌舵，從而鞭策組織成員邁向機構目標；由此可見，領導力的建立能有效影響組織成員的行為。學者鍾國豪（2005）將領導者能力模式分為七個實際行動，並從每個形容行動的字彙中擷取其首個英文字母組成 "RESPECT" 一詞，方便讀者銘記，詳情如下表所示：

領導者所須採取的實際行動及釋義		
R	責任（Responsibility）	領導者除履行職責外，還須定期檢視潛在的後果，並願意承擔責任。
E	精力（Energy）	領導者氣度雄遠，魄力非凡，致力以促成遠大目標為己任，並對員工所作的各項改善行動表示欣賞。
S	強項（Strength）	領導者意志堅毅、富上進心和資源廣博（Resourceful）。
P	堅持不懈（Persistence）	領導者秉持信念，永不言棄，持續改善，並以驅動員工邁向願景而不斷奮鬥。
E	激發情感（Emotion）	領導者鬥志昂揚，並能鼓舞士氣，激勵員工發揮超逾水準的績效。
C	溝通（Communication）	領導者從善如流，上傳下達，並致力與重要持份者保持良好溝通。
T	信任（Trust）	領導者人心所向，上下一心，坦誠相待。

(三) 員工層面

　　領導者若要獲取組織成員的積極配合，必須先提升其當責感
(Sense of Accountability)、能力和態度，而先決條件是賦予員工權力
及自主權，這才可促使其為自己所作的決定及行為負責。可幸的是
「當責員工」普遍採取主動和積極態度，工作亦能獨當一面，因此可
適當賦權。另一方面，機構亦須致力提升員工解決問題的能力，甚至
擴大其網絡資源及風險責任，就算面對工作挑戰仍能排除萬難，遊刃
有餘，並竭力以邁進機構願景為己任。由此可見，員工所肩負的當責
感、工作能力與態度是不可或缺的元素，三者若桴鼓相應，願景達成
指日可待。

　　毋庸置疑，社會服務機構若要從目前境況邁向未來期望的理想
境況，必須先激發員工的工作熱忱、動力和決心，並竭力克服重重障
礙，包括內外環境的各種挑戰與威脅、資源匱乏和技能缺乏等；倘若
機構能針對組織、領導及員工這三個層面作出相應行動，估計成功實
現願景是指日可待。

　　筆者已就如何制定使命、價值觀、願景及其重要性作出詳細的論
述，為加強實踐與應用，現提供一份適用於社會服務機構的表格 (附
件 1.1[22]) 供讀者參考，當中列述了一些核心問題以展示機構如何制定
使命、價值觀和願景。總的來說，若要落實「願景」的達成，必須先
將它變成「目的」，繼而向下制定達標的策略，上述各項彼此間互有關
聯，下文將作詳細介紹。

22　參〈本章參考資料〉的附件二維碼。

第 三 節

目的與策略之關聯

一、目的與策略之含義

一般而言，社會服務機構所制定的願景預期能於 10 年內達成，如果是其他更宏大的抱負，或許需要更長時間。縱使願景是較為抽象，但它具方向性；其內容雖相對空泛，卻具遠大的理想。有見及此，願景之下須制定目的（Goal），並最好能於三至五年內達成，然而有些目的未必可作衡量，亦不見得可達成之，儘管如此，它仍代表着理想或期望達到的成果（Coley & Scheinberg, 2000：123；梁偉康，2012；Dudley, 2020）。

概而言之，願景的最大作用是聚焦，它既能為機構提供導引與方向，同時有效匯聚組織成員的能量以提供所需的方案 / 項目；而目的則是從需求陳述發展出來，它針對某些應要完成或透過某些專業行動所作的改變而進行清晰的描繪，當制定目的後，機構遂依此而制定其所需採用的策略。

所謂策略，這是指廣泛的、定向的優先項目或長遠的行動和行為以促成願景的實現。除此之外，策略屬於機構的整體性定位，它可反映其對應外間急遽轉變的環境之獨特能力（Courtney, 2013）。若要制定有效的策略，這必須針對機構目前的處境及其未來期望達到的境況進行策略性分析，透過辨析兩者之差距，從而審視組織能力及其可動用資源的能力。不僅如此，機構還須分析外間環境的宏觀因素，從而識別影響其營運的關鍵性成因及潛在的契機和威脅等，通過以上做法，這將有助其推展整個策略性策劃的執行。

經過強—弱—機—危分析（SWOT Analysis），下一步便是釐定機構的策略性方向與定位及選取有效的策略。一般適合社會服務機構所採用的策略有四種，這包括：拓展策略、提升策略、重組策略和凝固

策略（陳錦棠，2002）。此外，卡恩斯（Kearns, 2000）亦提出了三大策略，這包括：成長、節省和穩定，機構可從中選取切合其所需的策略，並加以實踐，這樣才可加快使命和目的之達成。

二、機構使命、價值觀、願景、目的和策略之間的關係探討

一般而言，人羣服務組織先制定其使命、價值觀和願景，其後轄下部門才制定目的 [23] 及目標 [24]。若然管理者採用平衡計分卡（Balanced Scorecard）這種表現衡量和管理工具以評估組織整體性績效之表現，一般做法是依據組織使命和價值觀而制定願景（十年內達到）。但由於願景頗為空泛，因此須制定目的（三至五年內達到），繼而向下發展其相關的策略、策略性目標/表現目標（一至兩年內達到）、關鍵性表現指標、指標水平和達到指標水平所須實施的行動計劃（Management Initiatives）。上述各項的關係環環相扣，詳情可參閱圖 1-2。

平衡計分卡這種表現衡量和管理工具早於 1992 年由美國哈佛大學（Harvard University）著名學者羅伯・柯普朗（Robert S. Kaplan）和管理顧問大衛・諾頓（David P. Norton）共同發展出來，它普遍被美國大型企業機構所採用，直到 2000 年初期，公共機構及人羣服務組織才開始引入這種管理系統。而截至 2009 年，香港特區芸芸 200 間的非政府機構當中，只有寥寥數間才嘗試建立這種表現衡量及管理工具 [25]。鑒於它是一套全面的績效評估工具，甚具實用價值，建議社會服務從業員多加應用。筆者現引用平衡計分卡以解構組織使命、價值觀、願景、目的和策略之邏輯關係，並於下列篇幅加以闡述。

---

23 「目的」亦通稱為「服務宗旨」。

24 筆者發現，香港特區各大非政府機構所出版的《年報》（例如香港明愛、香港聖公會福利協會及保良局等），普遍將「目的」（Goal）與「目標」（Objective）混為一談，實屬錯誤。

25 於 2004 年，經香港社會服務聯會協調，並由社會福利署撥出獎券基金（Lotteries Fund）超逾 170 萬元以資助 17 間非政府機構推行業務改善計劃（Business Improvement Project）——平衡計分卡之應用。據悉，迄今仍採用平衡計分卡之非政府機構只有寥寥數間，仁愛堂社會服務科及香港仔坊會社會服務中心曾是其中佼佼者，兩會並於 2006 年 10 月合作出版全球第一本以中文論述如何採用平衡計分卡以衡量人羣服務組織整體性績效之工具書，甚具參考價值。

圖 1-2：平衡計分卡所展示的使命、價值觀、願景、目的和策略之間的關係

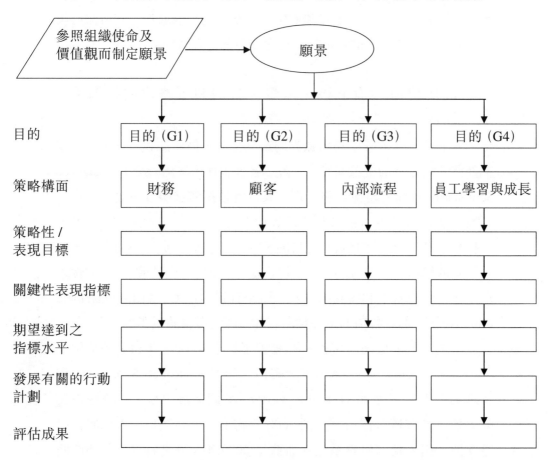

基本上，使命可描繪機構之存在價值和意義，極具導向性；而價值觀乃指其所堅持的信念，同樣具有指導性原則，而當中所持的信念是牢不可破，因此其作用不容忽視。使命和價值觀一般是不容易被改變的，除非是機構為對應外間環境的急遽轉變和 / 或針對組織架構或運作流程而迫切進行大規模的重整（Re-engineering），這才不得已修訂其使命和價值觀（Brody, 2005）。雖然願景是機構的遠大抱負 / 理想，但並非遙不可及，它不單可在十年內達到，還能清楚描繪其未來達到的境況。如前文所述，由於願景較為空泛，因此須向下制定目的（三至五年達成），推進下去，再制定達到目的之有效策略，現用圖 1-3 列出其相互關係，讀者可作參閱。

圖 1-3：使命、價值觀、願景、目的和策略之關係圖

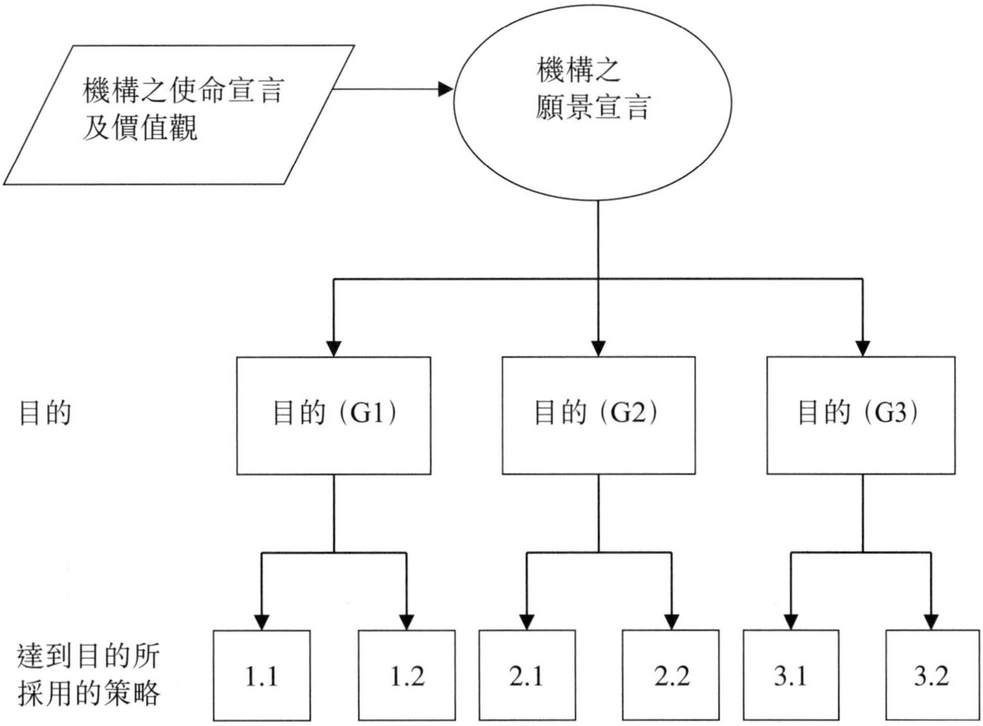

上述關係圖中，使命宣言主要是描繪機構所期望做到的，又為何要做？而價值觀則是機構所堅持的「好」和「重要」的信念，至於願景宣言主要是描述使命若然成功，機構期望達到的境況 [26] 是甚麼？由於願景宣言一般較為抽象，為促使其有效達成，願景宣言之下須制定較具體之目的，然後才發展達到目的之有關策略。

三、各項概念之實例及精要

筆者現嘗試引用香港某間安老服務機構所作的範例，以讓讀者進一步掌握制定使命、價值觀、願景、目的及策略的做法。

---

26 願景宣言是參照機構之使命及價值觀而制定。

使命宣言	⇨	提供優質、多元及整合的安老服務，讓體弱長者能安享晚年。
價值觀	⇨	本機構全體員工堅持下列的信念：
Care（關懷）	➜	以摯誠及親切的態度，主動了解長者的需求。
Helpfulness（樂助）	➜	堅持「以人為本」的精神，並樂意協助長者安渡晚年。
Accessibility（方便）	➜	提供綜合及一站式服務以便長者獲取其所需服務。
Reliability（可靠）	➜	發揮專業精神以提供質量俱佳的服務。
Mutuality（共享）	➜	以真誠及開放的態度與其他團體協作，共謀長者福祉。
願景宣言	⇨	本機構不斷追求卓越，積極滿足體弱長者各項需求，致力成為本港安老服務機構之最佳典範。
目的	⇨	為達到上述願景，本機構所制定之目的如下：

(一) 提升住院長者的福祉；

(二) 改善長者的生活質素；和

(三) 促使長者與社區的整合。

| 策略 | ⇨ | 本機構制定下列策略以說明為達到目的而必須採取的長遠行動和廣泛的、定向的優先項目。有關策略包括： |

回應目的（一）：1. 顧客為尊策略

2. 服務整合策略

回應目的（二）：1. 服務整合策略

2. 跨組織／專業合作策略

回應目的（三）：1. 社區參與策略

2. 義工動員策略

參照上述策略，本機構未來將要集中完成的主要工作包括：

（一）依據顧客為尊策略而制定的工作：

    1. 全面識別體弱長者的需求；和

    2. 配合長者需求而提供其所需的安老服務。

（二）依據服務整合策略而制定的工作：

    1. 提供多元化及整合的安老服務；和

    2. 致力推動區內機構／團體協作以提供一站式安老服務。

（三）依據跨組織／專業合作策略而制定的工作：

    1. 促進跨組織／團體的合作空間以提供整合的安老服務；和

    2. 倡導跨專業的協作以滿足長者所需的一站式服務。

（四）依據社區參與策略而制定的工作：

    1. 組織區內長者義工探訪獨居長者；和

    2. 組織長者成立議事委員會以鼓勵其關注社區問題和社區事務。

（五）依據義工動員策略而制定的工作：

    1. 動員老、中、青、幼義工探訪年老及體弱長者；和

    2. 加強義工培訓與督導。

為加強讀者的理解，筆者現針對使命宣言、價值觀、願景宣言、目的及策略等作出精要的描繪，詳見表 1-1 所示。

表 1-1：使命宣言、價值觀、願景宣言、目的及策略的描繪

	使命宣言	價值觀	願景宣言	目的	策略
定義	組織存在的理據與目的，依此以發展其價值觀、未來方向及存在的意義與責任	組織所堅持的指導原則	組織未來可成功達到的宏圖或成就	組織於某一特定時期所追求的最終成效	組織廣泛的、定向的優先項目，以及採取長遠的行動和行為以促使其願景的實現

	使命宣言	價值觀	願景宣言	目的	策略
特色	✧ 展示組織存在之根由及未來發展的方向和大原則 ✧ 理念層次 ✧ 含義廣泛及抽象	代表組織上下員工所堅持的信念	✧ 描述組織未來的特性／特色 ✧ 較明確和具體的 ✧ 通常可於十年內達成 ✧ 可激發組織成員的正能量	✧ 可拉近現實狀況與夢寐以求狀況兩者之間的差距——將組織之願景逐步實現 ✧ 並不一定可衡量或可達到的，它只代表理想和／或期望達到的成效 ✧ 配合組織使命而發展出來，當中列明處理問題後期望產生的成效，並依此而導引成效目標及其他類型目標的發展	✧ 指引組織如何運作、應做甚麼，以及為何這樣做 ✧ 組織使命之延伸
例舉	香港紅十字會[27]： 作為國際紅十字會運動的一份子，我們積極推動社羣，本着人道理念與志願服務精神，竭力保護生命、關懷傷困、維護尊嚴。	香港家庭福利會[28]： ✧ 我們認同家庭的整全性及其照顧培育家庭成員的功能 ✧ 我們尊重個人的權利、尊嚴及潛質 ✧ 我們緊守保密原則 ✧ 我們增強家庭及個人應變與面對挑戰的能力 ✧ 我們採納綜合服務的模式，由一羣優秀及熱心的員工，提供廣泛的家庭服務 ✧ 我們着重員工培訓及研究，以提高服務成效 ✧ 我們推展各類先導服務，以配合香港社會的需要 ✧ 我們致力倡議訂立一個完善的家庭政策	保良局[29]： 幼有所育，少有所學，壯有所為，老有所依，貧寡孤困殘病者皆有所望。	✧ 提升長者的生活質素 ✧ 提高長者的福祉 ✧ 促進青少年的全面發展 ✧ 改善青少年的生活質素	✧ 穩定策略 ✧ 成長策略 ✧ 節省策略 ✧ 合作策略

---

27 香港紅十字會所制定之使命宣言，網址：https://www.redcross.org.hk/tc/about_hkrc/mission.html，瀏覽日期：2020 年 10 月 1 日。

28 香港家庭福利會所制定之價值觀，網址：http://www.hkfws.org.hk/about-us/our-mission，瀏覽日期：2020 年 10 月 1 日。

29 保良局所制定之願景宣言，網址：https://www.poleungkuk.org.hk/about-us/about-po-leung-kuk，瀏覽日期：2020 年 10 月 1 日。

小結

　　總括而言，筆者已對制定使命宣言、價值觀、願景宣言、目的及策略等各種概念作出詳細的介紹，由於它們是人羣服務機構不可或缺的組成部分，亦是其生存的關鍵要素，因此管理者務必優先處理，絕不可束之高閣。基本上，香港特區大部分的社會服務機構已制定上述範疇，但完善與否則見仁見智。筆者一再重申以上各項元素之間的關係緊密相連，每一項都可「牽一髮而動全身」，因此管理者務必掌握其真正意義，切忌亂套，顧此失彼。本章附件 1.1（「社會服務機構之使命、價值觀及願景制定表格」）[30] 可有助管理者進一步認識組織使命、價值觀及願景的制定，通過核心問題的反覆思考與討論，以讓其釐清每個範疇的要義及關注點，為制定機構的 MVV 打下堅實的基礎[31]，而附件 1.2（「社會服務機構使命之檢視」）[32] 則有助管理者檢視及修訂組織使命，皆具參考價值。

　　綜而言之，精闢的「使命宣言」能勾畫出機構存在的因由和價值，而正確的「價值觀」則彰顯其所秉持的信念，亦影響未來所需採取的策略和行動。對於機構能朝着特定的方向發展，是一個能振奮人心的「願景宣言」所需肩負的功能，可見它被視為描繪機構未來邁向成功的藍圖，極富激發組織成員之個人潛能，甚至有效激勵其竭盡所能邁向使命之達成。至於「目的」可說是願景的細分，它是明確而具體的；「策略」則是機構的工作重點，亦是達到目的之有效方法。總的來

30　參〈本章參考資料〉的附件二維碼。

31　事實上，海峽兩岸暨香港、澳門大部分之社會服務機構原先所制定的使命、價值觀和願景（MVV），其準確性煞是值得商榷；當中，筆者認為大部分機構更須依據其發展方向、服務定位及特色而對 MVV 作出進一步的審視與修訂，有些甚至要推倒重來，重新制定；否則只會前功盡廢。

32　參〈本章參考資料〉的附件二維碼。

説，MVV 的制定對機構的長遠發展極其重要，因此管理者務必身先士卒，通計熟籌。

本 章 主 要 參 考 資 料

1. Brody, R. (2005). *Effectively managing human service organizations* (3rd ed.). Thousand Oaks, CA: SAGE Publications, Inc.

2. Collins, J.R., & Porras, J.I. (2011). "Building your company's vision". On *Strategy*, 2011, pp.77-102. Boston, MA: Harvard Business School Press.

3. Courtney, R. (2013). *Strategic management in the third sector.* UK: Palgrave Macmillan.

4. Drucker, P.F. (1998). *The Drucker Foundation self-assessment tool: Participant workbook.* San Francisco: Jossey-Bass.

5. Drucker, P.F., DePree, M., & Hesselbein, F. (1998). *Excellence in nonprofit leadership.* San Francisco: Jossey-Bass.

6. Dees, J. G., Emerson, J., & Economy, P. (2001). *Enterprising nonprofits: A toolkit for social entrepreneurs.* New York: Wiley and Sons, Inc.

7. Dudley, J.R. (2020). *Social work evaluation: Enhancing what we do* (3rd ed.). New York: Oxford University Press.

8. Hardina, D., Middleton, J., Montana, S., & Simpson, R.A. (2007). *An empowering approach to managing social service organizations.* New York: Springer Publishing Company.

9. Harley-McClaskey, D. (2017). *Developing human service leaders.* Los Angeles: SAGE Publications, Inc.

10. Juran, J.M., & De Feo, J.A. (2010). *Juran's quality handbook: The complete guide to performance excellence* (6th ed.). USA: McGraw-Hill Companies, Inc.

11. Kearns, K.P. (2000). *Private sector strategies for social sector success: The guide to strategy and planning for public and nonprofit organizations.* San Francisco, CA: Jossey-Bass.

12. Kettner, P. M. (2001). *Achieving excellence in the management of human service organization.* Boston: Alyn and Bacon.

13. Martin, V., & Henderson, E. (2001). *Managing in health and social care.* London: Psychology Press.

14. Martin, V., Charlesworth, J., & Henderson, E. (2010). *Managing in health and social care* (2nd ed.). Abingdon: Routledge.

15. Niven, P.R. (2003). *Balanced scorecard step-by-step for government and nonprofit agencies.* Hoboken, New Jersey: John Wiley & Sons, Inc.

16. Pricewaterhouse Coopers (2005). *Performance measurement and management tool: Operation manual.* HKCSS.

17. Quacquarelli Symonds Limited (2021), "QS World University Rankings 2021". Retrieved from https://www.topuniversities.com/university-rankings/world-university-rankings/2021. Accessed on 1st December, 2020.

18. Senge, P.M. (1998). "The practice of innovation". *Leader to Leader Institute*, No.9

(Summer), pp.16-22.

19. Stern, G.J. (1998). *The Drucker Foundation self-assessment tool: Process guide*. San Francisco: Jossey-Bass.

20. Times Higher Education (2020), "World University Ranking 2020". Retrieved from https://www.timeshighereducation.com/world-university-rankings/2020/world-ranking#!/page/0/length/25/sort_by/rank/sort_order/asc/cols/stats. Accessed on 1st June, 2021.

21. Weinstein, S. (2009). *The complete guide to fundraising management* (3rd ed.). New Jersey: John Wiley & Sons, Inc.

22. 江明修審訂（2004），《企業型非營利組織》。台北：智勝文化出版。原著：Dees J. G., Emerson J., & Economy P. (2001). *Enterprising nonprofits: A toolkit for social entrepreneurs*. New York: Wiley and Sons, Inc. 。

23. 梁偉康（1997），《社會服務機構行政管理與實踐》。香港：集賢社。

24. 梁偉康（2012），《成效管理：非營利社會服務組織全面實踐策略》。香港：非營利組織卓越管理有限公司。

25. 梁偉康、黎志棠主編（2006），《表現衡量和管理全新攻略：社會服務平衡計分卡之構思與實踐》。香港：仁愛堂、香港仔坊會社會服務中心。

26. 陳錦棠（2002），〈香港社會福利機構面對之挑戰和未來發展〉。收錄於 Shek, T.L. (Eds.) (2002). *Advances in social welfare in Hong Kong*. Hong Kong: Chinese University of Hong Kong.

27. 謝家駒（2009），〈社會企業家要八面玲瓏〉，仁愛堂培訓活動講義。

28. 鍾國豪（2005），《領導企業跨世紀：CEO 改進策略》。香港：經濟日報出版社。

附件二維碼

2

第一部分

社區問題及需求評估與
目標制定

導言

　　社會服務機構的使命旨在解決或紓緩「現存的」或「將會發生的」社區問題 (Community Problems)[1]，隨着社區需求 (Community Needs) 日增，它必須自強不息，竭力提供高質素和具成效的方案／項目；如此，除可解決社區問題外，還可滿足服務對象之社區需求，可見其存在是至關重要。為提升重要持份者及社會大眾對機構的認受性，規劃團隊於制定使命宣言時，謹記運用精闢語句將機構的服務重點及特色概括地描述出來；除此之外，還要審時度勢，並配合其策略目標適時作出更新。

　　毋庸置疑，社會服務機構困於資源匱乏，其所提供的服務／方案不但未能有效解決社區問題，而且無法全面滿足受問題困擾的人口羣之需求，因此必須與時並進，積極運用系統的評估方法，並依據「重要性」和「緊急性」這兩項原則以進行社區問題和需求的識別，繼而按其可資運用的資源為服務對象提供其所需的方案／項目，此舉除可提升服務效能，還確保公帑用得其所。總而言之，機構若先從社區問題／需求的成因識別其關鍵性成因，繼而制定成效目標，相信整項策劃工作的成效勢必事半功倍。

1　社區問題和社區需求可算是「一個硬幣兩個面」，彼此互有緊密的關係；換言之，受問題所困擾的人口羣必定有其特定需求，可見問題和需求之成因大致相仿。因此社會服務機構若只集中處理社區問題，受問題困擾的人口羣之需求將可獲得一定程度的滿足；反之亦然，它若只針對滿足服務對象的需求，有關的社區問題亦會相應得到紓緩。

何謂社區問題及需求

社區問題乃指決策者依據一種參考性框架（A Frame of Reference）[2] 以界定某些「社會狀況」，並將之標籤為「問題」，而參照「韋伯斯特詞典」（Webster's Dictionary）所作的定義，「問題」亦指不幸的來源。另一方面，某些社會狀況可被界定為一種「社會事實」，但若然未作進一步的闡釋，這些社會狀況或社會事實將會變得毫無意義。舉例而言，根據 2018 年的統計數據[3]，以香港一個四人家庭為例，在貧窮線水平定於住戶人數劃分的政策介入前，月入少於港幣 21,000 元便屬於貧窮住戶。一方面，這是描述家庭的收入狀況；另方面，這亦明確反映出一種社會事實；亦即是說，年收入平均達到或低於港幣 252,000 的四人家庭將被標籤為「貧窮家庭」——屬於一種社會問題。除此以外，亦可採用其他的參考框架（例如社會指標方法）以識別這些家庭的收入是否低於貧窮水平。還有，其他與貧窮扯上關係之非理想社會狀況亦可被標籤為「問題」，譬如家庭成員健康欠佳、子女學業成績差劣、居住環境惡劣、長期依賴福利救濟，以及青少年未婚懷孕等，這些社會狀況若被機構決策者判斷為「負面的、有害的或病態的」，將被視為「社區問題」。因而可知，社區問題泛指那些非理想的社會性狀況（Unfavourable Societal Conditions），它不只對社區某羣體造成危害，還會持續一段頗長的時期（葉至誠，1997），因此須透過某種集體行動方式作出改善；然而，以上所述與社會學家所界定的社會問題是截然不同的概念，故不必相提並論。儘管如此，社會性狀況的陳述必須涵蓋下列三點：一班目標對象人口羣；它所包括的地域和範

2　此框架是建基於一些價值體系的塑造。

3　資料來源：香港特別行政區政府《2018 年香港貧窮情況報告》（2019 年 12 月）。

圍；和上述人口羣所面對的困難／問題（Netting, Kettner. & McMurtry, 2008）。

事實上，社區問題一經被識別，此問題遂轉變成某個目標對象／受助人人口羣（A Target or Client Population）之社區需求。而社會服務機構所提供之方案／項目一般被公認為合情合理的做法，這主要建基於一個意圖──「針對被識別出的社會問題，這些問題會被轉換成某個目標對象／受助人人口羣之需求」（Martin, 2008：38）。由此可見，當機構關注某些社區問題時，同時會關注到受問題影響人士的獨特需求。打個比方，若有些服務對象對社會狀況感到不滿，或許是由於缺乏物資的支援，依此推斷，其社區需求便是「不滿社會及物資狀況」；又例如某社會服務機構以提供綜合家庭服務為主，其所關注的社區問題是家庭暴力及受虐婦女未獲滿足的需求（Unmet Needs），因此，它須致力爭取與區內相關機構的協作，共同提供適切的綜合家庭服務，從而解決因家暴及受虐婦女所面對的社區問題，甚至提供相關的社區支援和資源以滿足其需求。

總括而言，社會服務機構之存在價值和意義乃是要解決社區問題，並為受問題困擾的人士提供所需服務，藉以滿足其需求，因此規劃團隊須針對社區問題進行系統的分析，同時採用有效方法以評估受問題困擾人士之需求，這才可因時制宜，對症下藥。

現時針對社區需求所作的定義不可勝舉，筆者現只引用其中兩位較著名學者的理論模式，並加以闡述。首先，英國約克大學（University of York）社會行政學系布拉德肖教授（Bradshaw, 1972）對社區需求提出了四種定義：

一、規範性需求（Normative Need）

這是專家或專業人士在任何既定的情境中對「需求」所給予的定義，例如英國醫療協會的營養標準便是依據規範性標準為基礎的需求而進行衡量。

二、感受的需求（Felt Need）

顧名思義，這種需求是服務對象本身所感受到的，與慾望（Want）相近。在一般情況下，當評估服務對象的需求時，被訪者往往會被問及有否此方面的需求。

三、表達的需求（Expressed Need）

表達的需求可算是個人將感受的需求轉化成為對福利服務需求的一種實際行動。在此定義之下，整個需求是指專為那些特定的目標對象人口羣提供其所需的服務，譬如體弱長者輪候入住院舍之需求。

四、比較的需求（Comparative Need）

依據此定義，需求的衡量是藉着研究受助人之特質並作出比較；換言之，假設具相類同特質的服務對象沒有接受其所需的服務，然而卻有相同需求，以下會引用籠屋[4]長者作進一步的闡述。通過研究調查後，識別出大部分入住安老院舍的長者具備了兩種特質——「患有身體殘障」和「缺乏親人照顧」；若然一羣居住於籠屋的體弱長者皆被識別出帶有這兩種特質，這足可反映他們亦有接受院舍服務的需求。

由此可見，上述四種定義有着交互的關係，現分別以加號（+）與減號（－）以界定前述需求為「有」或「無」。比方說，若從個人至各範疇均被確認有此需求（即 "＋＋＋＋"），無可爭議，這種需求是非常確定的；而另一種是接受專家所界定的需求，它雖無個人感覺和表達的需求，但通過專家或專業人士的驗證，它同樣具有受助人的特質（即 "＋－－＋"）。因而可知，布拉德肖指出「個人的需求」是上述四種定義所呈現的交互關係而衍生出 12 種拼合之其中一種；然而上述需求只屬於一些分類，當中仍會出現很多變化，管理者須加倍注意。另由於「規範性需求」會因應其所採用的特殊標準而產生變化，而「感覺的

4　籠屋的官方名稱是床位寓所，根據《床位寓所條例》，床位寓所定義為「內有 12 個或以上已被人根據租用協議佔用或擬供人根據租用協議佔用的床位的任何住宅單位」。因床位寓所多以鐵籠包圍，故俗稱籠屋。

需求」則是經採集被訪者態度和感受的資料而進行之研究分析，倘若訪問員因其「主觀」評審而對被訪者的感受產生「非客觀的判斷」，最終仍會影響評估的準確性，因此個人若透過不同途徑表達其需求，將會對評估造成不同程度的誤差。再者，「比較的需求」主要是依據所涵蓋的範疇和特殊的社會、人口羣或環境的特徵而作出改變，雖然如此，其他因素亦有機會影響評估的準確性，管理者必須提高警覺。而布拉德肖教授的需求分類儘管存在着不少缺點，但其理論仍甚具參考的價值。

學者塞耶（Thayer, 1973）參照了布拉德肖所作的定義而對七個社會服務研究事例進行深入的探討，最後將需求界定為「問題」和「幫助」；換言之，「幫助」主要是減輕被識別的「問題」對個人或社會所產生的衝擊或受影響的程度，由此可見，前者是指診斷的需求（Diagnostic Need），後者則指規定的/慣例的需求（Prescriptive Need）。根據塞耶的定義，診斷的需求乃指社會功能的問題（Problems of Social Functioning）或引致不滿的社會和物質的情況；比方説，社會隔離、惡劣的居住環境和街頭暴力等均屬於診斷的需求。簡言之，規定的/慣例的需求乃是依據某些服務或社區資源的不足情況而識別出診斷的需求，因此兩者的交互關係是顯而易見。具體來説，規定的/慣例的需求乃指親友探訪、建造一個新住房或在某區增加警察巡邏的次數等。綜合而言，塞耶的研究結果有助規劃團隊辨析社區的需求和資源——「需求」所指的是「診斷的需求」，而「資源」則是「規定的/慣例的需求」，兩者關係密切。

接着，筆者將在本章後部分闡述如何制定目標，而目標大致分為成效/衝擊性目標（Outcome/Impact Objectives）、過程/服務性目標（Process/Service Objectives）及運作性/後勤性目標（Operational/Logistics Objectives）三大類型，它們與需求和資源之間互有關係。在「診斷的需求」之下，居民感受到不理想的衝擊/影響（Undesirable Impacts）是其中一個明顯的例子，而「資源」可將過程/服務性目標及運作性/後勤性目標進行合併，從而滿足「診斷的需求」。由於本文對社區問題已進行詳細闡述，故不再重複；而本章所指的社區需求，

主要是指因不滿的社會和物質狀況（Discontented Social and Physical Conditions）而引起居民受到不理想的衝擊。若要改善有關狀況，社會服務機構必須動員人力及募集財務資源，致力為服務對象提供其急切所需的方案／項目，藉以滿足其需求或緩和不滿的情緒。

第 二 節

為何要對社區問題及需求作出評估

　　正如前文所述，社會服務機構之存在價值和意義乃是要解決社區問題和／或滿足社區需求；倘若其所提供的方案／項目未能有效解決社區問題和／或滿足社區需求、又或是社區問題／需求根本不存在，它將無存在價值可言。既然如此，為確保穩步發展，機構必須採用多種方法以識別社區問題及社區需求，藉此找出這些問題及需求之關鍵性成因，繼而才可有效制定成效目標和過程目標，並逐步推展適切的方案／項目。倘若其所定的成效目標能夠達成，則表示某程度上已解決有關的社區問題或／及滿足社區需求；換句話說，成效目標乃是依據被識別的社區問題／需求之關鍵性成因而制定出來的，這亦是符合邏輯的說法，詳情可參閱本書第三章有關某家庭綜合服務中心年度計劃制定之例舉。

　　一般而言，規劃團隊之首要任務是對現存的社區問題進行辨析，繼而採取有效策略以處理最重要及最緊急的社區問題。按理說，若社區問題及早迎刃而解，相信必可大幅減少社區需求的產生，同時還可紓緩社區資源耗用的壓力。舉例而言，「體弱長者受到虐待」是典型

的社區問題，如針對其主要成因[5]而提供各項有效的解決方案[6]，想必可逐步解決長者受虐此等社區問題，而受影響的人數亦將會下降；長此下去，「長者被虐」再不會對社會構成負面影響，而因應社區需求對上述資源所構成的壓力亦可得到釋放。機構如能採用有效策略以滿足社區人士之特別需求，毋庸置疑，這將可減少或預防社區問題的發生。再打一個比方，青少年犯罪是一種社區問題，而導致犯罪的原因多不勝數，其中包括欠缺舒適的居住環境、缺乏教育機會以發展其學業及興趣，以及家庭成員關係薄弱等。倘若社會服務機構和政府相關部門能通力合作，並戮力採取行動以滿足青少年的需求[7]，相信青少年犯罪此等社區問題將可獲得紓緩甚或得到解決。正因如此，機構為其目標對象人口羣提供服務之前，須善用有效方法以評估社區問題和／或需求，這不單彰顯其存在的價值和意義，還可履行其既定使命；而更重要的，這是其賴以延續生存強而有力的理據。

　　總括而言，首要的策劃任務是進行社區問題的分析，具體來說，規劃團隊須先掌握社區現況，然後依據完成策劃任務後所得的數據以進行社區需求的評估，從而識別社區問題的類別和分析其蔓延狀況與嚴重性，接着找出那些受問題困擾的目標對象人口羣之社區需求，最後才制定其所需的方案／項目，並加以落實執行。

5　體弱長者受到虐待的主要成因包括了護老者缺乏社區支援服務、護老者面對沉重的照顧壓力，以及護老者欠缺自然支援系統之情緒及實質的支援等。

6　針對體弱長者被虐的解決方案有多種，例如為護老者提供社區支援服務、提供心理輔導服務以減輕護老者的照顧壓力、推行鄰里守望襄助及義工探訪計劃等。

7　青少年是社會重要的一羣，若要滿足其需求，可為他們提供良好的居住環境、擴大其發展興趣或教育的機會、按需要提供適切的輔導服務以改善其與家人之相處技巧等；如此，這將有助降低青少年犯罪問題。

社區問題評估之過程和方法

　　很多社會服務機構管理者及轄下的專業團隊一直忽略社區問題之評估過程，他們普遍只陳述社區問題，但不會針對有關問題的成因作出審慎的考量與分析；更糟糕的是，他們會倉卒提出問題的解決方案，為完成任務而匆匆推出一系列的行動計劃。眾所周知，若要有效解決社區問題，先決條件必須了解問題背後的成因，然後透過內外環境的審視以進行問題分析，繼而識別解決問題之優先順序。至於有關做法，詳見於下列：

一、了解社區問題產生之背景

　　社會大眾或相關團體對社區問題之觸覺與敏感度，能對工作評估起着相當關鍵的作用。每當出現某些社區問題、或是個別居民對社區某些狀況感到不滿時，他們大多期望能儘快改善這些不理想的社區狀況。在此大前提下，伴隨着社區居民對問題的高度關注，以期解決社區的潛在問題，社會服務機構的社區合法性（Community Legitimacy）日漸獲得確認與提升。事實上，現時有多種實踐社區合法性的方法，譬如大眾傳媒反覆討論相關的社區問題、由慈善基金會向某些服務團體提供資助以支持其推行不同的試驗性計劃、政府部門及志願機構對某些方案／項目提供財務資助等；凡此種種，均是解決或紓緩社區問題的有效策略。

　　毋庸置疑，導致社區問題的成因絕對是錯綜複雜，因此管理層及服務策劃團隊（下簡稱「規劃團隊」）務必認真審視與研究，並致力分析衍生問題的來源，藉着蒐集多方面的資料與數據，從而識別社區問題的關鍵性成因。換言之，若要全面了解某項社區問題，必須仔細翻閱文獻，甚至與那些具資深經驗及專業人士進行反覆的討論，此舉能

有助於識別社區問題的發生是屬於短暫性或持續性？受影響的人是局部性（小撮人）或者是廣泛性（大部分人）？由誰界定此社區問題？有關問題的發生是源於個人或家庭？其蔓延性與個人及家庭的地位和權力分配有否關聯？以上所述，規劃團隊在進行策劃工作時，必須殫精竭慮，絕不可因循苟且，敷衍塞責。

另一方面，針對社區狀況以蒐集相關性資料亦是重要的一環，機構須依據社區問題的特性，致力從多方渠道收集其所需的資料，比如人口普查統計、就業數據、調查報告，以及來自專上學院、法院和社會服務機構的記錄等；但更最重要的，整個過程必須選取「有用」和「可靠」的資訊，這樣才可針對各種社區問題進行更具系統的分析。除此之外，規劃團隊亦須正確辨識其對社區問題的立場，譬如所持的觀點與原則，因個人或機構的取向對問題會產生不同的見解，故必須先弄清楚相關人士或機構對該社區問題所採取的態度或秉持的價值觀，這樣才可認真檢視其適切性或識別其所衍生的矛盾。

二、先了解機構背景，繼而對社區問題作出診斷

誠然，社會服務機構的成立背景雖大不相同，但每當處理社區問題時，管理者皆無可避免地受制於組織本身及現實環境的束縛（Organizational Constraints/Realities），比如說，機構規章、資助要求及官僚／科層的規範等；凡此種種，皆可對機構方案／項目之運作模式、服務內容與框架、策略，以至其所需符合的政治期望等築起一道無形的屏障，甚至窒礙其長遠發展。不管怎樣，機構仍須竭力處理社區問題，從而減低其對社會所造成的負面衝擊；與此同時，亦須主動把握時機，制定適切的行動計劃，藉以滿足社會不同階層的需求。綜合而言，規劃團隊在制定社區問題的陳述時須關注下列各點：

（一）問題陳述的用詞必須清楚和明確

一般來說，社會服務機構每當描述某些社區問題時，普遍採用了含糊不清的用詞或語句，這不單歪曲其真正意義，甚至令人摸不着頭腦。比方說，在「福利金太少」這一個問題上，「太少」一詞實在難以

讓人明白「究竟有多少」，而且亦未反映出福利金水平與實際生活水平之間的差距。另一方面，意義含糊的名詞亦會產生多重意義，如「長者的福利問題極其嚴重」則未能清楚界定長者哪方面的「福利問題」，而當中所指的「極其嚴重」，究其嚴重程度又如何？這種社區問題的陳述普遍未能一矢中的，亦容易造成混淆。

基本上，理想的問題陳述必須能明確界定其主要名詞，同時還可提出該問題之具體例子，現舉例如下：

表 2-1：問題陳述（例舉）

項目	初期的問題陳述	較理想的問題陳述
1.	青年失業問題嚴重	「青年失業問題嚴重」可作這樣列述： 「那些只有小學教育程度、年齡界乎 16-20 歲的青年人，其失業率達 38%，而成人失業率則只有 6%。」
2.	長者面臨困難	「長者面臨困難」可作這樣列述： 「那些身體殘障的長者，當中有 98% 未能自理其起居生活，必須依賴他人照料；而身體沒有殘障的，則只有 10% 未能履行基本的生活自理。」

(二) 提出「最基本」和「重要」的問題

若要正確界定社區問題，規劃團隊必須審視下列最基本的五個重要問題，這樣才可更精確地識別出問題的性質 (Brody, 2005；梁偉康，2012；Kettner, Moroney, & Martin, 2017)，這包括：

1. 這是甚麼問題？

2. 這問題在哪裏發生？

3. 哪些人會受到這問題所影響？

4. 這問題於何時發生？

5. 這問題為何發生？

6. 社區人士對這問題蔓延／惡化現象的關注程度是？

7. 倘若不處理這問題，則將有何後果產生？

現用兩個問題事件加以說明，詳情請參看表 2-2。

表 2-2：問題識別工作表（例舉）

社區問題的 基本提問	問題識別項目（一） 長者被虐待	問題識別項目（二） 青少年失業
甚麼問題？ （What）	居家長者被虐待之數目不斷增加，過去三年內，每年平均增加 20%	那些學歷低及年齡界乎 16-20 歲青少年失業率達 40%
在哪裏發生？ （Where）	XX 區 7,000 名住在低收入家庭、行動不便及需要依靠護老者照顧的長者	XX 區低收入及子女眾多的家庭住戶
何時開始蔓延／惡化？（When）	過去三年，區內的虐老問題不斷增加	過去三年，區內的青少年失業問題轉趨嚴重，平均每年增加 10%
誰會受這問題所影響／困擾？（Who）	區內 7,000 名行動不便及依靠護老者照顧的長者	區內約 30,000 名年齡介乎 18-30 歲及屬於低收入家庭住戶的青少年
導致問題發生的關鍵性成因是甚麼？（Why）	護老者照顧體弱長者的壓力太大	青少年因欠缺工作動機和技能，以至未能覓得工作
社區人士對這問題蔓延／惡化現象的關注程度是？	由於近年有長者被虐至死，社區領袖、志願組織及相關的政府部門均表示極度關注	近年青少年失業問題嚴重，社會各界均表示關注
如不處理這問題，則 會 …… （If…Then）	倘若不處理這些被虐個案，有些長者則可能會被虐至死	倘若未能為這些失業的青少年提供就業機會，部分青少年可能會受不良份子所引誘而從事不法勾當
	↓	↓
問題陳述：	過去三年，虐老個案增加 75%，7,000 名居住在低收入家庭兼且行動不便及依靠護老者照顧的長者，均可能受到被虐之危機	過去三年，低學歷的青少年失業問題轉趨嚴重，他們因欠缺工作技能和動機而失業；倘若不作處理，他們會幹出不法勾當，危害社會

　　藉着回答上述問題，繼而可發展出一個明確的問題陳述。顯然上述的七個基本問題並非完全適用於所有的社區問題或社會事件，規劃

團隊可先參照以上框架，然後按需要作出適切的修訂。在此強調，在制定使命時，若過早把「問題的解決方案」納入「問題陳述」之內，這將無法作出精確的描述，更遑論推展下一個步驟；有鑒於此，規劃團隊應避免採用一個狹隘的角度以進行社區問題的分析。

除此之外，凱特納等學者（Kettner, Moroney, & Martin, 2017）所提出的問題分析框架亦具參考價值，他們認為若要有效分析社區問題，必須關注下列範疇：

1. 此社會狀況之性質是甚麼？

這可採用小組及個人方法以向服務提供者、社區領袖及受此問題困擾人士搜集相關的實證資料，此舉可進一步識別其對社會狀況的整體印象，繼而進行全面的分析，但此階段應儘量避免過早進行問題分類。

2. 如何清晰界定「問題」？

為與目標對象人口羣對「問題」的理解達到共識，機構須對「問題」作出清晰的界定，以免產生混淆和不一致的看法。

3. 受問題所困擾的人士有甚麼特徵？

這可採用社會人口學的名詞以描述受問題所困擾的人口羣；倘若已清楚界定問題，則可明確描述受影響的人士，他們有何特徵。

4. 此社會狀況之比例及分佈如何？

這主要包括兩方面：第一，估計受影響的人數。這些重要資料可針對有關問題所需付出的努力作出初步評估。第二，分佈情況[8]。這問題是否只集中於某一特定地區或已經擴散？這些分析能為規劃團隊提供指引，並有助其甄選合適和可行的介入策略（Intervention Strategy）。

---

8 「分佈情況」亦指「擴散程度」。

5. 此社會狀況會導致哪些社會價值受到威脅？

　　這主要對社會大眾在知悉社區問題後所作的反應，比如受虐婦女及其子女的數目不斷上升，社會對此有何迴響？他們有否關心這些家庭成員的安全？他們會否支持受虐者得到妥善保護和援助，藉以重獲穩定的生活？總括而言，社會大眾、社區領袖、大眾傳媒及其他利益團體若高度關注這些社會狀況，勢必引發巨大迴響，而通過社會共識，這些非理想狀況亦將可獲得優先的處理。

6. 此社會狀況被廣泛認受之程度是多少？

　　非理想的社會狀況必須受到廣泛關注或透過社區教育以提高社區人士的認識；若然只得到小撮的專業人士或機構所認同，這將難以得到社會大眾的支持。

7. 誰界定此社會狀況為「問題」？

　　這裏所指不僅是由「誰」界定問題，而在此過程中將有機會牽涉政治因素。一般情況下，往往在競逐資源時會產生不少衝突與矛盾，比如一方界定這狀況為社會問題，但另一方卻基於政治考慮而持不同意見，結果雙方堅持不下。為避免出現這種困局，規劃團隊可採用力場分析（Force-field Analysis）以識別「最大的阻力」；換言之，先把所有問題及成因鋪陳出來，繼而從中甄別較可行的解決方案，此舉將可促進相關行動計劃之推行。

8. 此「問題」之病因學（Etiology）是甚麼？

　　理論和研究文獻的支持可有助解構問題的成因，例如青少年犯罪行為之產生是因為其發展機會受到阻礙，這裏所指的是現時教育制度未能滿足其發展需求、因貧窮或低學歷而遭受歧視和排擠，以及居住環境惡劣等，故服務重點需優先剔除這些障礙。

　　上述的問題分析方法不僅是分析事件，還包括誰人受這問題所影響？實際問題是甚麼？何處發生？與此同時，還要分析政治環境、社區人士的認受及關注程度、社區資源的配置情況以及問題成因及其因

果關係等。綜上所述，分析社區問題所作的提問及釋義現詳列於表 2-3。

表 2-3：分析社區問題的提問及釋義

項目	提出的問題		社區問題的釋義
1.	這是甚麼問題？	→	界定問題
2.	這問題在哪裏發生？	→	確定發生問題之主要地區
3.	哪些人受這問題所影響？	→	界定受影響之目標對象人口羣
4.	這問題何時發生？	→	確定問題之起源
5.	社區人士對這問題的關注程度是？	→	確定問題之擴散程度及嚴重性
6.	問題的性質是甚麼？	→	了解社區人士對這問題之整體印象
7.	如何界定「問題」一詞？	→	清晰界定「問題」，以免出現混淆不清及不一致的理解
8.	受問題困擾的人有何特徵？	→	清楚界定受問題困擾人士的特徵
9.	這些問題之比例及分佈如何？	→	確定受影響的人數，並初步評估機構為處理這些問題而所付出的努力
		→	鋪陳問題之分佈情況，從而協助機構制定適切的介入策略
10.	哪些社會價值受到威脅？	→	獲悉哪些重要的社會價值受到衝擊，並確定有關社會狀況會否獲得優先處理
11.	這些社會狀況是否被廣泛認受？	→	辨識這些問題是否已被廣泛認受
12.	誰將這些社會狀況界定為「問題」？	→	探討「問題」的界定有否涉及政治因素，並致力解決「最大的阻力」
13.	問題之病因學是甚麼？	→	進一步了解問題之成因
14.	如果問題不獲解決，則會產生哪些後果？	→	若問題不獲解決，進一步確認可能產生之嚴重後果

(三) 識別問題產生的要素

　　問題的產生通常涉及多個因素，因此必須識別哪些是關鍵性成因。舉例而言，某間長者地區中心制定了下列的問題陳述 ——「每月

約有 100 位居於區內的長者遭受虐待或被疏忽照顧，他們均受到身體和精神上的傷害」。參照上述的問題陳述，這可採用多種的問題識別方法，比如名義小組方法（Nominal Group Technique）、何解－何解追尋方法（Why-why Pursuit Method）、大腦激盪法（Brainstorming）[9]和特性要因圖（Cause and Effect Diagram）等以找出導致虐老問題之不同成因，而下列是被識別出來的關鍵因素：

    1. 護老者與家庭成員／鄰舍關係欠佳；

    2. 區內長者暫託服務嚴重不足；

    3. 護老者對社區資源缺乏認識；

    4. 護老者正面對經濟困難；

    5. 護老者與長者的關係惡劣；

    6. 護老者欠缺處理壓力的能力；

    7. 長者的身體狀況日漸衰退；和

    8. 長者患有嚴重的情緒病。

    虐老問題的產生並不限於上述八個因素，但更重要的，是如何識別哪些是導致問題產生的主因，當中有哪些可作改善？哪些問題可完全解決？可見針對問題成因而進行詳細的分析是至關重要。因而可知，規劃團隊必須懂得識別出哪些因素會導致另一些因素的產生，比如哪些因素與機構使命沒有直接關係[10]；哪些因素只會發生在特定的目標對象人口羣[11]；哪些因素只會出現在某些機構[12]等。總之，規劃團隊務必慎重檢視各項因素，當中如出現重疊或相近意義的，須將之合併或刪除，此舉不僅有助釐清各主因之間的關係，還可清晰勾畫出社區問題的框架與脈絡。

（四）選取可解決的問題成因並進行分析

    規劃團隊在甄別優先處理的因素前，必須先檢視機構的核心能力。社區問題的成因不勝枚舉，而這些被識別出來的因素只屬冰山一

---

9 「大腦激盪法」又稱為「頭腦風暴法」。

10 例如護老者正面對經濟困難等。

11 例如長者患有嚴重的情緒問題等。

12 例如區內長者暫託服務名額嚴重不足等。

角；也就是說，機構若只解決小部分的社區問題和／或只減輕嚴重性，其現存問題根本無法悉數解決；雖然如此，進行社區問題的分析仍是不可或缺。具體來說，規劃團隊須先確定核心問題（Core Problem），然後進一步針對可解決的明確問題（Specific Problems）進行深入的分析，這樣才可識別問題成因及其因果關係。社會服務機構囿於資源不足，而社區問題的成因又錯綜複雜，因此較理想的做法是儘量縮窄問題的焦點，直至找到核心問題為止，其做法可參看圖 2-1 所示。

圖 2-1：分析問題

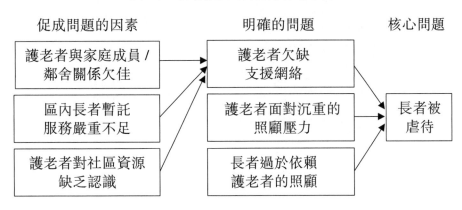

```
促成問題之因素（一） ─────→ 明確的問題（甲）
                                                    ↘
促成問題之因素（二） ─────→ 明確的問題（乙） ──→ 核心問題
                                                    ↗
促成問題之因素（三） ─────→ 明確的問題（丙）
```

依據圖 2-1 的邏輯，現引用一個例舉加以闡述，而所識別的核心問題為「長者被虐待」，由於問題成因較多，經合併或刪減後可歸納出三個明確的問題——問題（甲）、問題（乙）及問題（丙）。通過議決後所達成的共識，現只集中解決問題（甲），其主要因素有三項，詳見圖 2-2 所示。

圖 2-2：長者被虐之問題分析（例舉）

促成問題的因素　　　　　明確的問題　　　　核心問題

```
護老者與家庭成員／      護老者欠缺
鄰舍關係欠佳    ────→  支援網絡
                                      ↘
區內長者暫託            護老者面對沉重的      長者被
服務嚴重不足            照顧壓力      ──→    虐待
                                      ↗
護老者對社區資源        長者過於依賴
缺乏認識                護老者的照顧
```

（五）探討問題可能產生的後果

　　機構如欲其重要持份者[13]理解「問題陳述」的真正意義，較理想的做法是傳遞訊息時，能把相關後果（Consequences）也一併列述出來。對社會服務機構而言，「後果」乃指竭力改善社會的不理想狀況（Unfavourable Conditions），而通過系統的分析方法，除可精確地辨識出一個或多個的社區問題及成因，還有助識別其相關後果。綜言之，規劃團隊必須針對目標對象所需，然後才可集中力量及資源以改善不理想的社會狀況。依據圖 2-2 的問題成因，可識別出四個核心問題的後果，這包括：(1) 被虐長者仍留在虐老者家中居住；(2) 約有 10%的被虐長者可能會被虐至死；(3) 約有 20% 的護老者因缺乏足夠的支援而遺棄長者；和 (4) 被虐長者時刻處於恐懼之中。至於核心問題的成因及其後果，可參閱圖 2-3 所示。

圖 2-3：問題的成因和後果（例舉）

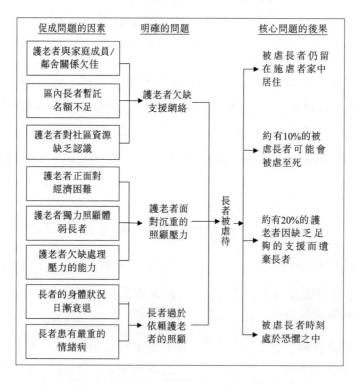

13　重要持份者包括相關的政府官員和資助機構等。

除此之外，機構亦可採用問題樹分析（Problem Tree Analysis）以識別問題之成因及後果，這種方法主要將問題的成果、明確問題、核心問題及後果鋪陳出來，並清晰展現彼此間之因果關係，因此它可說是一種實用的問題分析方法，詳情如圖 2-4 所示。

圖 2-4：採用問題樹分析方法以識別問題之成因及後果

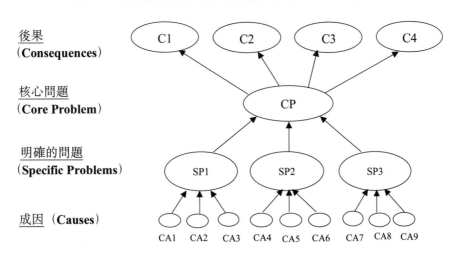

三、決定問題之優先次序

社會服務機構基於時間、資源和金錢所限，會優先解決核心的社區問題及主因，較其次的則只能暫緩處理。而針對問題的甄選方法可分為兩種：（一）先評估社區問題的重要性，繼而探討解決問題的可行性；和（二）採用名義小組方法以甄別社區問題的優先處理次序。第一種方法是指機構面對社區問題和事件時，由於客觀條件所限，規劃團隊均欠缺足夠的時間和資源，因此未能深入檢視每一項社區問題和事件，決策大多建基於片面與零碎的訊息，對問題分析最終是執一而論。有鑒於此，從這階段甄選出來的社區問題只屬於初步決策，倘若日後有較充裕的時間和資源，又或獲取更多最新資訊，機構須重新檢視核心的社區問題，並按其重要性及緊急程度作優先的處理。另外，名義小組方法的運用能有助規劃團隊識別出各類型的社區問題；不單如此，還有助其找出多種解決方案、處理問題的優先排序，甚至確保

每一位小組成員享有表達意見的機會。

針對上述兩種方法的實踐，現闡述如下：

第一種是社區問題的初步檢視，此舉不僅識別問題的重要性，還可探討解決方案的可行性，其做法是先將問題的重要性及可行解決方法之基本準則細列出來，然後依此而制定處理問題的優先排序（Brody, 2005；Martin, 2008；梁偉康，2012）。有關識別社區問題「重要性」之基本準則，主要包括下列四項：

（一）多少社區居民受到這社區問題所影響？

（二）若解決這問題，對機構的生存或發展有何重要性？

（三）這問題對整個社區產生哪些重大的影響？

（四）這問題對服務受惠者有何重要性？

另外，有關識別解決社區問題之「可行性」，其基本準則主要包括下列六項：

（一）組織成員預期成功解決問題之實現程度有多少？

（二）其他機構的支持程度有多少？

（三）有多少可資運用的資源（如職員、義工、時間和金錢等）？

（四）有多少可資運用的技術和知識？

（五）這問題受到關注的程度有多少？

（六）大眾傳媒對解決這問題之支持度有多少？

在決定問題之優先順序時，規劃團隊必須詳加審視上述準則，並按問題之獨特性而適切修訂有關準則。舉例而言，假設某間長者服務機構有四位專業社工被委任為問題甄選小組成員，他們針對長者問題進行了詳細討論，繼而依據問題之重要性及可行性以識別其優先處理的排序，並分別以 "1" 至 "5" 進行評分——"1" 表示其重要性或可行性最低，"5" 則表示最高。小組成員需為每項準則作出評分，而有關的評分結果可參閱表 2-4。

綜合所有評分，「長者在家裏被虐待」是屬於最優先處理的社區問題，其次分別為「長者遭遺棄在街上」和「長者因患病而導致死亡率增加」。在此過程中，規劃團隊須同時檢視機構有否足夠的資源；若否，則應將寶貴的資源集中於最優先處理的社區問題之上。

表 2-4：依據「重要性」和「可行性」

準則以評估處理社區問題之優先排序（例舉）

社區問題 判斷社區問題準則			長者在家裏被虐待	很多單身長者居於籠屋	過去一年，遭遺棄在街上的長者個案增加 10%	過去一年，長者患病死亡率增加 25%	過去一年，患精神病的長者個案增加 25%
評估社區問題之重要性	準則 1：居民受此問題所困擾	職員甲	3	2	3	3	3
		職員乙	4	2	4	2	2
		職員丙	4	3	3	3	3
		職員丁	3	2	4	3	2
	準則 2：解決此問題對機構的存在意義	職員甲	4	2	3	3	1
		職員乙	4	2	3	2	2
		職員丙	3	2	2	2	1
		職員丁	5	2	3	3	1
	準則 3：此問題對社區所產生的影響	職員甲	5	3	2	3	2
		職員乙	4	4	3	3	1
		職員丙	4	3	2	2	2
		職員丁	5	2	2	2	1
	準則 4：服務使用者認為此問題的重要性	職員甲	5	3	3	3	1
		職員乙	5	3	4	3	1
		職員丙	5	3	5	3	2
		職員丁	5	2	4	3	2
評估成功解決問題之可行性	準則 1：預計成功解決此問題的實現程度	職員甲	5	2	4	2	2
		職員乙	4	2	3	3	2
		職員丙	4	2	4	4	2
		職員丁	4	3	4	3	1
	準則 2：其他合作機構的支持度	職員甲	5	2	4	3	1
		職員乙	5	3	4	3	2
		職員丙	5	2	5	3	1
		職員丁	5	3	4	2	1
	準則 3：機構可資運用的資源	職員甲	4	3	3	3	1
		職員乙	4	3	2	3	1
		職員丙	4	2	4	3	1
		職員丁	4	2	2	2	1

社區問題 判斷社區問題準則			長者在家裏被虐待	很多單身長者居於籠屋	過去一年，遭遺棄在街上的長者個案增加 10%	過去一年，長者患病死亡率增加 25%	過去一年，患精神病的長者個案增加 25%
準則 4： 機構可資運用的技術和知識		職員甲	4	3	3	3	1
		職員乙	5	2	4	3	2
		職員丙	4	3	3	3	1
		職員丁	4	2	4	2	1
準則 5： 此問題在社區受到的關注程度		職員甲	5	3	4	3	1
		職員乙	5	3	5	4	2
		職員丙	5	4	4	3	2
		職員丁	5	4	4	3	2
準則 6： 傳媒對解決此問題的支持度		職員甲	5	4	5	4	1
		職員乙	5	4	5	4	2
		職員丙	5	3	4	4	2
		職員丁	5	3	3	3	2
總得分：			178	106	141	116	61
排序：			第一	第四	第二	第三	第五

　　第二種是名義小組方法，這是德爾貝克（Delbecq）、古斯塔夫森（Gustafson）和方德萬（Van de Ven）於 1975 年所創立，它有助規劃團隊識別各種的社區問題，有關想法 / 意見通過共識，並按照最高評分作為優次順序的排列，然後為最優先處理的項目度身訂造其解決方案。名義小組方法的實踐可分為八個步驟，這包括：

步驟一：事前準備（Preparation）[14]

　　將 9 至 12 位成員進行分組（最理想是七人一組），然後圍桌而坐，如超逾 15 個成員，則應視乎人數多寡而劃分為兩至三個副小組（Sub-groups），因小組人數太多只會增加決策過程的複雜性。於進行討論前，小組召集人必先做好事前準備，並須於會議期間向小組成員重申其參與討論的重要性，繼而說明小組的主要任務是識別各種社區問題及作出優先順序的排列，比方說：「今次我們的共同任務是先找

14　事前準備包括安排場地和所需物資、制定討論的重點和編排小組流程等。

出區內各種長者問題，然後從中找出最優先解決的五種。」另外，小組召集人須於會議進行期間向小組成員分發卡紙或便利貼（Post-it），並準備一些大掛表或白板以便討論時把重點記錄下來。

步驟二：組員默默寫下其想法／意見（Silent Idea Generation）

在限定時間內，各小組成員將其心目中有關長者問題的想法／意見用精簡句子默默地寫下來，但毋須具名，過程中，所有小組成員不能與他人交換意見及作出討論。

步驟三：輪流讀出想法及點子，並記錄在案（Round-robin Recording of Ideas）

小組成員輪流讀出其想法／意見，每次只讀出一項，並由其中一名小組成員提問一次，期間不能作出任何主觀批判，而其他組員則負責記錄。小組召集人隨後將有關意見寫在大掛表或白板之上，又或者把便利貼張貼出來，以供所有組員閱覽，而上述做法的最終目的乃是讓每一位組員能自由表達不同的意見。

步驟四：進行連串的討論（Serial Discussion of Ideas）

藉着討論，小組成員不單有機會將類同的想法／意見一併歸納，甚至進一步作出澄清與闡釋，至於重複或意思相近的則可合併為一類意見。此外，小組召集人有責任促進討論的過程及節奏，並確保所有想法／意見皆納入討論焦點，然而小組召集人須控制發言時間，避免個別組員高談闊論、跑題或彼此之間針鋒相對，同時須主動邀請那些沉默者發表意見，以促進小組討論的多樣性。

步驟五：為重要的項目進行表決（Voting）

假設小組成員提出了 20 項想法／意見，其後從中甄選出五項最重要的長者問題；換言之，每位組員先在卡紙或便利貼的右上角寫上長者問題的項目號碼，再在左下角給予 “1” 至 “5” 的評分 —— “1” 表示最低，“5” 則表示最高，繼而按其優先順序進行排列。完成後，小

組召集人須收集所有卡紙或便利貼，然後列出每一項評分，詳情如表 2-5 所示。

表 2-5：採用名義小組方法以識別五個重要的長者問題（例舉）

項目	長者問題	組員評分	總分
1.	長者在家裏被禁錮	1,4,4,1	10
2.	長者缺乏財政資源	2,1	3
3.	很多單身長者居於籠屋	2,4,5,4,5	20
4.	單身長者的社交圈子狹窄	1	1
5.	長者患有身體殘障	---	0
6.	長者患有精神病	2	2
7.	長者與家人長期處於對立	2,1	3
8.	居於長者屋的長者衝突劇增	3,2,1	6
9.	長者患病死亡率高	4,5,3	12
10.	很多單身長者沒有穩定的居所	4,4,5,5,2	20
11.	遭遺棄在街上的長者個案增加	4,2	6
12.	長者自殺率高	4,5,5,4,3	21
13.	長者在家意外死亡率驟增	4,3,2	9
14.	長者在家遭受到身體的虐待	5,1,1,4	11
15.	長者在家裏缺乏親人照顧	1,2	3
16.	私營院舍發生虐待長者	1	1
17.	長者承受着沉重的精神壓力	2	2
18.	長者出現自毀行為	3,4,4,5	16
19.	長者酗酒問題嚴重	1	1
20.	長者時常感到沮喪	2	2

備註：10 位小組成員對各項問題作出評分。

由此可見，表 2-5 所列之 20 項長者問題中以項目 12 的得分最高，其次分別是項目 3 和 10，而項目 5 則得分最低。

步驟六：表決討論的結果（Tally of the Votings）

小組成員針對投票結果進行討論，同時審查哪些得分是不一致的，比如項目 1 和項目 14 的投票分別得分為 "1,4,4,1" 和 "5,1,1,4"。由於這兩組項目的分數出現較大差異，因此小組召集人須帶領組員再

進行深入討論，藉此澄清分歧，而通過釐清問題的過程，將可進一步確定表決結果。

步驟七：排列優次 (Prioritization)

經過一輪的小組討論與問題澄清後，各組員須按重要性及可行性將有關想法／意見進行優次排序。

步驟八：最後的投票表決 (Final Voting)

在小組會議結束前，小組成員須針對最高分的 10 個長者問題進行表決，然後從中甄選出最高分數的五項問題。

可想而知，名義小組方法是透過個人的積極參與，藉着問題的深入探討以產生獨特而多元的想法／意見，而在芸芸意見中，透過表決過程能有效縮窄問題的範圍，從而識別「最優先」處理的重要項目。加上名義小組方法的發展已漸趨成熟，實用性高，現時已有很多規劃團隊應用此方法以進行問題／需求成因的分析、制定目標以及識別可行的方案等，可見此策劃工具甚具實用與參考的價值。

筆者於前文已詳細論述如何評估社區問題，而下列篇幅則集中闡述社區需求的評估。誠然，社區問題和社區需求可算是「一個硬幣兩個面」，彼此關係緊密──倘若某項社區問題獲得解決，則受問題所困擾的目標對象人口羣之需求亦相應減少；反之亦然，當某些社區需求獲得滿足時，則有關的社區問題將可得到紓緩，而基於這種因果關係，問題和需求的成因出現重複並不足為奇。簡言之，規劃團隊可針對社區問題或社區需求的成因而制定成效目標，有關做法將於本章後部分作詳細論述。

社區需求評估方法和甄選準則

一、社區需求評估方法

社區需求評估方法主要分為四種（Kettner, Moroney, & Martin, 2017；Lewis, Packard, & Lewis, 2012；梁偉康，2012），這包括：

(一) 社會指標方法 (Social Indicators Approach)

這方法主要是依據現存的社會或健康問題[15]或是與上述問題沒有直接關係的數據 / 資料，比方說，透過社會經濟狀況或成人就業率等統計資料以評估社區需求，這有利於識別社區需求所需採用的社會指標。事實上，指標本身並不能辨識需求，甚至無法針對解決問題而作出任何決策；儘管如此，那些可靠的、適時的和具成效的指標仍可反映出某時期之需求變化，值得參考。

(二) 直接聯繫方法 (Direct Contact Approach)

這方法主要是設計和運用量度的方法和工具，從目標對象人口羣中隨機抽樣進行社區訪問調查，藉此識別社區問題或不理想的社會狀況，而蒐集資料可採用多種工具，比如個人對個人的訪問法、電話訪問及問卷調查等。

(三) 社區印象方法 (Community Impressions Approach)

這是指從社區裏挑選一些具代表性人士[16]，並透過社區會議 (Community Forums)、名義小組或關鍵訊息人 (Key Informants) 等以

---

15 社會問題或健康問題所指的分別是罪案或病人因患病而入住醫院等。

16 區內代表性的人士可包括政府官員、議會代表、專業人士及機構的資深義工等。

搜集社區需求的重要資訊。

(四) 資源點存方法 (Resource Inventory Method)

這方法有助機構識別其為目標對象人口羣所提供的服務類型，甚至有助評估出因受其他客觀條件[17]所掣肘而未能提供的服務情況，其中最基本的做法是向機構主管進行調查訪問，並從所搜集到的服務需求數據而進行分析。而規劃團隊之首要任務是要識別處於危機的人口羣[18]，同時須篩選區內可為上述人士提供所需服務的公私營機構，其後按服務類型、主要服務對象及申請服務準則等進行分類，以上是資源盤點方法，現引用下列例子加以說明。

假設某社區發生了非常嚴重的虐老問題，為進一步掌握區內機構有否足夠資源以支援被虐長者，規劃團隊透過社區需求的評估，並採用資源點存方法以作分析。首先，安排專責人員主動探訪相關機構的主管，藉此了解其對被虐長者的支援情況，比如可為被虐長者提供甚麼服務？有關服務又能否滿足被虐長者的需求？表 2-6 是從被訪機構搜集得來的資料，從中得悉現存可為被虐長者所提供的服務及資源，只有兩項是「存在及足夠的」，另各有三項是「存在但不足夠的」及「不存在的」。透過深入的資料分析，機構能辨識被虐長者[19]之實際需求，繼而針對其需求而採取有效的服務策略。

表 2-6：社會服務機構採用資源點存方法以盤點區內
為被虐長者所提供的服務和資源 (例舉)

服務類別	機構現存為被虐長者提供的服務及資源		
	存在及足夠的	存在但不足夠	不存在
個案管理		✓	
個人輔導		✓	
小組輔導			✓

17　社會服務機構常囿於客觀條件，如人手不足及資源短絀等因素而未能為其目標對象人口羣提供所需服務。

18　處於危機的人口羣如獨居的體弱長者、缺乏社區支援的單親家庭及殘障人士等。

19　區內的被虐長者便是機構的「目標對象人口羣」。

服務類別	機構現存為被虐長者提供的服務及資源		
	存在及足夠的	存在但不足夠	不存在
法律服務		✓	
庇護宿位安置	✓		
危機輔導			✓
互助小組	✓		
緊急經濟援助			✓

其他相關的需求評估方法還包括下列三種：

（一）使用分析（Use Analysis）

使用分析方法是搜集潛在求助者的服務期望與區內相關機構所提供的服務，並於某特定時間將所蒐集的資料作出比較與分析，例如透過目標對象人口羣之統計資料與區內社會服務之轉介來源以進行服務需求的探討。

（二）現存的統計資料（Existing Statistics）

一般而言，這種蒐集資料的方法較為符合經濟成本，主要是社會服務機構可利用現存的人口普查統計與其服務相關的記錄中找到所需的實用資料。

（三）德爾菲法（Delphi Method）[20]

基本上，這種方法能有效提升溝通功能，比方說，專家之間對某項急需解決的問題出現分岐時，皆可利用此方法以進行分析與討論，直至達到共識。

無可否認，上述的需求評估方法皆有其利弊之處，然而目前並沒有十全十美的需求評估方法，但它們的存在亦非相互排斥，因此規劃團隊毋須為採用某種方法而摒棄其他方法；反之，須決定可資運用的資源和識別機構風險[21]，繼而甄選出合適的社區需求評估方法。另外，

---

20 「德爾菲法」亦稱為「德爾法技術」。

21 機構風險如所面對的困難與掣肘。

奧沙利文（O' Sullivan）、羅素（Rassel）和托利弗（Taliaferro）（2011）
三位學者認為可從兩方面以進行目標對象人口羣之需求資料搜集，這
包括：（一）從服務機構搜集資料——可從資料庫獲取相關的服務資
料、資源存庫和統計數據等。（二）從個人搜集資料——可向特定目
標對象進行調查與訪問、召開聚焦小組和社區論壇等途徑以搜集更豐
富和多元的資料；然而上述學者與筆者所提出的需求評估方法基本是
大同小異，只不過採用的名詞有別而已。

二、社區需求評估方法甄選準則

　　筆者已於前文闡述各種社區需求的評估方法及特性，但規劃團隊
應作何判斷，相信要全面掌握各方法之優劣點才可作出明智的抉擇。
下列為麥奇莉普（Mckillip, 1987；梁偉康，2012）所提出的 12 項準則，
它有助規劃團隊針對各種需求評估方法之優劣進行檢視，現詳列於下：

（一）低成本（Low Cost）；

（二）短暫時間（Short Time）；

（三）所需技巧（Skill Needed）；

（四）靈活性（Flexibility）；

（五）問題導向（Problem Orientation）；

（六）解決導向（Solution Orientation）；

（七）相關性（Relevance）；

（八）可靠性（Credibility）；

（九）詳盡（Detail）；

（十）意見產生（Ideas Generation）；

（十一）先決條件（Prerequisites）；和

（十二）重疊（Overlap）。

　　前文提及的九項需求評估方法皆可利用 "1" 至 "5" 分進行量度，
並依據準則的符合程度進行評分，分別是「完全符合」（即 "＋＋"）、「符
合」（即 "＋"）、「不太符合」（即 "－"）及「完全不符合」（即 "0"），得分
結果詳見表 2-7。大致而言，愈多 "＋" 的方法是相對可取的，它對準
則的符合度亦愈高，可是規劃團隊必須明白每種方法皆有其本身的獨

特性及局限性（如偏頗的結果）[22]，因此在選取需求評估方法時須多加注意。至於導致問題產生的成因主要源於兩方面：其一，有些評估方法是針對社區需求的成果期望（Outcome Expectation），倘若調查的設計方法過於強調「感覺的需要」（Felt Needs），但使用分析卻只強調「表達的需要」（Expressed Needs），這樣便容易出現偏頗的結果。其二，進行需求評估有賴多方面的資料與數據支持，比方說，在採訪不同階層或專業人士時，主要依據採訪樣本所收集到的綜合資料，當中涵蓋了不同的個人觀點及獨特意見，因此亦容易出現偏頗的結果。為避免上述情況出現，規劃團隊應儘量運用不同的需求評估方法，這樣才可更全面進行社區需求的識別。

表 2-7：需求評估方法模型（McKillip, 1987：99）

需求評估方法	資源			分析							比較其他方法之適合性	
	低成本	短暫時間	所需技巧	靈活性	問題導向	解決導向	相關性	可靠性	詳盡	意見產生	先決條件	重疊
資源點存法	−	−	−	0	−	++	−	++	0	−	−	−
社會指標分析	+	+	−	+	+	0	+	++	−	−	−	+
調查方法	−	−	++	++	+	−	−	+	0	0		+
社區會議	+	0	+	+	+	−	0	0	−		+	+
提供消息的重要人士	−	−	+	++	++	+	0	+	+	++	−	−

22　每種需求評估方法皆有機會導致偏頗的結果，這是由於管理者、專業人員及社會服務從業員等在運用有關評估方法時，大多會夾雜其個人觀點、價值觀、喜好、文化背景等因素，因而影響評估的客觀性。

需求評估方法	資源			分析							比較其他方法之適合性	
	低成本	短暫時間	所需技巧	靈活性	問題導向	解決導向	相關性	可靠性	詳盡	意見產生	先決條件	重疊
名義小組方法	+	0	−	0	+	++	0	0·	+	++	−	+
使用分析	+	+	0	+	−	+	++	++	+	+	0	−
德爾菲法	+	0	+	0	+	+	−	0	+	+	−	+
現存的統計資料	++	+	−	++	+	+	+	+	+	−		+

備註：筆者已對上表作出修訂，詳見《成效管理：非營利社會服務組織全面實踐策略》(2012)。

三、發展一個評估社區需求和資源的系統方法

社會服務機構必須採用系統的方法以對社區需求和資源進行有效的評估，當中包括了六個步驟（Miller & Scott, 1984：8；梁偉康，2012）：

步驟一：檢視機構使命、目標和策略

機構依循其使命邁向願景，繼而往下制定相應的目的和目標，至於達成與否，則須視乎其策略能否將有限的資源運用得宜。在最初的階段裏，規劃團隊須負責檢視組織目標是否具備明確的、可衡量的、實際可行的、可達到的和有時限性之元素 [23]，同時須配合內外環境所發生的巨大變化而審慎檢視組織使命、目標和策略之適切性，並按需要作出修訂。

---

23 目標的制定須符合 "SMART" 原則，即是明確的 (Specific)、可衡量的 (Measurable)、可達到的 (Achievable)、實際可行的 (Realistic) 和有時限性 (Time-frame)。

步驟二：對機構員工履行承諾

機構若要獲取重要持份者之信任，須竭力履行承諾，全力以赴向既定目標努力邁進，直至達標的一天，但這路途絕對是漫長而艱辛。但更重要的，機構須竭力讓其重要持份者明白為何要修訂機構策略，同時願意接納與支持相關的修訂。此外，機構應積極推動屬下員工參與，並對其所付出的努力與貢獻表示讚賞，這份尊重與接納能有助激勵士氣，不容小覷。

步驟三：規劃策略

進行規劃策略可為下列四個問題提供較明確的答案，這包括：

(一) 為甚麼要進行需求和資源的評估？
(二) 向誰作出評估？
(三) 由誰負責執行評估的工作？
(四) 採用甚麼評估方法？

通過以上四個提問，可有助規劃團隊收集更深入的資料，這不僅有助釐清執行需求評估工作的重點與方向，還能為推行相關工作提供更堅實的理據。

步驟四：蒐集資料

所蒐集到的資料可分為硬體資料（Hard Data）和軟體資料（Soft Data）兩種，規劃團隊須根據這些資料作出全面的分析與考量，從而做出合理的決策，而在此過程中，亦須檢視因時間、財政預算和人力資源等因素而衍生出來的困難與局限。除此以外，亦要檢視各類資料與組織整體性目標之相關性，若屬於非相關及不重要的則需摒棄或暫緩處理。簡言之，機構所需蒐集的重要資料和數據基本上包含了地區人口結構和分佈、社會環境特徵、地區需求和可資運用的資源等。

步驟五：建構社區需求和資源的框架

經蒐集和分析資料後，機構須建構社區需求和資源的框架，當中

較理想的做法是利用資訊科技平台及設備以儲存相關的服務資料，這不僅可明確勾畫出社區需求和策略性資源的最新狀況，還易於進行資料的分析。事實上，社區需求與問題瞬息萬變，機構必須定期進行社區需求的評估工作，這樣才可與時並進，把握契機，從而提升其競爭力。

步驟六：機構定期向外交代其服務策略與定位

為喚起重要持份者及社區人士的關注，機構應定期向組織成員、友好機構、合作團體／組織、地區人士等詳細介紹其服務、策略定位，以及各項服務發展的最新概況，一來可藉此建立良好的組織形象和提升社會認受性，二來更可爭取重要持份者及相關組織對機構事務的支持。

有關評估社區需求和資源的過程，現用圖 2-5 展示。

圖 2-5：社區需求和資源評估過程 [24]

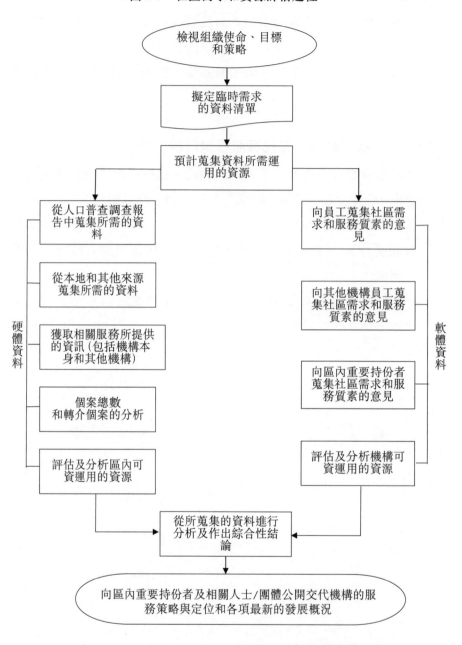

檢視組織使命、目標和策略

擬定臨時需求的資料清單

預計蒐集資料所需運用的資源

硬體資料

從人口普查調查報告中蒐集所需的資料

從本地和其他來源蒐集所需的資料

獲取相關服務所提供的資訊（包括機構本身和其他機構）

個案總數和轉介個案的分析

評估及分析區內可資運用的資源

軟體資料

向員工蒐集社區需求和服務質素的意見

向其他機構員工蒐集社區需求和服務質素的意見

向區內重要持份者蒐集社區需求和服務質素的意見

評估及分析機構可資運用的資源

從所蒐集的資料進行分析及作出綜合性結論

向區內重要持份者及相關人士/團體公開交代機構的服務策略與定位和各項最新的發展概況

24　筆者主要依據克萊夫·米勒及托尼·斯科特 (Clive Miller & Tony Scott, 1984：21) 所提出的系統方法以評估社區需求及資源，並作出大幅度修改。

社區問題／需求成因分析
及成效目標之制定

一、社區問題／需求成因分析

　　筆者於上文已就社區問題／需求評估、主因及關鍵性成因分析進行了詳細論述，規劃團隊若依循有關做法落實執行，相信必可事半功倍[25]。由於分析問題／需求成因的方法實在太多，筆者現選取其中一種方法——「特性要因圖」[26]分析導致「長者被虐待」之成因及主因，詳情如圖 2-6 所示。

25　筆者自 2010 年開始在國內擔任多間社會服務機構的顧問，在 10 年期間曾涉獵超過 500 多份機構／單位所制定的年度計劃書，當中其所制定的成效目標大多是錯漏百出，這情況主要是規劃團隊將各類型目標如成效目標、過程目標及運作性目標等混為一談，以至邏輯不通、百孔千瘡。除此之外，筆者亦發現中國台灣近期出版有關非營利組織管理或社會工作管理書籍亦有類似情況，足見「慘況」比比皆是，實在令人擔憂。

26　「特性要因圖」又稱為「魚骨圖」。

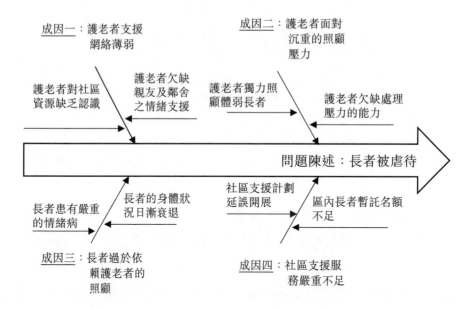

圖 2-6：採用特性要因圖以勾畫「長者被虐待」之成因（例舉）

二、依據問題／需求之成因而制定成效目標

　　經分析各種成因後，規劃團隊可從各種成因識別導致問題產生之「主因」[27]，然後集中資源解決其主因及次因[28]，下列是依據上述兩者而制定的成效目標，詳見如下：

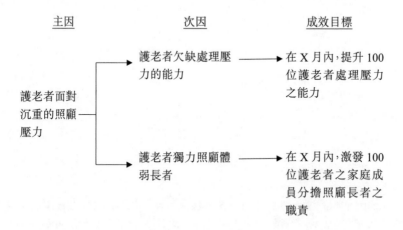

27　已被識別「主因」可用紅筆圈出；倘若有多個主因被識別出來，則這些主因亦要悉數解決。
28　假設這是規劃團隊經過詳細討論及分析後所識別出來的主因。

除特性要因圖外，亦可採用名義小組方法以識別導致問題／需求產生之因素，此方法是藉着討論而將已共識的成因進行類比，優先排列的五項因素是屬於關鍵的／重要的少數（Vital Few），其後可依據這些成因而制定成效目標，詳見下列例舉所示。

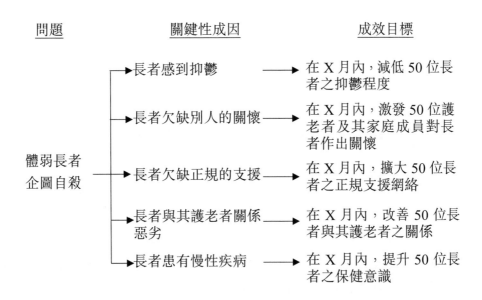

問題	關鍵性成因	成效目標
體弱長者企圖自殺	長者感到抑鬱	在 X 月內，減低 50 位長者之抑鬱程度
	長者欠缺別人的關懷	在 X 月內，激發 50 位護老者及其家庭成員對長者作出關懷
	長者欠缺正規的支援	在 X 月內，擴大 50 位長者之正規支援網絡
	長者與其護老者關係惡劣	在 X 月內，改善 50 位長者與其護老者之關係
	長者患有慢性疾病	在 X 月內，提升 50 位長者之保健意識

由此可見，上述之成效目標乃依據導致問題／需求產生之主因而制定，因此它亦可界定為「致使受惠對象達到期望的改變」（Coley & Scheinberg, 2000；Brody, 2005；Royse, Thyer, & Padgett, 2010；梁偉康，2012；Kettner, Moroney, & Martin, 2017）。另一方面，成效目標通常會採用一些動詞以描繪在某種情況下可被觀察得到的改變，這些動詞包括減少、增加、紓緩、擴大、改善、加強、提升、發展、引發及激發等。另在制定成效目標時，亦須嚴格恪守 "SMART+NCB" 這八大原則，分別是明確的（Specific）、可衡量的（Measurable）、可達到的／一致共識的（Achievable/Agreed-upon）、實際可行的／有資源的（Realistic/Resourced）、有時限性（Time-frame）、非重疊的（Non-overlapping）、互補的（Compatible）以及行為導向的（Behaviourally-oriented)[29]。為方便日後衡量成效目標的達成程度或進行方案目標達成評估時，規劃團隊須切記為每個成效目標制定預設的成效指標，比方說，「在 X 月內，減低 50 位長者之抑鬱程度」，其成效指標可制定為「≧ 80% 接受深入性個人輔導服務之長者其抑鬱程度得以降低」。

第 六 節

目標的類型及整合性目標樹之制定

一、目標的類型

除了成效目標，還包括另外兩大類型 —— 過程目標 (Process Objective) 和運作性目標 (Operational Objective)[30]，前者是導致受惠對象產生期望改變之重要工具，並有助於方案 / 項目之推展；後者主要是支援過程目標之達成，藉以促使受惠對象達到期望的改變 (Coley & Scheinberg, 2000；Brody, 2005；Dudley, 2009； 梁偉康，2012；Kettner, Moroney, & Martin, 2017)。顯而易見，上述三類型目標的關係是環環相扣，三者間的關連詳見圖 2-7 所示。

---

29 筆者曾閱覽國內多個地區所出版的社會工作案例叢書，發現當中之個案、小組及社區工作介入等所制定的「成效目標」是錯誤的，因此其所引用的「目標達成評估」方法也是大錯特錯。究其根由，主要是制定「成效目標」時沒有嚴格依循 "SMART+NCB" 這八大原則，加上未為每個「成效目標」制定「成效指標」，因而難以進行「目標達成評估」。

30 針對目標的類型，美國與英國採用了不同的名詞。美國的人羣服務管理書籍皆採用成效目標 (Outcome Objective)、過程目標 (Process Objective) 及運作性目標 (Operational Objective)；而英國則採用衝擊性目標 (Impact Objective)、服務目標 (Service Objective) 及後勤性目標 (Logistics Objective)，但兩者性質相仿。為免造成混淆，筆者會統一採用美式的名詞。

圖 2-7：三類型目標之關連

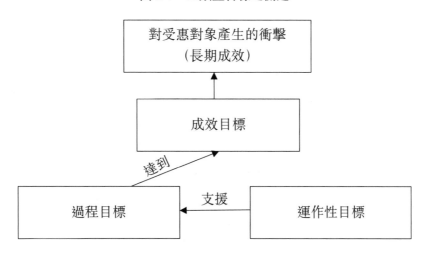

為加深讀者的了解，筆者現引用下列例舉以闡述各類型目標之間的關係。假設某長者中心為 10 位患有中度抑鬱的會員提供一系列的認知治療輔導服務，藉以紓緩其抑鬱情緒，為提升服務成效，中心選派兩位資深社工前往香港認知治療學會修讀為期六個月的認知治療應用深造課程，至於上述三大類型目標之間的關係，可參閱圖 2-8 所示。

圖 2-8：三類型目標之關連（例舉）

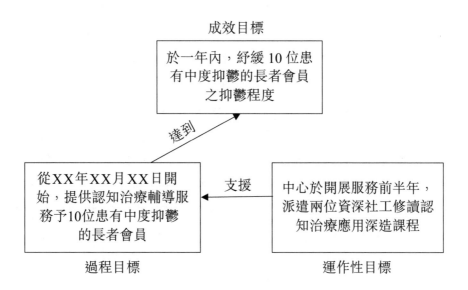

無可否認，兩位資深社工經接受相關的深造訓練課程後，除可提升其專業知識和能力外，還有助過程目標之達成。另因過程目標是有效促進成效目標達成之工具，因此，當長者會員參加了資深社工所提供的輔導服務後，其抑鬱情緒能得到某程度的紓緩，而這成果亦是長者會員所期望的。依據上述的邏輯推論，運作性目標（社工完成深造課程）及過程目標（為 10 位患有抑鬱的長者會員提供認知治療輔導服務）同時能促進成效目標的達成（受惠對象產生期望的改變），足證這三類型目標的關係密切，並相互依存。

　　在制定這三種類型目標時，規劃團隊亦可考慮採用名義小組方法、大腦激盪法或分枝樹法（Branching Tree Method）等，而當中筆者則大力推薦名義小組這種方法[31]。另值得一提的是制定過程目標時宜多採用不同的動詞，比如增加、提供、招募、組織、推行及舉辦等（DePoy & Gilson, 2008；Martin, 2008；Royse, Thyer, & Padgett, 2010；梁偉康，2012），若運用得宜，這對制定過程目標無疑起着立竿見影之效。

二、整合性目標樹之制定

　　概括地説，每類型目標可劃分為三個層次。第一種是旗幟層次目標（Banner-level Objectives），它是屬於最高的層次，同時能對目標作出全面的陳述；第二種是主題層次目標（Theme-level Objectives），它是置於旗幟層次目標與第三種層次的運作層次目標（Operational-level Objectives）[32] 之間，因此當制定整合性目標樹時，由最高層次目標向下發展而成為較低層次目標，可提出的問題是：「如何達成這較高層次目標？」（Ask how？）；反之，由較低層次目標向上發展出較高層次目標，則可提問：「為何要達到這些目標？」（Ask why？）。按邏輯推論，此三種層次目標可被排列成為一棵「目標樹」——最高的是旗幟層次目標、中間的是主題層次目標以及最低的是運作層次目標。筆者現引用一間安老服務機構轄下的院舍作為例子以闡述成效目標、過程目標和運作性目標這三棵目標樹的制定，詳見圖 2-9、 2-10 和 2-11 所示。

31　採用名義小組方法以制定各類型的目標，可詳見筆者即將出版的著述《社會服務項目管理全攻略》（暫定書名）。

32　運作層次目標是屬於明確、具體及可行的目標。

圖 2-9：成效目標樹的制定（例舉）

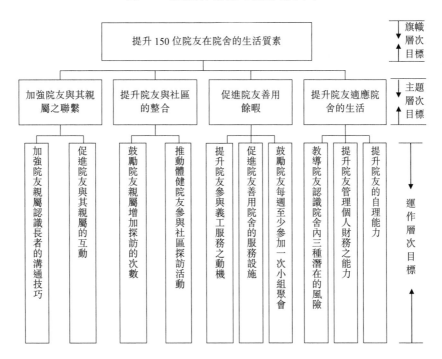

圖 2-10：過程目標的制定（例舉）

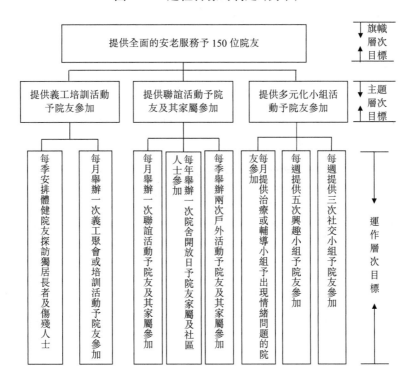

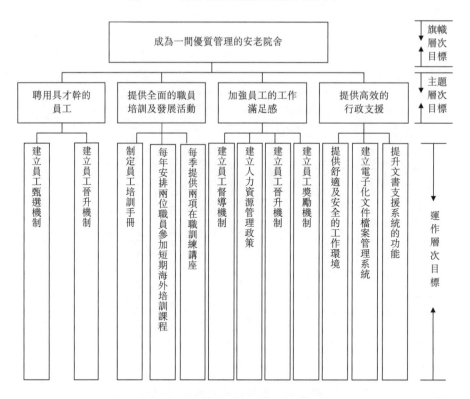

圖 2-11：運作性目標樹的制定（例舉）

　　若將不同類型的目標樹整合起來便可制定一棵整合性目標樹（Integrated Objective Tree），此做法適用於任何一間機構、一項特別活動、一個小組，甚至是一個個案。不言而喻，這方面之整合能展現不同類型的目標樹及其三種層次目標之間的緊密關係；亦即是說，社會服務機構須致力為服務受眾提供其所需的服務，透過解決問題或滿足需求，務求達到期望的成果或產生期望的社會衝擊。然而服務提施是否具成效，則端賴機構能否充分善用其緊絀資源，並持續改善服務運作流程，可見這三者之間的有序關係是無可爭議的。具體而言，機構若要發展一套有效的評估方法，必須先將以上三棵目標樹進行系統性整合，如此才能促成機構／單位其年度計劃、特別活動計劃或／及個案輔導計劃的制定，有關詳情請參閱圖 2-12、2-13 及 2-14 三個例舉，但因篇幅所限，筆者現只引用圖 2-12 作出闡述。

　　圖 2-12 是專為一間安老服務機構而設計的整合性目標樹，當中它不僅明確勾畫出使命、目的、成效目標、過程目標和運作性目標，其相互關係亦見層次分明。

圖 2-12：安老院舍整合性目標樹（例舉）

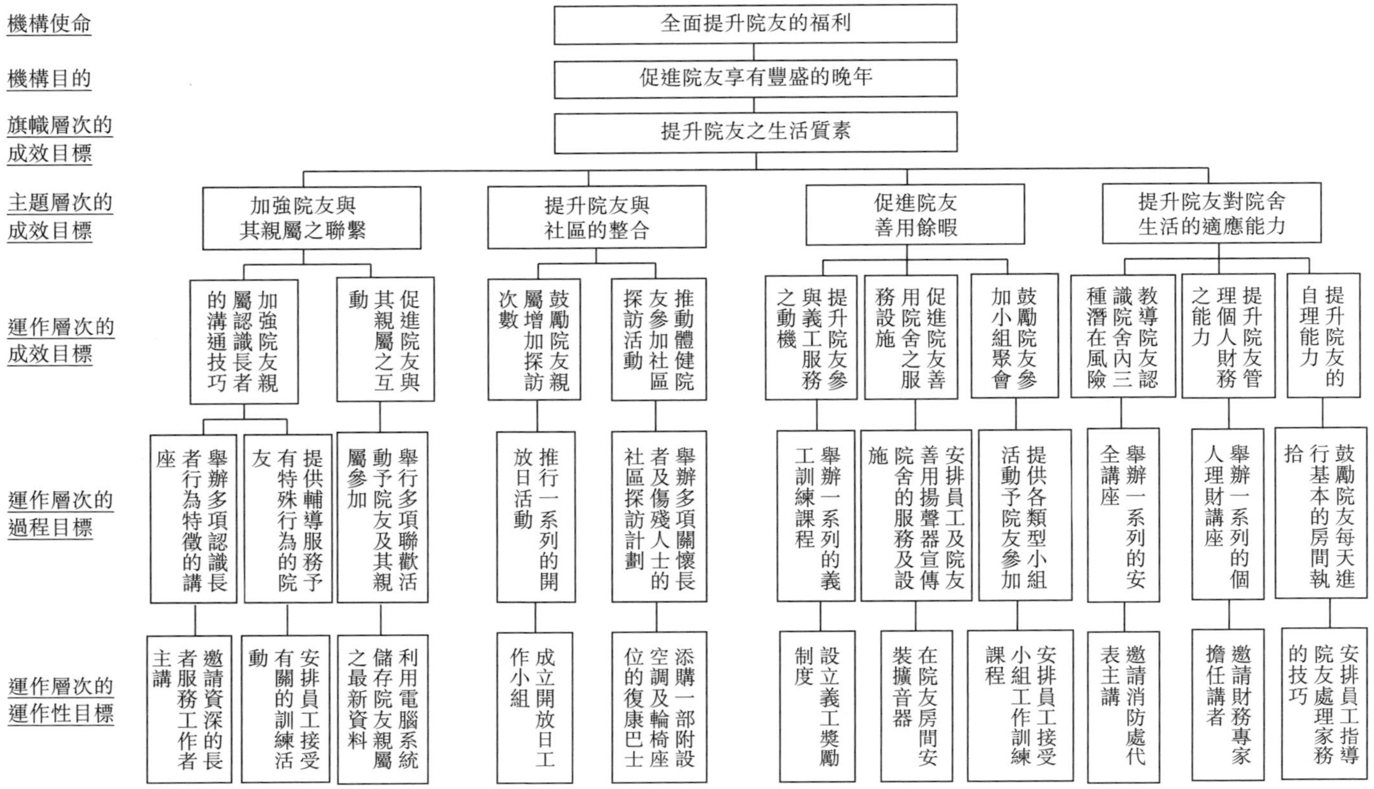

機構使命：全面提升院友的福利

機構目的：促進院友享有豐盛的晚年

旗艦層次的成效目標：提升院友之生活質素

主題層次的成效目標

- 加強院友與其親屬之聯繫
- 提升院友與社區的整合
- 促進院友善用餘暇
- 提升院舍對院友生活的適應能力

加強院友與其親屬之聯繫

運作層次的成效目標：
- 促進院友與其親屬之互動
- 加強院友認識其親屬長的溝通技巧

運作層次的過程目標：
- 舉行多項院友與其親屬參加的聯歡活動
- 提供有關特殊輔導服務行為的院友
- 舉辦多項認識行為特徵長的講座

運作性目標：
- 利用電腦系統儲存院友最新親屬資料
- 安排有關員工接受訓練的活動
- 邀請資深服務工作者長主講的講座

提升院友與社區的整合

運作層次的成效目標：
- 鼓勵增加院友探訪其親屬的次數
- 推動院友參加社區體健活動

運作層次的過程目標：
- 推行一系列的開放日活動
- 舉辦多項關懷傷殘人士的社區探訪計劃長者

運作性目標：
- 成立開放日工作小組
- 添購一部附設輪椅位的復康巴士

促進院友善用餘暇

運作層次的成效目標：
- 提升院友參與義工服務之動機
- 促進院友善用院舍設施之服務
- 加勵院友參加小組聚會

運作層次的過程目標：
- 舉辦一系列的義工訓練課程
- 施行改善院舍的場地器材及服務宣傳設施
- 提供各類型活動予院友參加

運作性目標：
- 制度化設立義工獎勵
- 在院舍房間安裝擴音器
- 安排員工接受小組工作課程訓練

提升院舍對院友生活的適應能力

運作層次的成效目標：
- 教導院友認識院舍在內三種潛在風險
- 提升院友個人財務管理能力之理
- 提升院友的自理能力

運作層次的過程目標：
- 舉辦一系列講座的全
- 舉辦理財個人系列講座的人
- 拾基本的院友房間的技巧執行每天

運作性目標：
- 邀請消防處代表主講
- 擔任講者邀請財務專家
- 安排員工處理家務措施的院導

為確保方案/項目能對目標對象人口羣產生成效，機構必須妥善運用資源，並持續改善其服務流程，這樣才可達到期望的成果。為加強不同類型目標樹的聯結，筆者建議可省略「旗幟層次」及「主題層次」的過程目標和運作性目標，詳情可參閱圖 2-13 及 2-14 的例舉，而通過精簡的整合，這三棵目標樹的脈絡將更具邏輯性。

　　綜言之，筆者認為制定一棵整合性目標樹不單百利而無一害，還有不少好處（梁偉康，2012），這包括：

（一）它清晰地將三類型目標之關係緊密聯結起來；

（二）成效目標之制定仍保留三個層次，層次愈低的則愈容易衡量，而這亦是多位學者所強調的（DePoy & Gilson, 2008；Martin & Kettner, 2010；Royse, Thyer, & Padgett, 2010）；

（三）方便機構主管/單位主任進行年度計劃之制定（詳見圖 2-19 之例舉）；和

（四）規劃團隊在構思整合性目標樹之制定過程中，自然而然運用系統思維進行規劃的工作，此舉將有利於方案/項目的推展。

圖 2-13：安老院舍舉辦特別活動之整合性目標樹（例舉）

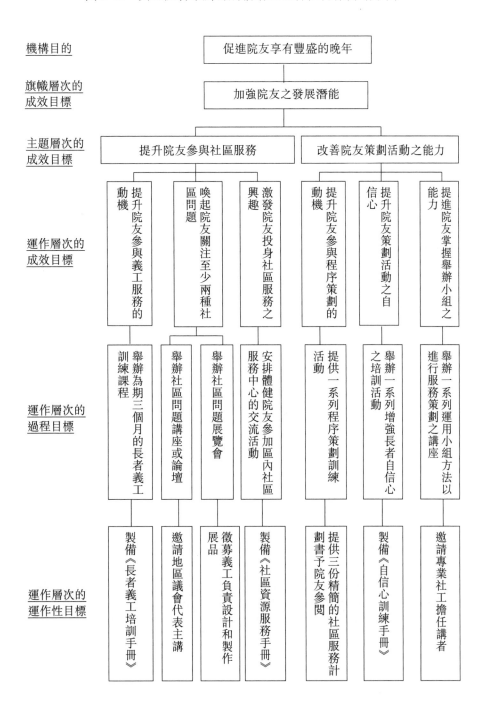

圖 2-14：安老院舍個案之整合性目標樹（例舉）

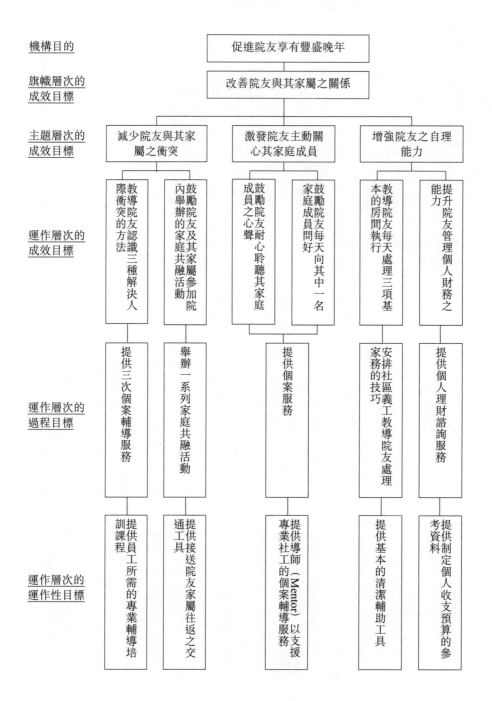

機構目的　　　　　　　　　　　促進院友享有豐盛晚年

旗幟層次的
成效目標　　　　　　　　　　　改善院友與其家屬之關係

主題層次的　　　　　減少院友與其家　　激發院友主動關　　增強院友之自理
成效目標　　　　　　屬之衝突　　　　　心其家庭成員　　　能力

運作層次的　　教導院友認識三種解決人際衝突的方法　｜　鼓勵院友及其家屬參加院內舉辦的家庭共融活動　｜　鼓勵院友耐心聆聽其家庭成員之心聲　｜　鼓勵院友每天向其中一名家庭成員問好　｜　教導院友每天處理三項基本的房間執行　｜　提升院友管理個人財務之能力
成效目標

運作層次的　　提供三次個案輔導服務　｜　舉辦一系列家庭共融活動　｜　提供個案服務　｜　安排社區義工教導院友處理家務的技巧　｜　提供個人理財諮詢服務
過程目標

運作層次的　　提供員工所需的專業輔導培訓課程　｜　提供接送院友家屬往返之交通工具　｜　提供導師（Mentor）以支援專業社工的個案輔導服務　｜　提供基本的清潔輔助工具　｜　提供制定個人收支預算的參考資料
運作性目標

88

小結

　　本章已詳細闡述識別社區問題的執行步驟和社區需求的評估方法，唯社會服務機構大多囿於時間、人力和資源不足而無法悉數解決現存的社區問題，故須先依據問題之重要性和成功解決問題之可行性進行系統的分析，從而識別其優先處理的項目。另一方面，它須視乎本身擁有的資源（如時間、人力和財務資源等）以甄選適切的社區需求評估方法，而作為當責的機構，更應善用多種的科學方法以進行資料的搜集。事實上，機構最好能定期進行社區需求的評估工作，這不僅有利於掌握服務需求的最新資訊，同時更有利於推動其長遠規劃與發展，何樂而不為。

　　另在本章末段，筆者針對社區問題／需求成因的識別、如何制定成效目標、過程目標和運作目標以及各目標之相互關係進行了詳細論述，當中還引用多個例舉以闡釋各類型目標的制定及三類型目標樹的整合，期望管理者及社會服務從業員能躬行實踐，學以致用。

本 章 主 要 參 考 資 料

1. Bradshaw, J. (1972). "A taxonomy of social need". In McLachlan G. (Ed.) and Nuffield Provincial Hospitals Trust, *Problems and progress in medical care: Essays on current research*, 7th series, pp.71-82. UK: Oxford University Press.

2. Brody, R. (2005). *Effectively managing human service organizations* (3rd ed.). Thousand Oaks, CA: SAGE Publications, Inc.

3. Coley, S.M., & Scheinberg, C.A. (2000). *Proposal writing* (2nd ed.). Thousand Oaks, CA: SAGE Publications, Inc.

4. Delbecq, A.L., Van de Ven, A.H., & Gustafson, D.H. (1975). *Group techniques for program planning: A guide to Nominal Groups and Delphi Process*. Glenview, Ill.: Scott, Foresman and Company.

5. DePoy, E., & Gilson, G.F. (2008). *Evaluation practice: How to do good evaluation research in work settings*. USA: Routledge.

6. Dudley, J.R. (2020). *Social work evaluation: Enhancing what we do* (3rd ed.). New York, NY: Oxford University Press.

7. Hudson, W.W. (1982). *The clinical measurement package: A field manual*. Homewood, IL: Dorsey Press.

8. Kettner, P. M., Moroney, R.M., & Martin, L.L. (2017). *Designing and managing programs: An effectiveness-based approach* (5th ed.). Los Angeles: SAGE Publications, Inc.

9. Lewis, J.A., Packard, T.R., & Lewis, M.D. (2012). *Management of human service programs* (5th ed.). Belmont, CA: Brooks/Cole.

10. Martin, L.L. (2008). "Program planning and management". In Patti R.J. (Ed.), *The handbook of human services management* (2nd ed.), pp.339-350. Thousand Oaks, CA: SAGE Publications, Inc.

11. Martin, L.L., & Kettner, P.M. (2010). *Measuring the performance of human service programs* (2nd ed.). Thousand Oaks, CA: SAGE Publications, Inc.

12. McKillip, J. (1987). *Need analysis: Tools for the human services and education*. Thousand Oaks, CA: SAGE Publications, Inc.

13. Miller, C., & Scott, T. (1984). *Strategies and tactics: Planning and decision making in social services fieldwork teams*. London: National Institute for Social Work.

14. Netting, F.E., Kettner, P.M., & McMurtry, S.L. (2008). *Social work macro practice* (4th ed.). Boston: A&B/Pearson.

15. O'Sullivan, E., Rassel, G.R., & Taliaferro, J.D. (2011). *Practical research methods for nonprofit and public administrators*. Boston: Pearson Education, Inc.

16. Royse, D., Thyer, B.A., & Padgett, D.K. (2010). *Program evaluation: An introduction* (5th ed.). Belmont, CA: Wadsworth.

17. Thayer, R. (1973). "Measuring need in the social services". *Social and Economic*

Administration, 1973, Vol.7 (May), pp.91-105.

18. 葉志誠（1997），《蛻變的社會：社會變遷的理論與現況》。台北：洪葉文化事業有限公司。

19. 梁偉康（2012），《成效管理：非營利社會服務組織全面實踐策略》。香港：非營利組織卓越管理有限公司。

20. 翁慧圓、陳心怡、林秉賢、唐宜楨（2016），《方案設計與評估》。台北：洪葉文化事業有限公司。

3

社會服務機構策略性和
運作性規劃與計劃制定

導言

　　社會服務機構可透過三種方法以進行策劃的工作，這包括策略性規劃、管理規劃和運作性規劃（Montana & Charnov, 1993；Martin, 2008；梁偉康，2012），上述三種均假設管理層及服務策劃團隊（下簡稱「規劃團隊」）能以理性進行決策，從而識別解決問題的方法。此外，他們亦須重視目標（Ends）和手段（Means）以及目的（Goals）和介入策略（Intervention Stategy）之間的相互關係，藉着系統的規劃過程，並依據所定的目標而制定一系列的行動計劃，最後才推行有關方案[1]。

　　本章將集中論述社會服務機構為何要進行策略性規劃[2]和運作性規劃？如何進行？另筆者會從規劃步驟中選取較重要的資料，並輔以實例以闡述制定策略性計劃和運作性計劃[3]的重要步驟及其所須關注的事宜。

1　「方案」(Programme) 亦可稱為「服務計劃」，此名詞代表着一項活動 (Activity)、一項服務 (Service) 或是一個項目 ("Project")，而項目則包含着「一系列」活動。

2　「管理規劃」只針對機構因擴展或縮減現存規模或服務範疇所衍生的衝擊而制定對應的策略和計劃行動，這正與「策略性計劃」所關注的重點是大致相同，但基於篇幅所限，本章將不會論述管理規劃這種方法。

3　「運作性計劃」又稱「年度計劃」。

何謂策略性規劃和運作性規劃

一、何謂策略性規劃

　　大致而言，策略性規劃可算是一個過程，它藉着制定機構的長遠目標，並依據其所採用的策略而執行相關的行動計劃，最終達到上述目標。學者布賴森（Bryson, 2011）界定策略性規劃為一種深思熟慮的過程，藉此可產生具規律性之努力成果（As a deliberative, disciplined effort），與此同時，它可促使機構產生重要的決策和行動，從而塑造及導引其模樣（Shape and guide what an organization[or other entity] is）、提供甚麼服務及為何這樣做（What it does and why）（Bryson, 2011）。另學者溫金豐（2015）則認為策略性規劃是規劃團隊透過檢視組織的內外環境，並依據綜合性判斷而擬定的策略性目標、達標策略和方法，藉此提升組織整體性績效。

　　由此可見，若要成功推行策略性規劃的工作，規劃團隊的首要任務是重新檢視組織使命和願景，並針對目前的內外環境進行詳細的分析。藉此過程，一方面可識別外間環境之契機與威脅，另方面可檢視其內部強弱處，這對制定長遠的策略方向及推動規劃的工作絕對是無往而不利。綜上所述，策劃性規劃是由策略性思考開始，舉凡有關機構之使命與願景、社會趨勢之綜合考量、外間環境之重大改變、機構資源之充分運用以及策略之甄選和制定等須在規劃方案裏翔實鋪陳（Edwards, Yankey, & Altpeter, 1998；陳政智，2012；梁偉康，2012）。

二、何謂運作性規劃

　　運作性規劃乃指社會服務機構為配合其管理規劃進程而發展之一系列獨特的方案／項目，而這些亦是促成機構「使命必達」的重要元素之一（Martin, 2008；梁偉康，2012）。一般來説，進行運作性規劃

必須完成連串的籌備工作，這包括社區問題／需求評估、目標制定、方案安排及評估設計等。概而言之，上述所關注的核心問題主要涵蓋下列三個範疇：

（一）目標對象人口羣有甚麼問題／需求？

（二）須制定甚麼介入方案？

（三）預期介入方案產生甚麼成效？

通過上述的審視與資料分析，可有助促進規劃團隊推展運作性規劃的工作。

第 二 節

社會服務機構為何要進行策略性規劃和運作性規劃

一、進行策略性規劃的因由

社會服務機構為何要進行策略性規劃，其關鍵原因如下：

（一）面對急遽轉變的外間環境

社會服務機構可算是一個體系（System），它主要由幾個副體系（Sub Systems）所組成，這包括價值觀及目的副體系（Values & Goals Sub System）、結構副體系（Structural Sub System）、技藝副體系（Technological Sub System）、社會心理副體系（Psycho-social Sub System）和管理副體系（Managerial Sub System）等，基於此特性，它必須與外間環境產生互動，但又無可避免地因應周遭的變化而承受

不同程度的衝擊，因此其所面對的外間環境亦稱為「超體系」(Supra System)。

　　置身於廿一世紀，機構正面對着這種異常複雜的社會環境，可謂風雲變幻，難以預測，因此它必須與時並進，自強不息，這樣才可從逆境中尋求突破，更重要的，是不會被時代巨輪所吞噬。比方說，政府因應目標對象人口羣之需求轉變而重檢和／或修訂相關的社會政策及資助模式，此舉無疑對資助機構之生存增加不穩定因素。然而機構面向外間環境的急遽轉變，為求生存，它必須推陳出新，竭力改進，並運用策略手段才有機會站穩陣腳。毋庸置疑，機構若採用策略性規劃是高瞻遠矚之抉擇，它可藉着強—弱—機—危分析（SWOT Analyis）以檢視其內部強弱處及外間環境的威脅和新挑戰，並適時修訂其使命、願景、價值觀（MVV）和確認策略性定位（Strategic Positioning），繼而制定相關的策略性計劃和方案等；如此一來，若再配合優良的內部治理，相信在同業競爭對手中得以脫穎而出，絕非難事。

（二）面對激烈的競爭環境

　　海峽兩岸暨香港、澳門的社會服務機構現正面對競爭激烈的社會環境，譬如服務營辦商數目驟增、項目競投及外判機制的引入等，迫使機構之間變成競爭對手。在此前提下，機構若要穩步發展，管理者必須大刀闊斧，致力推動策略性規劃和內部治理，此舉除可增強競爭力，還有助提升其組織能力以改善組織整體性績效。

（三）增強內部治理之效能

　　現今外間環境瞬息萬變，不論是社會、政治、經濟、科技及法規等方面，理事會／董事局及高階管理層所面對的挑戰和機遇亦是空前絕後的，為逆境求存，必須積極推動策略性規劃的工作，務求提升組織強項（Organizational Strengths）以切合外間環境的契機（Environmental Opportunities），這樣才可開拓生存空間。另外，機構須配合社區需求以檢視其長遠的發展方向，並適時修訂其策略定位及

相關的行動計劃，長久下去，這不單提升內部治理的效能，其整體性績效亦將與日俱進。

(四) 加強組織凝聚力

　　筆者曾於多年前為國內的社會服務機構擔任管理顧問，期間接觸到許多高階管理層，他們坦言機構雖經歷多年的發展，服務領域不斷擴展，轄下單位數目亦如雪球般愈滾愈大；唯礙於其策略性方向模糊不清，業務不斷擴充後，他們反而愈感到寒心，深怕外間環境一旦出現變化，比如政府修訂社會政策或更改資助模式等，機構將會承受無法想象的衝擊。再者，大多數內部員工對機構的發展持觀望態度，此刻若出現任何危機事件，實在難以爭取其支持，情況若持續惡化下去，不只引發機構內部的矛盾與衝突，還對員工士氣造成沉重打擊，後果不堪設想。

　　為今之計，規劃團隊的首要任務是竭力實施策略性規劃的工作；換言之，針對機構內外環境的各種狀況而進行強—弱—機—危分析，藉此除可全面識別機構的策略性事件，同時可制定其策略性意圖[4]、策略性方向和策略性重點[5]，繼而依據組織能力擬定其未來發展的藍圖及明確的行動計劃，此舉不僅讓員工有所依循，而且有助凝聚內部組織的向心力，可說是兩全其美之計。

(五) 其他

　　策略性規劃可協助機構進一步認清預期的潛在風險，一方面有助識別出優先處理的項目，另方面可促進內部的溝通 (Courtney, 2013)。

　　顯然易見，策略性規劃的實踐及策略性計劃的制定對社會服務機構之生存尤為重要，理事會 / 董事局及高階管理層絕不可掉以輕心。

4　根據加里‧哈默爾 (Gary P. Hamel) 和普哈拉 (Coimbatore K. Prahalad) (2005) 兩位教授所作的定義，策略性意圖 (Strategic Intent) 乃指一個雄心勃勃的宏偉夢想，它是機構 / 企業從競爭中透過創新以達到其既定目標，亦是邁向未來成功之路的推動力，因此它可算是機構的「心臟」，亦是實踐策略性規劃不可或缺的重要元素。
5　「策略性重點」乃指需做甚麼工作。

二、進行運作性規劃的主因

前文已針對機構實踐策略性規劃的因由進行了詳盡的論述，至於為何要進行運作性規劃，現歸納出下列五點：

(一) 有助機構提升其管理效能

社會服務機構的規劃大致分為三個層次，包括策略性規劃、管理規劃／中期規劃以及運作性規劃，而這三者之間的關係是密不可分，這可從它們所關注的問題上找到一點端倪。

一般來說，若進行策略性規劃，規劃團隊必須先審視下列兩方面（梁偉康，2012；Kettner, Moroney, & Martin, 2017）：

1. 我們（指「機構」）目前的使命、價值觀、願景、目的、目標和策略是甚麼？
2. 經對內外環境的審視和分析後，我們（指「機構」）應否擴展或縮減現有的服務規模或範疇？

而當進行管理規劃時，規劃團隊則須審視下列兩方面：

1. 我們（指「機構」）需要關注哪些方案才可達到策略性規劃之要求？
2. 我們（指「機構」）是否需要重新分配資源，從而有效回應社區需求，並進一步開拓服務範疇？

然而進行運作性規劃時，規劃團隊所須審視的有如下三方面：

1. 目標對象人口羣有何社區問題和／或需求？
2. 目標對象人口羣所需的介入方案／項目是甚麼？
3. 上述的介入方案／項目預期產生多大的成效？

基於「規劃」是五大管理功能之一，機構若要提升其管理水平，務必貫徹實踐有效的規劃工作。

(二) 依據社區問題／需求進行規劃，並發展一系列活動

社會服務機構之存在價值和意義乃是要解決服務對象之問題和／或滿足其需求，藉着運作性規劃的實踐，規劃團隊可進行下列的審視：

1. 機構的主要服務對象面對甚麼社區問題？

2. 受問題困擾的服務對象有何需求？

3. 社區問題／需求之成因是甚麼？

4. 如何依據上述成因而制定成效目標及可行的方案／項目以促使過程目標之達成？

5. 如何制定評估計劃？

綜上所述，機構若能針對服務對象所需，並通過系統的規劃以提供一系列活動，這不單能滿足獨特的社區需求，還可解決和／或紓緩社區問題。

(三) 促進組織使命的達成

社會服務機構所制定的使命，大多蘊含着社會價值／信念，它雖寥寥數語，但當中所展示的服務大方向和大原則卻能言簡意賅地反映其存在的價值和意義；然而使命宣言相對抽象，為更精準地作出表述，使命之下須制定目的 (Goal)[6]，再向下發展的便是目標 (Objectives)[7]，而規劃團隊須依據上述目標以實施運作性規劃的工作。由此可見，目標、目的及使命的關係是環環相扣；若目標達成，其之上的目的亦會達成，依此推論，運作性規劃對促進組織使命的達成確是不容爭辯。而有關上述各項的因果關係，可參閱圖 3-1。

6　「目的」乃指三至五年內可達到的。

7　「目標」乃指一至兩年內可達到的，另機構所制定的目標亦可視之為方案目的 (Programme Goals)，它若向下發展便成為較具體及明確的方案目標 (Programme Objectives)，規劃團隊可依此而發展相關的方案／項目。

圖 3-1：運作性規劃的組成部分及其因果關係

圖 3-1：運作性規劃的組成部分及其因果關係

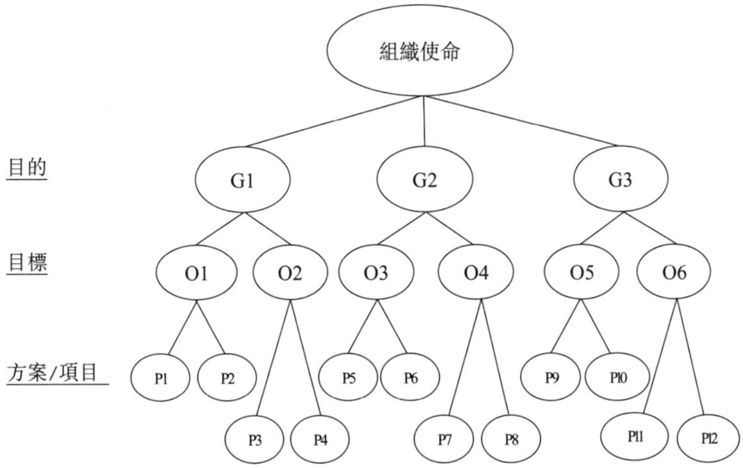

（四）促進運作性計劃的制定

規劃團隊在進行運作性規劃時，可參照規劃內容和所蒐集到的資料而制定運作性計劃，而這亦算是較為系統的做法，值得借鑒和學習。

（五）促進管理人員行政功能的發揮

機構藉着運作性規劃的推行而制定其運作性計劃，而規劃團隊則須依據上述計劃內容而分配員工職務。在整個過程中，他們須同時緊密監察及評估有關方案／項目的進度，整體成效若是表現超卓，其運籌帷幄的功勞絕對是居功至偉。毫無疑問，藉着運作性規劃的推動能有效促進管理人員行政功能的發揮，其作用不容小覷。

綜合以上五大原因，益顯運作性規劃的實踐對社會服務機構是何等重要 [8]。

8　筆者曾目睹很多機構管理層及督導人員差勁的領導能力，但更糟糕的，他們不僅拖垮組織整體性績效，還窒礙其長遠發展；在此，筆者勸勉各管理者務必盡心履行其基本職責，並以認真的態度實踐運作性規劃的工作。

策略性規劃過程及策略性計劃之制定

一、進行策略性規劃之重要步驟

毋庸置疑，策略性規劃是社會服務機構針對長遠的未來發展方向而進行的有效手段，它利用系統的分析以審視外間環境與機構的相互關係，從而確立其服務策略與定位。如此，一方面可依循其未來願景向前組織目標而邁進，另方面，當面對任何威脅和新挑戰時，機構亦能適時採取對應措施，降低風險（Eadie, 2006；Griffin, 2013；黃源協，2015），可見策略性規劃是導引機構從現況到未來期望的境況之一種重要手段（Steiner & Steiner, 1994；黃源協，2015）。

大致而言，實施策略性規劃可分為五個重要的步驟（Bryson, 2004；Eadie, 2006；梁偉康，2012），現詳述如下：

步驟一：爭取最高管理層的全力支持

為確保策略性規劃的推行能勝券在握，最高管理層的全力支持絕對是關鍵所在，而理事會／董事局主席和副主席以及行政總裁／總幹事等，不僅對推動策略性規劃予以肯定，還須承諾投入足夠的資源以推展有關工作。如此，機構須籌組一個由行政總裁／總幹事、管理層代表以及一線主管代表所組成的團隊，專責推動策略性規劃的工作，並依據當中所作出的任何重要決策、嶄新構思及多元意見等，制定、落實進一步之策略性計劃。

步驟二：檢視組織使命、價值觀、願景、目的及策略

「使命」乃是社會服務機構抱持着獨特的社會信念，它反映其願望和期望達到的最終理想，而此信念亦是其價值觀的延展，不只印證機構存在的因由，還闡述其目標對象人口羣及期望履行的任務（Harley-

McClaskey, 2017）。因此價值觀可說是機構最重要的金科玉律，當中涵蓋其所秉持的大原則和信念，同時亦可導引其策略規劃和管理活動之推行（O ¢ Toole, 1995），而願景則是針對機構未來期望的境況而提出的合理假設（Allison & Kaye, 2005；Collins & Porras, 2011）。有見及此，通過釐清使命、價值觀和願景的過程，先讓規劃團隊經歷熱身的環節，然後深入審視機構內外環境和甄選關鍵的策略性事件，繼而才利用所獲取的重要資訊而進行策略性規劃的工作。上述做法可為進行策略性規劃歸納出兩個重點，一來可為機構之存在提供了堅實理據，二來亦可減少機構內部不必要的矛盾和衝突[9]。具體而言，規劃團隊可進行七方面的審視，這包括：

（一）究竟我們是甚麼組織？我們是倡導制度的改變、社會性改變或是個人的心理改變？

（二）我們的存在是為滿足哪些基本的社會和政治期望或是要解決哪些社區問題？

（三）為有效進行規劃以解決某些重要的社區問題，究竟現存有哪些關鍵性資源控制者？他們對我們有何期望？

（四）重要持份者對解決社區問題的期望是甚麼？機構又作甚麼回應？

（五）機構所抱持的核心價值觀是甚麼？而這些信念又能否切合重要持份者的期望？

（六）本機構與其他機構有何區別之處？在哪方面較為優勝？

（七）機構未來的發展方向是甚麼？而未來期望達到的境況又是甚麼？

經過反思上述問題，規劃團隊可藉此重檢組織使命、價值觀和願景，並依據其重要持份者的期望而適時作出修訂。倘若組織使命和價值觀需作更新，願景亦要相應作出修訂，這主要是因願景乃依據使命和其所堅持的信念發展出來，所以，願景向下發展便是目的[10]，而此目

9　機構若已制定清晰的使命宣言、價值觀和願景宣言，這可促使組織成員明白其存在的價值與意義，比方說，重點工作和核心服務是甚麼？為何這麼做？所需堅守甚麼信念？以及對未來達到的境況有何期望？

10　願景之下所制定之目的，主要是有關理想或期望的廣泛性陳述，通常可於三至五年內達到。

的須於三至五年內達成（Coley & Scheinberg, 2000）。有見及此，機構所須採取的策略是甚麼？這些策略是否有效？需否作出修訂？以上皆是進行策略性規劃所必須審視的重要範疇。

步驟三：審視機構內外環境

　　機構若全面審視其內外環境，相信能有助其進行強—弱—機—危矩陣的分析。在審視外間環境時，規劃團隊可探討三方面範疇（Bryson, 2004；Allison & Kaye, 2005；梁偉康，2012），這包括：

（一）社會的大趨勢和衝擊事件

　　這是指因外間環境對機構產生重大影響的社會趨勢和突發狀況而進行的全面審視，並主要針對政治、經濟、社會、科技、生態環境和法規這六項宏觀因素而進行詳細分析[11]，當中若出現任何重大轉變，勢必對機構造成巨大衝擊。正因如此，管理者必須審時度勢，並經常留意社會環境轉變的動向，尤以社會服務機構及社會政策等相關的範疇[12]，切忌墨守成規，否則只會每況愈下，隨時面臨被淘汰的厄運。

　　至於如何進行策略性規劃，這可採用大腦激盪法或名義小組法，並依據上述六項因素以進行詳細的評估與分析，不單如此，還可針對外間環境對機構所帶來的契機和威脅／新挑戰以進行充分的討論，從而作出深入的探討。下列的 PESTEL 分析表主要是協助規劃團隊利用大腦激盪法或名義小組法，並針對上述六項宏觀因素以識別機構預計的情況／改變及對其可能造成的影響進行深入的討論與分析，最後按其所須處理的緊急程度而進行評分（可用 "1" 至 "3" 顯示），詳情可參閱表3-1。

11　「PESTEL 分析」又稱「大環境分析」，主要用作分析外部環境，這種方法所指的六項因素包括了政治 (Political)、經濟 (Economic)、社會 (Social)、科技 (Technological)、環境 (Environmental) 及法律 (Legal)，這是在 PEST 分析基礎之上，再加環境因素及法律因素所形成的一種外部環境分析方法。

12　中國人大常委會於 2015 年初頒佈了《中華人民共和國慈善法》及《社會服務機構與境外機構合作管理法》，因它要求國內民辦的社會服務機構／非營利組織必須嚴守法規，避免違法亂紀；否則將會遭受嚴厲的懲處，如勒令終止服務，甚至承擔刑事的責任。

表 3-1：PESTEL 分析表

宏觀環境因素	預計的情況 / 改變	可能對機構造成的影響	須緊急處理的程度 (1-3)
政治			
經濟			
社會			
科技			
環境			
法律			

備註：(1) 得分 "3" 表示緊急處理的程度最高、"2" 表示一般及 "1" 為最低。

(2) 在任何情況 / 改變下，若緊急程度被評分為 "3"，必須視為「優先處理」的項目。

(二) 重要持份者對機構的期望和要求

重要持份者泛指那些與機構有實際和潛在關係的個人、團體和組織，包括了合作伙伴 (Collaborators)、資源控制者 (Resource Controllers)、機構合法性之確認者 (Regulators) 及主要的服務對象等。由於持份者對機構懷着不同的期望和要求，因此必須清楚掌握其冀盼才可設法予以滿足；若然其社會認受性有所提升，日後機構進行資源募集勢必無往而不利。

至於持份者有何重要程度及期望，規劃團隊可利用表 3-2 以作分析。

表 3-2：重要持份者的分析

重要持份者	重要程度 (1-9)	對機構之期望
合作伙伴		
資源控制者 (如政府、基金會等)		
機構合法性之確認者		
主要的服務對象		
其他 (請說明：＿＿＿＿＿＿＿＿)		

備註：(1) "9" 表示最重要，"8" 表示其次重要，如此類推。

(2) 簡列重要持份者對機構有何期望。

除此之外，針對重要持份者的識別亦可參考格理・約翰遜（Gerry Johnson）和凱文・斯科爾斯（Kevan Scholes）所提出的權力 / 動態性矩陣和權力 / 利益矩陣 [13]（Johnson & Scholes, 1993；劉春湘，2016）進行分析。具體來說，於權力動態性矩陣中，部分持份者會被視為低權力，另一些則是高權力；另外，有些持份者的態度是易於被預測，但有些則較難預測，有關分佈如下列矩陣所示，詳見表 3-3。

表 3-3：權力 / 動態性矩陣

		可預測性	
		高	低
權力	低	A 問題較少	B 不可預測但可管理
	高	C 權力大並可預測	D 最具危險性

資料來源：Johnson & Scholes（1993）。

參照上圖分析，最難處理的是「D 格持份者」，因他們所擁有的權力最高，但態度 / 期望卻難以預測，故最具危險性。另外，雖然「C 格持份者」的態度 / 期望是可以預測得到，但因其權力強大，故不容忽視。建基於此，約翰遜和斯科爾斯（1993）根據持份者所擁有的權力、對機構的關注程度及其生存與發展所構成的影響程度，建議機構須採取相應的策略和行動計劃，致力與重要持份者保持緊密而良好的關係。

至於表 3-4 是有關權力 / 利益矩陣，「D 格持份者」因其權力及與機構的利害相關程度是最高 [14]，故必須受到高度重視，而「C 格持份者」亦擁有高權力，故其態度 / 期望亦不容忽視。由於「A 格持份者」權力低，其對機構產生的影響較輕微，因此毋須耗費過多精力去處理。此外，「B 格持份者」雖對機構產生頗大的影響力，但因權力偏低，故只須提供其所需的資訊便已足夠，有關詳情請參閱表 3-4 所示。

13　詳見 Johnson, G., & Scholes, K. (1993). Exploring corporate strategy: Text and cases (3rd ed.). UK: Prentice Hall

14　「與機構利害相關程度」乃指對機構的影響力；利害相關程度愈高，對機構所產生的影響力則愈大。

表 3-4：權力 / 利益矩陣

		與機構利害相關程度	
		高	低
權力	低	A 只需付出最少的努力	B 向有關持份者提供其所需的資訊
	高	C 了解持份者的態度和期望，盡可能予以滿足	D 須深入分析持份者的態度和期望，並竭盡所能予以滿足

資料來源：詳見 Johnson & Scholes（1993）。針對社會服務機構現時所面對的狀況，筆者對約翰遜和斯科爾斯的權力 / 利益矩陣作出必要的修改。

從權力 / 動態性矩陣所見（表 3-3），最難處理的是「D 格持份者」，因這些持份者位高權重，態度亦難以預測。而在權力 / 利益矩陣中顯示（表 3-4），機構須特別關注「D 格持份者」之態度和期望，因他們權力高、影響力大，重要程度亦相對較高，其次的便是「C 格持份者」。

總括而言，規劃團隊須明確識別出「誰」是重要持份者，並依據其態度和期望進行深入的分析，這才可滿足其需求，此舉亦有助機構開拓更大的生存空間[15]。

(三) 同業競爭對手或合作伙伴（Competitors or Collaborators）

機構必須對其競爭對手了如指掌，比方說，它們提供甚麼服務？於共同合作中獲得甚麼利益？若要在社會服務市場競爭中脫穎而出，並爭取最終勝利，管理者必須隨時能掌握同業競爭對手的重要資訊，包括其所採取的策略手段、組織架構、員工質素與技能、共同價值觀（Shared Values）[16]、管理制度、領導風格及運作相關的系統等。因而可

---

15 對國內民辦社會服務機構 / 非營利組織而言，設法滿足資源控制者（例如民政局、社工局、社區工作站、街道辦等）之期望是其賴以生存之關鍵因素；然而面對政府的緊密監管及政治因素考量，機構所倡導的使命及其所秉持的價值觀若與這些重要持份者產生矛盾與衝突時，它能否一直堅守並貫徹下去，實在存疑。

16 「共同價值觀」是指機構與員工分享着同一個價值觀，它是組織文化的重要基礎，同時亦對組織成員起着導向、凝聚、約束和激勵的作用。

知，若要知己知彼，百戰百勝，必須先提高組織的核心能力，否則難以鞏固其競爭優勢。

另一方面，面對政府削減資助、募款效果不彰[17]、營運成本不斷上漲以及服務對象對服務提施期望甚殷等壓力，機構若要持續穩步發展，必須主動與其他組織建立和維繫良好的合作關係，此舉不僅促進資源的共用[18]，還可充分利用它們的長處以彌補自身的不足，從而創造多贏局面，可謂一舉多得。為與合作伙伴維繫良好的合作關係，機構本身的策略定位絕對是至關重要。明顯地，合作伙伴大多關注機構的知名度、公益形象和公信力以及其在長期發展中所建立的社會資本和社會支援網絡，因此必須與其理念相近的合作伙伴建立策略性聯盟，並致力推行協作計劃，藉着彼此的坦誠互信、良好溝通及資訊交換[19]，一方面加強服務成效，另方面亦可提升其核心競爭能力。

由此可見，機構若認真審視其內外環境，並通過強—弱—機—危以分析社會趨勢、重要持份者的期望及同業競爭狀況；此舉除可檢視其自身的優勢外，還須配合外間環境的變化，因時制宜，通時達變，這樣在推動策略性規劃時便可得心應手[20]。事實上，機構若能持續審視其內部強弱之處，這將有效識別促成使命的「推力」及「阻力」，而有關做法，主要是針對機構資源、策略評估及整體性績效進行探討與分析，詳情如下：

(一) 檢視機構資源[21]

機構資源主要分為五類，這包括：

1. 人力資源

---

17 因同業競爭對手數目不斷增加，引至社區募款的成績下滑。

18 資源包括人力資源 (Human Resources)、方案資源 (Programme Resources)、經濟資源 (Economic Resources)、資訊資源 (Information Resources) 及政治資源 (Political Resources) 等，詳見《成效管理：非營利社會服務組織全面實踐策略》(梁偉康，2012)。

19 詳見劉春湘 (2016)，《社會組織運營與管理》。北京：經濟管理出版社。

20 理事會 / 董事局成員和管理者可善用其豐富的社會網絡與人脈關係而肩負起審視外間環境的責任。

21 機構所擁有的資源是屬於一種投入或輸入。

社會服務機構是人力密集的組織，而「人力」是其最重要的「資源」，有見及此，機構於進行策劃性規劃時，須掌握轄下員工有何專業知識及技能，並依據下列五方面進行檢視，這包括：

(1) 各個重要崗位是否已配置德才兼備的員工？

(2) 這些員工是否已接受合適的培訓？

(3) 人員配備的需求是否需要作出調節？

(4) 員工流失率和病假率是否合理？

(5) 員工能否達到生活與工作的平衡（Work Life Balance）？

2. 經濟資源

有關經濟資源方面須作下列四方面的檢視：

(1) 機構目前所獲取的財務來源是否穩定？而政府的撥款資助是否其主要的財務來源？

(2) 方案／項目的支出是否涵蓋於預算之內？其收支水平是否合理？

(3) 機構有否進行內部審核（Internal Audit）？而財政項目有關效率和／或效能的範疇需否特別處理？

(4) 與政府或基金會所簽訂的服務協約於何時完結？

(5) 倘若服務協約終結，這將對機構的核心服務構成哪方面的影響？

3. 政治資源

有關政治資源方面須作下列三方面的檢視：

(1) 機構賴以生存的其中一項條件需否滿足某些政治性期望？

(2) 機構有否差派管理人員加入議事組織（如立法會）和／或參與政府、地區、社會政策相關的委員會和工作小組 [22]？

(3) 支持機構的重要持份者當中，有否具舉足輕重的身份及崇高社會地位的人士？

---

22 機構若派員參與政府、地區及社會政策相關的工作，這將有助提升其政治影響力。

4. 資訊資源

　　有關資訊資源方面須作下列兩方面的檢視：

（1）機構是否已建立完善的資訊管理系統？而管理者能否善用這些重要資訊以監察和改善服務的運作？

（2）機構有否進行全面的員工調查，從而依據所收集的資料以識別其組織文化與特色？

5. 方案資源

　　有關方案資源方面須作下列三方面的檢視：

（1）機構現時提供的核心方案有何特色？能否達到「人無我有、人有我優、人優我創和人創我變」的優勢？

（2）機構有否與地區團體攜手推行重要的合作方案，藉此各取所需，並創造多贏局面？

（3）所協辦的方案是否具效率與效能[23]？有何需要改善之處？

（二）針對策略的成效進行評估

　　這主要檢視機構現時所採取的策略是否具成效？它是否能有助其提升整體性績效以達到既定的使命和目的？而在實踐過程中，是否需要修訂策略，並依此而制定相關的改善行動？

（三）對整體性績效進行全面的分析

　　這是針對機構所投入的資源（輸入）、執行的策略（過程）及產生的績效（輸出）而進行詳細的分析，藉以評估其組織能力及整體性績效。經此過程，將可有助識別機構的效率、質素及效能是否達到既定的要求，並審視其能否依據公平原則而為服務對象提供所需的服務。

　　毋庸置疑，社會服務機構若能建立完善的資訊管理系統，不僅可提升其服務效率，還透過檢視內部強弱之處，更加精確地辨析其關鍵的策略性事件，而規劃團隊亦可採用下列表格以審視及分析機構的強

---

23 「效率」乃指能善用資源以提升服務產出；「效能」則指能達到既定目標或有效解決服務對象之問題／需求。

弱處 [24]，詳情可參閱表 3-5。

表 3-5：審視機構強弱之處

須審視的範疇		可能存在的強項	可能存在的弱項	需要處理的強弱項其優次之初步構想	所須採取的行動計劃和建議
機構所擁有的資源	人力資源				
	經濟資源				
	政治資源				
	資訊資源				
	方案資源				
針對策略的成效進行評估					
對整體性績效進行全面分析					

至於審視內外環境的常用方法是滾雪球技術（Snowball Technology），它主要是將大腦激盪法某些步驟合併起來；然而前者是將相同意見歸納為不同類別，後者則針對某個項目或主題而進行多元意見的徵集。具體來說，滾雪球技術通常是將個別的意見寫在一張白卡紙 [25]，然後貼在掛板之上，繼而將相同類別的主題歸納一起，如此便可形成數張「雪卡」。

由此可見，當機構進行強—弱—機—危分析時，規劃團隊可運用滾雪球技術以收集組織成員的意見，而基本的提問大致如下：

1. 機構現時面對哪些外來的契機？

2. 機構現時面對哪些外來的威脅／新挑戰？

3. 機構有哪些強項？

4. 機構有哪些弱項？

針對上述意見，規劃團隊務必慎重其事，藉深入的討論以進行對比與分析，從而識別機構關鍵的策略性事件，以下將引用例舉加以闡述。

---

24 策略性規劃團隊必須針對每項強弱處所衍生的意義及重要性進行詳細的討論。

25 進行滾雪球技術時，與會者一般會將個別的意見寫在一張白卡紙上，因此這張白卡紙又稱為「雪卡」。

舉例而言，某機構規劃團隊針對強—弱—機—危進行了審慎的討論，通過對照與分析，這可識別機構各五項的強弱項及因外間環境轉變而衍生的契機和威脅／新挑戰，這種 SWOT 矩陣分析可參閱表 3-6。

表 3-6：某機構 SWOT 矩陣分析（例舉）

外部環境　　　內部環境		強項（S）		弱項（W）
	S1	與相關政府部門保持緊密合作關係，並深得部門首長之信賴	W1	缺乏資深的管理人才和專業社工
	S2	服務弱勢社羣的形象鮮明	W2	人才流失問題嚴重
	S3	員工年輕、有幹勁、解難能力頗強	W3	財務來源單一，主要依賴理事會／董事局成員的捐獻
	S4	理事會／董事局成員投入善業、熱心捐獻	W4	欠缺完善的管理系統
	S5	機構財務收入穩定	W5	機構欠缺策略性規劃及策略性計劃的制定
契機（O）		**SO 策略**		**WO 策略**
相關政府部門所制定的社會政策切合機構使命	SO1	與政府部門鞏固合作關係和積極爭取重要的資源，並依據組織使命和配合社會政策以提供服務對象所需的服務	WO1	培育及挽留管理人才，並提供切合社會政策的服務，從而提升機構的認受性
政府積極鼓勵弱勢社羣人士融入社會	SO2	提升機構核心服務的質素水平，並有效解決弱勢社羣的問題或滿足其需求	WO2	減低人才流失率，並全力為弱勢社羣提供高質素及多元化服務
弱勢社羣的市場潛力大，有利於服務發展	SO3	全面提升員工之專業能力以進一步開拓弱勢社羣服務的發展空間	WO3	擴大財務來源，並依據弱勢社羣所需而開拓更多元化服務
弱勢社羣之需求日增	SO4	提升理事會／董事局成員捐款意慾，並切合弱勢社羣所需開辦創新和專業的支援服務	WO4	建立完善的質素管理系統，並有效監控各項方案／項目之推行，從而滿足弱勢社羣人士之需求
商界蘊藏豐富的社會資本可供徵用	SO5	擴大社區資源的募集，從而拓展機構的所需財務資源以達到可持續發展	WO5	循序漸進地推動策略性規劃，並依據機構所釐定的策略性定位以募集更多的社會資本和拓展更大的服務市場

威脅 (T)		ST 策略		WT 策略
機構被業界邊緣化，難以物色到理念相近的合作聯盟	ST1	與政府部門保持緊密合作，並積極爭取地區團體的協作及致力建立策略性聯盟	WT1	培育管理人才和提升社工專業性，並致力採用進取的社區關係模式以開拓地區團體的合作空間
機構之間對社區資源的競爭日趨激烈	ST2	機構竭力鞏固其服務弱勢社羣的專業形象，藉以募集更多的社區資源及獲得更多的政府財政支持	WT2	培育人才，並透過提升員工的項目管理能力以提升項目成果，從而吸納更多的財務資源以拓展創新的項目
全球經濟發展不明朗，降低募款成效	ST3	善用員工創意與解難能力，並鼓勵其開拓更多的募款途徑以促進創新服務的發展	WT3	擴大財務來源及提升捐款者之捐款意慾，從而支持機構的長遠發展
弱勢社羣人口膨脹，導致社區需求驟增	ST4	激發理事會 / 董事局成員的捐款意慾，並開拓更多服務以滿足弱勢社羣所需	WT4	竭力優化機構的管理系統，藉以監察服務成效，並確保弱勢社羣能接受高質素的服務
出資方對機構的期望和要求不斷提升	ST5	機構擴大社區資源之募集，並有效監察與評估受資助項目之績效，從而滿足出資方之要求	WT5	機構釐清其策略性定位和積極改善員工的項目管理能力，以期加強其問責性

　　經 SWOT 矩陣分析可得出四個重要的發展策略，這包括：SO 策略 —— 善用機構的強項以抓緊外間環境的契機、ST 策略 —— 善用機構的強項以應付外間的威脅 / 新挑戰、WO 策略 —— 改善機構的弱項以配合外間環境的契機以及 WT 策略 —— 改善機構的弱項以迴避外間的威脅 / 新挑戰。由此可見，規劃團隊可通過 SWOT 矩陣的討論與分析，從而識別其未來三至五年所需處理的策略性事件。

步驟四：策略性事件的識別

　　進行策略性事件的識別是整個策略性規劃過程中最核心的部分。布賴森 (Bryson, 2004) 界定策略性事件為「影響某個組織的憲章、財政、組織或管理之政策選擇……。而這些選擇對如何界定組織、作出甚麼行動，以及為何這樣做等決定有着深遠的影響」。而伊廸 (Eadie, 2006) 則視策略性事件為重要的改變挑戰 (Change Challenge)，這是

指機構針對外間環境之契機和其內部問題而作出的回應，此舉有助維繫內外環境的平衡狀況。

在此階段裏，基本產生出三個成果：

（一）策略性規劃團隊須制定一份策略性事件清單，並須依據其性質、重要性和預期衍生的影響進行檢視。一般而言，策略性事件須符合下列七個原則（Bryson, 2004）：

    1. 理事會／董事局成員及高階管理層能夠意識得到；

    2. 對機構產生深遠的影響；

    3. 對整個機構或其轄下多個部門帶來巨大的衝擊；

    4. 機構須投入龐大的財務資源；

    5. 需要創新或修訂方案，甚至調動資源的配置；

    6. 積極回應社區或政治的期望；和

    7. 屬於緊急或即時處理的事件——未有明確的解決方案或難按一般的解決方法處理。

（二）評估機構在資源局限下能否即時處理那些重要的策略性事件。

（三）依據清單之邏輯性或時間性而排列出策略性事件的優先順序。

除此之外，可採用三種方法以識別其他重要的策略性事件（Barry, 1986；Kearns, 2000；Bryson, 2004, 2010），這包括直接方法（Direct Approach）、目的方法（Goal Approach）[26] 和成功願景方法（Vision of Success Approach）[27]，而當中較常採用的是直接方法；換言之，採用 SWOT 分析方法以對機構的強—弱—機—危進行全面檢視，從而識別關鍵的策略性事件。在此過程中，規劃團隊可針對下列三方面進行檢視：

（一）我們現時面對的策略性事件是甚麼？

（二）轉化成策略性事件的因素是甚麼？

---

26 「目的方法」是指機構先制定目的，然後發展目標和識別重要的策略性事件，最後才制定達到上述目標之各種策略。

27 「成功願景方法」乃指機構完成使命或／及達到目標後，將其成功的服務經驗用文字或流程圖彙整為最佳典範／最佳實踐（Best Practice）和工作指引，這種做法尤適用於機構面對巨大轉變或進行組織改革時，一來可藉此爭取員工的參與和支持，二來可將其過往成功的實務經驗傳承下去。

(三) 若機構漠視這些策略性事件，將會承受甚麼後果？

　　綜言之，藉着強—弱—機—危這種直接方法能有助機構識別重要的策略性事件及其關鍵性成因；然而，規劃團隊若未能審時度勢，加上因循怠惰，就算面對危機／威脅亦置若罔聞，相信這只會加速機構的衰退，最終自食惡果。筆者現引用表 3-7 作為例舉，以分析機構不予處理其策略性事件所衍生的嚴重後果，詳見如下：

表 3-7：分析機構未能適時處理策略性事件所引發的嚴重後果 (例舉)

優先順序	策略性事件	策略性事件的成因		機構未能適時處理其策略性事件所引發的嚴重後果
1.	機構未進行策略性規劃及策略性計劃制定	1.1	機構對策略性發展方向釐定之重要性欠缺認識	機構缺乏策略性規劃及可持續發展方向，這將窒礙其長遠發展，競爭優勢亦會逐步被蠶食殆盡。
		1.2	未有成立團隊以進行策略性規劃	機構未能與時並進，導致服務發展裹足不前，最終有機會面臨被淘汰的厄運。
2.	機構員工流失情況嚴重	2.1	機構薪酬機制未能貼近市場水平	機構因人手不足，以至未能按預期推行各項方案／項目，這將大幅降低其服務效率與效能，甚至對其整體性績效構成負面影響。
		2.2	機構未能招募足夠人手以配合服務發展所需	機構因員工流失而面臨嚴重的人才斷層問題，這將削弱其核心組織能力，甚至嚴重窒礙其整體性發展。
3.	機構未建立問責機制	3.1	機構未能清晰界定部門／單位／項目主管的工作細則[28]及職效指標	管理者職責不清，互相推諉，導致機構因嚴重內耗而玉毀櫝中，並逐漸步向衰退。
		3.2	主管沒有履行督導的職責	管理者若毋須為其敷衍塞責而承擔後果，這不僅妨礙下屬的事業前程規劃與發展，還打擊團隊士氣，甚至嚴重拖垮組織整體性績效。

---

28 「工作細則」(Job Description) 又稱「職務描述」或「工作說明書」，它是依據職位的性質及特點而制定之職務描述及職務規範。

優先順序	策略性事件	策略性事件的成因		機構未能適時處理其策略性事件所引發的嚴重後果
4.	機構缺乏穩定的財務資源	4.1	機構財務來源單一	→ 機構主要依靠理事會／董事局的捐助，若社會經濟出現蕭條，募款成果不彰，機構無奈要收縮營運規模，這對其延續發展構成沉重壓力。
		4.2	理事會／董事局對機構的捐助數額減少 30%	→ 面對大幅度的財政資助削減，機構因而缺乏充裕的資源以推動可持續發展。
5.	機構對轄下單位／項目監管不力	5.1	機構未建立完善的管理系統以監察服務成效	→ 機構缺乏完善的管理系統以監察受資助單位／項目[29]，導致弊病叢生，成效不佳，致使服務質素不斷下降。
		5.2	機構管理人員管理知識不足，工作態度散漫	→ 管理者未有克盡闕職，工作鬆懈，且其核心能力不足，嚴重影響整個管理團隊的工作效能。
6.	機構欠缺系統的人才培訓與發展機制，導致員工流失嚴重	6.1	機構欠缺制定人才培訓與發展計劃	→ 機構因人才流轉而造成專業知識與服務經驗流失，不單影響服務質素，亦構成傳承危機。
		6.2	機構未採取有效的措施以防止人才流失	→ 機構因未能挽留人才而導致服務發展停滯不前。
7.	機構欠缺完善的管理系統	7.1	機構未建立完善的管理系統[30]	→ 置身於瞬息萬變的社會環境，機構因缺乏完善的管理系統而陷於風險之中，故其發展隱藏危機。
		7.2	管理者未採用有效的管理系統以監管服務運作與成效	→ 管理者抱殘守缺，管理粗疏，更不善用管理系統以監管服務運作與成效，致使組織整體性績效一落千丈。

---

29 此乃指來自香港特區社會福利署、民政事務局及社區基金之撥款資助（例如結合社區家庭、香港政府和商界三方資源的「兒童發展基金」，以及香港賽馬會慈善信託基金等）所推行的方案／項目。

30 重要的管理系統包括策略性管理、財務管理、人力資源管理、內部治理、資訊管理、知識管理、風險管理、流程績效衡量和管理，以及持份者關係和服務推廣等。

優先順序	策略性事件	策略性事件的成因		機構未能適時處理其策略性事件所引發的嚴重後果
8.	機構缺乏管理人才	8.1	管理者日理萬機、俗務纏身 →	管理者兼顧事務太多[31]，分身不暇，亦未能專注於服務監管，因而影響組織整體性績效。
		8.2	管理者的管理能力薄弱 →	管理者未能有效監察及評估單位 / 項目之成效，並經常出現紕漏，缺乏效率。

備註：表 3-7 主要是依據表 3-6 之 SWOT 矩陣分析而發展出一系列的策略性事件，當中已作出優次的排序。

　　為有效識別機構所需處理的策略性事件，規劃團隊可參考下列的做法：

(一) 檢視機構之 MVV、內部強弱項、外間環境的契機以及威脅 / 新挑戰等；

(二) 選用一種有效並切合機構現況的方法以識別其策略性事件（如採用直接方法[32]）；

(三) 所識別的策略性事件應按其優先次序、邏輯性或時間性作出順序排列，此舉可作為發展下一個步驟的前奏（如策略發展階段）；

(四) 檢視及整理策略性事件；

(五) 依據緊急性而區別出各項的策略性事件；

(六) 可集中事件的內容性質而進行識別[33]；

(七) 高階管理層須授權服務策劃團隊專責跟進重要的策略性事件；

(八) 管理者須關注組織成員對機構事務之反饋，避免因某些策略性事件而觸發其焦慮情緒；和

(九) 管理者務必審慎處理因推行策略性發展而衍生的任何問題。

---

31 大部分機構的總幹事 / 行政總裁身兼重任，一方面推動機構的長遠發展，另方面又要監管單位及受資助的大型項目，不單如此，還要滿足理事會 / 董事局之期望，可謂分身乏術、應接不暇。

32 「直接方法」(Direct Approach) 乃指採用 SWOT 分析方法以對機構的強—弱—機—危進行全面檢視，藉以識別重要的策略性事件。

33 在識別策略性事件時只須集中其內容性質而毋須追求答案。

步驟五：發展策略及制定策略性框架

在進行發展策略期間，規劃團隊須認真審視下列五個重要問題（Bryson, 2004：199-200；梁偉康，2012），這包括：

（一）針對這些策略性事件，我們可尋求哪些可行方法及可追求的夢想或願景？

（二）有哪些阻礙我們實現可行方法、夢想或願景的因素？

（三）為有效達到所追尋的願景或克服預期的障礙，我們須關注哪些重要範疇？有何建議？

（四）為實踐上述建議，機構於未來三至五年須採取甚麼行動計劃？

（五）在這六個月內，為配合上述行動的實踐，有何建議？由誰負責執行？

經回應以上提問，規劃團隊遂進行資料分析，並從眾多的選擇和策略組合中先甄選合適的策略性事件，繼而制定策略性框架。筆者現引用表 3-7 所列之策略性事件而建構出策略性框架（Strategic Framework），當中臚列其策略性意圖（Strategic Intent）[34] 和策略性方向（Strategic Direction）[35]，並依據這些方向而制定策略性重點（Strategic Focus）[36]，詳情如表 3-8 及表 3-9 所示。

---

34 「策略性意圖」乃指期望未來達到的狀況。

35 「策略性方向」乃指機構的發展方向。

36 「策略性重點」乃指機構所需做的重點工作。

表 3-8：依據策略性事件而制定策略性框架 (例舉)

編號	策略性事件	策略性意圖	策略性方向	策略性重點
1.	機構未進行策略性規劃和策略性計劃制定	實踐策略性規劃	制定策略性計劃	✧ 聘用顧問擬定初步的中、長遠計劃 ✧ 根據前線主管及管理人員對中、長遠計劃的反饋作出必要的修訂 ✧ 制定中、長遠計劃的實施期及安排適當人員 / 團隊負責執行
2.	機構員工流失情況嚴重	填補人員出缺以紓緩員工流失問題	2.1 吸納人才	✧ 改善員工聘用條件 ✧ 建立薪效掛鈎制度 ✧ 建立員工培訓及發展機制 ✧ 建立完善的績效管理制度
			2.2 挽留人才	✧ 加強員工培訓和發展 ✧ 加強專業員工之事業前程規劃與發展 ✧ 建立公平、公正及公開的晉升機制 ✧ 建立完善的員工薪酬機制，並改善員工薪酬及附加福利 (Fringe Benefit) [37]
			2.3 加強員工的工作動機	✧ 提升管理人員的領導和管理能力 ✧ 促進員工溝通，並加強其歸屬感 ✧ 嘉許表現優異的員工和給予獎勵
3.	機構未建立問責機制	建立清晰的問責機制	3.1 加強監督及問責性	✧ 制定單位 / 項目的年度計劃，並切實執行 ✧ 制定清晰的組織架構圖及各級員工之工作細則、績效指標，以及釐清其從屬關係 ✧ 鞏固管治架構及加強問責 ✧ 強化單位 / 項目的督導與行政支援
			3.2 定期檢視及改善人力資源管理制度	✧ 明確界定清晰的組織架構及權責 ✧ 制定明確的人手編制及分工 ✧ 清楚界定每一職級員工的工作細則及從屬關係 ✧ 改善員工績效管理機制 (包括績效策劃、績效監察及督導 / 教練、績效評核以及績效反饋與改善)

---

37 「附加福利」(Fringe Benefit) 亦稱「邊緣福利」，基本上是指非工資性福利，譬如薪酬以外的有薪假期、病假、僱傭保險及醫療福利等。

編號	策略性事件	策略性意圖	策略性方向	策略性重點
			3.3 檢討及建立財務管理機制	✧ 單位/項目負責人按指引制定年度預算 ✧ 財務部制定支出與收入管理的程序與指引 ✧ 財務部制定清晰的採購程序及批核權限 ✧ 財務部制定清晰的固定資產管理程序供單位/項目主管依循及執行
4.	機構缺乏穩定的財務資源	確保機構備有足夠的財務資源以推動其達到可持續的發展	4.1 加強理事會/董事局的溝通	✧ 定期召開理事會/董事局會議,並向其彙報機構核心服務的成果及提出新項目的構思 ✧ 定期(例如每季或每半年)向理事會/董事局提交重要的單位/項目進展及整體性績效報告
			4.2 擴大社會資本	✧ 加強發展理事會/董事局成員及其相關網絡之社會資本 ✧ 成立專責團隊負責大型項目的投標工作 ✧ 建立高效的資訊管理系統以管理及聯繫龐大的社會資本
			4.3 提升機構形象	✧ 為機構打造成為弱勢社羣服務之最佳典範以提高其聲譽 ✧ 建立機構的服務品牌
5.	機構對轄下單位/項目監管不力	加強單位/項目之監管及改善其整體性績效	5.1 重組組織架構	✧ 重組組織之功能性部門 ✧ 重新編製督導人員的工作細則及制定其年度績效指標
			5.2 提升中層管理/督導人員之能力	✧ 加強中層管理/督導人員之培訓 ✧ 提供中層管理/督導人員所需的支援 ✧ 促進中層管理/督導人員優良管理和領導能力之發展
			5.3 改善單位/項目之整體性績效	✧ 明確界定單位/項目所需達到的關鍵性表現指標(Key Performance Indicators, "KPIs") ✧ 建立薪效掛鈎之獎勵制度 ✧ 採用有效的管理工具[38]以衡量單位/項目之績效 ✧ 建立資訊管理系統以搜集準確及可靠的資料和數據,藉此規劃服務發展及評估其成效

---

38 可供採用的管理工具如平衡計分卡(Balanced Scorecard)、公共價值計分卡(Public Value Scorecard)、方案邏輯模式(Programme Logic Model)及社會衝擊導向模式(Social Impact Orientation Model)等。

編號	策略性事件	策略性意圖	策略性方向	策略性重點
6.	機構欠缺系統的人才培訓與發展機制，導致員工流失嚴重	加強人才培訓與發展	6.1 推行系統的員工培訓計劃	✧ 定期評估員工的培訓需求 ✧ 針對員工的發展需求而提供適切的培訓 ✧ 評估培訓活動之成效及持續作出改善
			6.2 推行系統的人才發展計劃	✧ 發掘具潛質的人才，並提供重點培育 ✧ 因應員工的潛質，並配合機構未來的發展需求而落實推行相關的人才發展計劃
7.	機構欠缺重要的管理系統	建立重要的管理系統	7.1 建立人力資源管理、行政及財務管理制度	✧ 全面檢視及修訂人力資源、行政及財務相關的運作管理手冊 ✧ 由顧問帶領工作小組以檢視現存的管理制度，並按需要作出更新或改善
			7.2 建立其他的管理系統	✧ 由顧問帶領工作小組以建立其他的管理系統 ✧ 借鑒其他管理優良機構的實戰經驗及參考其最佳典範
8.	機構缺乏管理人才	聘用足夠的管理人才及提升其管理能力	8.1 培育管理人才	✧ 致力培育具潛質的前線主管及中層管理人員，並建立管理人才的承續機制
			8.2 招攬人才	✧ 完善組織架構，並按服務發展所需增聘管理人才 ✧ 向外招攬經驗豐富管理的人才

　　依據機構所需處理的策略性事件及策略性框架所臚列的各項重點，規劃團隊需釐定未來三至五年要達到的策略性目標及相關的策略性行動計劃，詳情如表 3-9 所示。

表 3-9：策略性目標、策略性行動計劃及實施期的制定

年度	策略性事件	策略性目標	策略性行動計劃	四	五	六	七	八	九	十	十一	十二	一	二	三	負責員工／部門／團隊	期望達到的成果
X X 年度	機構未進行策略性規劃及制定策略性計劃	❖ 實踐策略性規劃	❖ 聘用顧問指導規劃團隊擬定策略性計劃			→	→	→								顧問及策略性規劃團隊	• 完成策略性計劃[39]的初稿
			❖ 根據前線主管及管理人員對策略性計劃的反饋作出必要的修訂						→	→	→					顧問、管理層及前線主管	• 管理層及前線主管對策略性計劃作出反饋
			❖ 制定策略性計劃的實施期及安排適當人員／團隊負責執行									→				顧問及總幹事	• 相關員工／工作團隊／部門按規劃時限進及完成各項策略性行動計劃

實施期 (XX 年/XX 年)

---

39 策略性計劃通常已包括機構的中期及長期計劃。

年度	策略性事件	策略性目標	策略性行動計劃	四	五	六	七	八	九	十	十一	十二	一	二	三	負責員工／部門／團隊	期望達到的成果
				實施期 (XX 年/XX 年)													
XX年度	機構員工流失情況嚴重	◇ 填補人員出缺以紓緩員工流失問題	◇ 改善聘用條件、員工薪酬及附加福利										↗	↗		顧問及總幹事	• 制定一套具市場競爭力的薪酬和福利機制
			◇ 建立各級主管的薪效掛鈎制度									↗	↗	↗	↗	顧問、總幹事及管理層	• 完成各級主管薪效掛鈎機制之制定
			◇ 建立完善的績效管理制度			↗										顧問及管理層	• 完成績效管理機制之制定（包括績效策劃、績效監察及督導／教練、績效評核以及績效反饋與改善）
			◇ 加強員工培訓和發展	↗	↗	↗	↗	↗	↗	↗	↗	↗				人力資源及行政部	• 每年舉辦 ≥ 3 次員工培訓及發展活動

年度	策略性事件	策略性目標	策略性行動計劃	實施期 (XX 年 /XX 年)												負責員工 / 部門 / 團隊	期望達到的成果
				四	五	六	七	八	九	十	十一	十二	一	二	三		
			✧ 加強專業員工之事業前程規劃與發展	↗	↗	↗										管理層	• 完成專業員工事業前程規劃和發展計劃
			✧ 建立公平、公正及公開的管升機制	↗	↗	↗										顧問、人力資源及行政部	• 完成一套員工晉升機制之制定
			✧ 提升管理人員的領導和管理能力	↗	↗	↗	↗	↗	↗	↗	↗	↗	↗	↗	↗	顧問、總幹事、人力資源及行政部	• 主管級員工之管理與領導能力整體得到改善
			✧ 促進員工溝通，並加強其歸屬感	↗	↗	↗	↗	↗	↗	↗	↗	↗	↗			機構管理層及前線主管	• 員工對機構之滿意程度獲得提升

年度	策略性事件	策略性目標	策略性行動計劃	實施期 (XX 年 /XX 年)													負責員工 / 部門 / 團隊	期望達到的成果
				四	五	六	七	八	九	十	十一	十二	一	二	三		
XX 年度	機構未建立問責機制	◇ 建立清晰的問責機制	◇ 嘉許表現優異的員工，並給予獎勵	→	→	→	→	→	→	→	→	→	→			管理層、人力資源及行政部	• 落實推行維繫人才的措施
			◇ 制定轄下單位 / 項目的年度計劃，並切實執行								→	→	→			顧問及管理層	• 制定一套適用於單位 / 項目所採用的《年度計劃實用手冊》 • 制定各單位 / 項目可切實執行之年度計劃
			◇ 鞏固管治架構及加強問責								→	→	→	→		顧問及幹事	• 制定《理事會 / 董事局運作管理手冊》 • 制定《理事會 / 董事局轄下委員會運作管理手冊》
			◇ 強化單位 / 項目的督導與行政支援	→	→	→	→	→	→	→	→	→	→	→	→	總監及幹事	• 建立督導制度及落實執行相關機制

年度	策略性事件	策略性目標	策略性行動計劃	實施期 (XX年/XX年)													負責員工/部門/團隊	期望達到的成果
				四	五	六	七	八	九	十	十一	十二	一	二	三			
			✧ 明確界定清晰的組織架構及權責										→	→	→	顧問、總幹事及管理層	• 制定清晰的組織架構 • 清楚釐定各職級員工的從屬及問責關係
			✧ 制定明確的人手編制及分工										→	→	→	顧問、總幹事及管理層	• 清晰界定每個服務單位之人手編制及分工
			✧ 清楚界定每一職級員工的工作細則及從屬關係										→	→	→	顧問及管理層	• 為各職級的員工制定明確的工作細則
			✧ 改善員工績效管理機制										→	→	→	顧問、管理層、人力資源及行政部	• 建立員工績效管理機制（包括績效策劃、績效監察及督導/教練、績效考核以及績效反饋與改善） • 完成制定《人力資源管理手冊》

126

年度	策略性事件	策略性目標	策略性行動計劃	實施期 (XX 年 (XX 年))													負責員工／部門／團隊	期望達到的成果
				四	五	六	七	八	九	十	十一	十二	一	二	三		
			✧ 單位／項目主管按指引而制定年度預算										→	→	→	顧問及財務部主管	• 單位／項目主管依照財務指引編製年度預算 • 制定最新的《財務管理手冊》
			✧ 財務部制定支出與收入管理的程序與指引	→												顧問及財務部主管	• 制定支出與收入管理相關的程序文件和執行指引
			✧ 財務部制定清晰的採購程序及批核權限		→	→										顧問及財務部主管	• 制定物資採購及批核權限程序文件
			✧ 財務部制定清晰的單位／項目固定資產管理程序				→	→								顧問及財務部主管	• 完成單位／項目固定資產管理程序文件之制定

年度	策略性事件	策略性目標	策略性行動計劃	實施期 (XX 年/XX 年)												負責員工/部門/團隊	期望達到的成果
				四	五	六	七	八	九	十	十一	十二	一	二	三		
X 年度	機構缺乏穩定的財務資源	◇ 確保機構有足夠的財務資源以推動其達到可持續的發展	◇ 定期召開理事會/董事局會議，並向其彙報機構服務的成果及提出創新項目的構思			→	→	→								總幹事	• 理事會成功募集財務資源以推動各項核心服務及創新性項目，而有關新成果亦須定期於理事會/董事局會議作出彙報
			◇ 定期向理事會/董事局提交重要的單位/項目工作進展及其整體性績效的報告	→	→					→		→				總幹事、財務部、人力資源及行政部	• 定期（例如每季或每半年）向理事會/董事局彙報各項目之進展 • 向理事會/董事局呈交機構整體性績效評估報告
			◇ 加強發展理事會/董事局及其相關網絡之社會資本，並建立高效的資訊管理系統以作管理及聯繫	→	→	→	→	→	→	→	→	→	→	→	→	總幹事、人力資源及行政部	• 檢視及結合與社會資本相關的資訊，並應用資訊科技系統以提升資訊管理的效率

年度	策略性事件	策略性目標	策略性行動計劃	四	五	六	七	八	九	十	十一	十二	一	二	三	負責員工/部門/團隊	期望達到的成果
									實施期 (XX年/XX年)								
X X 年度	機構對轄下單位/項目監管不力	✧ 加強單位/項目之監管以改善組織整體性績效	✧ 成立專責團隊負責大型項目的投標工作	↗	↗	↗	↗	↗	↗	↗	↗	↗	↗	↗	↗	投標工作團隊	• 向政府、基金會及商界提交競投項目之計劃書
			✧ 為機構打造成為弱勢社羣服務之最佳典範，並建立服務品牌	↗	↗	↗	↗	↗	↗	↗	↗	↗	↗	↗	↗	管理層及服務單位主管	• 完善機構內部重要的管理系統（例如人力資源管理、資訊管理、策略性管理等）以提升其整體性績效，並致力成為業界的標竿學習對象。 • 建立 ≥ 2 項機構服務品牌
			✧ 重組組織之功能性部門及重新編製督導人員的職能										↗	↗	↗	顧問、總幹事、人力資源行政部	• 透過組織架構重組以減少不必要的資源浪費，從而提升組織效能 • 重新編製督導人員及各職級員工之工作細則及績效指標 • 完成督導機制之制定

年度	策略性事件	策略性行動計劃	實施期 (XX年/XX年)													負責員工/部門/關隊	擬達到的成果
			四	五	六	七	八	九	十	十一	十二	一	二	三		
		✧ 加強中層管理/督導人員之培訓	↑	↑	↑	↑	↑	↑	↑	↑	↑	↑		↑		顧問、總幹事、人力資源及行政部	• 開辦中層管理/督導人員之培訓課程
		✧ 提供中層管理/督導人員所需的支援	↑	↑		↑	↑	↑	↑	↑	↑	↑	↑	↑	顧問及總幹事	• 定期督導員工以確保其獲得重要的資訊及情緒支援
		✧ 促進中層管理/督導人員優良管理和領導能力之發展	↑	↑	↑	↑	↑	↑	↑	↑	↑	↑	↑	↑	顧問及總幹事	• 中層管理/督導人員每年接受≥1項相關的管理課程 • 中層管理/督導人員認同其管理和領導能力已獲得強化，並有助其促進組織整體績效之提升
		✧ 明確界定單位/項目所需達到的關鍵性表現指標 (KPIs)										↑	↑	↑	顧問及總幹事	• 為單位/項目制定可作績效衡量之KPIs

年度	策略性事件	策略性目標	策略性行動計劃	實施期 (XX 年 /XX 年)												負責員工 / 部門 / 團隊	期望達到的成果
				四	五	六	七	八	九	十	十一	十二	一	二	三		
			◇ 建立薪效掛鈎之獎勵制度											→	→	顧問、總幹事、人力資源及行政部	• 完成一套具激勵性的薪效掛鈎機制之制定
			◇ 採用有效的管理工具以衡量單位 / 項目之整體性績效							→	→	→				顧問及總幹事	• 引用最新的管理工具(例如平衡計分卡及公共價值計分卡等)以衡量單位 / 項目之整體性績效 • 修訂現時所採用的 KPIs
			◇ 建立資訊管理系統以搜集準確及可靠的資料和數據,藉此規劃服務發展及進行成效評估	→	→	→	→	→	→	→	→	→	→	→	→	顧問、管理層、單位主管、人力資源及行政部	• 成立專責工作小組以開發資訊管理系統 • 建立完善的資訊管理系統,藉以評估單位 / 項目之達標程度

年度	策略性事件	策略性目標	策略性行動計劃	四	五	六	七	八	九	十	十一	十二	一	二	三	負責員工/部門/團隊	期望達到的成果
XX年度	機構欠缺系統的人才培訓與發展機制，導致員工流失嚴重	✧ 加強人才培訓與發展	✧ 定期評估員工的培訓需求										↗	↗	↗	人力資源及行政部	• 制定員工培訓需求調查表 • 針對員工培訓需求進行全面的分析，並妥善保存有關報告
			✧ 針對員工的發展需求而提供適切的培訓	↗	↗	↗	↗	↗	↗	↗	↗	↗	↗	↗	↗	人力資源及行政部	• 定期（如每季）推行相關的培訓活動
			✧ 評估培訓成效及持續進行改善							↗	↗	↗	↗	↗	↗	人力資源及行政部	• 撰寫培訓活動成效評估報告及擬定改善行動計劃
			✧ 發掘機構具潛質的人才，並提供重點培育	↗	↗	↗	↗	↗	↗	↗	↗	↗	↗	↗	↗	管理層、人力資源及行政部	• 製備一份重點培育的人才的名單

實施期（XX年/XX年）

132

年度	策略性事件	策略性目標	策略性行動計劃	實施期（XX年/XX年）四	五	六	七	八	九	十	十一	十二	一	二	三	負責員工/部門/團隊	期望達到的成果
XX年度	X 機構欠缺重要的管理系統	✧ 建立重要的管理系統	✧ 因應員工的潛質，並配合機構未來的發展需求而落實推行相關的人才發展計劃	→	→	→	→	→	→	→	→	→	→	→	→	管理層、人力資源及行政部	• 進行員工培訓需求調查 • 製備員工發展計劃方案
			✧ 全面檢視及修訂人力資源、行政及財務相關的運作管理手冊	→	→	→	→	→	→	→	→	→	→	→	→	顧問、人力資源及行政部、財務部	• 因應內外環境的轉變而大幅度修訂《人力資源管理手冊》、《行政管理手冊》及《財務管理手冊》
			✧ 由顧問帶領工作小組以檢視現存的管理制度，並按需要作出更新	→	→	→	→	→	→	→	→	→	→	→	→	顧問及工作小組	• 制定之3項管理制之改善方案
			✧ 由顧問帶領工作小組以建立其他的管理系統	→	→	→	→	→	→	→	→	→	→	→	→	顧問及工作小組	• 建立之3項其他的管理系統

年度	策略性事件	策略性目標	策略性行動計劃	\:---實施期 (XX年/XX年)---\:												負責員工/部門/團隊	期望達到的成果
				四	五	六	七	八	九	十	十一	十二	一	二	三		
X年度	機構缺乏管理人才	✧ 聘用足夠的人才及提升其管理能力	✧ 借鑒其他管理優良機構的實戰經驗	↗	↗	↗	↗	↗	↗	↗	↗	↗	↗	↗	↗	顧問、管理層工作及工作小組	• 完成≥2項標竿學習的交流方案
			✧ 致力培育資質的前線主管及中層管理人員，並建立管理人才的承續機制	↗	↗	↗	↗	↗	↗	↗	↗	↗	↗	↗	↗	總幹事、人力資源及行政部	• 完成一套儲備管理人才方案 • 完成管理人才承續計劃
			✧ 完善組織架構，並按服務發展所需增聘管理人才	↗	↗	↗					↗	↗	↗			顧問、總幹事、人力資源及行政部	• 重組機構之組織架構
			✧ 向外招攬經驗豐富的管理人才	↗	↗	↗	↗	↗	↗	↗	↗	↗	↗	↗	↗	總幹事、人力資源及行政部	• 增聘優秀的管理人才

二、策略性計劃之制定

上述五個重要的步驟不僅是進行整項策略性規劃所必須經歷的過程，還可促成策略性計劃之制定，其內容主要涵蓋下列八項：

(一) 機構使命的檢視及修訂；

(二) 機構願景的檢視及修訂；

(三) 三至五年內機構所須達到之目的；

(四) 機構內部的強弱項及外間環境的契機和威脅 / 新挑戰；

(五) 機構識別出所須處理的策略性事件；

(六) 針對每項策略性事件而制定策略性框架；

(七) 未來三至五年內所須達到的策略性目標及執行的策略性行動計
劃；和

(八) 總結。

由於策略性計劃之制定對機構的策略性定位、資源運用、人才配備及長遠發展等起着舉足輕重之效，因此不管是管理者或前線員工務必嚴加遵循及實踐，戮力同心為提升組織整體性績效而努力奮鬥。

第 四 節

──────────

運作性規劃的主要階段、
規劃工作及運作性計劃之制定

一、運作性規劃的四個重要階段及其規劃工作

除制定策略性計劃外，機構的另一項重要任務是如何推動運作性規劃的工作。簡單來說，運作性規劃可分四個階段進行，這包

括：問題識別和分析（Problem Identification and Analysis）、目標制定
（Objectives Setting）、方案安排（Programme Arrangement）和評估設計
（Evaluation Design）[40]，而每個階段皆有其目的、所須完成的規劃工作
（Planning Tasks）及適用方法／工具，詳情可參閱表 3-10 [41]。

表 3-10：運作性規劃的四大階段、完成規劃工作之主要目的及適用方法／工具

階段		規劃工作	完成規劃工作之主要目的	適用方法／工具
（一）問題識別和分析	1.	問題辨析	識別需要改變之非理想的社會性狀況 —— 社區問題[42]	1.1 問題識別工作表（5Ws+1I） 1.2 問題樹分析方法（Problem Tree Analysis Method） 1.3 名義小組方法 1.4 大腦激盪法 1.5 類同圖
	2.	需求評估	評估受問題困擾的人口羣之散佈情況，並識別其需求	2.1 社會指標法 2.2 直接聯繫方法 2.3 社區印象法 2.4 資源點存法 2.5 現存的統計資料 2.6 訪問有識之士 2.7 使用分析 2.8 公開諮詢
	3.	問題／需求成因分析	識別導致問題／需求產生之因由，並分析其主因以制定成效目標	3.1 特性要因圖 3.2 名義小組方法 3.3 標準的問題解決方法 3.4 何故—何故追尋方法（Why-why Pursuit Method）[43] 3.5 大腦激盪法 3.6 分枝樹法（Branching Tree Method） 3.7 簡化的德爾菲法

---

40 這是進行運作性規劃所須完成的四個重要階段。

41 筆者只集中論述每個階段的重要規劃工作和介紹適用的方法／工具。

42 社區問題如長者被虐及家庭暴力等。

43 「何故—何故追尋方法」（Why-why Pursuit Method）又稱為「五種主因分析方法」（The 5-Whys for Root Cause Analysis）。

階段		規劃工作	完成規劃工作 之主要目的	適用方法 / 工具
（二）目標制定	1.	制定成效目標	列明受惠對象有何期望的改變	1.1 名義小組方法 1.2 大腦激盪法 1.3 分枝樹法
	2.	制定過程目標	列明導致受惠對象產生期望的改變之重要工具，有利導引方案 / 項目之發展	2.1 名義小組方法 2.2 大腦激盪法 2.3 分枝樹法
	3.	制定運作性 / 後勤性目標 （Operational/ Logistics Objectives）[44]	列明支援過程目標之有效實踐，以讓受惠對象產生期望的改變	3.1 名義小組方法 3.2 大腦激盪法 3.3 分枝樹法
（三）方案安排	1.	識別達到過程目標之各種可行方案 / 項目	提升方案 / 項目之效能和效率，並導引方案 / 項目之發展	1.1 零基準預算法（Zero-base Budgeting） 1.2 方案邏輯模式 1.3 借鑒（Benchmarking） 1.4 方案假設（Programme Hypothesis） 1.5 名義小組方法 1.6 大腦激盪法 1.7 分枝樹法
	2.	甄選最理想和可行的方案 / 項目	識別解決社區問題或滿足服務對象需求之最佳方案 / 項目，並適切分配資源	2.1 橫向衝擊模式（Cross Impact Matrix） 2.2 可行方案模式（Alternative Matrix） 2.3 簡化的德爾菲法（Simplified Delphi Method） 2.4 零基準預算法 2.5 名義小組方法 2.6 大腦激盪法 2.7 主要類別類比法

---

44 上述成效目標、過程目標及運作性 / 後勤性目標三者之間的關係是環環相扣，相互影響，有關詳情可參閱《成效管理：非營利社會服務組織全面實踐策略》第三章（梁偉康，2012）。然而針對運作性 / 後勤性目標這項規劃工作的制定，筆者作了些微的改動；換言之，機構若要達到過程目標和完成相關的方案 / 項目，則須在行政、運作、培訓和設施等範疇作出相應的改善，這樣便不會產生混淆，有關詳情另見本章之例舉。

階段	規劃工作	完成規劃工作之主要目的	適用方法 / 工具
3.	釐定方案 / 項目之內容及實施期	確保方案 / 項目依照原定的計劃內容及實施期落實執行	3.1 甘特圖表 (Gantt Chart) 3.2 項目計劃發展流程圖 (Project Development Chart) 3.3 計劃評核術 (PERT) 3.4 敘述性的網絡圖 (Narrative Network Chart)
（四）評估設計 1.	對方案 / 項目或專業實務介入進行評估設計	監察方案 / 項目或專業實務有否依循原定計劃而推行，並衡量其有否導致受惠對象產生期望的改變及達到既定的目標	1.1 實務評估 (Practice Evaluation) 1.2 方案過程評估 1.3 方案產出評估 1.4 方案質素評估 1.5 方案成效評估 1.6 方案目標達成評估 1.7 方案整合性評估

備註：(1) 在進行運作性規劃時，規劃團隊可選取上述任何一種方法 / 工具以促成規劃工作的執行，然而進行「需求評估」和「評估設計」則須視乎機構的資源狀況而決定所需採取的方法 / 工具之數量。

(2) 筆者會選取部分的方法 / 工具於本書內詳加介紹。

從上表可見，現時適用於運作性規劃工作不單有多種方法 / 工具可供選取，亦易於運用，而本章會引用多個實例詳加闡述，讀者可作參考。

二、運作性規劃過程

機構為促成運作性規劃的推行，這必須由管理層及專業員工代表成立服務策劃團隊，從而落實執行有關工作。而依據表 3-10 所列，當中說明了每個階段所需完成的各項規劃工作，現詳述如下：

階段一：問題識別和分析

（一）問題辨析

機構可採用多種方法以識別社區問題，這包括：問題識別工作表、問題樹分析方法、名義小組方法、大腦激盪法和類同圖等，然

而規劃團隊若採用「問題識別工作表」[45]以進行社區問題的識別，則須檢視下列六方面（Martin, 2008；梁偉康，2012；Kettner, Moroney, & Martin, 2017），這包括：

1. 這是甚麼問題？
2. 這問題何時開始蔓延／惡化？
3. 這問題在哪裏發生？
4. 誰會受這問題所影響／困擾？
5. 導致問題發生的關鍵性成因是甚麼？
6. 如不處理這問題，則將有何後果產生？

藉着問題的分析，這將有助規劃團隊勾畫出一個明確的問題陳述；除此之外，其他的適用方法／工具，比方說，名義小組方法及大腦激盪法亦是不二之選。如前文所述，可透過問題辨析的過程以進行深入的討論與分析，繼而依據機構的資源狀況和服務對象所需而決定處理問題的優次排序。

（二）需求評估

為了識別受問題困擾的人口羣之散佈情況及其需求，機構務必進行需求評估的工作；當中可採用多種的方法，比如社會指標法、直接聯繫方法、社區印象法、資源點存法、現存的統計資料、訪問有識之士、使用分析和公開諮詢等。不管採用哪一種方法，規劃團隊必須集中那些處於危機的人口羣及目標對象人口羣而進行需求的評估，繼而調撥所需資源以提供適切其所需的服務與支援。

（三）問題／需求成因分析

當完成上述兩個程序後，下一步便進入問題／需求成因的分析，而適用的方法有多種，當中包括了特性要因圖、名義小組方法、標準的問題解決方法、何故—何故追尋方法、大腦激盪法、分枝樹法和簡

---

45 「問題識別工作表」主要是採用 5W（What, When, Where, Who 和 Why）及 1I（If…Then）以對社區問題進一步作出界定與識別。

化的德爾菲法等，規劃團隊可從中選取合適的方法以識別問題 / 需求主因，從而制定成效目標。筆者現採用「特性要因圖」作為例子，藉以分析長者被虐的成因，詳情可參閱圖 3-2。

圖 3-2：採用特性要因圖以識別長者被虐之成因及主因（例舉）

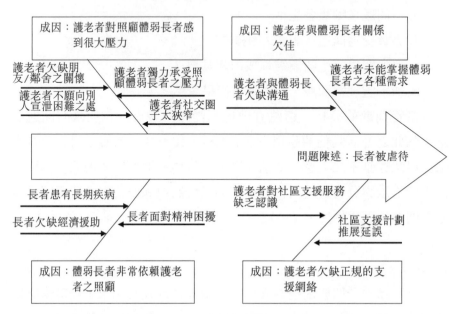

經過詳細的討論與分析，規劃團隊可從各種成因中識別出「最主要的」成因[46]，而機構須集中資源以解決這些主因；但不管識別出來的主因有多少，仍須悉數解決。除特性要因圖外，還可採用名義小組方法以對問題 / 需求成因進行分析與識別，通過這些步驟可對優先的成因進行類比，而排列最優先的五種因素便是關鍵的 / 重要的少數（Vital Few），機構只須集中資源處理這些因素便可。

---

46 可採用大腦激盪法、名義小組方法或簡化的德爾菲法以識別出「主因」。

階段二：目標制定

(一) 制定成效目標

　　成效目標乃指機構藉着提供方案和實務的介入[47]以讓目標對象受助人產生期望的改變 (Desired Change) 或達到預期的成效[48]。成效目標一般是依據服務對象／受助人之問題／需求所識別出來的關鍵性成因而制定出來，比方說，導致體弱長者受到虐待主要有四個成因，規劃團隊則須依據這些主因以制定成效目標，詳情如表 3-11 所示。

表 3-11：明確問題／需求產生的關鍵性成因和成效目標之制定 (例舉)

明確問題／需求產生的關鍵性成因	成效目標 (附成效指標)
1. 護老者對照顧體弱長者感到很大壓力	✧ 在 X 月內，減低 100 位護老者之壓力 (≥ 80% 護老者壓力得到紓緩)
2. 護老者與體弱長者關係惡劣	✧ 在 X 月內，提升護老者與體弱長者之溝通技巧 (≥ 80% 護老者掌握與長者溝通之技巧)
3. 體弱長者非常依賴護老者之照顧	✧ 在 X 月內，減低 100 位長者對護老者之依賴程度 (≥ 80% 護老者感覺長者對其依賴的程度有所降低)
4. 護老者欠缺正規的支援網絡	✧ 在 X 月內，擴大 100 位護老者之正規支援網絡 (≥ 80% 護老者接受 3 至 4 項正規支援服務)

(二) 制定過程目標

　　過程目標[49]乃是達到成效目標[50]不可或缺的工具，亦是為達到期望的改變／成果 (Desired Change/Results) 而提供所需的方案和實務介入。依據表 3-11 的四個成效目標可制定出過程目標，做法如表 3-12 所示。

---

47 提供方案和實務的介入能是導致目標對象／受助人產生期望的改變之一種工具 (Means)。

48 通過提供方案和實務的介入能有助預期成效的達成，而這些成效是可以作出衡量及評估的。

49 「過程目標」又稱「服務目標」(Service Objective)，後者乃是英國社工機構所慣用的名詞，而本書主要採用了過程目標，這是美國社工機構所通用的名詞。

50 「成效目標」又稱「影響／衝擊性目標」(Impact Objective)，後者也是英國通用的名詞，而本書主要了採用成效目標，這是美國社工機構所慣用的名詞。

表 3-12：依據要達到的成效目標而制定的過程目標（例舉）

成效目標（附成效指標）	過程目標
1. 在 X 月內，減低 100 位護老者之壓力（≧ 80% 護老者壓力得到紓緩）	✧ 在 X 月內，提供護老者所需的支援服務
2. 在 X 月內，提升護老者與體弱長者之溝通技巧（≧ 80% 護老者掌握與長者溝通之技巧）	✧ 在 X 月內，舉辦一系列護老者與長者溝通技巧的訓練課程
3. 在 X 月內，減低 100 位長者對護老者之依賴程度（≧ 80% 護老者感覺長者對其依賴的程度有所降低）	✧ 在 X 月內，舉行一系列體檢和健康諮詢服務予 100 位長者
4. 在 X 月內，擴大 100 位護老者之正規支援網絡（≧ 80% 護老者接受 3 至 4 項正規支援服務）	✧ 在 X 月內，組織一系列正規支援服務予 100 位護老者

　　因而可知，上述的過程目標乃是因應要達到的成效目標而發展出來，至於採用的方法包括有名義小組方法、大腦激盪法及分枝樹法等。經過過程目標的制定，接着便可進入方案安排的階段，筆者將容後詳述。

（三）制定運作性 / 後勤性目標

　　當制定成效目標及過程目標之後，下一步驟應依據各項過程目標而制定其運作性目標 / 後勤性目標[51]，這樣可確保方案和實務的介入能配合機構的人力資源管理、服務運作及行政措施得以貫徹執行。為免產生混淆，筆者於本章先省略運作性目標 / 後勤性目標之制定，讀者如欲進一步了解上述三類型目標之關係，請參考本書第二章，這裏不再贅述。

階段三：方案安排

（一）識別達到過程目標之各種可行方案

　　機構參照新財政年度內所須達到的成效目標而向下發展過程目標，上述目標一經確立，繼而可依據此而制定達到過程目標之各可行方案；換言之，當過程目標達成後，成效目標的達成便志在必得。至

51　美國的社工機構一般採用「運作性目標」以取代英國所慣用的「後勤性目標」。

於針對過程目標的達成而採取的可行方案，主要的識別方法有多種，這包括：分枝樹法、名義小組方法、零基準預算法、方案假設和方案邏輯模式等，前幾種方法於本章已作介紹，因此以下部分將集中介紹方案假設和借鑒。

「方案假設」是指針對形成社區問題某一特別情況而提供一些可行方案，比方說，透過需求評估識別出區內貧窮家庭之父母因欠缺所需的工作技能，最終只能擔任收入微薄的基層工作。依上所述，方案假設建議為——「如果這些家長能獲得勞動市場所需的工作技能培訓、獲得幼兒照顧服務、交通津貼和職業介紹等，則其收入將可提升到一個足夠應付生活所需的水平」，而方案假設中所提及的工作技能培訓、幼兒照顧和職業介紹等便是達到過程目標之可行方案。

「借鑒」乃指參照業界其他機構的最佳方案，而且經過研究或已被公開評定為業界的最佳典範——實證為本的實務（Evidence-based Practices）。具體而言，當進行最佳典範的分析時，專業社工須提出有關方案，並依據其質素、相關性、機構需求符合度及其組織文化等進行詳細的評估，繼而決定採納或作出適切的修訂（Moxley & Manela, 2001）。

(二) 甄別最理想和可行的方案

普遍來說，機構資源是相當匱乏的，因此難以悉數推行所有方案，因此在解決社區問題或滿足需求方面，必須選取最具成效或相對理想的方案，如此一來，社區資源才可用得其所。至於如何識別最佳的方案，這可採用下列四種方法，這包括：零基準預算法、名義小組方法、橫向衝擊模式及可行方案模式。由於篇幅所限，筆者將集中闡述後兩者較為繁複的方法。

第一種介紹的是橫向衝擊模式，它是用於評估各種可行方案對社區問題所產生之衝擊程度，以下是推行的步驟。首先，規劃團隊須針對現時「所需解決的社區問題」作出評分，以五分尺度作出衡量，最急需解決的給予 "5 分"、其次為 "4 分"、最低的為 "1 分"。接着依據各種「可行方案對社區問題所產生之衝擊程度」進行評分，產生最

大衝擊的給予 "5分"，最小的則獲 "1分"，如此類推。經過這兩個步驟，便可計算出平均分，其後再按分數之高低以釐定以上可行方案的優先排序。以某機構為例，其轄下由五位社工所組成之服務策劃團隊負責制定新年度計劃及執行有關的規劃工作，經蒐集及分析資料後，從眾多的社區問題中識別出五項優先處理的長者問題，這包括：家庭不和、貧窮、虐老、傷殘和屋住環境惡劣。經過詳細討論，團隊成員對急需處理的長者問題作出一致共識，其優先排序可參閱表 3-13。

表 3-13：處理長者問題之優先排序（例舉）

| 長者所面對的 問題 | 問題之嚴重性 | | | | | 平均分 | 優先順序 |
	1	2	3	4	5		
家庭 不和	✓	✓	✓✓	✓		$\dfrac{1+2+6+4}{5} = 2.6$	4
貧窮			✓	✓✓	✓✓	$\dfrac{3+8+10}{5} = 4.2$	2
虐老			✓	✓	✓✓✓	$\dfrac{3+4+15}{5} = 4.4$	1
傷殘	✓✓	✓✓	✓			$\dfrac{2+4+3}{5} = 1.8$	5
居住環境惡劣		✓	✓	✓✓	✓	$\dfrac{2+3+8+5}{5}$	3

備註：(1) 服務策劃團隊成員針對以上五項長者問題，並按其嚴重性以 "P" 作出投票選擇。

(2) "1" 表示嚴重性最低，"5" 表示嚴重性最高，如此類推。

針對以上五項所須解決的長者問題，並假設推行下列的六種方案，團隊成員須依據每一種可行方案對長者問題所產生的衝擊作出評分，詳見於表 3-14。

表 3-14：長者問題—方案衝擊分數總表 (例舉)

方案 ＼ 長者問題	家庭不和	貧窮	虐老	傷殘	居住環境惡劣
長者日間護理服務	2.2	1.8	2.8	4.4	2.2
個人輔導服務	4.2	2.2	4.0	2.6	2.6
家居清潔服務	3.6	2.4	3.2	4.6	2.2
社區教育計劃	3.2	2.4	3.2	2.2	2.2
服務轉介服務	2.6	2.8	2.8	3.2	3.4
家庭生活教育活動	3.8	2.4	3.6	2.4	1.8

備註：上述分數是方案之平均得分，亦稱為「方案衝擊分數」。舉例而言，服務策劃團隊針對「長者日間護理服務」對「家庭不和」此項社區問題所產生的衝擊，其評分分別為「1」、「1」、「2」、「3」及「4」(總和是「11 分」)，成員其後將總得分 ("11" 分) 除以 5 (五人)，最後得出之平均得分為 "2.2"，如此類推。

參照表 3-13 及表 3-14 的數據，服務策劃團隊可計算出各項服務方案之得分，現詳列如下：

1. 長者日間護理服務：

(2.6 x 2.2)+(4.2 x 1.8)+(4.4 x 2.8)+(1.8 x 4.4)+(3.6 x 2.2)

＝ 41.44 分

2. 個人輔導服務：

(2.6 x 4.2)+(4.2 x 2.2)+(4.4 x 4.0)+(1.8 x 2.6)+(3.6 x 2.6)

＝ 51.80 分

3. 家居清潔服務：

(2.6 x 3.6)+(4.2 x 2.4)+(4.4 x 3.2)+(1.8 x 4.6)+(3.6 x 2.2)

＝ 49.72 分

4. 社區教育計劃：

(2.6 x 3.2)+(4.2 x 2.4)+(4.4 x 3.2)+(1.8 x 2.2)+(3.6 x 2.2)

＝ 44.36 分

5. 服務轉介服務：

(2.6 x 2.6)+(4.2 x 2.8)+(4.4 x 2.8)+(1.8 x 3.2)+(3.6 x 3.4)

＝ 48.84 分

6. 家庭生活教育活動：

(2.6 x 3.8)+(4.2 x 2.4)+(4.4 x 3.6)+(1.8 x 2.4)+(3.6 x 1.8)

＝ 46.60 分

由於「個人輔導服務」得分最高（獲 51.80 分），因此它被視為「最理想方案」，其次分別為「家居清潔服務」（獲 49.72 分）和「服務轉介服務」（獲 48.84 分）。倘若中心囿於資源短絀而無法推行所有方案，利用「橫向衝擊模式」此種較為客觀和科學的方法，能有助規劃團隊在眾多方案中識別出優次之選。

第二種方法是可行方案模式（Alternative Matrix），它涵蓋了六個甄選準則，現簡介如下（York, 1982：128-129；梁偉康，2012）：

1. 效率

　　這指資源投入和服務產出之比率。一般而言，效率乃指每項服務所提供的比較成本或為每一位服務對象所耗費的成本。若要評估某項方案之效率，則主要取決於該方案與其他方案作比較之後，其所用於服務提施的成本是多少？若然以較低的成本提供較多的服務量，這方案便屬於「具效率的」，可作優先考慮。

2. 效能

　　這是指方案對解決問題或目標達成之程度。

3. 可行性

　　這指成功實施方案之達成程度，而當進行策劃時，必須關注下列三點：

（1）目標是否實際可行？

（2）員工能否完成有關方案？

（3）已完成的方案能否達到機構目標？其檔案記錄又是否齊備？

4. 重要性

這是指該方案是「最符合」機構目標達成之不二之選。

5. 公平性

這是指方案能公平地為有需要的個人或羣體提供其所需服務之達成程度。

6. 附屬的結果

這是指社會日後獲得附加效益 / 成效或減少損失範圍之程度，但這些並非在方案達標程度預期之內。

綜合而言，方案愈能符合上述六項準則，則理應被甄選為「最理想方案」。筆者現用可行方案模式逐步甄選最理想方案，並引用表3-15 及表 3-16 作出闡述。

表 3-15：可行方案模式表格

目標：＿＿＿＿＿＿＿＿＿＿＿＿＿＿＿＿＿＿＿＿＿＿＿＿

方案（一）：＿＿＿＿＿＿＿＿　服務成果：＿＿＿＿＿＿＿＿

方案（二）：＿＿＿＿＿＿＿＿　服務成果：＿＿＿＿＿＿＿＿

方案（三）：＿＿＿＿＿＿＿＿　服務成果：＿＿＿＿＿＿＿＿

準則	評價		
	方案（一）	方案（二）	方案（三）
需要達到之百分率			
方案總成本			
達到每項服務成效之預期成本			
（一）效率 比較資源投入及服務產出後，相比其預期成效，這方案所需的服務成本是：			
1. 太高，並會引起社會大眾的質疑			
2. 接近平均值			
3. 低過平均值			

準則	評價		
	方案 (一)	方案 (二)	方案 (三)
4.　遠低於平均值			
(二) 效能 針對目標的達成程度，這方案將可完成：			
1.　比其他方案產生較少的成果			
2.　差不多一樣的成果			
3.　超逾預期的成果			
4.　相較於其他方案有更佳的成果			
(三) 可行性 針對成功實施方案的達成程度，這是：			
1.　不可行的			
2.　如幸運的話或會可行			
3.　應可按既定的日期完成			
4.　大致確定能完成目標			

從表 3-15 可見，凡選取最多第 4 項及獲取最高評分的方案，將被界定為「最佳方案」，而獲得最多的第 1 項及最低的總分，這方案則被視為「極不理想方案」。由於甄選方案之評估準則有數項之多，故規劃團隊務必小心審核，並須依據準則的符合程度以作識別，這樣才可從眾多方案中甄選出「最佳方案」。

上述已對識別最佳方案兩種較為繁複的方法作出介紹，至於其他相對簡單的方法，可算是零基準預算法中的「主要類比法」；換言之，先將所有方案歸類，然後進行排序。表 3-16 主要是依據所有方案其「重要程度」和「效益」分為五個類別，分別是：

第一類，重要程度最高及法例規定必須執行的；

第二類，機構主管認為不可或缺的；

第三類，具有重大效益的；

第四類，具有良好效益的；和

第五類，效益未符理想的。

而經過類比的過程，規劃團隊可依據方案的性質而為各方案進行排序，詳見表 3-16 所示。

表 3-16：主要類比法（例舉）

類別	方案的性質	進行方案類比及分類
一	重要程度最高及法例規定必須執行的	方案 A、方案 B……
二	機構主管認為不可或缺的	方案 G、方案 H……
三	具有重大效益的	方案 J、方案 K……
四	具有良好效益的	方案 P、方案 Q……
五	效益未符理想的	方案 W、方案 Y……

從上表可見，前三類的方案因其重要程度高而毋須再作個別的類比和審批，但第五類方案則因其效益未符理想，亦毋須進行類比而予以摒棄，因此只須集中時間與精力對「第四類」方案進行詳細的討論與分析。

事實上，被甄選的可行方案既能配合機構目標，亦為重要持份者所認受，而且還具有顯著的經濟效益，至於具體的操作，規劃團隊可針對下列重要的問題進行細心的審視（Lewis, Packard, & Lewis, 2012；梁偉康，2012），詳見如下：

1. 這方案能否配合機構之方案策略和目的，同時置於較優先的排序？
2. 方案的記錄、檔案及數據是否齊全？可否作為成效[52]的佐證？
3. 用於方案提施的資源[53]是否足夠？
4. 方案是否被社區人士及服務使用者所接納？
5. 方案能否由現時的或潛在的服務提供者（Service Providers）提供？
6. 方案是否符合機構政策規定及達到其既定目標？
7. 方案所產生的社會效益是否超逾預期的成本支出？
8. 方案的效能可否被衡量？
9. 方案的實踐計劃能否如期發展及執行？
10 方案的推行會否衍生嚴重的風險／危機？

---

52 例如實證為本的實務。

53 資源包括現存的及潛在的。

(三) 釐定方案內容及實施期

　　經過一輪「最佳方案」的識別程序後，那些具成本有效的潛在方案便可一目了然，而有關方案的主要內容亦須悉數詳列出來。另外，為確保方案能達到其既定目標，「行動規劃圖表」的制定絕對是至關重要，此表不僅有助規劃團隊按部就班地制定各項的行動計劃，還可監察有關行動能否按照原定計劃和時限完成。至於應用的方法有多種，這包括：甘特圖表、計劃評核術網絡圖表、敍述性網絡圖表和項目發展流程圖表。「甘特圖表」又稱為「時間線條圖表」，它的優點是易於制定，簡潔易明。在制定甘特圖表時，首要工作只需列明達到某一目標所需完成的活動方案和工作任務，然後標示每項的推行時段 (譬如將「開始點」至「完成點」用箭咀或線條連繫起來)。一般而言，年度計劃包含了很多方案／項目，為方便檢視，通常不會把每項所須完成的工作任務詳列出來，因此服務策劃及年度計劃的制定較常採用「甘特圖表」。

　　除此之外，運用「計劃評核術網絡圖表」可促使團隊成員進行策劃方案／項目時能深入審視各項工作的相互關係，它尤適用於處理非重複性事件、因特別情況而急需完成之某項計劃以及某項特別重要的活動。至於與「計劃評核術網圖表」具有相若功能的方法是「敍述性網絡圖表」，它同樣能反映出工作間的相互關係，做法主要是標示出時間線條之「開始點」和「終結點」(譬如用圓圈標示)，然後於連結兩者的線條上用文字清楚描述有關的活動重點，相對於「計劃評核術網絡圖表」，它毋須使用參閱對照表，可見此方法較為鮮明簡單，更易明白。

　　經完成上述圖表的制定後，規劃團隊仍須留意兩個重點：(1) 標示出開始至結束事件的順序排列；和 (2) 若修訂項目須採用「項目發展流程圖表」，並在所需修改處標示出一些決策點 (尤其是當預計某個項目於最後審批前需進行多項的修改)。至於採用「項目發展流程圖表」之好處主要有三方面：

　　1. 它能識別出完成某個項目的主要步驟；

　　2. 它能決定何時須作修改及如何作出決策；和

　　3. 它明確列出整個項目之主要活動。

由於「項目發展流程圖表」是屬於方案努力（Programme Effort）和決策之投射（Projection），因此當發生任何變化或狀況出現變動時，規劃團隊可利用此表作出適時的修改或／和調節。比方說，一個原本為期六個月的項目，因特殊情況可能需要提早四個月或推遲八個月才得以完成，有關的方案修訂便須依據服務對象之需求或反饋而進行。

階段四：評估設計

此階段是針對方案和專業實務介入而進行的評估設計，因此規劃團隊須發展有效的評估方法以監察其能否依循原定計劃和日期推行，並檢視其產出、質素及成效，但更重要的，當然是識別方案目標之達成程度。在此階段可採用的評估方法有七種，這包括：專業實務介入評估、方案過程評估、方案產出評估、方案質素評估、方案成效評估、方案目標達成評估及方案整合性評估[54]。然而目前較被重視的是「方案成效評估」，此方法用以衡量方案努力所產生的成果；換言之，先衡量目標之達成程度，繼而衡量其對受助人和社區所產生的短期或長期性衝擊。在進行成效衡量時可採用下列四種方法，這包括：數目核算、標準化衡量工具、功能水平尺度法以及受助人感覺改變。至於選取哪種方法以衡量方案之效能，則須視乎評估目的、機構現存的資源、預期和實際甚或涉及社會道德或政治因素所掣肘的特殊狀況而作出抉擇。

此外，「專業實務介入評估」主要是對個案、小組及社區的介入而進行評估，但這三者之評估重點是有區別的。舉例而言，個案介入所採用的成效評估方法包括標準化衡量工具、功能水平尺法、受助人感覺改變、目標對象問題尺度法、時間序列設計、工作任務達成尺度法以及頻率核算，但小組介入的成效評估則強調衡量小組目標達成的程度。至於社區介入的評估主要集中於衡量社區工作介入後，有否達到介入目標、受惠對象對介入方案之滿意程度以及對社區問題所產生甚麼衝擊，可見以上三者所採用的評估方法不可一概而論。

---

54 「方案整合模式」是將方案過程評估、方案產出評估、方案質素評估、方案成效評估、方案目標達成評估這幾種評估方法合併而成的一種評估方法。

綜上所述，筆者現將運作性規劃[55] 所需完成的主要規劃工作用流程圖勾畫出來，詳見圖 3-3 所示。

圖 3-3：進行運作性規劃所需完成的主要規劃工作流程圖

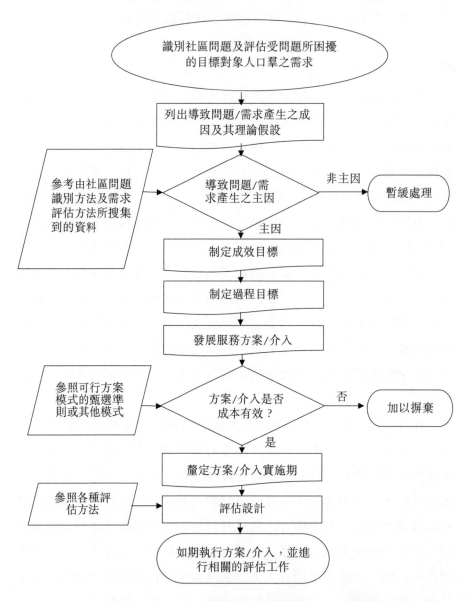

備註：過程目標之下應是「運作性目標」（或稱「後勤／支援性目標」），為免讀者產生混淆，筆者遂將運作性目標改為「在行政、運作、培訓、設施等須作出的改善措施／行動計劃」，有關詳情請參閱本章「運作性計劃」之範例。

---

55 「運作性規劃」又稱為「年度規劃」。

三、運作性計劃制定及範例分析

正如前文所述，運作性計劃主要參照運作性規劃過程所搜集到的大量資料，經過系統分析和彙整後而作出制定。至於一份完善的運作性計劃，其內容框架大致分為七方面：（一）問題識別和分析；（二）需求評估；（三）識別導致問題／需求產生之成因及關鍵性成因；（四）制定成效目標及過程目標；（五）發展各可行方案及進行類比；（六）方案實施期；和（七）評估設計。

為進一步加深讀者對制定運作性計劃的認識，筆者現引用下述的範例進行闡述；當中不難發現，這可算是一份較整全的運作性計劃，因其覆蓋內容已包含上述七方面。

假設廣州市某家庭綜合服務中心，其於本年度所制定的運作性計劃集中處理兩方面的社區問題——「虐老」及「青少年失業」，而計劃內容可詳見下列範例。

運作性計劃[56]（範例）

單位名稱：　　　XXX 家庭綜合服務中心

年度計劃實施期：由 XXXX 年 XX 月 XX 日至 XXXX 年 XX 月 XX 日

規劃團隊名稱：　XXX

甲部：XXX 家庭綜合服務中心背景及其服務地區簡介

本家綜成立於 XX 年，主要服務廣州市 XX 區。該區人口約有廿萬餘人，是一個比較老化的社區，而 65 歲或以上的長者人口羣佔該區總人口之 25%，當中大多是體弱並需要家人照顧的長者。由於該區缺乏正規的支援網絡，大部分的護老者[57]均承受着沉重的照顧壓力，

56　上述之「運作性計劃」乃依據「運作性規劃」的內容而制定。

57　這些負責照顧體弱長者的家庭成員統稱為「護老者」。

當他們不能再承受這些壓力，便有機會激發虐老行為。另一方面，本中心鄰近廣州市郊區，但該區卻面對着嚴重的青少年失業問題。截至本年度初，約有 10,000 名年齡介乎 18 至 30 歲以及居於低收入家庭住戶的青少年正面臨失業及半失業的問題。有見及此，中心於本年度所制定的運作性計劃乃專為體弱長者及 18 至 30 歲失業青少年提供適切的服務，從而解決其問題及紓緩其需求。

至於本家庭綜合服務中心的使命乃是為長者、青少年、家庭、婦女、兒童及傷殘人士等提供優質及多元化的服務，透過運作性規劃以分析各項社區問題，當中所識別出的兩項關鍵問題，分別是「長者被虐」和「青少年失業」，中心須迅速作出回應與跟進；否則這些問題將會蔓延及惡化下去。另由於中心已為其他的服務對象提供適切的服務，因此其需求可暫時獲得滿足。

乙部：運作性計劃制定

一、社區問題識別及需求評估

(一) 社區問題識別[58]

本中心在識別社區問題方面主要採用了 5Ws + 1I 的社區問題識別方法，詳見表 3-17。

表 3-17：5Ws + 1I 社區問題識別方法

社區問題 項目 基本的問題	非理想的 社會性狀況（一）	非理想的 社會性狀況（二）
甚麼問題？（What）	家居長者被虐待之數目不斷增加，於過去三年，每年平均增加 20%	低學歷的青少年失業問題嚴重，於過去三年，每年平均增加 10%
在哪裏發生？（Where）	XX 區低收入家庭	XX 區低收入及擠迫戶的家庭

---

58 上述家庭綜合服務中心之服務對象主要包括長者、青少年、家庭、婦女、兒童及傷殘人士等，通過運作性規劃的各項步驟後，本年度計劃將環繞體弱長者及失業青少年所面對的社區問題而制定相關的計劃方案。

社區問題 項目 基本的問題	非理想的 社會性狀況（一）	非理想的 社會性狀況（二）
誰會受這問題所困擾／影響？（Who）	7,000 名行動不便及依靠護老者照顧的體弱長者	約 10,000 名年齡介乎 18-30 歲及居於低收入住戶的青少年
何時開始蔓延及惡化？（When）	過去三年，該區的虐老問題不斷增加	過去三年，該區青少年失業問題日趨嚴重，平均每年增加 10%
產生問題之關鍵性成因？（Why）	體弱長者過於依賴護老者的照顧，導致護老者承受沉重的照顧壓力	青少年因欠缺工作技能和工作動機，長期處於失業狀況
如不處理這些問題，則將有何後果產生？（If…Then）	倘若未能儘快處理虐老個案所衍生的問題，體弱長者則有機會被虐至死	倘若未能為失業的青少年提供就業，部分青少年則有機會被不良分子引誘，繼而從事不法勾當
問題陳述：	過去三年，虐老個案增加 75%，當中 7,000 名居住在低收入家庭、行動不便及依靠親屬照顧的體弱長者均面臨被虐危機；倘若不作處理，他們甚至有機會被虐至死。	過去三年，低學歷的青少年失業問題轉趨嚴重，當中主要因欠缺工作技能和工作動機而導致失業；倘若不作處理，他們可能會進行非法勾當，對社會治安構成嚴重影響。

依據上述資料進行分析，中心所識別出的社區問題包括兩方面：第一，是依賴護老者照顧的體弱長者受到虐待；第二，是低學歷的青少年失業問題嚴重。前者若不作出迅速及適當的處理，最終可能會釀成被虐至死的慘劇；若然後者的問題未能得到紓緩，這些青少年則有機會被不良分子引誘，甚至鋌而走險幹出非法勾當，最終危害社會。

可見，本家庭綜合服務中心之存在價值和意義無疑是促進服務對象解決其問題或紓緩問題之嚴重性，因此會集中資源處理以上兩項問題。

（二）需求評估

本中心採用社區問題識別方法以對約 7,000 名受問題影響／困擾

的體弱長者以及約 10,000 名 [59] 年齡介乎 18 至 30 歲並居於低收入家庭之失業青少年進行分析，當中所採用的兩種需求評估方法分別是「直接聯繫方法」和「資源點存法」。

第一種是指由專業團隊利用「問卷調查」與「訪談」這兩種工具進行資料搜集，從而判斷護老者於照顧體弱長者時所承受的壓力以及護老者及體弱長者有否獲得足夠的社區支援，而從資料中得悉，100%的被訪護老者均表示感到沉重壓力和缺乏社區支援。

為獲取更多可靠資訊以評估服務對象之需求，中心團隊還採用了第二種方法 —— 資源點存法，並主動拜訪區內提供長者被虐服務的機構 / 單位 / 項目負責人以進一步了解其服務提施的狀況，這包括：(1) 為被虐長者所提供甚麼服務？(2) 有關服務能否滿足被虐長者的需求？(3) 提供甚麼護老者服務？(4) 有關服務能否滿足護老者的需求？中心團隊依據以上資料並進行詳細分析，從中得悉支援被虐長者和護老者的資源雖然存在，但卻不足夠，有些服務甚至因資源匱乏而從未開展。至於如何判斷上述兩類目標對象人口羣的服務需求，詳情請分別參閱表 3-18 及表 3-19。

表 3-18：地區機構 / 團體為被虐長者提供的服務 / 資源

被虐長者所需的服務 / 資源	地區機構 / 團體為被虐長者提供的服務 / 資源		
	足夠的	存在但不足夠	不存在
個案管理		✓	
個人輔導		✓	
小組輔導			✓
法律支援		✓	
臨時庇護安置	✓		
危機輔導			✓
互助小組	✓		
緊急經濟援助			✓

---

59 這是指中心之目標對象人口羣。

表 3-19：地區機構／團體為護老者所提供的服務／資源

護老者所需的服務／資源	地區機構／團體為護老者提供的服務／資源		
	足夠	存在但不足夠	不存在
個人輔導		✓	
個案管理		✓	
互助小組			✓
家居照顧服務			✓
長者暫託服務			✓

　　參照上述資料，可見受虐長者需要經濟援助和情緒支援；而護老者則需要正規的支援網絡以紓緩其照顧壓力。

　　除此以外，中心團隊亦採用了問卷調查與訪談此兩種直接聯繫方法以評估 10,000 多名失業青少年其工作技能發展與就業需求，當中得悉大部分的失業青少年因缺乏工作技能才難以成功就業，相信這是造成失業的關鍵性成因。再者，中心團隊亦採用了社區印象方法（Community Impressions Approach）以評估受失業所困擾的青少年之需求。有關做法如下，首先從區內挑選六位具代表性的社區人士，當中包括兩位中學校長、三位具資深的青少年服務經驗之專業社工及一位社工局官員代表，中心團隊繼而透過名義小組方法以探討其對失業青少年的需求，經過詳細的資料分析，最後識別出失業青少年有兩種需求 —— 提升工作技能及增強工作動機；而中心團隊相信，若然失業青少年的自信心能被激發出來，其就業機會理當擴大。

　　總括而言，中心團隊透過上述的需求評估方法以獲取所需的資料，因而識別出受問題所困擾的服務對象[60]之明確需求，現闡述如下：

（一）7,000 名住在 XX 區低收入家庭之體弱長者及其護老者

　　上述目標對象人口羣之需求包括四方面：（1）受虐長者需要經濟援助；（2）受虐長者需要情緒支援；（3）護老者需要正規的支援網絡；和（4）護老者需要紓緩照顧壓力。

---

60 「受問題困擾的服務對象」又稱為「目標對象人口羣」。

（二）10,000 名年齡介乎 18 至 30 歲並居於 XX 區低收入家庭之失業
　　青少年

　　上述目標對象人口羣之需求包括四方面：(1) 需要工作技能發
展；(2) 需要增強自信；(3) 需要提升工作動機；和 (4) 需要就業機會。

二、分析明確的社區問題 / 需求之關鍵性成因

　　中心團隊通過運作性策劃，得悉體弱及行動不便的長者遭受虐待
的關鍵性成因有二：（一）護老者因照顧年邁及體弱長者而承受沉重壓
力；和（二）體弱長者過於依賴護老者之照顧。至於導致青少年失業
之主因則包括兩方面：（一）欠缺工作技能；和（二）欠缺工作動機。
綜合而言，服務對象人口羣之明確需求及關鍵性成因，現詳列於表
3-20。

表 3-20：服務對象人口羣之明確需求及關鍵性成因

明確需求	關鍵性成因
1. 受虐長者需要經濟援助	受虐長者欠缺經濟援助
2. 受虐長者需要情緒支援	受虐長者欠缺情緒支援
3. 護老者需要正規的支援網絡	護老者欠缺正規的支援網絡
4. 護老者需要紓緩照顧壓力	護老者未能紓緩其照顧壓力
5. 失業青少年需要發展工作技能	失業青少年欠缺工作技能
6. 失業青少年需要增加自信	失業青少年自信心不足
7. 失業青少年需要提升工作動機	失業青少年欠缺工作動機
8. 失業青少年需要就業機會	失業青少年欠缺就業機會

備註：從上述範例中得悉，社區問題和需求彼此間關係密切，相互影響。倘若某機構 / 單位 / 項目
　　　只關注解決某個社區問題，則受問題困擾人士之需求便會減少；相對而言，若只關注滿足
　　　上述人士之需求，其問題亦會相應得到紓緩。歸根結底，主要是導致問題和需求產生之成
　　　因普遍是重複或相近的（如上述範例所示）；因此，若出現「重複」或「相近」成因，只選其
　　　一便可。

　　社區問題和需求可算是一個硬幣兩個面，彼此關係密切，因此兩
者的成因有機會出現重疊；但凡重疊者，中心團隊只須選取其中一

個成因便可。以下是導致社區問題／需求產生的關鍵性成因，現歸納如下：

（一）受虐長者欠缺經濟援助；

（二）受虐長者欠缺情緒支援；

（三）護老者欠缺正規的支援網絡；

（四）護老者未能紓緩其照顧壓力；

（五）失業青少年欠缺工作技能；

（六）失業青少年自信心不足；

（七）失業青少年欠缺工作動機；和

（八）失業青少年欠缺就業機會 [61]。

三、目標制定

中心團隊經識別出導致問題／需求產生之主因，繼而依據此而制定其成效目標及過程目標 [62]。由於成效目標 [63] 是為解決問題／需求之主因而制定；因此，當確定成效目標已經達到 [64]，則可判斷導致問題／需求之主因已相應獲得解決或滿足；換言之，問題／需求於某程度上已獲得解決或紓緩，可見過程目標是達到成效目標之其中一種重要工具。有關目標制定的例舉，可參閱表 3-21 所示。

---

61 事實上，有些社區問題／需求之成因，並非社會服務機構為服務對象提供其所需的服務便可獲得解決，而是需要通過社會政策或由政府直接介入和推動才得以紓緩。至於範例中的青少年就業問題，便需要透過社會政策或由企業機構針對青少年就業需求而增加招募名額，這才有機會減輕失業問題。

62 「成效目標」是指導致服務受眾產生衝擊或影響以達到期望的改變；而「過程目標」乃指導致服務受眾達到預期的影響／改變／衝擊之一種工具／手法。

63 表 3-21 中「成效目標」會附上「成效指標」的例舉供讀者參閱。

64 「成效指標」可被視為判斷「成效目標」能否有效達成的重要基準。

表 3-21：問題 / 需求產生主因及目標制定

問題 / 需求產生的關鍵性成因	成效目標（附「成效指標」）	過程目標
1. 受虐長者欠缺經濟援助	在 X 月內，紓緩 100 位受虐長者之經濟壓力（100% 受虐長者獲得政府 / 非政府機構的經濟援助）	在 X 月內，提供經濟援助服務予本區受虐長者
2. 受虐長者欠缺情緒支援	在 X 月內，增加 100 位受虐長者之情緒支援（≥ 80% 受虐長者感覺其情緒支援有所加強）	在 X 月內，提供輔導服務予 100 位受虐長者
3. 護老者欠缺正規的支援網絡	在 X 月內，擴大 100 位護老者正規的支援網絡（≥ 80% 護老者接受三至四項正規的支援服務）	在 X 月內，組織正規的支援服務予 100 位護老者
4. 護老者未能紓緩其照顧壓力	在 X 月內，減低 100 位護老者之照顧壓力（紓緩 ≥ 80% 護老者之照顧壓力）	在 X 月內，提供護老者所需的支援服務
5. 失業青少年欠缺工作技能	在 X 月內，改善 200 位失業青少年的工作技能（≥ 80% 接受再培訓的青少年其工作技能得到改善）	在 X 月內，推行一系列再培訓課程予 200 位失業青少年
6. 失業青少年自信心不足	在 X 月內，提升 200 位失業青少年之自信心（≥ 80% 接受自信訓練的青少年其自信心獲得提升）	在 X 月內，推行一系列自信訓練活動（Assertive Training Activities）
7. 失業青少年欠缺工作動機	在 X 月內，提升 200 位失業青少年工作動機（≥ 70% 接受就業輔導的青少年其工作動機得以提升）	在 X 月內，提供一系列就業輔導服務予 200 位再培訓課程之參加者
8. 失業青少年欠缺就業機會	在 X 月內，加快 100 項市場崗位出缺訊息的流通（≥ 50% 之失業青少年獲得市場崗位出缺的資訊）	在 X 月內，推行全城關懷青少年失業問題計劃

四、識別達到過程目標之可行方案 / 介入

本中心由 10 人所組成的服務策劃團隊，採用了名義小組方法以識別出達到過程目標的可行方案 / 介入 [65]，這過程主要分為四個階段：(一) 寂靜階段 —— 為每名成員分發五張白紙，並要求成員各自寫出達到某個過程目標之可行方案 / 介入。(二) 分類階段 —— 將寫在白紙上之 50 個意見 [66] 加以分類，凡相同的歸入同一組別，如此類推；若出現五個相同意見，則從中選一，其餘的可摒棄。(三) 澄清階段 —— 經過第二階段的篩選，假設只剩下 20 個意見，然後由意見提供者向其他成員闡釋有關方案 / 介入是如何能達到過程目標？經過澄清與討論後可甄選出「被接納」的意見，其他的則摒棄；而經此階段只餘 10 個意見。(四) 類比階段 —— 成員從 10 個意見中選擇其中五個，然後評分；但凡「最能達標者」給予 "5" 分，其次是 "4" 分，如此類推。其後，團隊成員須總結所有分數，獲最高分數的數個方案 / 介入是屬於較理想及可行的，而團隊成員須依據所需達到的目標重複進行上述步驟。現採用甘特圖表展示所選取的方案 / 介入，詳見表 3-22。

表 3-22：達到過程目標的可行方案 / 介入

過程目標	可行方案 / 介入	計劃的實施期 (XX/XX 年)											
		4	5	6	7	8	9	10	11	12	1	2	3
1. 在 X 月內，提供經濟援助服務予本區受虐長者	1.1 綜援 / 緊急救助金個案管理計劃	→	→	→	→	→	→	→	→	→	→	→	→
	1.2 受虐長者經濟需求評估	→	→	→	→	→	→	→	→	→	→	→	→
2. 在 X 月內，提供輔導服務予 100 位受虐長者	2.1 個案輔導服務	→	→	→	→	→	→	→	→	→	→	→	→
	2.2 小組輔導服務	→	→				→		→				
	2.3 個案管理服務	→	→	→	→	→	→	→	→	→	→	→	→

---

[65] 除前文提及的策略方法 / 工具外，其他如分枝樹法、零基準預算、方案假設和方案邏輯模式等亦能有效識別達到過程目標的可行方案 / 介入，建議讀者多作應用。

[66] 這是指 10 人中，每人所提出的五個意見之總和 (10 人 x 5 個意見 = 50 個意見)。

過程目標	可行方案／介入	計劃的實施期 (XX/XX 年)											
		4	5	6	7	8	9	10	11	12	1	2	3
3. 在 X 月內，組織正規的支援服務予 100 位護老者	3.1 家居清潔服務	→	→	→	→	→	→	→	→	→	→	→	→
	3.2 陪診服務	→	→	→	→	→	→	→	→	→	→	→	→
	3.3 送飯服務	→	→	→	→	→	→	→	→	→	→	→	→
	3.4 個人護理服務	→	→	→	→	→	→	→	→	→	→	→	→
4. 在 X 月內，提供護老者所需的支援服務	4.1 護老者輔導計劃	→	→	→	→	→	→	→	→	→	→	→	→
	4.2 志願者「愛心無限」探訪計劃	→	→	→	→	→							
	4.3 長者暫託服務計劃	→	→	→	→	→	→	→	→	→	→	→	→
5. 在 X 月內，推行一系列再培訓課程予 200 位失業青少年	5.1 四項家居照顧員培訓課程	→	→		→		→	→		→	→		
	5.2 四項導賞員培訓課程		→	→		→	→		→			→	→
	5.3 四項電腦文書操作培訓課程	→	→		→	→		→	→		→	→	
6. 在 X 月內，推行一系列自信訓練活動	6.1 六個自信訓練工作坊	→		→		→		→		→		→	
	6.2 兩項外展訓練計劃	→	→	→				→	→	→			
7. 在 X 月內，提供一系列就業輔導服務予 200 位再培訓課程之參加者	7.1 個人就業輔導服務	→	→	→	→	→	→	→	→	→	→	→	→
	7.2 三次講座：「面試技巧你要知」	→	→		→	→		→	→		→	→	
	7.3 兩次講座：「如何提升工作動機」及「如何培養工作的興趣」		→	→		→	→		→			→	→
8. 在 X 月內，推行全城關懷青少年失業問題計劃	8.1 製備《崗位出缺快遞通訊》	→	→	→	→	→	→	→	→	→	→	→	→
	8.2 企業崗位招募運動				→	→				→	→		

五、行政、運作、培訓和設施等範疇之改善及財政支出

為配合上述目標而推行的方案／介入，中心在行政、運作、培訓和設施等範疇須作出的改善措施及財政支出，詳情可參閱表 3-23。

表 3-23：中心在行政、運作、培訓及設施等範疇之改善措施及財政支出

過程目標（例舉）	方案／介入	改善措施及財務支出建議				
		行政	運作	培訓	設施	其他
過程目標 1-3 及 5-8（從略）						
4. 在 X 月內，提供護老者所需的支援服務	4.1 護老者輔導計劃 4.2 志願者「愛心無限」探訪計劃 4.3 長者暫託服務計劃	✧ 為暫託長者購買保險，如意外保險、醫療失誤保險等（$8,000）	✧ 探訪小組及購買物資開支（$13,000） ✧ 制定《長者暫託服務運作手冊》（$2,000） ✧ 制定《護老者服務手冊》（$2,000） ✧ 優化長者暫託服務項目開支（$200,000）	✧ 探訪義工培訓活動（$2,000）	✧ 改善廚房設施（$30,000）	--

六、選擇最佳的方案／介入及優先排序

因資源有限，機構須將各可行方案／介入作出優先的排序，繼而才進行資源分配。誠然，處於前列位置的方案／介入應優先獲配資源，並加以落實推行；然而非優先的，則須視乎本年度的資源是否充裕才作決定。

至於如何選擇最佳的方案／介入及進行優先順序的排列，有關做法詳列於表 3-24。

表 3-24：採用可行方案模式[67] 以甄選最佳的方案 / 介入

過程目標	方案 / 介入	預計服務人數 / 人次	收支預算		最佳的方案 / 介入之甄選準則 (請用"✓"選擇)					
			收入	支出	效率[68]	效能	可行性	重要性	公平性	附屬的結果
過程目標 1-3 及 5-8 (從略)										
4. 在 X 月內，提供護老者所需的支援服務	4.1 護老者輔導計劃	100 位護老者	--	$5,000	✓	✓	✓	✓		✓
	4.2 志願者「愛心無限」社區探訪計劃	(100 位護老者 +100 位長者) x 6 次探訪 =1,200 人次	--	$12,000	✓	✓	✓	✓	✓	✓
	4.3 長者暫託服務計劃	100 位體弱長者接受標準的暫託服務[69]	$24,000	$240,000		✓	✓	✓		✓

備註：依據上述六個甄選準則，凡符合度愈高的方案 / 介入，則被視為本年度計劃所推行之方案 / 介入，例如表 3-24 中方案 4.2 (志願者「愛心無限」社區探訪計劃)，因已完全符合所有準則，故被評為「最佳的方案」；而其他的因只未符合部分準則，基於資源短絀的考慮，將暫緩推行，除非日後能募集得到足夠的資源。

七、方案 / 介入評估設計

為符合上述過程目標及成效目標的達成，中心須確保計劃所推行的方案 / 介入務必按照其既定的方案 / 介入內容及實施期切實執行，可見過程評估是至關重要。至於下一階段，則可考慮採用其他的評

---

67 除了可行方案模式外，還可採用橫向衝擊模式、簡化的德爾菲法、名義小組方法或大腦激盪法以甄選最佳的方案 / 項目。

68 六項甄選準則的定義：「效率」是指資源投入和服務產出之比率；「效能」是指方案 / 介入對解決問題或目標達成程度；「可行性」是指成功實施方案之達成程度；「重要性」乃指方案 / 介入目是「最符合」機構目標達成之不二之選；「公平性」乃指方案 / 介入能公平地為有需要的個人或羣體提供所需服務之達成程度；和「附屬的結果」是指社會日後獲得附加效益 / 成效或減少損失範圍之程度，但這些並非在方案達標程度預期之內。

69 「標準的暫託服務」是指依循專業標準的規範而提供的長者暫託服務。

估方法如產出評估、質素評估、成效評估、目標達成評估和／或整合性評估[70]。一般而言，中心須為其所制定的方案／介入分別進行過程評估、產出評估及質素評估；然而成效評估及目標達成評估進行與否，則須視乎以下三方面因素，這包括：（一）方案／介入實施期之長短；（二）相近類別的受助人口羣；和（三）既定目標是否明確的、具體的、可行的、可達到／有資源的、有時間規限的及可衡量的？若然全部符合上述條件，中心可採用成效評估以衡量受惠對象有否達到期望的改變？倘若產生了預期改變，甚至符合或超逾了成效指標之要求；如此，這可確定目標達成評估得以實踐，而成效目標亦完滿達成。

筆者現引用表 3-25 進一步為讀者介紹如何選取合適的評估方法以對計劃推行的方案／介入進行評估，詳情如下圖所示：

表 3-25：方案／介入評估設計

| 計劃推行的
方案／介入 | 預期的產出／成果 | 計劃採用的評估方法（請用“✓”顯示） | | | | | | | 備註 |
		過程評估	產出評估	質素評估	成效評估	目標達成評估	整合性評估	其他	
方案／介入 1-3 及 5-8 項（從略）									
4.1 護老者輔導計劃	4.1.1 產出指標：每年 ≥ 100 位護老者接受輔導計劃 4.1.2 質素指標：≥ 80% 護老者對輔導計劃感到滿意（採用「護老者對輔導計劃滿意度調查表」進行調查） 4.1.3 成效指標：紓緩 ≥ 80% 護老者之照顧壓力（採用標準化量表）	✓	✓	✓	✓				

---

70 各項評估方法之重點：「過程評估」乃指衡量方案／介入是否按照既定的計劃和期望進行，並審視受惠對象是否其所期望的；「產出評估」乃指衡量方案／介入之服務數量；「質素評估」乃指所推行的方案／介入能否符合特定的質素標準之數量、百分比或滿足質素因子之要求；「成效評估」乃指衡量受惠對象接受方案／介入後能否產生期望的改變或遠離那些非理想的改變；「目標達成評估」乃指對方案／介入既定的目標作出衡量，從而判斷目標達成之程度；和「整合性評估」乃是匯彙集上述兩種或以上的評估方法以進行方案／介入的衡量。

計劃推行的 方案／介入	預期的產出／成果	計劃採用的評估方法（請用"✓"顯示）							備註
		過程評估	產出評估	質素評估	成效評估	目標達成評估	整合性評估	其他	
4.2 志願者「愛心無限」社區探訪計劃	4.2.1 產出指標：每年接受探訪服務的護老者及體弱長者總人次 ≥ 1,200 人 4.2.2 質素指標：≥ 70% 被被訪者感到滿意	✓	✓	✓					
4.3 長者暫託服務計劃	4.3. 產出指標：每年 ≥ 100 位體弱長者接受標準的暫託服務 4.3.2 質素指標：≥ 80% 接受暫託服務之長者感到滿意 4.3.3 成效指標：紓緩 ≥ 80% 護老者的照顧壓力（採用「標準化量表」）	✓	✓	✓	✓				

備註：(1) 中心愈採用多種方法以評估其所推行的方案／介入，則愈有效評估其效能；亦即是說，有關方案／介入有否解決受惠對象之問題、有否導致受惠對象產生期望的改變或達到既定的成效目標／介入目標，若有，便可進行「成效評估」及「目標達成評估」。

　　　　(2) 中心為方案／介入進行質素評估時，建議參照「質素因子」以設計受惠對象／受助人滿意度調查問卷進行資料的搜集，並針對有關數據作出分析。

　　　　(3) 「整合性評估」乃指採用兩種或以上的評估方法以對方案／介入進行評估。

八、中心主管對年度／運作性計劃的制定作出總結

　　中心在制定年度／運作性計劃時，其首要任務是識別出急需處理的社區問題，繼而評估受問題困擾的服務對象[71]有何需求，再針對導致問題／需求產生的關鍵性成因進行分析，然後依據其主因而制定相關的成效目標、過程目標、擬定方案／介入，最後便設計合適的評估方法。當年度／運作性計劃已完全實施，比如方案／介入已按照計劃的內容及實施期切實執行，則表示其過程目標已經達到。另由於過程目標乃依據成效目標發展出來，因此過程目標若已確定達標，其成效

---

71 本範例只針對長者和青少年這兩類的服務對象。

目標的達成可說是不言而喻。由此可見，導致問題產生之關鍵性成因若獲得解決，那些衝擊着社會的社區問題[72] 亦可得以紓緩，甚至獲得解決；依此邏輯推斷，受問題困擾之目標對象人口羣[73] 其需求最終亦會獲得滿足。

由於中心之存在價值和意義乃是解決其服務對象及目標對象人口羣之問題和 / 或滿足其需求，因此，中心不僅持續創新及推行具成效的服務，還要維持高質素的績效水平；不單如此，其重要持份者亦要積極投入和支持中心的各項事務，這樣才可彰顯中心的存在價值和意義，達到永續發展之餘，亦可在同業競爭對手中脫穎而出。

中心主任姓名：＿＿＿＿　簽署：＿＿＿＿　日期：＿＿＿＿

督導主任 / 服務總監批示

＿＿＿＿＿＿＿＿＿＿＿＿＿＿＿＿＿＿＿＿＿＿＿＿＿＿＿

＿＿＿＿＿＿＿＿＿＿＿＿＿＿＿＿＿＿＿＿＿＿＿＿＿＿＿

＿＿＿＿＿＿＿＿＿＿＿＿＿＿＿＿＿＿＿＿＿＿＿＿＿＿＿

＿＿＿＿＿＿＿＿＿＿＿＿＿＿＿＿＿＿＿＿＿＿＿＿＿＿＿

督導主任 / 服務總監姓名：＿＿＿＿　簽署：＿＿＿＿　日期：＿＿＿＿

＊＊＊＊＊＊＊＊＊＊＊＊＊＊＊＊＊＊＊＊＊＊＊＊＊＊

四、運作性計劃之成果衡量

機構依據其所制定的運作性計劃而推行一系列的方案 / 介入後，究竟應如何進行成果衡量？這確是值得深思的問題。儘管如此，筆者認為可從監察（Monitoring）、績效衡量（Performance Measurement）及衝擊評估（Impact Evaluation）這三方面入手，有關做法現闡述如下：

---

72 本範例所針對的社區問題是「長者被虐」及「青少年失業」。

73 本範例中受問題困擾的人士乃指受虐長者、護老者及失業青少年。

（一）監察

「監察」可被界定為針對執行既定的方案／介入及符合受惠對象的需求之程度而進行衡量（Rossi, Lipsey, & Freeman, 2004）；換言之，它是衡量機構有否依照既定的運作性計劃而落實執行，有關計劃之內容須涵蓋方案／介入[74]、實施期、執行人員和評估方法等。為確保機構所提供的方案／介入具有成效，規劃團隊在實施運作性計劃時須關注下列範疇，這包括：

1. 方案／介入能否如期執行？

2. 方案／介入是否符合其既定內容而落實推行？

3. 計劃的與實際推行的方案／介入，其內容有否出現頗大的差異？

4. 方案／介入有否按照預定的實施期而推行？

5. 方案／介入所處理的關鍵性社區問題／需求是甚麼？

6. 關鍵性目標對象人口羣能否受惠於方案／介入？

7. 方案／介入的收支預算有否出現嚴重差異，其超支百分比是多少[75]？

8. 已完成的方案／介入有否依照原定的評估方法進行衡量？

9. 針對質素和成效評估所得的數據，有否定期向理事會／董事局及高階管理層彙報和作出詳細的交代？

藉着上述的檢視，相信能有助機構監察其運作性計劃有否依照原定計劃而執行，若然一切符合進度，這才可進行成果衡量；否則只會舉步維艱。因此機構進行其運作性計劃的成果的衡量，其首要工作便是進行監察；亦即是說，方案／介入有否按照預期計劃切實執行，而其內容及實施期又有否出現嚴重差異？差異愈大，顯示問題愈嚴重；倘若出現嚴重差異，成果的衡量只會變得徒勞無功。

---

[74] 運作性計劃內所擬定的每個方案／介入應列明其核心的活動內容，此舉能加強監察的成效。

[75] 根據筆者過往經驗，方案／介入的預算收支與實際收支若出現 ≤ 5% 的差異，可算是正常情況；若差異 ≥ 5%，有關方案／介入的負責人須向機構管理層提供「合理的」書面解釋。

（二）績效衡量

當機構依照運作性計劃執行其所制定的方案 / 介入後，下一步是進行績效的衡量。大致而言，針對方案 / 介入之產出[76]、質素和成效[77]這三方面，管理者須透過績效衡量以向其重要持份者持續作出交代並彙報成果（Martin & Kettner, 2010；McDavid, Huse, & Hawthorn, 2013），詳情現闡述如下：

1. 產出

對社會服務機構而言，「產出」乃指其所提供的服務類別和數量，它可分為中期性產出和最後產出，前者可稱為服務單位（Units of Service），後者則可稱為「服務完成」（Service Completions），意指受惠對象能完成整個治療過程 / 計劃或已接受整套服務（Kettner, Moroney, & Martin, 2017）。參照上述界定，「產出」泛指方案 / 介入的服務量、指標量、參與人數 / 服務人次、出席率、服務時數、受惠對象接受其所需的服務量，又或是完成整項的治療計劃。因此，當完成運作性計劃內所涵蓋的方案 / 介入後，相關負責人必須進行產出衡量，並將整體性產出的成果如實向機構或 / 相關方作出彙報。

2. 質素

當完成運作性計劃所制定的方案 / 介入後，便要進行質素的衡量，這可參照適用的質素因子而設計出相關的調查問卷，從而向方案 / 介入受惠者進行滿意度調查[78]。由於質素因子有很多種類，故方案 / 介入負責人須依據有關釋義進行篩選，繼而才進行問卷的設計。而當中較為常用的質素因子包括：可接近性 / 方便度（Accessibility）、可接受度（Acceptability）、效用性（Usefulness）、整合性（Integration）和延續性（Continuity）。透

---

76 「產出」與「效率」有關。
77 「成效」與「效能」有關。
78 當完成滿意度調查後，方案 / 項目負責人須依據其所收集到的數據而整合出滿意度百分比的分析結果。

過服務滿意度問卷調查，可知悉受惠對象對方案 / 介入之滿意程度，而負責人只需將資料數據加以整理，便可統計出受惠對象滿意程度之百分比[79]；滿意程度百分比愈高，則表示愈感到滿意，反之亦然。除此以外，另一種方法是針對符合標準程度的衡量；當中符合度愈高，則表示愈符合質素的要求。而標準的衡量還包括了投入標準、過程標準和成效標準，詳情可參閱筆者於 2016 年編著的《追求卓越：非營利組織邁向優質管理之旅》。

3. 成效

機構一般採用慣常的成效衡量方法 / 工具以對其方案 / 介入進行成效的衡量，亦即是預期成果或 / 及期望改變之達成程度。有見及此，進行成效衡量時須關注下列四方面：

(1) 這些方案 / 介入能否達到其所定的目標？

(2) 這些方案 / 介入能否對社區及受惠對象產生期望的改變？

(3) 透過方案 / 介入之實施，對社區及受惠對象產生期望改變的程度是多少？

(4) 已接受方案 / 介入之受惠對象，與未接受的潛在服務對象之差異是多少？前者會否因接受了方案 / 介入而變得更好？這些「好轉變」又能維持多久？倘若未接受方案 / 介入的潛在服務對象，他們會否陷於更壞的處境？

凡此種種，是方案 / 介入負責人值得深思的問題，不容忽視。

總的來說，上文已對成效衡量所採用的方法作出詳細的介紹，這裏不再贅述。然而機構應選用何種成效衡量的方法，則須視乎其可資運用的資源，這無疑是管理者當務之急的考量。至於組織整體性績效，它主要是針對那些已完成的方案 / 介入，並利用不同的評估方法為其產出、質素和成效進行衡量；換句話說，可歸納為下列公式所示：

組織整體性績效 = 產出 + 質素 + 成效

---

[79] 問卷的評分可分為五個級別，凡選取 "3" 或以上者，皆屬於「滿意程度」。有關詳情，可參閱本書第十三章及其附件，這裏不再贅述。

大致而言，機構每年所制定的運作性計劃如能依循其方案 / 介入而落實執行，這將有助「產出」與「質素」的衡量，而那些經過精心策劃、實施期較長[80]以及專為特定受惠對象提供的方案 / 介入，若藉此能促使受惠對象產生期望的改變，機構亦須進行成效衡量。

總言之，機構若要衡量運作性計劃之成果，除衡量方案 / 介入的產出與質素外，亦可進行成效評估[81]，尤其是為那些經過精心策劃的方案 / 介入而進行。若綜合以上三方面成果，機構可採用「總結性評估」以衡量其整體性績效。

(三) 衝擊評估

社會服務機構的存在價值和意義乃是解決目標對象人口羣之問題或 / 和滿足其需求，因此機構藉着運作性計劃的實施，並依據相關的步驟[82]循序漸進地落實執行，這將可判斷其能否有效解決目標對象人口羣之問題或需求[83]。

假設某機構依循上述步驟完成運作性計劃之制定，則可推斷其所推行的方案 / 介入已達到既定的成效目標。而成效目標之達成，同時能有效解決受惠對象的問題和 / 或滿足其需求；換言之，相關的關鍵性成因亦得以一併解決，現用下列例舉加以闡述。某機構實施運作性規劃，並通過一系列的步驟以識別其所需解決的社區問題 ——「在家體弱長者被虐待」，繼而針對此項社區問題而擬定其運作性計劃。於過去三年，每年皆有 100 多位體弱長者不幸被識別出受到不同程度的虐待。而區內約有一萬多名體弱長者是與家人同住的，從中推算約 20% 的體弱長者有機會遭受到各種虐待[84]。由此可見，針對目標對象人

---

80 方案 / 介入的實施期若超逾半年或以上是屬於較長的實施期。

81 倘若機構是採用「方案邏輯模式」以策劃及評估其方案 / 介入，則有利於「成效評估」的衡量。

82 運作性規劃的實施包括了七個步驟：問題識別 / 需求評估 ➜ 成因及關鍵性成因分析 ➜ 成效目標制定 ➜ 過程目標制定 ➜ 方案 / 介入擬定及優次排列 ➜ 方案 / 介入實施期 ➜ 評估設計。

83 「問題」和「需求」可算是「一個硬幣兩個面」，兩者的「主因」經常出現重疊，足可反映其關係是環環相扣的。

84 廣義來說，「虐待」可分為「身體虐待」、「精神虐待」、「心理虐待」、「物質剝奪」(包括剝奪處理財務的權利) 及「性虐待」等，其中精神和心理虐待將對受虐者造成無法彌補的創傷，其嚴重性更甚於其他性質的虐待。

口羣而言,「長者被虐」是較為嚴重的社區問題,機構必須予以正視。

針對上述的社區問題,機構可採用問題識別方法[85]及文獻翻閱以識別導致長者被虐之關鍵性成因。舉例而言,以下三方面是長者被虐的關鍵性成因:

1. 護老者承受巨大的照顧壓力;

2. 護老者缺乏正規或 / 和非正規的支援網絡;和

3. 護老者與體弱長者關係惡劣。

參照上述主因,規劃團隊遂制定成效目標、過程目標以及達標所需推行的方案 / 介入,詳情如表 3-26 所示。

表 3-26:依據關鍵性成因而制定成效目標、過程目標與方案 / 介入 (例舉)

關鍵性成因	成效目標 (附「成效指標」)	過程目標	推行的方案 / 介入
1. 護老者承受巨大的照壓力	於一年內,減低 100 位護老者之照顧壓力 成效指標:紓緩 ≧ 70% 護老者之照顧壓力	1.1 於一年內,舉辦一系列長者照顧技巧 / 知識訓練課程	1.1.1 全年為護老者舉辦 20 項長者照顧技巧 / 知識訓練課程
		1.2 於一年內,提供體弱長者所需的支援服務	1.2.1 100% 獲照顧的體弱長者獲得 ≧ 3 項社區支援服務
			1.2.2 每月舉辦 1 次「體弱長者探訪計劃」
2. 護老者缺乏正規或 / 和非正規的支援網絡	於一年內,擴大 100 位護老者之正規或 / 和非正規的支援網絡 成效指標:≧ 80% 護老者至少與三個正規或 / 和非正規的系統建立支援網絡	2.1 於一年內,提供護老者所需的支援服務	2.1.1 全年開辦 2 個護老者互助小組
			2.1.2 全年推行護老者輔導服務
			2.1.3 每月為護老者提供 1 次家居清潔服務
		2.2 於一年內,推行「關愛老人」鄰里互助計劃	2.2.1 全年推行 2 個鄰里互助計劃

---

85 可採用的問題識別方法如 5W1I、問題樹分枝方法和名義小組方法等。

關鍵性成因	成效目標 （附「成效指標」）	過程目標	推行的方案／介入
3. 護老者與體弱長者關係惡劣	於一年內，改善 100 位護老者與體弱長者的關係 成效指標：改善 ≥ 60% 護老者與體弱長者的關係	3.1 於半年內，舉辦以長者為主題的家庭活動	3.1.1 全年舉辦 1 次「家家有一寶」嘉年華會
			3.1.2 全年舉辦 2 個「親親老人家庭宿營」（四日三夜）
		3.2 於一年內，推行一系列「護老敬老」活動	3.2.1 全年舉辦 ≥ 4 項「護老敬老」的多元化活動

　　一般而言，當方案／介入依照其既定計劃落實推行，並通過成效的驗證，即表示其過程目標已達成；依據邏輯推論，其成效目標亦相繼達成。由此可見，這將可識別導致問題／需求產生之關鍵性成因，若再配合方案／介入的推行，相信問題／需求最終獲得處理或滿足。從政府部門所蒐集到的數據或經系統性社會調查所獲得的資料，若顯示被虐長者的數目每年正在遞減，便反映出機構按照其運作性計劃而推行的方案／介入是頗具成效，並對「長者被虐」這項社區問題產生一定程度的正面衝擊。由於長者服務機構其存在的價值和意義乃為長者謀求福祉，若果長者受虐此問題能消滅殆盡，則可判斷其運作性計劃之成效是粲然可觀。

　　此外，衝擊評估主要關注受惠對象通過方案／介入的提施有否產生期望的改變[86]，為達到上述的成效目標，當進行衝擊評估時，規劃團隊須檢視下列兩個問題：（1）這方案／介入能否對受惠者產生衝擊，並達到積極成果？（2）實施衝擊評估並非易事，亦不應持續進行，它只於特定情況下，依據其重要持份者（例如資源控制者）對某些嚴重或特別的社區問題／需求或關鍵性社會事件，透過衝擊評估以進行問題的識別，繼而制定可行的解決方案。比方說，機構若要通過一系列方案／介入以有效解決或紓緩「長者受虐」此項社區問題，衝擊評估絕對是必然之選。

86　這些期望的改變並非由其他變項所導致的。

由此看來，衝擊可算是一種長期成效（Long-term Outcome），機構若懂得運用系統的方法以執行運作性計劃內相關方案／介入，並針對嚴重的社區問題（比如長者受虐、長者自殺、青少年失業或青少年自殺等）作出適時的介入和處理，藉此紓緩甚或解決有關問題，這不僅對社會產生正面的衝擊，還彰顯其存在的價值和意義。

另一種較為少用，但相當值得探討的評估方法是社會投資回報分析法（Social Return on Investment Analysis，簡稱 "SROI"），它是倡導將個人、羣體和社會的綜合成果轉化為有形的量化數據——貨體價值（Monetary Value），並以此來協助機構及出資方全面了解其投入的時間、金錢及其他資源所產生的社會效益與影響，因此亦稱為「社會衝擊評估」（Social Impact Evaluation）。

除此之外，若要衡量機構完成運作性計劃後的成果，這可採用成果階梯（Results Stairs）[87]，為了讓讀者進一步掌握上述模式，筆者現引用圖 3-4 加以闡述。

圖 3-4：成果階梯模式及其評估方法

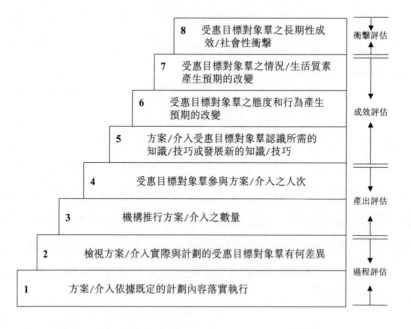

87　成果階梯這種模式乃由世界銀行所贊助的一支團隊制定的，詳情可參閱《社會影響力評估指南》——"Social impact navigator：Guide for organizations targeting better results"（PHINEO, 2016）。

當完成運作性計劃的制定後，規劃團隊須依據其既定方案／介入落實執行，為致力滿足目標對象羣（Target Groups）之需求，當務之急是執行「過程評估」各項的重要步驟，但針對方案／介入的數量及參加者人次的識別則須進行「產出評估」。此外，若受惠目標對象羣經接受或參與方案／介入後其知識和技巧得到提升，並藉此促使其態度和行為達到預期的改變，甚至有效改善狀況和提升其生活質素，這方面的衡量便須採用「成效評估」。由於社會服務機構的存在價值和意義乃是解決社區問題或滿足社區需求，因此須衡量方案／介入所產生的長期成效或對社會問題／需求所造成的衝擊程度，那麼，規劃團隊可採用「社會衝擊評估」這種衡量方法，絕對是不二之選[88]。

　　綜合而言，社會服務機構若要針對其所推行的運作性計劃進行成效衡量，則須為其方案／介入進行過程評估、產出評估、成效評估及社會衝擊評估；不僅如此，規劃團隊還須懂得善用上述的評估方法／工具以驗證服務成效，這對提升組織整體性績效及核心競爭力起着立竿見影之效。

---

[88] 筆者在內地、香港及澳門三地擔任社會服務機構之顧問工作已超逾 10 年光景，期間常聽聞政府官員大力抨擊機構所推行的方案／介入，甚至質疑其服務成效。誠然，機構若未能驗證其提供具成效的方案／介入，而公帑及撥款資助亦未能用得其所；長此下去，這不單削弱其社會認受性，還影響其永續發展，後果堪虞。

小結

　　筆者引用了不少實例以對策略性規劃和運作性規劃的實施作出詳細的論述。置身於廿一世紀，全球經歷了金融風暴、金融海嘯、經濟一體化以及疫症大流行等衝擊，政治、經濟和社會環境形勢不利，波濤洶湧，面對前景變幻莫測，海峽兩岸暨香港、澳門的社會服務機構亦難以獨善其身。為自強不息，機構必須與時並進，因應社會環境的轉變，適時檢視及修訂其使命、願景及價值觀（MVV）、目的及策略等，這樣才可開拓其生存空間。實際上，規劃團隊藉着策略性規劃的過程，或許得到一些重要啟示；換言之，運用適切的評估方法，一方面勾畫方案／介入之實施概況，另方面驗證其成效，這的確有助提升組織整體性之績效。

　　由於很多社會服務機構之財務資源是來自政府／基金會，為確保公帑及募款能用得其所，因此必須向公眾作出交代，比方說，如何識別和分析關鍵的社區問題？如何評估社區需求？針對社區問題和社區需求的關鍵性成因，如何制定出明確的、可行的及可衡量的目標？如何設計和甄選出可行的方案／介入？如何有效推行各項方案／介入？針對已完成的方案／介入，如何作出評估？凡此種種，皆可通過運作性規劃的實踐，以落實執行其方案／介入和進行相關的評估而獲得完滿的答案。

本 章 主 要 參 考 資 料

1. Allison, M, & Kaye, J. (2005). *Strategic planning for nonprofit organizations: A practical guide and workbook* (2nd ed.). USA: Wiley Nonprofit Authority.

2. Barry, B. (1986). *Strategic planning: Workbook for non-profit organizations*. St. Paul, Minn: Amherst H. Wilder Foundation.

3. Brody, R. (2005). *Effectively managing human service organizations* (3rd ed.). Thousand Oaks, CA: SAGE Publications, Inc.

4. Bryson, J.M. (2010). "Strategic planning and the strategy change cycle". In Renz D.O. (Ed.) and the Associates, foreword by Herman R.D., *The Jossey-Bass handbook of nonprofit leadership and management* (3rd ed.), Chapter 9, pp.230-261. San Francisco: Jossey-Bass.

5. Bryson, J.M. (2011). *Strategic planning for public and nonprofit organizations: A guide to strengthening and sustaining organizational achievement* (4th ed.). San Francisco, CA: Jossey-Bass.

6. Coley, S.M., & Scheinberg, C.A. (2000). *Proposal writing* (2nd ed.). Thousand Oaks, CA: SAGE Publications, Inc.

7. Collins, J.R., & Porras, J.I. (2011). "Building your company's vision". On *Strategy*, 2011, pp.77-102. Boston, MA: Harvard Business School Press.

8. Courtney, R. (2013). *Strategic management in the third sector*. UK: Palgrave Macmillan.

9. Eadie, D. C. (2006). "Planning and managing strategically". In Edwards R.L., & Yankey J.A. (Eds.), *Effectively managing nonprofit organizations*, pp.375-390. Washington, DC: NASW Press.

10. Edwards, R.L., Yankey, J.A., & Altpeter, M.A. (Eds.) (1998). *Skills for effective management of nonprofit organizations*. Washington, DC: NASW Press.

11. Griffin, R.W. (2013). *Fundamentals of management* (7th ed.). USA: South-Western, Cengage Learning.

12. Hafford-Letchfield, T. (2010). *Social care management, strategy and business planning*. London: Jessica Kingsley Publishers.

13. Harley-McClaskey, D. (2017). *Developing human service leaders*. Los Angeles: SAGE Publications, Inc.

14. Johnson, G., & Scholes, K. (1993). *Exploring corporate strategy: Text and cases* (3rd ed.). UK: Prentice Hall.

15. Kearns, K.P. (2000). *Private sector strategies for social sector success: The guide to strategy and planning for public and nonprofit organizations*. San Francisco, CA: Jossey-Bass.

16. Kettner, P.M., Moroney, R.M., & Martin, L.L. (2017). *Designing and managing programs. An effectiveness-based approach* (5th ed.). Los Angeles: SAGE Publications, Inc.

17. Lewis, J.A., Packard, T.R., & Lewis, M.D. (2012). *Management of human service programs* (5th ed.). Belmont, CA: Brooks/Cole.

18. Martin, L.L. (2008). "Program planning and management". In Patti R.J. (Ed.), *The handbook of human services management* (2nd ed.), pp.339-350. Thousand Oaks, CA: SAGE Publications, Inc.

19. Martin, L.L., & Kettner, P.M. (2010). *Measuring the performance of human service programs*. Thousand Oaks, CA: SAGE Publications, Inc.

20. Martin, V., & Henderson, E. (2001). *Managing in health and social care*. London: Psychology Press.

21. McDavid, J.C., Huse, I., & Hawthorn, L.R.L. (2013). *Program evaluation and performance measurement* (2nd ed.). Thousand Oaks, CA: SAGE Publications. Inc.

22. Montana, P.J., & Charnov, B.H. (1993). *Management*. USA: Barron's Educational Series.

23. Moxley, D.P., & Manela, R.W. (2001). "Expanding the conceptual basis of outcomes and their use in the human services". *Families in Society: The Journal of Contemporary Human Services*, 2001, Vol.82(6), pp.69-577.

24. O¢Toole, J. (1995). *Leading change: Overcoming the ideology of comfort and the tyranny of custom. The Jossey-Bass Management Series*. San Francisco, CA: John Wiley & Sons, Inc.

25. Patti, R.J. (Ed.) (2008). *The handbook of human services management*. Thousand Oaks, CA: SAGE Publications, Inc.

26. PHINEO (August, 2016). "Social impact navigator: Guide for organizations targeting better results". Retrieved from www.social-impact-navigator.org.

27. Rossi, P.H., Lipsey, M.W., & Freeman, H.E. (2004). *Evaluation: A systematic approach* (7th ed.). Thousand Oaks, CA: SAGE Publications, Inc.

28. Steiner, G.A., & Steiner, J.F. (1994). *Business, government and society: A managerial perspective* (7th ed.). USA: McGraw-Hill.

29. York, R.O. (1982). *Human service planning: Concepts, tools, and methods*. Chapel Hill: University of North Carolina Press.

30. 全國人大常委會辦公廳（2015），《中國人大》。中國人大雜誌編輯部。

31. 崔向華、張婷主編（2013），《非營利組織管理學導引與案例》。中國人民大學出版社。

32. 梁偉康（2012），《成效管理：非營利社會服務組織全面實踐策略》。香港：非營利組織卓越管理有限公司。

33. 陳政智（2012），《非營利組織管理》（一版二刷）。台北：華都文化事業有限公司。

34. 陳錦棠（2002），〈香港社會福利機構面對之挑戰和未來發展〉。收錄於 Shek T.L. (Ed.). (2002). *Advances in social welfare in Hong Kong.* Hong Kong: Chinese University of Hong Kong.

35. 曾華源、白倩如主編（2017），《社會工作管理》。台北：洪葉文化事業有限公司。

36. 温金豐（2015），《組織理論與管理：基礎與應用》。台北：華泰。

37. 黃源協（2015），《社會工作管理》（第三版）。台北：雙葉書廊有限公司。

38. 劉春湘（2016），《社會組織運營與管理》。北京：經濟管理出版社。

4

社會服務機構策略性
人力資源管理

導言

　　社會服務機構是人力密集的組織，主要仰賴組織成員為其目標對象人口羣提供高質素的服務，可見員工是機構「最寶貴的資產」，因此，一間管理優良的機構必須由一班具遠見的管理團隊引領，發皇張大，並竭力激勵組織成員朝向其使命和目標邁步向前。然而，現時大多數機構正陷於不利的境況，這包括：（一）缺乏人才；（二）未能將人才配置於合適的崗位之上；（三）欠缺系統的員工培訓和發展規劃；和（四）未建立維繫人才的機制，情況若持續下去，機構勢必逐步衰落，更遑論永續的發展。有鑒於此，管理者必須竭力推動策略性人力資源管理，藉着吸引人才、培訓人才、善用人才、發展人才和維繫人才，從而鞏固組織的人力資本以提升其核心競爭力，這樣才會立於不敗之地。

　　筆者現針對如何實踐策略性人力資源管理以達到上述目的作出詳細論述，讀者可作參考。

吸引及徵選人才

一、吸引人才的策略

    社會服務機構將其估算的人力資源需求數據與內部供應的人力資源估算進行對比與分析 —— 將預估的人力需求減去內部供應的人力，便可推算出人力淨需求[1]。為招攬寶貴的人才，機構須致力優化其內部機制，並進行持續的改善以提升組織整體性績效，此舉除可在業界闖出一條新路，還可吸引外間人才慕名而來，投身社福行業。根據筆者過去 40 多年的管理經驗，吸引人才的做法大致可歸納為下列五點：

(一) 機構須建立完善的管理系統，這包括：人力資源管理、財務管理、內部治理、策略性管理及風險管理等[2]，藉着上述系統，可有助其管治水平與整體性績效的提升，長遠而言，亦可仰賴優良管理的口碑以吸引更多傑出的人才。

(二) 機構須建立一個合理、公平、適法以及具競爭力的薪酬機制，而一個完善的薪資架構是至關重要，因它是薪酬機制中最重要的組成部分。

(三) 機構若要吸引人才，一套完善的人才培訓和發展機制絕對是不可或缺。追溯至 1976 年，筆者大學畢業後曾夢想加入當時號稱為「社會工作少林寺」的楊震社會服務中心，熱切期待成為其中一員，遂毅然投遞履歷[3]。雖然它的社工薪酬起薪點相比於同業機構低了兩個起薪點，但卻投放了不少資源進行人才的培育與發展；

---

1 「人力淨需求」是指從外間招募所需的人力。

2 有關如何建立完善的管理制度，詳見本書第七章：〈社會服務機構的內部治理及運作〉。

3 當年楊震社會服務中心的社工職位申請者眾，惜筆者未能進入最後面試，終歸落選；但可幸的是，筆者兄長於畢業後成功被錄取社工一職，他亦是香港中文大學社工系第一位畢業生於此機構實習。

以當時的社會服務業界來說，它絕對是佼佼者，因而吸引了不少精英人才慕名而來；由此可見，一間着重員工培訓與發展的機構，羅致人才絕非難事。

(四) 機構須建立完善的機構管治制度；換言之，理事會／董事局與管理層之核心職能必須分工清晰，各司其職，這才可有效履行職務和發揮相應的角色。此外，理事會／董事局亦須重視組織整體性績效，並嚴密監察高階管理層的工作表現，從而鞏固其良好的組織形象、聲譽和威信。由此可見，機構若能提升其社會認受性，加上管理者具備高效的領導能力[4]及誠信，日後在招攬人才方面勢必得心應手。

(五) 面對「人才荒」[5]此等困境，機構必須建立人才資料庫；換言之，為配合未來人才的需求與發展，它必須儲備相關的人力資源數據，藉此鎖定及追蹤特定人才的個人動向，採取主動，對外攬才。如此看來，機構可採用狩獵（Hunting）、釣魚（Fishing）和撒網（Trawling）這三種方式以吸引及保留人才[6]，現簡介如下：

1. 狩獵是指向目標對象（Targeting）提供度身訂造的條件[7]以招攬其加入機構，並善用這些優才以推動機構的專業發展。

2. 釣魚是指提供利誘（Use bait）以獎勵表現優良的員工[8]。

3. 撒網是指從員工當中發掘出一些具正面思維、良好工作態度及人際關係融洽的員工（Super connectors），並提供重點培訓以助其發展所長，此舉可鞏固團隊的凝聚力，避免人才流失（Lane, Larmarand, & Yueh, 2017）。

綜合而言，上述各項的策略性措施能有助機構吸引人才，並達到招募的三個目的 —— 即增加應徵者的人數、找到適當類型的人才以

---

4 「高效的領導能力」乃指「領導效能」。

5 「人才荒」乃指嚴重缺乏豐富管理經驗、高學歷和持有專業技能的人才。

6 Lane, K., Larmarand, A., & Yueh, E. (Jan, 2017). "Finding hidden leaders", McKinsey Quarterly. Retrieved from https://www.mckinsey.com/business-functions/organization/our-insights/finding-hidden-leaders.

7 若機構資源豐裕，可為招攬的目標對象提出高薪厚職的條件，相信這是無可抗拒的誘惑！

8 機構可透過獎賞以激勵員工某方面的優良表現（譬如創新性和質素監控等）。

及增加應徵者接受職位的機率（李誠，2015）。

二、員工徵募、考查及甄選

「徵募」乃指機構採用多種的方法和策略以進行人手招攬[9]，倘若某個職位的求職者眾，機構的選擇空間便愈擴大；而「甄選」乃指採用有效的方法以識別優秀和理想的人才。筆者於本文將詳細論述員工徵募、考查及甄選的重要步驟和原則，並提供一些實用的表格／評量表／程序指引供讀者參考，而有關步驟及其所須恪守的原則詳見如下：

步驟一：制定工作細則

工作細則用於界定員工之工作範疇和達到工作績效所需的知識、技術與能力的類別，它是對工作分析最終期望獲得的其中一項結果[10]，亦可作為徵募和甄選新入職員工的參考基準。當進行員工徵募時，工作細則能發揮以下功能，這包括：

（一）清楚明確地陳述該職位的工作任務 —— 即描繪主要的職責內容；和

（二）列明該職位所須具備的資歷（如教育程度和相關經驗等）、知識、技術及能力等。

步驟二：員工徵募

此階段主要為職位空缺的招聘作好準備，這包括：

（一）正式公佈職位出缺告示；

（二）描繪出缺職位的工作任務；

（三）吸引更多符合資格人士應徵；和

（四）發放內部招聘告示，吸引有興趣的現職員工提交職位申請。

但值得注意的，員工徵募和甄選是屬於一種公關手段，它可反映機構管理層及甄選團隊在過程中對申請者所展示的尊重和專業精神，

9　涵蓋對空缺和新增職位的招攬。

10　針對工作分析，除工作細則外，其餘兩項分別是工作說明及工作評估。

當中的優劣能直接影響組織形象。換句話說，在徵募和遴選過程中，遴選者如能有禮地接待申請者，其態度及回應必會讓人留下良好印象；反之，若處理不當或接待不週，將可造成不可挽回的傷害，甚至對組織形象和聲譽構成破壞。舉例來說，一位落選的申請者如受到公平[11]及禮貌的對待，縱使因未能通過面試而感到失望，但對機構仍不會產生厭惡感。因而可知，遴選者及接待人員必須認真處理面試的每項流程，而招攬告示亦必須詳細列述職位的要求，以讓申請者盡早知悉該職位是否符合其能力、興趣及事業前程目標等。

步驟三：利用職位申請表格和測試以考查申請者

「職位申請表」在招募過程中發揮着舉足輕重的功能，因適當的設計能有助機構蒐集到申請者的重要資訊，比如相關的資歷、工作經驗和專長等，其他如推薦信或諮詢前僱主等亦作為審視申請者過往工作表現的參考佐證。除此之外，大部分機構普遍要求申請者接受筆試[12]，從而評估其對相關工作崗位所需的知識和技術之熟悉程度、分析能力以及書寫流暢度。無論如何，測試只是甄選過程的一個輔助工具，切不可將有關結果（如分數）視為唯一評定申請者整體能力的標準；換言之，某申請者若獲得較高的測試分數，並不代表日後其工作績效相對那些分數較低者優勝。遴選委員會須按職位申請表和測試結果（如分數）作出綜合的考查，從而篩選一批符合資格的申請者進行面試。為加快甄選過程，機構可考慮使用考查方格（Screening Grid）以審視所有申請者之最低資歷和其他評核範疇[13]，下列考查表格乃專為綜合家庭服務中心督導主任職位而設計的，詳情可參閱表 4-1。

---

11 「公平」是指一視同仁，亦即是要求每位職位申請者具備相關的資歷條件，這也是對申請者之專業考查的其中一部分。

12 針對專業及管理級人員的招聘，機構會要求申請者接受筆試以考核其組織、分析、批判性及書寫等能力；除此之外，亦有針對人格或興趣的測驗。

13 舉例而言，針對社工的其他評核範疇（如能力或經驗方面）可包括輔導服務訓練、輔導工作經驗、擔任督導職級的年資等。

表 4-1：綜合家庭服務中心督導主任職級申請者考查表格

申請者 姓名	社會工作 碩士或社會 科學碩士 （是／否）	從事社會 工作之年資	家庭個案 輔導工作 之年資	家庭輔導 之特殊訓練	擔任督導 職級之年資	其他的特殊 要求或資歷

步驟四：主持面談

依據準確而可靠的資料以進行甄選工作，可透過下列的方法，這包括傳記的資料 [14]、面談、工作試驗和模擬（比如套餐式模擬練習、無領袖方式小組討論、管理遊戲和短講等）以及測驗等，但現時機構大多採用面談作為最主要的考查方法。事實上，透過面談可有助甄選出最符合職位要求的申請者，在此過程中，遴選委員能直接與申請者就職位之相關事宜作出溝通，而和諧的面談過程亦有利於組織形象之推廣。另一方面，遴選者應以開放式提問向申請者獲取詳細的資訊，至於問題須具邏輯性，就算激發出爭議的討論亦無妨，因這樣可進一步了解申請者的價值取向和工作動機。在面談期間，遴選者應儘量營造出舒服、接納、友善和親切的氣氛，以減低申請者的緊張情緒，但整個面談過程必須恪守保密原則。

有關面談所涵蓋的四個階段（Pecora, Cherin, Bruce, & Arguello, 2010；梁偉康，2012），現簡述如下：

（一）簡介階段

透過面談進行遴選，其最重要目的是建立融洽的氣氛，並儘量消除申請者的焦慮不安與緊張情緒。進入面談時，遴選委員可先寒暄片

14　傳記的資料所指是職位申請表格的資料。

刻表示歡迎，閒話家常後便可切入正題 —— 簡介機構與應徵崗位的工作範疇。

(二) 資訊蒐集階段

　　遴選者須採用引導性問題以蒐集應徵者之人格特徵、工作經驗和成就模式、知識和技能、人際關係技巧以及事業前程目標等。由於面談時間有限，故遴選者須懂得把握相關的參照點，這才能從應徵者身上發掘其專長和優缺點，切不可跑題，否則容易顧此失彼。有見及此，機構應制定「面談評量表」，而遴選者可藉此評量工具以進行面試甄選。表 4-2 及 4-3 分別是適用於應徵普通職級和專業及管理職級的面談評量表，讀者可作參考。

表 4-2：面談評量表 (適用於普通職級申請者)

序號	評量項目	評價 (請在適當的空格內加 "✓")				
		非常好 (5)	很好 (4)	好 (3)	可接受 (2)	欠佳 (1)
1.	對未來工作崗位職責相關的知識和技能					
	1.1 對未來工作職責的相關知識之認識程度					
	1.2 對未來工作職責的相關技能之掌握程度					
	1.3 其他與工作相關的知識 / 技能之掌握程度					
2.	表達能力					
	2.1 意見之系統組織					
	2.2 傳達清晰					
	2.3 口語流暢					
3.	成熟程度					
	3.1 自信心					
	3.2 果斷能力					
	3.3 責任感					
	3.4 面對挑戰					

4.	人格					
	4.1 誠懇					
	4.2 熱心					
	4.3 適應能力					
	4.4 和藹					
	4.5 合作					
	4.6 主動					
	4.7 學習態度					
5.	整體潛能					
	5.1 有效履行職責的潛能					
	5.2 事業前程目標					
	5.3 整體印象					

所得分數：＿＿＿＿＿＿＿＿＿

評分：非常好＝ 5 分、很好＝ 4 分、好＝ 3 分、可接受＝ 2 分、欠佳＝ 1 分；總分為 100 分。

遴選委員會成員簽署：＿＿＿＿＿＿＿　　　日期：＿＿＿＿＿＿＿＿＿

表 4-3：面談評量表（適用於專業及管理職級申請者）

序號	評量項目	評價				
	（請在適當的空格內加"✓"）	非常好 (5)	很好 (4)	好 (3)	可接受 (2)	欠佳 (1)
1.	個人能力					
	1.1 領導能力					
	1.2 創新能力					
	1.3 個人動力					
2.	與他人合作					
	2.1 溝通技巧					
	2.2 建立團隊之能力					
	2.3 員工督導與管理能力					
	2.4 建立社區及人際網絡之能力					

3.	工作成效為本					
	3.1 策劃及監控能力					
	3.2 資源管理					
	3.3 追求效率及效能之動力					
	3.4 以客為尊					
	3.5 責任承擔					
4.	策略性策劃					
	4.1 願景及遠見					
	4.2 服務發展觸覺					
	4.3 危機管理能力					
5.	成熟程度					
	5.1 自信心					
	5.2 果斷能力					
	5.3 自動自覺					
6.	整體潛能					
	6.1 有效履行職責的潛能					
	6.2 事業前程目標					

所得分數： _____

評分：非常好＝5分、很好＝4分、好＝3分、可接受＝2分、欠佳＝1分，總分為100分。

遴選委員會成員簽署： _____ **日期：** _____

(三) 回應問題階段

遴選者應關注申請者之感受和非語言式行為，並適當回應其所提出的意見和問題。除此之外，於面試過程中，遴選者應儘量表達其同理心，並多給予鼓勵和讚賞，以期營造出溫暖的氣氛，促進彼此的信任度。

(四) 終結階段

於面試終結前，遴選者可邀請應徵者提出問題，並誠懇地逐一解答。至於面試終結時，遴選者須告訴應徵者何時會安排最後面試（如

有需要) 及往後的跟進安排 [15]。最後,遴選者應禮貌地感謝應徵者對機構的支持,並扼要告之正式聘用的日程,然後親切地作出告別;若然時間容許,遴選者可安排應徵者參觀中心,以期加深其對服務運作的了解。

在結束面談後,遴選者務必第一時填寫面談評量表及遴選者報告表格,詳情分別參閱表 4-2 至 4-4。

表 4-4:遴選者報告表格 (適用於主管或以上職級)

遴選者報告表格

申請者姓名:＿＿＿＿＿＿＿　　面試日期:＿＿＿＿＿＿＿

遴選者姓名:＿＿＿＿＿＿＿　　職位:　＿＿＿＿＿＿＿

申請職位:　＿＿＿＿＿＿＿　　部門:　＿＿＿＿＿＿＿

備註:各遴選者於進行面試前,請先參閱下列 10 項問題,並於會面時提出發問及於結束面試後立即填報。

1. 職位申請表內所填報的資料和面試時申請者的回應有否不一致?如有,請列出。
＿＿＿＿＿＿＿＿＿＿＿＿＿＿＿＿＿＿＿＿＿＿＿＿＿＿＿＿＿＿

2. 申請者為何申請此職位?
＿＿＿＿＿＿＿＿＿＿＿＿＿＿＿＿＿＿＿＿＿＿＿＿＿＿＿＿＿＿

3. 申請者過往工作經驗的概述:
＿＿＿＿＿＿＿＿＿＿＿＿＿＿＿＿＿＿＿＿＿＿＿＿＿＿＿＿＿＿

4. 申請者哪方面的個人特質能符合此工作崗位的要求?
＿＿＿＿＿＿＿＿＿＿＿＿＿＿＿＿＿＿＿＿＿＿＿＿＿＿＿＿＿＿

5. 申請者所展示的熱誠、領導才能、言語技巧和機智能否符合工作崗位所需?
＿＿＿＿＿＿＿＿＿＿＿＿＿＿＿＿＿＿＿＿＿＿＿＿＿＿＿＿＿＿

6. 申請者對薪酬和福利有何期望?
＿＿＿＿＿＿＿＿＿＿＿＿＿＿＿＿＿＿＿＿＿＿＿＿＿＿＿＿＿＿

7. 申請者有甚麼事業前程發展目標與未來的進修計劃?
＿＿＿＿＿＿＿＿＿＿＿＿＿＿＿＿＿＿＿＿＿＿＿＿＿＿＿＿＿＿

8. 申請者與前受僱機構之主管、下屬或同事曾否發生嚴重的衝突?如有,其因由為何?
＿＿＿＿＿＿＿＿＿＿＿＿＿＿＿＿＿＿＿＿＿＿＿＿＿＿＿＿＿＿

---

15 例如何時發出錄用通知和驗身安排等。

9. 其他：

　　_____

10. 請您對申請者作出綜合評估，並預測其日後工作表現之達標程度提供合理的支
　　持理據。另方面，請說明申請者是否已被接納、拒絕或需要安排再約見。

　　_____

　　遴選委員會成員簽署：_____　　日期：_____

　　　　在整個面談過程中，遴選者須努力營造出 6Cs，這包括：
(1) 合適的談話氣氛 (Conversational Climate)；(2) 舒適的氣
氛與過程 (Comfortable Climate and Process)；(3) 清晰的溝通
(Clear Communication)；(4) 談話內容的延續性 (Continuity of
Content)；(5) 具創意的提問 (Creative Questions)；和 (6) 催化
交談 (Catalytic Chemistry)（蔡正飛，1988；梁偉康，2012）。事
實上，面談是機構最常採用的甄選方法之一，筆者現引用面談指
引和面談評量表，並列出相關的面談問題以供讀者參考，詳見表
4-5。

表 4-5：面談指引及面談評量表

面談指引

制定面談指引之目的主要是協助遴選者將申請者之各項特徵作出系統的記錄，而面
談評量表是依據其所列的範疇而設計，此表分為八個評量項目，評分則採用 7 分尺
度 (Seven-point Scale)，遴選者可從八個評量項目中選擇合適的答案，並給予評語。

1. 知識和技能

　　　　這是針對申請者的知識、技能、工作經驗與其工作職務之符合程度作出
　　比較。遴選者應關注兩個重要的問題：

　　1.1 申請者有沒有對履行其工作職務相關的知識和技能？

　　1.2 申請者曾否從學校、過往工作經驗、特殊訓練或個人興趣中獲取與工作職

務相關的知識和技能？

2. 檢視過往的僱用模式

這是依據申請者過往受僱之背景資料以對其工作穩定性作出推斷。遴選者應關注三個重要的問題：

2.1 申請者過往的工作任期是否合理和持久？

2.2 申請者轉換工作的原因是否合理？

2.3 申請者曾否長期處於失業的狀況？如有，原因為何？

3. 工作目標

這是集中評量申請者的個人興趣和喜好與相關工作職務的符合程度。遴選者應關注下列的六項範疇：

3.1 申請者於求學時，其喜愛和不喜愛的科目是？

3.2 針對過往的工作經驗，申請者最喜歡和最不喜歡的職務種類是？

3.3 針對過往的工作經驗，申請者有何正面或負面的經歷？上述兩者對現時所申請的工作崗位有何影響？

3.4 申請者有哪些與申請的工作崗位相關之興趣或業餘活動？

3.5 申請者為何有興趣投身此工作？

3.6 日後若需經常超時工作，申請者有何看法？

4. 成就模式

這是着眼於申請者曾達到的成就，而這些成就能反映其果斷力和工作動機的程度。遴選者應關注五個重要的問題：

4.1 有何證據顯示申請者過往的成就乃源於其個人的努力奮鬥？

4.2 申請者的早期生活裏有何成功的經歷（如獲取學術優異獎項等）？

4.3 申請者的後期生活裏有何成功的經歷（如工作晉升、加薪、獲取獎項殊榮或學術成就等）？

4.4 有何證據顯示申請者因付出努力而達到其事業前程目標？

4.5 申請者曾否參與志願團體或慈善活動以盡其社會責任？

5. 溝通技巧

這是指申請者能有效發揮溝通技巧。遴選者應關注下列的三項範疇：

5.1 申請者能否清晰表達意見？

5.2 申請者能否用詞恰當？

5.3 申請者能否用完整的、有組織的語句表達心中所想？

6. 事業前程目標

　　　　這是集中評量潛在的事業前程機會 (Career Opportunities) 與申請者之目標、期望和喜好之符合程度。遴選者應關注四個重要的問題：

6.1 申請者對其未來工作有何期望？

6.2 申請者對達到工作前進 (Job Advancement) 所需的時間有何看法？

6.3 申請者有何個人之長遠事業前程目標？

6.4 若申請者獲得錄用，日後所擔任的職務能否滿足其事業前程目標的期望？

7. 全面的印象

　　　　這是依據面談過程對申請者之特徵和行為進行觀察。遴選者應關注四個重要的問題：

7.1 申請者能否表現出機警、聰敏和對未來的工作感到興致勃勃？

7.2 申請者能否予人積極和主動的印象？

7.3 申請者是否明白各遴選者所提出的問題，並從容不迫地作出適切的回應？

7.4 申請者的衣着及外形是否整潔美觀？

8. 僱用之恰當性

　　　　這是評估申請者被成功取錄的機會率之陳述。

依據上述的「面談指引」而設計的「面談評量表」，詳見如下：

面談評量表

申請者姓名：＿＿＿＿＿＿＿＿　　　遴選者姓名：＿＿＿＿＿＿＿

申請職位或工作性質：＿＿＿＿＿＿　　面談日期：＿＿＿＿＿＿＿

1. 知識和技能：

☐	☐	☐	☐	☐	☐	☐
未具備任何與工作相關的知識和技巧		具備一些對工作有效益的知識和技巧		具備部分與工作相關的知識和技巧		申請者完全具備工作相關的知識和技能，非常適合擔任此工作崗位

2. 檢視過去的僱用模式：

☐　　　　☐　　　　☐　　　　☐　　　　☐　　　　☐　　　　☐

非常不穩　　　　　不太穩定　　　　　穩定　　　　　　　非常穩定
定，令人
質疑

---

3. 工作目標：

☐　　　　☐　　　　☐　　　　☐　　　　☐　　　　☐　　　　☐

表現出極　　　　　表現出對　　　　　表現出對　　　　　表現出十
不樂意執　　　　　此工作有　　　　　此工作感　　　　　分樂意執
行此工作　　　　　點不滿　　　　　　到滿意　　　　　　行此工作

---

4. 成就模式：

☐　　　　☐　　　　☐　　　　☐　　　　☐　　　　☐　　　　☐

未有呈現　　　　　有些證據　　　　　在各方面　　　　　整體表現
任何成就　　　　　能顯示其　　　　　均顯示其　　　　　出非常果
和果斷力　　　　　成就和果　　　　　成就和果　　　　　斷和能
的記錄　　　　　　斷力　　　　　　　斷力　　　　　　　幹，並已
　　　　　　　　　　　　　　　　　　　　　　　　　　　完成很多
　　　　　　　　　　　　　　　　　　　　　　　　　　　重要事項

---

5. 溝通模式：

☐　　　　☐　　　　☐　　　　☐　　　　☐　　　　☐　　　　☐

溝通技巧　　　　　溝通技巧　　　　　溝通技巧　　　　　溝通技巧
欠佳　　　　　　　一般　　　　　　　良好　　　　　　　優秀

---

6. 事業生涯前程目標：

☐　　　　☐　　　　☐　　　　☐　　　　☐　　　　☐　　　　☐

本機構所　　　　　本機構所　　　　　本機構所　　　　　機構所提
提供之事　　　　　提供之事　　　　　提供之事　　　　　供之事業
業生涯前　　　　　業生涯前　　　　　業生涯前　　　　　生涯前程
程與申請　　　　　程與申請　　　　　程與申請　　　　　完全吻合
者之目標　　　　　者之目標　　　　　者之目標　　　　　申請者之
不太一致　　　　　有些衝突　　　　　尚算一致　　　　　目標

7. 整體印象：

☐ ☐ ☐ ☐ ☐ ☐ ☐

十分惡劣　　　　　尚可接受　　　　　良好　　　　　十分優良

8. 僱用之恰當性：

☐ ☐ ☐ ☐ ☐ ☐ ☐

我個人認	此申請者	我贊同聘	我對此申
為此申請	可能對此	用此申請	請者極有
者不適合	類工作做	者，並覺	信心，並
此 份 工	得很好，	得其將有	深信其將
作，故不	但我對其	良好的工	有出色的
作推薦	聘用仍有	作表現	工作表現
	些保留		

遴選委員會成員簽署：＿＿＿＿＿＿＿＿＿

日期：＿＿＿＿＿＿＿＿＿

備註：請在適當的空格內加 "✓"。

步驟五：甄選適當的人選和知會其他落選者

當決定最終人選後，遴選委員會或人力資源部應致電和 / 或以書函形式邀請諮詢人就入選者之工作表現和態度、知識和技能等提供客觀的評語；倘若入選者所申請的是重要職位（如部門總監或經理職級等），遴選委員會須至少索取三份推薦書以作參考。姑勿論以哪一種方式聯絡諮詢人，遴選委員會須儘量依據下列提問進行意見收集，這包括：

（一）入選者在前機構之受僱日期為何？

（二）入選者之主要職責為何？服務時間多久？曾擔任哪些職位？

（三）入選者在前機構之工作績效水平如何？有否其他突出的表現？

（四）入選者之工作態度如何？

（五）入選者之個人優點、弱點和過人之處為何？

（六）作為諮詢人，你認為最有效激勵入選者的方法為何？

（七）與其他職務相近的員工比較，入選者之整體性績效如何？

（八）入選者於前機構工作時的薪酬，其所提供的數額是否相符？

（九）入選者之考勤記錄如何？是否準時上班？

（十）入選者與同事、服務對象和上司的關係如何？

（十一）曾和入選者共事的員工對其有何評價？是正面的或是負面的？

（十二）倘有機會，諮詢人是否願意再聘用入選者？

就遴選委員會或人力資源部如何向推薦人提出諮詢或對入選者搜集更詳盡的資料，筆者現提供一份諮詢覆核表供讀者參考，詳見表4-6。

表 4-6：諮詢覆核表

覆核人姓名：＿＿＿＿＿＿＿＿＿＿　　覆核日期：＿＿＿＿＿＿＿＿＿＿

職位申請者姓名：＿＿＿＿＿＿＿　　諮詢人／推薦人姓名：＿＿＿＿＿＿

機構名稱：＿＿＿＿＿＿＿＿＿　　職位：＿＿＿＿＿＿＿＿＿＿＿

聯絡電話：＿＿＿＿＿＿＿＿＿　　電郵地址：＿＿＿＿＿＿＿＿＿

1. 閣下所屬機構曾否僱用上述的職位申請者？　　☐是　　☐否

2. 受僱日期：由　　年　　月　　日　　至　　年　　月　　日止

3. 受僱的職位名稱：＿＿＿＿＿＿＿＿＿＿＿＿＿＿＿＿＿＿＿

4. 工作性質和類別：＿＿＿＿＿＿＿＿＿＿＿＿＿＿＿＿＿＿＿

5. 上述申請者提供其在　貴機構之月薪是：＿＿＿元，是否屬實？　☐是 ☐否

6. 閣下如何評價上述申請者之出勤率？

＿＿＿＿＿＿＿＿＿＿＿＿＿＿＿＿＿＿＿＿＿＿＿＿＿＿＿＿＿

7. 閣下如何評價上述申請者之工作績效？

＿＿＿＿＿＿＿＿＿＿＿＿＿＿＿＿＿＿＿＿＿＿＿＿＿＿＿＿＿

8. 在受僱於　貴機構工作期間，上述申請者曾否獲得晉升？

　　☐是（由職位：＿＿＿＿＿＿　晉升至職位：＿＿＿＿＿＿）☐否

9. 上述申請者能否完全遵照指示而完成工作？

＿＿＿＿＿＿＿＿＿＿＿＿＿＿＿＿＿＿＿＿＿＿＿＿＿＿＿＿＿

10. 上述申請者需否其直屬主管進行緊密的督導？

_____

11. 上述申請者曾否因健康問題而申請長假？

_____

12. 上述申請者與同事間的工作關係及相處如何？

_____

13. 上述申請者離開　貴機構之主要原因為何？

_____

14. 閣下會否考慮將來再僱用上述申請者？

　　☐ 是　　☐ 否（如「否」，主要原因是：_____　）

附加的評語：

_____

_____

覆核人簽署：_____　　　　日期：_____

人力資源部門主管簽署：_____　　　　日期：_____

　　　依據諮詢人所提供的補充資料，再加上推薦信的正面評價，通過此兩方面的考慮，遴選委員會可正式作出面試選拔的決定。一般而言，機構可透過電話或電郵先通知入選者錄取結果[16]，如獲得初步同意，其後亦須發出一封正式錄取的函件。當收到入選者接納該職位的簽署確認函後，機構應儘快通知其他落選者面試結果，同時致以衷心感謝。有關遴選程序流程，請分別參閱圖 4-1（專業或管理職系人員）及圖 4-2（一般職系員工）；專業人員因屬於組織的骨幹成員，遴選務必嚴謹處理，因而程序相對複雜。至於中、高層或前線主管級人員因屬於管理職系，其工作任重道遠，有見及此，其是否人才之選，甚至受聘後能否稱職並恪盡職守，這將對組織整體性績效產生不可估量的影響，絕對是茲事體大，非同小可。

16　職位如屬管理或專業職系，建議以書函通知申請者落選結果。

圖 4-1：員工遴選程序流程圖（專業或管理職系）

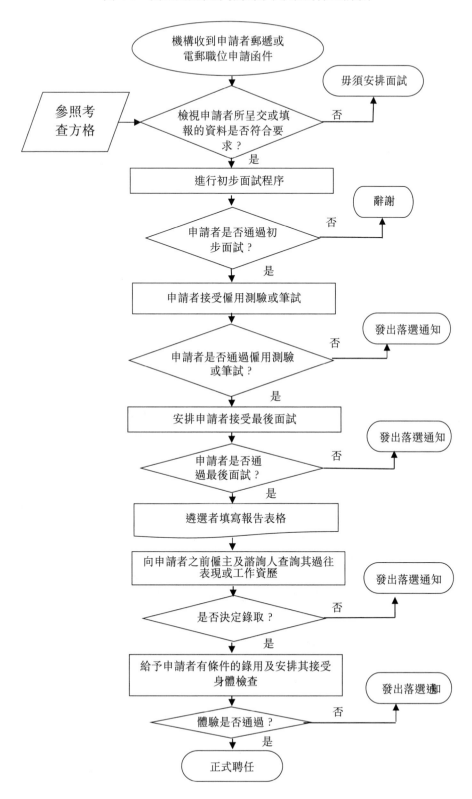

圖 4-2：員工遴選程序流程圖（一般職系）

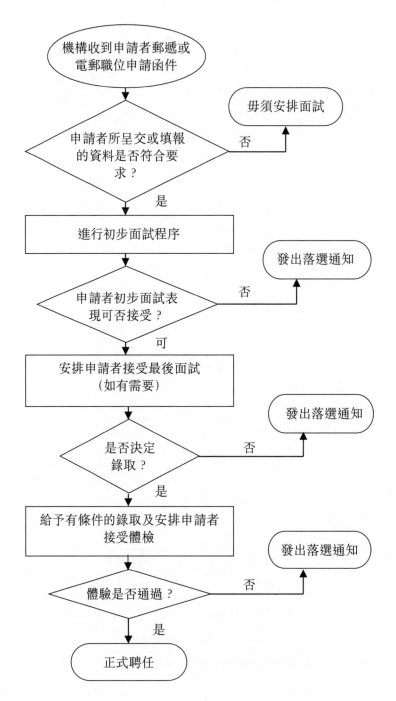

機構收到申請者郵遞或電郵職位申請函件

申請者所呈交或填報的資料是否符合要求？ — 否 → 毋須安排面試

是 ↓

進行初步面試程序

申請者初步面試表現可否接受？ — 否 → 發出落選通知

可 ↓

安排申請者接受最後面試（如有需要）

是否決定錄取？ — 否 → 發出落選通知

是 ↓

給予有條件的錄取及安排申請者接受體檢

體驗是否通過？ — 否 → 發出落選通知

是 ↓

正式聘任

三、員工任命與啟導

經過徵募和甄選程序後，遴選委員會將進行最後決選，當被甄選的入選者接受聘任後，上述程序便告終結，其後進入員工任命和啟導程序。任命乃為新員工配置合適的崗位和職責；啟導則是協助其了解工作實況，並促使其適應和熟習新的工作崗位。顧名思義，員工啟導之目的主要為新聘員工介紹組織架構和目標、人力資源管理、行政及財務政策和相關程序、員工角色和職責、管理層及部門／單位主管等資訊。由此可見，一套全面的啟導機制，當中除可促使新聘員工認識人力資源管理政策外，亦會針對其要求與期望以及如何達到組織目標作出詳盡的介紹，因此人力資源管理政策相關的啟導活動內容，必須涵蓋員工工作守則、上班時間、員工福利[17]、紀律懲處、申訴、晉升及調職等，而人力資源部一般是依據上述範疇而制定《僱傭手冊》，並派發給新員工閱覽，有關內容亦須定期作出檢視、更新與修訂。

除此之外，直屬主管亦應為新入職員工詳加介紹其主要工作範圍和職責、績效標準，並針對其培訓需求而作出初步的評估。與此同時，帶領新員工認識同僚是重要的一環，這不僅促進其融入團隊的工作，還有助其適應新的工作環境。於整個過程中，直屬主管必須時刻跟進新員工的各種情況，除觀察外，可透過定期面談以增強彼此溝通，並針對工作期間所遇到的困難提供適時的支援及工作指導；凡此種種，將有助直屬主管掌握新員工的工作表現，並為進行試用期績效評核提供更客觀的佐證資料。

總的來說，啟導程序內每項活動須列明舉行時間和日期、活動名稱、目的及負責職員，因此它可算是一系列的計劃性活動，筆者現引用表 4-7 例舉以供讀者參考。

---

17 員工福利包括年假、薪酬及醫療津貼等。

表 4-7：啟導程序（例舉）

舉行日期	時間	活動名稱	目的	負責職員
XX 年 X 月 X 日	上午 9 時至中午 12 時	1. 講座：機構使命、價值和願景（MVV）、目的和組織架構 2. 短片播放：介紹機構的核心服務	增加新員工認識組織架構及核心服務	行政總裁、人力資源及行政總監或相關的服務總監
XX 年 X 月 X 日	上午 9 時至中午 12 時	講座：策略性人力資源管理政策和程序	提升新員工認識策略性人力資源管理政策與程序	人力資源及行政總監
XX 年 X 月 X 日	上午 9 時至中午 12 時	講座：財務管理政策和程序	促進新員工認識財務政策與程序	財務總監

第 二 節

培訓及發展人才

　　身處廿一世紀，員工培訓和發展是社會服務機構賴以生存不可或缺的有效策略[18]，如此一來，它需要適應時代的瞬息萬變，並緊貼時代步伐，與時俱進，甚至需依據其策略性人力資源管理政策，持續推動多元的員工培訓與發展活動；此舉不單可善用人才，提升員工質素，還可增強組織的應變力和提升其整體性能力，最終有效貫徹策略性人力資源管理原則的實踐 —— 發展潛能、終身培育和適度使用。由此可見，員工培訓和發展的重要性對社會服務機構絕對是無可比擬，而

---

18 「有效策略」又稱「有效方法」。

秉承上述原則亦是管理者所需履行的重要管理職能之一。

一、制定員工培訓計劃以培育人才

　　機構管理層在建立員工培訓政策及推動相關策略方面絕對是責無旁貸，這不單能促進組織成員在知識、態度和技巧[19]之裝備與提升，更可增強其履行職務的能力。總括而言，制定一個完善的培訓計劃可包括下列七個步驟：

步驟一：制定員工培訓計劃的前期籌備工作

　　此階段的主要工作是全面檢討組織使命、價值觀、願景、目的、目標、服務運作及未來發展方向，藉此制定清晰的員工培訓政策及推行各項的培訓方案。此外，為爭取員工的全面支持，機構必須掌握其對培訓的需求與期望，而更重要的，是員工有機會參與制定培訓計劃的過程。

步驟二：搜集資料以分析員工的培訓需求

　　管理者竭力滿足員工培訓需求之餘，亦須善用資源，因此培訓方案必須建基於發揮和提升員工職務的效能。至於培訓需求，它被界定為員工現時的「實際績效」與「期望績效」[20]之間的差異，當中大致呈現兩種狀況，這包括：（一）期望與實際績效不相符；（二）員工自覺其知識／技能與工作需求的相對落差。而培訓需求的產生主要源自三方面，分別是個人和工作團隊、工作本身及機構本身的需求，現用表4-8加以說明。

19　「知識、態度和技巧」簡稱為 "KAS"（Knowledge、Attitudes and Skills）。
20　「實際績效」是指實際的工作表現，而「預期績效」則是理所當然的工作表現。

表 4-8：培訓需求來源之分析

產生培訓需求之來源	機構內外環境的變化	
1. 個人和工作團隊需求	潛在受訓者其實際績效與期望績效之間的差異	
2. 工作本身需求	2.1	人事的補替
	2.2	工作任務的轉變
	2.3	績效標準的轉變
	2.4	工作設施的轉變
	2.5	外在因素對工作要求的轉變（如專業方面）
3. 機構本身需求	3.1	組織使命、願景或架構的更新與修訂
	3.2	新服務的提供
	3.3	整體組織氣氛的分析
	3.4	遵循政府及相關法規與指引
	3.5	外間的競爭環境所激發的需求轉變
	3.6	外間宏觀的環境發生重大轉變（如政治、經濟、社會文化、科技、生態環境及法規等方面）

雖然內外環境風雲變幻，管理者仍可運用多種的評估方法以識別員工的學習需求，不管從最複雜的調查方法以至最簡單的日常工作巡視，比如觀察、問卷調查、面談、結構性小組會議[21]、工作分析，測試及重要報告等，藉此能有效收集到可靠及重要的資訊以進行員工培訓計劃的規劃。毫無疑問，培訓需求評估是制定員工培訓計劃最重要的一環，若能有效實踐，相信可避免出現下列四種的不良情況（常昭鳴、共好知識編輯羣，2010；梁偉康，2012），這包括：

(一) 誤將培訓當成解決績效之不二法門；

(二) 制定失當的培訓計劃及執行方法，其培訓內容與機構目的大相逕庭；

(三) 受訓員工仍未具備培訓基本所需的 "KAS" 或對學習缺乏自信；和

(四) 所擬定的培訓方案與機構的策略性計劃毫無關聯，只流於形式化。

另一方面，培訓需求的評估結果可歸納出三個重要訊息，這包括：

---

21 結構性小組會議所採用的識別培訓需求方法包括了名義小組及大腦激盪法等。

（一）哪些員工需要接受培訓；

（二）受訓員工所需學習的 "KAS" 及展現的工作行為為何；和

（三）內部員工須協助培訓方案的規劃與執行，亦可由外間的專業管理顧問或培訓公司所承包。

步驟三：決定培訓需求的優次排序

識別培訓需求的準則主要涵蓋兩方面 —— 重要性和可行性，通過兩者的比較，能有效識別出培訓需求，繼而可依據其重要性及可行性作出優次的排序（Sork, 1982：6-8；梁偉康，2012）。

在重要性方面，其準則主要包括五點：

（一）受影響的員工數目；

（二）促進機構的達標程度；

（三）即時性（Immediacy）[22]；

（四）工具性價值（Instrumental Value）[23]；和

（五）差異幅度（Magnitude of Discrepancy）[24]。

而在可行性方面，其準則主要包括三點：

（一）教育效率（Educational Efficiency）[25]；

（二）資源可用性（Availability of Resources）[26]；和

（三）改變的承諾（Commitment to Change）[27]。

以上只是其中兩項有助促進培訓需求的識別及優次排序的準則，管理者可因應組織使命、願景、價值觀和目的而採用其他的選擇。

至於排序方法，這主要是針對每一項的員工培訓需求，並依據重要性及可行性轄下的八個準則給予評分（最高為 "5" 分，最低為 "1" 分），獲得最高總分的項目便排列於「最優先的」位置，如此類推，詳情可參閱表 4-9 之例舉。

---

22 「即時性」乃指滿足機構當下培訓需求的達成程度。

23 「工具性價值」乃指培訓需求所產生的正面或負面影響以滿足其他需求的達成程度。

24 「差異幅度」乃衡量員工現時實際表現與期望未來表現之間的差異性。

25 「教育效率」乃指單項或一系列的培訓方案能滿足培訓需求的達成程度。

26 「資源可用性」乃指應用於培訓需求資源的達標程度。

27 「改變的承諾」乃指機構高階管理層承諾滿足員工學習需求的達成程度。

表 4-9：按重要性及可行性而排列培訓需求之優次（例舉）

| 員工培訓需求 | 準則 | | | | | | | | 分數 |
| | 重要性 | | | | | 可行性 | | | |
	受影響的員工數目	促進機構的達標程度	即時性	工具性價值	差異幅度	教育效率	資源可用性	改變的承諾	
策劃大型活動技能	5	3	4	3	4	4	5	4	32
小組輔導技巧	3	3	3	3	3	2	4	3	24
個案輔導技巧	5	5	5	4	5	4	5	5	38
如何有效主持會議	3	3	2	2	4	2	4	3	23
處理難纏的服務使用者	5	4	4	4	4	4	3	3	31
衡量服務方案成效	3	4	3	3	3	3	4	2	25

　　從上圖得悉，在培訓需求的優次排列方面，由於「個案輔導技巧」獲得 38 分（最高），故作優先處理，其次則是獲得 32 分的「策劃大型活動技巧」，按分數高低排序，如此類推。

　　至於另一種簡單的方法，是將員工所需履行的技能之重要性（Importance）與其熟諳程度（Proficiency）作出比較[28]，若重要性減去熟諳程度的差距愈大，培訓需求則置於較優先的位置。筆者現引用一間培訓管理顧問公司為一所社會服務機構轄下之 40 位中層管理人員所進行的培訓需求調查為例，並依據其數據而進行分析與優次排序，有關調查問卷的設計可參閱表 4-12。而問卷調查主要是邀請被訪的中層管理人員針對人員管理、團隊管理、任務管理及溝通這四方面的技能範疇，並按其重要性和熟諳程度給予評分，"6" 表示最重要 / 最熟諳，"1" 表示是最不重要 / 最不熟諳；受訪者經完成問卷後，再將每

28　熟諳程度只針對「技能範疇」的評估，其他範疇的並不包括在內（譬如不會評估態度和知識等方面）。

項得分加起來除以 40，所得結果如表 4-12 所示。

表 4-10：按重要性及熟諳程度對培訓需求進行分析及優次排序（例舉）

技能範疇	技能項目	重要性	熟諳程度	差距（重要性減熟諳程度）	培訓需求優先排列
1. 人員管理	員工激勵與賦權	5.05	4.14	0.91	4
	教導下屬	4.93	4.24	0.69	8
	輔導下屬	5	4.33	0.67	9
	管理紀律	4.56	4	0.56	12
2. 團隊管理	建立高效團隊	5.3	4.17	1.13	1
	管理團隊衝突	4.4	4.17	0.23	14
3. 任務管理	決策果斷與問題解決	5.14	4.21	0.93	3
	創新性及持續改善	4.77	4.1	0.67	9
	管理變革	4.64	3.98	0.66	10
	項目管理與監察	4.79	3.93	0.86	6
	財務管理與監察	4.49	4.02	0.47	13
	主持會議	4.79	4.17	0.62	11
	管理時間	5.19	4.1	1.09	2
4. 溝通	與持份者進行雙向溝通	5.02	4.26	0.76	7
	運用談判技術	5.09	4.21	0.88	5
	語言表達能力	4.88	4.21	0.67	9

資料來源：Philip Fung, P.C. (2010), Staff development strategy for NGOs, Houston Leadership Training Centre（筆者已對部分技能項目作出修改）。

從上圖得悉，差距最大的五項技能範疇依次分別為建立高效團隊（1.13）、管理時間（1.09）、決策果斷與問題解決（0.93）、員工賦權與激勵（0.91）及運用談判技術（0.88），而這五項是機構最需要優先處理的培訓需求。

步驟四：制定培訓目標

經識別培訓需求後，下一步便是制定目標，然而目標必須是明確和具體，並易於衡量，這樣可引證出培訓結果並非無中生有，而是有理可依，有據可循。事實上，培訓目標着重改善受訓者的知識、態度和技能；若能做到，其工作行為不單產生正面的改變，亦可促使組織整體性績效之提升。

一般來說，培訓目標可依據 SMART 原則來制定（Brody, 2005；Martin, 2008；常昭鳴、共好知識編輯羣，2010；梁偉康，2012），這包括：

（一）明確和具體的（Specific）

這是指目標必須要明確和具體的，用詞及語意絕不可含糊不清，模稜兩可，而培訓目標的制定可依據員工的培訓需求或參照受訓員工的工作細則而建立與其職能（Competencies）相關的目標。

（二）可作衡量的（Measurable）

這是指所制定的培訓目標盡可能「數量化」，這樣不僅促進規劃目標的達成，還有利於成效和達標程度的衡量。

（三）可達到的（Attainable）

這是指培訓目標的制定須切合實際需要，切忌好高騖遠，否則難以達到預期成果。有見及此，較理想的做法是讓員工知悉，當完成培訓後其所掌握的新技能和汲取的新知識是源自其學習需求，應在工作中學以致用。倘若機構資源充裕，可參照培訓目標而投入更多的資源，從而為未來儲備更多的人力資本。

（四）合理 / 實際可行的（Reasonable/Realistic）

目標的制定必須是針對實際的情況和合情合理的，而目標之間不應存在邏輯性矛盾；反之有助於評核與考量。

（五）有時間規限的（Time-frame）

　　任何目標必須設定完成的時限，這樣才會產生驅動的力量，並有效促使目標之達成。

　　除 SMART 原則外，制定培訓目標還須關注下列三方面，這包括：

（一）與培訓需求是息息相關的（Need-related）；

（二）非重疊性的（Non-overlapping）—— 每個目標只陳述一項所需達到成果的期望；和

（三）可於培訓過程作出適當的修訂。

　　綜言之，依據上述原則而制定的培訓目標着實衍生不少好處，大致可歸納為四點：

（一）讓高階管理層更明確掌握其推動培訓方案的特殊意義，並爭取其鼎力支持。

（二）讓高階管理層明白推動員工培訓之目的，一來藉着所制定的績效指標而進行員工績效評核，二來針對下屬的工作態度和成效提出改善的建議。

（三）讓受訓員工於培訓前做好心理準備，儘量激發其求知慾，從而達到培訓的預期成果。

（四）依據機構目標及員工培訓需求而制定明確的培訓目標，這不單為受訓員工提供清晰的指引，甚至可助其釐清專業的發展目標，並引領其朝向個人績效目標邁進，最終為達到組織目標而努力奮鬥。

步驟五：決定培訓人選、培訓形式和擬定培訓方案

（一）決定培訓人選

　　若要甄別所需的受訓對象，管理者可透過目標對象的分析以識別相關人選的特徵，當中須作出的審慎考慮如下：

1. 預估受訓員工的數目；

2. 上述員工能抽空參與培訓的時間；

3. 受訓員工主要來自的職級；

4. 受訓員工的年齡和資歷；

5. 驅使員工參加培訓的動機；

6. 受訓員工若出席所有培訓方案，其總成本[29]為多少。

除此之外，管理者亦須認真審視機構的未來發展所需、員工培訓需求及培訓資源等因素，然後才進行培訓對象的甄選。

(二) 培訓形式及擬定培訓方案

概括而言，常用的培訓形式主要有三種，這包括：

1. 個別學習 —— 如師徒傳授式、教導式、個別研究及編序教學[30]等；

2. 小組學習 —— 如研討會、工作坊及參觀等；和

3. 大組學習 —— 如大型會議、研討會、學院課程、展覽、講座及視像教學等。

然而應如何在眾多的學習形式中篩選最合適的，管理者可因應機構的條件，並針對下列五項因素作出檢視，這包括：

1. 現存符合資歷的培訓人員；

2. 所需耗費的培訓成本；

3. 所購置的培訓設施、教學工具及資源；

4. 依據培訓需求所擬定的培訓方案內容及其深淺程度；和

5. 期望的學習成果。

大體而言，機構最好能採用多元的培訓形式以激發員工的學習動機和興趣，這樣才可確保其所推展的培訓方案能達到較佳的成果，至於有關方案的設計與擬定，則須參照培訓目標和可資運用的培訓資源而定。除此之外，管理者還須關注下列七點：

1. 培訓方案須因應員工的培訓需求或配合機構未來的發展所需；

2. 培訓方案可達到預期的培訓目標；

---

29 「培訓的總成本」乃指員工的培訓時間及因其缺席工作而所衍生的時間成本。

30 「編序教學」(Programmed Instruction) 乃依據心理學家伯爾赫斯・斯金納 (Burrhus. F. Skinner, 1954) 的操作制約 (Operant Condition) 學習理論而設計的教學理念，它是以行為學為理論基礎，強調刺激與反應的連結而產生學習；此外，它是一種透過問答式的自學方法，亦是一種傳授工作技能的系統方法，藉着提出問題或事實以提供及時的反饋，此舉可減少出錯的風險，並能促進學習與成長。

3. 管理者針對屬下員工的事業前程生涯規劃及培訓需求，共同商議適切的培訓方案與內容大綱；

4. 培訓形式的設計須多元化，各適其適，以讓員工按其獨特的培訓需求而作出選擇；

5. 制定全面實用的培訓方案，促使員工學以致用；

6. 培訓方案宜採用互動形式，並結合員工的實際工作所需，藉以加強其學習體驗，激發潛能，達到知行結合，融入實踐；和

7. 培訓方案的設計（如課程單元和程序編排等）必須具關聯性及實用性。

另外，培訓方案的設計大致涵蓋三種類別：

1. 職前訓練（Pre-job Training）

這是指機構為新聘員工所提供的職前訓練，主要分為兩大類別，包括一般性職前訓練和專業技術性職前訓練。前者藉着介紹機構情況以促使新入職員工儘快適應工作，後者旨在提升其掌握職務相關的工作細則、執行程序以及所需的知識和技能等。

2. 在職訓練（On-the-job Training）

這是指機構為員工提供的在職訓練，依據不同性質，它大致分為四種類別，這包括：(1) 補充學識技能訓練；(2) 儲備學識技能訓練；(3) 人際關係訓練；和 (4) 概念性整合技能訓練（Conceptual Integration Skills Training）。第一種乃因應員工所欠缺的部分技能，通過啟導、督導、職員會議[31]、實習訓練和基本技能訓練課程等以提升其工作效率與效能，達到預期的績效目標。第二種是專為優異績效及具備發展潛能的員工而設，並為日後擔任更繁重的職務時而裝備其所需的工作知識和技能；與此同時，當出現人員流轉，機構亦可儘快作出人才配置，填補出缺。第三種是藉着人際關係訓練以促進員工的相互合作。第四種乃指機構為處理和解決現存的問題，激勵員工發揮其高度智慧，並善用系統思維以提出對應策略和改善方案的建議。

---

31 職員會議旨在針對工作問題進行商議，並依據可行的解決方案改善服務。

3. 職外訓練（Out-of-the-job Training）

這主要是派遣員工參加外間機構或訓練學院所舉辦之會議、研討會、培訓課程或其他與工作相關的培訓方案。社會服務機構一向資源匱乏，實在難以投入巨大的培訓資源，因此它可借助外間所舉辦的培訓方案進行人才培育，而員工亦可藉此與同業及專業人員進行切磋與工作交流，擴大視野之餘，亦能增進知識與技能，可謂一舉兩得。

總括而言，為促使員工有效執行其工作職務，職前訓練絕對是不可或缺；至於在職訓練和／或職外訓練則須視乎員工的培訓需求和機構的策略性規劃與發展所需而定。而隨着機構投入更充裕的資源[32]，邀約外間的專業培訓人員或聘用管理顧問[33]承包培訓方案已是大勢所趨。姑勿論如何，安排員工參加不同類別的培訓和教育課程不只能增強其知識和技能，同時可為機構儲才，可說是兩全其美。

步驟六：制定和實施培訓計劃

機構為提升員工培訓及發展策略的成效，當務之急是成立專責的工作小組，並由高階管理層擔任召集人。工作小組須依據培訓需求而制定適切的培訓方案，同時負責協調資源、方案執行及評估方案成效等。為鞏固所學及加強培訓成效，機構最好能制定為期至少三年的培訓方案，其內容亦須巨細無遺，當中包括培訓方案名稱、受訓對象、人數、培訓形式、培訓預算、舉辦單位、負責人、方案實施期及評估方法等，凡此種種，皆有助管理者監察培訓方案的進展。總而言之，任何培訓方案應循序漸進地推行，並定期檢討成效，甚至作出適切的修訂。筆者現引用一份專為社會服務機構而設計的三年期培訓方案表格供讀者參考，詳情如表 4-11 所示。

32　舉例而言，香港特區社會福利署設立了 10 億港元的社會福利發展基金（Social Welfare Development Fund），並於 2010 年 11 月起至 2019 年分三階段（共九輪）接受申請。截至 2021 年，共 155 間非政府機構獲撥款 \$9.969 億港元以進行人力資源改善、組織管理系統提升及實務為本的研究項目。瀏覽網址：https://www.swd.gov.hk/tc/index/site_ngo/page_swdf/，瀏覽日期：2020 年 10 月 1 日。

33　由專家顧問和培訓機構所舉辦的培訓方案，其質素和成效較有保證。

表 4-11：社會服務機構培訓方案表格（為期三年）

培訓方案名稱	受訓對象	人數	實施期												方案預算			培訓形式	舉辦單位／負責人	評估方法	備註
			XX/XX 年度				XX/XX 年度				XX/XX 年度				發展	推行	評估				
			1	2	3	4	1	2	3	4	1	2	3	4							

在制定培訓方案預算方面,機構必須詳列其發展成本(Development Costs)、推行成本(Delivery Costs)和評估成本(Evaluation Costs)(Baird, Schneier, & Laird, 1982;梁偉康,2012)。除此之外,培訓方案若在機構內舉行,工作小組成員或活動負責人須聯絡培訓員/培訓顧問,並跟進後勤支援,如安排場地、印製培訓講義、準備文儀用品及視聽器材等。

步驟七:評估培訓方案之效能

培訓方案的評估是一個過程,一來它有助管理者審視實施培訓方案的成效,二來亦可達到下列五個目的,包括:

(一)激發受訓員工竭力邁向培訓方案的目標;

(二)促使培訓方案負責人依據相關的活動資訊做出明智的決策;

(三)有效識別培訓方案優劣之處;

(四)向機構及資助團體妥善交代培訓方案的實施進度,並提交及存錄相關的資料;和

(五)為日後的培訓計劃擬定可行的改善方案。

然而培訓方案資源是否用得其所、培訓目標又能否有效達成?管理者絕不可熟視無睹。有見及此,培訓工作小組或外聘的專業培訓顧問於推行培訓方案前,應甄選合適的評估方法以衡量培訓方案的成效,而最關鍵的,是必須釐清接受評估的對象、期望達到之目的、評估的標準,以上種種,非同小可,管理者不能掉以輕心。

針對培訓成效的評估模式,筆者主要引用唐納德‧柯克帕特里克(Donald L. Kirkpatrick, 1959)所提出的四級培訓評估模式,包括反應評估(Reaction)、學習評估(Learning)、行為評估(Behaviour)及成果評估(Result)這四個階段,現闡述如下:

階段一:反應評估

這階段是評估受訓者的滿意程度。一般而言,受訓者對培訓方案持不同看法,可謂因人而異,比方說,對課程設計與編排、培訓內容的實用價值、培訓者表現、講授形式、受訓者參與程度與滿意程度

等，為進一步掌握受訓者對培訓方案的反應，培訓方案負責人可於培訓期間、結束前或結束後針對上述範疇進行衡量，並收集所需數據以進行全面的分析與提出改善的建議。

階段二：學習評估

　　這階段是評估受訓者學有所獲的程度。受訓者經過培訓後，不論是工作知識和技能的汲取或在工作態度的轉變等，或許會產生不少變化。因此，機構可於培訓前及培訓後分別進行學習評估，並依據兩者成效作出比較與分析，從而識別有關培訓能否達到預期的培訓目標。

階段三：行為評估

　　這階段是評估受訓者工作行為的改變程度。基本上，員工經接受培訓後，其工作行為或許產生變化，因此直屬主管可於培訓方案結束後一段時間內，依據受訓員工之工作行為改變，並透過觀察或工作測評以檢視其能否學以致用；亦即是說，受訓員工能夠將其所學應用到工作實務之中。

階段四：成果評估

　　這階段是檢視培訓方案後，組織整體性績效的改善程度為何。事實上，受訓員工經接受一連串的培訓方案後，其工作行為所產生的變化有機會對組織整體性績效帶來正面的衝擊，無論是財務效益、員工質素或團隊士氣等方面的提升，這將對改善服務質素或工作效率起着不可多得的作用，而此等正面成果對鞏固組織能力，甚至延續其生存絕對是至關重要。

　　上述四個階段好比一條環環相扣的因果鏈子，任何一方脫鈎，將勢必影響培訓方案的成效。例如，培訓方案雖有良好的反應，但受訓員工卻對培訓內容一竅不通；又或受訓員工雖學有所獲，但卻未能於工作實務中學以致用。上述兩種的不利情況，均反映機構所推行的培訓方案是勞而無功，縱使員工的工作行為產生變化，奈何卻無助於整體性績效的提升，浪費資源之餘，心血也付之東流。有鑒於此，建議培訓負責人 /

培訓顧問可採用「四級培訓評估模式」以衡量每階段的培訓成果（陳明漢編，1989；戴國良，2011；梁偉康，2012），詳情可參閱圖 4-3。

圖 4-3：四級培訓成效評估模式

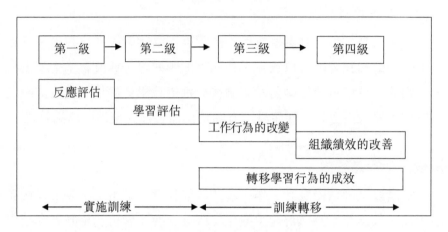

至於培訓方案之評估過程，請參閱圖 4-4。

圖 4-4：培訓方案之評估過程

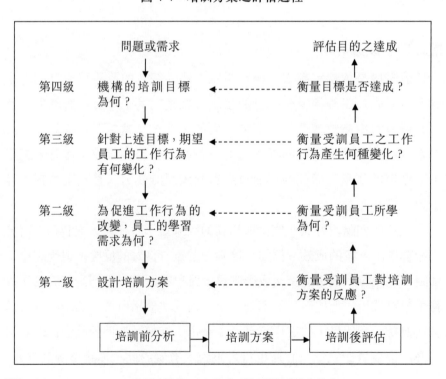

備註：(1) ◀-------------- 為檢查路線；(2) 筆者已對上述圖表略作修改。

綜合而言，評估培訓方案基本涵蓋了四個準則：

（一）反應衡量

反應乃指受訓員工對培訓方案的意見，而當中之「多數意見」均被採納為延續方案的最關鍵因素，下列例舉是衡量員工參加培訓或教育課程後之反應，詳情可參閱表 4-12。

表 4-12：衡量員工參加培訓／教育課程後之反應（例舉）

1. 您對培訓方案內容有何意見？（請在適當空格內加 "✓"）

培訓方案內容	對工作的幫助				資料性		
	完全無幫助 1	有些幫助 2	有幫助 3	極有幫助 4	空泛 1	一般 2	充實 3
(1) XXX	☐	☐	☐	☐	☐	☐	☐
(2) XXX	☐	☐	☐	☐	☐	☐	☐
(3) XXX	☐	☐	☐	☐	☐	☐	☐
(4) XXX	☐	☐	☐	☐	☐	☐	☐
(5) XXX	☐	☐	☐	☐	☐	☐	☐
(6) XXX	☐	☐	☐	☐	☐	☐	☐
(7) XXX	☐	☐	☐	☐	☐	☐	☐
(8) XXX	☐	☐	☐	☐	☐	☐	☐
(9) XXX	☐	☐	☐	☐	☐	☐	☐
(10) XXX	☐	☐	☐	☐	☐	☐	☐

2. 您喜歡哪種輔助教學工具？（請按優先次序由 "1" 開始排列）

_____ 講義　　　　　　　_____ 個案研習討論

_____ 簡報程式（PPT）　_____ 小組討論

_____ 短片播放　　　　　_____ 公開發問

_____ 網上教材　　　　　_____ 其他（請說明：_____）

3. 您認為是次培訓方案可新增哪些內容？

_____

4. 您對是次培訓方案的日期、時間和地點安排感到滿意嗎？（請在適當空格內加
"✓"）

	滿意	不滿意	改善建議
日期	☐	☐	_____
時間	☐	☐	_____
地點	☐	☐	_____

5. 整項培訓方案在哪方面達到您的期望？請加以說明。

_____

6. 其他意見：

_____

~ 謝謝您的寶貴意見 ~

（二）學習衡量

　　評估者應針對培訓目標之達成、培訓內容、受訓員工在知識、技能和態度變化等方面進行衡量，而評估方法則須依據培訓目標而制定客觀和可衡量的學習指標，此舉有助於衡量員工接受培訓前後的轉變。有關衡量學習的方法實在不勝枚舉，其中較常見的是筆試和學習曲線 [34]，筆者現引用筆試形式的例舉，以評估管理人員接受人力資源管理培訓後知識之獲取程度，詳情請參閱表 4-13。

34　學習曲線反映出經驗與效率間的關係；換言之，愈是經常執行的任務，其後每次所需執行的時間便愈少。

216

表 4-13：評估管理人員接受人力資源管理培訓後知識之獲取程度 (例舉)

下列問卷是評估管理人員 (包括高階管理層和主管) 接受培訓方案後獲取知識的程度，請明確列出您的答案。

1. 您參與是次人力資源管理培訓課程後，在哪方面的學習得到提升 (如知識和技能等方面)？

   _____

2. 作為管理人員，您認為接受人力資源管理培訓後，在工作實務知識的獲取對管理職務產生哪方面的影響？

   _____

3. 若依據培訓需求而制定相關的培訓方案，您認為管理人員須具備哪方面的知識和技能？

   _____

4. 針對主管學習方面，您認為哪些培訓方法是最有效的？

   _____

5. 您認為員工的工作分析、績效評核和人力資源策劃三方面，與員工培訓需求的衡量有何關係？

   _____

6. 試列出五種員工績效評核的方法，並闡述其中一種最有效的方法。

   _____

7. 請列出處理績效低劣員工的有效方法和步驟。

   _____

8. 請列出進行員工紀律處分之主要步驟。

   _____

~ 謝謝您的寶貴意見 ~

(三) 行為衡量

這是對實際工作績效的衡量。由於學習評估並不常與工作績效掛鈎，因此當完成培訓後，為受訓員工衡量其實際績效無疑是十

分重要。舉例來說，針對衡量員工之工作行為方面，這可採用行為拋錨式定等級尺度法（Behaviourally Anchored Rating Scales，簡稱 "BARS"）[35]。它是針對員工受訓前後的績效水平作出衡量，除可識別出重要的資訊外，亦可驗證其能否通過培訓而獲取所需的知識，甚至轉化到工作實務之中。以下是對社區中心主任所需履行的其中一項關鍵性工作技能作出績效的衡量，當中主要檢視其接受培訓後，在團隊建立方面有否作出改善，詳情可參閱表 4-14。

表 4-14：評估員工受訓後其工作行為之改善情況（例舉）

職位：社區中心主任 評估的技能：團隊建立			
技能水平或工作績效表現	工作行為的描述	受訓前之工作行為狀況（請用 "✓" 表示）	受訓後之工作行為狀況（請用 "✓" 表示）
1. 優異	1.1 能組織多個工作團隊，並有效鼓舞團隊士氣以達到最高效率和效能。		
	1.2 能帶領及鼓勵團隊成員為達到既定目標而共同努力，並鼓勵他們積極參與組織事務的決策。		
	1.3 能全面掌握個別團隊成員的才幹和潛能，並激勵他們發揮創意，全力以赴。		
2. 良好	2.1 能按不同階段的發展需求，並依據團隊成員的不同特性與能力沿才受職，用得其所。		
	2.2 能有效辨析疑難，並懂得採取團隊協作以解決問題。		
	2.3 懂得尊重團隊成員，並有效促進團隊合作以理順人際的衝突與矛盾。		

---

35 行為拋錨式定等級尺度法是其中一種衡量員工工作行為的績效評核方法。

218

3. 尚可	3.1	鼓勵團隊成員融洽相處，和諧合作，並支持團隊為邁向其既定目標而付出的努力與貢獻。		
	3.2	為配合工作和服務所需而建立工作團隊，並未能有效發揮團隊的最佳功能。		
4. 差劣	4.1	馬虎地建立數個以問題解決為主導的工作團隊，但卻欠缺長遠的規劃。		
	4.2	與團隊成員缺乏溝通，亦未能辨析及處理團隊疑難。		
	4.3	未能為團隊成員提供足夠及適時的支持以解決其困難。		
5. 低於可接受的水平	5.1	不積極組織和建立團隊的工作，亦未能推動團隊成員參與團隊事務，窒礙團隊功能的發揮。		
	5.2	對團隊工作漠不關心，同時亦無視團隊成員為追求目標而付出的努力。		

備註：若員工受訓前其表現為第 4 項──差勁，而經受訓後其表現為第 2 項──良好，則表示該受訓員工的工作行為已有所改善。

(四) 成果衡量

　　成果是指培訓方案對機構目標所產生的衝擊／影響。一些相對容易衡量的成果包括了成本、人事變動率、員工缺席率、滿意度和士氣水平等，一般可從機構的財務和人力資源管理相關資料中收集得到。然而反應、學習及行為這三項評估準則對成果衡量可產生出某程度的影響；亦即是說，員工從培訓所學能促進其履行職務，並藉着學習新技能、汲取新知識以及培養良好的工作態度，此等正面轉變能有利於員工績效的改善，如此一來，組織整體性績效勢必與日俱進，精益求益。筆者現引用下列表格以分析員工接受培訓後的成果衡量，有關詳情可參閱表 4-15。

表 4-15：培訓成果衡量之分析表

進行成果衡量的重要範疇 （例如工作量、成本、人力流轉率、 員工缺席率等）	衡量培訓成果所採用方法 （例如翻閱人力資源管理記錄、 服務記錄和財務記錄等）
1. ＿＿＿＿＿＿＿＿＿	1. ＿＿＿＿＿＿＿＿＿
2. ＿＿＿＿＿＿＿＿＿	2. ＿＿＿＿＿＿＿＿＿
3. ＿＿＿＿＿＿＿＿＿	3. ＿＿＿＿＿＿＿＿＿
4. ＿＿＿＿＿＿＿＿＿	4. ＿＿＿＿＿＿＿＿＿
5. ＿＿＿＿＿＿＿＿＿	5. ＿＿＿＿＿＿＿＿＿
6. ＿＿＿＿＿＿＿＿＿	6. ＿＿＿＿＿＿＿＿＿

　　針對員工培訓方案的制定，筆者已於上文進行了詳細的闡述。為確保讀者深入了解制定培訓方案的步驟，現引用下列流程圖加以說明，詳見圖 4-5。

圖 4-5：制定員工培訓計劃之流程圖

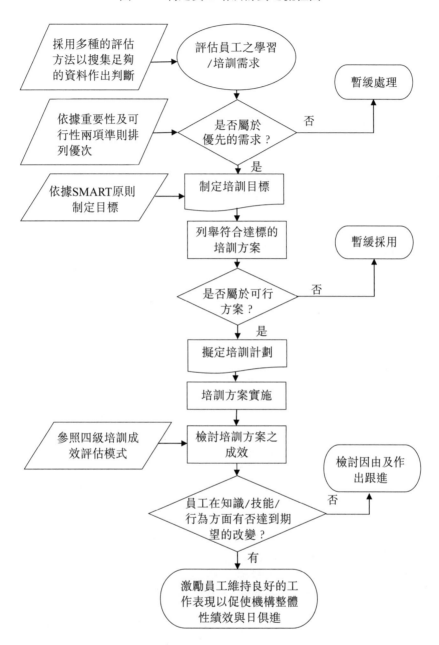

二、策略性導向人力資源發展

　　身處廿一世紀，社會服務機構面對着瞬息萬變的社會環境，可謂彼一時，此一時也，其人力資源管理策略亦只好與時俱進，力求創新

與變革；若然故步自封，不進則退，日後勢必被社會所淘汰。為培育員工正面的工作態度，從而裝備更多新的工作技能以配合機構使命和目標，因此策略性人力資源的發展絕對是重中之重，管理者不可付諸度外，漠然視之。

機構若要規劃一套系統性的人力資源發展策略，可成立策劃團隊主力負責，而有關的執行過程包括下列五個步驟：

步驟一：檢視機構內外環境

規劃團隊主要採用 SWOT 矩陣分析以識別機構的強弱項以及其所面對的契機和威脅 / 挑戰為何。前者可採用滿意度調查、使命與願景檢視、7S 分析 [36] 和關鍵性成功要素分析 [37] 等，藉此不單可評估其核心競爭力，同時有助其查找不足；後者則可採用 PESTEL 分析 [38] 或 STEEP 分析 [39] 以及五力分析 [40] 等以識別外部環境的變化及其所面對的威脅與新挑戰為何。由此可見，規劃團隊可依據重要性及緊急性，並針對機構的優勢（Strengths，簡稱 "S"）、劣勢（Weaknesses，簡稱 "W"）、契機（Opportunities，簡稱 "O"）及威脅 / 新挑戰（Threats，簡

---

36 「7S 分析」又稱為「麥肯錫 7S 模型」或「企業組織七要素」(McKinsey 7-S Framework)，它是由兩位曾服務於美國著名的麥肯錫管理公司之管理學家，湯姆・彼得斯 (Tomas J. Peters) 與羅伯・瓦特曼 (Robert H. Waterman) 於 1982 年出版的《追求卓越：美國成功企業》(*In Search of Excellence: Lessons from Americas Best Run Companies*) 所提出，這個分析框架涵蓋了七個要素，包括結構 (Structure)、制度 (Systems)、風格 (Style)、員工 (Staff)、技能 (Skills)、策略 (Strategy) 和共同價值觀 (Shared Values)。此 7S 分析可提醒機構管理者，於進行策略性規劃時不應只着重策略、結構的硬性變數，同時還需強調員工、技能、管理風格、制度與共同價值觀等軟性變數，因這與機構的成敗是息息相關，當中任何一項都不可忽略！

37 「關鍵性成功要素分析」(Key Success Factors Analysis) 乃是使組織實現其使命所需的因素，是確保一個組織成功所需的關鍵因素或活動，是其中一種策略性規劃分析方法。

38 有關如何進行 PESTEL 分析，可參閱本書第三章的介紹，這裏不再贅述。

39 「STEEP 分析」乃指藉着機構所處環境的變化，包括社會環境 (Social)、技術環境 (Technological)、經濟環境 (Economic)、生態環境 (Ecological) 及政治法律環境 (Political-Legal) 以判斷外間環境所帶來的機會和威脅，從而為其策略發展提供有力的依據。

40 「五力分析」(Five Forces Model) 乃邁克爾・波特 (Michael E. Porter, 1979) 所提出的競爭策略分析方法，它屬於外部環境中的微觀環境分析，包括了供應商的議價能力 (Power of Suppliers)、消費者的議價能力 (Power of Customers)、產業裏的新進者 (Potential of New Entrants into the Industry)、替代產品的威脅 (Threats of Substitutes Products) 及同業的競爭者 (Competition in the Industry)，此方法有助管理者分析各種潛在競爭為機構所帶來的新機遇、挑戰和困難。

稱 "T"）這四大範疇中各選出五項因素；除此之外，亦可利用 SWOT 分析法以重檢各個要項間的關係[41]，藉以對現存的內外環境作出全面的分析。有關檢視內外環境的執行步驟，可參閱本書第三章，這裏不再贅述。

步驟二：制定人力資源發展目的

經識別機構的強—弱—機—危後，規劃團隊須適時抓緊機會，並借着外間環境的種種契機，致力消除或減低任何構成安危的威脅；若是如此，機構須制定人力資源發展目的（三至五年可達到）及相關的達標策略，這樣才可有效鞏固，甚至提升組織整體性能力。

步驟三：形成策略 —— 建立人力資源發展策略並進行優先排序

為達到人力資源發展目的，機構必須制定可行的策略，並按其重要性及可行性進行優先排序；通過分析後，若有關策略置於較高的位置，則須作優先的處理。

至於人力資源發展策略的制定，其計劃內容須包括達標目的、員工的學習需求、擬推行的學習活動、執行單位、負責人、推行期、財務預算和成效評估方法等。針對上述各項，可採用特性要因圖（Cause and Effect Diagram）[42] 以識別策略計劃的工作要項，並為人力資源發展策略制定相關的年度計劃。由於人力資源發展規劃可分長期及短期兩種，因此人力資源發展策略亦可擬定出長期目標與短期目標。事實上，策略規劃不只是規劃策略，還須依據規劃的策略而制定可產出具體成果的年度工作計劃。

步驟四：實施策略 —— 展開和執行策略性計劃

機構須先制定長遠的人力資源發展計劃，這樣才可有效達到其既定目標。有見及此，規劃團隊須依據上述計劃而制定相關的年度計劃，繼而循序漸進地落實執行。

---

41 這是指採用跨質詢 SWOT 矩陣法（Cross-confrontation SWOT Matrix）以對大環境進行分析。
42 有關特性要因圖的應用，可參閱本書第二章，這裏不再贅述。

步驟五：評估人力資源發展結果

規劃團隊應針對人力資源發展計劃的實踐進度而進行成效衡量，同時須提出相應的改善措施，並按需要作出適切的修訂。

三、引用例舉以闡述策略性人力資源發展的推行

有關如何實踐策略性人力資源發展，筆者現引用前服務機構的實例，逐步闡述各階段的籌備及執行工作，藉以加深讀者的印象。

退休前，筆者曾於 2000 年至 2010 年間在前機構進行多項的組織改革，並建立多項的管理系統，如平衡計分卡、五常法、知識管理、管理審核、質素保證以及能力為基礎的績效評核制度等，這些舉措除有助提升機構的管治水平，亦為其帶來長遠效益。經過多年來的努力，不僅落實了機構策略性策劃的制定，還擬定其未來的發展方向，繼而按部就班地推行相關的策略計劃，最終達到既定目標，整體績效頗著成效。

與此同時，為配合策略性發展的步伐，機構亦須致力栽培未來的接班人，期冀透過培育人才，從而提升其管治水平。有見及此，機構特聘用一間管理顧問公司以統籌相關的培訓方案，並分階段推展一項名為「星級員工發展計劃」[43]。所謂「星級員工」，是指哪些被評核為績效優秀的員工[44]——他們絕大部分具備專業資歷[45]及持有良好的教育程度[46]。而這羣第二梯隊的主管均對工作充滿熱誠，對社會工作事業滿有抱負，並致力秉持機構的使命和願景；此外，他們的工作績效良好，經常帶動團隊的工作士氣，是機構可造之材。正所謂「一年之計，莫如樹穀；十年之計，莫如樹木；終身之計，莫如樹人」[47]，藉着高潛能人才的甄選與培育，從而裝備其管理繼承人，此舉無疑為機構的長

---

43 「星級員工發展計劃」又稱為「全方位領導才能精進計劃」。

44 此計劃所招募的員工必須具備 10 年或以上工作經驗，並持有社會工作或管理相關的學士或以上之教育程度。

45 「資歷」乃指資履和閱歷，換言之，是指所具備的資格、相關經驗和曾作出的貢獻等。

46 此計劃的培訓對象大多數是持有碩士學位的教育程度。

47 出自《管子·權修》，乃指培養一棵穀需要一年，養大一棵樹需要十年，而教養一個人則需要一輩子的時間，可見培訓人才是相當重要之事。

遠發展注入一劑強心針。

　　基本上，整個星級員工發展計劃主要分為四個階段進行。此計劃於推行前，顧問公司已派員採訪重要持份者[48]，藉此了解收集其對機構的期望；與此同時，亦分別採用 SWOT 及 PESTEL 分析以檢視機構內部狀況及其所面對的外間環境，經過強—弱—機—危分析，繼而擬定策略性人力資源發展的計劃，詳情列述如下：

階段一：學習和反思

　　在此階段需要完成的工作項目主要包括：

(一) 受訓員工邀請三至五位同工（如直屬上司、下屬和一些相熟的同僚）填寫一份「全方位領導才能評估」問卷[49]，並以第三方角度評估其領導能力之水平，此問卷詳列了超逾 30 項的個人才能評估項目，而有關報告經綜合分析後，會交回受訓員工審閱，此舉有助其了解個人強弱項和領導能力的水平，從而為下一階段的培育計劃作好準備。

(二) 受訓員工獲派發一本閱讀教材 ——《與成功有約：高效能人士的七個習慣》[50]，並須於培訓前閱畢。

(三) 學員參加四整天的互動工作坊，學習範疇主要包括[51]：

　　1. 成為高效的領導人；

　　2. 提升團隊效能；

　　3. 培育創意及創新力量；和

　　4. 解決複雜的問題。

　　有關的學習內容主要是識別高效領導人和高效團隊的特質、有效的時間管理、提升團隊效能方法、認識社會服務的創新模式、運用創

48　機構的重要持份者包括理事會／董事局、管理人員、前線員工和服務使用者代表等。

49　「全方位領導才能評估」問卷主要參照美國管理學會（American Management Association, AMA）有關主管所應具備的能力／職能而發展出來。網址：https://www.amanet.org/。

50　史蒂芬．柯維（Stephen R. Covey, 2014），《與成功有約：高效能人士的七個習慣》（The 7 habits of highly effective people）。

51　領導人所需具備的能力超逾 30 項，而是次培訓只集中四個較為重要的項目。

意工具[52]、學習解決複雜問題的步驟及應用問題解決工具等，以上各項能力的提升對高效能主管／領導人是不可或缺。

階段二：小組研習

在這階段所需完成的工作項目主要包括：

(一) 參與此計劃的星級員工共有 20 位，以 5 人一組，共分為四小組，每小組須從上述四個學習範疇中選出一個項目進行小組研習，但各組不得重複，由高階管理層[53] 協同培訓顧問為每個範疇各擬定一個題目，並要求每組別依據其工作實務，並運用適切的管理工具以進行相關的調查研究或推行具創意的服務計劃。

(二) 為促進討論與學習交流，每組別須將第一階段所學的知識和技能加以實踐，並定期召開會議，而培訓顧問和社會服務總監亦會針對小組所選取的調查研究題目或工作實務主題提供適切的指導和專業諮詢。

(三) 經過三至四個月時間落實研究主題及進行資料的搜集，每組別其後須將計劃書大綱呈交予培訓顧問及社會服務總監審閱，並依據所批閱的意見進行大幅度的修訂，然後再呈交一份完整的計劃書。

(四) 各組別須於簡報會中彙報其計劃的構思與內容重點，其後培訓顧問與高階管理層投選出最佳計劃書，並提供獎勵以激勵士氣。

(五) 當完成簡報後，每組別須依據有關計劃落實執行。

階段三：實踐及成效分享

在這階段所需完成的工作項目主要包括：

(一) 組員按計劃實踐有關方案。

(二) 經過一至兩年的工作實踐，組員須將有關心得及成果與其他單位主管分享，並加以推廣。

---

52 創意工具如六帽子思考法、創意盒、逆向假設、SCAMPER 等。

53 筆者當年在前機構擔任社會服務總監。

(三) 組員依據其實踐及學習心得撰寫一份詳細報告，並儲存於知識管理系統中的「知識庫」，以供內部參閱。

階段四：甄選具潛質的人才接受一系列的管理深造培訓

筆者前服務機構善用香港特區政府社會福利發展基金的撥款，以對那些具潛質的員工提供進深的培育，藉此加強其人力資本。另一方面，由於機構於 2015 年開始有多位管理階層相繼退休，為及早未雨綢繆，必須做好承續的預備。經與管理顧問商討後，從接受星級員工發展計劃的員工中甄選其中六位特具潛質的員工，並安排其接受管理專業相關的深造培訓，至於詳情請參閱表 4-16。

表 4-16：為特具潛質的員工提供深造的培育計劃 (例舉)

項目	培育計劃項目	項目內容簡述	負責人	推行期	備註
1.	管理知識和技能傳授	1.1 分享重要的管理知識，比如運作策劃與策略性策劃、策略性人力資源管理、服務評估與組織整體性績效衡量、員工督導和教導、知識管理、學習型組織、平衡計分卡、財務管理及資源募集等。 1.2 受訓員工就相關的管理知識和技能進行討論與分享，並須就如何應用於工作實務制定相關的實踐計劃。	社會服務總監	XXXX 至 XXXX	為受訓員工分享重要的管理實務經驗及知識，並為培育第二階隊做好準備。

項目	培育計劃項目	項目內容簡述	負責人	推行期	備註
2.	適切安排受訓員工參加與社會服務相關的進階管理課程[54]	推薦受訓員工參加本地專上學院或社會服務機構所舉辦的課程，詳見如下： 2.1 香港社會服務聯會轄下的社聯學院所舉辦的培訓課程[55]； 2.2 香港大學專業進修學院所舉辦之行政人員專業課程[56]； 2.3 香港中文大學所舉辦的「社會服務管理文學碩士課程」[57]；或 2.4 香港理工大學企業發展院[58]所舉辦的「度身訂造企業培訓課程」。	由部門經理推薦，社會服務總監作最後審批	XXXX 至 XXXX	當完成學業後，受訓員工須彙整及總結所學，並針對其學習與工作實務的應用作分享彙報。
3.	安排受訓員工前往境外的著名學府參加短期的管理深造課程	每年安排兩位受訓員工[59]參加由美國哈佛大學[60]、美國西北大學[61]及英國牛津大學[62]等著名學府，並資助其接受社會服務機構短期的管理深造課程，期望藉此增進最新的管理知識外，還可透過學員間的交流與分享，擴大其國際視野。	由社會服務總監及部門經理甄選合適的員工	XXXX 至 XXXX	經完成進深管理課程的受訓員工，倘若其整體的工作績效表現卓越，將依據晉升機制安排擢升（如經理職級）。

---

54 受訓員工每年須參與不少於三項的相關課程。

55 社聯學院 (HKCSS Institute) 所舉辦的培訓課程，詳見網址：https://institute.hkcss.org.hk/zh-hk/training-courses 及機構內部培訓課程，網址：https://institute.hkcss.org.hk/zh-hk/training-courses/in-house-training。

56 香港大學專業進修學院之行政人員專業課程，詳見網址：https://hkuspace.hku.hk/cht/programme/part-time/executive-education。

57 香港中文大學之社會服務管理文學碩士課程，詳見網址：https://web.swk.cuhk.edu.hk/zh-tw/postgraduate/massm。

58 香港理工大學企業發展院之培訓課程，詳見網址：https://www.polyu.edu.hk/ife/corp/tc/index.php。

59 機構分三年派遣獲甄選的六位員工參加上述的進深管理課程。

60 美國哈佛大學 (Harvard University) 轄下的哈佛商學院 (Harvard Business School, HBS) 所舉辦的領袖及管理課程，詳見網址：https://online.hbs.edu/subjects/leadership-management/。

61 美國西北大學 (Northwestern University) 轄下的凱洛格管理學院 (Kellogg School of Management) 所舉辦的領袖管理課程，詳見網址：https://www4.kellogg.northwestern.edu/coursecatalogschedule/CourseDetail.aspx?CourseID=206340。

62 英國牛津大學 (University of Oxford) 所舉辦的領袖及管理課程，詳見網址：https://online.hbs.edu/subjects/leadership-management/。

項目	培育計劃項目	項目內容簡述	負責人	推行期	備註
4.	輔導與教練[63]	此階段主要由社會服務總監及部門經理為已完成進深管理課程的受訓員工提供定期的輔導與教練，一方面提升其自信，另方面可激勵其持續改善績效。	社會服務總監及部門經理	XXXX 至 XXXX	透過持續的輔導和教導以栽培特具潛質的員工，並為人才培育及機構管理承續做好準備。

四、適用於社會服務機構之人才發展計劃

上述實例只是筆者過往在推動人力資源發展的實踐經驗，可知道一個完善和具系統的人力資源發展計劃並非如此簡單，它必須配合機構未來的策略性發展方向，並按部就班地規劃人才的儲備與培育，這樣才可促進其成長與永續發展。

筆者針對管理和專業人才的發展，嘗試擬定一個適用於社會服務機構的人才培訓計劃。事實上，人才是機構成長與發展不可或缺的資源，因此培育人才是至關重要的任務。為達到此目的，機構必須進行策略性規劃，比如進行內外環境的檢視，從而識別其內部優勢和弱項以及其所面對的契機和威脅／新挑戰。此外，機構須依據內外環境的情況，仔細地擬定人力資源發展之目的及可行策略。由於資源所限，機構須依據其策略的重要性和可行性而進行優先的排序，其後經高階管理層確認有關工作，下一步便可落實執行，有關做法詳見如下：

(一) 設立專責部門負責統籌人才的管理發展計劃

高階管理層須堅持一個重要信念 ——「人才是機構的命脈」，因此機構應設立專責的人才發展部門，全面統籌整個管理與專業人才的

---

63 廣義來說，「輔導」(Mentoring) 可算是透過「師徒關係」、「跟師傅」、「以老帶新」等方式為下屬提供工作意見、專業資訊、工作經驗借鑒等供下屬參考，此舉有助開拓其個人發展及專業實務的提升。至於「教練」(Coaching) 則指上司為下屬提供其工作相關的知識和技能訓練，與此同時，下屬的價值觀及品格行為亦須符合基本要求，此舉能有助推動那些德才兼備的員工邁向機構既定的使命與目標。

發展規劃。於籌備期間，專責部門（例如人力資源管理及行政部）須制定一份「管理能力發展調查問卷」[64]，針對員工能力概況的資料分析，可依據其發展所需而制定人才管理的發展計劃，至於有關內容須涵蓋管理人員、專業員工（例如社工、註冊護士和治療師等）和具潛質人員之工作輪調、晉升、培訓和發展，以至其事業前程生涯規劃，以便相關人員有效掌握其未來的發展方向和目標。

(二) 切實履行人力資源管理的重要功能

人力資源管理部應切實履行人力資源管理的五項重要功能，這包括吸引人才、培訓人才、發展人才、善用人才及維繫人才，而當中的發展人才[65]乃是管理發展的重中之重。相關部門應針對機構的策略性發展方向而制定未來三至五年的組織架構及可行的人力發展計劃，包括精細地評估目前的人力資本、妥善運用現存資源以為具潛質的人才規劃其事業前程及進行培育；倘若出現人員出缺，機構則須透過公開招聘或內部調升以作替補。

(三) 進行事業前程規劃以加強人才培育

機構轄下的人力資源部須為具潛質的員工進行事業前程規劃，當中須符合三個條件，這包括：(1) 因人才發展或流轉關係，機構需要另覓適當人選填補出缺；(2) 出缺職位的資歷要求與候選替補者所具備的條件相符；和 (3) 與候選替補者的個人意願及其未來發展方向的想法吻合。而上述三項中，第二項是主要透過潛能評估與人才培育來達成[66]。

至於人才培育方面，所需要完成的五項工作如下列：

64　以上所引用的一間中型社會服務機構約有員工 300 至 500 人。為全面統籌整項人才培訓及發展計劃，筆者建議機構應成立一個專責部門以推行相關工作，而進行「管理能力發展調查」是其中一種識別員工能力概況的方法。

65　「發展人才」又稱為「育才」。

66　機構可依據員工績效及其潛能（例如未來的發展潛力）兩大準則而將員工分為五種等級，分別是差評、主力成員（只做好本份）、嶄露頭角的人才、高績效員工及關鍵人才，後三者應獲得重視及加強培育。

(一) 建立人才資料庫

機構須為具潛質的員工建立人才資料庫，有關系統的內容框架須涵蓋員工的工作履歷及相關重要的記錄，比方說，管理訓練、個人成長與發展需求、員工績效評核及潛能評估等。除文件檔案外，機構最好能善用資訊科技以建立「人才庫」，這樣不單提升人才管理的效能，亦可按需要定期更新人才訊息。

(二) 蒐集發展與培育的重要依據

在發展與培育方面，機構須儘快確定員工的個人發展方向，並制定對應策略以處理因職務變動而衍生的問題。藉着蒐集重要的人力資源數據，從而全面制定員工事業前程發展的規劃事宜，這對日後管理人才的承續絕對是至關重要。

(三) 建立人才發展中心

為切合具潛質員工之發展需求，機構應適切調撥資源以建立人才發展中心，透過全方位的人才培育計劃，致力提升具潛質員工 5Ps[67] 的能力，這包括：

1. 目的	➜	善用有效策略達到機構目的。
2. 過程	➜	善用不同方法或流程以解決員工日常工作所遇到的困難／問題，並促進其與團隊成員的溝通和協調。
3. 績效	➜	切實執行工作計劃，從而達到優異的績效。
4. 領袖	➜	處事作風具感染力，並能憑着正面信念帶領下屬及團隊邁向機構的策略性方向，最終達到機構既定使命與目的。
5. 個性及特質	➜	具備領導者所需的個性及特質，包括以身作則、具備教練式領導能力、謙沖為懷、知人善任等。

---

67 "5Ps" 所指的是目的 (Purpose)、過程 (Process)、績效 (Performance)、領袖 (People¢s Leader) 和個性及特質 (Personal Attributes)。

（四）切實推行管理發展培育計劃

機構每年應派遣一至兩位高階管理人員前往境外的著名學府學習最新的管理知識和技能，藉着交流以提升其學習效能。除此之外，亦可安排中層管理人員及前線主管前往本地或海外一些聲名昭著的社會服務巨擘或同業競爭對手機構進行觀摩學習，此舉不單可擴大其視野，還可促進工作知識和技巧以及實務經驗的交流。

在人才晉升方面，直屬主管必須依據員工的實際工作表現進行績效評估，同時須善用其潛能，沿才受職，選賢任能，透過擢升以讓其在一個更廣闊的舞台發展所長；由此可見，人才晉升必須依據員工之個人績效及潛能作出審慎的考慮。若然直屬主管輕率作出晉升的決定，這將對那些表現優異，但未獲推薦晉升的員工造成沉重的打擊；不單如此，還會動搖其對管理層的信任。另一方面，若只審視屬下員工「目前的」工作表現而欠缺潛能的評估，就算該員工能僥倖通過晉升，日後亦未必勝任新職，反倒過來只感到力不從心，倍添工作壓力；如此一來，這將對組織整體性績效構成負面影響，晉升的決定絕對是得不償失。

為今之計，筆者建議機構推行三年期的人才發展計劃，此期間，主管須按部就班地進行觀察，並評估屬下員工其管理與領導能力的水平能否升任管理職系，這才可確保沿才受職，選賢任能。

（五）積極向大專院校徵才

對社會服務機構而言，人才發展與培育固然重要；然而人才的甄選與保留卻是成功人才發展與培育的基礎，絕不可輕視。正因如此，機構必須積極參與各大專院校的徵才計劃，同時依據組織的未來發展開拓策略性聯盟，比方說，為院校提供獎學金和實習名額、舉辦專題研討會、共同發展實證為本的研究項目等，這可吸引不同專業的人才投身機構，可謂一舉多得。

正所謂「一年之計，莫如樹穀；十年之計，莫如樹木；終身之計，莫如樹人」，管理層若冀望機構能茁壯成長，竭力發展管理及專業的人才乃是上上之策。鑒於人才是機構的中流砥柱，不言而喻，若缺乏人才，機構勢必危在旦夕，甚至面臨被淘汰的厄運。

第 三 節

善用人才

一、實施有效的激勵

大體而言，激勵方式主要分為外在激勵[68]和內在激勵兩種。外在激勵可說是最基本的激勵方法；換言之，它是對符合某種期望行為或工作績效標準的員工給予金錢的獎勵，從而激勵其繼續執行工作，並發揮更優秀的工作表現。然而這種激勵方式若長期實施下去，不單只適得其反，其激勵效果更會與日俱減，久而久之，員工對獲取獎金視之為理所當然。由此可見，社會服務機構絕不可仿效企業機構的做法，只利用獎金作為激勵員工的誘餌；反之，須致力維護其社會公益的形象，並確保公帑用得其所。誠然，社會服務機構的資源並不豐裕，因此管理者不應視員工為一種生產工具，就算是其他方面的需求，也應獲得重視，比方說，讚賞、尊重與自我實現等以激勵員工。有見及此，管理者應竭力改善員工的工作環境，比如提供更多機會讓他們參與行政的決策、擴大管理層與員工之間的雙向溝通、多採用稱讚、賞識和尊重的態度以滿足其心理層次的需求；凡此種種，不僅加強工作的滿足感，還有效促進其工作效率，可謂相得益彰。

二、善用人才的有效策略

機構可透過員工培訓和發展以識別具潛質的人才，但必須適才適所，唯才是用；否則只會打擊員工士氣，導致人才流失，最終削弱其自身的競爭力。有鑒於此，機構的成敗取決於其能否善用人才，管理者絕不可敷衍塞責，置身事外。下列八項是善用人才的一些有效策略，讀者可作參考。

---

68 「外在激勵」亦可稱為「經濟金錢的激勵」。

(一) 實施職位輪調

倘若員工長時期擔任某個工作崗位，在缺乏挑戰性的前提下，工作流於枯燥乏味，長此下去，「三低」員工遂應運而生。有鑒於此，管理者可考慮實施職位輪調的安排；亦即是說，約三至五年將員工調配到不同的工作職位，一來加強其工作閱歷，二來擴大其人脈網絡；不單如此，主管還可藉着員工執行不同的職務而發掘其工作潛能，此舉有助機構規劃日後的人力需求。

(二) 實施工作擴大化

管理者須針對那些具才幹、富責任感及成熟穩重的員工度身訂造適切的職務，讓他們發揮所長，並藉着工作擴大化的實施，一方面提升其工作滿足感，另方面發揮其工作潛能。

(三) 實施工作豐富化

直屬主管可考慮為屬下員工重新設計工作職務，讓其工作得到更大的自主性；換言之，員工可自行決定其工作的方法和步驟，而主管則依據其工作成果提供正面的反饋。大致而言，主管須設法改善員工的工作特性，比如自主性、完整性、重要性、反饋性、合作性及友誼性等，此舉不只滿足員工的高層次需求，甚至可提高其工作動機。

(四) 成立自治工作團隊

管理者可召集各級的員工代表以組成不同的「成果為導向」工作團隊，藉此推行各項的工作和方案／項目。除此之外，工作團隊亦須檢視服務運作相關的事宜，比如服務質素、關鍵性事件、創新項目以及服務設施的保養等，上述做法能有效確立團隊決策的模式，好讓員工「一展身手」。

(五) 參與機構的決策

為提升員工士氣、促進溝通以及增加其工作滿足感，管理者應讓員工參與機構的決策，就部門／單位之發展方向、服務推行模式、福

利事宜等表達意見，並享有決策的權利。

(六) 規劃員工事業前程生涯

員工最高層次之發展需求是達到「自我實現」，而直屬主管應協助屬下員工制定其事業前程生涯規劃，此舉不單讓其依據個人能力、潛質和事業前程等進行評估，還針對其個人事業目標及組織目標的達成而擬定相關的發展計劃。

(七) 建立考績和晉升機制

倘若機構未建立完善的晉升機制，具上進心的員工便會感到前路茫茫，其自尊和自我實現的兩大需求亦無法獲得滿足，在心灰意冷之下，不難產生去意，最終造成高離職率的惡果。有見及此，管理者應妥善為員工制定適切的事業前程生涯規劃及定期提供員工培訓方案；而更重要的，當然是建立一套公平和公正的考績制度，此舉可依據績效結果作為晉升的支持理據，藉着人才的提拔以讓員工更上一層樓，發展所長。

(八) 設計員工所需的發展活動

若要有效實行工作輪調、工作擴大化與工作豐富化，主管須依據員工之培訓需求而設計一系列其所需之訓練和發展活動，此舉不單滿足其學習需求，同時可發展其潛能，以讓其有效執行多元的工作任務，減低工作枯燥乏味之感，而藉着培訓和發展活動之參與，員工事業前程生涯規劃亦可逐步付諸實現。

第 四 節

維繫人才和留才

　　毋庸置疑，機構透過上述之培訓和善用人才措施，可促使其策略性人力資源之發展更趨成熟。經過建立善用人才的平台後，下一步便是重中之重的一環 —— 如何維繫人才[69]。事實上，再優秀的人才也可能因機構缺乏系統的人才規劃或留才措施，導致員工無心留戀而下堂求去；然而培育一位人才是需要經歷悠長的歲月，期間機構所投入的資源，包括耗費於栽培人才的時間等，將會隨着人才離職而白白浪費，對機構來說，這無疑是人才與時間的雙重損失 (Renz, 2010；梁偉康，2012)。

　　至於維繫人才的舉措可說是相當廣泛和複雜，當中涵蓋了員工事業前程規劃、工作環境、組織氣氛、晉升機制、薪酬架構、機構發展前景以及管理者之領導能力與領導風格等；因此，若要有效維繫寶貴的人力，機構可採取下列的措施 (Shenkel & Gardner, 2004；戴國良，2011；梁偉康，2012)，這包括：

(一) 管理層方面

　　1. 管理者應視其屬下員工為「內部顧客」，更須了解其需求和期望，若然資源許可應儘量予以滿足；但是，主管若以漫不經心的態度對待屬下員工，則難以期望他們會主動關心服務對象的需求。

　　2. 管理者秉持着「員工至上」的信念，視員工為機構的「寶貴資產」，因此應儘量提供機會以讓其參與機構的事務，而對於他們所提出的意見，亦應予以尊重。

---

[69] 「維繫人才」亦即是「留才」。

3. 管理者應慎選德才兼備的人才以擔任主管[70] 職務，因需要直接
   督導與管理員工，故其表現之優劣將勢必影響組織整體性績效。

4. 管理者應貫徹「用人唯才」，並致力以公平、公正及公開的原
   則以徵募及甄選具才幹和肩負使命感的員工。

5. 管理者應竭力推動人才培育，並盡可能提拔高績效及具潛能的
   員工，此舉除了激勵士氣，亦對其所付出的貢獻予以肯定。有
   見及此，管理者須建立完善的員工培訓和發展機制，這不僅改
   善員工的 "KAS"，藉着培訓方案的參與，還有利於識別員工
   的潛質，繼而依據其培訓所需而進行事業前程規劃。機構若持
   續推行一系列的員工培訓和發展活動，一來可增強員工的歸屬
   感，二來亦反映出機構管理層對員工的關心與重視，最終達到
   留才之目的。

(二) 管理措施方面

1. 管理者在組織內應建立公平、公正及公開的人力資源管理制
   度。每當出現職位出缺，須儘快進行外間徵募和內部徵募，此
   舉不單招攬更多合適的申請者，亦有助遴選委員會 / 遴選者甄
   選最適當的候選人以替補空缺。然而更重要的，管理者切忌私
   相授受，用人唯親，並避免器重及擢升那些庸碌無能，只懂「拍
   馬屁」的員工擔任要職。需知任何不公平、不公正及不公開的
   舉措，將勢必嚴重打擊員工士氣，導致整個管理層的「誠信」[71]
   也受到質疑。

2. 機構應調撥資源以為部門總監、經理及單位主管提供管理和發
   展的培訓，從而促使其有效領導及管理員工。

3. 機構應設立多方渠道以加強管理層與員工的雙向溝通。舉例而

---

70 「機構主管」乃指部門總監、部門經理及單位主管等。

71 筆者在社會服務機構工作超逾 35 年，察覺到有些管理層 (中層或以上) 並非以公平、公正及
   公開的原則進行員工徵聘，有些高階管理層甚至選用和 / 或提升一些只懂「系統式」獻媚的
   庸才擔任要職，以遂其私慾；而更糟糕的，是對機構的人才發展構成嚴重的負面衝擊，實在
   可悲！

言，若員工出現不滿情緒，部門主管應迅速接見相關人士，細心聆聽其訴求，並儘快找出原因；如情況容許，雙方可共同商討有效的解決方法，並將改善方案付諸行動。員工訴求如能獲得適切處理，這將有效杜絕不滿情緒的擴散，同時可降低員工士氣的損耗。有見及此，設立申訴機制能為員工提供表達意見的機會，有效促進各方溝通。

4. 管理者應建立一套完善的員工薪酬及福利機制，提供合理的薪資和福利措施以滿足員工的基本需求，這亦是留才最基本要做的事。

5. 機構應加強管理者的輔導（Mentoring）與教練（Coaching）這兩方面的培訓。當面對工作壓力時，直屬主管須給予其屬下員工心理上支持和／或工作實務的指導——輔導；然而，直屬主管須因應員工所作的努力表示肯定與支持，從而激勵其工作效率與效能——教練。

6. 管理者應建立晉升機制，藉着提拔及調升那些具才幹及潛質的員工，以讓其在不同崗位上發展所長。

(三) 工作環境和營造團隊氣氛方面

1. 管理者應清楚界定屬下員工的角色和職責，並定期與其商討年度的績效目標、衡量達標程度以及制定所需履行的任務／行動計劃為何。

2. 管理者應適時作出輪調的安排，此舉除可豐富屬下員工的工作經驗和歷練，亦為機構儲備人才，逐步實現留才之目標。

3. 管理者應建立不同的工作團隊（例如半獨立的團隊、問題解決團隊、質素改善團隊和跨功能質素改善團隊等），並致力強化其工作效能與團隊精神，此舉可助其解決問題之餘，亦能促進服務質素的提升。

4. 管理者擴大及豐富其屬下員工的工作內容，此舉尤適用於「知識工作者」；而員工透過具挑戰性及多元化的工作，這將可滿足其內在的激勵因素。

5. 管理者應促進員工之間的人際關係，藉着建立不同的溝通渠道以增進彼此的了解。

6. 管理者應關注員工福祉，並致力調撥資源以改善其福利，比方說，改善工作環境、加強安全及衛生設施、提升員工強積金 / 公積金的回報率及增加有薪假期等，此等均可促進員工的歸屬感。

由此可見，管理者須全力提升良好的組織形象，而在服務質素及組織績效方面不斷追求卓越，此舉不僅吸引外間人才，還有效維繫其寶貴的人力資本，甚至促進機構的永續發展。以筆者芻見，最有效維繫人才的措施乃是對具潛質的員工進行事業前程規劃，並為其提供所需的培訓和發展活動，而一套健全的員工晉升機制可為機構起着留才的關鍵作用（戴國良，2011；梁偉康，2012；黃源協，2015），這包括：

1. 肯定員工所作的貢獻

員工晉升可反映機構對員工的才華、能力、所付出的努力和貢獻予以肯定，而這對中、高階層的主管尤為重要，一來可滿足其心理需求，二來可作出適切的反饋。

2. 作為激勵員工的誘因

透過完善的晉升制度，能促使員工對組織目標有更清晰明確的方向。員工若想獲得提拔，需要不斷學習和進修以提升其能力，並且透過努力工作以為組織作出更大的貢獻；若然優秀員工獲得晉升，組織整體性績效亦相應得到改善，這是兩全其的結果。

3. 提高員工的士氣與工作效率

毋庸置疑，一套公平、公正兼具激勵性的良好晉升制度，不單獲得員工的支持與認同，而且可驅使其努力為達到機構所定的方向與目標而努力邁進，這對提升員工士氣、工作效率，甚或組織整體性績效起着立竿見影之效。

4. 達到吸引人才和維繫人才之目的

倘若組織設有完善的人力資源培訓和晉升機制，必能在業界獲得美譽，而且亦可招攬到優秀的人才慕名而來，期盼成為組織的一分子。此舉不但減低員工的流失率，同時達到留才之目的，可謂近悅遠來，一舉兩得。

5. 配合組織擴展的需求

機構持續不斷的發展可反映其成長的需求。當組織不斷擴展，轄下部門或服務單位數目亦會相應增加，而機構亦可透過晉升機制以挑選適當人才擔當要職；可是，若欠缺人才培育及人員晉升機制，不單會陷入求才若渴的窘境，還有機會因用人不當而牴觸其他員工之不滿情緒，嚴重打擊員工士氣，甚至窒礙機構的長遠發展。

總的來說，公平及公正的晉升制度能為員工帶來工作肯定、冀望、成就感、動力和熱誠，甚至全力以赴，樂於委身，而藉着增加員工之滿足感，按邏輯推論，這將有助促進組織整體性績效之提升，最終達到雙贏局面。以下是筆者於多年前為一間社會服務機構所建立的晉升機制，現引用此例舉以闡述晉升機制之實踐，讀者可作借鑒。

舉例而言，某機構轄下的晉升委員會每年會召開一次晉升遴選會議，通常安排於五月底前舉行面試，而上述委員會由社會服務總監擔任主席，成員由三位社會服務經理與一位人力資源部主管組成。另設立覆核委員會（Review Board），由行政總裁擔任主委，其他成員包括社會服務總監、人力資源及行政總監以及內部審計主任，該委員會主要覆核及裁決有關落選名單之上訴個案申請，同時亦須針對晉升機制之相關事宜定期進行檢討。

至於該機構之員工晉升執行程序，現簡述如下：

1. 人力資源部向有關部門及單位發出由社會服務科所發出之通告，當中須列明截止申請日期、符合晉升之基本條件及其他相關要求。

2. 凡獲推薦晉升的員工必須符合下列條件：

（1）最近連續三年的員工績效評級達 "B+"（即「良」）或以上；

（2）薪酬已超逾其現時職級之中薪點或已擔任六個月或以上署任職位之員工；及

（3）獲直屬上司及部門主管推薦。

3. 晉升委員會於每年四月份召開籌備會議以商討員工晉升事宜（包括擬定面試日期、筆試安排及遴選者名單等）。由於晉升面試於每年五月份舉行，因此委員會須擬定初步的晉升名單，並於六月初呈交予行政總裁作最後審批。

4. 專業及單位主任職級候選人先參加筆試，若通過筆試才可參與下一輪的面試；至於晉升為總主任或以上管理職級的員工則必須同時參加筆試及面試，而兩方面的表現均達到優異水平才可獲推薦晉升。

5. 晉升委員會須依據員工晉升面談量表之各項準則進行評量，而有關表格及資料須妥善保存。

6. 為減少員工在面試時因臨場表現失準所帶來的影響，晉升委員會除依據面談評量表進行評分外，還須參考員工過往三年的績效評核報告、個人資歷及專長等，評分比重分別是 50%（員工晉升面談評量表評分）、30%（員工過往三年績效評核報告評級）以及 20%（個人資歷及專長）。至於甄選結果將參照候選人面試得分及晉升委員會成員之大多數意見而作出綜合性決定，但平均得分必須達 75 分或以上，否則作落選論。至於有關的晉升結果，將呈交予行政總裁作最後審批。

7. 凡晉升職位屬於經理及總監級，則由行政總裁擔任晉升委員會主席，至於晉升委員會成員名單亦須由主席委任。通過晉升甄選後，由行政總裁推薦謁見理事會／董事局作最後批核。

8. 未獲晉升員工若提出上訴，則由行政總裁擔任主席之覆核委員會負責接見上訴員工，經搜集足夠資料後才作出最後裁決。

9. 為保障候選員工之個人資料及私隱，應避免公開候選員工身份，而相關的知情人士亦應保障候選員工身份，直至晉升委員會向外發佈晉升結果。

10. 人力資源部先個別向候選人發出晉升結果信函，其後再發佈

人事變動通告以知會各部門／單位最終的晉升結果。

有關員工晉升的主要執行步驟，請參閱圖 4-6。

圖 4-6：員工內部晉升流程

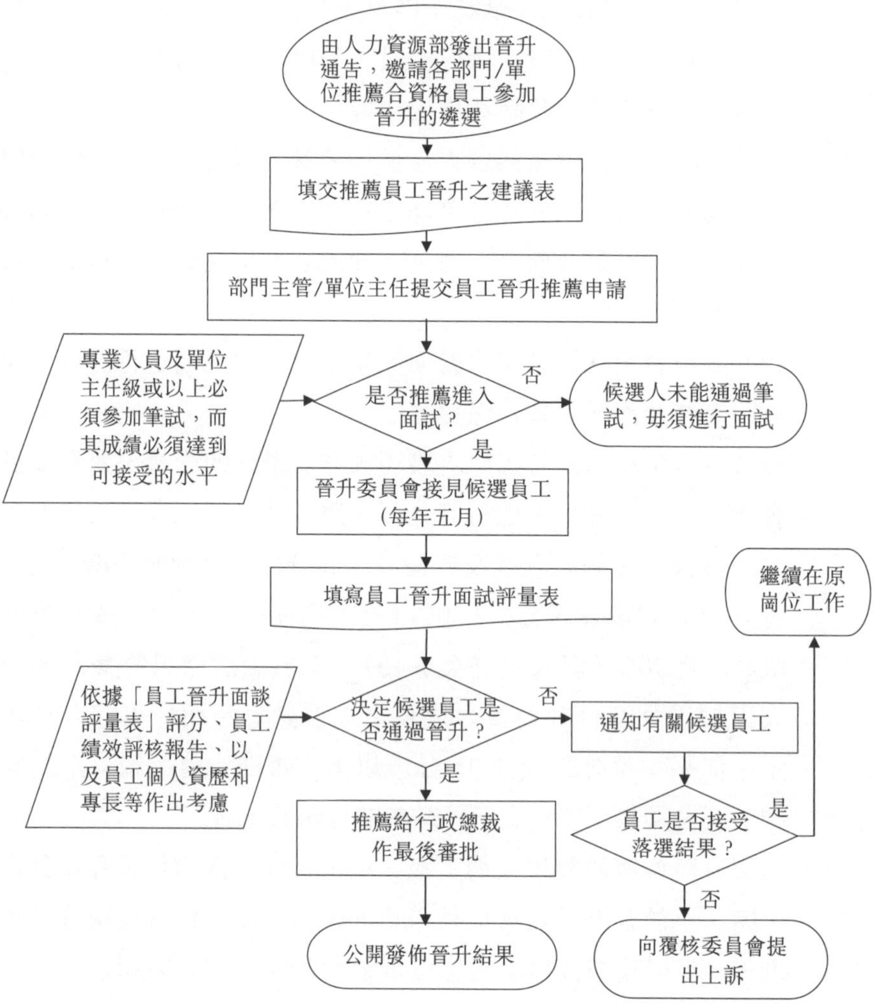

```
              ┌─────────────────────┐
             (  由人力資源部發出晉升    )
             (  通告，邀請各部門／單     )
             (  位推薦合資格員工參加     )
             (  晉升的遴選             )
              └─────────────────────┘
                        │
              ┌─────────────────────┐
              │  填交推薦員工晉升之建議表  │
              └─────────────────────┘
                        │
              ┌──────────────────────────┐
              │ 部門主管/單位主任提交員工晉升推薦申請 │
              └──────────────────────────┘
                        │
   ┌──────────┐         ◇  是否推薦進入    否   ┌──────────────┐
   │專業人員及單位│────────▷    面試？      ────▷│候選人未能通過筆 │
   │主任級或以上必│         ◇              │試，毋須進行面試 │
   │須參加筆試，而│              │是          └──────────────┘
   │其成績必須達到│         ┌─────────────────┐
   │可接受的水平 │         │ 晉升委員會接見候選員工 │
   └──────────┘         │    （每年五月）    │
                        └─────────────────┘
                                  │           ┌────────┐
                        ┌─────────────────┐  ( 繼續在原 )
                        │  填寫員工晉升面試評量表 │  ( 崗位工作 )
                        └─────────────────┘   └────────┘
   ┌──────────┐                 │                  │是
   │依據「員工晉升面談│       ◇ 決定候選員工是  否 ┌──────────────┐
   │評量表」評分、員工│──────▷  否通過晉升？  ───▷│ 通知有關候選員工 │
   │績效評核報告、以 │       ◇              └──────────────┘
   │及員工個人資歷和 │            │是                 │
   │專長等作出考慮  │    ┌──────────────┐    ◇ 員工是否接受 │是
   └──────────┘    │  推薦給行政總裁   │    ◇  落選結果？ ─┘
                    │  作最後審批     │         │
                    └──────────────┘         │否
                            │              ┌──────────────┐
                    ┌──────────────┐      ( 向覆核委員會提 )
                   (  公開發佈晉升結果  )     ( 出上訴        )
                    └──────────────┘      └──────────────┘
```

小結

　　本章在吸引和徵募人才方面已作出詳細討論，亦已用頗長的篇幅論述如何進行員工培訓和發展。事實上，人才培育和發展是社會服務機構進行策略性人力資源管理不可或缺的部分，這可透過徵募和甄選的過程，不僅可吸納富經驗及具才幹的人士填補職位空缺，還可滿足其因服務擴展所需而大量吸納人才。由此可見，提供適切的員工培訓方案能有助員工裝備其工作所需的知識、技能和態度；而更重要的，人才是機構永續發展和成長的基石，因此為配合其策略性方向以達到機構目標，它更需要系統地規劃組織成員之培訓與發展，其重要性不容爭議。

　　現時海峽兩岸暨香港、澳門的社會服務機構有很多資深的中、高層管理人員已相繼離休，因此大多數機構正陷於求才若渴的困局；雖然如此，它們卻未能適時做好人才培育和發展的規劃，直至流失寶貴的人才，甚至出現「斷層」；若情況惡化下去，這將對機構的人才承續造成萬劫不復的後果，管理者務必深切反省。事實上，那些面臨退休的員工擁有可貴的知識和技能；因此機構必須建立傳承文化，並致力開拓新生代管理人力的發展領域。無可否認，人才是需要積極爭取的，有見及此，如何有效善用人才以提升組織整體性績效？如何維繫哪些擁有寶貴的知識資本（Intellectual Capital）之重要資產（即人才）？相信這是理事會／董事局、高階管理層及人力資源部主管重中之重的研究課題。

本 章 主 要 參 考 資 料

1. Austin, M.J., & Hopkins, K.M. (Eds.) (2004). *Supervision as collaboration in the human services: Building a learning culture.* Thousand Oaks, CA: Sage Publications, Inc.

2. Baird, L., Schneier, C., & Laird, D. (Eds.) (1982). *Training and development sourcebook.* Amherst, Mass: Human Resource Development Press.

3. Brody, R. (2005). *Effectively managing human service organizations* (3rd ed.). Thousand Oaks, CA: Sage.

4. Caffarella, R.S. (1987). *Program development and evaluation resource book for trainers.* New York: John Wiley & Sons.

5. Edwards, R.L., Yankey, J.A., & Altpeter, M.A. (1998). *Skills for effective management of nonprofit organizations.* Washington, DC: NASW Press.

6. Fung, P.C. Philip (2010). *Staff development strategy for NGOs.* Hong Kong: Houston Leadership Training Centre.

7. Hardina, D., Middleton, J., Montana, S., & Simpson, R.A. (2007). *An empowering approach to managing social service organizations.* New York: Springer Publishing Company.

8. Lane, A., Larmaraud, A., & Yueh, E. (2017). "Finding hidden leaders". McKinsey Quarterly, 2017 (Jan). Retrieved from https://www.mckinsey.com/business-functions/organization/our-insights/finding-hidden-leaders.

9. Lewis, J.A., Packard, T.R., & Lewis, M.D. (2012). *Management of human service programs* (5th ed.). Belmont, CA: Brooks/Cole.

10. Martin, L.L. (2008). "Program planning and management". In Patti R.O. (Ed.), *The handbook of human services management* (2nd ed.), pp.339-350. Thousand Oaks, CA: SAGE Publications, Inc.

11. Mathis, R. L., & Jackson, J.H. (2006). *Human resource management.* USA: Thomson South-Western Publications Ltd.

12. Pecora, P.J., & Austin, M.J. (1987). *Managing human services personnel.* Newbury Park, CA: SAGE Publications, Inc.

13. Pecora, P.J. (1998). "Recruiting and selecting effective employees". In Edwards R.L., Yankey, J.A. & Alpeter M. (Eds.), *Skills for effective management of nonprofit organizations*, pp.155-184. Washington, DC: NASW Press.

14. Pecora, P.J., Cherin, D., Bruce, E., & Arguello, T. de J. (2010). *Strategic supervision: A brief guide for managing social service organizations.* London: SAGE Publications, Inc.

15. Renz, D.O. (2010). "Leadership, governance, and the work of the board". In Renz D.O. (Ed.) and the Associates, foreword by Herman R.D., *The Jossey-Bass Handbook of nonprofit leadership and management* (3rd ed.), Chapter 3, pp.125-156. San Francisco: Jossey-Bass.

16. Robertson, M.A. (1982). *Personnel administration employment interviewing guide for*

supervisors. Salt Lake City: University of Utah.

17. Skinner, B.F. (1954). "The science of learning and the art of teaching". *Harvard educational review, Vol.24, pp.*86-97.

18. Sork, T.J. (1982). *Determining priorities*. Vancouver: British Columbia Ministry of Education.

19. Weinbach, R.W. (2008). *The social worker as manager: A practical guide to success* (5th ed.). Boston: Allyn & Bacon.

20. 史蒂芬・柯維 (2014)，《與成功有約：高效能人士的七個習慣》。台北：天下文化出版股份有限公司。原著：Covey S.R. (1989), *The 7 habits of highly effective people*. USA: Franklin Covey Co.

21. 李誠主編 (2015)，《人力資源管理的 12 堂課》。台北：遠見天下文化出版股份有限公司。

22. 社會福利署，社會福利發展基金 (2010-2019)。網址：https://www.swd.gov.hk/tc/index/site_ngo/page_swdf/。

23. 常昭鴻、共好知識編輯羣 (2010)，《PMR：企業人力再造實戰兵法》。台北：臉譜出版。

24. 梁偉康 (2012)，《成效管理：非營利社會服務組織全面實踐策略》。香港：非營利組織卓越管理有限公司。

25. 陳明漢編 (1989)，《人力資源管理》。台北：管拓。

26. 黃源協 (2015)，《社會工作管理》(第三版)。台北：雙葉書廊有限公司。

27. 蔡正飛 (1988)，《面談藝術》。台北：卓越。

28. 戴國良 (2011)，《圖解人力資源管理》。台北：五南圖書出版股份有限公司。

5

員工績效管理體系與
員工督導

導言

　　毋庸置疑，社會服務機構若要維持正常的運作，並達到其所定的目標，除履行優良的內部治理外，完善的績效管理體系絕對是不可或缺。而員工績效管理乃建基於督導者與受核者[1]就如何實現組織目標所達成之共識，並通過輔導和／或教練手段以激發員工潛能，此舉除提升員工績效外，還推動其朝着組織目標而努力邁進。由此可見，藉着切實執行員工績效管理，不單激發員工熱情與提升其績效、還可讓表現優秀的員工通過績效評估以獲得合理的薪酬／報償，最終創造多贏局面。另績效管理（Performance Management）可說是一個完整的流程，藉着績效策劃、績效監察與教練、績效評估和績效反饋[2]，繼而達到績效改善，機構若要提升整體性效能，其先決條件必須是加強員工績效管理與員工督導。然而大多數機構只偏重於員工績效評估，卻欠缺完善的績效管理體系，所以管理者務必與時並進，切忌墨守成規；否則組織發展只會舉步維艱。

　　簡而言之，「督導」乃指督導者[3]協調其下屬完成所指派的工作，亦是促進員工績效管理的重要一環，藉此不僅教導員工所需的知識和技能、糾正不良的工作態度及提供情緒支援，還可激勵其向着組織所定的目標而奮鬥。毋庸置疑，為確保組織成員有效履行其工作職責，機構必須設立不同的督導職級，並由具相關資歷的員工擔任督導職

1　「受核者」乃指「接受督導的員工」。
2　績效反饋是員工績效管理過程的核心部分，評核者（主管）與受核者（員工）須定期進行面談，透過雙向溝通以期達至共識。此外，藉着績效反饋有助員工了解其實際的工作績效，比方說，能否達到既定的績效目標？工作行為和態度是否恰當？有何工作期望？有何培訓需求等？
3　「督導者」所指的是管理者，包括管理層、直屬主管及上司等。

務。誠然，督導者所扮演的角色極為重要，一來可協調工作職務；二來可激發員工潛能。姑勿論如何，員工督導不單促使組織整體性表現達到預期的成效，還可滿足重要持份者之期望與要求，其重要性不容忽視。

身處廿一世紀，員工已被視為機構「最重要的資產」，因此策略性人力資源管理的實踐已是大勢所趨。由此可見，一間卓越管理的社會服務機構，督導者於履行輔導者 (Mentor)[4] 職務時，不單要克盡己任，還要將輔導 (Mentoring) 融合於員工績效評核 (Staff Appraisal) 之中。儘管現時員工績效評核的方法眾多，但仍各有利弊，因此管理者務必慎重其事，擇優而選，務求建立一套公平、公正和客觀，並適用於不同職級員工的績效評核機制。

筆者於本章先簡介績效管理體系所涵蓋的範疇及員工績效評核方法，其後將集中討論能力為本績效評核 (Competency-based Performance Evaluation) 和綜合性績效評核制度 (Integrated Performance Evaluation Method) 這兩種方法，至於後部分則針對有效的督導進行論述。

4　如第四章所述，督導者在履行「輔導者」(Mentor) 角色時，藉着「師徒關係」、「跟師傅」、「以老帶新」等不同形式，除提供工作指導、專業資訊及經驗借鑒外，還有助促進下屬之個人發展與專業實務的提升。

社會服務機構的員工績效管理體系

一、簡介員工績效管理的各個階段

　　機構若要有效評估和發展其寶貴的人力資源，它必須建立一個健全的員工績效管理體系，這包括績效策劃、績效監察與教練[5]、績效評估、績效反饋和績效改善，藉着執行有關步驟（策劃 → 監察與教練 → 評估反饋和改善 → 重回策劃階段）以促使督導者解決下列的問題：

（一）如何與下屬共同制定績效目標？

（二）如何制定可衡量之績效指標[6]？

（三）督導者與受核者就所定之績效目標和績效指標如何達成共識？

（四）如何導引員工朝着所定的績效目標而邁進？

（五）如何監控績效目標及實踐的進度為何？

（六）如何促使員工達到其所定的績效目標？

（七）如何評估員工績效？

（八）如何提供適切的績效反饋及改善建議，從而激發員工作出改善？

　　有關績效管理流程各個階段及工作重點，現簡介如下：

（一）績效策劃階段

　　績效策劃乃指督導者與受核者針對如何實現績效目標的時期、職責、介入方法和工作進展等進行坦誠的溝通，藉着共同商討以制定來年的績效目標 —— 成果目標和行為目標。前者乃指受核者所做的及所需達到的成果為何，並須參照機構目標、部門目標、單位目標及員

5　如第四章所述，直屬上司藉着教練（Coaching）的過程可為其下屬提供工作相關的知識和技能訓練。

6　制定可衡量之績效指標能有助評核員工之績效目標能否達成。

工個人目標而制定[7]；後者則指受核者應如何去做。筆者現引用下列例舉以說明某長者服務中心之主管（督導者）如何為一位社工（受核者）制定其年度績效目標、績效指標、比重及達標的行動計劃；基於此，主管須定期（如每季或半年）與社工進行績效面談，藉以檢視其達標進度，詳情可參閱表 5-1。

表 5-1：長者服務中心社工年度績效目標與績效指標（例舉）

項目	年度績效目標	績效指標		比重	達標的主要行動計劃
1.	策劃及推行護老者活動	1.1	全年舉辦 ≥ 4 個護老者支援小組 / 互助小組（其中有 1 個必須為護老者減壓小組）		
		1.2	每季舉辦 ≥ 6 項護老者活動		
		1.3	全年舉辦 ≥ 2 項護老者培訓方案		
2.	提供輔導服務予有需要的長者	2.1	每月處理 ≥ 20 個長者個案		
		2.2	全年長者個案流轉率 ≥ 25%		
		2.3	全年為 ≥ 5 長者個案提供專業輔導服務（採用尋解導向治療模式）		
3.	招募及培訓義工	全年舉辦 ≥ 5 項義工培訓方案			
4.	策劃及推行大型文娛活動	4.1	全年推行 ≥ 5 個長者教育及發展性活動		
		4.2	全年推行 ≥ 5 項長者健康及積極晚年活動		
		4.3	全年舉行 ≥ 5 項長者社交及康樂性活動		
		4.4	全年組織及訓練 ≥ 1 隊綜藝表演隊伍		
5.	提供創新性活動	全年舉辦 ≥ 1 項創新性長者活動			

7　針對機構目標、部門目標、單位目標及員工個人目標所制定的整合性績效評核機制，筆者將依據上述目標之間的關係而作出闡述。

項目	年度績效目標	績效指標	比重	達標的主要行動計劃
6.	參與知識管理活動	全年參與 ≥ 5 次知識管理相關的活動		
7.	提供地區團體協作服務計劃	全年與不同機構／團體推行 ≥ 2 項協作計劃		
總比重（100%）：				

備註：(1) 員工年度績效目標之制定必須配合長者服務中心之年度計劃（或稱「運作計劃」）。

(2) 督導者須與受核者共同商討績效計劃內容，並致力達成共識。

無可否認，溝通是績效策劃階段最重要的一部分，但前提是督導者與受核者須建基於平等互信的關係，並依據績效目標、績效指標及所需達標之行動計劃持續進行溝通，這樣才可促進共識之達成。具體而言，督導者在制定績效指標時，必須細心聆聽受核者的意見，並鼓勵其積極參與討論，而進行績效策劃期間，督導者及受核者亦可參照下列三個範疇以審視績效策劃之成果與進度，這包括：

1. 受核者能否理解其績效目標與組織整體性目標（Organization's Overall Objectives）之間的關係？

2. 在完成績效目標之制定後，督導者能否掌握受核者所面對的困難，並適時提供支援？

3. 受核者的工作細則能否涵蓋其年度績效之主要職務？是否需要作出修訂？

(二) 績效監察與教練階段

績效監察主要是督導者審視受核者有否依循其績效計劃落實執行，同時能監察下屬之工作績效不會偏離預期的計劃，因此督導者於進行績效監察時，須關注下列兩項範疇，這包括：

1. 督導者依據所擬定的績效目標及達標行動計劃，再配合適切的資料搜集方法，從而確保受核者能提供真實、準確及可靠的資料與數據，此舉除有助督導者作出全面、有效而客觀的績效評

核外，亦為績效改善提供有力的佐證；和

2. 督導者須持續與受核者檢討其工作績效，並依據實際情況適切修訂相關的績效目標和行動計劃。

顯而易見，通過教練（Coaching）的過程既能提升員工的績效水平，同時可提供適切的支援以促成績效目標的實現。至於教練大致可分為兩種形式，這包括：

1. 正式的

這是指通過正式的面談以實踐教練的過程。

2. 非正式的教練

這是指通過各種非正式的渠道和方法，比如非正式的面談及交談等以達到教練之目的。

但必須謹記的，良好的溝通是建立有效教練的基礎，因此進行督導面談前，督導者須先檢視下列三個範疇，這包括：

1. 工作現況 —— 受核者之整體工作進展情況如何？哪方面的工作績效較佳？工作上遇到哪些困難／障礙？

2. 工作糾正 —— 當受核者面對工作困境時，哪方面的績效目標和行動計劃須作調整？有否偏離預期目標？需否予以糾正？

3. 所需支援 —— 識別受核者所需的社會支援（Social Support），比方說，情緒性／評估性支援（Emotional or Appraisal Support）、工具性／實質性支援（Instrumental or Tangible Support）和資訊性支援（Informational Support）[8]，從而有助其績效目標之達成。

（三）績效評估階段

這是指督導者為受核者進行系統的績效評核，藉以檢視其能否達到所定的績效目標。為衡量績效目標之有效達成，督導者於進行績效策劃時，務必依循績效目標而制定相關的績效指標，而有關指標亦是

---

8 「情緒性／評估性支援」（Emotional or Appraisal Support）乃指社會心理方面的支持，比如肯定自尊及價值、關心和同理心等；「工具性／實質性支援」（Instrumental or Tangible Support）乃指實際具體的協助，比如提供物質、金錢及解決問題的方法等；而「資訊性支援」（Informational Support）則是指提供意見和資訊。

衡量受核者有否達標之重要基準。毋庸置疑，通過評估受核者之整體性績效可有效促進下列目標之達成，這包括：

1. 識別受核者之潛能與優劣點，藉此實踐薪效掛鈎及作為其事業前程規劃的依據；

2. 受核者定期（半年或一年）與督導者進行績效面談，藉着溝通以促進彼此的了解與期望；

3. 用作受核者之晉升、降級或辭退／終止合約的參考依據；

4. 識別受核者之培訓和發展需求，並依此而制定其培訓和發展計劃；和

5. 激勵受核者以讓其發揮更卓越的績效。

總的來說，績效評估最重要之目的乃是激發員工潛能，從而提升其整體性績效；若然只聚焦於獎賞和獎勵，便失卻績效評估的真正意義，督導者務必銘記於心。

(四) 績效反饋和改善階段

績效管理對督導者來說，它能衡量受核者的績效，亦能監察績效改善之進度，而績效改善和發展計劃所具備的特徵包括下列五種：

1. 明確的時間規限 —— 可於某特定時間達到績效改善；

2. 實際可行的 —— 由易至難，並逐步作出改善；

3. 督導者與受核者已對計劃達到共識；

4. 所定的計劃是具體的，並依據每項改善建議訂立里程碑及持續進行檢討；和

5. 為受核者提供適切的輔導。

除此之外，督導者與受核者通過面談所收集到的績效反饋，可有效促進員工能力的改善，比如加強工作所需的知識及技巧以及糾正不良的工作態度等。由此可見，績效評核面談可達到三個目的（常昭鳴、共好知識編輯羣，2010：46；梁偉康，2012），這包括：

1. 促使督導者向受核者提供績效反饋，並為其所付出的努力予以肯定，從而持續實踐「策劃－實踐－覆核－履行」(Plan-Do-Check-Act，簡稱 "PDCA") 之改善循環。

2. 促使督導者針對受核者之發展需求而制定其績效改善、績效維持及事業前程規劃，並就有關的績效反饋達成共識。

3. 促使督導者以審慎態度為受核者進行客觀、公平及公正的績效評估，繼而制定其事業前程規劃。

綜合而言，督導者及受核者通過面談所作的績效反饋可有效達到 "3C"（Contribution, Capability and Continuing Development）；亦即是說，督導者藉此可深入了解受核者的貢獻、工作能力及長遠發展的需求。

二、績效管理各個階段的重點工作

社會服務機構若要建立一套完善和有效的績效管理體系，下列四個階段之重點工作至關重要，這包括：

(一) 績效策劃階段

1. 有關組織成員個人目標之制定，必須與其所屬單位、部門及組織的整體性目標緊密連接。

2. 督導者須為受核者制定其年度績效目標、績效指標[9]、達成目標所採用的策略及相關的行動計劃。

3. 督導者與受核者進行績效面談，並依據其年度績效目標、策略、表現指標及行動計劃達到一致共識後才切實執行策劃的工作。

(二) 績效監察與教練階段

1. 督導者須持續監察受核者之工作表現，透過教練、指導及諮詢以提供適時的績效反饋。

2. 適時讚賞受核者，並對其工作給予正面的肯定；另依據其所需改善的範疇，適切修訂相關的績效目標及行動計劃。

9　所制定的績效指標可用作衡量績效目標能否達成。

（三）績效評估階段

1. 藉着績效反饋，一來可助督導者審視受核者之潛能與優缺點；二來可依據其發展需求而進行事業前程規劃。

2. 督導者須針對受核者之績效差異及實踐行動計劃時所遇到的障礙而進行詳細的評估與分析。

3. 績效評估結果須結合機構的薪酬機制 —— 薪效掛鈎，此舉有助營造績效成果導向的文化；然而上述機制必須建基於合理、公平及公正的原則之上。

4. 通過績效評估，督導者可全面掌握受核者的培訓和發展需求，並有助其制定適切的培訓方案。

5. 機構管理層參照績效評估的成果，除可檢視機構現況外，還可作為組織設計、策略檢討和服務改善的支持理據。

（四）績效反饋和改善階段

1. 督導者須為受核者提供正面的績效反饋，從而激勵其持續追求卓越，並朝向組織目標而勇往直前。

2. 督導者須密切關注受核者之能力發展、潛能發揮及績效改善的進度。督導者須與受核者共同制定具體的、可行的及有時限的績效改善方案及行動計劃。

三、持續性績效管理工具 —— 結合 OKR 和 CFR

CFR 是「對話（Conservation）、反饋（Feedback）與讚揚（Recognition）」的英文簡稱，它可調和目標與關鍵結果（Objectives and Key Results，簡稱 "OKR"）這種改良的目標管理方法之有效實施。保羅・尼雲（Paul R. Niven）強調機構所制定的員工績效目標必須是客觀的、具挑戰性的 [10]、精挑細選的、具體的、容易理解的及有時間規限的；而關鍵結果亦必須是可達成的、富意義的、易理解的、數量有限的、可追蹤的，並涵蓋明確和可衡量的指標（Niven & Lamorte,

---

10　具挑戰性的績效目標可激發鼓舞士氣的作用。

2016)。具體而言，督導者須為每個績效目標制定一至五個關鍵結果，藉此向下屬明確傳達「要做甚麼」及「如何去做」？此外，為緩和OKR這種黑白分明之評分制度所帶來的影響，督導者可考慮將OKR與CFR結合，此舉不單拉近其與受核者之績效期望，還可定期檢視績效達標之進度。綜上所述，採用OKR和CFR這種持續性績效管理工具，管理者所需履行的六項工作現簡述如下：

（一）督導者和受核者進行面談以商討及制定其年度績效目標及所需達到的成果；

（二）機構管理層及部門主管須在員工大會和團隊會議向組織成員介紹OKR之做法，此舉對提升各層績效目標 之融合起着關鍵性作用；

（三）部門主管與組織成員定期召開會議，一方面檢視OKR之進度；另方面針對員工的個別情況而釐定其所需達到的指標；

（四）督導者每月至少與受核者進行一次績效面談，除檢視其工作進度外，還可針對其績效目標達成之進度而提供正面的反饋及工作諮詢；

（五）督導者對受核者所提供的績效反饋必須具體、明確及具建設性，並有效促進相互溝通；和

（六）督導者針對受核者所完成的具體行動和達到優異成果的任務，除直接給予讚賞外，還可在其他組織成員面前作出公開的表揚，從而激勵其致力維持優異的績效（Niven & Lamorte, 2016；Betterworks.com, 2019）。

績效管理無疑是一個完整的過程，因此督導者切勿忽視其效益，亦不可「為評核而評核」；而在此過程中，督導者須協助受核者排除工作障礙，並致力激勵其發揮更優秀的績效。與此同時，督導者切忌乘評核之便，吹毛求疵，故意挑毛病，藉以懲治員工；如此，績效管理只會變成具威脅性的可怕手段，打擊員工士氣之餘，亦會激發員工「集體逃亡」，督導者必須引以為鑒。

在社會服務機構設計一套完善的
員工績效評核制度

一、員工績效評核方法

上文已就績效管理及員工督導作出論述，筆者現介紹績效管理體系中最關鍵的部分 —— 員工績效評核方法。大致而言，它可分為傳統和新近發展[11] 兩種，前者主要包括特質取向的（Trait-oriented Approach）、行為取向的（Behaviourally-oriented Approach）和成果取向的（Outcome-based Approach）三類方法，現簡介如下（常昭鳴、共好知識編輯羣，2010：408；戴國良，2011；梁偉康，2012）：

（一）特質取向的方法

它着重利用心理學的人格特質以進行員工績效的衡量，當中的變項可包括勤奮、忠誠、上進心、誠信、內向、主動及外向等。

（二）行為取向的方法

它主要採用心理學上的行為觀點，並適用於衡量員工工作行為之特性。

（三）成果取向的方法

它是指督導者先為受核者制定其所需達到的績效目標，繼而依據

---

11 現時較為嶄新的績效評估方法，比如採用平衡計分卡（Balanced Scorecard）所建立的綜合性績效評核系統（Integrated Performance Evaluation System）、360 度反饋法（360 Degree Feedback）及能力為本績效評核方法（Competency-based Performance Evaluation Approach）等皆於二十世紀後期發展，故不屬於傳統的績效評核方法。

其工作成果而判斷達標的進度；除此之外，還須檢視相關的成功經驗能否促進其學習與成長。

　　現時社會服務機構普遍採用特質及行為取向這兩類評核方法，當中包括分等評價方法、計分核對表方法及關鍵事件法等，但這些方法大多存在着不少缺點。根據研究資料顯示，「目標管理式評核方法」和「行為拋錨式定等級尺度法」是屬於成果取向的方法，它們能提供「與工作相關」和「依據實際工作行為」的績效供督導者參考，而藉着客觀的績效評估亦可助雙方減少爭拗（Austin & Pecora, 1987：64；梁偉康，2012）。在芸芸績效評核方法之中，筆者現簡介其中的四種方法，這包括：

（一）360 度反饋法

　　這方法亦稱為「360 度評估法」（林原勗、曾明朗及鄭憶莉，2014：145），早期乃由美國企業典範英特爾（Intel）首先提出，並加以實施，其後多間的企業如美國電話電報公司（AT&T）、法國都彭（DuPont）、富士施樂（Xerox）等亦曾採用此種績效評估方法（Sherman, Bohlander, & Snell, 1998：314）。它的目的主要是加強績效評核的「公平性」，並取代只由直屬主管評核其下屬的方法，除員工自評外，還會邀請其直屬上司、下屬、同僚及服務對象[12] 的代表進行績效評核。這種方法存在着不少優點，比方說，它不單減少因偏頗的績效評核結果而衍生的影響[13]，還能提供可靠、有效和多角度的績效反饋，而督導者藉着有關資訊可作出更全面、客觀及公正的績效評核；唯它的缺點是耗費時日，因評核者眾多，故需時進行評核和資料分析，這不僅欠缺效率，還無法即時衡量出績效結果。除此之外，受核者與同僚及部屬間的關係亦直接影響評核之客觀性和公平性[14]；而基於這種「關係」，不只得出非可信的評估（Untrustful Evaluation），同時還影響效

12　「服務對象」又稱為「受助人顧客」。

13　若只由一位督導者為受核者進行績效評核，其主觀性有機會導致偏頗的評核結果。

14　人際關係技能（Human Relationship Skill）是組織成員重要的生存技能之一，員工若能與其同僚及部屬維持良好的工作關係，對方一般會給予較高的評價。

度（Validity）的衡量。另一方面，當員工進行自我評核時，普遍傾向給予自己較高的評價，致使自評與上級評核有機會出現嚴重分歧；而在此情況下，雙方關係變得緊張，更會直接影響工作的氣氛。為避免衝突發生，除進行績效評核外，督導者還須定期與下屬作出溝通，並致力滿足其需求與期望（Doktor, Tung, & Von Glinow, 1991；O'Reilly, 1994；Tornow, 1993）。

(二) 評估中心方法

　　這是指採用多種的評核方法或技巧，並由多位評核員負責進行，而有關評量必須依據其所收集到的資料，從而減少偏見與主觀性。具體來說，評估中心會安排員工參與模擬習作（Simulation Exercises）或模擬的工作任務，並依據其工作行為而進行績效衡量，不單如此，還藉此探討其能否肩負更高職級之可能性，而它一般會採用六種測試方法，包括套餐式習作（In-basket Exercises）、無領袖方式的小組討論（Leaderless Group Discussion）、管理遊戲（Management Games）、個人陳述（Individual Presentations）、客觀的測驗（Objective Tests）和面談（Interview）（Beatty & Schneier, 1981：238；常昭明、共好知識編輯羣，2010；梁偉康，2012）。

　　評估中心方法是屬於未來導向的（Future-oriented）評核方法之一，它有兩個優點，這包括：(1) 由多個評核者進行集體評核，此舉不單減少偏見，同時是一種較為公平和客觀的評核方法；和 (2) 此方法有助評估受核者持續的工作績效，這不僅發掘員工的潛質，還可進一步探討其是否符合晉升的條件。即使如此，它亦是有缺點的，這包括：(1) 評估中心的設立是較為費時費力，其所衍生的成本亦非一般的社會服務機構所能承擔；(2) 受核者在眾人面前進行面試，難免產生焦慮與壓力，窒礙發揮；和 (3) 倘若受核者在面試期間受到負面批評或最後不獲推薦，將有機會產生沮喪感，可見此方法或許會對員工士氣造成沉重的打擊。

　　然而現時的評估中心大多用於評核員工職能，而非用於績效評核。至於進行員工職能的評核時，一般來說，評估中心至少會採用兩

種或以上的獨特情境設計，從而識別員工的工作行為能否配合其核心職能，可見其主要功能是發掘具潛能的員工，繼而依據機構之發展需求而為其制定適切的培育與發展計劃。

（三）採用平衡計分卡以發展出綜合性績效評核方法

採用平衡計分卡這種方法，必先把組織使命和策略轉化為績效目標與績效衡量，其後依據四個構面而制定其關鍵性成功因素（Key Success Factors，簡稱 "KSF"）、關鍵性表現指標（Key Performance Indicators，簡稱 "KPI"）、衡量方法、指標水平（Target Level）以及為達到指標水平而推行的行動計劃（Management Initiatives）。概而言之，社會服務機構乃由不同的功能部門（Functional Departments）[15] 所組成，其轄下約有數個至十數個服務單位不等，單位之下則由一羣組織成員及不同的工作團隊所組成，因此平衡計分卡涵蓋了組織層面、部門層面、單位層面以及個人 / 工作團隊層面；而這種由上而下發展的關係，彼此之間是相互依存的。

平衡計分卡這種績效衡量和管理工具，自 1992 年發展至廿一世紀初已漸趨成熟，現時社會服務機構的人力資源管理亦相繼採用這種評核機制，藉以提升組織整體績效之客觀性和公平性。舉例而言，某間機構已制定組織層面的績效目標，而「績效」乃指其所制定的整體性目標，再向下發展的是制定其轄下部門、單位，以至個人 / 工作團隊於運作層面所預期達到的成果。至於機構一般是由幾個功能部門組成，部門之下是單位；而單位則主要由員工及工作團隊所組成，彼此一脈相承、相互緊扣；基於上述關係，其所制定的年度目標理應可由上而下發展出轄下部門，甚至是個人 / 工作團隊層面的年度目標。為促進縱橫協同、形成合力和共同推進之達成，那些由上而向下發展的歷程必須通過共識才得以進一步實踐，詳情可參閱圖 5-1。

---

15 組織轄下之功能部門主要包括社會服務部、醫療服務部、教育部、財務部、人力資源部、行政部以及內部審計部等，而部門多寡則視乎組織規模而定。

圖 5-1：各層面平衡計分卡的發展歷程及相互關係

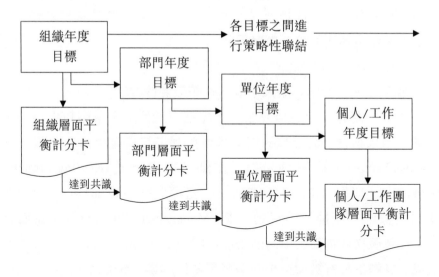

參照上圖的邏輯關係，一套較全面的績效評核制度，除針對組織、部門及單位每月表現而進行的績效評核外，還可為其員工／工作團隊進行季度績效評核；若持之以恆，勢必促進其績效改善的策劃，並有助相關改善方案的執行，現用圖 5-2 以展示各層面績效評核的關係。

圖 5-2：各層面的績效評核及相互關係

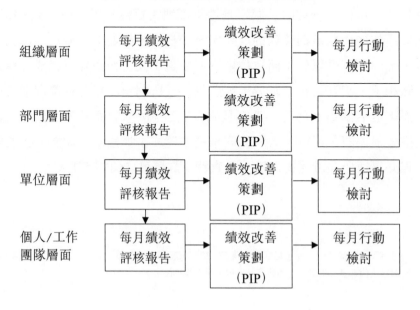

從上圖各層面之緊密關係中可見，由組織、部門、單位，以至個人／工作團隊的績效是環環相扣，互為因果。為提升組織整體性核心能力，毋庸置疑，綜合性績效管理體系之建立絕對是大勢所趨。儘管如此，若單靠組織某些組成部分的努力，比如個別部門或員工，相信難以改善其整體性績效水平，它必須與政策部署、績效評核、激勵與獎賞、培訓和發展、資訊系統及持續改善機制等配合才可促成其績效目標（區明標，2006）。而更重要的，督導者通過建立這套體系，可向受核者有效傳遞組織策略方向和目標等關鍵訊息，從而針對其關鍵性表現指標的達標程度作出客觀的評核；與此同時，督導者可依據有關結果而識別其實際績效與所需知識與技能的差異程度，繼而制定績效改善計劃，甚至調整其培訓和發展計劃的方向。

　　不言而喻，組織若能建立健全、公開和公平的獎賞和嘉許機制，這對激勵士氣及改善績效起着相得益彰之效（區明標，2006）。有關綜合性績效管理體系之架構，請參閱圖 5-3。

圖 5-3：綜合性績效管理體系之架構

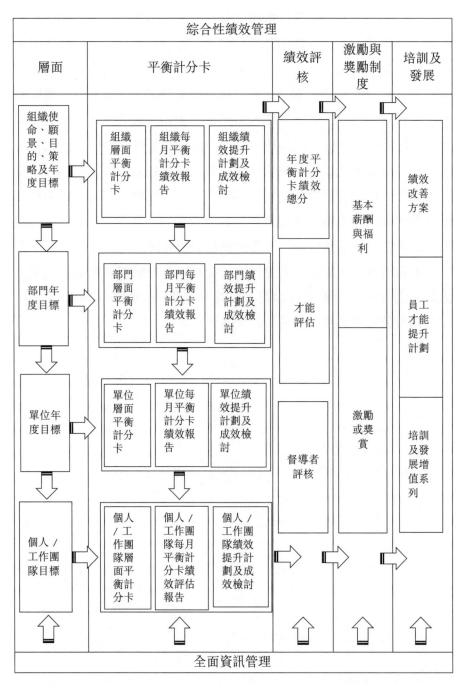

備註：資源來源：區明標 (2006)，〈建立綜合性表現衡量和管理系統〉，收錄於梁偉康、黎志棠主
編 (2006)，《表現衡量和管理全新攻略：社會服務平衡計分卡之構思與實踐》，第十二章，
第 320-329 頁，另筆者已對上圖部分內容作出修改。

正如前文所述，平衡計分卡主要將組織的使命和策略轉化為表現目標和表現衡量，並針對財務、顧客、內部流程以及員工學習與成長等四個構面而發展出相關的表現目標、關鍵性表現指標、指標水平及達標的行動計劃。而社會服務機構由不同的功能部門所組成，部門轄下是單位，單位則由員工／工作團隊所組成；唯篇幅所限，筆者現只針對員工層面的個人平衡卡進行闡述，至於組織、部門和單位層面的則從略。

平衡計分卡內每個層面皆包含四個構面，個人平衡計分卡亦不例外；而每個構面涵蓋多個元素，這包括表現目標、用以衡量目標能否達成的關鍵性表現指標、期望達到的指標水平以及達標所需採取的行動計劃等。如前文所述，每個構面皆源自組織層面的平衡計分卡，而部門、單位及個人／工作團隊層面的也是依此而發展出來，故每一位組織成員必須將焦點專注於這幾個構面，這樣不僅支援單位和部門的既定目標，還可朝著組織目標而努力奮進。有關個人與單位層面平衡計分卡之連結及員工績效計劃表，請參閱圖 5-4 及表 5-2。

圖 5-4：單位平衡計分卡與個人平衡計分卡之連結

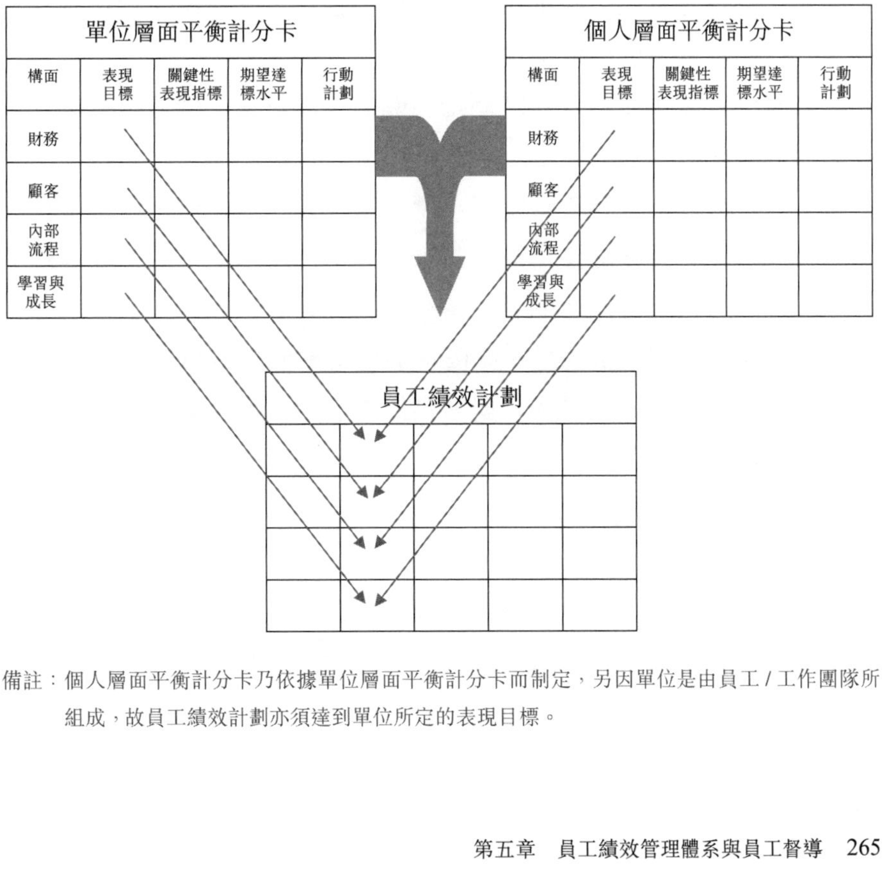

備註：個人層面平衡計分卡乃依據單位層面平衡計分卡而制定，另因單位是由員工／工作團隊所組成，故員工績效計劃亦須達到單位所定的表現目標。

表 5-2：員工績效計劃表

員工績效計劃				
單位名稱：		督導者名稱：		
受核者姓名：		職位：		
績效計劃日期：由_____年_____月_____日 至 _____年_____月_____日				
構面	表現目標	關鍵性表現指標	指標水平	行動計劃

從圖 5-4 及表 5-2 所見，可歸納出七個重要事項，這包括：

1. 個人層面平衡計分卡之四個構面已涵蓋工作相關的元素；

2. 個人表現目標必須連結單位層面平衡計分卡；

3. 每項表現目標、關鍵性表現指標、指標水平以及達標所採取的行動計劃等皆須取得員工的共識；

4. 督導者須與受核者共同制定相關的表現目標，倘若情況有變，則須作出相應的調整；

5. 表現目標的數量若是太多，便容易顧此失彼，而用以衡量目標能否達到的關鍵性指標，其數量亦應適可而止，因此較理想的做法是每項目標之下，最好不超過兩項指標；

6. 設定里程碑與檢討點，並按時審視達標進度；和

7. 督導者必須識別受核者所需具備之能力為何，此舉有助促使目標之達成。

(四) 能力為本績效評核法

「能力」一詞乃指可被觀察及應用的知識、技能以及能力和態度的融合，而這些對促進組織和個人績效的提升及達標與否，尤為重

要。至於能力大致分為「一般性能力」及「功能性能力」，前者適用於大多數的工作類型；後者則適用於某些特別的工作種類，尤其是專業的技能行為。除此之外，還有「管理能力」和「核心能力」，前者是指跨越組織界限，並涉及管理相關的工作性質；後者則指有關能力對促進組織或某類型工作的成功起着關鍵性作用。

近 10 年來，社會服務機構開始着重採用能力為本績效評核方法以衡量組織成員的績效，有關之具體做法是先將不同職級的員工分為幾種類別，比如行政總裁、總監、經理、單位主管、社工、輔助醫療人員、一般行政人員及文書職系等，而每種類別皆有勝任其工作崗位的一般性能力以及有效履行其獨特職務的能力。在評估受核者之績效時，均須衡量上述兩方面的核心能力項目，這樣才可識別其不足之處，其後再依據此而制定相關的改善方案或發展計劃。

採用能力為本績效評核法之好處是清楚界定員工職務所需的核心能力為何，督導者可依據下屬履行有關能力之狀況而進行評核，當然有力的支持理據及相關佐證是不可或缺，這樣，便能針對受核者未達標之績效項目作出緊密督導，甚至依據其所需而制定適切的改善方案或發展計劃。除此之外，此方法不單為員工與關鍵性工作建構出一道橋樑，藉以驅使其朝向核心工作的目標而邁進，同時可作為員工績效評核、晉升及事業生涯規劃與發展之參考基準；而更重要的，它能促進員工績效改善，並有助組織整體性效能之提升，若是如此，單位目標、部門目標、組織目標，甚至是使命和願景之達成，勢必指日可待。

二、選擇績效評核方法之準則

雖然上述員工績效評核方法各有利弊，但每一種方法仍有其評核的特定目標，管理者在進行甄選時，須識別哪些方法能有效促進其所關注的目標之達成，而有關做法可從下列九項提問的檢視中獲得較明確的答案：

（一）這方法是屬於客觀或是主觀的衡量？

（二）這方法是否集中衡量員工的職責？

（三）在衡量工作行為之定性方面（Qualitative Aspects），這方法會否

因過於側重定量的標準而有所忽略？

（四）這方法對組織成員之適用程度為何？

（五）這方法主要用作員工績效評核抑或有其他用途？

（六）這方法能否促進督導者與受核者達成共識，從而釐定績效目標？

（七）這方法能否有效衡量員工實際的工作績效？

（八）這方法是否可靠？

（九）這方法是否難以實踐與應用？

綜上所述，較理想的績效評核方法須符合下列原則（Miller, 1998；常昭鳴、共好知識編輯羣，2010：405-406；梁偉康，2012；黃源協，2015），這包括：

（一）信度（Reliability）—— 無論何時採用此績效衡量方法，均可產生一致的評核結果；

（二）效度（Validity）—— 依據員工的實際績效作出衡量；

（三）公平性（Fairness）—— 績效評核的分數或等級不受個人或其他因素所影響；和

（四）簡便性（Simplicity）或實用的（Practical）—— 評核方法是簡單和易於執行的。

由此可見，管理者若要甄選合適的績效評核方法，可參考下列準則以作取捨（Miller, 1998；Langdon & Qsborne, 2001；梁偉康，2012），這包括：

（一）可發展的（Developmental）

這是指評核方法能否產生激勵、促進反饋、加強內部管治、推動人力資源策劃及完善員工事業前程規劃和發展？由於績效評核的關鍵作用是激勵員工以提升其表現，因此這項準則必須置於首位。

（二）可評估的（Evaluative）

這是指評核方法能否依據效度（Validity）和輔以足夠資訊，從而識別具潛質的員工，甚至作為晉升、解僱或遣散等決定之支持理據。

（三）經濟及簡易的（Economic and Simple）

這是指評核方法之發展、實踐和應用是否耗費巨大的成本？又是否實際可行？若然績效評核的方法和評分機制過於繁複，這不僅窒礙員工的參與，還對評核結果構成負面影響，因此選用簡單易行的評核方法為佳。

（四）無誤差的（Free From Errors）

督導者所選用的績效評核方法須儘量避免下列的七種狀況（Christian & Hannah, 1983：108-109；戴國良，2011；梁偉康，2012；黃源協，2015），這包括：

1. 暈輪效果（Halo Effect）—— 督導者只依據受核者某一種重要特質或某方面的實際工作績效，而非針對其全面的實際績效進行評核。

2. 集中趨勢的錯誤（The Error of Central Tendency）—— 督導者未能識別受核者之優缺點，亦不願意判斷其績效是否有效，但卻為所有員工給予大致相近的評級。

3. 寬大與嚴苛偏誤（The Leniency and Strictness Biases）—— 有些督導者不管受核者之工作表現如何，總是給予高評；但有些卻過於嚴苛，評分異常嚴謹；然而兩者的處事作風皆對績效評核造成偏誤。

4. 個人偏見（Personal Prejudice）—— 督導者的個人偏見會直接影響績效評核的結果。舉例而言，有些職務以往主要是由男性擔任，但有些督導者受着傳統觀念的約束，主觀地認為女性擔任此等職務略遜一籌，故不管其表現優劣都刻意降低其評級，因而造成不合理的歧視。

5. 新近的效果（The Recent Effect）—— 督導者未能全面檢視受核者之整體性工作績效，只針對近期發生的一些事宜，卻忽略其過去持續的工作表現，因而造成不公正的評價。

6. 尖角效應（Horn Effect）—— 督導者只針對受核者某些特殊事件或某項工作之不理想表現而作出偏頗的評核。

7. 對比效應（Contrast Effect）—— 督導者傾向將受核者之表現與其他人相比，因而容易產生不客觀的評核結果。

（五）人際的（Interpersonal）

這是指評核方法能否讓督導者獲取足夠和實用的資料以助其完成評核面談，而當中的溝通方式又能否促進其與受核者的期望與相互了解。

筆者現引用下列 10 種評核方法以審視其在上述五項準則中的符合水平，詳情請參閱表 5-3。

表 5-3：檢視員工績效評核方法對評估準則之符合水平

評核方法 評估準則	強制分配排列方法	短報告／敘事方法	關鍵事件記錄方法	計分核對表方法	圖表分等評價方法	行為拋錨式定等級尺度法	目標管理式評核方法	結果管理式評核方法	平衡計分卡績效評核方法	能力為本績效評核法
可發展的	1	1	2	2	1	2	3	3	2	3
可評估的	2	2	1	1	1	2	3	3	3	3
經濟及簡易的	3	1	2	1	3	1	1	1	2	2
無誤差的	3	1	1	2	1	2	2	3	3	3
人際的	2	1	2	2	1	3	2	2	3	3
總分：	11	6	8	8	7	10	11	12	13	14

備註：1＝低水平；2＝一般水平；3＝高水平

根據表 5-3 所示，相對於其他八種的績效評核方法，建基於平衡

計分卡這種績效衡量和管理工具而發展的綜合性績效評核方法以及能力為本的績效評核法獲得較高水平的評分，基本上能符合評估準則之要求，建議機構採用。

三、設計一套完善的員工績效評核制度

需知各種員工績效評核方法皆有其利弊之處，因此管理者不應只採用單一的績效評核方法以進行員工的考核；唯當務之急，是選取綜合幾種有效的績效評核方法，取長補短，精益求精；而機構所制定之績效評核制度若是精確完善，則會呈現下列五種狀況：

(一) 由於績效評核制度是公正不阿和大公無私，因此不會受到其他因素所影響[16]；

(二) 此制度能與實質的獎勵掛鈎[17]；

(三) 組織成員能透過不同的渠道以檢討績效評核機制及提出修訂的建議；

(四) 員工能儘快知悉其績效評核的結果；就算感到不滿，亦可按相關機制提出上訴而不會遭受不公平的對待；和

(五) 員工經接受適切的訓練或教導後，其績效會相應獲得改善與提升。

一套全面的績效評核機制必須涵蓋制定績效評核的步驟和員工績效評核表格，而有關步驟亦須符合下列 10 項準則（Austin & Hopkins, 2004；梁偉康，2012），這包括：

(一) 確定評核的目標與範圍

督導者應明確界定評核的目標與範圍，而各評核項目亦須清晰鮮明，避免混淆與重複。

---

16 其他因素包括個人關係的徇私、主觀、偏見及性別歧視等。

17 實際獎勵如增薪、晉升或額外補償等。

(二) 制定明確的績效目標和績效指標

　　若要有效衡量員工績效，督導者必須與受核者共同制定明確的年度績效目標（Yearly Performance Objectives）、達標所採用的策略、衡量目標達成的績效指標以及制定達到指標之行動計劃等；另受核者能否依循既定的計劃落實執行，亦是督導者責無旁貸的重點工作。筆者已於前文論述目標與關鍵結果（OKR）這種方法，現提出最新發展的 "GOSM"[18] 方法，並鼓勵督導者善用此方法為其下屬進行年度績效的策劃。由於 GOSM 能明確列出年度所需達到之績效目的和績效目標、達到績效目標所採用的策略、用以評量績效目標有否達成的績效指標，與達到績效指標所需實踐的行動計劃；可想而知，它有利於推動員工績效督導與評核。表 5-4 是某社會服務總監採用 GOSM 方法為其屬下的一位中心主任進行年度績效策劃，當中明確制定有關的績效目標和績效指標，有助日後推行績效督導和評核。

表 5-4：中心主任年度績效策劃（採用 GOSM）（例舉）

績效目的（Goal）：推動 / 激勵員工完成工作以達到中心所定的年度目標			
績效目標（Objective）	所採用的策略以達到目標（Strategy）	檢核（Measure）	
		績效指標	行動計劃
1. 完成中心新年度計劃的制定	透過成立運作性規劃團隊以進行規劃的工作及完成年度計劃的制定	1.1 在新年度開始前一個月完成一份中心新年度計劃	1.1.1　成立運作性規劃團隊 1.1.2　每星期召開一次運作性規劃會議 1.1.3　完成規劃及依據規劃的資料而制定運作性 / 年度計劃 1.1.4　呈交新計劃予管理層審批

18　"GOSM" 乃指 "G"=Goal（目的）；"O"=Objective（目標）；"S"=Strategy（策略）；和 "M"=Measure（檢核），這是新近發展的績效策劃方法，詳見本章所引用之中心主任年度績效策劃例舉。

績效目的 (Goal)：推動／激勵員工完成工作以達到中心所定的年度目標			
績效目標 (Objective)	所採用的策略以達到目標 (Strategy)	檢核（Measure）	
		績效指標	行動計劃
2. 有效監督員工完成其所分配的工作	透過定期檢視每位員工的績效／工作進度以對其進行有效的督導	2.1 每季檢視 ≥ 1 次員工績效	2.1.1 採用 GOSM 為每位員工進行年度績效策劃 2.1.2 每季依據 GOSM 以檢視員工達到績效目標的進度 2.1.3 對員工績效提出改善的建議
		2.2 每月進行 ≥ 1 次員工個人督導	2.2.1 因應員工的督導需求（Supervision Needs）而制定年度督導計劃 2.2.2 每月按員工的督導需求而進行督導 2.2.3 檢討個人督導之效能
3. 提升社工之專業知識／技能	透過推行有計劃的督導和系統的培訓以提升社工之核心能力	3.1 針對社工的專業範疇，每 2 個月為其進行 ≥ 1 次小組督導	3.1.1 按員工年度督導計劃而安排督導 3.1.2 以小組形式進行專業督導 3.1.3 檢討小組督導之效能
		3.2 每位專業社工參與專業培訓時數 ≥ 30 小時	3.2.1 從培訓機構搜集相關的培訓資料 3.2.2 安排社工參加專業培訓課程 3.2.3 評估社工完成培訓後其知識／技能之改善進度

績效目的 (Goal)：推動／激勵員工完成工作以達到中心所定的年度目標			
績效目標 （Objective）	所採用的策略以達到 目標（Strategy）	檢核（Measure）	
		績效指標	行動計劃
4. 改善社工對專業實務介入之評估能力	透過推行一系列與評估相關的培訓活動以加強社工認識專業實務介入的成效評估	4.1 完成 ≥ 4 項有關專業實務介入評估的培訓活動	4.1.1 編製培訓預算及識別適合的培訓課程和專業導師 4.1.2 邀請培訓導師 4.1.3 舉行相關培訓 4.1.4 檢討培訓活動的效能
		4.2 每位專業社工須掌握 ≥ 3 種成效評估方法，並應用於個案／小組／社區介入方案之評估工作	4.2.1 社工完成培訓活動後與直屬主管商討所需採用的方法以進行成效評估 4.2.2 社工落實採用可行的評估方法以對其專業實務介入進行成效評估 4.2.3 直屬主管與社工檢討所採用的評估方法之效能及適切性

備註：(1) 制定績效目標時務必恪守 "SMART + OBJECT" 原則：

"SMART" 代表：S = Specific（具體的）；M = Measurable（可衡量的）；A = Achievable（可達成的）；R = Relevant（相關的）；和 T = Timely（有時限的）。

"OBJECT" 代表：O = Objective（客觀的）；B = Braving（鼓舞士氣的）；J = Judicious（精挑細選的）；E = Exact（明確的）；C = Clearly Understandable（容易理解的）；和 T = Tangible（能於限期內完成的）。

(2) 不應制定太多績效指標，約一至兩個較為合適。由於每個指標皆有其比重，若制定的數目太多，在運作及達標方面將難以兼顧，同時計分亦有難度。而有關制定績效指標須恪守 "RESULT" 原則，詳見如下：

"RESULT" 代表：R = Reachable（可達到的）；E = Exponent（包含指標的）；S = Significant（有重要意義的）；U = Understandable（易於明白的）；L = Limited to Numbers（數目有限制的）；和 T = Time-bound（有時限的）。

(三) 評核員工之核心能力

督導者應定期觀察受核者之表現和安排其執行不同的工作任務，藉着獲取更多績效相關的資訊，可有助其進行客觀而準確的績效評核；但更重要的，督導者必須以大公無私及公正不阿的態度衡量員工的績效。

（四）採用不同的衡量方法以蒐集相關的績效資訊

為獲取具質量的員工績效資訊，督導者應採用不同的衡量方法，比如觀察、督導者和同僚報告、個別面談、參與特別計劃之工作績效、情境式測試（Situational Testing）及筆試等以進行績效評核。

（五）建立具效度及信度之績效評核機制

督導者和觀察者皆須接受正規的訓練，並以一絲不苟的態度進行客觀和公正的績效評核，而相關的觀察報告和評核記錄亦須經較高一層的主管抽查覆檢，這樣才可確保評核結果之準確性和有效性。

（六）員工績效評核的規劃

現時並無硬性規定何時進行績效評核，但一般是每年、半年或每季進行一次；又或於完成某項特殊任務和項目後進行評核。若評核次數過於頻密，不但耗費大量時間和人力成本，督導者及受核者亦會承受不少壓力。具體而言，督導者可於每三個月與其下屬進行口頭的督導，而每年則針對其整體性績效而進行一次較深入及詳細的督導面談，有關的績效督導與評核資料及報告均須妥善存錄[19]，並存放於員工個人檔案之內。

（七）建立系統的績效評核制度

督導者應採用一套系統的績效評核制度以確保所有的評核結果皆可進行比較與分析，比方說，督導者可參閱受核員工一個為期六個月之書面績效評核報告，繼而依據其指標水平再衡量其後六個月之達標狀況，這樣便可判斷其績效是屬於已作改善、維持水平或水平趨降。

---

19 督導者就算為受核者進行簡短的督導面談，亦最好能把督導重點記錄下來，並妥善存錄，以便日後進行年度績效評核時可作參閱。

（八）重複測試評核方法之實用性

　　管理者須為機構所採用的績效評核方法重複進行實地的測試，而最有效的策略當然是由上而下，並依據其特色及需求而度身訂造。

（九）恪守保密原則

　　員工的績效評核結果是屬於機構之機密資訊，而所有評核資料亦須徵得員工書面同意後才可向其他部門或相關人士披露。

（十）甄選合適的評核人員

　　績效評核方法眾多，比如自我評核、同輩評核及由直屬主管評核等；然而每種方法皆無可避免產生主觀或偏頗的結果。督導者若要進行客觀的績效評核，其先決條件是充分了解受核者之工作行為；正因如此，由直屬主管負責評核是理所當然之事，其他如同輩評核或自我評核則可作為參考之用。

　　至於績效評核的六個步驟，督導者可依循下列模式進行（Lewis, Packard, & Lewis, 2012；梁偉康，2012；黃源協，2015），這包括：

（一）搜集關鍵性資料以進行績效評核

　　督導者進行員工績效評核，須集中衡量員工所履行的職責為何？其工作成果為何？自我滿意的程度又為何？當督導者獲取有關資料後，須依據受核者之工作績效標準進行比較，繼而作出反饋（不管是正面的或負面的）。至於工作成果是相對容易衡量，受核者只需呈交書面報告便可檢視其能否達到績效指標；但活動則較難衡量，除非督導者經常監察和進行記錄，甚至採取相應的步驟以確保活動記錄和資料是準確和可靠的。另外，督導者可通過個別面談和善用附有評分等級之表格以獲取受核者對工作整體性滿意度及績效反饋。

（二）建立可行的激勵機制

　　督導者通過嘉許員工之卓越績效，是激發工作士氣的必要手段。可想而知，員工若受到公平和合理的對待，同時獲得獎勵和／或嘉

許，其工作歸屬感和滿足感必可與日俱增；換言之，激勵能促進優異的工作績效，而優異的績效自然提升工作滿足感，這是理所必然。至於如何獎勵優秀的員工，最好的做法是藉着徵集意見以讓其表達所需，因此督導者向員工進行半年度績效面談時，可藉此探討其期望的獎賞方式，繼而分析資料；若資源許可，機構應盡力滿足其需求。

(三) 觀察和記錄員工績效

觀察和記錄員工績效之方法已於前文述及，而針對績效評核的效度及信度之提升，督導者須依據受核者所需履行的職務及達標要求而制定一份核對總表，一方面監察工作行為；另方面觀察其與受助人、服務對象和個案[20]之互動，而有關記錄可用作績效評核的支持理據。

(四) 通知員工評核結果

當督導者完成員工績效評核後，須儘快讓受核者知悉其評核結果，並不時給予績效反饋、工作指導與訓練，從而持續監察其有否依循工作指引以履行職務；但不管採用何種績效反饋模式，督導者必須秉持客觀和公平的原則。而有關績效反饋的內容，主要包括下列四方面：

1. 個人特徵 (Personal Characteristics)，比如合作精神和領導才能等；
2. 清楚列明工作績效標準之表現準則 (Performance Criteria)，而這些準則可用作衡量員工績效標準之達成程度；
3. 工作效果 (Job Results) 可反映出員工績效之效能和生產力 (Effectiveness and Productivity)，並與績效標準有着密切的關係；和針對員工未來之工作任務和訓練作出建設性的意見。

---

20 相對員工行為，督導者較難監察受核者與受助人、服務對象和個案的互動、溝通及專業關係的建立。

（五）依據績效結果予以賞罰

　　督導者須依據員工績效之質與量作出評核，從而因應其實際表現而進行獎勵或懲處；姑勿論如何，所有與績效相關的資料均須準確記錄和妥善保存，比如口頭反饋[21]、撰寫績效評核書面報告或督導備忘錄等。一般而言，績效結果若能符合標準或超逾標準，受核者理應獲得預期的獎勵，比方說，讚賞、增薪或晉升等；若然表現遠低於所定的績效水平，則無可避免接受懲處，比如口頭責備、書面警告、降職、甚或終止合約等。總而言之，督導者須致力滿足受核者對績效的期望，並培育其發展和成長，最終成為機構寶貴的人才。現時社會服務機構採用了多種的員工獎勵方式以作激勵，這包括：(1) 調升薪酬；(2) 加強福利；(3) 給予正面的口頭和 / 或書面的績效反饋；(4) 工作輪調；(5) 晉升；(6) 代表機構出席國際性會議或研討會；(7) 委派特別的工作任務；(8) 頒發嘉許信 / 獎狀；(9) 參與服務相關的政策和程序之制定或檢討；和 (10) 改善工作環境。另一方面，機構在員工懲處方面，尤其是針對那些績效欠佳和低效能之問題員工，督導者可透過糾正的面談（Corrective Interview）以執行正式的紀律處分。至於那些曾觸犯嚴重過失的員工，機構須予以正視，並採取正式的糾正行動（Formal Corrective Action）——漸進式的紀律處分，比如發出書面警告、停薪、降職、減薪或解僱等。儘管如此，當代學者普遍鼓吹採用非懲罰性的紀律處分（Non-punitive Discipline），而這種方式亦被視為最具成效的（Bulin, 1995；Grote, 1995）。

（六）跟進

　　這步驟主要是跟進受核者接受評核後的工作行為及績效水平，督導者藉此除檢視績效反饋的成效外，還可監察受核者能否依循績效檢討及改善方案有效履行其職務。

21　就算是口頭反饋，督導者亦應把重點記錄下來，方便日後翻閱。

督導的功能、模式、方法和安排

一、督導者的角色、督導功能和目標

　　督導者為確保受核者能向服務對象提供具成效和效率的服務，他們須同時履行多重角色，並悉力發揮督導的功能。朱廸絲・路易斯（Judith A. Lewis）、伯思斯・帕卡德（Thomas R. Packard）及邁克爾・路易斯（Michael D. Lewis）等學者認為督導者所應履行的重要角色，主要包括下列四種（2012），這包括：

(一) 領導者 —— 這是指督導者具有合法的權力以推動員工的工作動機及指導其履行相關的職責，從而達到組織目標。

(二) 管理者 —— 這是指督導者須履行組織策劃、協調、監察以及評估工作。由於社會服務機構須向其持份者問責，因此督導者務必監督下屬有效完成工作及達到組織所定的目標。

(三) 斡旋者 —— 這是指督導者同時肩負起「行政」與「直接服務」的職責，而兩者功能的聯結，將必有助服務水平的提升；換言之，督導者一方面協調組織成員上下一心，竭力鞏固團隊士氣；另方面則與外間機構 / 團體建立緊密的聯繫與協作，加強地區的策略性聯盟。

(四) 輔導者 / 顧問 —— 這是指督導者須關注受核者之專業成長和發展，比方説，按其個人及心理所需而提供適切的支援、傳授知識與技能等，如此可有助提升組織的整體性核心能力。

　　上述督導者角色之描繪可適用於社會服務機構之督導模式，詳情可參閱圖 5-5。

圖 5-5：動態的督導模式 (Lewis, Packard, & Lewis, 2012：142)

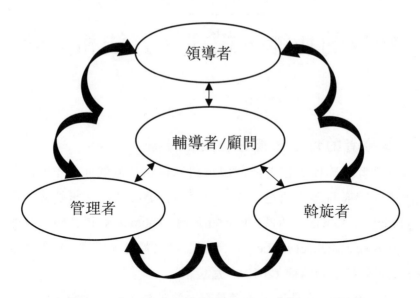

從上圖可見，督導者所履行的「領導者」角色尤為重要，其主要職責是竭力鼓舞員工士氣、提高生產力和增強工作滿足感；除此之外，另外三種角色如「輔導者/顧問」、「管理者」和「斡旋者」則是促進督導者履行其「領導者」的角色和功能，並確保服務對象獲取高質素的服務。

有關區分督導功能的研究，現時普遍引用阿爾弗雷德‧卡杜辛（Alfred Kadushin）及丹尼爾‧哈克尼斯（Daniel Harkness）等學者（2002）所提出之四種督導功能，這包括：

(一) 行政功能

這是指督導者執行策劃、工作分配和督導、監察和評估等行政工作，此舉不單促進工作任務的達成，還可加強服務運作的效能。

(二) 教育功能

這是指督導者協助受核者增進其所需的知識和技能，並促使工作任務的完成，因此督導者須扮演教育者和輔導者/顧問兩種角色，前者主要是鼓勵員工持續學習；後者則指導其「所需學習的」及「所應

做的」，藉以激發其潛能以邁向成功之路。

（三）支持功能

這是指督導者協助員工減輕其內在壓力，並提供問題解決的方法；若然員工壓力適時獲得紓緩，可避免因倦怠（Burnout）而衍生出各種問題。

（四）諮詢功能[22]

這指督導者為受核者提供所需的指導，從而協助其處理棘手個案的問題或提供專業實務介入的工作指引。

筆者現引用表 5-5 以分析上述四種的督導功能，讀者可作參考。

表 5-5：督導功能的分析

督導功能項目	行政功能	教育功能	支持功能	諮詢功能
關注點	解決行政管理相關的問題	提升員工知識和技能	紓緩員工情緒及工作壓力	加強專業實務介入之知識和技巧
提供	新增資源以促進工作任務的達成	與工作相關及嶄新的知識和技能	鞏固員工心理質素及強化工作關係以激發其工作動力	工作指導
權力來源	職位的合法性、獎勵及懲治權	專業知識和技能	關懷、友善及凝聚力	專業實務介入之知識和技能
強調	效率及效能	稱職勝任能力	員工了解組織，並持積極的工作態度	個案管理成效

筆者現依據每項督導功能以制定相關的督導目標，詳見表 5-6。

---

22 諮詢功能是阿爾弗雷德・卡杜辛（Alfred Kadushin）及丹尼爾・哈克尼斯（Daniel Harkness）等學者（2002）後加的督導功能；亦即是說，督導者若未能掌握所需的知識和技能，則可借助其他的專家／顧問或由組織內部擁有相關專業知識和技能的員工提供專業諮詢與工作指導。

表 5-6：**依據督導功能而制定督導目標（例舉）**

督導功能	督導目標
1. 行政功能	1.1 維持組織恆常的運作 1.2 界定員工所需履行的角色和職責
2. 支持功能	2.1 營造良好的組織氣氛 2.2 減低員工所承受的工作壓力
3. 教育功能	3.1 提升員工的基本技能 3.2 增進員工所需的知識
4. 諮詢功能	4.1 協助員工有效處理特殊的個案 4.2 協助員工解決專業實務介入所面對的難題

備註：現今主管須履行的督導功能已改為管理、支持、持續的專業發展和調解。前三者主要的含義基本不變，最後的「調解」，指主管須向員工解釋機構之需求，反之亦須向機構管理層說明員工有何需求。

　　為全力維持組織的恆常運作，督導者須完成下列各項的督導工作，包括制定成效目標、依據目標的重要性進行排序、分配工作任務、監察工作進度以檢視員工能否達到所定的工作指標和要求以及檢討工作成效等。在界定員工角色和職責方面，督導者須協助受核者清楚了解其工作職務的內容和權責；不單如此，還須知己知彼，若能掌握同僚的工作範疇，將可增強團隊的合作；而更重要的，督導者須公平地分配下屬的工作，但工作量必須是其所能應付與承擔的。為提高員工士氣，督導者亦須致力營造良好的工作氣氛，比方說，提供機會予員工參與組織事務的決策、建立多元的溝通平台以讓其分享工作經驗以及激勵團隊合作等；凡此種種，相信可有效提升良好的組織氣氛。

　　現時社會環境急遽轉變，社會服務業界因而承受無可比擬的壓力，有見及此，督導者須紓解下屬的工作壓力，比如敏銳地關注其所面對的潛在危機以及開拓渠道以讓其釋放壓力和宣洩焦慮情緒等。至於教育功能方面之督導目標，則須集中專業發展方面，比方說，促進其學習動機、協助發展和改善工作相關的專業知識和技能、定期評估工作進度以及制定適合其個人發展需求的事業前程規劃等。在諮詢功能方面，當下屬面對專業實務介入的難題時，督導者須及早提供適切的指引與支援，共商對策。

二、督導的模式、方法和安排

督導者可採用不同的模式（Modes）、方法（Methods）和安排（Arrangements）以滿足員工的督導需求，從而達到其所定的督導目標。

有關督導模式主要分為四種（Payne & Scott, 1982；梁偉康，2012），這包括：

（一）正式的－計劃的模式（Formal-planned Mode）

（二）督導者須預先通知受核者有關的督導面談內容、約見時間及地點，繼而依據計劃如期執行其督導方案。

（三）正式的－臨時的模式（Formal-ad hoc Mode）

（四）受核者只知悉督導面談的時間和地點，然而督導者會因應下屬的督導需求而制定相關的面談內容與督導目標。

（五）非正式的－計劃的模式（Informal-planned Mode）

（六）督導者已預先擬定督導面談的內容，但時間和地點則按實際的工作需要再作決定。

（七）非正式的－臨時的模式（Informal-ad hoc Mode）

（八）這種督導模式是即時性的，而受核者事前亦不知悉面談的時間、地點和談話內容。

至於督導方法大致分為五大類型，這包括討論、策劃、問題解決、模擬方法及直接督導，當中每一類型皆涵蓋幾種形式；而筆者則選取較重要的作出簡介，詳見如下：

（一）討論

不管進行個人、小組或團隊的督導，討論是最常採用的方法；它的形式繁多，筆者現只簡介其中兩種最常用的形式：

1. 自由發表

受核者通過自由發表其個人的見解和觀點，督導者除可吸納不同的意見，還可對他人的想法作進一步的了解，因此督導者須持開放的態度，並細心聆聽及接納正面的意見，這絕對有助於督導成效的提升；唯此方法只適用於那些經驗豐富、資歷深厚及成熟穩重的員工，加上需時討論，故較為耗費時間。

2. 個案討論

督導者利用實際個案所呈現的問題以鼓勵員工進行深入的討論，並從中蒐集資料以分析問題的癥結，繼而提出解決問題的方法。這種方法雖然可讓員工進一步探討問題，從而深入了解實際的困難，可是準備個案資料一般較費時，亦未必能隨時找到合適的個案[23] 以作討論。

（三）策劃

督導者與受核者通過督導面談，可針對某特定時間所需達到的目標、執行程序與方法以及評估準則等進行策劃的工作，而此亦可作為執行的依據及評估的參考準則。

（四）問題解決方法

通過集思廣益，督導者與受核者能識別出可行的問題解決方案、甚至針對機構政策與未來的發展方向進行深入的探討，而最常用的問題解決方法可包括下列四種：

1. 名義小組方法[24]

員工藉着討論的過程，各自把意見寫在紙上，然後將意見分類、闡述及甄選優先順序，最後表決出公認為最佳的意見。

2. 大腦激盪法

在指定時間內，每位員工輪流提出意見，在分享意見的過程中，其他人不可作出任何評論，期間督導者亦須將全部意見記錄下來，並針對每項意見之可行性和重要性一併進行分析；但這方法是需要經驗豐富的督導者帶領其下屬進行分析與討論，從而識別可行的方案。

3. 小組研習

藉着督導者的指導，受核者可針對研習目標進行討論，經制定一系列的行動計劃後便可落實執行。在小組研習期間，督導

---

23 個案若是模擬或虛構的，則缺乏真實感。
24 有關名義小組方法的詳細介紹，可詳見本書第二章。

者須持續監察及檢討受核者的表現，直至研習計劃完成為止。可見，這方法不單可改善機構的服務質素，還促進員工個人的專業發展與成長。

（五）模擬方法

運用模擬方法以探討問題是最有效達到教育功能之目的，當中主要有兩種形式，這包括：

1. 模擬練習

這是指透過特別設計的模擬練習，並由員工分享個人經驗，然後提出討論。

2. 角色扮演

這方法主要由員工進行角色扮演，藉此除可加強自我認識外，亦有助其改變工作行為和態度，甚至提升實務技巧的學習。具體來說，員工可藉着此過程而體驗工作上不同處境的問題，從而識別可行的解決方案。另外，因整個的互動過程甚具趣味性，可說是寓學習於娛樂，故員工較容易投入參與；然而角色扮演亦有其弊端，因為其所扮演的角色或許與實際情況出現落差，甚至脫離現實，工作上難以實踐。

（六）直接督導

這是指加強受核者實際技能以促進其專業發展，而主要方式有兩種，這包括：

1. 示範

這是由督導者親身示範，以讓受核者觀摩及分析其優點和缺點，繼而通過討論以識別可行的改善方案。

2. 模仿式

這是由經驗豐富的員工向經驗不足的員工作出示範，以讓其模仿學習；但切記有關示範必須是正確無誤的，這樣才可避免任何錯誤引導而影響員工的工作表現。

上文已詳述了督導模式和方法，接着是闡述督導的安排，包括了

個別督導、一對督導、小組督導及團隊督導四大類別（Payne & Scott, 1982；Lewis, Packard, & Lewis, 2012；梁偉康，2012），現詳述如下：

1. 個別督導安排

　　這是指督導者與受核者進行個別督導——單對單，而兩者之間的面談內容通常是較為深入，並屬於保密性質。

2. 一對督導安排

（1）一對督導（Pair Supervision）

　　這是指督導者同一時間接見兩位經驗及背景相近的受核者，此安排一般適用於新聘任或經驗不足的員工。

（2）縱列式督導（Tandem）

　　這是指兩位經驗與資歷相近的員工互相進行觀摩與學習，督導者則扮演着觀察者。

（3）非直接式督導（Tag）

　　這是指安排一位資深員工指導一位經驗不足的員工；而督導者則監察該位豐富經驗的員工，並密切審視其督導成效。

3. 小組督導安排

（1）督導小組

　　這是將督導需求及背景相近之員工組在一起，然後由督導者負責績效規劃、事前準備及執行督導的工作，而上述安排較適用於沒有經驗的員工。

（2）同輩督導（Peer Group）

　　這小組的員工是較為成熟、有經驗及志趣相投的，他們會自發安排督導和學習，而督導者只須從旁進行觀察。

4. 團隊督導安排（Team Supervision Arrangement）／跨專業團隊督導安排（Interdisciplinary Team Supervision Arrangement）

　　這是指員工皆來自不同的專業背景，督導者須負責帶領他們進行討論，甚至作出決策，而此安排對推動團隊的行政及工作決策以及任務完成後之評估起着關鍵的作用。

表 5-7 展示各種督導安排，請留意督導者在每類別的安排上所擔任之角色。

表 5-7：督導安排類別

督導安排	督導者角色	
個別督導		直接督導
一對督導		直接督導
縱列式督導		監察者
非直接式督導		直接督導
督導小組督導	督導者	直接督導
同輩督導		監察者
團隊／跨專業團隊督導	督導者	直接督導

　　簡言之，督導者可依據受核者之準備程度（Level of Readiness）、工作動機、發展水平及督導取向而為其度身訂造督導的安排，但通常採用混合形式較為合宜。另筆者已設計各種與督導相關之實用表格（附件 5.1 至 5.4[25]），甚具參考價值，督導者不妨參考，並加以實踐與應用。

---

25 參〈本章參考資料〉的附件二維碼。

策劃和建立社會服務機構之督導系統

　　社會服務機構之員工專業發展與督導需求屬多樣化，而督導者所關注的督導功能和訂定的督導目標，與高階管理層所關注的雖有不同，卻有異曲同工之處。有見及此，督導者除審時度勢外，亦須定期檢視組織內部環境，然後與受核者共同策劃和建立合適的督導系統。有關做法可分為兩種，第一種是督導者與受核者共同檢視督導的實施情況；換言之，就是檢討現時的督導目標為何？對督導有何期望？學習動機為何？是否接受督導安排？現時所採用的督導模式有何改善之處？如何改善？員工發展的需求為何？綜上所述，督導者可藉着審視受核者的督導目標、學習需求、其所面對的督導問題以及督導實施過程等，繼而依據督導系統的改善建議進行必要的修訂。第二種乃指督導者與受核者依據組織目標而制定可行的督導目標，而有關目標是其所期望及認同的；具體來說，這包括識別員工所須履行的職責，當中有哪些工作是屬於高度互換性 [26]（Interchangeability）？又哪些是必須由資深員工負責推行的？而在工作商討期間，員工之間的支持程度又為何？除此之外，針對策劃和建立督導系統的其中一環，便是如何選擇合適的督導模式、方法和安排。一般而言，混合式屬於較理想的選擇，但必須建基於組織及成員間的互補需求（Complementary Needs）、可資運用的資源 [27]、督導目標之優先順序及彼此所達成的共識等。而督導者與受核者亦須定期針對上述的混合督導模式進行檢討，並按需要作出調整。圖 5-6 是描述策劃和建立員工督導系統之流程，讀者可作參考。

26　工作性質是具有互相交換及交替互補的。

27　可資運用的資源包括了地方、人手及時間等。

圖 5-6：策劃和建立員工督導系統之流程

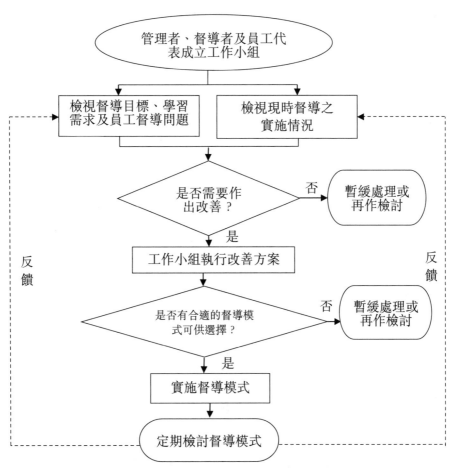

機構可藉着上述流程而發展出員工督導模式（Supervision
Models），而每個模式的制定須包括督導時期、督導需求[28]、督導目標、
督導模式、督導安排和督導方法。由於督導模式乃依據員工之發展層
次而設計出來，故須配合其多元的發展需求，並適時作出調整，詳情
請參閱表 5-8。

---

28 「督導需求」所指的是「學習需求」。

表 5-8：員工之督導模式

員工姓名	督導時期	督導需求	所須達成的督導目標	督導模式 正式的 計劃的　I ⎮ II　臨時的 　IV ⎮ III 非正式的	督導安排 * 備註（一）	督導方法 * 備註（二）

備註：（一）督導安排：(1) 個別；(2) 一對；(3) 縱列式或非直接式；(4) 督導小組；(5) 同輩督導；
(6) 團隊督導 / 跨專業團隊督導。

（二）督導方法：(1) 討論；(2) 策劃；(3) 問題解決方法；(4) 模擬方法；(5) 直接督導。

第 五 節

督導者如何推行有效的督導

一、員工能力提升

在進行員工督導前，督導者須先檢視受核者的各種狀況，比如準備程度、工作動機、履行職權、工作性質以及其他與環境相關的因素等，繼而可選擇合適的督導取向[29]。為維持高效的服務質素，最重

---

29 督導取向（Supervisory Orientation）主要有五項，這包括士氣創造者、合作者、工作控制者、談判者及適應者，詳見筆者於 2012 年所出版的《成效管理：非營利社會服務組織全面實踐策略》第十二章。

要的績效目標乃是提升員工的能力；但不同的督導模式對「能力」一詞有着不同的詮譯（Guttman, Eisikovits, & Maluccio, 1988；梁偉康，2012），現闡述如下：

第一種是結構性功能的督導模式（Structural-functional Models of Supervision），它指出督導目標可通過督導者發揮其行政、教育和支持三種「能力」，這不僅增強員工之服務效能，還可鞏固及強化督導的關係；而藉着這種關係，督導者既要輔導受核者履行其專業角色，同時還發揮其行政、教育和支持的角色。

第二種是發展性的督導模式（Developmental Models of Supervision），它強調督導關係是整個督導過程中所必須經歷的發展階段，而受核者可從中獲取其所需的工作技能。在此模式裏，「能力」乃指對技能的掌握，與員工對自身及受助人之了解；而受核者藉着督導的過程，不僅改善其工作行為、團隊合作氣氛和從屬關係等，甚至還激發其朝向組織目標與策略方向而邁進。

第三種是成長取向的督導模式（Growth-oriented Models of Supervision），它的重點是深入了解受核者之個人和專業性特質。在此模式裏，「能力」所指的是持續提升技能和知識，亦是對自我漸趨認識的一個過程。

總括而言，上述三個模式所涵蓋的能力雖各有特性；唯聚焦了督導者如何推動受核者發揮工作潛能，並藉此提高其工作成效。顧名思義，「能力」在督導範疇裏概指四個定義：

（一）智慧能力 —— 這是指員工能全面掌握哪些應做、幾時做和為誰而做；

（二）表現能力 —— 這是指員工能針對某種特殊情況而執行職務；

（三）個人能力 —— 這是指員工對自我的了解和專業發展的期望；和

（四）審視服務成效的能力 —— 這是指員工不僅針對服務對象之問題及需求作出適切的評估，還能有效判斷社區藉着專業實務介入後所產生之衝擊程度。

此外，督導者若要提高工作成效，必須遵循下列三種指引，這包括：

（一）在制定督導目標時，必須堅守目標制定的原則，比如明確陳述和界定各個組成部分以及釐清員工的職責與角色。

（二）清楚列出績效標準，繼而制定相關的評核準則、步驟及所需達標的程度。

（三）督導者是需要問責的，受核者若能達到所定的督導目標，則可印證其督導是具成效的。

上述三種指引只建基於一個假設；亦即是說，員工通過激勵可促進工作效能的提升，加上天時地利的配合，督導成效勢必事半功倍。

顯然而見，能力取向的督導者會致力關注員工之能力及長處，並竭力尋求提高這些質素的方法，因此激發員工潛能和長處、加強專業發展能力，與提升其對服務對象之實務介入以達到高效能水平，這都是能力取向的督導者首要履行的工作任務。而在整個的督導過程中，督導者須視受核者為合作伙伴，同時藉着互換的關係扮演主動的角色，從而決定其工作所需的能力和參與的程度。簡言之，能力取向的督導者之主要職責是與員工共同參與績效和能力的評估，並針對其績效標準、評估準則和步驟、工作知識、技能和績效改進等進行適切的評估。

二、推行有效的督導

有效的督導（Effective Supervision）主要涵蓋四個特徵，這包括提高員工生產力、有效控制服務質素、提升員工之工作動機及士氣以及持續教導員工所需的工作知識和技巧。「生產力」乃指督導者通過監察和指導以促進受核者的工作表現能達到符合其工作績效標準和服務指標的成果。「質素控制」乃指督導者確保員工績效能依據服務對象需求，並符合法定政策、服務政策、指引和步驟而執行。「士氣」乃指督導者能有效提高受核者的工作情緒和滿足感。「教育」則指督導者同時能改善其個人和受核者之工作知識、技能水平，與工作適應性。然而，督導者無論對受核者採用哪種督導方法，皆須着重提升其成長與發展，這樣才可加強組織能力，並有助機構於廿一世紀知識型社會得以持續生存下去。

事實上，若要成為一位高效的督導者是一項極具艱辛的任務，當中所須考慮的，是如何將督導轉化為一種績效衡量方法；換言之，督導者「所應做的為何」？以下筆者將引用一些衡量高效督導者之績效指標，並闡述社會服務機構如何有效實踐督導的策略供讀者參閱。

有關衡量督導者績效準則之有效性，現列述如下（Weinbach & Taylor, 2008；梁偉康，2012）：

(一) 機構管理層須制定適用於衡量和規範員工行為及態度之工作守則，並將之納入機構政策文件、執行手冊、新員工啟導及員工訓練課程等，甚至用作員工績效評核之參考指標 / 基準[30]。

(二) 督導者須為員工制定合理的績效標準，比如說，列明完成某項工作任務期望達到的成果和完成時限，而有關的績效目標亦須與組織使命和目標環環相扣，因此督導者須激勵員工竭力達成所定的績效目標。

(三) 督導者須為下屬創造良好的工作氣氛，比如提供一個促進工作成果和激勵士氣的工作環境、建立合理的薪酬及獎賞機制、開拓溝通渠道，並鼓勵受核者持續追求工作滿足感；就算出現工作失誤，雙方仍能坦誠溝通，共商對策。

(四) 督導者應以身作則，樹立榜樣，並悉力導引受核者建立正面和積極的工作態度，同時教導其所需的工作知識和技巧，從而滿足績效指標所定的要求。

(五) 督導者須秉持公平、公正和大公無私的處事作風；倘若受核者做出不恰當的行為，必須儘快採取行動予以糾正，不得徇私。

上述乃是對高效督導者之衡量準則，為確保切實執行，機構管理層須致力建立有效策略，比如物色資深人員擔任督導職級及善用績效評核機制以識別具領導潛能的員工等；凡此種種，管理者務必依據有關指引落實執行，切勿敷衍塞責。

---

30 有關之工作守則及實務指引，可參考香港社會工作者註冊局於 2010 年發出的《註冊社會工作者工作守則》及《實務指引》或由美國出版的 "NASW Standards for Social Work Personnel Practices"。

至於有效的督導策略大致可分為八方面，現簡述如下：

(一) 徵募能幹的督導者

　　聘用能幹的督導者乃是機構實行有效督導之先決條件。一位能幹的督導者須具備多元的核心能力，比方說，建立良好的人際關係、掌握解決衝突和問題的能力、擁有豐富的督導經驗及工作相關的訓練、具有評估、績效管理及訓練員工達到其績效目標的能力及具備與他人協作之工作魄力等，以上各種特質，缺一不可。

(二) 設計督導者所需的啟導和訓練

　　毋庸置疑，督導者須熟悉組織架構、服務政策和程序、督導職務所需技能、服務策劃以及法例相關的規條和指引等，並致力躬先表率，樹立良好榜樣。有見及此，機構管理層必須執行下列任務以確保督導者有效發揮其職能，這包括：(1) 依據督導者的工作需求而建立相關的績效標準；(2) 為督導者釐定可接受的工作績效水平，並就有關協議達成共識；(3) 為督導者提供其工作所需的啟導和訓練；(4) 定期為督導者進行績效評估；和 (5) 確保督導者的工作績效維持於可接受及合理的水平。

(三) 發展專業的工作團隊

　　管理者須竭力為組織成員提供發展性活動，甚至建立專業的工作團隊，以擴展其涉獵不同專業範疇的視野。此外，還可動用員工發展基金以推展多元化活動，比如舉辦專業的研討會和會議、建立電子資料庫及閱覽資料室[31]、激勵研創嶄新的發展方案、聘用顧問以提供專業指導和諮詢服務，與專上學院聯辦培訓活動、安排工作輪調、提供在職訓練以提升工作知識與技能以及實踐多元化的績效評核模式等。

31　電子資料庫及閱覽資料室可蘊藏專業實務價值的參考資料。

（四）設計工作程序和制定核對總表

　　為改善員工績效，督導者須制定員工職務相關的執行程序和核對總表，此舉除可監察受核者之工作行為及績效外，還可作為書面反饋，有助日後進行員工績效的衡量。至於核對總表必須依據一些準則而制定，這樣才可確保員工能遵循相關準則而執行所指派的工作，而督導者亦須在核對總表的每一項準則內填上「是」或「否」，此等資料可助日後評估方案／專業實務介入的成效，與此同時，管理層或外聘顧問亦可藉此監察督導者的工作行為，從而判斷其對受核者所制定的督導觀察記錄及績效評估是準確和可靠的。

（五）建立有效的反饋迴線

　　「反饋迴線」乃指督導者與受核者之間的雙向溝通，它對促進督導成效極其重要。藉着制定組織架構圖、政策和程序指引、工作績效標準、啟導和訓練手冊、書面備忘錄以及會議記錄等，皆有助機構管理層下達重要的訊息；但其先決條件是建立合適的溝通平台，這樣才可激勵組織成員提供更多的績效反饋。

（六）提供專業諮詢和同輩檢討

　　員工督導是一項艱巨和具挑戰性工作，面對服務對象各種複雜的問題，受核者須主動諮詢督導者的專業意見。為減少工作失誤，督導者亦須就法律和倫理道德相關事宜及機構的潛在風險與受核者進行深入討論，如有需要，甚至向外尋求專業諮詢。有關做法如下：(1) 成立諮詢委員會以邀請具督導社會服務經驗的專家加入；(2) 鼓勵督導者之間的相互溝通和交流；(3) 邀請外間的專業團體為機構檢視人力資源管理政策和程序；(4) 定期與督導者召開會議，藉此跟進其工作進展、商議問題及擬定改善方案；和 (5) 督導者須定期呈交員工績效評估報告，而受核者績效指標水平之釐定須配合機構策略、政策和程序，並達到部門、單位及個人績效所定的目標。

（七）強調實證為本的實務工作

　　為促進工作成效的提升，督導者須鼓勵受核者運用其掌握的工作知識和技巧以執行職務，而較理想的做法是採用實證為本的實務（Evidence-based Practice）及持續檢討成效。

（八）運用輔助的督導人員

　　督導者於組織內部邀請具資深經驗和才幹的員工擔任特別工作小組的召集人，主力負責協調和監察小組成員之工作績效，此舉有助其明白此乃改善現時所採用的督導模式之有效方法；但須注意的，機構若缺乏具成效的績效評估機制和收集績效反饋之渠道，就算運用輔助的督導人員也是枉然。

三、可供選擇的其他督導模式

　　現時社會問題日趨複雜，知識發展更是一日千里，根本難以期望督導者能全面掌握最新的專業知識和技能以協助員工解決社區某些特殊問題或滿足服務對象的獨特需求。儘管督導者曾接受不同的訓練，但有關訓練多偏重於臨床督導，所以，機構須採用多元的督導模式以提升督導的成效；與此同時，藉着資訊科技的火速發展，它還可善用電子系統以提升員工督導工作之效率。

　　在這個強調服務整合的時代，社會服務機構須致力尋求跨專業的協作才可提升其服務成效。無可否認，強化員工督導是其中一種有效策略，因此督導者須依據其所需而選取合適的督導模式（Kadushin & Harkness, 2002；Weinbach & Taylor, 2008；Lewis, Packard, & Lewis, 2012），以下是其中五種較常採用的督導模式：

（一）善用導師（Use of Preceptors）

　　由於有些服務個案面對着異常複雜的問題[32]，若不尋求專業人士的支援（如臨床心理學家、心理衛生專家或精神科醫生等），問題將會

32　服務對象所面對的複雜問題，包括抑鬱症、焦慮症、創傷後遺症及嚴重失眠等。

持續惡化下去。然而當中所涉及的專業知識和技能 [33]，並非一般的社會服務從業員所能應付，故機構須致力爭取與這些「導師」協作，譬如邀請心理學家提供教育性督導，藉着這些專業人士的導引，相信可增強員工處理棘手個案的能力。

(二）跨專業的督導（Interdisciplinary Supervision）

這種督導模式現已逐漸普及，尤其是針對醫療和精神科相關範疇而成立的跨專業團隊，可為棘手的個案提供跨專業領域的支援，而基於行政或實際所需，跨專業工作團隊的資深成員通常會肩負督導的職責。

(三）小組督導（Group Supervision）

這是指由一位督導者和數位受核者召開小組會議，藉着深入的討論，集思廣益，從而尋求解決問題的方法。身處廿一世紀的知識型社會，任何機構若要延續生存下去，建立學習型組織及進行「六項修煉」[34] 已是大勢所趨，而當中「團隊學習」所強調的是運用深入會談（Indepth Dialogue）及討論（Discussions）這兩種技能，通過開拓思維以對不同的觀點進行問題成因的分析，繼而探討可行的解決方案，這種團隊學習方式若能運用得宜，將更有效發揮小組督導的功能。

(四）遙距式督導（Remote Supervision）

由於資訊科技發展迅速，督導者可採用遙距式督導以替代傳統的督導方式。「遙距式督導」亦稱為「虛擬督導」（Virtual Supervision），這是指利用電郵、短訊、傳真、電話、視像會議或通訊應用程式等與資深的同僚進行交流或專業諮詢，此舉可填補傳統督導之部分功能。

---

33 由執業的臨床心理學家、心理衛生專家或精神科醫生所提供的臨床督導服務，可包括精神診斷、藥物治療、社會與心理治療等。

34 學習型組織這種管理哲學／工具乃是彼得・聖吉（Peter M. Senge）於 1991 年發展出來，它指出學習型組織的建立需進行「五項修煉」，而機構普遍將「知識管理」歸納為第六項修煉。

（五）臨床督導（Clinical Supervision）

　　「臨床督導」乃指督導者與受核者針對服務對象之問題而作出的互動與溝通（Lewis, Packard, & Lewis, 2012），督導者除擁有督導技能外，還需具備專業實務的臨床經驗，它主要分為四個範疇（ABECSW, 2004：10-11），包括直接實務的臨床督導（Clinical Supervision of Direct Practice）、治療團隊合作的臨床督導（Clinical Supervision of Treatment-team Collaboration）、持續性學習的臨床督導（Clinical Supervision of Continued Learning）以及工作管理之臨床督導（Clinical Supervision of Job Management）。由於個案問題愈趨複雜，因此由專業的臨床督導者向受核者提供督導已逐漸興起；督導者若非擅長於臨床督導，則需聘用外間的專業臨床督導者或由內部擁有這方面知識和技能的資深員工取代其部分的督導工作。

小結

　　筆者已對績效管理作出詳細的介紹，當中除針對各種績效評核方法作出概括性描述，還選取了「平衡計分卡績效評核方法」和「能力為本績效評核法」作出詳細的論述。毋庸置疑，督導者須確保受核者有效完成所指派的工作，並且緊密監察其績效的「質」與「量」能否達到可接受的水平；不單如此，還須為督導者定期進行績效評核和反饋，與提供足以激勵和推動其改善績效的誘因，可見員工績效之維持或改善有賴於督導者能否依循績效評核的程序加以落實執行。儘管如此，績效評核機制須配合機構的政策和程序，並適用於背景相近的員工，可見績效評核具備相關性（Relevance）、可行性（Feasibility）、效率（Efficiency）和效能（Effectiveness）等特徵。另外，績效評核亦被視作為「教育過程」，藉着督導的過程，督導者除進一步掌握受核者之工作表現外，還可通過績效反饋以教導其如何維持或改善績效。

　　另一方面，筆者對督導系統之策劃和建立以及督導者如何推行有效的督導亦進行了詳細的論述。作為人力密集的社會服務機構，它必須先主動關顧員工所需，這樣員工才會用心關顧服務對象的需求。總的來説，員工績效管理、員工督導和員工培訓皆是關顧員工的三種方式，三者優勢互補，缺一不可，管理者不容忽視。

本 章 主 要 參 考 資 料

1. American Board of Examiners in Clinical Social Work. (2004). *Clinical supervision: A practice specialty of clinical social work*. Adopted on 8th October 2004. USA: ABECSW.

2. Austin, M.J., & Hopkins, K.M. (Eds.) (2004). *Supervision as collaboration in the human services: Building a learning culture*. Thousand Oaks, CA: SAGE Publications, Inc.

3. Beatty, R.W., & Schneier, C.E. (1981). *Personnel administration: An experiential skill-building approach*. Reading, MA: Addison-Wesley Publishing.

4. Betterworks.com. Retrieved from https://www.betterworks.com/to-enhance-performance-management-outcomes-focus-on-helping-managers-improve/. Accessed on 7th February 2019.

5. Bulin, J. (1995). *Supervisor: Skills for managing work and leading people*. Boston, MA: Houghton Mifflin.

6. Christian, W.P., & Hannah, G.T. (1983). *Effective management in human services*. Englewood Cliffs, NJ: Prentice-Hall.

7. Doktor, R., Tung, R., & Von Glinow, M.A. (1991). "Future directions for management theory development". *Academy of Management Review*, 1991, Vol.16, pp.362-365.

8. Edwards, R.L., Yankey, J.A., & Altpeter, M.A. (Eds.) (1998). *Skills for effective management of nonprofit organizations*. Washington, DC: NASW Press.

9. Grote, R.C. (1995). *Discipline without punishment*. Kansas City, MO: American Management Association.

10. Guttman, E., Eisikovits, Z., & Maluccio, A.N. (1988). "Enriching social work supervision from the competence perspective". *Journal of Social Work Education*, 1988, Vol.24(3), Fall, pp.278-288.

11. Hopkins, K.M. (1997). "Influences on formal and informal supervisor intervention with troubled workers". *Employee Assistance Quarterly*, 1997, Vol.13(1), pp.33-51.

12. Hopkins, K. (2001). "Manager intervention with troubled supervisors: Help and support start at the top". In *Management Communication Quarterly*, 2001, Vol.15(1), pp.83-99.

13. Kadushin, A., & Harkness, D. (2002). *Supervision in social work* (4th ed.). New York: Columbia University Press.

14. Langdon, K., & Osborne, C. (2001). *Essential managers: Performance reviews*. USA, New York: DK Publishing Inc.

15. Lewis, J.A., Packard, T.R., & Lewis, M.D. (2012). *Management of human service programs* (5th ed.). Belmont, CA: Brooks/Cole.

16. Niven, P.R., & Lamorte, B. (2016). *Objectives and key results: Driving focus, alignment, and engagement with OKRs*. New York: John Wiley & Sons Inc.

17. O'Reilly, B. (1994). "360 feedback can change your life". *Fortune*, 1994 (Oct), pp.93-100.

18. Payne, C., Miller, C., & Scott, T. (1982). *Developing supervision of teams in field and*

residential social work. England: National Institute of Social Work.

19. Pecora, P.J., & Austin, M.J. (1987). *Managing human services personnel*. Newbury Park, CA: SAGE Publications, Inc.

20. Rampersad, H.K. (2006). *Personal balanced scorecard: The way to individual happiness, personal integrity, and organizational effectiveness*, foreword by Lee Jeannette. Greenwich, Conn: IAP Information Age Pub.

18. Senge, P.M. (1998). "The practice of innovation". *Leader to Leader Institute*, No.9 (Summer), pp.16-22.

19. Sherman, A.W., Bohlander, G.W., & Snell, S. (1998). *Managing human resources*. Michigan: South-Western College Pub.

20. Tornow, W.W. (1993). "Editor's note: Introduction to special issue on 360-degree feedback". *Human Resource Management*, 1993, Vol.32 (Summer/Fall), pp.211-219.

21. Weinbach, R.W., & Taylor, L.M. (2008). *The social worker as manager: A practical guide to success* (5th ed.). New York: Pearson Education, Inc.

22. 丁惠民譯（2006），《個人平衡計分卡：提升幸福感、快樂指數及工作滿意度的行動藍圖》。台北：美商麥格羅‧希爾國際股份有限公司台灣分公司。原著：Rampersad H.K.（2006）. Personal balanced scorecard: The way to individual happiness, personal integrity, and organizational effectiveness, foreword by Lee Jeannette. Greenwich, Conn: IAP Information Age Pub.

23. 區明標（2006），〈建立綜合性表現衡量和管理系統〉。收錄於梁偉康、黎志棠主編（2006），《表現衡量和管理全攻略：社會服務平衡計分卡之構思與實踐》，第十二章，第 320-329 頁。香港：仁愛堂、香港仔坊會社會服務中心。

24. 常昭鴻、共好知識編輯羣（2010），《PMR：企業人力再造實戰兵法》。台北：臉譜出版。

25. 梁偉康（2012），《成效管理：非營利社會服務組織全面實踐策略》。香港：非營利組織卓越管理有限公司。

26. 梁偉康、黎志棠主編（2006），《表現衡量和管理全新攻略：社會服務平衡計分卡之構思與實踐》。香港：仁愛堂、香港仔坊會社會服務中心。

27. 黃源協（2015），《社會工作管理》（第三版）。台北：雙葉書廊有限公司。

28. 戴國良（2011），《圖解人力資源管理》。台北：五南圖書出版股份有限公司。

附件二維碼

6

第二部分

社會服務機構
財務管理

導言

在這個瞬息萬變的社會，任何機構若要屹立不搖，必先具備穩健的財務基礎及優秀的管理人才！由於社會服務機構的主要財務資源大多來自政府撥款、基金會資助或慈善捐獻等，因此一分一毫必須用得其所，除滿足持份者的期望外，還可向社會大眾作出交代。有見及此，管理者[1]必須竭力履行財務管理之職責，並針對資源的有效監控與分配而進行長遠規劃；若能持籌握算，這不僅有助財務管理成效之提升，還可帶領組織成員朝向所定的使命與目標而邁進；反之，管理者若監管不力，並推諉職責，長遠而言，服務發展只會寸步難行，機構日後亦難逃被淘汰的厄運[2]！

本章所涵蓋的內容主要是社會服務機構財務管理，筆者會引用不同的實例，並針對財務規劃與預測、預算編製與控制、財務會計、財務監控、內部監控、固定資產管理以及採購和招標管理這七個範疇進行詳細論述。

---

1 「管理者」泛指機構轄下的管理人員，比如行政總裁、服務總監、服務經理、部門主管、單位主任及項目主管等。

2 安德魯・熱爾馬（Andrew J. Germak）引用了「無錢就無使命」（"No Money, No Mission"）以比喻財務管理對社會服務機構的重要性，詳見 Germak, A.J. (2015). *Essential business skills for social work managers: Tools for optimizing programs and organizations.* New York: Routledge.

財務規劃與預測

一、財務規劃（Financial Planning）

「財務規劃」乃指在預定的計劃期內，透過系統的方法將「所獲取的」和「可資運用的」資源[3]與各項營運支出及財務成果進行審慎的規劃，而所製備的標準文件是機構營運計劃的重要組成部分，亦是推行財務管理和財務監控不可或缺的支持理據（Martin, 2001；林志輝，2016）。而在服務提施的過程中，管理者須致力運用財務規劃以善用寶貴的財務資源，比如說，如何適當分配資金以支持服務運作的開銷，從而提供高效及優質的方案 / 項目。

具體來說，管理者在進行財務規劃時，必先審視外間宏觀的環境概況和組織內部環境的因素 / 特點，並依據組織使命與目標和可資運用的社區資源而編製財務計劃（Financial Plan）。不容爭辯，一個「好的計劃」不單能用合理代價以實現所定的計劃目標，還可促進組織整體性效率及效能之提升，可見一套完善的財務計劃對機構的長遠發展益顯重要！由此可見，財務規劃絕對是機構重中之重的策略，管理者若能運用得宜，這將有效促成財務計劃的制定。至於具體做法，可參閱下列五項工作，這包括：

(一) 理事會 / 董事局及高階管理層須高度重視財務規劃的工作，並委派合適的部門主管及員工代表組成專責的財務策劃團隊（下簡稱「策劃團隊」）以推展財務規劃的工作。

(二) 在規劃的過程中，策劃團隊必須運用適切的決策方法 / 工具及擬定核心的工作重點。

(三) 為確保有效達成預期的財務效益，策劃團隊須依據機構的特色

3　資源包括了運作資金、固定資產、人力資源及慈善捐獻等。

及其內外環境因素而制定具體及可行的目標。

（四）策劃團隊須收集大量的重要資訊以進行財務分析和預估，並依據所需達到的目標而甄選合適的方案；如機構資源充裕，亦可運用資訊科技系統以促進財務計劃之制定，並確保其所提供的財務資料與數據是準確而可靠的。

（五）策劃團隊須依據所擬定的財務計劃進行財務監控的工作，並確保有關計劃能按部就班地落實執行。

綜上所述，當完成財務規劃後，策劃團隊須進一步編製財務計劃，而有關計劃亦須符合下列特性（澳門會計師公會，2012；林志輝，2016），包括：

（一）具彈性

財務計劃的制定應避免「絕對化」，無論多麼完善的設計和規劃，亦要經歷磨合的過程，所以最好能預留修訂的空間；亦即是説，財務計劃若出現差異，策劃團隊亦可依據彈性原則（Rule of Flexibility）適時調整財務資源的分配，繼而制定相關的應變計劃。除此之外，有些非理想因素亦會妨礙財務計劃之進展，策劃團隊須加以留意，這包括：

　　1. 機構對複雜多變的財務環境束手無策；

　　2. 財務管理人員良莠不齊；和

　　3. 財務預測、財務決策及財務規劃皆針對未來的財務計劃作出概括性猜測，實在難以做到分毫不差。

總括而言，機構之適應能力愈強，彈性愈小 —— 毋須作更大的改變；但適應能力愈弱，彈性則愈大 —— 須作出更大的改變；而外間環境所衍生的威脅／新挑戰[4]愈小，彈性便愈小；相反則愈大。由此可見，機構若願意承擔較高的風險，它只須預留一些彈性空間以作緩衝；否則便須保留較大彈性的空間。可見，彈性原則的應用主要是避免過大或過小的彈性幅度；換言之，過大會造成浪費，過小則會帶來

4　例如政府資助減少等。

較高的風險。

(二) 分析不穩定的營運因素

營運收入是機構資金來源的重要部分，當中資金之收款期長短和支付供應商的貨款期限，對其資金流轉構成極大的影響，因此編製財務計劃時須充分考慮種種不明朗的因素。再者，編製財務計劃須設定一個彈性極限，而這極限範圍除有助策劃團隊檢視資金流轉的情況，亦可適時預測財務風險，從而及早制定相關的應變措施。

(三) 收支的合理預測

基本上，制定財務計劃的原則是採取保守態度以作出收入估算，而支出估算則以謹慎態度處之，但是任何機構皆會出現一些突發狀況，比如預期收入至限期前仍未到賬、未能收足賬款，甚至是無法收回的呆壞賬等。一般而言，預算支出的變化不大，但是日常運作總會出現一些非預期的支出，因此策劃團隊在進行收入估算時不宜訂得太高；否則面對資金短缺時便容易陷入財務危機之中。綜上所述，策劃團隊切記審視財務計劃的變數，並依據實際需要而修訂預計收入與預計支出的項目，這樣，不單可避免紕漏叢生，還可減低財務風險。

二、財務預測 (Financial Forecasting)

「財務預測」是指機構依據財務活動的數據記錄、現實情況以及利用特定方法，從而對其未來財務活動之發展趨勢作出具科學根據及合理的估算，並藉此制定切實和可行的財務計劃，有關做法可參照下列三方面，這包括：

(一) 資金需求估算

這是指機構預測未來一段時期的資金需求，一方面滿足服務營運的需求，另方面避免出現不合理的閒置資源。至於資金需求估算有三種，這包括：

1. 定性估計法 (Engineering Approach) —— 這是指機構利用現有

資訊，並結合個人經驗、主觀的判斷與分析預見能力，從而對其未來的財務狀況和資金需求進行審慎的預測。

2. 賬目分析方法（Account Analysis Approach）—— 這是指機構依據營運收入與收支表之間的關係以及計劃期內之收支增長率以進行短期資金需求的預測。

3. 資金使用性估計法 —— 這是將資金劃分為限制性與非限制性，並針對資金與服務量之間的計量關係及參照公式[5]（y = a + bx）進行估算，而機構可採用此方法以進行本量利分析[6]（Cost-volume-profit Analysis），從而計算出項目的收支平衡點。

（二）營運收入估算

機構若要維持財政收支平衡，箇中關鍵是如何能準確預測營運收入；若然收入預測出現失衡，其營運勢必舉步維艱！由此可見，它必須針對其未來營運的變動趨勢作出準確而合理的評估，這樣才可制定可靠和可行的收入估算方案。此外，策劃團隊亦可運用不同的營運收入預測方法，當中較容易掌握和應用的，包括專家意見法[7]（Expert Opinion）、指數平滑法[8]（Moving Index）和時間序列法[9]（Time Distribution）。

5　公式：y = a + bx 之英文字母乃代表 y（資金需求量）；a（限制性資金）；b（單位服務量所需的非限制性資金；和 x（服務量）。

6　「本量利分析」是成本—產量—利潤依存關係分析的簡稱，也稱為 "CVP" 分析。這方法是在變動成本計算模式的基礎上，利用會計模型與圖文以反映出其固定成本、變動成本、銷售量、單價、銷售額、利潤等變數之間的關係，可有助進行財務規劃及預測的一種定量分析方法，網址：https://wiki.mbalib.com/zh-tw/ 本量利分析。

7　「專家意見法」又稱「德爾菲法」（Delphi Method），由奧拉夫・赫爾姆（Olaf Helmer-Hirschberg）及諾曼・達爾克（Norman C. Dalkey）於 1950s 創立，後經西奧多・戈爾登（Theodore J. Gordon）及美國蘭德公司（The RAND Corporation）引進。這方法是定性研究常用的一種研究方法，它是借助專業人士的意見獲得預測結果的方法，通常採用徵詢或現場深度訪談的方式進行，在反覆徵求專家意見的基礎上，通過客觀的分析和多次的徵詢，從而識別出已達共識的意見。

8　「指數平滑法」是一種特殊的加權移動平均法，網址：https://baike.baidu.com/item/ 指數平滑法。

9　「時間序列法」是一種統計分析方法，亦稱為「時間序列趨勢外推法」，網址：https://baike.baidu.com/item/ 時間序列法。

（三）成本估算

這是建基於營運開支及盈餘預測的基礎上，它主要依據過往及現有的資料與數據，並採用科學的方法以預測未來的成本水平和目標達成程度。準確的成本估算能有助策劃團隊充分掌握「成本」對「盈餘」所衍生之影響，從而制定對應措施以降低財務風險，足見它對提升營運效率起着關鍵的作用。除此之外，成本估算是管理者作出營運決策的重要依據；換言之，成本估算水平之高低，將直接影響資金運用之效率和投放資源之成效，因此它是進行營運決策不可或缺的元素。至於成本估算可採用的主要方法是成本函數法（Cost Function Method），這是指機構參照過往的成本數據和資料記錄，並針對「成本」與「產量」之間的相互關係作出比較與分析，若能運用最低成本以產生最高效率，有關的產品／服務產出便是達到經濟成本的效益。

綜合而言，財務規劃及財務預測能發揮着兩個重要的功能，這包括：（一）透過財務規劃讓決策目標更具體化、系統化和計量化；和（二）財務預測對財務規劃的實踐起着指導性作用，因此它們亦是促進機構達到財務績效目標至關重要的手段。

財政預算編製和監控

一、預算編製

　　財政預算是一個財務執行計劃，它涵蓋了指定期限內的一個財務估算開支建議和可行的資助方法，通常是指一個財政年度的財務計劃而已（Wilson, Reck & Kattelus, 2010；黎志棠，2018）。對社會服務機構而言，財政預算是一種決策工具，它可協助管理者將目標轉變至服務的現實層面上（梁偉康，2012），而一份完備的財務預算方案須涵蓋機構的總體預算（Master Budget）[10]、資本支出預算（Capital Expenditure Budget）以及現金流量預算表（Budgeted Cash Flow Statement），現簡介如下：

（一）資本支出預算

　　這是機構固定資產的計劃性支出，由於購置固定資產的資金非常龐大，因此有關預算對其整體運作亦會造成很大的影響，管理者絕不可掉以輕心！雖知錯誤的資本預算決策可為機構帶來無法彌補的後果，故管理者應針對機構所需添購之固定資產項目先擬定出一份詳細清單，然後按照其重要性及緊急性排序，通過認真的審視與甄別過程，最後才進行相關的購置工作。至於計算資本支出預算的評估技術稱為「淨現值法」（Net Present Value Method，簡稱 "NPV"），它是將未來的現金流量以適當的資金成本折現成現值，然後減去投放的成本。具體來說，現金流若出現「正現值」，該項固定資產可予以保留；若出現「負現值」則應被否決。除此之外，另一種常用的方法是還本期法

10　當中應附有資產與負債表（Budgeted Balanced Sheet）及營運預算（Operating Budget）。

（Payback Method）[11]，它是指將「預計的」投資還本期與「所需的」投資還本期進行比較，從而估算年現金淨流量還本期與原投放額所需的年限。還本期法之優點是在於計算和應用上較為簡易，且成本不高；但最大的缺點則是忽略了還本期以後的收益。

（二）現金流量預算

現金流對機構來說，猶如血液；它若管理不善，勢必陷入財務窘境，長久下去，對其永續生存亦構成一定的威脅，後果堪虞！可見，現金流量預算的制定能讓管理者於任何情況下有效掌握機構的現金流供應和需求，並有助其減低財務風險；換言之，管理者透過定期審閱現金流循環圖（Cash Flow Cycle），能清楚掌握各個項目之現金流轉規律，如善加運用，無疑對提升現金收支估算之成效起着關鍵的作用。

（三）營運預算

財政預算[12]可說是一系列預算項目所組成的營運預算，但制定一份精確的財政預算方案，其準備工夫是相當繁複的！為理順財政預算的製作流程，從而提升效率，管理者及財務部須制定相關的執行程序和工作指引，並針對年度預算的各項重點向組織成員進行內部培訓。另礙於人手不足，很多中小型機構一般只以營運預算用作機構的年度預算，這亦是權宜之策！

有關編製財政預算之流程和程序，現簡列如下：

（一）編製預算的流程

預算可算是一個循環過程，它包括制定目標、評估實際結果、將「實際的」與「計劃的」項目進行比較以及執行相關的改善措施等。編製預算的過程可分為「自上而下」和「自下而上」，前者適用的機構是屬於中央權力集中；後者則是權力分散。由於推行優質管理已勢在必

---

11 「還本期法」亦可稱為「回收期法」或「償還期法」。

12 財政預算基本上屬於年度預算。

行，因此大多數機構皆採用「自下而上」的模式；但姑勿論如何，機構須避免任何虛編預算（Budgetary Slack）[13] 及財務造假的事情發生。

(二) 編製預算的程序

預算編製涵蓋着多個流程，這包括財務預測、制定、評估、計算及審核程序等。此外，機構須指派專責人員以負責協調部門與服務單位因編製財政預算而衍生的相關問題，大致做法如下：

1. 將財政預算政策、程序和工作指引分發予各部門／單位，以讓組織成員有所依循；
2. 管理者須識別窒礙服務產出之因素為何，如嚴重的人員流轉和現金流不足等；
3. 預備及處理所有收入及支出預算；
4. 預備及處理所有功能性預算（Functional Budget），如財務、人力資源及行政等；
5. 高階管理層須就編製財政預算的事宜與財務策劃團隊進行討論，藉以共同擬定相關的重點與執行指引供組織成員參閱；
6. 由財務策劃團隊負責財政預算案的協調工作；高階管理層則負責覆核有關資料能否切合機構的整體性預算收支；
7. 所有財政預算必須經財務策劃團隊覆核、高階管理層審批推薦和理事會／董事局最終批核；和
8. 持續覆核預算[14] 和作出監控。

二、預算監控

當完成編製預算，並經過財務策劃團隊覆核、高階管理層審批推薦和理事會／董事局最終批核，此份預算便成為機構針對未來一年的預計現金收支、營運成果和財務狀況而制定出來的財務計劃。為確保

---

13 「虛編預算」一般會出現兩種形態，其一是管理者低估預期收入；其二是管理者誇大成本的策略來制定預算，並高估預算支出的金額，網址：www.obhrm.net/index.php/。

14 管理者須持續覆核財政預算的進度，從而作出有效的監控。

收入能按預期完成，而支出又不超逾預算，機構須定期進行審查，並將預算與實際的結果進行比較與分析，繼而作出相應的調整。有關預算監控的主要流程，現簡介如下：

(一) 預算控制

預算控制是根據財政預算所建立的，亦是責任會計控制的一種，而主管所需履行的角色，主要是負責其轄下部門 / 單位 / 項目的實際營運成果。至於財務部則須為有關主管提供準確和適時的財務資料與數據，如此將可促進「預算的收支預算」與「實際的收支成果」之差異比較分析 (Variance Analysis)，而主管可依據有關的差異以調節某些執行程序或持續推行預算的製備工作，其後將「差異報告」呈交上級及財務部審閱。一般而言，微小差異是可被接受的，但差異一旦超越某水平 (如 -/+ 10%)，有關主管除撰寫異常報告 (Exception Report) 以向高階管理層作出彙報與交代外，還須儘快採取補救措施，避免問題惡化！

(二) 理解差異

管理者須探討財務差異的因由，並採取適當的改善措施以讓有關預算能掌握於可控範圍之內，而採用差異比較分析這種財務管理工具，可有助深入審視預算與實際成果之間所衍生的差異數據，從而作出詳細的分析。至於差異比較分析一般會呈現兩種情況，(a) 理想情況 —— 預算收入高於實際收入，而預算支出亦低於實際支出；和 (b) 不理想情況 —— 預算收入低於實際收入，但預算支出又高於實際支出。而上述工具通常以 "+/-" 或 "xxx/(xxx)" 分別反映「理想」或「不理想」的結果。

(三) 監控預算

管理者須持續監控財政預算的進度，如出現差異，必須主動了解其成因為何。基本上，差異可分為「預算錯誤」和「無法預見的差異」兩種，當中亦分為「可控制性」和「非控制性」。「可控制性」乃指部

門／單位／項目主管皆具備能力去改變情況；但「非控制性」則指其沒有能力作出改變，因此管理者須緊密監察，並檢視後者能否持續執行預算計劃的制定。

毋庸置疑，定期監測不僅有助管理者全面掌握其成本行為，還促進其為下年度編製一份準確的財政預算案；可想而知，機構如能制定規範的、易於管理及詳盡的差異報告，相信能確保財務監控的過程得以順利推展。

(四) 使用差異報告

管理者須依據原有財政預算之目標而編製一份差異報告供組織成員參閱，而它一般會列出本年度預算與實際的成果以及本年度與去年度之實際結果比較及兩者數據的差異分析。此外，管理者亦可比較各年度的差異與本年度的預算計劃，從而推算出本年度與過去各年度財務差異之百分比，繼而參照有關的差異數據進行成因的分析。

(五) 分析預算錯誤的成因

預算錯誤的出現，歸根結柢是管理者處事粗疏，敷衍塞責，致使財政預算方案諸多紕漏；但值得注意的，若果營運收入較預期的少，營運成本將會難以控制，因此管理者必須儘快識別出錯的關鍵成因，以免重蹈覆轍，一誤再誤，最終導致財務失衡。在進行成本監控時，管理者必須關注下列情況，比方說，哪些是最常見的財務差異？其產生原因、結果及補救方法為何？在營運收入中，其主要的差異為何？而成因、結果和補救方法又為何？若能全面檢視以上問題，這將有助其緊密監控各項問題的最新情況，譬如收支差異、依據價格、數量和發生時間所作出的綜合分析等，這樣才可深入探討預算錯誤的成因。

事實上，識別營運收入差異並非難事[15]；然而如何採取適當的措施以達到原定計劃的目標卻是相當困難，所以管理者必須將重點聚焦於差異出現的時間對現金流所造成的影響。除此之外，辨析支出差異之

15　如政府減少撥款，將會導致機構的收入下降。

處亦是相對容易做得到的；故此，若要有效解決支出差異所衍生的問題，管理者必須想方設法，並針對每項的差異支出而進行深入的探討與關鍵性成因分析，這樣才可對症下藥！

(六) 處理無法預見的差異

　　「無法預見的差異」是指那些不可預見或無可避免的差異。在編製預算時，縱使管理者已預計出所有可能發生的差異，突發事情也是難以預料（如差異的發生時間等）；即使如此，這些財務差異仍需儘快向高階管理層作出合理的交代，切忌拖宕太久，否則問題只會再度蔓延！

　　無論如何，機構一旦出現無法預見的財務差異，管理者必須儘快採取問題解決的措施，並將那些「可控制成本」的項目進行適時的調整，這樣才可有助年度收支維持於平衡的狀況。舉例而言，食材因成本大幅上漲，致使年度預算出現嚴重超支，為有效控制成本支出，管理者可考慮選購其他價格較相宜的食材以作替代，甚至取消一些非經常性開銷或刪減一些非迫切性支出[16]。而針對非控制成本之項目，管理者可參考每年的社會經濟及物價指數以及因應機構本身的財務條件，向組織成員提供相關的財務指引，以讓其有所依循。

(七) 成本與效益分析

　　不言而喻，針對財務差異而進行的調查與分析，勢必為機構帶來額外的成本支出，比如說，財務人員進行調查所耗費的時間以及修訂財務差異所衍生的額外成本等；但事實上，有關調查結果的相對效益能否量化，確實存疑，因為這是有關財務管理學的成本與效益分析問題。姑置勿論，管理者首要是釐清有利或不利情況所衍生差異之成因為何，並按需要加以修正；雖然差異的效益是較難識別，但仍要作出量化，管理者必須予以正視！

---

16 為有效平衡預算開支及成本控制，機構可考慮取消或刪減那些非經常性或非迫切性支出項目，比如海外培訓計劃、員工聚餐或員工旅行等。

第 三 節

財務會計

一、會計訊息與會計報表

社會服務機構之生存必須持續仰賴其財務及相關的經濟活動，如資產的增值、負債的減少、服務收入的增減及開銷項目的支付等，因此，它須將上述項目清楚分類，並妥善記錄。即使如此，管理者若能掌握財務會計的基本概念，並懂得採用會計總賬表（General Ledger）進行財務分析[17]，這不單促進正確和合理的財務決策，還可提升財務監控的成效。筆者現將會計訊息（Accounting Information）與會計報告（Accounting Report）這兩種基本的財務概念簡介如下：

(一) 會計訊息

這是會計人員通過記錄、整理、入賬、分析和預測後，為機構建立其所需的經濟活動訊息，它的主要特點是進行資料收集、傳送、儲備、處理、訊息解讀及分散範圍等。

(二) 會計報表

此表乃根據相關的法例規定，並於每個結算期（一年）編製出來，它包括了資產負債表（Balance Sheet）、收益支出表（Income & Expenditure Statement）、財務狀況變動表（Statement of Changes in Financial Position）和現金流量表（Cash Flow Statement）等。

二、會計訊息與會計報表的關係

基本上，會計訊息與會計報表有着密切的關係，前者是指那些經

17　有關的資料分析最好能附以補充註解及資料佐證。

316

過處理的訊息利用會計報表呈現出來，這不單更易讓人掌握與理解，還有助管理者作出合理的判斷；因此會計訊息不能單獨使用，它須透過會計報表反映出來。為加強財務會計的成效，機構須設計下列報表以供組織成員使用，這包括：

(一) 收入支出表[18]

此表乃根據各項借貸餘額編製而成，並說明了營運活動的過程及結果。具體來說，機構於某一會計期內先將營運收入減去直接的營運支出，目的是求得「毛利」或「損失」；其次再減去一般的營運支出，得出的便是「淨盈餘」或「淨虧損」。在收支表中，收入可分為營運收入與非營運收入，而費用一般可分為直接營運成本、營運支出與非營運支出。

(二) 資產負債表

此表是根據各會計賬項的餘額編製而成，它反映了機構於某一會計期內的財務狀況，並將資產分為「非流動」和「流動」；負債則分為「流動」及「長期」；而總資產減除總負債後便是資金賬 (Fund Account) 之餘額。

(三) 現金流量表

此表的功能可反映資金於某一會計期內出現的變動情況，它涵蓋了營運收支結果、非現金賬項調整、財務變動及投資變動等各項，並以現金為基礎顯示財務變動的狀況，因此它可反映機構於某個會計期內實際現金之增加或減少。

綜上所述，上述三種報表可促進管理者進行財務的比較與分析，它不僅能反映有關營運活動的過程及結果，還可呈現某一會計期內的財務狀況及資金增減的變動情況，因此管理者務必善用這些財務工具，一來藉此識別重要的會計訊息以進行合理的決策；二來有助其履

---

18 「收入支出表」亦稱為「收支表」。

行高效的財務監控（陳政智， 2012；Germak, 2015）。

三、如何有效解讀收支表及資產負債表

收支表是列出機構過去一個會計期內所有收入和支出的報表，「收入」乃指已收取到的服務現金或營運服務的預期收入，按照會計角度來說，它是指一定程度的實現（Realization）和賺取；然而未實現和賺取的收入則一概不作計算。顧名思義，「實現」是指機構藉着服務提施以換取一定的金額，而這些金額可變為現金，亦可透過資產轉換變成現金；而「賺取」則指機構通過完成服務提施或大部分的責任以獲取相應的收入得益。基本上，機構的主要收入來源包括了政府撥款、特定機構[19]之贊助、服務與活動收入、慈善捐獻或特定的募款、投資收益、利息及股息收益以及雜項收入等。另一方面，「支出」乃指機構的資產流出或透過服務提施而產生的債務，但它必須是透過服務營運而產生的。一般而言，機構支出可分為「直接支出」與「間接支出」，前者與收入產生直接的關連，比如薪酬及公積金、活動費支出、租金及差餉、公共費用支出以及食物支出等；後者則與收入產生間接的關聯，比如行政費及一般費用、供應與設備、維修與保養、保險、運輸與交通費以及其他雜項支出等。

至於資產負債表主要是展示機構於特定的結賬期內，其所持有的資產、籌措和運用資金的來源，亦即是其所結欠的各項負債和總資金賬總額。由於此表可反映機構於某個會計期內的財務狀況，因此它又稱為「財務狀況表」，而轉化為計算公式便是「總資產 ＝ 總負債 ＋ 總資金賬[20]」。至於機構資產包括了非流動資產與流動資產，「非流動資產」乃指流動資產以外的資產，這包括固定資產、非營運有價證券及債券等；「流動資產」則可分為速動資產（Liquid Asset）及存貨資產（Inventory Asset）兩大類。前者包括現金或現金等值、營運有價證券及債券以及應收賬款等；後者則包括現金或現金等值、營運有價證券

19　特定機構所指的是慈善基金會和大型企業等。

20　總資金賬＝資產淨值。

及債券、應收賬款以及存貨等。

　　大致而言，負債可分流動負債與長期負債，前者是指固定及流動資產所產生償還的負債，當中必須在一年或一個營運週期內需要償還之負債，如銀行長期借款或特定基金所產生的遞延收益（Deferred Income）；後者則指到期日在一年以上的償還負債，它的還款期一般較長、金額較大、利息亦較高。

　　總資金賬是由不同性質的資金賬結合而成，它等同一般企業使用的資本賬（Capital/Equity Accounting）。社會服務機構雖沒有資本可作分配以保留盈餘賬，大多靠賴慈善捐獻及營運服務的收入而產生出累積盈餘；然而捐獻者一般對其捐款有特定要求，故機構不能隨意調動或將捐款更改作其他用途，亦只能以資金賬結算其所有收入和支出，因此這些資金賬不會納入收支表之中，而其轉化計量總資金賬的公式便是「總資產－總負債＝總資金賬[21]」。至於資金賬的種類可分為普通資金賬（General Fund）和特定資金賬（Specific Fund），前者屬於非限制性的，機構可根據其本身的意願而使用，並沒有用途限制；後者則屬於限制性的，機構未經捐款人同意不能隨意使用該筆款項。

　　總之，管理者在分析財務報表前，必須先了解各項目之間的關係，並檢視當中有那些變動能為機構的整體性財務構成影響。此外，在實踐與應用上，無論理事會／董事局成員或是機構轄下各部門、單位及項目的主管均須認真審核和分析財務報表，他們若能對財務狀況了如指掌，這將可確保服務的質素、成效及效率維持於合理的水平。除此之外，為加強管理者解讀繁複的財務數據以進行更精準的分析，不妨將財務數據轉化為簡易的百分比或比率。可想而知，機構如能提供更多的方法以助管理者從多角度比較和分析不同年度的財務變動趨勢和幅度，這種行之有效的財務監控，絕對是建立穩健財務的必由之路！

21　總資金賬等同機構的資產總值。

第 四 節

財務監控

一、財務管理循環及財務監控的控制線

財務監控是管理者履行財務管理的基本職能，目的是要消除隱患、防範風險、規範運作和提升效率（Martin, 2001；Granof, 2005）。把財務監控工作做好，不但加強財務監控的效能，還可達到財務績效管理的目標。

在財務管理循環方面，財務監控和財務規劃是有着密切的關係；因規劃是監控的依據，而控制是規劃執行的手段，可見兩者是組成財務管理循環（Financial Management Cycle）的關鍵元素。至於財務監控方面，機構一般可採用三層控制線以進行財務監控的工作（林志輝，2016），現簡介如下：

(一) 機構實施「雙重責任制度」；亦即是說，有關的採購、供應商甄選、處理和管理營運費用等皆須依據相應程序進行監控，不會由某一位員工單獨進行。

(二) 機構所有的文件、合約以及職務相關的訊息傳遞，皆須通過專責人員的簽署確認及授權的歸屬（Delegation of Authority）才作生效。

(三) 機構透過內部審計或內部監控竭力實施控制、檢查及監察，而負責人須將有關的監察結果向理事會／董事局及高階管理層作出交代，並制定相應的改善計劃。

二、財務監控系統

為提高財務監控的效益，機構須致力建立一套完善的財務監控系統，當中包括財務管理系統、《財務手冊》與《會計手冊》、中期或週年財務檢視以及理事會／董事局轄下設立財務委員會或審計委員會，

有關做法現簡介如下：

(一) 財務管理系統

管理者可採用下列工具落實執行有效的財務管理，這包括：

1. 財務管理資訊系統

這系統亦稱為「責任會計系統」(Responsibility Accounting System)，它主要是負責計算、傳送和報告財務監控相關的資訊，比方說，編製部門 / 單位預算、監察預算的執行情況以及分析評價和彙報營運結果等。此外，整個系統的設計和功能對財務監控亦十分重要，而完善的設計不單縮短數據的輸入時間和保障其完整性，還可增強監控效果，降低人為出錯的風險。

2. 預算及預算控制系統

機構普遍採用的預算包括資本性支出預算、現金流量預算及營運預算三種，而與預算相關的系統是預算控制系統。若將預算與實際的結果進行比較可稱為「差異比較分析」，而所產生的分析表便是「差異報告」[22]，管理者可依據相關的資料與數據以檢視所有的差異，繼而進行分析及提出相應的改善措施，如此將有助差異概率降至最低。然而，有些差異是屬於可控制性；有些則是非控制性，若是屬於後者，基於沒有能力改變現況，機構須審視原定的預算計劃是否仍合適；否則須作出相應的修訂。

3. 資本性支出計劃及控制系統

資本性支出計劃和控制一般是不容易掌握的，其主要原因是每項計劃皆屬於獨一無二，無先例可援，若加上現金流的相關事宜，便會變得更加複雜。此外，實際支出與原定計劃進行比較時，財務差異亦未足以反映事實，究其根由，可能與錯誤估算或監控鬆懈所導致。有鑒於此，管理者可採用不同的情境構建 (Scenario Building) 和預測，並透過情境的比較以審視箇中的困難和不明朗因素；如情況不理想，亦須採取適時的補救行動，從

---

22 如差異很大，則變成「異常報告」。

而避免未完成項目的財政超支，所以管理者必須高度警惕，並對上述項目之成本及完成期限進行緊密的監控。除此之外，機構須針對已完成的項目進行財務審計；換言之，管理者須比較實際與預計的現金流，從而審視項目成效之達標程度。

4. 內部監控系統

管理者須定期全面檢視營運系統以確保機構的運作皆符合所定的政策、程序和指引，可見內部監控系統是內部流程的重要一環，它除倡導風險管理的概念外，亦讓管理者識別關鍵的風險項目，並及早採取對應措施以預防相關風險再次發生。

(二)《財務手冊》與《會計手冊》

《財務手冊》內容主要涵蓋機構的財務政策，比如財務目標績效、財務職責劃分、財務運作的重要角色、會計系統、財務報告及報表、財務授權及批核權限、財政預算與控制、現金流管理、投資管理、財務表現監管、內部監控與外部審計以及財務委員會和審計委員會職能等。

至於《會計手冊》則涵蓋機構恆常的財務及會計守則、運作程序、執行步驟及相關流程，以讓組織成員於整理財務資料和履行會計職務時有所依循，其主要內容包括收入與支出管理、各種基金賬項之會計工作、財務授權與批核權限、財務報告及報表之編製與應用、採購程序及批核、部門 / 單位之日常會計工作及其他與服務使用者相關的會計項目與記錄等。

儘管《財務手冊》與《會計手冊》的內容重點不同，但重要性相若，管理者絕不可束之高閣！

(三) 中期或週年財務狀況的檢視

進行中期或週年財務檢視之目的主要是確保機構的實際開支能依照其計劃的財政預算而運作，因此它可說是促進財務成效達標之有效手段；亦即是說，管理者藉此審視計劃的預算方案能否按部就班地執行？若果脫離正軌，需否作出修正？而中期或全年的實際與預算開支

是否平衡？若否，則可及早識別偏離預算的主因，從而採取適時的改善行動以作糾正。可想而知，管理者藉着財務檢視可促進其掌握來年的預算需求，並依據業務發展所需而制定適切的財政預算方案。

(四) 財務委員會或審計委員會的設立

理事會／董事局轄下須設立財務委員會及審計委員會，而財務委員會的主要工作是制定財務績效目標及管理、審查及監控財政預算、檢視財務表現及相關報告以及處理財務相關的問題等；審計委員會則負責監察財務及行政程序，此舉不單確保服務的質量與成效，亦加強財務資產的保護；與此同時，還可監察組織業務能否遵循內部政策與程序，甚至是否符合相關法規而運作。

三、監控部門／單位之財務表現

為促進部門／單位之財務表現達到所定的要求，《財務表現監控機制指引》(*Financial Performance Monitoring Mechanism Guidelines*) 之制定能有助管理者定期監察其轄下部門／單位能否達到預期的成效？上述指引涵蓋了清晰的財務職責授權與分工、財務審視與定期評估、處理利益衝突、慈善募捐及物資送贈以及如何依據機構的長遠發展需求而制定具前瞻性的財務計劃，現簡介如下：

(一) 清晰的財務職責授權與分工

部門／單位所制定之財務管理指引須列載於《會計手冊》內，當中須釐清不同的組織成員其財務職責之授權、分工與執行指引，其中包括：

    1. 預算支出以外之項目；

    2. 其他費用之支出；

    3. 員工培訓及發展項目之支出；

    4. 員工福利項目之支出；

    5. 零用現金定額備用金與食物及活動預繳款項；

    6. 呆壞賬處理；

7. 固定資產儲存與銷毀;

8. 服務收費釐定;和

9. 文件批核與確認簽署。

(二) 財務審視與定期評估

持續監控財務資源能否運用得宜,是管理者履行財務管理重中之重的職責,因此機構須備有相關的政策、執行程序及工作指引,比如制定索取報價程序以確保採購機制能按公平和公正的原則而執行。此外,部門 / 單位主管亦須定期徵詢員工及服務使用者的意見,並致力查找效率不彰的範疇,繼而制定相應的改善措施。

(三) 處理利益衝突 [23]

針對處理利益衝突機制之制定,管理者須檢視下列範疇,這包括:

1. 哪些利益可作披露;

2. 哪些情況可衍生利益衝突;

3. 對職務上涉及利益衝突的員工所需採取之行動,比如利益申報、規範有關員工參與利益相關之決策等;和

4. 單位 / 部門轄下專責執行財務的人員發生利益衝突所需採取的行動。

(四) 慈善募捐及物資送贈

1. 授權專責人員處理外來團體之捐獻和物資送贈;

2. 建立慈善募捐和物資送贈之會計和彙報程序;和

3. 制定捐贈物資之儲存、轉贈及銷毀程序。

4. 機構須安排專責人員處理捐贈的物資,並制定財務授權及審批限額 [24] 之相關機制,而所有捐贈的物資必須妥善存錄於《捐贈

---

23 詳見社會福利署 (2016),《社會福利服務整筆撥款手冊》。
24 可依據《會計手冊》的財務授權及審核權限作出處理。

物資登記冊》內，方便日後覆核，另物資用途亦須按照捐贈者之意願和指示有效執行。

(五) 依據機構的長遠發展需求而制定具前瞻性的財務計劃

　　管理者若將策略性計劃與財務計劃整合，除可促成高效的財務管理，還能產生一定程度的協同效應。毋庸置疑，管理者若具備高瞻遠矚，並懂得審視度勢，相信能有效針對機構的長遠發展需求而制定完善的財務計劃；而部門／單位主管的積極參與定期進行成效監控，可確保財務計劃的順利推展，最終達到其所定的財務目標。

第 五 節

內部監控

一、內部監控的目的及其重要性

　　理事會／董事局及高階管理層藉着內部監控可全面掌握機構的內部營運實況，並確保有關程序和指引切實執行，當中所需審視的範疇包括：(一) 機構營運成效和效率；(二) 財務報告的可靠性及準確性；和 (三) 法律和法規之符合程度[25]。由此可見，內部監控乃針對整間機構的核心營運、管理水平及風險管理等進行監控，這不僅促進整體營運及財務績效目標之達成，還加強組織透明度和管理者的問責性，實現多方共贏！綜上所述，管理者藉着內部監控的實踐能有效防止錯誤、保障資產安全、提升營運效率及符合法規的要求 (香港會計師公會，2005；林志輝，2016)，其重要性是無可比擬！正因如此，管理

25　詳見香港會計師公會 (2005)，《內部監控與風險管理的基本架構》。

者須關注下列內部監控的三個目的，這包括：

(一) 它需要持之以恆地進行，而非偶爾一次的工作成果；

(二) 它強調清楚的職責分工、授權與權責關係，從而減少出錯和杜絕舞弊情況；和

(三) 它致力提升營運效率，並充分利用寶貴的資源以達到機構所定的績效目標。

　　事實上，現時受資助的社會服務機構不單受到政府或出資方的監管，還要面向重要持份者及社會大眾的問責，有見及此，管理者一方面須審時度勢；另方面要全面掌握機構的營運狀況，這樣才可知彼知己，防患未萌。此外，因應社會的急遽發展，機構所提供的服務已日漸多元化，運作流程亦愈趨繁複，機構轄下各部門及單位若能相互協調，再配合高效的內部監控，相信可加強組織整體的競爭能力；換言之，管理者透過審核內部監控的報告，不單可掌握項目成本之控制，還有助其查找不足，從而制定相應的改善措施以避免社會資源的浪費。雖知資助機構之財務來源主要是來自政府撥款、基金會資助及慈善捐獻，因此高效的內部監控可確保公帑和募款有效善用，這亦是社會大眾所冀盼的！

二、建立內部監控系統

　　具體而言，一套完備的內部監控系統須涵蓋下列五個組成部分[26]，這包括：

(一) 內部監控環境 (Internal Control Environment)

　　內部監控環境之構成因素可包括組織成員的價值觀及才幹、理事會／董事局及高階管理層所發出的指引以及內部治理成效與效率等。由此可見，建立良好的內部監控環境及組織文化，其先決條件是優良的管理，比方說，領導層具有誠信、處事一秉大公、以身作則，並激勵組織成員守法守規，按章辦事，從而達到機構所定的目標；然而

26　詳見 COSO(1992). "Internal control integrated framework: Evaluation tools"，網址：https://www.coso.org/Pages/ic.aspx。

管理者須謹記獎懲分明，賞罰有度，不可隨意給予金錢獎勵及物質誘惑，這樣才可杜絕員工養成急功近利的心態。

（二）風險評估

風險評估能辨析影響營運和財務績效目標達成的風險事件，管理者依此而制定規避風險之機制與執行指引，但認真審視風險事件之餘，亦須竭力將這些風險維持於可接受的水平；換言之，管理者須針對構成風險的關鍵因素進行詳細的分析，從而制定相關的風險應變措施和改善方案，這亦是內部治理不可或缺的一環。

（三）監控活動

管理者須制定處理風險的應變措施，其成功的關鍵因素主要視乎能否有效作出風險控制及落實執行。

（四）資訊與溝通

資訊的識別、收集和傳遞必須要準確和適時，管理者可依據此等資訊作出明智的決策，甚至採取相應的跟進行動。此外，理事會／董事局須責成高階管理層全力推動機構之營運和發展、實施策略性規劃、擴大資源的募集以及重點培育組織人才等。由於緊密的溝通是必不可少，因此高階管理層須定期向理事會／董事局彙報機構的最新發展，並致力爭取其反饋與支持，此舉除可加強內部監控功能之發揮，亦是推動組織的整體性發展之關鍵所在！

（五）監察及評估

理事會／董事局與高階管理層必須定期審視內部監控系統之適切性，從而評估其能否符合機構之期望與要求。通過監察的實施，將確保內部監控能按照預期目標而持續運作，具體如授權專責人員以檢視內部監控的操作及實施情況、依循內部監控的改善建議而採取適切的跟進行動等，可想而知，持續進行內部監控是機構營運不可或缺的核心組成部分。

三、內部監控之特性與應用

一般而言，內部監控之特性主要涵蓋四方面，這包括：

（一）全面性

監控覆蓋的範圍非常廣泛，這包括機構整體的服務營運和行政管理等事宜，其全面性是無可爭議的；

（二）長期性

內部監控需要持續運作才可有效發揮其功能；

（三）制衡性

內部監控可發揮制衡的作用，當中所強調的是避免組織內任何一個人是掌握絕對的權力，可見相互制衡是內部監控最關鍵的要素；和

（四）合作性

機構轄下各部門與單位之間必須通力合作，而內部監控的推行更需要每位組織成員的積極配合及支持才得以有效達成[27]。

事實上，不管機構採用何種內部監控系統和程序，仍有機會出現一個嚴重的問題，那就是「集體串謀」，比如說，主管與下屬營私舞弊，密謀串通，以讓付還費用（Reimbursement）的申請順利獲得審批；然而這些申請或許存在欺詐或盜用公款的嫌疑。另一方面，機構亦須關注管理者有否濫用職權和 / 或規避一些監控程序，從而遂其個人私慾，譬如透過中央採購程序擅用公款購買其個人用品、在中央採購項目之清單上刻意加添自己喜愛的物品，並刻意迴避某些審批程序，貪圖優惠，從中獲益。不僅如此，其他更糟糕的卑劣行徑如竄改《會計賬冊》及記錄，藉以隱藏某些資本性開支、偽造虛假賬單用作開銷或收費憑證、挪用公款以及盜用機構資產等；凡此種種，皆直接為機構

27　詳見林志輝（2016），〈非營利組織財務管理〉，收錄於梁偉康編著（2016），《追求卓越：非營利組織邁向優質管理之旅》第一章。

帶來極高的財務風險。由此可見，機構若要實施內部監控以達到營運績效管理之提升，它可集中下列 10 個範疇的監控工作 (澳門會計師公會，2012；社會福利署，2016)，這包括：

(一) 收入及收據的管理

收入的管理主要強調職責劃分；亦是即說，所有的現金收入，甚至是銀行存款，必須授權予不同員工專責處理，就算未能作出分工，管理者亦須定期和／或不定期執行查檢和核對程序。至於收據[28]的管理，機構應製備清晰的程序指引，比如控制收據的開發、保存尚未開發的收據以及管理收據的簽發程序等。

(二) 付款及支出的管理

付款的管理亦強調職責劃分；換言之，所有付款須由不同的專責員工處理，就算未能作出分工，管理者亦須定期和／或不定期執行查檢和核對程序。除此之外，機構須制定內部監控程序，再加上政策的實施以確保財務記錄之有效性，比如建立授權簽署之審批機制以及制定核實付款之相關程序等，而針對支出監控成效之提升，機構亦須建立一套完備的授權及覆核機制，以讓管理者有所依循。

(三) 現金及支票的保管

為確保部門／單位能妥善存放現金及保管支票，機構一方面須制定相關的程序和指引以供組織成員參閱；另方面亦須實施有效的內部監控，比方說，為確保現金及支票能存放於恰當及安全的位置，機構須制定相關的保管及處理程序。此外，管理者亦須進行定期和／或突擊到訪轄下單位，透過抽查及點算現金以確保其現金流存量與收賬記錄是相符的，而有關記錄亦須由主管及負責員工雙方簽署確認和妥善保存。

---

28 「收據」所指的是「正式收據及發票」。

（四）銀行賬戶及支票的管理

　　理事會／董事局須訂定財務審批權限，並賦權予高階管理層以處理銀行賬戶及簽發支票之事宜，而所有的收支賬項必須依據財務審批程序嚴加執行，財務記錄亦須妥善保存。除此之外，機構須制定支票管理的機制，以確保未開發支票能依據相關程序而處理，從而預防欺詐行為的發生。

　　財務管理其中一個關鍵元素是製備銀行對賬表（Bank Reconciliation Statement），而負責編製與審核人員皆須由不同職級的員工擔任，管理者亦可依據有關數據與記錄以檢視機構之現金庫存及現金流轉情況，藉此達到財務監控之目的。

（五）零用現金的管理

　　機構須依據部門／單位的實際運作需求而釐定其定額備用金額[29]，有關總額不應超越每月的恆常零用現金支出，並且須建立內部監控機制以進行零用現金的管理、審批及記錄。具體而言，當部門／單位收到財務部發放之零用現金時，無論是支票、轉賬或現金形式，相關負責人須簽署確認收妥該筆款項，並由另一位員工覆核及簽署確認。至於《零用現金賬冊》須採用多欄式設計以記錄不同類別的支出項目，方便日後審核與覆檢；但零用現金的使用必須先經主管審批，而審批者不可同時是零用現金的掌管人，並須由不同崗位的人員擔任。除此之外，為加強零用現金的監控，機構須建立抽查機制，並安排專責人員到訪部門／單位以進行定期和／或不定期的巡查，從而確保零用現金之管理、保存、審批與記錄等皆能符合既定的程序和指引而執行。

（六）活動收入及支出的管理

　　機構須備有活動收入及支出管理之機制，藉以監察其轄下部門／單位的活動收支，而活動負責人須依此而編製有關的財政預算，如有需要於活動前申領預付金額，亦須儘量縮短舉辦日期與發放預付款項

29　此乃零用現金制度的其中部分。

日期之間的時間；但姑勿論如何，所有活動預算及預付金額之申請須經主管審批。至於活動收入方面，部門／單位須依據相關指引將活動收入存入機構指定的銀行賬戶，若活動完成，活動負責人須在一個月內完成活動結算，並將活動檢討及財務收支報告呈交上級及財務部審閱。另值得留意的是活動收入和支出須分開入賬，同時將參加者出席名單、財務收支憑證及其他相關資料妥善存錄，並確保活動資料與收費記錄是完全一致。實際支出若超出預付金額，活動負責人須依循相關的付款程序申領超額款項；預付金額若少於活動實際支出，當中的未用餘款則須待活動完成後，連同會計記錄及活動檢討報告呈交上級及財務部審核。

（七）固定資產的管理

一套完善的固定資產管理機制的建立，比如分類、編號、存放、添購、轉移和棄置／報銷等可加強機構的資產管理，而有關記錄亦須準確及定期進行更新。另一方面，財務部和內部審計小組每年須到訪部門／單位以進行固定資產的盤點工作，從而審視其資產記錄能否妥善保存；期間若發現任何差異，相關主管必須儘快作出調查，繼而提交跟進報告予上級及財務部審閱[30]。

（八）會計記錄及財務報表的管理

會計記錄及財務報表是推動內部監控的重要工具，除有賴精密設計和詳細的程序指引外，還須輔以完整的數據與準確的會計記錄以製備財務報表。隨着社會服務機構的發展與規模日漸龐大，管理者可採用財務管理電子系統以助其處理繁複的服務資料與財務數據，若能配合審計蹤跡（Audit Trail）的功能，比如查核及審批等程序，這將可助管理者有效執行財務監控。

另一方面，理事會／董事局及其轄下財務委員會須定期審閱機構的會計記錄及財務報表；倘若發現異常的員工薪酬、不正常的銀行交

---

30 有關固定資產的管理，本章第六節將作更詳細的論述。

易及記錄、不完整的資產或非尋常的負債項目、不一致的收入與支出、不合理的交際費、海外培訓津貼和交通費以及其他不尋常的賬項等，必須向相關的部門主管提出質詢，並責成其儘快提交合理的書面解釋。

(九) 採購的管理

機構須備有採購政策及程序，比如招標和報價要求、評審標準、審批和結果通知以及公平競爭原則等；而更重要的，管理者須關注員工串謀、舞弊、詐騙及行賄等風險的出現，一旦發生，必須嚴肅處理[31]。

(十) 保險項目的管理

為加強員工及固定資產的保障，機構須向合資格的保險代理購買保險，此舉有助轉移風險和減低意外發生所衍生的損失。具體而言，管理者須確認所需投保的項目、核實有關的承保範圍、檢視投保金額、內容及承保金額的水平等，繼而依循採購機制和審批程序以處理投保與招標的報價、評審與甄選等事宜，而理事會 / 董事局及其轄下財務委員會亦須建立授權機制，並委派專責的評審小組以篩選保障範圍最廣泛、價格又最合理之報價或招標項目。

由此可見，完善的內部監控機制不單促進財務管理及組織整體性績效之提升，還可讓管理者全面檢視服務營運的利弊，透過持續的改善以邁向機構所定的目標。

31　本章後文將詳細介紹採購的管理，這裏不會贅述。

固定資產管理

一、資產分類與編號

固定資產管理機制之建立，除可加強資產的分類、編號、存放、購置、轉移和棄置 / 報銷等成效外，還確保其資產記錄能依據相關機制而獲得妥善處理。有見及此，機構須於每個財政年度編製一套完備的固定資產檔案，當中包括《固定資產登記冊》(Fixed Asset Register)、新購物品清單[32]、固定資產棄置 / 報銷表以及固定資產轉移表等。

由於大多數機構已採用電子化系統以存錄及更新其資產賬目（如添購、轉移和銷毀等），因此一套準確和完備的《固定資產登記冊》將有助審計與查核的進行，而當中所列載的資產記錄可包括所屬部門 / 單位、購置日期、金額 / 價格、數量、資產型號、編號、類別及存放位置等；而資產類別則大致分為家具設備、機器和儀器、電腦設備、裝修工程、交通運輸車輛、影音器材和電腦軟件[33]等。

二、固定資產棄置及報銷

任何固定資產之棄置或報銷皆須經部門 / 單位主管審批與核實，在盤點[34]的過程中，某些固定資產若已失去功能或耗損，負責人必須填寫「固定資產棄置 / 報銷申請表格」，然後交予主管及財務部審批。

32　新添購物品須附有相關文件如付款申請表、購貨單據等。

33　社會服務機構普遍將影音器材和電腦軟件（不論價格）納入《固定資產登記冊》之內。

34　部門 / 單位須依據固定資產機制於每年進行大型盤點，同時亦可按需要於每季或半年進行簡單的點算工作。

三、固定資產盤點及零用現金點存

　　機構轄下各部門／單位必須於每個財政年度終結時進行大型的固定資產盤點工作，並依據相關程序製備完整及準確的《固定資產登記冊》。此外，亦須安排專責人員定期進行抽查的工作，當中主要是核對《固定資產登記冊》所列載的與現存的資產項目及存量、標籤編號以及存放位置等之符合程度；倘若發現重大差異，相關主管須儘快進行調查和跟進，然後向高階管理層作出彙報與交代。

　　除此之外，財務部及內部審計小組須定期和／或不定期到訪部門／單位進行巡查，此舉除可檢視零用現金的使用、存量及資料記錄外，還可預防員工非法挪用公款，加強阻嚇作用；倘若發現零用現金數額與財務記錄出現差異，相關的部門／單位主管必須即時作出跟進調查，並向高階管理層及財務部提交書面報告及改善計劃。

採購和招標管理

一、採購

　　社會服務機構的財政來源主要是政府撥款、基金會資助及慈善捐獻，所謂取諸社會，用諸社會，因此必須就公帑的運用向社會大眾作出合理的交代。事實上，無論是購買專業服務、固定資產以及醫療用品等，機構每年會花費巨額款項進行採購，藉以維持恆常的運作；因此它必須確保所有的採購決策與程序是符合經濟效益、公平及公開等原則，而向外所發佈採購項目的相關要求及規格，亦必須透過不同渠道以讓有興趣參與競投的供應商及承辦商知悉[35]。綜上所述，機構必須訂立一套完備的採購機制，當中清晰列明招標和報價要求、評審標準、審批和結果通知以及公平競爭原則等；但更重要的是如何規避員工串謀、舞弊、詐騙及行賄等風險的發生。

　　至於採購項目的類別可分為三種，這包括：（一）資本性採購項目或非資本性採購項目；（二）工程項目或非工程項目；和（三）年度預算或非年度預算項目。由於有些採購數額異常龐大，因此機構必須制定採購政策，從而清楚釐定採購人員的職責、分工及財務審批權限，務求將採購申請、甄選供應商及驗收這三個重要程序，授權予不同的負責人執行，如此將可有效避免利益衝突的發生。

　　此外，採購的申請程序大致分為四方面，這包括：（一）確定所需採購的物品/服務，並確保有關開支不超逾年度預算所定的開支；（二）所有的採購申請必須經相關主管審批；（三）如採購的物品/服務並非預算的開支，則須事先徵得相關主管的審批；和（四）依循機構所制定的採購程序切實執行。

35　詳見社會福利署（2016），《社會福利服務整筆撥款手冊》。

二、招標管理

機構須依據擬採購的物品／服務的價格總值而進行報價或公開招標[36]，一般可透過公開模式、選擇性模式以及單一或局限性模式以向供應商／承辦商索取報價或招標（林志輝，2016；社會福利署，2016），而上述模式皆須制定相關的程序和指引，並嚴加執行和監控。在擬定物品／服務的要求及規格時，機構須依據其特性、功能、表現要求及國際標準規範等而訂定，但切勿為迎合某特定機構／公司／負責人、貨品／設備型號或原產地等而提升或降低既定的要求及規格。在邀請報價或招標通知書內須涵蓋下列五項內容（社會福利署，2016），這包括：（一）概述報價／招標的要求及規格；（二）預計所需的數量及時段；（三）報價／投標的截止日期及時間；（四）遞交報價和標書的地址；（五）索取報價／投標文件；和（六）查詢人員之名稱及聯絡電話。

由管理者成立的評審小組負責執行公開招標的評審工作，為公平起見，機構行政部門參照保密原則，先掩蓋好供應商／承辦商的名稱，並使用統一格式的評審報告[37]。評審過程完成後，評審小組一般會作出兩項建議，其一是接納完全符合物品／服務條件及規格，並且價格是最低者；其二是撤除價格的考慮。倘若有一個或多個的關鍵條件，則可接納「技術」及「價格」均獲得最高總分者，而最終審批則須依據機構的採購機制，並按審批權限處理；但大額採購則須在理事會／董事局會議審批通過後才可進行。

---

36 物品／服務價值若超逾港幣 50 萬元，建議進行公開招標的程序。

37 評審報告的內容大致包括了供應商的技術及過去的表現、能否按期完成交付，與計劃購買的物品／服務所定的規格是否吻合、營運成本及維修費用、售後支援和服務以及價格等。

小結

　　筆者已就社會服務機構財務管理的主要組成部分，包括財務規劃與預測、財政預算編製和監控、財務會計、財務監控、內部監控、固定資產管理以及採購和招標管理作出全面的介紹，並提供了一些基本的原則及重要機制供讀者作參考之用。由於身處資源匱乏的年代，社會服務機構又面對激烈的競爭環境，因此管理者必須貫徹實施高效的財務管理手段，這不單有效善用及監控緊絀的財務資源，還可對機構維持穩健的財務起着立竿見影之效！

本 章 主 要 參 考 資 料

1. Committee of Sponsoring Organizations of the Treadway Commission (COSO) (1992). *Internal control integrated framework: Evaluation tools*. National Commission on Fraudulent Financial Reporting (U.S.):COSO.

2. Germak, A.J. (2015). *Essential business skills for social work managers: Tools for optimizing programs and organization*. New York: Routledge.

3. Granof, M.H. (2005). *Government and not-for-profit accounting: Concepts and practices* (3rd ed.). Hoboken, NJ: John Wiley and Sons.

4. Lewis, J.A., Packard, T.R., & Lewis, M.D. (2012). *Management of human service programs* (5th ed.). Belmont, CA: Brooks/Cole.

5. Martin, L.L. (2001). *Financial management for human service administrators*. Boston: Allyn & Bacon.

6. Wilson, E.R., Reck, J.L., & Kattelus, S.C. (2010). *Accounting for governmental and nonprofit entities* (15th ed.). New York, NY: McGraw-Hill/Irwin Co.

7. 中國安永，香港社會服務聯會（2020），《小型非政府機構內部監控指南》。網址：https://governance.hkcss.org.hk/sites/default/files/internalcontroltoolkit_zh.pdf。

8. 林志輝 (2016)，〈非營利組織財務管理〉。收錄於梁偉康編著 (2016)，《追求卓越：非營利組織邁向優質管理之旅》。香港：非營利組織卓越管理有限公司。

9. 社會福利署 (2002)，《領導你的非政府機構——機構管治：非政府機構董事會參考指引》(2002 年 6 月版)，第四章：財務職責。香港特別行政區政府。網址：https://www.swd.gov.hk/doc/ngo/corp-gov-chi.pdf。

10. 社會福利署 (2016)，《社會福利服務整筆撥款手冊》(2016 年 10 月版)，第三章：財務管理。香港特別行政區政府。網址：https://www.swd.gov.hk/doc/ngo/LSGSC/LSG（201610）_3.pdf。

11. 社會福利署 (2021 年 6 月)，《慈善籌款活動內部財務監管指引說明》。香港特別行政區政府，網址：https://www.swd.gov.hk/storage/asset/section/555/tc/Guidance_Note_Chi.pdf。

12. 社會福利署，民政事務署，食物及環境衛生署 (2020 年 8 月)，《慈善籌款良好實務指引》。香港特別行政區政府，網址：https://www.gov.hk/tc/theme/fundraising/docs/good_practice_guide.pdf。

13. 香港社會服務聯會 (2021 年)，《非政府機構財務管治及管理簡明指南》(2021 年 3 月第一修訂版)。網址：https://governance.hkcss.org.hk/sites/default/files/Financial.pdf。

14. 香港社會服務聯會，廉政公署防止貪污處 (2018)，《非政府機構處理利益衝突要訣》。網址：https://cpas.icac.hk/UPloadImages/InfoFile/cate_43/2019/56683c07-2b89-4bf3-ab98-e250546e3422.pdf。

15. 香港特區政府效率促進組 (2015)，《受資助機構企業管治指引》(第二版)，2015 年 6 月。網址：https://www.effo.gov.hk/tc/reference/publications/guide_to_cg_for_so_

tc_2015.pdf。

16. 香港廉政公署（2015 年 12 月），《與公職人員往來的誠信防貪指南》。網址：
    https://cpas.icac.hk/UPloadImages/InfoFile/cate_43/2016/ba310525-655b-461c-bb29-
    1c4bbedddefb.pdf。

17. 香港廉政公署防止貪污處（2010），《公營機構的良好管治及內部監控》（防貪錦
    囊）。網址：https://www.icac.org.hk/filemanager/tc/content_216/governance.pdf。

18. 香港廉政公署防止貪污處（2010），《問責・誠信》（防貪錦囊）。網址：https://cpas.
    icac.hk/UPloadImages/InfoFile/cate_43/2017/b725a7ed-5dd7-4a33-b13c-c68da84b43bf.
    pdf。

19. 香港廉政公署防止貪污處（2010），《採購》（防貪錦囊）。網址：https://cpas.icac.hk/
    UPloadImages/InfoFile/cate_43/2016/79cad17b-f306-4a52-85ff-029517a40022.pdf。

20. 香港廉政公署防止貪污處（2010），《慈善機構及籌款活動的管理》（防貪錦囊）。網
    址：https://cpas.icac.hk/UPloadImages/InfoFile/cate_43/2016/f3a084ff-963f-4ed2-9502-
    06d556434d27.pdf。

21. 香港廉政公署防止貪污處（2014），《採購人員防貪培訓教材》。網址：https://cpas.
    icac.hk/UPloadImages/InfoFile/cate_43/2016/4a7be47a-32b0-4546-95a0-1ff1562a2fc0.
    pdf。

22. 香港會計師公會（2005 年 6 月），《內部監控與風險管理的基本架構》。網址：
    http://app1.hkicpa.org.hk/publications/corporategovernanceguides/Guide_Chi_August.
    pdf。

23. 梁偉康（2012），《成效管理：非營利社會服務組織全面實踐策略》。香港：非營利
    組織卓越管理有限公司。

24. 梁偉康編著（2016），《追求卓越：非營利組織邁向優質管理之旅》。香港：非營利
    組織卓越管理有限公司。

25. 陳政智（2012），《非營利組織管理》（一版二刷）。台北：華都文化事業有限公司。

26. 黎志棠（2018），《社工培訓工作坊：項目財務預算制訂與控制》。廈門：福建廈門
    市滄海區社會組織孵化基地。

27. 澳門會計師公會（2012），《非牟利機構會計制度及財務管理》。澳門：澳門會計師
    公會。

7

第二部分

社會服務機構的
內部治理及運作

導言

　　近 10 年來，社會服務機構恍如雨後春筍應運而生[1]，它們主要接受政府經常性撥款和 / 或慈善基金的資助，但亦有部分只接受短期資助[2]。以香港特區的公共機構和非政府機構為例，它們接受有關撥款資助後可為市民提供其所需的公共服務和社會服務，比方說，醫院管理局[3] 及其轄下醫院是屬於「公共機構」，而「非政府機構」乃指香港特區《公司條例》（第 32 章）所註冊之有限公司或根據《社團條例》（第 151 章）之註冊團體。無可否認，這些機構已控制和支配着龐大的公共資源，比如資金[4] 及人力資源等；雖然如此，服務使用者普遍只能作出「有限選擇」，甚至「無從選擇」其所需的服務。

　　隨着社會不斷進步，現時大多數機構已成立管治組織或委任專責人員切實履行監督的職責，可想而知，管理者必須提升其問責性與風險意識，而藉着高效的內部治理，一來促進機構整體運作之穩步發展，二來可爭取重要持份者的信任與支持，可謂相得益彰。

1　根據 2016 年的數據統計，中國內地社會服務機構已超逾 60 萬間。
2　政府或慈善基金會透過提供短期性撥款以資助社會服務機構舉辦方案 / 項目（Project），而「方案」（Programme）亦稱為「服務計劃」，它是指一項活動（Activity）、一項服務（Service）或一個項目（"Project"）；至於「項目」則包含一系列的活動。
3　醫院管理層（簡稱「醫管局」）根據《醫院管理局條例》於 1990 年成立，是香港特區的一個法定機構，本着「以人為先」的使命致力促進社區健康，並確保市民可享用到全面、可負擔、專業和以人為本的預防、治療和復康服務。它主要負責管理全港公立醫院及相關的醫療服務，亦透過食物及衞生局局長向香港特別行政區政府負責，而食物及衞生局則負責制定醫療政策和監察醫管局的工作。截至 2021 年，醫管局轄下共有 43 間公立醫院和醫療機構、49 間專科門診及 73 間普通科門診，詳見網址：https://www.ha.org.hk/visitor/ha_visitor_index.asp?Content_ID=10008&Lang=CHIB5&Dimension =100&Parent_ID=10004，瀏覽日期：2020 年 10 月 1 日。
4　社會服務機構的資金主要包括政府撥款、基金會資助、慈善捐款及服務收入等。

本章首先指出社會服務機構存在的多種弊端，繼而簡介內部治理及如何有效實施，最後引用一個內部治理模式（Corporate Governance Model）以闡述如何實踐所應恪守的原則（Principles）和具體做法（Practices）。

社會服務機構存在的各種弊端

　　過去 40 多年，筆者曾在香港特區某社會服務機構擔任前線主管及管理職級，自 2012 年退休後至今，則在澳門特區最具規模的坊會組織[5]及內地多間頗具規模的社會服務機構擔任管理顧問，此期間曾目睹業界因內部治理不力而衍生不少弊端，而這些反面教材絕對值得社會服務從業員引以為鑒，現將機構普遍呈現的問題臚列如下：

一、策略性策劃及其他策劃

（一）未能制定清晰的組織使命、價值觀、願景和目的，甚至將之混為一談。

（二）欠缺制定策略性策劃及管理策劃[6]，更遑論策略性計劃（Strategic Plan）和管理計劃（Management Plan）。

（三）管理者於進行運作策劃（Operational Planning）時欠缺系統的規劃；亦即是說，其實施的運作策劃未能將策略性策劃和管理策劃連結起來，致使運作計劃[7]與其中、長遠計劃出現脫節。

二、組織整體性績效之評估

（一）中國內地於 2011 年開始關注受資助的民辦社會服務機構之整體性績效能否符合所定的指標水平，可是，這些機構所採用之績效為基礎的標準（Performance-based Standards）甚為粗疏，並傾向組織行為的衡量，亦未能針對其整體性表現制定相關的標準。

5　澳門特區最具規模的坊會組織轄下共有 30 多個服務中心／單位，服務種類多元化。

6　「策略性策劃」乃指五年或以上的策劃；而「管理策劃」乃指一年以上至五年的策劃，亦稱為「中期策劃」。

7　「運作計劃」又稱為「年度計劃」。

至於香港及澳門兩個特區政府，雖然早期已為受資助機構制定產出和質素的指標水平，但現時亦開始重視成效指標的衡量，因此不管是政府還是基金會，已逐步將「成效評估」[8]納入公開投標及基金資助計劃之評分準則內；然而管理者大致對成效評估方法一知半解，更談不上運用與實踐。

（二）大多數的社會服務機構非但不願意披露其績效的衡量準則，還漠視檢討這些準則的重要性，更遑論整體性績效[9]之評估。

三、組織管治架構及運作成效

（一）部分機構的理事會／董事局成員質素參差，其架構及組成亦欠缺規範，有些人數眾多；但有些則只有寥寥數人。

（二）有些機構由理事會／董事局主席兼任高級行政人員的職位[10]，在決策上難免出現獨裁及專制的管治。

（三）理事會／董事局成員邀請其親友和／或業務合作伙伴出任理事會／董事局成員實在不足為奇；然而部分成員對會務不太投入，出席率亦欠佳，影響管治組織之效率和效能。

（四）理事會／董事局欠缺清晰的會議規範、程序指引及守則，亦經常在會議前一刻才倉卒地派發會議資料供與會成員閱覽。

（五）理事會／董事局成員日理萬機，無暇做好會議前準備資料[11]，因此未能做到「會而有議、議而有決、決而有行及行而有果」，最終降低會議的成效及效率。

（六）部分理事會／董事局成員未有作出利益申報，在承辦投標項目（比如裝修工程及採購等）和／或處理上述事宜的人事委任方面，容易構成利益衝突之嫌，甚至有機會演變成私相授受的交易。

8　「成效評估」一般會附上「成效指標」的達標水平。

9　香港耆康會於 2000 年初曾聘用一間管理顧問公司進行整體性績效評估，當時採用了美國《鮑烈治優質管理準則》以衡量其整體性績效，此舉可算為社會服務業界開創先河。

10　內地很多社會服務機構的理事會／董事局首長會兼任高級行政人員一職（如總幹事／行政總監），而香港有部分機構亦如是。

11　與會成員無暇細閱會議資料，故未能有效掌握會議議程、討論事項，甚至是機構的重要事務。

四、公開性及透明度

(一) 有些機構缺乏透明度，不會主動披露其重要的財務資料及服務數據，社會大眾因而無從知悉相關資訊。

(二) 管理者鮮有檢視績效準則，而機構亦甚少向外披露如何衡量組織的效能。

(三)《機構年報》和／或定期刊物從不披露「不光彩事件」，更不會向外交代其「不當行為」[12]，而當中所發佈的內容主要是「機構業績」，可說是報喜不報憂。

五、內部監控及風險管理

(一) 部分機構賬目混亂，屢有紕漏[13]。

(二) 有些機構未能依照財務部及出資方要求按時提交年度財政預算、方案／項目計劃書及年度評估報告等，突顯內部監控嚴重不足。

(三) 大部分機構因沒有聘請內部審計師和／或設立審計部門[14]，故其行政措施與服務提施只靠部門／單位主管的監督，倘若管理者疏忽職守，勢必對組織整體性績效造成負面的影響。

(四) 有些機構並未成立風險管理小組，因而未能有效識別機構潛在的風險及制定危機管理措施。

六、機構之公民意識

(一) 很多機構未能有效善用組織成員的專長，故未能為其目標對象人口羣提供更多的專業服務。

---

12 機構的「不光彩事件」或「不當行為」如員工挪用公款、承辦投標項目貪贓舞弊、高階管理層以權謀私，縱容「肥上瘦下」等劣跡皆不會在《年報》和／或定期刊物發佈，亦不會公開作出交代。

13 社會服務機構普遍出現財務監控的疏漏，如賬目收支不平衡以及申索不符合規定的開支等；相對而言，內地之民辦社會服務機構因欠缺完善的財務管理制度，其所呈現的問題更為嚴重，情況令人憂慮。

14 以香港特區為例，當中只有頗具規模的機構成立內部審計部，並由專責人員依據所定的機制以對各部門／單位的行政措施和服務提施之效能和效率進行內部評審與監控；而理事會／董事局轄下的審計委員會則發揮監察的功能，藉着召開定期的會議，從而討論審計報告所提出的改善措施，並審視其進展與成效。

（二）部分機構沒有提供其管治組織的《利益登記冊》供社會大眾查閱。

　　綜上所述，社會服務機構確實存在着很多潛在的風險，管理者如欲推動組織的持續發展，其先決條件是建立內部治理機制，藉着有效的內部治理及實施嚴謹的監控以提升組織整體性績效。

第 二 節

何謂內部治理及為何實施

一、何謂內部治理

　　毋庸贅言，社會服務機構存在的根本價值和意義是通過履行其使命及善用資源以達到既定目的；然而機構所需達成的使命為何？政府和／或基金會為何要向它提供資助？面對激烈的競爭環境，它又能否延續生存下去？凡此種種，與機構的內部治理是息息相通。

　　「內部治理」乃指向機構進行指導、控制和交代的過程，當中包括如何實施權力、交代、領導、指揮、監控和管理（Australian National Audit Office, 1999；效率促進組，2015；黎志棠，2018），其主要目的是確保組織能達到所定之目標。基於此，優良管理的機構（Well-managed Organizations）必須成立理事會／董事局，藉着這些管治組織的有效問責，並通過實施管理手段以監控組織整體性績效，而內部治理正好作為達成組織使命而進行的策略指導、監督運作以及審視效能之框架、系統和程序（陳啟明，2019）。

二、為何實施內部治理

　　不言而喻，社會服務機構必須有效實施內部治理才可避免任何弊端的發生，可見這種手段能發揮四種重要的功能（社會福利署，

2002；效率促進組，2015；梁偉康編著，2016；Renz, 2016；黎志棠，2018），這包括：

（一）藉着內部治理的實施，可確保組織成員的工作行為達到良好的標準[15]、具問責性以及依循相關的管理機制[16]而落實執行。

（二）優良的內部治理對建立組織的公信力與信譽、突出貢獻與成就以及可持續發展等，益顯重要。

（三）政府一直投入龐大的公帑以資助社會服務機構及公營機構之服務，這些機構若能有效實踐內部治理，並提供高質素及以需求為本的服務，足可反映社會資源能用得其所；相反，不單遭受社會抨擊，還會被持份者所唾棄。

（四）機構若能善用撥款以提供目標對象人口羣所需的服務，不僅有助其解決社區問題和／或滿足社區需求，還可向出資方作出合理的交代；因此機構須建立不同的內部治理組織[17]，並清晰界定其職能和角色。

綜合而言，機構如能有效實施內部治理，將可產生七個成果，這包括：

（一）有效促進組織使命、目的及目標之達成；

（二）服務產出及質素皆可超逾期望達到的水平；

（三）組織整體性績效可超逾重要持份者之期望與要求；

（四）維持穩健財務之餘，亦可吸引更多的外來財源；就算日後接受內部審計或外來審核，亦毋須擔心會被發掘出任何與效能或效率相關的嚴重問題；

（五）可提高組織的公信力、聲譽及口碑；

（六）可提高機構的問責性，並定期公開交代其服務成效；和

（七）組織成員不僅維持良好的服務態度，還堅守顧客為尊（Customer-focus）的原則，並與同儕及上級保持融洽的合作關係。

15　良好的行為標準包括避免利益衝突、遵循服務守則以及秉持專業操守等。

16　機構建立多元的管理機制，比如財務管理、人力資源管理、策略性管理及風險管理等可有效提升內部治理的成效。

17　內部治理組織包括理事會／董事局、監事會／諮議會以及其轄下所組成的委員會等。

由此看來，實踐內部治理是提升組織整體性績效不可多得的重要手段，接着筆者會針對內部治理模式及其組成元素進行詳細的闡述。

第 三 節

社會服務機構內部治理模式
及其組成元素

一、內部治理範疇

　　社會服務機構若要預防各種流弊，必須切實執行內部治理，如此將可加強社會大眾、政府部門及基金會對其之信任與認受。正如前文所述，內部治理是進行指導、控制和交代的一個過程，藉此有效實施權力、交代、領導、指導、監控和管理。為提升內部治理的成效，機構可透過達成其所定的使命和目標以獲取社會大眾及出資方的高度信任，如此便需要在管治組織之結構與運作、策劃、財務管理、人力資源管理、評估、籌募、透明度與問責、策略性聯盟、風險管理以及公民意識等範疇進行改善；而上述各項亦是構成內部治理模式的關鍵元素，筆者將依此而提出一些基本的重要原則及具體做法以供讀者參考。可是，現時沒有一種內部治理結構和常規做法是適用於所有機構，因此管理者須依據組織的營運規模、服務性質及核心服務類別等作出審慎的選擇。總的來説，機構如能切實執行內部治理，這不單可加強服務監管，還能促成組織目的及提高社會公信力，其重要性不可小覷。

二、內部治理模式之組成元素及具體做法

現時雖沒有一套內部治理模式適用於所有機構，但為免贅述，筆者現參照某些社會服務機構所推行的措施，並針對一些重要原則及具體做法提出討論，以讓讀者參考，詳情如下：

第一項：管治組織結構和運作

(一) 重要原則

社會服務機構轄下的管治組織，其功能主要是界定組織使命，並為其運作管理及策略性發展提供諮詢和指導，因此理事會 / 董事局務必完成下列三項範疇，這包括：

1. 制定政策，並確保機構有效善用資源以達到組織使命。

2. 為總幹事 / 行政總裁提供策略性方向，並持續監察其工作行為及進行年度績效的衡量。

3. 機構不單是一個管治組織，亦具社區代表性，因此它在履行和維護公眾利益時，管理者須針對其服務成效進行全面的評估。

除此之外，管治組織成員須依循法規所賦予的權力而切實執行關顧 (Care) 及忠誠 (Loyalty) 這兩項重要職責，現分別列述如下：

1. 理事會 / 董事局成員所履行的「關顧」職責包括下列五項：

(1) 秉持正面信念，並以勤奮、專注、關顧以及相關的專業技能切實執行職責；

(2) 依據組織使命和目的以發展非牟利的社會服務，造福社羣；

(3) 遵循政府及相關機構的法規與要求；

(4) 按法例要求完成行政和運作相關的登記與註冊；和

(5) 嚴格遵守管治組織的章程而運作，比如《機構憲章》等。

2. 理事會 / 董事局成員所肩負的「忠誠」職責包括下列兩項：

(1) 將機構的利益置於其個人或私人利益之上；和

(2) 避免利用任何契機以獲取私利[18]。

18　筆者曾目睹有些機構的理事會 / 董事局成員利用職權之便，以其個人公司名義參與機構之裝修工程、採購及其他外判項目之競投，這明顯是以權謀私，實在需要撥亂反正，正本清源。

（二）具體做法

1. 管治組織之組成

（1）管治組織

社會服務機構轄下的理事會／董事局成員數目最好是 5 人至 30 人以下，其主要職責是審視組織使命和策略性方向、批核年度預算及重要的財政項目、制定人力資源、財政和管治相關的政策等。

（2）理事會／董事局的組成

理事會／董事局須由不同人士組成，而每位成員必須全力以赴為組織爭取利益，並竭盡所能達到其所定的使命。

（3）理事會／董事局成員的任期

以香港特區為例，部分社會服務機構的理事會／董事局成員是一年任期，除主席外，其他成員的續任年期不限；然而，為確保不同專業及豐富經驗的人士能全面投入社區的參與，成員的組合最好能定期流轉，這樣才可提升會議的生命力、多元性及專業性。有見及此，理事會／董事局須制定任期、轉替、連任次數的規範、辭退不稱職或違規成員之政策與程序，而上述機制亦須列明於《機構憲章》和特定法規之內。

（4）理事會／董事局的規模

為確保理事會／董事局會議能獲得充分討論，並加強議題的多元性，成員數目最好維持於 5 至 30 人。

（5）理事會／董事局的主要成員

以香港特區為例，社會服務機構的理事會／董事局成員主要是主席、副主席、秘書及司庫各一人；但有些機構亦會因應其規模而委任多位副主席、理事和／或總理。

（6）員工參與理事會／董事局

對於能否派出員工代表加入理事會／董事局，一直以來甚具爭議性。有些機構只容許一位員工加入，通常是總幹事／行政總裁，他（她）雖享有投票權，卻不能擔任主席、副主席、秘書或司庫等職位；而有些機構則容許高階管理層列席會議，如總幹

事／行政總裁、部門總監和部門經理等，主要是提供重要的資訊和意見，並解答與會成員的提問。

2. 理事會／董事局之特徵
(1) 理事會／董事局之代表性、多元性及包容性

理事會／董事局須竭力展現其代表性（Representation），從而突顯機構的核心服務特色及參與社區之程度。不僅如此，各成員亦須着重多元性（Diversity）的發展，並積極參與機構事務，這對提升組織效能極其重要。

(2) 理事會／董事局成員的推薦

理事會／董事局須建立新成員遴選機制[19]，一來可補充成員人數；二來可吸納具創新思維的人士，此舉不單加強會議的多元性，還藉着不同專業人士的討論與分析以開拓議事空間，有助促進專業意見的交流。除此之外，理事會／董事局須由不同資歷背景、專業技能以及資深經驗的成員所組成，如邀請具財務專業資歷的人士加入，這不僅加強財務監控，還有助組織整體性能力之提升。

(3) 對理事會／董事局成員的期望

理事會／董事局成員須全心全意支持組織事務，並投入時間、金錢，甚至是身體力行的積極參與。

(4) 理事會／董事局成員的獨立性

理事會／董事局的人數和組合須保持合理比例，比方說，超逾 2/3 成員是非親屬（如夫婦、兄弟／姊妹、父子／母女關係）及非同住的關係，這樣便可確保其獨立性。

(5) 理事會／董事局成員的報償[20]

除受薪員工外，理事會／董事局成員於履行職務時不應收取任何金錢的回報，除非與會務活動相關的退款，如因公出差的拜

19　有關遴選理事會／董事局新成員的過程，可由推舉委員會負責。
20　「報償」乃指「薪酬和福利」。

訪開銷可向機構申領退還款項。

3. 理事會／董事局的職責

（1）遵從本地法規

　　機構必須嚴格遵循本地相關法規而運作。

（2）理事會／董事局成員的啟導和溝通

　　機構須為理事會／董事局成員（尤其是新成員）提供啟導活動，藉以加強其認識組織之關鍵性業務和／或流程，並針對其所需推行適切的培訓活動。此外，藉着多元溝通渠道的建立，可有效促進組織成員共商對策，在加強內部監控之餘，還有助其掌握本地法規，甚至提升道德操守方面所需肩負的責任。

（3）理事會／董事局的自我審視

　　理事會／董事局須每年審視其規模與運作績效，並依據有關的自評結果而積極進行改善，從而確保組織目的與目標之有效達成。

（4）理事會／董事局成員的職責

　　機構須為理事會／董事局成員制定明確的工作細則，從而讓其掌握所需肩負的角色和職責。此外，各成員須全面了解及切實執行內部治理、遵守法規及財務監控等方面所需承擔之權責，比方說，策略性規劃與計劃之制定、政策審批、總幹事／行政總裁之甄選與聘任、督導和年度績效評核、審批員工薪酬架構、募款、財務管理、風險管理以及彙報組織整體性績效及服務成效等。

（5）理事會／董事局的會議頻次

　　機構可每季召開一次理事會／董事局會議，而各成員須履行職責如期出席會議，並積極參與討論。

（6）理事會／董事局的會議記錄

　　機構須妥善保存理事會／董事局的所有會議記錄；就算是未經召開會議但已執行的行動記錄，亦須永久保存。

（7）理事會／董事局對機構的審視

　　理事會／董事局成員須審時度勢，根據機構發展所需而定期

檢視《機構憲章》、特定法規、機構政策、程序和指引，以及組織使命、願景及價值觀之適切性，並按需要加以修訂。

(8) 委員會的設立

理事會／董事局轄下須設立不同的委員會，比如財務委員會、人力資源管理委員會、審計委員會、提名委員會以及其他專責小組等，此舉不單促進各成員多元角色之發揮，還可善用其專業知識、技能與人脈網絡等，而各委員會及專責小組須按《機構憲章》之規定及目的，並依據所賦予的權責而切實履行職務。

(9) 處理利益衝突政策

理事會／董事局須制定處理利益衝突的政策、執行程序及工作指引，此舉可確保其獨立性，並做到公正廉潔，比方説，當進行採購、人員招聘、員工晉升等程序時，各成員須遵循上述政策以避免參與任何利益衝突的事宜。另外，此政策亦須涵蓋各成員所需履行的權利與義務，並適時申報所有事實內容和相關人士的關係；倘若申報者與機構利益有所牴觸，將按規定避席會議或暫緩參與相關事項的投票與表決。

(10) 總幹事／行政總裁的績效評估

理事會／董事局每年須對總幹事／行政總裁進行績效衡量和報償檢討，有關績效評核的評量須依據其對組織所作出的業績（Organizational Accomplishments）；而報償檢討則可參考業界的標準水平。為避免不合理的待遇，理事會／董事局可考慮採用下列三種形式：其一是獨立的審批 —— 由獨立的管治組織[21]審批；其二是比較性對照（Comparable Comparisons）—— 理事會／董事局或報償委員會比較業界相關機構所提供的重要資料後作出審批；其三是書面理據 —— 理事會／董事局或相關委員會須提供足夠的書面理據以支持有關決定。

---

21 獨立的管治組織包括由理事會／董事局成員組成的報償委員會。

第二項：策略性策劃和運作策劃

（一）重要原則

策劃是一個流程，它主要是針對組織整體性方向，並透過有效策略和服務提施以達到機構所定的使命與目的；換言之，機構須系統地進行策劃的工作，藉着清晰願景和明確策略之制定以達到組織目的。另外，管理者於策劃過程中須徵詢組織成員（Constituents）之意見，並依據組織使命與願景而制定其策略性定位[22]，繼而逐步邁向組織所定之目的[23]。

（二）具體做法

1. 使命

（1）使命宣言的制定

機構須清晰展示其使命宣言，一來可作為組織目的和活動發展方向之指引；二來須與價值觀及願景環環相扣。

（2）使命宣言的檢視

理事會／董事局或相關委員會須定期檢視組織使命，並因時制宜，針對社會環境和目標對象需求的轉變而進行適時的修訂。

2. 社區參與

（1）徵求社區的投入與參與（Soliciting Input from Community）

社會服務機構得以延續生存下去，其先決條件是獲得社會大眾的認受與支持，因此它須竭力回應社區需求，並透過不同途徑以提升重要持份者[24]的參與度，藉着集思廣益與意見徵集，不單可促進組織決策，還能加強社區的融合與凝聚。

（2）與業界保持溝通

---

22 「策略性定位」亦即是「策略性方向」。

23 「願景」之下是「目的」，而此目的可於三至五年達到，詳見筆者著作《成效管理：非營利社會服務組織全面實踐策略》(2012)。

24 重要持份者包括理事會／董事局成員、員工及社區人士等。

機構如欲提升其責信／問責性，便需要與業界和合作伙伴保持緊密溝通，並相互分享最新的專業知識與實戰經驗，此舉不僅有助其識別服務對象之需求，還可加強社區資源的運用。

3. 策略性計劃

機構透過策略性策劃的實施，從而審視其內外環境之強—弱—機—脅，包括分析其內部強弱項、外來契機以及對其所面對的威脅／新挑戰，期間管理者收集所需的數據與資料，並參照組織使命、願景及價值觀而對策略性目的和目標進行清晰的界定，繼而制定策略性計劃、明確策略和相關的行動計劃。重要持份者包括理事會／董事局成員、員工及社區人士等。

4. 運作性計劃
（1）制定運作性計劃

管理者須配合策略性計劃而擬定其運作性計劃[25]，當中須列明清晰的表現指標[26]、達標的工作計劃及年度工作計劃進度表等，而有關的工作計劃亦須適切地分配予相關人員跟進。

（2）制定工作計劃和成效衡量

機構可利用運作性計劃以評估方案／項目之成效，同時按照所批核的財政預算而落實執行，另理事會／董事局成員和管理者須定期審視有關進度和成效，並按需要作出適時的修訂。

（3）風險管理（Risk Management）和危機管理（Crisis Management）[27]

理事會／董事局須確保機構已製備風險管理和危機管理計

---

25 「運作性計劃」亦稱為「年度計劃」。
26 這些指標可用以衡量年度目標能否達成。
27 「風險管理」乃指機構將方案／項目或其所面對的風險降至最低的一個管理過程；而「危機管理」則指機構為對應危機而進行的決策、規劃、處理及員工培訓等活動過程，藉以降低或消除危機所帶來的威脅及損失。與風險管理不同之處，危機管理是對已經發生的威脅進行評估，並制定適時的應變措施及改善計劃。

劃，藉以保障財務資產、人力資源以及服務數據和資料等；就算不幸發生危機，機構亦可依據應變措施及早作出處理。一般來說，機構會購買不同形式的保險計劃[28]，這亦是其中一項重要的保障措施，而此等皆可助機構轉移風險，並大大降低損失的程度；因此理事會／董事局每年須檢視風險管理和危機管理計劃之成效，並致力保障機構財務、人力、財產以及聲譽等免受損害。

第三項：策略性聯盟

（一）重要原則

若要提升組織效能，與外間機構／團體建立融洽的合作關係是至關重要的策略；至於合作形式，不管是合作伙伴、協作、協調還是策略性聯盟，相信各機構亦期望加強資源分享、促進政策倡議及改善服務效率，如此，這不單滿足社區需求，還可提升組織能力以達到預期的成果。

（二）具體做法

1. 策略

（1）建立策略性聯盟

管理者須抱持開放態度，並致力與其他機構建立策略性聯盟，藉以促進組織目的之達成、提升效率與效能以及增加社區的聯繫。

（2）嚴格挑選聯盟的對象

究竟如何挑選策略性聯盟之合作伙伴，這必須審視有關組織之策略性目的、品牌與形象是否吻合機構所需；因此理事會／董事局和高階管理層必須慎重其事，並定期審視協作服務對社會所產生的正面效益與衝擊。

---

28 保險計劃可包括公眾責任、意外事故、醫療失誤以及僱傭保險等。

2. 協調

(1) 與營運模式相近及理念相符的機構合作

　　管理者須致力尋求與營運模式及服務理念相符之機構建立緊密的合作關係，藉着服務協調的過程以達到互補不足之效。

(2) 確保轄下部門／單位能依據組織使命而運作

　　機構須確保轄下部門／單位能依據組織使命而運作，因此管理者須定期檢視與協作機構之合作關係，並致力加強服務之間的協調與銜接。

(3) 與不同類型機構協作

　　機構藉着提供多元的服務以滿足區內不同服務對象之獨特需求，可見社區人士是支持其永續發展的關鍵元素；而通過不同類型機構的協作，可激發重要持份者積極參與機構的事務。

(4) 建立社區、個人及組織之合作伙伴

　　機構若與社區、個人和區內其他組織建立策略性聯盟，並開拓多元的溝通渠道以增加相互的了解，可加強社區資源的運用。

(5) 促進機構之間的成長

　　大型機構可透過建立策略性聯盟，從而向規模較小的機構分享其資源、實務經驗及專業知識，此舉將有助彼此的發展與成長。

第四項：人力資源任用

(一) 重要原則

　　一間機構能否有效推動組織成員和義工，包括善用其才能、時間、專長及經驗等以達到組織使命是極其重要；因此機構須秉持「公平」和「公正」的原則以吸引和維繫高資歷和優越條件的人才——員工和義工，同時嚴格依據本地法規及指引以提供安全及舒適的工作環境。另一方面，它亦須制定明確的政策及實務指引以促進員工、義工和其他成員之間的合作，從而邁向組織目的、使命和願景之達成。

（二）具體做法

有關聘用的實務現詳列於下：

1. 符合法例

機構在聘用員工方面須嚴格遵守本地法規與要求。

2. 員工質素

管理者依據組織目的、目標和價值觀以物色具豐富經驗及多元技能的員工和義工，繼而配合其專長和能力委以重任。為維持具質素的服務，機構須定期為他們提供適切的培訓，這不單促進新知識和技能之掌握，還可加強其對服務相關法規之認識。

3. 多元性及包容性

機構須吸納不同專業及具備多元知識與技能的人才投身服務，若能善用員工和義工的多元才能，不僅有效發揮所長，還可促進其在不同層面參與組織的事務與重要決策。

4. 工作環境

機構須為員工及義工提供一個安全和健康的工作環境。

5. 指引及程序

管理者須制定人力資源管理相關的程序和指引，比如公平的僱傭政策、預防性騷擾指引以及防止歧視指引等，這樣將可保障員工及義工的權利，並加強其認識所需履行的職責。

6. 處理利益衝突之政策

機構須製備處理利益衝突之政策，當中包括利益申報程序及執行指引[29]等，如此，將可避免理事會／董事局成員、組織成員及義工等牴觸組織利益，營私舞弊。

---

29 員工和義工若參與組織任何重要的決策，如甄選採購供應商等必須申報利益。

7. 違背法規、服務協議與承諾的舉報程序

管理者須制定明確的程序以讓重要持份者[30]及社區人士舉報任何違背法規、協議、服務承諾或組織政策等事宜，並確保舉報者免受到報復或不公平的對待。

8. 領導的傳承及交替

機構須建立員工傳承機制，比如領導層承續計劃，這不單紓緩接班人繼任的問題，還可維繫重要職級人員的正常交替。

9. 資料核實

機構須核實所有員工、義工及受薪法律顧問等資料的真確性，而針對長者、兒童及弱勢社羣[31]的服務提施，基於對服務對象的保障，管理者或負責職員須進行資料的查核，藉以確保相關人士皆符合服務要求，過往亦沒有觸犯某些非法、暴力或性罪行等[32]。另一方面，新招募的員工如須履行財務相關職務或出任重要崗位，比如高階領導層或理事會/董事局秘書等，亦須審慎核實其背景資料，絕不可草率行事。

10. 個人資料的保存

機構須依據本地法規和業界之最佳典範而制定保存個人資料[33]的政策及程序文件，並切實執行。

11. 員工報償

機構必須善用其財務資源；而管理者則須進行嚴謹的監控。

---

30 重要持份者包括理事會/董事局及組織成員、義工、服務使用者等。

31 包括體弱長者、兒童、傷殘人士、少數族裔以及精神上無行為能力人士如認知障礙症患者和精神病患者等。

32 當進行員工及義工招募時，負責人必須查核申請者的個人資料，比如向法定機關查閱《性罪行查冊》以及向前機構索取《資歷查核表》(Reference Check Form) 等，這些做法皆有助確認其過往有否觸犯法律及不良行為，同時可檢視其工作行為和品格操守等是否符合要求。

33 個人資料包括理事會/董事局成員、組織成員、兼職員工及義工等。

在釐定員工福利及薪酬報償時，除審視員工資歷及專長外，亦須適時參考人力市場水平，並依據組織之財務條件和狀況而制定合理及具競爭力的員工報償機制。此外，理事會／董事局須定期檢討機構的補償機制，並制定明確的員工福利指引，比如醫療保險、退休計劃、病假和產假、年假和有薪假期以及其他合理而又具吸引力的福利報償。

第五項：培訓、發展及人才維繫

(一) 工作細則及重要資源

機構須為員工及義工提供最新的工作細則及任何提升其工作績效的重要資源。

(二) 績效評估

組織成員每年須接受至少一次的績效評估，而有關的績效評估報告須由主管及員工簽署確認，並存放於員工之個人檔案內。

(三) 員工發展

機構須竭力推動員工的培育與發展；而管理者則須因應員工的知識、技能及發展潛力，透過職位晉升以促進其發展所長。

(四) 利益方案

機構須致力「留才」，並制定具吸引力的退休計劃及薪酬報償機制，此舉不單謀求員工的福祉，還激勵其持續為機構作出更大的貢獻。

(五) 員工反饋

機構藉着多元的渠道以向員工和義工收集其對所舉辦活動及服務成效的意見；而管理者則須依據有關反饋和建議進行仔細的研究和分析，繼而進行改善的行動計劃。

第六項：財務管理

(一) 重要原則

管理者須肩負監管機構的財務資源能否妥善運用，並確保其遵循相關法規、落實執行會計程序以及提供準確的財務資訊，並依據組織使命而提供具效率及成本效益的服務。再者，藉着制定清晰的財務管理政策和程序，一來可有效監控財務資源；二來可定期向社會大眾交代機構的財務狀況，這對提升其社會認受性起着關鍵性作用。

(二) 具體做法

1. 功能

(1) 財務報告

理事會 / 董事局及轄下委員會須責成總幹事 / 行政總裁或財務總監每季呈交至少一份精準的財務報告，當中須將預算與實際的收支進行比較和分析；倘若出現不尋常或不理想的差異（如 + / −10%），相關的部門主管必須提交佐證資料，並附上合理的書面解釋。

(2) 理事會 / 董事局審核財務報告

理事會 / 董事局成員須認真解讀財務報表中的數據及收支狀況，比如收支差異等，並針對收入支出表、資產負債表以及現金流量表這三種財務報表進行仔細的審核。

(3) 財務職責分工

機構須明確分配財務的職責，比方說，有些員工負責入賬；有些則負責核賬，各司其職，互相監察與制約，從而降低利益衝突的風險。

(4) 借貸

機構須竭力恪守「公款公用」之原則，並嚴加禁止任何理事會 / 董事局成員、組織成員及義工進行借貸的活動。

2. 符合（Compliance）

（1）符合法規

　　機構必須遵循財務法例而運作，並定期向政府、出資方、基金會及相關機構提供精準及符合法規的財務報告。

（2）審計

　　機構須外聘專業的會計事務所或審計師以進行年度財務的審核工作；而理事會／董事局則須定期審視財務審計機制之適切性，從而確保機構的財務資源得以有效運用。

（3）審計委員會

　　理事會／董事局轄下須成立審計委員會，並授權其主責下列事務，這包括聘用審計師、監察審計過程、接見審計師以檢討審計報告及向理事會／董事局彙報審計報告[34]；而上述委員會可附屬於財務委員會，故毋須獨立組成。

（4）審計師

　　審計師於執行審計工作時，無論是接見理事會／董事局成員或進行審計委員會議以討論審計報告之內容，高階管理層皆須暫時避席，此做法可確保整個過程是公平及公正，絕無偏私。此外，審計委員會須批示審計報告，繼而向財務委員會及理事會／董事局作出彙報。

（5）不當行為的舉報

　　機構須設立投訴機制以讓組織成員針對財務問題及高階管理層之不當行為作出舉報，而有關投訴必須予以保密；倘若事件屬於嚴重性質，則須成立工作小組跟進，並授權專責人員作出深入的調查。

3. 公開及保真度（Fidelity）[35]

（1）公開溝通

　　管理者須每年向組織成員及持份者公開發佈服務相關的重要

34　審計報告須通過理事會／董事局的最後審批。

35　「保真度」概指忠誠、忠貞及盡責等。

資訊，並定期保持溝通和設立多方途徑以進行意見的收集。

（2）資產的保障

　　管理者須保障機構的資產能切合組織利益，並物盡其用，絕不會出現私下挪用的情況。

（3）資金的管理

　　管理者須有效監控機構資金的運用，並遵循出資方要求及財務管理指引而進行謹慎的投資。

4. 財務責任

（1）年度預算

　　理事會／董事局每年須審批機構的年度預算，而其轄下委員會亦可借鑒外間機構用於方案／項目、行政和籌募等所採用的基準以審核年度預算之成效。

（2）財政儲備

　　理事會／董事局及高階管理層須進行審慎的規劃，並為機構釐定一個可接受的財政儲備水平，同時竭力監控此水平能否支持其未來的營運與長遠發展。

（3）預算開支

　　機構須將大部分的年度預算投入於可促進組織使命達成的方案／項目之上，並提供充足資源以加強行政工作之成效。此外，須妥善運用財務資源以推展籌募活動，從而開拓服務的發展。

（4）申領開支

　　機構須制定申領開支的政策及指引，以讓組織成員有所依循，比方說，交通費的申領只適用於員工執行公務時所乘搭的公共交通費[36]，申領時亦需提供合規格的支持性文件[37]作審批之用。

36　員工如因執行公務而需乘搭公共交通（如小巴及巴士等），必須事先徵得上司的批准。

37　財務支持性文件如正式收據及正式發票。

第七項：評估

(一) 重要原則

管理者須監管機構所提供之服務能否有效解決社區問題和／或滿足社區需求，而其職責主要是評估所提供的介入方案／項目對社會大眾造成甚麼衝擊。雖知社會大眾的福祉與組織整體性績效存在着利害關係，而重要持份者及社會大眾是有權獲取組織績效及服務成效之相關資訊，因此機構須制定清晰的目的和目標，並定期將成果公開作出交代。此外，機構須善用這些重要資訊，從而持續改善關鍵性流程、加強方案／項目的策劃以及提升服務的質素。

(二) 具體做法

1. 反應度（Responsiveness）

(1) 提升服務成效

管理者矢志提供具成效和效率的服務，並致力改善機構的關鍵性流程和方案／項目以滿足服務對象的需求。

(2) 持續改善

機構須建立正規的管理系統以監察及改善服務和方案／項目的質素，並提升內部流程的效能，如此將可為重要持份者及服務對象提供具效益和優質的服務。

(3) 持份者反饋

機構所提供的方案／項目須竭力滿足重要持份者及服務對象之需求，並設立投訴機制以處理申訴及服務使用者所提出的意見。

(4) 公眾反饋

機構須定期收集服務意見，並設立渠道與社會大眾保持溝通；若收到任何對服務成效之意見或質疑，管理者必須迅速處理，並作出適時的回應。

2. 衡量

(1) 評估程序

管理者須制定組織整體性績效之評估機制，藉以衡量核心方案／項目之過程和成效能否達到所定的使命及可持續發展之目的。

(2) 評估

機構須邀請不同的持份者參與組織事務及服務評估，而所採用的衡量系統 (Measurement System) 必須是實際可行，並以改善運作流程、方案／項目和服務成果為主。除此之外，還須衡量組織整體性效能，從而為社會大眾提供運作計劃相關的重要資訊。

(3) 績效衡量 (Performance Measures)

機構實踐績效衡量之機制必須是實際的、明確的及可衡量的，並切合其運作規模及服務範疇等所需，因此機構可依據所搜集的重要資訊以衡量其績效，當中包括服務數量、受惠人數／人次、服務使用者滿意度、服務成效及對社區所造成的衝擊等；不單如此，還須涵蓋定質的 (Qualitative) 和／或定量的 (Quantitative) 以及與效能和效率相關的數據和資料。

3. 最終用家 (End Users)

(1) 保密

機構須確保其所收集到的個人資料能依照保密機制處理，如未獲當事人同意授權，不得向外披露。

(2) 文化響應評估 (Culturally Sensitive Evaluation)

管理者須採用切合組織文化，並具多元性之衡量方法／工具以評估服務對象及社區需求。

(3) 評估成果

管理者在進行策略性策劃時，須儘量採用所獲取的重要資訊，並參照有關成果以改善機構的核心方案／項目和活動的設計。

(4) 成果傳達

機構須向理事會／董事局、組織成員、服務對象、基金會和社會大眾等廣泛傳達其服務評估之成果，此舉不僅有助重要持份者知悉服務成效之水平，還可加強其對機構的歸屬感和支持度。

第八項：透明度及責信／交代

（一）重要原則

　　機構務必向持份者及社會大眾交代其使命、活動、服務成果和組織決策等重要資訊，並確保這些資訊是方便獲取及簡易明白，這樣有助其打造高透明度、富公信力及具誠信的組織形象。

（二）具體做法

　　1. 責信／交代

　　（1）報告／彙報要求

　　　　機構須依據法規要求而建立適切的彙報機制及程序指引。

　　（2）績效目標

　　　　管理者須制定清晰的績效目標及達標水平，並定期進行組織整體性績效之衡量，其後亦須透過不同方式將有關的達標成果向重要持份者及社會大眾作出交代。

　　（3）業界標準

　　　　機構須採納社會服務業界所認同的績效標準和達標要求，從而應用於方案／項目及活動之成效衡量。

　　2. 獲取公共資訊的方便度

　　（1）重要持份者的互動

　　　　機構須提供多元途徑以加強理事會／董事局和持份者的互動與交流。

　　（2）廣泛獲取服務運作及績效衡量的資訊

　　　　機構須設立不同渠道以向重要持份者及社會大眾發佈營運及績效相關的資訊，這包括內部治理、財務表現、方案／項目和活動等，而有關資訊是易於獲取及閱覽。

　　（3）《機構年報》

　　　　機構每年須製作《年報》[38]，藉以向外發佈其年度總結與成果，而主要內容包括：

---

38 《機構年報》可印製成紙質版和／或以電子版發佈。

◈ 組織使命、核心服務和工作成果；

◈ 服務對象獲取方案 / 項目和服務的概況；

◈ 整體性財務表現，包括收益支出表（Income & Expenditure Statement）及籌募結果等；

◈ 理事會 / 董事局和管理層架構、服務單位及捐款者名單等；

◈ 服務成效評估[39]概況。

3. 徵求社會大眾的參與

（1）公開會議及資訊發放

　　機構每年須舉行公開性之地區會議，藉此向外搜集和發放實踐組織使命、目的及所採用之有效策略的相關資訊。

（2）協作機構

　　管理者須積極尋求與其他機構建立策略性聯盟，此舉不單有助協同效應的發揮，還可集中社區資源的運用，避免服務重疊，從而推展更具效益的服務。

4. 秉持公平和公正原則

（1）服務收費

　　機構須公開發放其服務收費的詳細資料，而收費必須訂於合理的水平，以讓經濟能力欠佳的服務對象也能享用其所需的服務。

（2）保護私隱和防止歧視

　　機構對服務對象須一視同仁，並恪守個人私隱原則和制定預防歧視措施以保障其利益。

（3）專業守則

　　機構須確保信託人、理事會 / 董事局成員、組織成員和義工皆嚴格遵循《機構憲章》，並按照專業實務守則與規範而履行其權責與職務。

39　針對服務成效評估，機構須詳述其達標程度及其他突出的成就與貢獻。

5. 文件保存和銷毀

(1) 文件保存政策

　　管理者須制定文件保存政策，並確保組織成員嚴加執行有關程序與指引，藉以妥善保存機構的重要文件和運作記錄。此外，須安排專責人員／部門建立防火牆以保障電子系統免受病毒入侵以及定期檢查中央伺服器及電腦軟硬件設備之功能，並預留財務資源以更換損耗的電子設備。

(2) 文件銷毀政策

　　機構須制定文件銷毀政策，當中包括銷毀檔案時限以及刪除電子文書檔案、數碼錄像、即時通訊及電郵等之工作指引與安全措施。

第九項：籌募

(一) 重要原則

　　機構須建立機制以募集個人、團體、企業和其他組織的捐獻，此舉不單促進社會的回饋，致力發揮關愛精神，還可激發慈善事業的發展；正因它扮演着捐款者和受益人之間的中介者，因此須制定籌募政策，並竭力確保所有籌募善款及基金撥款能用得其所以及定期向社會大眾發佈籌募結果和交代善款的運用概況。

(二) 具體做法

1. 向捐款者作出交代

(1) 籌款人員的專業培訓

　　機構須向籌募專責人員提供適切的培訓和督導，以確保其掌握所肩負的職責，同時督促其避免以脅逼和恐嚇手段向捐款者製造滋擾性行為。

(2) 公眾信任

　　機構於推行籌募活動時，必須向服務對象及持份者交代其如何有效監管及善用募款，如此，將可贏取社會大眾的信任。

(3) 傳遞籌募訊息

　　機構所傳遞的籌募訊息必須是清晰、準確和具誠信的,而且亦須詳細列出其所舉辦的籌款活動、募款目的和用途、主辦機構及查詢安排等。

(4) 確認捐款者

　　機構必須向捐款者發出正式收據及致謝覆函,並確保妥善處理相關捐獻;無論是實物捐獻或善款捐助,較理想的做法是將有關資料清楚列明於捐獻覆函內,並妥善保存記錄。

(5) 保密處理

　　有關捐獻者的資料,不管是公開還是保密,機構須依據其意願而作出審慎的處理;因此未經其同意和授權,絕不可向外披露、轉移及轉售。

(6) 與捐款者交流

　　機構須定期舉辦交流活動以向捐款者發放募款的資訊。

2. 籌募政策

(1) 理事會 / 董事局的角色

　　理事會 / 董事局須對籌募事務全力以赴,並竭力推動募款以達到預期目標。

(2) 收授與餽贈政策

　　機構須制定收授物品與餽贈政策,並針對接收、處理和管理所餽贈的金錢及物品等制定工作指引,藉此降低利益衝突的風險。一般而言,理事會 / 董事局成員、員工和 / 或義工如收取現金、物品或非物質之餽贈時,必須依據機構所制定的政策和程序,由指定的授權人士作出審批。

(3) 婉謝捐贈

　　機構須婉謝任何非法、不道德和 / 或不符合其實際價值的捐贈,並制定婉謝捐贈的政策及工作指引,以讓理事會 / 董事局成員、組織成員及義工有所依循。

(4) 募款的應用

機構須有效應用其募款以發展方案／項目及服務,並定期向捐款者及社會大眾作出合理的交代。

(5) 籌募職責的監察

機構須清楚界定理事會／董事局成員、組織成員、合約員工及義工在籌募活動中所肩負的職責,以讓其知悉有關工作須符合法規與指引。此外,機構須確保籌募專責人員具備專業知識和能力,並有效監控籌募活動的推行及緊密監督外聘合約承辦商的表現。

第十項:公民參與公共政策

(一) 重要原則

受資助機構接受監管的同時,亦須遵循出資方的要求與指引而運作,故此,無論是籌募活動的形式或規範以及籌募人員之聘用等均須依據相關指引而執行。雖然社會大眾普遍接受社會服務機構參與公共政策的制定與倡導,但它仍須竭力激勵理事會／董事局成員、組織成員及持份者等積極關注公共事務,甚至提供渠道以讓其討論、交流、諮詢及參與公共政策之倡議。

(二) 具體做法

1. 提升參與度

(1) 社會政策的參與

社會服務機構須肩負社會政策之倡導與推動,而這些舉措亦可從組織使命和價值觀反映出來。

(2) 公民參與

管理者須竭力加強組織成員認識公民權責,並激勵其履行公民責任和積極參與公共事務。

(3) 社會政策之推動

管理者須緊貼社會政策之最新發展,從政治、經濟及民生等議題,先探討其所造成的社會衝擊,繼而識別哪些關鍵性事件與

機構息相關。由此可見，社會服務機構肩負了社會政策的倡導者，一方面帶領着員工、服務對象及重要持份者制定對應策略；另方面與理念相近的組織建立策略性聯盟，致力促進多方交流，從而構建社會共融。

2. 社會政策之倡導

（1）制定社會政策倡導計劃

為倡導社會政策及落實推動有關工作，管理者須隨時關注社會政策的重大事件，並就其中重要的議題擬定活動計劃書，內容包括活動範圍、時間和資源分配等，此舉有助日後推展各項的倡導社會政策方案／項目。

（2）公開論壇

倘若組織成員及持份者對政府所推動之社會政策持不同意見，機構可透過舉辦公開論壇，一方面促進意見的表達；另方面就社會議題作出深入的討論，並針對有關政策對社會所造成的衝擊而制定對應策略。

（3）身體力行參與議會事務

機構須積極鼓勵組織成員及持份者關注社會政策，並致力推動其參與有關社會議題的探討，從而身體力行參與議會事務，並一盡選民的責任。

3. 遊說

（1）機構協作

各社會服務機構須同心協力為關鍵性社會政策事件共謀良策，藉此擴大其倡導社會政策之影響力。

（2）遊說工作

機構須為其所制定之社會政策而進行遊說的工作，除存錄詳盡記錄外，還須向理事會／董事局、重要持份者及社會大眾作出交代。

如何衡量社會服務機構內部
治理之績效及成效

一、社會服務機構實踐良好的內部治理

上文已將社會服務機構如何實踐內部治理之重要原則與具體做法進行詳細的論述,期冀管理者能躬行實踐,學以致用。至於如何實踐良好的內部治理主要包括四點(Lipman & Lipman, 2006;效率促進組,2015;梁偉康編著,2016;Renz, 2016;黎志棠,2018),現簡述如下:

(一) 提高透明度

1. 管理者可透過通訊及報告以發放機構的重要資訊,從而徵集重要持份者及社會大眾的反饋與意見。

2. 理事會 / 董事局及轄下委員會所召開的會議必須提供足夠的議事空間,而有關的會議記錄必須妥善存錄,方便日後跟進與查閱。

3. 機構透過定期的彙報,無論是內部或對外皆有助其提升透明度精神(Ethos of Transparency),做法如下:

(1) 理事會 / 董事局主席須向組織成員報告機構近況及重要事宜,並將已審批的會議記錄發放予組織成員傳閱。

(2) 高階管理層須定期向理事會 / 董事局呈交管理報告,而理事會 / 董事局亦須就管治相關的重要事宜進行討論和決策,甚至向管理者提供反饋與明確的指示。

(3) 高階管理層須適時向理事會 / 董事局及轄下委員會彙報機構

的最新情況，無論財務[40]、非財務[41]或關鍵性事件[42]皆須呈交書面報告。

(4) 機構藉着派發《年報》[43]及定期刊物等以向持份者及社會大眾分享其重要的資訊和服務成效。

(5) 機構邀請重要持份者及社會大眾參與年度的公開諮詢大會，藉此針對其業務發展及關鍵性事件進行討論及意見收集。

4. 理事會／董事局及轄下委員會、高階管理層和組織成員等務必盡忠職守，並秉持公平、公正及公開原則切實執行機構的重要決策。

(二) 傑出領導和優良管理

1. 理事會／董事局主席須抱持遠大抱負、正直無私及懷着崇高的使命感，而其所推選的管治組織成員亦須具備以上特質。

2. 機構須制定明確的績效問責線 (Lines of Accountability) 及釐清職責與分工，而管理者亦須具備下列特質，這包括：

(1) 負重致遠、恪盡職守；

(2) 抱負不凡、鬥志昂揚；

(3) 高瞻遠矚，竭力帶領下屬朝向組織整體性績效的目標而邁進；和

(4) 審時度勢，處事英明果斷。

(三) 履行內部治理之基本要求

1. 總幹事／行政總裁與服務策劃團隊共同制定策略性計劃及運作計劃，並致力帶領組織成員落實執行，繼而向理事會／董事局

---

40 財務彙報的形式包括月報、季報及財務報告等。

41 非財務的彙報如機構策略性計劃和員工培育與發展計劃等。

42 關鍵性事件如危機事件處理報告等。

43 《機構年報》的內容包括組織使命、願景及價值觀 (MVV)、組織架構、整體性績效、年度傑出服務、各類服務概覽及產出、員工培訓與發展活動、社會責任的實踐、財務審計報告、籌募成果、年度財務報告、年度重要事項及展望等。

彙報其達標成果。

2. 總幹事／行政總裁須定期向理事會／董事局彙報機構的重要資訊和關鍵性事件，並呈交管理報告以供審閱。

3. 理事會／董事局須甄選精明強幹、運籌帷幄及具備遠見卓識的人士擔任總幹事／行政總裁，同時聘用幹練、正直不阿和深謀遠慮的高階管理層以領導組織成員奮力邁向組織目的和目標。

4. 理事會／董事局主席每年須針對總幹事／行政總裁的工作表現而進行績效評核。

5. 理事會／董事局須訂定機構的策略性方向及策略重點（Strategic Focuses），並定期針對其實踐進度進行監察及成效評估。

（四）建立管治組織及管理者所須恪守的守則

1. 不謀私利——處事以公益為依歸，不可挪用公款及謀取個人利益。

2. 廉潔公正——不會徇私舞弊以進行財務或非財務的餽贈或利益輸送[44]。

3. 公平客觀——處事持平、不偏不倚，並堅守用人唯才的原則。

二、衡量社會服務機構內部治理之績效

筆者參照美國馬利蘭州非營利組織協會於 2004 年所制定的《卓越標準：非營利組織的道德和責任準則》（*Standards for excellence: An ethics and accountability code for the nonprofit sector*）[45]（Maryland Association of Nonprofit Organization, 2004）及香港特區政府效率促進組於 2015 年所制定的《受資助機構企業管治指引》，再加上前文所論述的一些重要原則及具體做法，現嘗試為社會服務機構制定一份有關「管治組織整體性表現的核對表」（詳見附件 7-1[46]），而管理者可利用

---

44 非財務的利益輸送包括乘職務之便在人員招募上用人唯親等。

45 有關《卓越標準：非營利組織的道德和責任準則》之介紹，請參閱筆者於 2012 年之著作《成效管理：非營利社會服務組織全面實踐策略》第十五章。

46 參〈本章參考資料〉的附件二維碼。

此表以助其識別內部治理相關的績效問題；至於理事會／董事局則須依據有關結果，儘快成立專責小組或聘請管理顧問，藉此制定改善建議及落實執行。

小結

本章已針對內部治理模式及其核心組成元素之重要原則和具體做法進行闡述。毋庸置疑，社會服務機構若能有效實踐內部治理，除可提高持份者和社會大眾對組織的信任與認受外，還促進管治成效之提升，這對組織整體性的長遠發展，比如策略性策劃、財務管理、人力資源管理、風險管理、人才吸納和資源募集，甚至在推動理事會 / 董事局、組織成員及義工等參社區的事務等，絕對是至關重要，管理者不容忽視。

近年社會服務機構的發展相當蓬勃，面對激烈的競爭環境，它們除接受政府及慈善基金的撥款資助外，還積極極募款以求永續生存。以香港特區為例，截至 2021 年 6 月 30 日，約有 16,102 多個組織進行各式各樣的籌款活動[47]，每年籌款額超逾 100 多億港元，可見從籌募得來的財務資源非常龐大；然而有些機構的管治鬆懈，財務賬目混亂，透明度低，營運效率更是慘不忍睹，究其根由，相信與失效的內部治理不無關係。而內地方面，截至 2015 年底已發展至 60 多萬間社會服務機構，尤以珠三角洲因地區民政局所推動而成立的社區中心或家庭綜合服務中心恍如雨後春筍[48]。雖知這些組織的內部治理機制仍未建立，「管理」更是紙上談兵，不管是持份者、政府部門還是社會大眾對其信任度不足，實在難以吸引外來的財務資源，更遑論進行善款的籌募，

---

47 截至 2021 年 6 月 30 日，根據香港特區《稅務條例》第 88 條獲豁免繳稅的慈善機構及慈善信託的名單約有 16,102 個，而這些機構可向社會福利署申請公開性籌募活動，網址：https://www.ird.gov.hk/chi/pdf/s88list_emb.pdf，瀏覽日期：2021 年 8 月 1 日。

48 自 2010 年至 2020 年期間，中國廣州市政府計劃開設 400 多間家庭綜合服務中心，而深圳特區政府則開設 700 多間社區中心及綜合社區服務中心，但可惜的是後者已於 2011 年暫停擴展；因此在這 10 年期間，很多社會服務機構應運而生，務求分一杯羹以爭取參與項目的競投工作。截至 2018 年 6 月底，深圳特區已有 100 多間註冊的民辦非企業組織承辦政府的資助項目。

由此可見，實施良好的內部治理對機構的持續發展是何等重要。

　　儘管香港特區社會服務機構的發展已超逾半個世紀，內部治理仍有很大的改善空間，至於海峽兩岸暨澳門則起步較慢，因此仍須努力向前，急起直追。無可否認，良好的內部治理不單能促進機構善用資源以達到組織使命和目的，還可加強其整體性管治效能[49]。機構若要持續發展，除貫徹履行高效的內部治理外，還須爭取社會大眾和持份者的支持，而藉着募集更多的財務資源，不僅會步向卓越的管理，還得以茁壯成長。

49　有關《步向卓越管理標準》之指導原則，請參閱筆者於 2012 年所出版之《成效管理：非營利社會服務組織全面實踐策略》第十五章附件；而有關《理事會結構和運作管理手冊》，則可參閱筆者於 2016 年編著的《追求卓越：非營利組織邁向優質管理之旅》第十六章，附件 16.1。

本 章 主 要 參 考 資 料

1. Australian National Audit Office (1999). *Corporate Governance in Commonwealth Authorities and Companies: Principles and Better Practices.* Australian National Audit Office.

2. Colorado Nonprofits for Colorado Nonprofits (2007). *Principles & Practices for Nonprofit Excellence in Colorado.* Colorado Nonprofit Association.

3. Culter, T., & Waine, B. (1997). *Managing the welfare state: Text and sourcebook.* Oxford: Berg.

4. Glendenning, C., Powell, M., & Rummery, K. (Eds.) (2002). *Partnerships, new labour and the governance of welfare.* Bristol: Bristol University Press.

5. Goo, S. H., Carver, A., & Whitman, J. (2003). *Corporate governance: the Hong Kong debate.* HK: Sweet & Maxwell Asia.

6. Lipman, F.D., & Lipman, L.K. (2006). *Corporate governance best practices: Strategies for public, private, and not-for-profit organizations.* Hoboken, New Jersey: John Wiley & Sons, Inc.

7. Maryland Association of Nonprofit Organizations (2004). "Standards for excellence: An ethics and accountability code for the nonprofit sector" (1st January 2004). Retrieved from https://icma.org/sites/default/files/3614_An%20Ethics%20and%20Accountability%20Code%20for%20the%20Nonprofit%20Sector%20%28Standards%20for%20Excellence%20Institute%29.pdf.

8. Minnesota Council of Nonprofits (2014). *Principles and practices for nonprofit excellence: A guide for nonprofit board members, managers and staff.* Retrieved from https://vawnet.org/material/principles-and-practices-nonprofit-excellence-guide-nonprofit-staff-and-board-members.

9. Newman, J. (2005). "Enter the transformational leader: Network governance and the micro-politics of modernization". *Sociology*, 2005, Vol.39(4), pp.717-734.

10. Renz, D.O. (2016). "Leadership, governance, and the work of the board". In Renz D.O., & Herman R.D. (eds.), *The Jossey-Bass handbook of nonprofit leadership and management* (4th ed.), Chapter 5, pp.127-166. San Francisco: John Wiley & Sons, Inc.

11. Sugarman, B. (1988). "The well-managed human service organization: Criteria for a management audit". *Administration in Social Work*, 1988, Vol.12(4), pp.17-27.

12. 中國安永，香港社會服務聯會（2020），《小型非政府機構內部監控指南》。網址：https://governance.hkcss.org.hk/sites/default/files/internalcontroltoolkit_zh.pdf 。

13. 社會福利署（2002），《領導你的非政府機構：機構管治 —— 非政府機構董事會參考指引》（2002 年 6 月）。香港特別行政區政府，網址：https://www.swd.gov.hk/doc/ngo/corp-gov-chi.pdf 。

14. 社會福利署（2021 年 6 月），《慈善籌款活動內部財務監管指引說明》。香港特別行政區政府，網址：https://www.swd.gov.hk/storage/asset/section/555/tc/Guidance_

Note_Chi.pdf。

15. 社會福利署，民政事務署，食物及環境衞生署（2020 年 8 月），《慈善籌款良好實務指引》。香港特別行政區政府，網址：https://www.gov.hk/tc/theme/fundraising/docs/good_practice_guide.pdf。

16. 香港社會服務聯會，孖士打律師行（2018），《編寫香港非政府機構管治手冊指南》。網址：https://www.pilnet.org/wp-content/uploads/2020/08/Guidelines-on-How-to-Develop-a-Corporate-Governance-Manual-for-HK-NGOs_TC-WEB-2.pdf。

17. 香港社會服務聯會，廉政公署防止貪污處（2018），《非政府機構處理利益衝突要訣》。網址：https://cpas.icac.hk/UPloadImages/InfoFile/cate_43/2019/56683c07-2b89-4bf3-ab98-e250546e3422.pdf。

18. 香港社會服務聯會、香港廉政公署防止貪污處（2015），《社會福利界非政府機構董事會成員及職員行為守則範本》。網址：http://www.icac.org.hk/filemanager/tc/Content_1031/board_member_and_staff.pdf。

19. 香港特區政府效率促進組（2015），《受資助機構企業管治指引》（第二版），2015 年 6 月。網址：https://www.effo.gov.hk/tc/reference/publications/guide_to_cg_for_so_tc_2015.pdf。

20. 香港特許秘書公會（2016 年 8 月），《公共管治指引》（第一期）。網址：https://www.hkcgi.org.hk/media/publication/attachment/PUBLICATION_A_2383_HKICS_Public_Governance_Guidance_Note_（Chi）.pdf。

21. 香港廉政公署（2015 年 12 月），《與公職人員往來的誠信防貪指南》。網址：https://cpas.icac.hk/UPloadImages/InfoFile/cate_43/2016/ba310525-655b-461c-bb29-1c4bbedddefb.pdf。

18. 香港廉政公署防止貪污處（2010），《人事管理》（防貪錦囊）。網址：https://cpas.icac.hk/UPloadImages/InfoFile/cate_43/2016/a7436ee6-5ba8-4a19-a05c-54f4f246ed90.pdf。

19. 香港廉政公署防止貪污處（2010），《公營機構的良好管治及內部監控》（防貪錦囊）。網址：https://www.icac.org.hk/filemanager/tc/content_216/governance.pdf。

20. 香港廉政公署防止貪污處（2010），《問責・誠信》（防貪錦囊）。網址：https://cpas.icac.hk/UPloadImages/InfoFile/cate_43/2017/b725a7ed-5dd7-4a33-b13c-c68da84b43bf.pdf。

21. 香港廉政公署防止貪污處（2010），《採購》（防貪錦囊）。網址：https://cpas.icac.hk/UPloadImages/InfoFile/cate_43/2016/79cad17b-f306-4a52-85ff-029517a40022.pdf。

22. 香港廉政公署防止貪污處（2010），《慈善機構及籌款活動的管理》（防貪錦囊）。網址：https://cpas.icac.hk/UPloadImages/InfoFile/cate_43/2016/f3a084ff-963f-4ed2-9502-06d556434d27.pdf。

23. 香港廉政公署防止貪污處（2014），《採購人員防貪培訓教材》。網址：https://cpas.icac.hk/UPloadImages/InfoFile/cate_43/2016/4a7be47a-32b0-4546-95a0-1ff1562a2fc0.pdf。

24. 香港廉政公署防止貪污處（2021），《公共機構（成員／僱員）行為守則範本使用指南》。網址：https://cpas.icac.hk/UPloadImages/InfoFile/cate_43/2021/32a8bb47-db54-

4888-891d-bfb4c66d1fa6.pdf。

25. 香港廉政公署防止貪污處 (2021)，《公共機構成員行為守則範本》。網址：https://cpas.icac.hk/UPloadImages/InfoFile/cate_43/2021/69683465-dbad-439f-b8b4-5c57db552fb9.pdf。

26. 香港廉政公署防止貪污處 (2021)，《公共機構僱員行為守則範本》。網址：https://cpas.icac.hk/UPloadImages/InfoFile/cate_43/2021/14d924dc-0b9b-42bd-9302-f839528d83e2.pdf。

27. 香港廉政公署防止貪污處 (2021 年 3 月)，《受資助非政府福利機構的人事管理》。網址：https://www.esr.gov.hk/files/tc/staffadm_c.pdf。

28. 香港會計師公會 (2005 年 6 月)，《內部監控與風險管理的基本架構》。網址：http://app1.hkicpa.org.hk/publications/corporategovernanceguides/Guide_Chi_August.pdf。

29. 張玉周 (2009)，《非營利組織績效三維評價體系研究》。北京：經濟科學出版社。

30. 梁偉康 (2012)，《成效管理：非營利社會服務組織全面實踐策略》。香港：非營利組織卓越管理有限公司。

31. 梁偉康編著 (2016)，《追求卓越：非營利組織邁向優質管理之旅》。香港：非營利組織卓越管理有限公司。

32. 牽手‧香港，羅夏信律師事務所 (2020 年 9 月)，《香港義工行為指引 2020》。網址：https://governance.hkcss.org.hk/sites/default/files/guide%20on%20volunteer%20behaviour%20hk%202020.pdf。

33. 陳啟明 (2019)，《從企業管治到社會服務機構管治》。澳門社工局於 2019 年 1 月 23 日舉辦之社會服務機構「良好機構管治」研討會。

34. 陳雪湄 (2019)，《如何構建良好管治模式》。澳門社工局於 2019 年 1 月 23 日舉辦之社會服務機構「良好機構管治」研討會。

35. 黎志棠 (2018)，《機構管治與管理》。深圳市升陽升社會工作服務社於廈門舉辦的機構管治與管理課程授課資料。

36. 戴至中、陳正芬譯 (2003)，《公司治理：健全公司治理機制、提升企業與國家競爭力》。台北：美商麥格羅‧希爾國際股份有限公司。原著：J.L. Colley, J.L. Doyle, G. Logan, & W. Stettinius (2003). *Corporate Governance*. USA: McGraw-Hill Companies, Inc.

附件二維碼

8

第二部分

社會服務機構風險及危機管理

導言

　　時移世易，社會服務機構不獨要滿足服務對象的需求，還需迎向各種挑戰，無論是天然[1]、社會環境、經濟或政治方面皆對其構成嚴重衝擊；在此情況下，社會環境已逐漸從後工業社會（Post-industrial Society）轉變為風險社會（Risk Society）。可是，有些機構因管理失當，不單窒礙了服務的發展，還導致其整體性績效不斷下滑，面對這種艱難處境，管理者顯得戰戰兢兢，如履薄冰；倘若未能有效釋除關鍵性風險因素[2]，機構終歸難逃被淘汰的厄運。為促進機構的穩步發展，並加強其內部治理效能，管理者須想方設法做好風險管理，一來避免機構遭受損失；二來提高組織聲望；三來更可贏取社會大眾的信任與支持（古允文、丁華、林孟君、張玉芳，2010；黃源協，2015）。

　　筆者於本章會先簡介風險定義及風險種類，其後針對機構所需採取的風險管理措施及過程，以及危機管理進行詳盡的論述。鑒於社會服務機構深受急遽變化的社會環境所影響，管理者當務之急乃切實執行風險管理的措施；就算遇上危機事故，亦可即時啟動危機管理機制（Crisis Management Mechanism），而本文後部分將闡述危機處理模式及其應用，讀者可作參考。

1　天然的挑戰包括全球性生態氣候環境劇變而釀成的天災人禍等。
2　關鍵性風險因素包括違反法規、管理不善、財務賬目混亂和遺失機構的重要資料等。

何謂風險與風險類型

一、風險定義

「風險」乃指影響組織使命及達到既定目標的關鍵性事件，當中還包括發生風險的「可能性」與「嚴重性」，前者所指的是風險事件之不確定性；後者則指其對機構所造成的衝擊及損害程度（台灣研考會，2009；鄭燦堂，2012；黃源協，2015）。具體來說，它是指管理者未能準確預測未來發生的風險事件，而當中的「不確定性」涵蓋風險發生的概率[3]、事發時間、風險狀況及後果之嚴重性。可想而知，機構若不幸發生風險事件，勢必進一步提高其損失機會（Chance of Loss）；與此同時，管理者還須關注風險出現的次數，以及機構在特定時間內遭受損失的概率（鄭燦堂，2012；曾華源、白倩如主編，2017）。另外，學者保羅・霍普金（Paul Hopkin, 2017）認為風險不只是「一種事件」，而且還影響機構核心流程的效能和效率，可見實踐風險管理絕對是刻不容緩。

綜上所述，「風險」可被界定為「某些不可預測的事件對機構所造成的損失／損害之『可能性』及『負面影響』」；換言之，它所指的是風險發生的概率，以及對機構所造成的負面影響（鄭燦堂，2012；曾華源、白倩如主編，2017）。

二、風險類型

無可否認，社會服務機構存在着許多特定的風險（Austin, Brody, & Packard, 2009；黃源協，2015；Marks & Herman, 2010；Hopkin,

---

3 「概率」是指一件事件發生的可能性，亦稱為「或然率」或「機率」。

2017），參照史蒂芬・斯特克（Stephen Stirk）和海倫・桑德森（Helen Sanderson）對風險所作的分類，它主要分為策略、法規、結構和財務四種類別，當中亦涵蓋了威脅機構生存的內外因素及其重要持份者的關鍵性事件（Stirk & Sanderson, 2012）；而另一種風險分類則分為五種類型，包括業務／服務風險、財務風險、合規風險[4]、管理與營運風險，以及環境變化風險（香港會計師公會，2005），筆者現依據這五種分類以識別機構潛在的風險類型及涵蓋範疇，詳情如表 8-1 所示。

表 8-1：潛在的風險類型及涵蓋範疇

社會服務機構 潛在的風險類型	涵蓋範疇（例舉）
1. 業務／服務風險	1.1 服務策略錯誤，導致資源浪費 1.2 受到同業競爭對手的打壓，以至服務市場佔有率大幅度萎縮 1.3 服務流程改善或重整的步伐太慢
2. 財務風險	2.1 現金流估算有誤，致使流動資金不足 2.2 財務資源運用不當 2.3 不正確或失實的財務資料 2.4 對政府／基金會所批核的撥款監控不足，導致虧空公款事件發生
3. 合規風險	3.1 違反出資方的財務要求 3.2 違反服務運作相關的法規及工作指引
4. 管理及營運風險	4.1 管理層誠信出現問題 4.2 管理人才嚴重流失 4.3 機構／單位核心方案／項目成效低劣 4.4 與重要持份者和利益相關方關係緊張
5. 環境變化風險	5.1 天然災害釀成員工傷亡 5.2 受到同業競爭對手惡意攻擊和誹謗

備註：筆者依據上述範疇而制定一份適用於社會服務機構之「潛在風險檢查表」，詳見附件 8.1[5]。

---

4 「合規」乃指遵守法律和法規；而「合規風險」（Compliance Risks）則指未能遵循法例、監管要求和工作準則等而衍生的風險。

5 參〈本章參考資料〉的附件二維碼。

管理者為何要採取有效措施
以進行風險管理

　　機構務必採取有效措施以預防風險事件的發生，究其根由，主要
包括下列四方面（林淑馨，2011；黃源協，2015；Marks & Herman,
2016；曾華源、白倩如主編，2017）：

　　一、面對瞬息萬變的外間環境，組織成員難免在服務提施的過
程中受到突發的潛在風險所衝擊；管理者若置之不顧，又或是處理
不當，機構將必付出沉重代價，聲譽受損之餘，還窒礙日後的永續發
展，生存空間岌岌可危，後果堪虞。

　　二、機構若因管理不善而導致風險事件的發生，這不只損毀組
織形象，更糟糕的是服務使用者的權益也蒙受損失，因此管理者須竭
力實踐風險管理的措施，並確保機構和服務使用者的權益得到充分的
保障。

　　三、管理者如能貫徹執行風險管理的措施，一方面有助其預防、
控制和處理危機事件；另方面可將其衍生的負面影響和損害程度減至
最低，這對推動組織整體性績效的穩步發展是至關重要。

　　四、社會服務機構雖面對激烈的競爭環境，但仍要竭力爭取重要
持份者的支持和募集更多的財務資源，如此才可拓展更大的生存空
間；倘若機構未能採取有效的措施以預防及處理潛在的風險，組織聲
譽一旦受損，重要持份者勢必對其失去信心，長此下去，生存空間只
會日漸縮窄，終歸失卻競爭優勢，後果不堪設想。

　　總括而言，有效實施風險管理是機構賴以生存之不二法門，正因
如此，它被列為組織能力建設（Organizational Capacity Building）九大

範疇之一[6]，而第三界別評估中心亦將之納入組織績效衡量之其中一個重要指標／標準[7]，其重要性可見一斑。

第 三 節

風險管理的主要過程

一、風險管理所建基的假設

　　風險管理是指通過各種可行和理性的方法以識別影響機構的各種突發事件，並對可能發生風險事件之概率及所造成的衝擊程度作出分析和評估，藉着採取適切而又符合成本效益的預防措施，務求把風險事件所衍生的損害減至最低 (Jackson, 2006；黃源協，2015；Marks & Herman, 2016)。實際上，風險管理這種策略乃建基於三種假設 (香港會計師公會，2005；黃源協，2015)，這包括：

(一) 發生風險的概率或對機構所造成的損害，原則上是可以降低或避免發生的；

(二) 風險管理不是追求「零風險」，而是在可接受的風險水平下達到最大的效益[8]；和

(三) 實踐風險管理除可規避風險的產生及降低損害程度外，更應在可接受的風險水平內創造更高的價值和更理想的成效。

6　詳見本書第十二章有關組織能力提升之主要範疇。

7　中國內地第三界別評估中心將評估組織績效分為三個級別的「指標」，分別是一級指標、二級指標及三級指標；至於中國香港、中國台灣，以及歐美等國家則統稱為「標準」。

8　理事會／董事局及其轄下的風險管理委員會須清楚釐定可接受的風險水平，並採取有效措施以預防任何風險事件的發生。

二、風險管理的過程

由此可見，管理者必須正視機構所面對的潛在風險，並竭力採取有效措施以降低損害的程度。簡單來說，實踐風險管理可分為風險識別與風險分析這兩個過程（Jackson, 2006；黃源協，2015；Marks & Herman, 2016；Hopkin, 2017），現闡述如下：

（一）風險識別（Risk Identification）

這是指機構採用一套系統的機制以識別關鍵的風險範疇，從而發掘發生風險的成因與狀況（黃源協，2015）；至於風險識別的方法則包括下列三種：

1. 由內部或外聘的核數師／審計師界定活動範圍；
2. 管理者定期審視社會環境因素，藉以識別風險事件對機構所造成的影響；和
3. 高階管理層定期召開會議，並主動與資深的管理者進行會談，從而探討業界的潛在風險。

可想而知，成立風險評估小組是目前較為可取的做法，透過集思廣益以進一步探討和分析各種的風險因素，藉此制定有效的預防措施及執行方案。在風險識別的過程中，小組成員可作下列的提問：

1. 有何風險事件（What）？
2. 為何發生（Why）？
3. 何處發生（Where）？
4. 何時發生（When）？
5. 哪些人士受到風險事件所影響（Who）？
6. 風險事件如何發生（How）？
7. 倘若不正視這些風險，機構將會面對的損害為何（If…then…）？

此外，風險評估小組可採用多種的管理工具，比如大腦激盪法、

訪談及核對表[9]以識別潛在的風險及其類別,由於前文已簡介五種的風險類別,這裏便不再贅述。

對於機構為達到所定的使命和目標而進行潛在的風險識別,負責的風險評估小組可進行廣泛性諮詢,並作出下列的提問(香港會計師公會,2005;梁偉康編著,2016),這包括:

1. 機構有否清晰釐定組織使命、目標、策略及重大的風險事件?
2. 機構有否制定風險管理政策和應變計劃?
3. 機構有否採取有效的監控策略?而實施這些策略的方法為何?
4. 機構是否已建立良好的風險管理及內部監控機制?
5. 減低妨礙機構達到使命和目標的重大風險事件之改善措施為何?另組織成員為配合上述措施,哪些工作行為須作出改變?

(二)風險分析(Risk Analysis)

這是指機構採用科學的方法以對其所掌握的風險資訊等進行系統的分析,當中包括:

風險事件發生的概率:極不可能、不太可能、可能、非常可能或幾乎肯定;和

風險事件對機構的影響程度:極低、低、中、高或極高。

倘若將風險事件發生的概率及對機構的影響程度用 "1" 至 "5" 進行評分("1" 為極不可能 / 影響極低;"5" 為幾乎肯定 / 影響極高),可將風險劃分為六級,詳情如表 8-2 所示。

表 8-2:風險值矩陣

級別	概率	影響程度	風險值(備註)
一	5	5	25
二	5	4	20
三	4	5	20

9　筆者所提供之「潛在風險檢查表」乃依據風險類別所涵蓋的範疇而發展出來,詳見附件 8.1(參〈本章參考資料〉的附件二維碼)。

級別	概率	影響程度	風險值（備註）
四	4	4	16
五	5	3	15
六	3	5	15

備註：(1) 風險值愈高，其排列的級別則愈高；而它亦屬於「極度高危」的風險，管理者必須儘快採取行動，並落實執行改善的措施。

(2) 風險概率亦可採用百分比（如 25%、50%、75% 或 100%）展示，並按此計算風險值。

台灣研考會對風險事件所作的描述及分析頗具參考的價值（台灣研考會，2009：34），當中針對風險等級的分析詳見表 8-3 所示。

表 8-3：半定量風險分析圖（風險等級）

影響 （衝擊或後果）	風險分佈		
非常嚴重 (3)	3（HR） 高度危險 管理者須督導其員工共同草擬風險管理計劃，並提供所需的資源	6（HR） 高度危險 管理者須督導其員工共同草擬風險管理計劃，並提供所需的資源	9（ER） 極度危險 管理者須儘快採取相應的改善行動
嚴重 (2)	2（MR） 中度危險 機構須明確界定管理者的責任範圍	4（HR） 高度危險 管理者須督導其員工共同草擬風險管理計劃，並提供所需的資源	6（HR） 高度危險 管理者須督導其員工共同草擬風險管理計劃，並提供所需的資源
輕微 (1)	1（LR） 低度危險 按一般程序處理	2（MR） 中度危險 機構須明確界定管理者的職責範圍	3（HR） 高度危險 管理者須督導其員工共同草擬風險管理計劃，並提供所需的資源
	幾乎不可能（1）	可能（2）	幾乎確定（3）
	概率		

備註：(1) "ER" = Extreme Risk；"HR" = High Risk；"MR" = Moderate Risk；"LR" = Low Risk。

(2) 各機構可視乎個別情況而作出相應的調整。

(3) 筆者已對表 8-3 進行適切的修訂。

（三）風險評估（Risk Evaluation）

這是從風險分析所識別的風險等級，管理者須按其優先處理而進行順序的排列。以表 8-4 為例，風險概率達 25 分和 20 分是屬於「最高分的項目」，可見這是要優先處理的風險事件；與此同時，管理者還須檢討機構所執行的風險監控機制之成效如何。而採用風險概率／影響矩陣即為識別風險評估等級之方法，詳情可參閱表 8-4 所示。

表 8-4：風險概率／影響矩陣

概率影響	1	2	3	4	5
1	1	2	3	4	5
2	2	4	6	8	10
3	3	6	9	12	15
4	4	8	12	16	20
5	5	10	15	20	25

備註：凡風險值最高的項目，便是要優先處理的風險，機構必須儘快採取相應的改善行動。

經過上述的評估後，風險評估小組可依據每種風險事件之影響性及發生概率而區分風險的優先次序，這包括：（1）所需採取的行動；（2）制定應變措施及改善計劃；（3）採取的行動計劃；和（4）定期作出檢討並持續改善。

（四）風險處置（Risk Disposal）及控制（Risk Control）

這是指進行風險評估後，把那些不可容忍並屬於高風險的項目識別出來，經過成本效益的評估，繼而制定可降低風險的應變策略，並從中甄別最佳的方案和落實執行相關的風險管理計劃[10]，如此將有助降低風險事件的概率，甚至將負面的衝擊／影響及損害減至最低。

事實上，風險控制是風險處置必備的元素，一般可採用的風險控

---

10 風險管理計劃內容主要包括：風險識別、風險描述、風險概率及對機構／單位所造成的影響、風險對應策略、風險負責人及其職責、風險緩解措施，以及風險應變措施等，詳見「處理風險計劃表」（附件 8.2，參〈本章參考資料〉的附件二維碼）。

制方法有六種，這包括：

1. 規避風險（Risk Avoidance）

　　機構應盡可能規避那些極有可能發生，而又對其產生極大負面衝擊／影響的事件，比如說，取消舉辦那些可產生極大風險的活動，並用其他較低風險的方案／項目取而代之。

2. 降低風險（Risk Reduction）

　　機構應採取有效的預防措施以降低風險發生的可能性和影響性，比如制定防火指引及執行走火演習等不單有效降低火警的風險，同時可保障人力和財產的安全，避免因火災而蒙受損失。

3. 轉移風險（Risk Transferal）

　　在風險發生前，機構可透過出售、轉讓或投保等方式以分散和轉嫁風險，譬如簽訂新契約和購買相關的保險計劃等。

4. 修正風險（Risk Modification）

　　機構可藉着修訂某些政策、程序或工作指引以減低風險所帶來的潛在損失，比如針對保障家居照顧員的室內抹窗工作而修訂相關的《職業安全工作指引》，當中須嚴格要求有關的清潔工作只在特定情況下進行，包括家居已設有安全窗花、員工不可將身體攀出窗外，以及運用可作伸縮用途的潔窗器具等。有關工作指引的修訂，將有效避免潛在的職安意外之發生。

5. 承擔／保留風險（Risk Acceptance/Retention）

　　機構如按照上述風險控制的方法落實執行，相信可規避大部分的潛在風險，並有效降低相關的負面衝擊及損害。但在服務提施的過程中，機構仍無可避免面對一些突發的風險，因此理事會／董事局及其轄下風險管理委員會須針對此等潛在風險而進行詳細的評估與分析，並從中識別其所能承擔的風險種類及衍生的嚴重性，這樣才可將風險維持於可接受的安全水平。

6. 監控風險（Risk Control）

　　機構須持續監控其業務流程（Business Processes），特別是關鍵性業務流程，至於可行的監控方法有多種，比方說，把監控風險納入運作流程之中、加強服務質素的控制，以及由優秀表現的員工負責監管的工作，此舉不單降低風險概率，還可加強潛在風險的監控。

　　現用下列流程圖以展示社會服務機構如何實施風險管理，請參閱圖 8-1 所示。

　　總的來說，社會服務機構的管理者普遍是安於現狀，就算機構的政策、程序及處事方式是過時的、非實際的、甚至是無效的，他們也不會主動提出檢討，更遑論組織改革（Jackson, 2006；Marks & Herman, 2016）。正因如此，管理者所推行的某些風險管理活動，根本未能符合機構的最大利益，必須加以改善才可符合機構所需；管理者若是抱殘守缺，並對不合時宜的政策、程序、處事方式與未符合機構需求的風險管理活動採取不聞不問的態度，機構所面臨的風險只會與日俱增；而更糟糕的，日後須承擔風險所衍生的責任索賠（Liability Claims）。為避免上述情況發生，機構應成立風險管理委員會（Risk Management Committee）以專責執行風險管理方案，並對其所採取的策略行動進行全面的成效分析和作出改善的建議。此外，管理者亦須持續檢視機構內外的環境有否暴露於風險之中，繼而識別潛在的風險事件及採取相應的行動計劃，這才可規避風險及降低責任索賠的損失。本章所附載的「機構風險管理框架核對表」（附件 8.3）乃適用於理事會／董事局成員和高階管理層，主要針對風險的核對項目而進行評分，而被評為 "1" 及 "2" 的項目是屬於較為高風險的事件，因此必須予以糾正和作出改善。

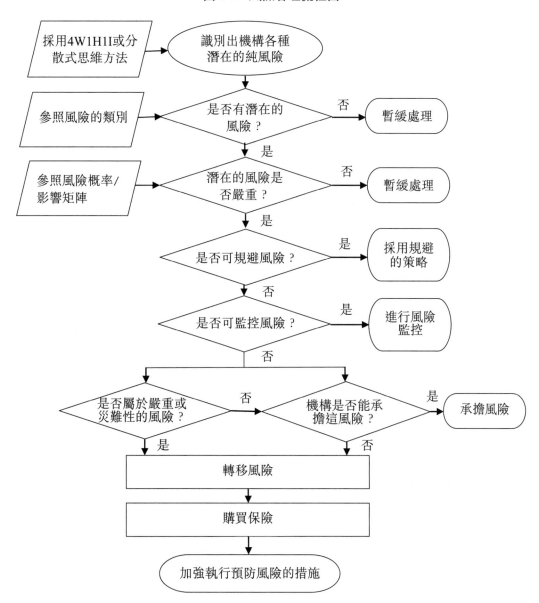

圖 8-1：風險管理流程圖

危機管理機制及其應用

一、社會服務機構為何要建立危機管理機制

「風險」亦意謂着「危機」，兩者關係緊密相連；倘若社會服務機構出現潛在的營運風險，當中所衍生的危機不僅產生深遠的影響，還會縮窄其生存空間（林明禎，2017）。毋庸置疑，身處動盪的社會環境，機構的營運也必深受影響，尤其是其大部分營運經費均來自政府契約委外的挹注 —— 競投項目；若因管理不善而遭政府或出資方撤銷其經營權[11]、競標新項目失敗、甚至內部出現財務虧空、財務資源運用不當，以及行政效率欠佳等，這對其生存不單造成沉重的打擊，還隨時步向被淘汰的邊緣[12]。

社會服務機構接受政府／基金會的資助而開辦社會服務項目，當中有部分的營運資金是來自社會大眾的捐獻，為確保公帑及善款用得其所，社會大眾、重要持份者和媒體對其進行監督亦是理所當然之事。有見及此，管理者須兼具風險和危機管理的知識；就算出現危機事故，也懂得啟動相關的機制及應變措施以將損害減至最低，此舉在維護組織形象之同時，還突顯其願意承擔社會的責信（Accountability）。

---

11 筆者自 2010 年開始在中國內地從事顧問工作，並為多間機構的高階管理層提供專業的顧問服務，此期間曾目睹不少機構因競標失敗或因政府延誤撥款，無奈地拖欠員工的工資，有些甚至要向銀行借貸才可渡過財政難關。

12 過去幾年，香港特區曾有多間社會服務機構因高階管理層薪酬偏高，導致營運經費（包括政府撥款及從社會大眾所募集的善款）亦未能應付未來一至兩年的財務開支，因而需要削減服務及裁員。經媒體推波助瀾及刻意誇大其嚴重性，危機瞬間爆發，蔓延甚廣，並受到社會各界嚴厲的抨擊。中國內地有部分機構（譬如希望工程及中國紅十字會）亦曾發生挪用公款事件，這些醜聞不單令機構聲譽受損，誠信亦受到質疑，嚴重破壞了組織形象和聲譽。

二、危機和危機管理的定義

依據黃源協（2015）界定危機的定義為「組織內、外因素所引起的一種對組織生存具有立即且嚴重威脅的情境或事件」；另一方面，他指出危機是因倉促爆發而造成的一種情境或事件，它威脅到機構的存在價值或目標達成，且在發生急遽轉變之前能作出反應的時間是相當有限（黃源協，2015：420）。由此可見，危機呈現出三種特徵（黎志棠，2019），這包括：

(一) 隱蔽性 —— 危機事件爆發前的徵兆並不明顯，難以預測；

(二) 突發性 —— 危機事件一般是突發性，機構雖難以及早作出準備，但須在短時間內制定出對應策略及改善方案；和

(三) 危害性 —— 任何的危機事件必為機構帶來難以估量的損害，影響至深且遠。

總的來說，危機管理（Crisis Management）可被界定為「一種有計劃、連續動態的管理過程，於事前、事中及事後所採取的一連串相應措施」，其目的主要是針對危機的急迫性、威脅性與不確定性，並依照其發展的不同階段以進行預測、規劃、檢討和調整，透過技術的整合與服務運作，將有效預防危機的發生、或於危機發生後對其造成的嚴重影響減至最低（陳政智，2012）；而黃源協（2015）則認為危機管理可避免或降低危機對機構的傷害，甚至針對危機情境而維持一種持續性、動態性之監控與管理過程。綜上所述，危機管理涵蓋了危機的預防、善後處理與復原等，藉此將機構的傷害減至最低。

三、危機管理模式及應用

大致而言，危機管理的過程分為下列三個階段（李永安，2006；台灣研考會，2009；丘昌泰，2010；陳政智，2012；黃源協，2015；Marks & Herman, 2016；曾華源、白倩如主編，2017），社會服務機構可參考此模式而實踐危機管理，這包括：

（一）危機預防階段

這階段的主要工作包括五方面：

1. 診斷機構目前及潛在的危機

　　管理者可採用 5W1H 來深入探討其所面對的潛在危機為何，而有關提問如下：

（1）機構有何潛在的危機（What）？

（2）危機於何時最有機會發生（When）？而發生前的警示持續多久？

（3）危機事件可能會在何處發生（Where）？

（4）哪些人將受這危機事件所影響[13]（Who）？

（5）為何會發生危機事件（Why）？

（6）危機如何發生和蔓延（How）？

2. 蒐集內外部資料

　　機構每年可從「內部顧客」——員工[14]及「外來顧客」——服務對象進行意見的收集，如對機構所提供的服務、員工態度及設施之滿意程度，甚至亦可藉着不同的渠道知悉其對機構之不滿、失望及抱怨等。機構若未能紓解服務對象之不滿情緒；則可能會進一步激發其怨憤，除接二連三向機構作出投訴外，更可怕的是他們會將有關的不滿向媒體「爆料」，甚至發表以偏概全和不盡不實的言論，如此下去，將對組織形象造成無法挽回的損害，故機構管理者切勿忽視外來顧客的抱怨，亦絕不可對員工的怨懟掉以輕心。

3. 成立危機管理小組

　　若要有效處理危機，機構必須及早成立危機處理小組，而小

---

13 這包括引發起危機的人、負責的人、解決的人、擴大危機的人、受影響的人、可求助的人，以及需要知會的人士等。

14 員工掌握很多機構的重要資料，如他們對機構政策、重要決策或不公平的薪酬機制（舉例如「肥上瘦下」的做法）感到非常不滿，將有機會向媒體或政府相關部門「爆料」及作出投訴。

組成員亦須各司其職，嚴格履行所委派的工作任務；當回應危機相關的查詢時，亦必須由指定人員負責向媒體或外間人士作出適切的回應。

4. 認清危機的本質及擬定應變計劃

危機管理小組須認清危機的本質和擬定相應的應變計劃[15]，並經常預演，從而熟習各項對應策略和執行步驟。

5. 制定《危機管理手冊》

為讓危機管理小組及有關人員熟悉對應危機的各項措施，甚至方便進行危機處理的演練，機構可成立工作小組（如危機管理小組）以制定《危機管理手冊》及對員工進行相關的培訓，此舉可確保所有組織成員能進一步掌握處理危機的措施。

（二）危機處理階段

毋庸置疑，社會服務機構的危機大多具有威脅性、不確定性、複雜性及時間有限性（冼日明、郭慧儀編著，2012；陳政智，2012；黃源協，2015），是以處理危機時顯得特別棘手。為加強危機處理的成效，機構除了成立危機管理小組外，亦可向政府相關部門和負責處理危機的人員尋求實質的支援，比如向其索取關鍵性訊息及其他所需的資源等。在此階段，最重要的是機構能恪守 4S 守則——對危機作出迅速回應（Speedy Response）、勇於承擔責任（Shoulder the Matter）、真誠溝通（Communicating with Sincerity），以及建立策略性聯盟（Building Strategic Alliance）（冼日明、郭慧儀編著，2012）。誠然，危機處理之座右銘是「預防勝於治療」，因此，預防危機的措施若能全面貫徹執行，這將可化解潛在的無形危機；當危機範圍縮窄，機構所面對的負面衝擊亦會相應降低。

---

15 應變計劃可區分為基本的和特殊的。

(三）危機解決後階段

在這階段，管理者及危機管理小組須對已處理的危機事件進行系統的評估與分析，藉以確認其產生的關鍵性成因和檢視應變措施的成效為何，此做法能有助制定新的危機管理計劃。另外，為加快危機後的復原工作進度，管理者及危機管理小組須採取一些有效的補救措施，從而減低因危機事件而遭受到的龐大損失，當然，其後亦要制定有效措施以防止危機再次發生。

無可否認，機構如發生重大的危機事件，它將會受到社會大眾和媒體的密切關注，故管理者須及時向外發放正確的訊息（如對媒體機構）；與此同時，為避免訊息被歪曲及無限發酵，指定發言人必須以審慎及誠懇的態度對外交代處理危機事件的策略和過程，最好能以淺顯的文字來表達。而「主動」與「真誠」[16] 是不變的法則，並切記把媒體工作者視為危機處理的合作伙伴，這樣才能有效釋除社會大眾對機構產生不必要的疑慮和誤解（冼日明、郭慧儀編著，2012；陳政智，2012）。

有關危機管理的流程，請參考圖 8-2 所示。

---

16 「真誠」包括了「三誠」，即誠意、誠懇和誠實的態度。

圖 8-2：危機管理流程圖

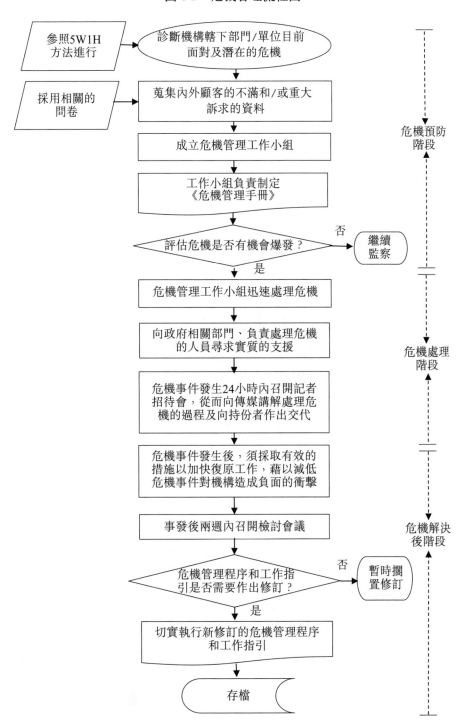

```
參照5W1H          →  診斷機構轄下部門/單位目前
方法進行               面對及潛在的危機

採用相關的        →  蒐集內外顧客的不滿和/或重大
問卷                   訴求的資料

                      成立危機管理工作小組                    危機預防
                                                              階段
                      工作小組負責制定
                      《危機管理手冊》

                                              否
                      評估危機是否有機會爆發？  →   繼續
                                                    監察
                            是

                      危機管理工作小組迅速處理危機

                      向政府相關部門、負責處理危機
                      的人員尋求實質的支援               危機處理
                                                         階段
                      危機事件發生24小時內召開記者
                      招待會，從而向傳媒講解處理危
                      機的過程及向持份者作出交代

                      危機事件發生後，須採取有效的
                      措施以加快復原工作，藉以減低
                      危機事件對機構造成負面的衝擊

                      事發後兩週內召開檢討會議        危機解決
                                                      後階段
                                          否
                      危機管理程序和工作指  →   暫時擱
                      引是否需要作出修訂？       置修訂
                            是

                      切實執行新修訂的危機管理程序
                      和工作指引

                            存檔
```

小結

　　本章已對社會服務機構如何建立機制以有效處理風險和危機作出簡介。由於風險和危機均具有不確定和不可預測的特性，因此機構須成立不同的風險管理小組和危機管理小組以處理風險／危機事件，此舉有助其紓緩負面的衝擊，甚至減低規避危機所衍生的龐大損失。有些機構非常重視風險的預防，故在理事會／董事局轄下之委員會設立了風險管理委員會，其主要職責是制定風險管理措施；除此之外，亦須定期評估風險的不同種類和性質之重要性及衝擊程度，從而制定完善的預防措施，藉此打好風險管理的基礎。

　　針對危機處理的重要策略，其中較為重要的是杜絕媒體工作者對機構危機事件進行口誅筆伐，甚或作出任何嚴厲的批評，這樣才可維護組織聲譽和良好的社會形象。有見及此，機構若不幸發生風險事件，必須 24 小時內召開記者招待會，並由專責人員以公開和坦誠的態度向外公佈危機事件的實況及處理策略，同時須與政府相關部門及重要持份者作出交代，致力爭取其諒解和支持，此舉亦是對機構所造成的損害減至最低的良策。

本 章 主 要 參 考 資 料

1. Austin, M.J., Brody, R., & Packard, T. (2009). *Managing the challenges in human service organizations: A casebook*. Thousand Oaks, CA: SAGE Publications, Inc.

2. Hopkin, P. (2017). *Fundamental of risk management: Understanding, evaluating and implementing effective risk management* (4th ed.). UK: Kogan Page Limited.

3. Nonprofit Risk Management Centre. Retrieved from https://www.myriskmanagementplan.org. Accessed on 10th April 2019.

4. Jackson, P.M. (2006). *Nonprofit risk management and contingency planning: Done in a day strategies*. Hoboken, New Jersey: John Wiley & Sons, Inc.

5. Marks, N., & Herman, M.L. (2016). *World-class risk management for nonprofits*. Washington, DC: Nonprofit Risk Management Centre.

6. Stirk, S., & Sanderson, H. (2012). *Creating person-centred organisations: Strategies and tools for managing change in health, social care and the voluntary sector*. London: Jessica Kingsley Publishers.

7. 中國安永、香港社會服務聯會（2020），《小型非政府機構內部監控指南》。網址：https://governance.hkcss.org.hk/sites/default/files/internalcontroltoolkit_zh.pdf。

8. 丘昌泰（2010），《公共管理》。台北：智勝文化事業有限公司。

9. 古允文、丁華、林孟君、張玉芳（2010），〈風險基礎的社會政策〉，收錄於古允文、李龍騰、楊萬發等編著，《厚生 20：透視台灣軟實力》，頁 128-207。台北：財團法人厚生基金會。

10. 台灣研考會（2009），《風險管理及危機處理作業手冊》。台北：行政院研究發展考核委員會。

11. 李永安、尹惠玲、李少南主編（2006），《名利雙贏：企業傳訊如何打造品牌》。香港：匯智出版有限公司。

12. 李湘君（2013），《策略公共關係：理論與實務》。台北：五南圖書出版股份有限公司。

13. 冼日明、郭慧儀編著（2012），《卓越品牌管理》。香港：明報出版社。

14. 林明禎（2017），〈社福機構專業服務品質與責信〉，收錄於曾華源、白倩如主編，《社會工作管理》，第十三章。台北：洪葉文化事業有限公司。

15. 林淑馨（2011），《非營利組織概論》。高雄：巨流圖書公司。

16. 香港廉政公署防止貪污處（2010），《公營機構的良好管治及內部監控》（防貪錦囊）。網址：https://www.icac.org.hk/filemanager/tc/content_216/governance.pdf。

17. 香港會計師公會（2005 年 6 月），《內部監控與風險管理的基本架構》。網址：http://app1.hkicpa.org.hk/publications/corporategovernanceguides/Guide_Chi_August.pdf。

18. 梁偉康編著（2016），《追求卓越：非營利組織邁向優質管理之旅》。香港：非營利組織卓越管理有限公司。

19. 陳政智（2012），《非營利組織管理》（一版二刷）。台北：華都文化事業有限公司。

20. 曾華源、白倩如主編（2017），《社會工作管理》。台北：洪葉文化事業有限公司。

21. 黃源協 (2015)，《社會工作管理》(第三版)。台北：雙葉書廊有限公司。

22. 鄭燦堂 (2012)，《風險管理：理論與實務》(第四版)。台北：五南圖書出版股份有限公司。

23. 黎志棠 (2019)，《危機處理》。澳門街坊會聯合總會職員培訓工作坊。

附件二維碼

9

社會服務機構公共關係
與組織形象塑造

導言

　　筆者從事社會服務管理已超逾40年，綜合過往經驗所得，社會服務機構的營運主要是非牟利性質，特別是那些中小型機構，其財務資源異常緊絀，生存猶如倒懸之危；儘管如此，管理者對建立公共關係與塑造組織形象之意識薄弱，推動公關亦力不從心，因此社會大眾對機構的存在價值與意義已日漸模糊。在社會認受性偏低的情況下，這些機構試問又如何能成功募款以支持其恆常營運？若然財務狀況持續萎縮，再加上激烈的競爭環境，它們又如何能在同業中站穩陣腳？長此下去，機構連基本的生存條件亦受到嚴重威脅，後果確實不堪設想。

　　事實上，機構如能有效實踐公共關係策略，不單有助其與持份者[1]維繫互動與溝通，還可藉着知名度的提升而樹立良好的組織形象（Organization Image），日後在拓展和募集社區資源自然是得心應手。除此之外，機構若銳意聯同其他組織推動以公共利益為依歸的政策倡議，它勢必順利踏上永續經營與發展道路之上，可見公共關係的推廣對機構的持續發展起着舉足輕重之效。

　　為加深讀者的認識，本文首先界定「公共關係」和「組織形象」的定義，其後針對社會服務機構運用公共關係策略所產生之價值而進行較詳細的討論；至於後部分則會深入闡述公共關係的實踐策略和如何塑造優良的組織形象。

1　這主要指重要持份者，包括理事會/董事局、組織成員、義工、政府及出資方等。

第 一 節

公共關係與組織形象

一、公共關係的定義及屬性

　　社會服務機構運用公共關係策略不只增加本身的利益，還可規避風險與危機所衍生的傷害和損失。具體而言，一方面竭力向社會大眾傳遞正面訊息；另方面則致力鞏固其倡導者的角色，這樣，不僅提升組織形象，還對社會政策產生正面的衝擊。由此可見，「公共關係」可被界定為「組織經由有計劃及不斷的努力，以建立並維持其與大眾的善意和相互了解」的手段 (Institute of Public Relations, 2009)。此外，莊文忠 (2016) 界定公共關係為「協助個人或組織，透過多樣且公開的溝通管道與溝通策略，與不同的公眾建立良好關係，以爭取其了解、信任與支持」；而陳政智 (2012) 則認為「公共關係就是向社會大眾表現自己，進而維持良好關係的一種藝術」。綜上所述，公共關係大致涵蓋四個屬性特質，這包括：

(一) 大眾 —— 這是指推行公關策略時必須面對不同的目標對象。

(二) 關係 —— 這是指人與人之間的關係；若沒有「人」的存在與介入，關係亦將隨之消失。

(三) 管理 —— 這層面涉及組織對內部及外間的溝通與協調，並與持份者保持相互交流和合作，藉此達到多方的共識。

(四) 溝通 —— 利用人際溝通和傳播媒體以促進機構與社會大眾的良性互動。

　　另一方面，芭芭拉‧迪格斯—布朗 (Barbara Diggs-Brown, 2012) 識別出三種公共關係的重要特徵，這包括：

(一) 公關着重有效推動內外的溝通，故溝通策略尤為重要；

(二) 公關是有計劃和具策略性，並須依循組織使命和目的達成之目

標而進行全面的規劃；和

（三）公關能吸引公眾的焦點，因此機構須與其重要持份者保持緊密
　　聯繫，除加強彼此了解外，亦致力鼓勵那些較具影響力的重要持
　　份者積極參與機構的事務。

二、組織形象的定義及特性

　　組織形象乃指「公眾對組織的總體評價，是組織的表現與特徵在
大眾心目中的反映」（陳政智，2012），可見它涵蓋了社會服務機構之
整體風格、特色、聲譽、知名度及形象定位等；而形象的成功塑造是
需要累積一段時間，再配合社會大眾及目標對象[2]之緊密互動，這樣對
贏取較客觀和正面的評價，甚至建立信譽昭著的口碑，亦絕非難事。

三、公共關係與組織形象

　　毋庸置疑，公共關係與組織形象是息息相關的，藉着公關策略的
有效實踐，加上目標對象的良性互動，然後再配合傳媒的正面報導，
這勢必有助組織形象之提升。大致而言，社會服務機構公共關係之發
展可歸納為三個階段（陳政智，2012），這包括：

階段一：

　　致力與目標對象和持份者建立良好的人際關係，廣結善緣；

階段二：

　　具備高效溝通和解決危機之能力，並勇於站出來面對社會大眾及
傳播媒體；和

階段三：

　　持續加強組織成員的專業知識，藉以促進機構專業形象之塑造。
　　因而可知，公共關係包含了組織與目標對象之人際關係發展、危

2　「目標對象」亦指機構內不同的持份者。

機處理和提升組織形象這三大面向（陳政智，2012）。隨着內外環境的急遽變化，機構須開拓多元的溝通渠道，一方面加強內部訊息的交流；另方面則致力與重要持份者保持緊密聯繫，在促進彼此了解之餘，亦能贏取其信任與支持（Germak, 2015；莊文忠，2016）。

第 二 節

社會服務機構推行公共關係之
重要性及策略性目標之有效實踐

一、推行公共關係之重要性

參照系統理論的觀點，社會服務機構須依賴外間環境而存活，可見，它若與社會環境維持互動性，將有利於其延續生存及長足發展。由此推論，衡量社會服務機構是否健全，可採用下列四個指標，這包括：

（一）機構與社區及其持份者的溝通如何？

（二）對外的互動與交流是否足夠？

（三）透過互動，社會大眾對機構所產生的印象為何？

（四）機構在這些互動過程中，有何學習與得着？

若要符合上述指標的要求，機構須按部就班地執行公共關係的策略方案，有關做法現簡述如下：

（一）實踐公共關係的重要價值，主要是藉着與持份者維繫良好的互動和合作，一來增加募款的回報；二來拓展更多的社會資源，而在

穩健財務的大前提下，將有利於機構的永續經營和發展（Waters
& Lord, 2009）。

（二）機構通過公關策略的有效實踐，可將那些與其理念契合的重要
持份者及地區組織結合成為策略性伙伴，這對日後推動公共利
益政策相關的倡導工作，絕對是無往而不利。

（三）機構在制定公共關係策略的方案時，可利用一些感人的故事以
進行行銷（Marketing the Organization's Story）；倘若運用得宜，
除提高知名度外，亦可塑造良好的組織形象。

（四）高效的公關手段不單有助危機的處理[3]，還可維護組織形象及
聲譽。

綜合而言，推動公共關係工作的重要性可包括下列五點：

（一）與持份者維持良好的互動關係；

（二）有效解決機構的問題和危機；

（三）提升機構的知名度和加強其正面形象；

（四）促進公共利益相關的社會政策之倡議；和

（五）獲取更多的社區資源（如人力及財務等），並有效促進機構的永
續發展。

二、公共關係策略性目標之有效實踐

社會服務機構實踐公共關係的策略可達到六個策略性目標（陳政
智，2012；Germak, 2015），這包括：

（一）爭取重要持份者對機構的認可，尤其是理事會／董事局和組織成
員、基金會、政府相關部門及服務對象等。

（二）提高機構的知名度和可信度（Reliability）。

（三）突顯機構解決社區問題和／或滿足需求的成果（Results），藉以擴

3　公關人員必須具備良好的溝通能力，並能言善辯、靈活變通；而當危機出現時，他們必須勇
敢地站出來面對社會大眾及傳媒的質詢，並透過重要資訊的收集，從而制定適時的對應策略。
此外，在處理危機的過程中，公關人員須掌握三個重要的提問，這包括：（一）有何處理危機
的計劃？（二）有否最佳的危機處理策略？和（三）擬定危機處理策略後該如何執行？（吳錦
屏，2001）。

大其社會影響力。

（四）塑造獨特的組織形象，並致力獲取社會大眾的廣泛支持、信任和認受。

（五）激勵社會大眾及重要持份者積極參與機構事務和社會政策的倡議。

（六）擴展多元渠道以募集更多的社區資源，並藉此開拓服務領域。

　　若要有效達成上述的策略性目標，機構須制定不同的公關策略方案，筆者將於下文作出詳細的論述。

第 三 節

社會服務機構公共關係策略的運用

一、擬定公共關係策略方案的建議

　　針對公共關係策略方案的擬定與實踐，筆者現提出八項建議以供讀者參考（王振軒，2006；Garcia, 2012；Germak, 2015；莊文忠，2016），這包括：

（一）在實踐公關策略方案前，機構必先進行策略性規劃[4]，比如制定一系列公關行動策略方案、審視組織內部及外間環境的重要訊息以及藉着傳媒的大肆推廣以提升公關策略的成效等；與此同時，亦須加強各部門之間，甚或是機構之間的相互交流，這樣才可促進組織使命和目標之達成。

（二）公關策略須強調社會責任（Social Responsibility）及社會責信

4　有關策略性規劃的步驟可參閱本書第三章。

（Social Accountability）[5] 的承擔，而這亦是提升社會認受性之不二法門。

（三）機構須設立公共關係專責部門[6]，一來善用多媒體技術以進行策略的推廣；二來積極與傳媒建立良好關係，此舉不僅為機構爭取更多曝光的機會，還能提升其知名度。再者，公關手段除喚起社會大眾的捐款意慾外，正面的組織形象亦有利於競投政府資助的項目和／或社區基金的申請，這對其實現永續經營與發展起着立竿見影之效。

（四）公關部門須擬定多元的交流方案，一方面加強內外溝通；另方面促進其內部銷售（Internal Selling）及外間銷售（External Selling）（李永安、尹惠玲、李少南主編，2006；Kinzey, 2013；Germak, 2015）。前者着重其向關鍵的組織成員傳遞最新的核心服務構思，以加強其進一步了解及認同組織使命及特定方案／項目之理念，甚至促進持續創新精神之發揮；後者則強調向那些關係較疏離的社會大眾建立銷售關係，藉以加強其對機構的了解，從而提升社會認受性。但更重要的，公關部須確保理事會／董事局成員[7] 能對機構的核心服務及重要事務有較全面的認識與掌握，表9-1 是針對機構進行內外溝通的規劃表格，讀者可作參考。

5　政府和社會大眾均非常重視社會服務機構能否肩負社會責信；亦即是說，一方面確保資源能運用得宜（如善用公帑及募款等）；另方面確保其整體性績效維持於優良的水平，並有助社會認受性之提升。

6　「公關部門」亦稱為「企業傳訊部」。

7　理事會／董事局成員主要是由外間人士所組成。

表 9-1：機構進行內外溝通之規劃表

(一) 對內溝通					
目的： _____					
具體目標	溝通策略	受眾	實施期	負責員工／部門	預算
(二) 對外溝通					
目的： _____					
具體目標	溝通策略	受眾	實施期	負責員工／部門	預算

　　至於表 9-2 是受眾／訊息規劃工具表（Audience/Message Planning Aid），它可協助機構規劃對外溝通之用。

表 9-2：受眾／訊息規劃工具表

受眾	受眾之重要性 (1 ＝ 很重要；2 ＝ 重要；3 ＝ 不重要)	主要訊息	溝通渠道	溝通頻次	成效衡量
理事會／董事局					
社會大眾					
捐款者					
基金會					
服務使用者					
政府部門					
社交網絡平台用家（如部落格／博客、面書、即時電報、網絡論壇／討論區等）					
其他（請說明：_____）					

除此之外，公關部門可善用社交網絡平台如部落格／博客（Blog）、面書（Facebook）、即時電報（Instagram）和網絡論壇／討論區（Internet Forum）等以對外發放機構的重要訊息，藉以收集更多的反饋與服務意見。

（五）針對重要的社會事件，公關部門可透過觸動人心的故事以傳達發人深省的訊息，此舉除可加強社會大眾對組織使命及核心服務的認識，甚至對組織形象的建立亦極其重要。憑着這些故事的報導，可有效傳遞機構之策略性定位，突顯其特色及強勢之餘，亦加強宣傳之效，有關做法包括邀請具新聞價值的人物合作，一來增加機構曝光率；二來推廣服務背後之理念。此外，機構須致力爭取那些具社會公信力的專家及專業媒體認同其運作策略與服務理念，並利用廣播電台、報刊、部落格（Blogs）、社交網站等平台以創造社會大眾所關心的公共議題，期冀激發社會迴響，開拓社會倡議的空間，並為組織品牌的建立與塑造紮穩根基。

（六）公關人員須兼備高效的溝通技巧及處理危機的能力，而公關手段是非常重視危機前的預防措施和事發時的處理步驟，故負責人員須儘量將危機範圍縮窄，從而減低負面的影響和損害。有見及此，公關部門須主動與大眾傳媒保持緊密聯繫；就算出現危機，藉着雙方合作關係的優勢，一來借助傳媒以將危機消弭於無形；二來透過對外發佈正面的訊息，以確保組織形象得到維護。另值得一提的，在處理危機的過程中，「主動」與「真誠」是組織與傳媒共同對應危機事件之致勝關鍵，其重要性不可低估。

（七）公關部門須建立組織識別體系（Corporate Identity System，簡稱 "CIS"）；換句話說，是將組織的抽象化形象變得更為具體及符合社會公益的意義，此舉有助組織建立良好形象之餘，亦可從眾多的同業競爭對手中脫穎而出，並讓社會大眾進一步認識及了解其營運理念，這對提升其社會認受性是至關重要。

（八）在推動公共利益相關的社會政策倡議上，公關部門須協同與機構秉持相近理念的團體合作，並致力建立策略性聯盟，為社會公共政策的倡議共商對策。

毋庸置疑，每間機構都是獨一無二，它所秉持的使命、價值觀、願景、目的、目標，甚至所享有的資源亦不盡相同；正因如此，它須懂得善用多種的公關策略，並依據其所定的策略性規劃而推展各項公關工作，這樣不單能與重要持份者維持良好互動，還可募集更多的社區資源和塑造良好的組織形象，可謂一舉數得。

二、社會服務機構推行公共關係工作的實例分析

　　筆者現引用香港某慈善組織作為例子，並闡述其推行公關策略的做法供讀者參考。該組織屬於香港特區最具規模的社會服務機構之一，其轄下企業傳訊部成立於 2009 年 11 月，該部門在董事局的帶領下進行企業傳訊的策劃、管理及推展公關策略等工作，這包括：

(一) 拓展傳媒網絡以推廣組織形象

　　企業傳訊部積極開拓傳媒網絡，以讓社會大眾進一步認識機構所提供的服務，同時將機構、組織成員及社會大眾的距離拉近，因此該部門會適時向各傳媒發佈最新的資訊。為提升正面的組織形象，該部門每年會將機構最具特色的服務及善長行善的感人故事，透過媒體發佈會對外作出廣泛的報導，此舉不單有助其維持曝光率，還可促進組織品牌的建立。

(二) 妥善處理申訴及危機

　　為加快應對傳媒就機構接獲申訴的質詢，企業傳訊部在其他部門的支援下會作出適時的回應。此外，該部門亦會聯同內部審計部定期檢視投訴機制與程序，並提出可行的改善建議，這樣除符合公眾的期望，並以公平及公正的態度監察其服務運作外，還確保其服務質素達到可接受的水平。

　　為有效處理危機，企業傳訊部貫徹實踐危機處理之三部曲 ── 預防、處理及善後。其一，針對危機的預防，該部門竭力提升各部門主管及員工的危機意識，透過風險評估、收集危機訊息、提供適切培訓以加強危機處理之技巧等，從而塑造安全的組織文化。除此之外，

該部門致力與重要持份者、已締結策略性聯盟的機構、傳媒組織及合作伙伴等維持良好的合作關係，如此將可降低危機所衍生的負面影響和損害。其二，應用危機處理的「4S 守則」[8]；換言之，當機構發生危機事件時[9]，該部門立即啟動危機應變小組，迅速收集危機事件的相關訊息；如資料齊備，經完成調查後之 24 小時內召開發佈會，並主動公開交代最新的進展。若有關危機事件之調查結果建議機構須向當事人作出精神及情緒的安撫，甚至是實質賠償（如賠償金等）；姑勿論如何，管理者務必挺身而出，勇於承擔。儘管如此，公關人員及管理者與外間或受影響人士的溝通過程須展現出「三誠」態度——誠意、誠懇和誠實；亦即是説，倘若其態度和處理手法是合情合理，並能如實交代危機事件的調查結果，此舉除贏取當事人的信任外，還向外展現其坦誠的一面，最終可為危機事件的成功處理劃上完美的句號。其三，為確保董事局及時掌握危機事件的始末，從而進行適時的監督，危機處理的善後工作絕不能草率從事。而該部門將危機事件報告呈交予董事局及高階管理層審閱後，亦須向各部門和單位主管簡報事件經過及調查結果，並按需要向傳媒及社會大眾交代危機事件的最新進展。

（三）提供高質素的機構資訊以提升組織透明度

　　企業傳訊部負責對外發放機構資訊，內容及形式須多樣化，比如專題文章之撰寫、統整及編輯各部門的工作報告，而這些資料用以製作《年報》、亦可攝製宣傳及推廣組織形象的錄像光碟和視頻、機構網站專頁和 / 或面書（Facebook）等；凡此種種，均有助社會大眾及重要持份者緊貼機構的發展點滴與成長歷程。

　　綜上所述，公關工作主要涵蓋三大重點，包括竭力與不同的持份

8　危機處理的「4S 守則」乃指迅速回應（Speedy Response）、勇於承擔責任（Shoulder the Matter）、真誠溝通（Communicating with Sincerity）及建立策略性聯盟（Building Strategic Alliance），詳見冼日明、郭慧儀編著（2012）。

9　2019 年香港特區某機構轄下小學之一名教師深感校長分配工作不公，加上工作壓力驟增，最後在校內跳樓自殺死亡。由於社會人士對這宗不幸事件產生很大的負面迴響，這對學校的管理及名聲造成無法挽回的損害，而該機構亦瞬即陷入巨大危機之中。

者發展互動關係、有效處理投訴以及消除危機。由此可見，藉着公關策略的有效實踐，將可減少危機所衍生的負面影響，並為塑造良好的組織形象創造更有利的條件。

三、社會服務機構公共關係之發展趨勢

　　社會服務機構發展公共關係之歷史尚短，由於它們主要是接受政府和／或基金會的撥款資助，因此可資運用的資源以發展公關工作之空間實在有限，更談不上成立獨立的公關部門。然而隨着社會服務機構的急遽發展，外間宏觀環境又瞬息萬變，這些因素卻間接促成公關工作的順勢發展，詳情如下文所述（Gelatt, 1992；陳政智，2012；Germak, 2015；莊文忠，2016）：

（一）社會大眾殷切期望營辦社會服務的機構是具有誠信度和問責性，公關部門為此而絞盡腦汁，深怕機構一旦「行差踏錯」或是出現紕漏和醜聞，勢必嚴重影響組織多年建立的良好聲譽，後果堪虞。有見及此，公關部門須竭力維護組織的正面形象，而這亦是其重中之重的任務。

（二）機構須發展一套「多元而互動」的公關策略以取代傳統「植入式」的宣傳伎倆──「硬銷」策略，可見公關的工作重點是「溝通」而非「操控」。

（三）機構須運用市場區隔的概念[10]，以分析不同持份者的狀況、需求與期望，這樣才可制定適用於不同對象羣體需求的溝通策略。

（四）機構須同時做好內外的溝通與互動，藉以傳達重要的訊息；若然組織的正面形象得到維護，可有助其贏取重要持份者的信任及認同。

（五）為擴大社會資本，社會服務機構競相爭取更多資源以提升其知名度，然而若要從眾多競爭對手中突圍而出，便須致力完善其品牌

10　市場區隔的概念包括地理區隔、心理區隔及行為區隔。

建設和核心服務的設計。而建立品牌形象主要分為三個階段[11]，當中最重要的，莫過於打造領先品牌，而這亦是提升機構知名度和募集資源的主要動力。因此，公關部門若要突顯機構特色及建立良好口碑，其終極使命便是運用高效的公關策略。

(六) 社會大眾及持份者普遍期望機構的公關人員能呈現專業能力及高尚品格，若他們處事態度偏頗，言行不一，甚至為求目的而不擇手段，勢必成為眾矢之的。

第 四 節

社會服務機構形象的建立

一、組織形象的涵義

社會服務機構所實踐的公共關係策略，主要是與不同的持份者維繫良好的互動關係，不管是對外還是對內，藉着有效的溝通與協調，建立組織形象之餘，亦提升其知名度。由此看來，一個健全的公關部門必先靠賴妥善的分工，以讓負責人員發揮專業的公關知識，這對促進組織形象之建立是至關重要的。

前文已述及組織形象是社會大眾對機構作出綜合評價後之印象，當中所涵蓋的整體性表現與精神、價值觀、營運風格、聲譽、知名度、人才實力，以至形象定位等，環環相扣，互相依存，而組織形象亦是上述要素之綜合反映。簡言之，若想檢視社會大眾對組織形象的態度，一般可提出下列四個問題，這包括：

11　第一階段主要是自建媒體線上宣傳及線上進行品牌宣傳；第二階段是專業經驗傳播和構建專家智庫；第三階段是把自家品牌打造成為行業領先的品牌。

（一）社會大眾（尤其是重要持份者）對組織形象有何評價？

（二）社會大眾對組織形象的評價是否如實陳述？

（三）社會大眾對組織形象的整體評價是否正面？

（四）如欲提升社會大眾對組織的評價，並對其形象進行改善，機構須制定何種策略性公關計劃？又如何切實執行？

　　參照上述描述及社會大眾評價組織形象之提問，在其涵義上得出三個要點，這包括：

（一）社會大眾對組織的總體評價是各種評價的總和[12]；

（二）社會大眾是組織形象的評價者；和

（三）社會大眾的評價並非憑空想象[13]，而是基於組織的行為表現塑造而成。

二、塑造組織形象的方法

　　社會服務機構若要塑造優良的組織形象，可採用下列三種方法，這包括：

（一）注重整體形象的塑造

　　正如前文所述，組織形象是社會大眾對組織綜合評價後所形成的總體印象，故管理者必須注重組織整體形象的呈現與塑造，包括組織精神、員工專業性、產品／服務質量、服務態度，以至環境設施等，而這亦是樹立良好組織形象的基礎。

（二）實踐組織識別策略是塑造正面形象的重要手段

　　社會服務機構須建立組織識別系統，並致力突顯其在特定服務市場之定位，藉着提供具「標準化」和「差異化」之服務特色，此舉不僅在社會大眾留下深刻的印象，還促進其建立正面的組織形象。

---

12 社會服務機構必先刻意塑造其正面的組織形象，這樣才能創造更優異的總體評價。

13 「社會大眾」已包括組織內不同的持份者，他們對組織所作的判斷和評價，通常會由「感性」轉為「理性」。

至於組織識別策略的構成要素包括使命識別（Mission Identity，簡稱 "MI"）、行為識別（Behavioural Identity，簡稱 "BI"）和視覺識別（Visual Identity，簡稱 "VI"）。MI 是透過組織營運理念定位以傳達使命、價值觀和目標[14]，並藉此展示其獨特的形象設計。BI 是指組織在營運過程中將任何組織行為和員工行為進行綜合性管理，藉以加強其系統化、標準化和規範化[15]的效能，如此不只有利於營運管理，同時可塑造整合和一致的組織形象。VI 亦稱「視覺統一化」，這是指組織將各種視覺訊息傳遞過程的形式予以統一。簡單來說，社會服務機構針對其理念／精神特質、行為表現、外顯標識等形象的組成要素進行更具體的塑造，這將可加強社會大眾對其認識、認可和接受，因此公關部門須將識別系統的建立置於優先的考慮，而這亦是組織塑造良好形象的重要策略。

（三）知名度及美譽度的提高

「知名度」乃指社會大眾對組織的了解和認知程度，這是評價其聲譽及口碑之客觀準則，是側重「量」的評價；「美譽度」乃指組織獲得歡迎、信任以及認可的程度，這是針對社會對其產生好或壞的社會性影響作出評價，是聚焦於「質」的評價。可想而知，社會服務機構若要塑造優良的形象，必須同時提高其知名度及美譽度，兩者可說是塑造良好組織形象的不二法門，毋庸贅言，最理想的情況是組織的知名度及美譽度皆處於最高的水平。為達到此境界，機構須善用不同的媒體及多元的渠道以推展各項的宣傳工作，這是提升知名度之其中一種可行方法；若然組織整體性績效（Overall Performance）或其營運的核心服務項目之綜合評價被評為「卓越」，其美譽度亦相應獲得提高。

14　"MI" 包括社會服務機構之使命、目的、目標、社會責任、營運理念（如「以人為本」及「顧客為尊」等）、核心競爭力（如創新文化、產品／服務差異化及品牌意識等）、核心價值觀以及對員工要求等，有些機構亦會將上述所列的部分範疇對外展示，如張貼於中心當眼處、刊載於《年刊》及機構通訊等；然而筆者發現上述做法卻出現不少的紕漏，較常見的是有些機構將組織使命、目的和目標混為一談，情況十分糟糕！

15　管理者可考慮推行五常法（5Ss）—— 常組織、常整頓、常規範、常清潔和常自律，此舉有助促進機構的營運管理邁向規範化和制度化。

現時深圳市社會工作協會作為第三方的評估機構，每年均對民辦的社會服務機構之整體性績效進行評審，然後將其評分按高低順序進行排列，排列較高名次的機構，其享有之美譽度自然獲得提升，組織形象亦順理成章地獲得較廣泛的認可。

小結

　　本文已詳細論述社會服務機構如何有效實踐公共關係策略和塑造良好的組織形象。事實上，機構若把公關工作做得有聲有色，其組織形象必可提升；至於組織形象的塑造，則須借助組織識別系統之建立，藉此向社會大眾和重要持份者展示其運作管理及核心服務方案／項目之特色，從而讓人留下深刻而良好的印象。由此可見，公關部門若要成功塑造良好的組織形象，必先悉力推行有效的行銷管理策略[16]，繼而配合行銷組合 (7Ss) 的實踐，這樣對組織形象的塑造，甚至是社區資源的募集，肯定能事半功倍。

16　有關行銷管理及行銷組合的詳情，可參閱本書第十章。

本章主要參考資料

1. Diggs-Brown, B. (2012). *Strategic public relations: An audience-focused approach.* Boston, MA: Wadsworth Cengage Learning.

2. Feinglass, A. (2005). *The public relations handbook for nonprofits: A comprehensive and practical guide.* San Francisco: Jossey-Bass.

3. Garcia, H.F. (2012). *The power of communication: The skills to build trust, inspire loyalty, and lead effectively.* Upper Saddle River, NJ: Pearson.

4. Gelatt, J.P. (1992). *Managing nonprofit organizations in the 21st Century.* USA: Oryx Press.

5. Germak, A.J. (2015). *Essential business skills for social work managers: Tools for optimizing programs and organizations.* New York: Routledge.

6. Institute for Public Relations. Retrieved from www.instituteforpr.org. Accessed on 18th June 2019.

7. Kelly, K.S. (2000). "Managing public relationships for nonprofits." In *Nonprofit Management and Leadership* (2000), 11(1), pp.87-95.

8. Kinzey, R.E. (2013). *Promoting nonprofit organizations: A reputation management approach.* New York: Routledge.

9. Waters, R.D., & Lord, M. (2009). "Examining how advocacy groups build relationships on the internet". *International Journal of Nonprofit and Voluntary Sector Marketing,* 2009, Vol.14(3), pp.231-241.

10. 王振軒（2006），《非政府組織的議題、發展建構能力》。台北：鼎茂圖書。

11. 利嘉敏（2015），《公關公義》。香港：經濟日報出版社。

12. 吳錦屏（2001），《公關高手的實戰策略》。台北：方智出版社。

13. 李永安、尹惠玲、李少南主編（2006），《名利雙贏：企業傳訊如何打造品牌》。香港：匯智出版有限公司。

14. 冼日明、郭慧儀編著（2012），《香港卓越品牌》。香港：明報出版社有限公司。

15. 姚惠忠（2009），《公共關係學：原理與實務》。台北：五南。

16. 莊文忠（2016），《非營利組織與公共傳播：理論與實證》。台北：雙葉書廊有限公司。

17. 陳政智（2012），《非營利組織管理》（一版二刷）。台北：華都文化事業有限公司。

18. 蘇麗文（2013），《小品大牌：創建品牌成功之道》。香港：經濟日報出版社。

10

社會服務機構行銷管理
與全面優質服務

導言

　　受政府資助的社會服務機構一般忽視行銷 (Marketing)[1] 的重要性，然而「行銷」一詞卻涵蓋了分析、規劃、執行和控制的一系列計劃。事實上，機構若善用有效的行銷策略，將有助於組織目標之達成，而在此過程中，一方面須依據目標市場的需求以提供其所需的產品／服務；另方面可利用定價、溝通及分配等手段，對外發佈機構訊息之餘，亦藉此推廣其服務品牌 (王順民，2006；林淑馨，2011；Kotler & Keller, 2012)。由此可見，管理者及公關人員可採用行銷組合這種工具以宣傳其產品／服務、開拓新顧客[2]與維繫服務對象以及加強機構內外重要訊息的傳遞，而藉着推動多元的行銷策略，不僅滿足內外顧客的需求，還能贏取更多重要持份者及資源提供者的認同與支持，甚至對日後的社區資源募集起着立竿見影之效。

　　本章前部分先簡介社會服務機構採用行銷的因由及其主要目的，其後分別詳細論述如何實踐行銷策略三部曲[3]及行銷組合。此外，筆者會引用實例以闡述行銷的重要概念和策略，並簡介全面優質服務與進行行銷組合之間的關係。

1　「行銷」亦稱為「營銷」。

2　顧客可分「內部顧客」及「外來顧客」，內部顧客是指員工或為機構提供支援的功能性部門 (如財務部)；外來顧客可分受助人顧客及財務來源顧客兩大類。

3　「行銷策略三部曲」乃指市場區隔 (Segmentation)、目標市場設定 (Targeting) 和市場定位 (Positioning)，簡稱為 "STP"。

社會服務機構採用行銷的因由及目的

一、社會服務機構採用行銷的因由

過往的社會服務機構不大注重行銷，但時移世易，加上外間環境瞬息萬變，比如同業之間為競相短絀的社區資源，爭取社會大眾、重要持份者及服務對象之認同和支持而竭力提供具成效及高質素的服務，面對這等挑戰，均驅使管理者將行銷放於優先的考慮，期冀通過有效的行銷策略以促進組織使命及目標之達成。至於推行行銷的因由，現歸納為下列六點（林淑馨，2011；陳政智，2012；Germak, 2015；Gainer, 2016），這包括：

(一) 行銷可促進目標對象的態度與行為之改變

採用行銷手段之目的，一方面促使目標對象改變其態度與行為；另方面向社會大眾傳遞機構的「冀盼」與重要訊息，此舉不單有助加強社會關注度，還可吸引更多人主動接觸機構，從而享用其所提供的產品/服務。

(二) 透過行銷策略以爭取重要持份者之認同

社會服務機構如能運用適當的行銷策略，除奠定其服務品牌與定位外，亦可鞏固其良好的組織形象。事實上，由於服務需求殷切，機構須喚起社會大眾關注其所提供的產品/服務，因此藉着行銷策略的推動，可助其突顯服務品牌之獨特性。綜上所述，機構所提供的產品/服務不單要滿足社區的需求，還須贏得坊眾的口碑及信賴，這樣他們才會向他人積極作出推介，由此可見，這足以印證重要持份者的認同

與支持確實對倡導效果[4]產生不可多得的提升作用。

(三) 通過行銷以提升服務使用者滿意度

對社會服務機構來說，行銷之主要目的乃是為服務使用者創造價值；換言之，在提升服務效益之餘，亦減輕其服務成本。事實上，藉着行銷策略的推動，確能為機構產生無形的效益（Intangible Benefits），比如增加經驗和擴大社會網絡等，除此之外，還可降低成本，比如節省時間及提升方便度等；凡此種種，均有助服務使用者滿意度之提升。

(四) 行銷可加強機構競爭力

為擴大生存空間，機構必須運用適當的行銷策略以進一步掌握市場之多元及多變的需求，與此同時，它須募集足夠的資源，並將之轉化為產品／服務及相關的價值，然後再向其目標對象人口羣進行行銷。姑勿論如何，行銷策略若運用得宜，不單滿足受惠對象之各項需求，還可促進機構在同業中之競爭力，這對其日後能否永續發展，尤其重要。

(五) 行銷偏重「銷售導向」及「顧客導向」

機構可運用行銷框架[5]以說服潛在顧客[6]願意購買其所提供的產品／服務；亦即是說，若能為服務對象提供其所需的重要資訊，便可促使他們心悅誠服地選擇機構所提供的產品／服務，甚至樂於向他人作出推介。由於行銷策略極為重視潛在顧客的需求，因此機構須致力識別其顧客有何需求，從而設法滿足。事實上，行銷策略強調「銷售導

4　這裏所指的「倡導效果」是指 5A 中的倡導，詳見後文介紹。

5　筆者建議社會服務機構所採用的行銷框架 (Common Marketing Framework)，包括 "STP" —— "Segmentation"（市場區隔）、"Targeting"（目標市場設定）和 "Positioning"（定位）及 "7Ps" —— Product, Price, Place, People, Process, Publics and Promotion (Germak, 2015；Gainer, 2016)，本章後部分將作詳細的介紹。

6　「潛在顧客」亦稱為「目標對象人口羣」或「服務對象」。

向」和「顧客導向」，社會服務機構若能有效善用這些策略，不單有助其對應外間激烈的競爭環境所衍生的各種挑戰，還可促進其邁向可持續的發展，其重要性不容爭辯。

(六) 有助爭取善因相關行銷的資源

「善因相關行銷」(Cause-related Marketing) 乃指社會服務機構與企業機構締結策略性聯盟或變成策略性合作伙伴，藉着募集企業的人力和財務資源，並透過寶貴經驗的實踐與累積，從而支持其舉辦活動及提供所需的服務 (Austin, 2000；Kinzey, 2013)。機構若能有效推行善因相關行銷的策略，不單有助其募集更多的社區資源，而且可促進組織使命之達成。另外，機構可按其要達成特定目標之服務項目 (Service Projects) 所需，透過行銷策略以籌措相關的財務資源，而此舉亦可加強其財務獨立性。

二、社會服務機構採用行銷之目的

社會服務機構採用行銷之目的主要是滿足其服務對象之需求，藉着爭取社會大眾的支持，從而募集更多資源，而社會大眾則主要包括政府相關部門、基金會、捐款者 / 團體、理事會 / 董事局、策略性聯盟、合作伙伴與支持團體等。除此之外，行銷的另一個重要目的，便是致力驅動服務使用者為服務品牌「發聲」，以促使其自願向他人推介機構的產品 / 服務，然而達到後者之目的殊不容易，但仍可透過 5A 的過程 [7] 加以實踐。

首先，機構須促進潛在顧客認識其服務品牌 —— "Aware"（認知），從而激發其求助慾望 —— "Appeal"（訴求）。當受惠對象使用服務品牌，自然需要索取更多的服務資訊 —— "Ask"（查詢）；若服務符合其切身需求，便會主動申請和 / 或購買有關服務 —— "Act"（行動）。而當受惠對象的需求完全獲得滿足，他們便會心悅誠服地向他人作出

7　5A" 的過程乃指 "Aware"（認知）、"Appeal"（訴求）、"Ask"（查詢）、"Act"（行動）和 "Advocate"（倡導），詳見《經理人月刊》(2018 年 4 月號，第 161 冊) 有關行銷 4.0 的介紹。

推介 ——"Advocate"（倡導）。由此可見，機構可提供轉介的誘因，便能有效驅動顧客為其品牌「發聲」，有關做法如圖 10-1 所示。

圖 10-1：完善品牌—蝴蝶結型

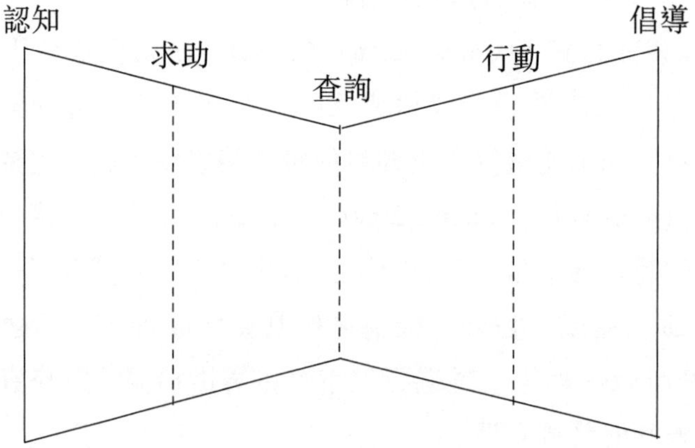

認知　　　　　　　　　　　　　　　　　　　　倡導
　　　　求助　　　　　　　　　行動
　　　　　　　　　查詢

備註：

(1) 「認知」機構服務品牌會產生「求助」的意慾，繼而主動「查詢」產品／服務的相關資料；若符合需求，便會購買（「行動」）所需的產品／服務；若感到滿意，亦會向他人作出推薦／轉介（「倡導」）。

(2) 知悉機構服務品牌的服務使用者（即「外來顧客」）願意向他人作出推介，而「認知」與「倡導」階段的人數應盡可能相同，如此便能呈現近乎完美的配合。

(3) 服務品牌本身須具有一定的吸引力，這才可引起顧客的好奇心。此外，機構必須重視服務承諾，這樣才能提高品牌的親和力（Brand Affinity），致使服務對象心甘情願選購其所需的服務，而「訴求」與「行動」這兩個階段的人數最好能相同。

(4) 資料來源：《經理人月刊》（2018 年 4 月號，第 161 冊）。

第 二 節

社會服務機構的行銷框架及其應用

一、社會服務機構的行銷框架

筆者建議社會服務機構所採用的策略性行銷框架／過程包括了 STP 及 7Ps，詳情可參閱圖 10-2。

圖 10-2：策略性行銷框架／過程

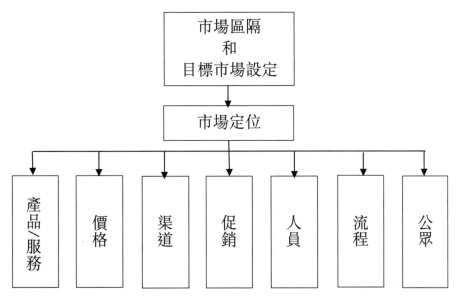

資料來源：由 1964 年麥卡錫提出之 4Ps（Marketing Mix, E.J. McCarthy, B.H. Booms., & M.J. Bitner），其後於 1981 年伯納德意（Bernard, H.）、布姆斯（Booms）和瑪麗‧比特納（Mary J. Bitner）於 4Ps 基礎上提出了 7Ps 行銷組合。

機構若要實踐策略性行銷，須透過交流有關的成功效果；亦即是說，機構目標之達成能有效滿足其主要目標對象人口羣之需求與期望。有見及此，機構若要成功推行業務，必須制定有效的行銷策略，

並致力實踐行銷策略三部曲（STP）—— 市場區隔、目標市場設定和市場定位（Kotler & Armstrong, 2013；徐慧娟主編，2013；Gainer, 2016）。另外，行銷策略及其所推行的計劃亦須涵蓋 7Ps —— Products/Services（產品／服務）、Price（價格）、Place（渠道）、Promotion（促銷）、People（人員）、Process（流程）及 Publics（公眾），而這種行銷組合工具（Marketing Mix）[8] 將於下文作出詳細的介紹。

二、行銷策略三部曲 —— 市場區隔、目標市場設定和市場定位

管理者若要制定行銷策略，首要推行區隔／細分市場和選擇目標市場，繼而發展其市場定位。「市場區隔」乃指將市場細分為可管控和有意義的羣體，而市場區隔部分（Market Segments）亦須盡可能是同質的（Homogenous），如此便可將相同特徵的歸納在一起。雖知不同的服務會產生不同的區隔界限（Segmentation Boundaries），但每個區隔通常會採用同一方式以回應機構所提供的服務。

以市場區隔而言，它分為地理區隔、心理區隔及行為區隔三類，而藉着上述區隔的要素，機構可進行區隔行銷（Segmentation Marketing）、利基行銷（Niche Marketing）、地區行銷（Local Marketing）和個人行銷（Individual Marketing）四個基本層次的行銷策略（Kotler & Armstrong, 2013；徐慧娟主編，2013），有關詳情現列述如下：

（一）區隔行銷

這是指機構在進行行銷的過程中，其所提供的產品／服務不單要具彈性，還須致力滿足區隔市場所有潛在顧客[9]的個人喜好。

8　傳統採用的行銷組合工具只有 4Ps，即產品／服務（Products/Services）、價格（Price）、渠道（Place）和促銷（Promotion），現新加人員（People）、流程（Process）和公眾（Publics）而成為 7Ps。

9　「潛在顧客」所指的是「目標對象人口羣」。

（二）利基行銷

這層次的範圍較區隔市場狹窄，它只專注於某些服務對象之特殊需求及未被滿足的市場需求；然而這些服務對象為滿足個人需求，普遍較願意支付相對高昂的費用以購買其所需的服務。

（三）地區行銷

這是指針對特定地域的服務使用者需求而發展的行銷方式，也可說是「草根的」行銷方法，藉着服務使用者之親身體會，間接向其他的潛在顧客傳遞出獨特而難忘的用家經驗。

（四）個人行銷

這是專為個人需求而進行的「一對一」行銷手法，藉此促使服務對象選擇符合其個人的偏好、滿意的價格及所期望的服務方式。

社會服務機構除進行有效的市場區隔外，亦要觀察市場的容納量（如大小）和購買力（如強弱）等特徵，繼而進一步評估產品／服務之市場規模，並依據市場獲利的概況來推算其未來發展的路向。除此之外，若要衡量服務使用者接受服務後的狀況，機構便須依據不同的市場反應來設定其目標市場。至於設定目標市場的過程通常有以下五種不同的型態（Kotler & Armstrong, 2013；徐慧娟主編，2013；Germak, 2015），這包括：

（一）單一區隔集中化 ── 這是指機構在市場上只選取特定的產品／服務進行行銷，但此手法有機會增加競爭者入侵的風險。

（二）選擇性專業化 ── 這是依據產品／服務本身之客觀條件而形成的市場區隔，彼此之間雖未產生任何綜合性成果，但各自能達到預期的收入和成效。

（三）產品／服務專業化 ── 這是指機構致力投入寶貴的資源以提供特定和專業的產品／服務，並將之銷售至不同的市場。

（四）市場專業化 ── 這是指機構只針對某一區隔市場的潛在服務對象之需求而提供其所需的產品／服務。

（五）整體市場涵蓋化 ── 這是指機構將全部的產品／服務推向市場

銷售，從而滿足整體的市場需求。

毋庸置疑，社會服務機構因資源匱乏，根本未能針對所有的區隔市場及整個社羣而提供其所需的產品／服務，故管理者必須確定哪些區隔市場最能符合組織使命、願景和目標，繼而配合有關的客觀條件而選取合適的區隔市場以制定合適的市場方案，這樣才能創造最佳的社會價值。至於如何識別及選擇合適的目標市場，管理者須檢視下列四個準則（Gainer, 2016），這包括：

（一）此區隔市場是否切合機構所定的使命？

（二）此區隔是否配合機構的能力[10]？

（三）此區隔市場是否有足夠的能力[11]以承托整個市場？

（四）此區隔市場的特殊性能否吸引專門的市場方案？

隨着市場發展日新月異，社會服務機構所採用的行銷策略亦要與時並進，切忌一成不變，並在選擇目標市場時，不能忽視「道德層面」之考量。舉例而言，護老院若無法完全保障認知障礙症患者之安全，便需在服務提施及制定計劃方案時，致力構建無障礙的居住空間。除此之外，亦須透過培訓以提升護老者與認知障礙症患者之溝通技巧，這樣，除突顯服務對象之獨特需求外，還能持續改善及提升院舍的服務質素，可謂一舉兩得。

「市場定位」是指機構在某目標市場「心中」所佔據的獨特位置（Trout & Rivkin, 1996）；換言之，這是指機構如何為其產品／服務建立最佳的口碑和釐定最理想的市場定位，藉以擴大目標市場區隔的佔有率。一般而言，當服務對象需要物色某類服務時，便會先想起某機構所提供的服務；若是如此，該機構在社會大眾心目中的市場定位便不言而喻了。至於成功的市場定位所須肩負的四個工作任務（Germak, 2015），現簡列如下：

（一）對產品／服務之收費訂定策略性價格；

---

10 機構切忌過分高估自身能力，但卻又低估其同業競爭對手之強項和能力。

11 如機構只為細小的區隔市場提供產品／服務，此舉或許會牴觸經濟規模原則而導致成本上漲；情況若未作改善，不但出現財務虧損，甚至對機構的生存構成風險。

（二）儘量選取便利的服務地點，以讓服務對象方便獲取其所需的產品／服務；

（三）致力推行高效的促銷策略，從而達到雙向溝通；和

（四）適時運用多元的宣傳途徑以發佈機構的重要訊息。

　　在此強調，由於社會服務機構之行銷涵蓋了「使命導向」和「市場導向」，因此當進行市場定位時，管理者須識別出與機構相符的市場；亦即是說，市場和機構的使命與核心價值可互相契合。另外，聚焦於組織使命相符的市場因易於專精，故此，一般會較容易獲得社會大眾所認可（Brinckerhoff, 2010；Germak, 2015；Gainer, 2016；曾華源、白倩如主編，2017）。有見及此，當發展市場定位策略時，管理者須全面了解相關的目標市場為何？慣常用於比較機構和其他選擇的主要因素為何？以及如何優先選取哪些因素以突顯產品／服務之好處和優點？綜言之，若要探討產品／服務的差異化（Product/Service Differentiation）[12]，便須對行銷組合之重要元素進行詳盡的分析。

三、7Ps 行銷組合

　　由於時代不斷進步，傑羅姆・麥卡錫（1964）最初所提出之行銷組合——4Ps（即產品／服務、渠道、價格和促銷）已無法滿足整體行銷的需求，因此菲利普・科特勒（Philip Kotler）及凱文・萊恩・凱勒（Kevin Lane Keller）於 2012 年便提出了新的 4Ps——這是指關注顧客需求的人員（People）、創新而正確的流程（Process）、卓越的績效（Performance）以及對機構有重大影響的公眾（Publics）[13]（Kotler & Keller, 2012；曾華源、白倩如主編，2017）。筆者經檢視社會服務機構的特徵及其內外環境之形勢，從上述 8Ps 選取其中的 6Ps，包括產品／服務、價格、渠道、促銷、人員和流程，另考慮到公眾的重要性，故將之納入並構成 7Ps。至於 7Ps 的詳情，現闡述如下（林淑馨，

---

12 米高・波特（Michael E. Porter, 1998）指出企業機構若要成功營運，其策略須集中三方面——產品／服務差異化（Product / Service Differentiation）、成本領導（Cost Leadership）及聚焦（Focus）。

13 「公眾」包括政府部門、基金會及機構的重要持份者。

2011；Kotler & Keller, 2012；Germak, 2015；Gainer, 2016；曾華源、
白倩如主編，2017)：

(一) 產品／服務 (Product/Service)

　　對社會服務機構而言，產品／服務泛指「服務」，由於它是無形
的，因此須將之轉化成一種具價值的元素。機構若能為目標對象人口
羣提供其所需的服務[14]，並且對社區產生正面的衝擊，這對建立組織形
象及良好口碑益顯重要。

(二) 價格 (Price)

　　機構為其目標對象所提供的服務是需要付出成本的，故須將此訊
息傳達予潛在顧客，以讓服務對象知悉機構所需付出的成本及釐定價
格的準則。

(三) 促銷 (Promotion)

　　這是指機構在特定時段內善用媒體或非媒體方式向其特定的目標
對象傳達某些重要的訊息，藉此激發社會大眾的關注，從而提升其消
費意慾。

(四) 渠道 (Place)

　　這是指機構向其目標對象進行傳銷之渠道。

(五) 人員 (People)

　　這指員工向目標對象提供服務時，必須持續關注其所需，並設法
滿足和超越其期望。

14　社會服務機構之存在價值乃為其服務對象解決問題和／或滿足其需求，若然其所提供的產品／
　　服務具成效，並達到預期的目標，這樣便能彰顯其價值與重要性。

（六）流程（Process）

這是指機構為其服務對象提供創新而符合標準的流程[15]，當中包括了一系列的業務活動及可為其目標對象創造的價值[16]。

（七）公眾（Publics）

這是指環繞社會服務機構的重要持份者（Key Stakeholders），包括政府相關部門、基金會、理事會／董事局、服務使用者、地區合作團體及策略性合作伙伴等，而他們對機構的支持與認受，將直接影響日後募集社區資源的成效，因此其重要性不容忽視。

為讓讀者更能掌握最新的行銷組合內容，筆者現將 7Ps 及其所需回應的問題細列出來，有關詳情如表 10-1 所示。

表 10-1：社會服務機構之行銷組合及其所需回應的問題[17]

編號	7Ps 行銷組合	需要回應的主要問題	
1.	產品／服務	1.1	機構現時銷售的產品／服務為何？
		1.2	所促銷的產品／服務與其他機構所提供的，特徵上有何差異的功能（Differentiating Features）？
		1.3	目標對象會否在社會服務市場上首選機構所提供的產品／服務？
2.	價格	2.1	機構所提供的產品／服務所需之成本為何？價格又如何？
		2.2	目標對象願意支付多少錢以購買機構所提供的產品／服務？
		2.3	機構如何釐定價格？目標對象是否願意接受此價格水平？
		2.4	機構有否與同業競爭對手所提供的類近產品／服務進行價格的比較？

---

15 一般社會服務機構的業務流程可劃分為三類，包括策略性（Strategic）、運作性（Operational）和使能性（Enabling），詳情可參閱梁偉康於 2016 年編著之《追求卓越：非營利組織邁向優質管理之旅》第十章。

16 「創造的價值」亦稱為「增值」。

17 這些問題尤適合機構管理層在進行行銷前，按 7Ps 的重點進行內部檢視。

編號	7Ps 行銷組合	需要回應的主要問題
3.	促銷	3.1 機構的潛在顧客如何能獲得其所需的產品 / 服務資訊？
		3.2 機構採用的促銷策略為何？
		3.3 機構有何策略性的促銷計劃？
		3.4 機構所付出之促銷努力（Promotion Efforts）有何成效？
4.	渠道	4.1 機構在哪裏為目標對象銷售及提供其所需的產品 / 服務？
		4.2 機構採用哪些有效的渠道以為潛在顧客傳達其所需的產品 / 服務？
		4.3 機構採用推廣產品 / 服務之渠道與其類同的服務市場相比時，有何優勝之處？
		4.4 機構提供產品 / 服務之地點能否方便其目標對象人口羣所接觸？
5.	人員	5.1 機構有否關心員工的需求？又如何予以滿足 [18]？
		5.2 機構有否提供全面優質顧客服務（Total Quality Customer Service）的培訓 [19]？
		5.3 機構員工有否設法滿足和超越服務對象的需求？
		5.4 機構上下員工有否致力解決服務對象之需求，並致力提供理想的服務（Ideal Service）？
6.	流程	6.1 機構有否經常檢討其核心業務流程之效率和效能？
		6.2 機構有否成立工作團隊以進行流程改善或重整？
		6.3 機構有否提供創新與正確的流程以為其服務對象謀求更多的福祉？
7.	公眾	7.1 機構有否識別其重要持份者？
		7.2 重要持份者對機構有何期望？而機構又如何滿足其期望？
		7.3 機構有否與重要持份者建立雙向的溝通以促進彼此的需求與期望之表達？
		7.4 機構有否定期檢討重要持份者對其支持是否足夠 [20]？而機構須如何作出改善？

---

18 懂得關注顧客所需的員工，對機構而言是寶貴的資產。若然這些員工能主動關心服務對象及竭力滿足他們的需求，機構便須珍而重之，善待他們、關心他們，甚至儘量滿足其需求，如此將可做好「留才」的準備。

19 有關全面優質顧客服務的內容，請參閱梁偉康於 2016 年編著之《追求卓越：非營利組織邁向優質管理之旅》第九章。

20 衡量一間機構整體性績效之其中一種可行方法，乃是評量其重要持份者對機構的支持或滿意程度；支持或滿意度愈高，則表示組織整體性績效愈好。

筆者已對實踐行銷策略三部曲及 7Ps 行銷組合作出重點論述，期望讀者能對整個行銷框架／過程有些概括的認識。現引用一個實例以說明機構如何實踐整個行銷框架／過程，務使讀者更能掌握當中的要訣。

第 三 節

護老機構實踐行銷框架／過程之例舉

筆者現引用香港特區一間護老機構為例，以闡述其如何實踐行銷框架和有關過程。菲利普・科特勒（Philip Kotler）及加里・阿姆斯特朗（Gary Armstrong）認為行銷是以有利的方式來滿足其目標對象顧客之需求，並為其帶來更多正面的教育性訊息，如此，將有助改善和提升他們的生活質素（2013）。究其做法如何，筆者參照上述的策略性行銷框架，並引用某私營護老機構推行行銷的過程以作闡述。

一、確認市場區隔

該護老機構針對長者之特定服務需求而識別其市場區隔，首先進行「地理區隔」——檢視不同地區的生活型態；繼而進行「心理區隔」——觀察目標對象人口羣的偏好，再結合心理學及統計資料進行詳細的分析；最後才進行「行為區隔」——依據服務對象對產品／服務之認知和使用情況等變數，將其納入為不同的羣體，從而識別護老服務的市場區隔，而當中亦涵蓋了利基行銷（Niche Marketing）和個人行銷（Individual Marketing）兩個基本層次的混合體。

至於該護老機構所經營的高端客戶服務，主要是針對市場未被滿足之特殊需求而為有關的客戶度身訂造其所需的服務。簡單來說，它

是專注服務那些既富有又具獨特需求的長者，而這些服務對象及親屬因具備足夠的經濟能力，故願意支付相對昂貴的費用。除此之外，它所提供的產品／服務亦甚具彈性，並按長者的不同需求而提供符合其個人的偏好及優良的服務模式，比如住宿方面可自行選擇獨立房間、雙人套房或三至四房間；在飲食和個人護理方面，亦會配合其獨特需求而設法予以滿足；總而言之，任何一位入住的長者皆可獲得貼心、高質及全方位的關顧。

二、設定目標市場

該護老機構主要依據長者服務市場之容納量和目標對象購買力等因素，一方面釐定其產品／服務之運作方式與規模；另方面推算市場利潤的增幅如何能進一步擴大其生存空間。舉例而言，服務定位若是邁向「專業化」，並專注為某特定之目標對象[21]提供其所需的高端產品／服務，這不單促進機構的長足發展，還可在同業競爭對手中脫穎而出。

三、發展市場定位

該護老機構為其產品／服務釐定最佳的市場定位，藉着靈活多變的經營策略，致力爭取最大的市場佔有率。有關其市場定位及服務模式則涵蓋下列八方面，現簡介如下：

(一) 引入嶄新的「全天候管家服務」模式，由專業的護理人員貼身照顧長者的起居飲食，並安排多元的休閒活動。

(二) 深入了解長者的個人需求、喜好及家庭關係等，從而提供全面的照護。

(三) 針對認知障礙症患者所需，於院舍內設計迴廊空間，並針對行動不便的長者而提供舒適及無障礙的設施。

(四) 面對目標市場的多元需求，可針對一個或多個特殊的屬性而為長者及其家屬提供全方位的院舍服務。

---

21 上述護老機構之目標對象主要是中產階級或以上的富裕長者。

（五）機構憑着其本身現存的優勢以及有別於同業競爭對手的獨特之處，竭力建立良好的服務品牌。

（六）院費介乎每月由港幣 20,000 至 40,000 元不等 [22]。

（七）院舍設於毗鄰鐵路沿線的大型私人屋苑之內，靜中帶旺、交通便利，面積為 33,000 平方呎，並設有 68 個豪華宿位，人均面積高達 500 平方呎；相對於其他的同業競爭對手，此院舍所提供的環境空間是最為寬敞。

（八）制定完善的促銷計劃及鋪天蓋地的宣傳，倡導創新的「全天候管家服務」概念，深入民心，並藉着成功的行銷策略，輕易於護老服務市場上佔盡先機，以讓目標對象在選擇高端院舍服務時，優先考慮其服務品牌。

四、護老機構的行銷組合

該護老機構依據 7Ps 而推行的行銷組合，現逐一簡介如下：

（一）產品／服務

一般而言，產品／服務涵蓋了核心利益、基本產品、期望產品、延伸產品及潛在產品這五個層次，當每項的產品／服務向外擴張時，均會增加顧客的使用價值（Kotler & Keller, 2012；徐慧娟主編，2013）。由於該護老機構之核心價值乃是保障住院長者的安全，因此須將「安全」與「安心」轉變成實質和具體的產品／服務，比如無障礙的空間設計以及添置雲端視訊設備及尖端的復康設施等；不單如此，還提供清潔和明亮的居住環境，務求長者及其親屬感到稱心滿意。另一方面，為了在競爭激烈的市場中漸露頭角，該護老機構亦特別為有需要的長者提供心理治療服務、中醫復康治療及休閒活動等，此舉主要是憑藉延伸產品來擴張顧客的渴求；即使如此，該護老機構須持續創新其產品／服務，在加強競爭力之餘，亦確保其在高端護老服務業

---

22 上述收費是參考該機構於 2020 年所發佈的數據，而此收費水平是一般經濟條件較富裕的長者所能負擔的。

獨佔鰲頭。

　　總括而言，該護老機構因應市場的發展趨勢和實際需求而提供高質素的產品／服務，由於其所促銷的產品／服務與其他機構所提供的皆不盡相同，當中其使用價值[23]，甚至是服務對象潛在的產品／服務等均受到密切的關注。由此可見，倘若目標對象的需求獲得滿足，他們必會持續選擇機構所提供的產品／服務，並成為其忠實的顧客。

（二）價格

　　該護老機構參照其產品／服務所需的運作成本、目標對象顧客之購買意願和支付能力以及同業競爭對手為類同的產品／服務所付出的成本及定價等各種因素，從而確定其價格和／或收費。

（三）促銷

　　現時護老服務百家爭鳴，為提升產品／服務之吸引性，因此該護老機構致力向目標對象及潛在顧客做好促銷的工作，有關做法現簡述如下：

1. 識別中產階級或以上的富裕長者，並確認為其目標市場顧客羣；
2. 利用合適的渠道以向其潛在顧客發佈產品／服務相關之訊息；
3. 制定所需達成的促銷目標；
4. 制定策略性促銷計劃及有效的溝通策略[24]；
5. 選擇可行的溝通渠道，比如電子媒體、手機短訊、臉書和／或即時通訊等以向目標對象人口羣發佈其產品／服務之重要訊息；
6. 擬定促銷預算方案；和
7. 建立多元的促銷組合。

23　服務對象的使用價值所指的是長者之「核心利益」。

24　一般策略性促銷計劃包括執行摘要與目錄、SWOT 情境分析、促銷策略釐定、財務預估、執行控制以及計劃成效評估等；而溝通策略主要包括訊息、創意和訊息來源策略，詳見 "Marketing Management" (Kotler & Keller, 2012, 14th edition.)。

除此之外，該護老機構的管理層會針對每季的促銷成果進行成效檢討，並採取適切的改善行動以確保預期的業績達到理想的表現。

(四) 渠道

該護老機構為提升潛在顧客[25]對其產品／服務之認識，定期安排開放日活動，以讓外訪人士參觀院舍環境的同時，更可進一步認識其附屬設備、人手編制、專業服務及房間設施等。上述院舍乃選址設於一個較高尚的住宅區，並同時採用多元渠道如網上平台、APPs、報刊廣告、定期開放日等以向其潛在顧客及區內組織發佈其產品／服務訊息。再者，院舍位置適中，靜中帶旺，方便親屬前往探訪；就算產品／服務定價頗高，仍深受目標對象／顧客的歡迎，入住率已超逾90%。由此可見，該護老機構所提供的產品／服務之整體質素能符合院友及潛在顧客之需求，亦足以證明其所選取的渠道確有其獨特之處，因而成效顯著。

(五) 人員

該護老機構為轄下員工提供全面優質顧客服務培訓，內容包括如何創造忠誠顧客 (採用 "ICARE" 模式[26])、如何應付怒氣沖沖的顧客、如何處理顧客的批評以及如何回應電話查詢等，而藉着上述培訓活動的有效推行，加上管理者的以身作則，上行下效，致力解決顧客需求之餘，更視優質顧客服務為其終極目標，可見員工能關注院友及其親屬的需求，並設法予以滿足，甚至提供物超所值的服務，以讓他們留下良好的「第一印象」。除此之外，該護老機構制定了具市場競爭優勢的員工薪酬及福利機制以吸引和留住人才，管理層亦會主動關心員工的需求，因此員工流失率極低，在業界確立了優質服務的口碑，聲譽日隆。

---

25 潛在顧客包括了區內長者及其親屬。

26 "ICARE" 模式包括理想的服務 (Ideal Service)、服務的文化 (Culture of Service)、全心關注 (Attentiveness)、同理心的回應 (Responsiveness) 以及賦權／賦能 (Empowerment)。

（六）流程

　　該護老機構非常關注其核心業務流程之效率和效能，期冀有效降低運作成本，從而達到其所定之使命、願景、目的和目標。為提升效率和效能，管理層成立了多個流程改善團隊，並採用 "PDCA 圈" [27] 以改善其核心業務流程，包括護理照顧流程、採購食材和烹煮的流程等。此外，它成立了一個業務流程重整團隊（Business Process Re-engineering Team），並針對關鍵性流程作出根本的反思，若發現不足之處，便儘快進行改善甚或流程重整，務求在成本、質素、時間、速度及服務提施等五方面有更突出的表現，最終其整體的效率和效能亦得以提升。

（七）公眾

　　該護老機構全力以赴投入行銷努力（Marketing Efforts）的工作，以讓其重要持份者，包括政府相關部門、合作伙伴、策略性聯盟組織、地區領袖、理事會／董事局、院友親屬等建立互惠雙贏的合作關係，透過良好的溝通以掌握重要持份者對機構的期望，並藉着這些合作渠道以強化雙方或多方的互信基礎，繼而建構強大的支援網絡。由此看來，該護老機構除有效募集社會資源外，更贏取社會大眾的信賴與支持，可說為實踐有效的行銷而跨出一大步（Sheth & Parvatiyar, 2000）。

　　總括而言，該護老機構如欲成功營運，實踐行銷策略三部曲及 7Ps 行銷組合實在是不可或缺，這不單有利於永續的經營，更可推動其護老事業更上一層樓。

27　「PDCA 圈」是 Plan-Do-Check-Act 英文首個字母併合而成的縮寫，它亦稱為「改善圈」。

第 四 節

全面優質服務與行銷

　　全面優質管理（Total Quality Management，簡稱 "TQM"）早於二十世紀八十年代已在各大型企業及醫療服務機構廣泛實踐，而上述的管理哲學其後在社會服務機構逐漸萌芽。當中所涵蓋的全面性顧客導向系統（A Comprehensive Customer-oriented System）強調滿足顧客和／或服務對象之需求，並透過質素改善團隊進行持續不斷的質素改善（Continuous Quality Improvement，簡稱 "CQI"），而藉着提供以客為尊的優質服務，務求滿足和甚或超逾其期望。為達到上述目的，高階管理層必須推動全體員工上下一心，羣策羣力，並在不同領域進行全面的改善。因此，機構能否提供全面優質服務，可從下列五個特徵展現出來，這包括：

一、機構的核心信念必須是重視服務對象的不同需求；

二、機構轄下員工皆悉力投入業務流程改善，並按需要針對核心業務
　　而進行流程重整。

三、組織成員皆盡心盡力，並以滿足服務對象之需求為己任。

四、着重提升員工整體性能力，並透過質素改善團隊及採用改善圈以
　　解決服務質素相關的問題。

五、強調持續不斷的質素改善，且永無止境地追求質素的改善。

　　除此之外，機構可採用「ICARE 模式」以滿足服務對象的需求，並藉此提供全面優質服務（Blanchard & Bowles, 1993；Blanchard, Cuff, & Halsey, 2014；沈維君譯，2015），而此模式的名稱是由五個詞彙最前的英文縮寫所組成，現簡介如下：

一、理想服務（Ideal Service）

　　全體組織成員須竭力滿足和甚或超逾服務對象之需求，並秉持

「顧客為尊」（Customer-focused）的信念。

二、服務文化（Culture of Service）

機構必須制定使命、價值觀和願景（Mission, Values and Vision，簡稱 "MVV"），並將優質顧客服務視之為終極目標，因此它必須將「顧客為尊」的信念融入於 MVV，繼而實踐於服務提施之中。

三、全心關注（Attentiveness）

機構管理層及員工均須清楚識別目標對象人口羣之問題及需求，藉以提供其所需的服務，因此他們必須全心關注，並在服務提施的過程中貫徹履行以客為尊的服務。

四、同理心的反應（Responsiveness）

組織成員可透過同理心以了解服務對象之獨特需求，並致力提供切合其所需的服務。

五、員工賦權（Employee Empowerment）

高階管理層須全面提升員工之整體能力，除給予充分的授權外，亦須激勵其有效履行職務，並朝向機構所定的願景和目標而努力邁進。

總括而言，機構若要提供全面優質服務，這與 7Ps 行銷組合有否切實執行絕對是息息相關，另積極運用行銷組合亦是實踐全面優質服務不可或缺的元素，其重要性不容忽視。

小結

　　本文已詳細論述社會服務機構如何進行市場區隔、目標設定以及市場定位，並簡介適用於社會服務機構之行銷組合及所須關注的重點。為加深讀者對行銷策略三部曲及 7Ps 行銷組合的掌握，筆者特引用香港特區某護老機構所採用的行銷策略，並加以說明；至於本文後部分則主要是論述全面優質服務與行銷組合之間的關係，並簡介機構如何有效實踐「ICARE 模式」以滿足和甚或超逾其服務對象之需求。

　　適值資訊科技的蓬勃發展，社會服務機構須竭力做好行銷溝通，並積極推動社會行銷，利用消費心理學的元素以塑造產品 / 服務之品質、附加價值或延展服務，並藉着「評價」之不斷提升，從而建立「品牌權益」；但礙於篇幅所限，上述範疇未能詳加論述，誠為不足之處。

本 章 主 要 參 考 資 料

1. Austin, J.E. (2000). *The collaboration challenge: How nonprofits and businesses succeed through strategic alliances*, foreword by Hesselbein F., & Whitehead J.C.. San Francisco, CA: Jossey-Bass.

2. Bitner, M.J. & Booms, B.H. (1981). "Marketing strategies and organization structures for service firms". In Donnelly, J.H., & George, W.R. (Eds.), *Marketing of services*, pp.47-52. Chicago, IL: American Marketing Association.

3. Blanchard, K., & Bowles, S. (1993). *Raving fans: A revolutionary approach to customer service*, foreword by MacKay H.. New York: William Morrow and Company, Inc.

4. Blanchard, K., Cuff, K., & Halsey, V. (2014). *Legendary service: The key is to care*. USA, NJ: McGraw-Hill Education.

5. Brinckerhoff, P.C. (2010). *Mission-based marketing: Positioning your not-for-profit in an increasingly competitive world* (3rd ed.). Hoboken, NJ: John Wiley & Sons.

6. Gainer, B. (2016). "Marketing for nonprofit organizations". In Renz. D.O., Herman R.D. and Associates (Eds.), *Nonprofit leadership and management* (4th ed.), Chapter 13, pp.366-395.In *The Jossey-Bass handbook of nonprofit leadership and management*. Hoboken, New Jersey: John Wiley & Sons, Inc.

7. Germak, A.J. (2015). *Essential business skills for social work managers: Tools for optimizing programs and organizations*. New York: Routledge.

8. Kinzey, R.E. (2013). *Promoting nonprofit organizations: A reputation management approach*. New York: Routledge.

9. Kotler, P., & Keller, K.L. (2012). *Marketing management* (14th ed.). Upper Saddle River, NJ: Pearson Prentice Hall.

10. Kotler, P., & Armstrong, G. (2013). *Principles of marketing* (15th ed.). Upper Saddle River, NJ: Pearson Prentice Hall.

11. McCarthty, E.J. (1964). *Basic marketing: A managerial approach* (2nd ed.). Richard D. Irwin, Inc. Homewood, II.

12. Porter, M.E. (1998). *Competitive advantage: Creating and sustaining superior performance*. New York: The Free Press.

13. Sheth, J.N., & Parvatiyar, A. (Eds.) (2000). *Handbook of relationship marketing*. Thousand Oaks, CA: SAGE Publications, Inc.

14. Trout, J., & Rivkin, S. (1996). *The new positioning: The latest on the world's #1 business strategy*. New York: McGraw-Hill.

15. 《經理人月刊》(2018),〈行銷4.0〉。2018年4月號,第161冊。

16. 王順民(2006),〈當代台灣地區非營利組織的社會行銷及其相關議題〉。《社區發展季刊》,第115期,第53-64頁。

17. 沈維君譯(2015),《ICARE。傳奇式服務,讓你的顧客愛死你》。台北:遠流出版社。原著:Blanchard K., Cuff K., & Halsey V. (2014), Legendary service: The key is

to care. USA, NJ: McGraw-Hill Education.

18. 林淑馨（2011），《非營利組織概論》。高雄：巨流圖書公司。

19. 徐慧娟主編（2013），《長期照護政策與管理》。台北：洪葉文化事業有限公司。

20. 梁偉康編著（2016），《追求卓越：非營利組織邁向優質管理之旅》。香港：非營利組織卓越管理有限公司。

21. 陳政智（2012），《非營利組織管理》（一版二刷）。台北：華都文化事業有限公司。

22. 曾華源、白倩如主編（2017），《社會工作管理》。台北：洪葉文化事業有限公司。

11

第二部分

社會服務機構募款
與社區資源募集

導言

　　毋庸置疑，社會服務機構能否永續生存，主要取決它能否針對目標對象人口羣之獨特需求而提供其所需的服務與支援，不單如此，它還須致力推動創新、持續提升其服務之成本效益、有效募集及善用社區資源以及依循運作性計劃及策略性計劃推行有關的方案／項目，以期達到組織使命和目的；凡此種種，皆對機構的生存起着關鍵性作用，當中尤以組織使命和目的之達成至為重要。儘管如此，機構一旦欠缺資金來源（Funding Sources）[1]，加上社區資源（Community Resources）[2] 貧乏，面對這種不利境況，試問它又如何能經營下去？面對機構的存亡，它又如何有多餘的精力投放資源以開拓創新及多元化服務？可想而知，社區資源的募集實屬社會服務機構的生存策略，不容小覷。

　　為加深讀者對募款及社區資源募集的認識，本章先介紹社會服務機構一般的募款來源及其主要採用的策略為何；另將用頗長篇幅論述如何有效募集社區資源以達到其所定的使命和目的。

1　「資金來源」是指提供資助的組織實體或個體，這包括政府機構、基金會、企業或個人等。
2　「社區資源」是較廣泛的名詞，它不僅包括金錢，還有義工、非現金的貢獻及組織成員等。

社會服務機構募款來源

一、服務費用收入（Fee Income）

社會服務機構向服務使用者收取合理費用是其重要的資金來源之一。以美國社會服務機構為例（尤其是「非營利組織」及「非政府機構」），其主要的收入來源是向服務使用者徵收費用，至於其他先進國家第三界別組織之情況亦大致相若（Salamon & Sokolowski, 2004）[3]。身處廿一世紀，社會服務機構向服務使用者收取合理的費用，對它的經營和延續生存是極為重要，究其根由，主要有二：

(一) 機構服務為迎合市場需求已逐步邁向個人化，並致力滿足服務使用者之獨特需求，比方說，私營院舍專為體弱長者提供私人看護服務，並設有獨立房間以供選擇。

(二) 獲取財務來源旨在促進機構使命及目的之達成，比方說，為長者提供高端的院舍服務以增加預期的財務利潤，因此服務收費和定價會因應「能者自付」的原則而釐定，甚至遠高於機構之淨收益。雖然如此，收費不宜訂得太高；否則有機會造成供過於求。正因如此，有些機構會主動開設「免費」或「低廉收費」的服務名額，藉以讓更多有需要而經濟條件欠佳的服務對象能獲取其所需的服務，這不單達到「公益」目的，還能建立良好聲譽，可謂相得益彰。

---

3 一般而言，香港特區社會服務機構之服務收入約佔其總收入的 20%。至於國內的民辦社會服務機構因礙於政策所限，其所提供的服務一般是免費或低廉收費的，服務收入只佔其總收入 1 至 2%。由於缺乏足夠的營運資金，因此對機構之可持續發展構成負面影響，生存空間亦日漸萎縮。

二、其他主要的募款來源

除服務收費外，社會服務機構亦可透過下列五種的募款來源以加強其財務實力，這包括：

（一）政府資助（Government Funding）

毋庸置疑，政府對社會服務機構的資助是最重要的資金來源之一。一般而言，機構若提供政府及政策所要求和期望的服務；亦即是說，方案／項目已納入受資助範圍，若符合可接受的質素水平和達到所定的表現指標，便可獲得全數或部分的資助。事實上，世界各地的社會服務機構，其所接受的資助方式和規模亦不盡相同，比如美國超逾 30% 社會服務機構之資金是來自政府撥款、競投服務項目或慈善基金。至於香港受資助的社會服務機構，其收入約有 50% 是來自政府資助；而國內民辦社會服務機構的收入來源，當中超逾 95% 是來自政府的資助。

各國政府對社會服務機構的資助大多建基於公眾利益或資源再分配原則（Young & Soh, 2016），透過服務的介入，冀能更全面地為目標對象人口羣提供符合公共利益或達到資源再分配之方案／項目，不僅如此，還可藉着立法程序以規範公益服務[4]之運作與提施，從而凝聚更多的政治共識。

（二）機構捐贈（Institutional Giving）

機構捐贈主要來自兩大途徑——基金會和企業，而基金會成立之目的乃是透過捐助社會服務機構以支援其推行配合基金會使命的方案／項目。於 2015 年，美國約有 150 萬間公益組織，當中獲得基金會捐贈約佔總收入 15%，可見基金會的捐贈是何其重要。隨着社會不斷發展，不管是大型還是小型的基金會，它們已逐步邁向機構性化身

4　社會服務機構接受政府撥款資助或成功競投的項目，必須依循其所規範的服務條款、指標水平及相關要求而運作，如違反規定，將有機會接受書面警告、取消合約、取回（Claw back）資助額，甚或承擔法律責任，理事會／董事局及管理層絕不可置若罔聞！

（Institutional Personifications）；換言之，有些機構不單特別受到基金會的眷顧，而且還成為其指定的受益機構，此舉可為其財務穩定性注入一支強心針。

　　除此以外，企業對社會服務機構的捐贈亦愈趨重要，比方說，國內於 2018 年獲得的社會捐贈約有人民幣 1,624.15 億元[5]，其中來自民營及國營企業的約為人民幣 761.22 億元，佔總捐贈額之 46.87%[6]（中國新華網，2018）。事實上，企業向社會服務機構作出捐贈之目的大多是期望獲得利益的交換（Exchange Benefits），比如提高企業之公共形象、加強社區關係、廣泛推廣產品 / 服務、擴大接觸持份者的機會以及獲得政府的免稅優惠等。然而，社會服務機構若想獲取企業的支持，它須致力尋求一個能與企業達到最佳的策略性切合（Strategic Fit）；亦即是說，能滿足雙方互惠利益的交換條件，這樣才可開拓雙贏的契機。

（三）個人捐贈（Individual Giving）

　　根據美國施惠基金會（Giving USA Foundation）2019/2020 年度的資料顯示，美國人在慈善捐贈的總額達到 449.64 億美元，其中個人捐贈約佔總體捐贈之 68.87%（309.66 億美元），當中指定捐贈予人羣服務（Giving to Human Services）約為 55.99 億美元[7]，而大部分捐款是來自忠貞不渝的捐獻者（Royal Contributors）。至於香港世界宣明會，至今其所建立的個人捐獻制度已逾 50 年，而 2019/2020 年度的善款亦

5　中國慈善聯合會於 2019 年 9 月 21 日在深圳發佈的《2018 年度中國慈善捐助報告》中指出，國內非營利組織於 2018 年接收國內外款物之捐贈總額為人民幣 1,624.15 億元。資料來源：中國新華網於 2019 年 9 月 21 日發佈，網址：http://www.xinhuanet.com/2019-09/21/c_1125023318.htm。

6　根據 2018 年中國新華網發佈的資料所得，國內社會服務機構獲取民營及國營企業的捐贈佔社會捐贈總額之 46.87%；但美國社會服務機構的總收入只有 5% 是來自企業的捐助。

7　資源來源：美國施惠基金會於 2020 年 6 月 16 日發佈 "Giving USA 2020: The Annual Report on Philanthropy for the Year 2019"，網址：https://givingusa.org/giving-usa-2020-charitable-giving-showed-solid-growth-climbing-to-449-64-billion-in-2019-one-of-the-highest-years-for-giving-on-record/，瀏覽日期：2021 年 9 月 9 日。

超逾 8.46 億港元，當中 84.6%（7.16 億港元）是來自公眾捐款[8]，可見這是最重要的募款來源，因此機構必須做好公關工作，並竭力爭取社會大眾及重要持份者的認受與支持。

另一方面，隨着熱心公益的企業家人數不斷增加，有些善長生前或離世後同意捐出其部分或全部的資產予指定的社會服務機構，有些甚至成立慈善信託基金以資助具創新特色及饒富意義的方案 / 項目，因此機構須尋求多元的籌募策略，從而開拓更多的募款來源。

（四）私人懇請（Personal Solicitation）

這是一種涉及私人性質的募款方法，通常由高階管理層與理事會 / 董事局成員向潛在的捐款者進行面對面的會談，藉此提出私人懇請的訴求與期望。

（五）投資收入（Investment Income）/ 賺取收益（Earned Revenue）

社會服務機構可將其過往積累的運作盈餘[9]存入一些穩健和信譽昭著的銀行以賺取保證利息。另外，它亦可將一些撥備資金、捐贈（Endowments）或其他有特定用途之資金，由專責人員進行穩健的投資以賺取相對穩定的利潤、收取股息及紅利等（Bowman, Keating, & Hager, 2007）。而機構採用這種募款方式可說是更具彈性，因以投資而獲取利息及紅利的做法並不需要懇求任何基金會 / 團體的審批，亦毋須滿足資助團體的特定要求，比如向指定的受惠對象提供某些特別的服務和 / 或利益。

事實上，機構有些投資的收入與方案有關的投資（Program-related Investments，簡稱 "PRIs"）是有着密切的關係，當中包括向某些指定的團體進行低息貸款或將基金會所發放的資金用於某些可促進其使命

8　香港世界宣明會於 2019 年捐款總收入為 $846,398,110 港元，當中來自「公眾捐款」之收入為 $716,251,199 港元。資料來源：《香港世界宣明會 2020 年度報告》，第 12 頁，網址：https://www.worldvision.org.hk/images/data/01_About_Us/01_Use_of_Donations/2020/WVHK_AnnualReport2020_0315_Online.pdf，瀏覽日期：2021 年 9 月 9 日。

9　社會服務機構的運作盈餘大多是來自服務收費和年度慈善捐獻。

達成的商業性質活動，藉此獲取更高的收入回報，比方說，某精神復康人士協會獲得基金會撥款以資助其營運一間小型咖啡室，但先決條件必須僱用精神病康復者擔任食肆服務員。這種創立事業或投機性社會服務，一來可擴大復康人士的社交網絡，提升其工作技能之餘，亦可賺取薪金報酬；二來在獲得投資收益回報之餘，亦可促進組織使命之達成，這絕對是實現多方共贏之計。

其他賺取收益的方法還有善因行銷（Cause-related Marketing）[10]，舉例而言，某社會服務機構與著名的曲奇餅店合作，其後從銷售產品之收益中抽取某個百分比捐贈予機構作為收益回報；至於麥當勞開辦「兒童之家」時，亦曾公開承諾會從其營運收益抽取某個百分比以支持此計劃的年度營運開支；而另一種可行做法是邀請企業的贊助，藉以支持機構恆常的服務運作，有關如何切實執行，詳情可參看魯思・金賽（Ruth E. Kinzey, 2013）著作之第五章[11]。

三、募款類別再整理

由於募款形式種類繁多，筆者現將之區分為六個類別，現詳列如下：

（一）年度資金（Annual Fund）

這些資金主要用作支持一間社會服務機構的年度營運開支，募款方式包括私人懇請、特別事件[12]、直接發出郵件／電郵／電話勸募、網絡行銷、向基金會／企業遞交項目計劃書等。由於政府資助是社會服務機構之主要收入來源，而這筆資助額對其年度營運開支着實有很大貢獻，因此可將之納入「年度資金」。

---

10 「善因行銷」（Cause-related Marketing）亦稱為「公益行銷」。

11 Kinzey, R.E. (2013). Promoting nonprofit organizations: A reputation management approach, chapter 5, "Cause-related marketing". New York: Routledge.

12 特別事件的例子眾多，比如為弱勢社羣籌款而舉辦的「名人競技大賽」和「名人名曲演唱籌款晚會」等。

（二）巨額捐贈（Major Gifts）

這是指透過理事會／董事局成員之私人接觸與懇請後，成功打動熱心善長而獲取的巨額捐贈，因此管治組織成員必須肩負起籌款的重責，並向潛在的熱心人士積極進行遊說的工作。一個能為機構成功籌募所需營運款項的理事會／董事局，每位成員不只同心協力，眾志成城，還須將此任重道遠的使命放於首位（Drucker, 1990），以期贏取熱心善長的信任與支持。

（三）計劃性捐贈（Planned Giving）

這主要包括遺產捐贈和信託基金捐贈，顧名思義，它是指捐款者承諾於一段時間後所作的捐贈——認贈協議。對社會服務機構而言，這主要是指特定事件發生後才獲得的捐贈，比如捐贈者死亡後的保險金、遺產或其所投資的大型信託基金限期屆滿後的收益等。由此可見，計劃性捐贈能有助機構維持穩定收入的其中一個有效方法，管理者不容忽視。

（四）資本性募款活動（Capital Campaigns）

這種募款活動主要是針對某些特定的大型募款活動，並須於某期限內募集到一定的目標金額，而所得之募款，一般用以支持機構興建一座新大樓或進行擴建，甚至用於維修現有運作設備或服務大樓設施等。

（五）賺取收入（Earned Revenue）

這種財務來源可算是超逾募款的範疇，當中包括企業贊助、善因行銷、企業項目創業及會員制方案（Membership Program）[13] 及投資等。

---

13 會員制方案除為捐款者提供關於組織合法性與認受度的證明基礎，還可維持其興趣及達到新目標之長遠追求與挑戰。

（六）網絡籌款

「網絡」是指利用資訊科技作為交易的工具與媒介，透過密集式的資訊市場以進行資訊的流通、交換與分享（陳政智，2012），然而上述運作主要以「顧客導向」為主，並讓服務使用者決定其瀏覽網站的時間和選擇所需的訊息。正因如此，機構若利用網絡進行募款，必須關注下列兩個重點（Cockburn & Wilson, 1996；陳政智，2012）：

1. 發展安全而穩定的網站，包括具備高效能的網速轉換率和安全的付款系統平台；和

2. 提升使用者的互動性與善用多媒體工具。

其實機構選擇網絡以進行籌募善款是屬於高成本的策略，因為不管是人力、財力還是設備等資源的投入，都是十分可觀。筆者現引用表 11-1 以列明各項募款類別及方式供讀者參閱。

表 11-1：募款類別及主要的募款方式

序號	募款類別	募款方式
1.	年度資金	1.1　個人遊說 / 私人懇請
		1.2　特別事件（如針對籌建孤兒院而舉辦的大型籌款活動）
		1.3　直接郵件 / 電郵 / 電話勸募
		1.4　網絡行銷
		1.5　向基金會 / 企業提交項目計劃書
		1.6　申請政府資助 / 津助
		1.7　契約委外 / 外判
2.	巨額捐贈	2.1　理事會 / 董事局成員向潛在的善長提出私人懇請
		2.2　理事會 / 董事局成員的捐獻（詳見備註）
3.	計劃性捐贈	3.1　遺產捐贈
		3.2　信託基金捐贈
4.	資本性募款活動	4.1　為籌建一座新的服務大樓、擴建新翼或進行大規模的維修工程而舉行的大型募款活動
5.	賺取收入	5.1　企業贊助
		5.2　善因行銷
		5.3　企業項目創業
		5.4　會員制方案

序號	募款類別	募款方式
6.	網絡籌款	6.1　發展高效能的網速轉換率和安全的付款系統平台
		6.2　提升使用者的互動性與善用多媒體工具

備註：(1) 以往理事會 / 董事局的傳統做法是 "3Gs" —— "Give, Get 或 Get off"，顧名思義，"Give" 是指「捐款」；"Get" 是指「參與募款活動」；"Get off" 是指因未能履行捐款和募款的職責，故被勸退。

(2) 現時理事會 / 董事局大多強調 "3Ts" —— "Treasure, Time 和 Talent" 或 "3Ws" —— "Wealth, Work 和 Wisdom"；換言之，成員除了作出捐款 (Treasure and Wealth)，亦期望參與理事會 / 董事局的事務 / 活動 (Time and Work)，藉以貢獻其才能和智慧 (Talent and Wisdom)。

(3) 社會服務機構普遍要求理事會 / 董事局成員於就職前簽署承諾書，內容主要包括：(a) 個人的捐款承諾 / 貢獻；(b) 個人的籌募目標；和 (c) 參與不同的活動 (Non-ask Fundraising Activities)，比方說，藉着舉辦非籌募性質之活動，以讓更多潛在的善長認識組織使命、目的、願景、服務理念和運作模式等。另一方面，機構亦可為一些高聲望的商業領袖或財力雄厚的慈善基金會負責人舉辦活動，並邀請其參與，這樣不僅促進其對機構服務與運作的認識，還可吸引其持續支持機構慈善事業的發展。

第 二 節

成功募款的原則和策略

一、成功募款的基本原則

　　毋庸贅言，社會服務機構能否成功募款對其永續發展構成深遠的影響，雖然捐獻主要是來自個人、基金會和 / 或企業 (Hussey & Perrin, 2003；黃源協，2015；Young & Soh, 2016)，但隨着籌募工作的不利因素增加 [14]，機構必須恪守下列七個重要的原則才可提升其籌募

---

14 現時社會服務機構面對不利的募款環境，包括募款成本驟升、社會大眾期望持續創新的募款活動、不明的市場區隔致使募款資源競爭激烈以及缺乏具成效的募款策略等，詳見林淑馨 (2010)。

成果，（Flanagan, 2000；BoardSource, 2010；陳政智，2012；黃源協，2015；Young & Soh, 2016；Weinstein & Barden, 2017），這包括：

（一）建立一羣多元的贊助人口羣[15]；

（二）與具社會影響力的贊助人建立長期和穩定的合作關係；

（三）致力提供多元選擇以滿足捐贈者的期望；

（四）秉持健全的責信制度以預防善款的非法挪用；

（五）大力擴展社區支援網絡；

（六）理事會 / 董事局成員負重致遠，竭力履行籌募職責之餘，亦須讓社會大眾明白捐獻的深層意義，回饋社會；

（七）機構若要成功募款，其先決條件須符合「六項適當條件」——"Six Rights"（Rolland, 2019），這包括由機構的「適當人士」（Right Person）[16] 物色「適當善長」（Right Donor），在「適當時間」（Right Time）採取「適當手段」（Right Way），並運用「適當募款」（Right Gift）以支援「適當項目」（Right Project）[17] 的推行；和

（八）機構必須公開披露募款活動之成本、行政開支、籌款人員的薪酬支出以及募款金額和用途等重要資料，以讓社會大眾索閱，此舉不僅提升募款資訊的透明度，還可增加機構的誠信和公信力，並杜絕任何隱瞞及欺詐行為的發生；否則，機構多年所建立的組織形象、口碑和聲譽勢必毀於一旦，後果不堪設想[18]。

二、募款的策略性規劃

社會服務機構進行募款所實施的策略性規劃，與本書第三章所論述的策略性規劃可說是大同小異，有關步驟詳列如下（Greenfield, 2009；BoardSource, 2010；陳政智，2012；黃源協，2015；曾華源、

---

15 贊助人口羣不應分貧賤富貴，因此機構須於社區內廣泛宣傳募款訊息，一方面推動任何階層的人士對資源募集的支持；另方面亦可建立多元的贊助人口羣。

16 「適當人士」包括理事會 / 董事局成員及行政總裁等。

17 「適當項目」是指那些能對社區產生正面衝擊的服務、活動及項目。

18 「中國紅十字會」和「希望工程」近年屢次爆出濫用捐款的醜聞，導致募款數額大幅萎縮，社會服務機構必須引以為鑒！

白倩如主編，2017）：

步驟一：內外環境的檢視與分析

　　機構可採用強—弱—機—危分析框架[19]以檢視其內外環境的狀況，並透過重要資訊的搜集，從而進行募款的規劃，由於本書第三章已詳細論述，因此不再贅述。

步驟二：重新釐清組織使命、願景、目的和目標

　　為有效凝聚內部共識，機構必須重新釐清其存在的價值和意義──組織使命、核心服務及發展方向，並確定其未來期望達到的境況──願景，此舉不僅充分證明其存在的重要性，還讓組織成員明白募款之目的何在，從而釋除不必要的顧慮。此外，為進一步邁向組織願景，管理者仍需向下發展策略性目的[20]和目標[21]，這樣才可有效實踐策略性計劃及相關的行動。

步驟三：分析募款市場

　　機構須對捐款者及潛在的善長進行深入的分析[22]和市場區隔，繼而針對募款所衍生的不同訴求而制定對應策略／措施。

步驟四：設定募款目標

　　機構的募款目標必須能配合其年度目標和長遠的策略性目的，而募款主要用以籌募其年度經費[23]、開辦創新方案／項目經費和籌建大型服務大樓的資本性開支等；但姑勿論如何，機構須向社會大眾公開交代其籌募目標。

19　「強—弱—機—危分析」亦稱為「SWOT 分析」。

20　策略性目的可在三至五年達到。

21　策略性目標可在一至兩年達到。

22　機構須對捐款者及潛在的善長之捐款意慾、公益態度及其過往的捐款記錄等進行詳細的分析。

23　機構的年度經費通常較難籌募。

步驟五：擬定募款策略和方案

　　高階管理層及籌募部門主管須分析機構過去三年的募款狀況，並依據此而制定新年度的募款策略。一般而言，機構可採用「募款收入分析表」以蒐集所需資料，繼而進行深入分析和制定相關的募款策略，詳情可參閱表11-2。

　　機構採用不同的募款方案以實踐其募款策略，包括直接發出信函、私人懇請、電視勸募、特殊事件募款呼籲、媒體廣告等，同時亦可考慮採用 7Ps 行銷組合以進行募款，這包括：

（一）產品／服務（Product/Service）—— 舉辦吸引捐款者及符合其興趣的募款活動；

（二）渠道（Place）—— 建立接觸捐款者的溝通平台；

（三）價格[24]（Price）—— 設定捐款數額；

（四）促銷（Promotion）—— 發佈推廣訊息；

（五）人員（People）—— 鼓勵員工／義工秉持友善和良好的工作態度；

（六）流程（Process）—— 擬定募款程序；和

（七）公眾（Publics）—— 推行公關工作以爭取持份者的支持。

　　由此可見，籌募部門若切實採用不同的行銷組合，這不僅滿足捐款者及團體的訴求，還有效促進募款目標之達成，確是兩全其美。

24　捐款者的捐款數額可作定價或不作定價。

表 11-2：針對過去三年機構的募款收入分析表

分析項目 ／ 募款來源	募款數額（按照三年週期來統計）			權重（佔募款總額[x]之百分比）	三年募款活動平均所需的成本	募款效率（成本÷募款數額 x100%）	募款來源之穩定性	所需人力總數（按照三年週期來統計）			過去三年機構募款的策略性方向
	第一年	第二年	第三年					第一年	第二年	第三年	
企業機構捐助											
基金會資助											
政府資助											
個人捐款											
遺產捐贈											
機構投資收益											
服務收入											
其他（請說明：_____）											
每年總額：				100%		—	—				
三年總計：						—	—				

464

步驟六：募款績效評估與反饋

　　機構若為募款活動進行全面性評估[25]，日後將可依據相關資料以進行分析與持續改善，然而評估不應只衡量募集金額之多寡，還須衡量各個募款方法的效能和效率。「效能」是針對每次回應懇請（Solicitation）的人數進行衡量；「效率」則對耗費的實際成本與獲得的募款數額進行比較與分析。而針對募款績效的評估主要涵蓋下列八方面，這包括：

（一）募款目標達成之百分比；

（二）募款結構之分析；

（三）間接成本之估算；

（四）機構在勸募市場的佔有率及其所籌募款額在同業中之排名；

（五）成本效益之分析；

（六）義工績效之評估；和

（七）成本效益之達成程度。

　　除此之外，理事會／董事局成員可責成高階管理層每月或每季彙報募款及捐贈狀況，藉以持續監察募款的成效；而報告內容則須包括捐贈的金額、來源、目的和用途、捐贈者資料以及每項獲採納的懇請方案（Solicitation Programme）之成效等（BoardSource, 2010）。

　　然而，參照筆者 40 多年來從事社會服務管理之經驗與觀察所得，社會服務機構普遍存在着四種弊端，這包括：

（一）服務定位模糊不清，致使社會認受性不足；

（二）服務品牌的聲譽及口碑薄弱；

（三）財務來源相對單一[26]，營運收入不穩；和

（四）募款機制不完善。

　　可想而知，機構若未能絕薪止火，這勢必對其募款績效和長足發展造成惡劣的影響。為防患於未然，機構管理層務必慎重其事，以免重蹈覆轍，並針對筆者所提出之四項建議進行適切的改善，這包括：

25　為募款活動進行全面性評估乃指對機構的「募款績效」進行評估。

26　中國民辦非營利組織／社會服務機構的收入來源，當中超逾 95% 是來自政府的資助與補貼。

（一）確立機構的發展方向與定位，並依據其核心業務的目標而推展
　　　各項籌募的工作；

（二）建立服務品牌，並致力樹立良好的組織形象；

（三）分析機構的籌募能力，藉以開拓更多募款來源[27]；和

（四）建立健全的籌募機制以獲取更多的財務收入。

　　為促進機構達到可持續的發展，筆者現依據其策略性目標而制定出短期（一至兩年）、中期（三至四年）及長期（五年或以上）之措施，詳情可參閱表 11-3。

表 11-3：機構達到可持續發展所需完成的策略性目標及實施期

策略性目標 ＼ 實施期	一至兩年 短期措施	三至四年 中期措施	五年或以上 長期措施
1. 確立機構的業務定位及服務模式	✧ 釐定業務目標及定量描述籌款目標 ✧ 重新分配資源	✧ 確立主要的服務模式	✧ 提供與拓展創新的服務
2. 建立服務品牌	✧ 依據每個核心服務範疇而建立具特色的服務品牌 ✧ 利用本地企業及網絡媒體以擴大其宣傳與推廣	✧ 宣傳與推廣服務品牌相關的專業經驗 ✧ 舉辦業務交流活動 ✧ 建構專家智庫	✧ 邀請具公益影響力的知名人士進行服務的宣傳與推廣 ✧ 打造服務項目之領先品牌 ✧ 舉辦跨界別論壇及聯結業界向政府提案等，並竭力為業界發聲
3. 擴大籌募來源	✧ 積極參與服務競投 ✧ 與理事會／董事局所推薦的企業和服務組織建立策略性聯盟	✧ 申請基金會項目資助 ✧ 理事會／董事局成員推動其友好企業及善長捐款或資助具特色的方案／項目	--

---

27 管理者如欲進一步掌握機構的籌募能力，可採用表 11-2 以進行詳細的分析。

策略性目標	實施期 一至兩年 短期措施	三至四年 中期措施	五年或以上 長期措施
4. 制定健全的籌募機制	✧ 設立公關部門及完善其職能分工 ✧ 徵募義工以推動募款活動相關的工作	✧ 完善募款的監察機制,並籌組捐贈者及企業服務團隊以推動籌募活動建立定期及定額的捐助模式[28]以支持方案/項目的推行	✧ 建立創新的籌款方法和推廣策略 ✧ 擴大社會資源的募集並加以善用

第 三 節

社區資源募集

一、社區資源類別及其識別方法

資源(Resources)可算是社會服務機構為達到目的和目標所需運用的方法/手段(Means),美國密歇根大學教授阿曼德·勞費爾(Armand Lauffer, 1984:16-17)將它劃分為三大類:

(一) 方案資源(Programme Resources)

這是指機構為滿足服務對象的需求而提供重要的服務和方案。

---

28 比如捐贈者每月為機構捐助某數額的款項。

（二）人力資源（People Resources）

這是指機構轄下的專業人員、義工、自務會社成員、受助人親屬、鄰舍及其照顧者等。

（三）策略性資源（Strategic Resources）

這是指機構為配合上述方案而採取的「有形和無形方法／手段」（Tangible and Intangible Means），前者包括資金、設備和供應品等；後者則包括政治影響力、社會地位、專業知識和技能、個人和組織能力、社會資本、信用和承諾以及合法性等。

依據勞費爾對方案、人力及策略性資源所作的定義，社會服務機構若欠缺上述資源，將可判斷其因未有效運用適切的方法／手段而無法解決社區問題和／或滿足服務對象之需求。長遠而言，目的之達成不單是遙不可及，還失卻其存在的價值和意義，而更糟糕的是它勢必面臨被淘汰的厄運，後果堪虞。

為更有效識別資源，筆者現介紹三種基本的方法（Lauffer, 1984；梁偉康，2012）以供讀者參閱，這包括：

（一）檢閱社區、鄰舍層面或人羣服務組織之《社區資源指南》，從而全面掌握現存的社區資源類別和獲取途徑。

（二）建立完備的《社區資源目錄》以供管理者和組織成員參閱，其內容可包括目標對象人口羣之一般需求、資源的性質與功能以及現時所提供的服務類別等。除此之外，還須臚列四項社區資源的相關資訊，這包括：

　　1. 機構的名稱、地址及聯絡電話；

　　2. 服務時間；

　　3. 該資源針對之問題類別及其所提供的服務形式；和

　　4. 申請條件及資格等。

（三）主動與服務提供者、社區領袖及受助人親屬傾談以搜集最新的資訊，並按他們的實際需求而進行資源識別及分配。

克萊夫‧米勒（Clive Miller）和托尼‧斯科特（Tony Scott）認為，較理想的做法是利用資訊科技系統以促進社區需求和社區資源的識

別、收集、儲存和分析（1984），而機構須將有關的重要資訊進行分類與彙整，從而提升其運用社區資源的效能。

二、社區資源募集

「募集」（Mobilizing）乃指社會服務機構匯集其所需的社區資源，從而迅速回應那些未獲滿足的社區需求，故它可算是一個連接資源與未獲滿足需求的過程（Halley, Austin, & Kopp, 2007）。由此可見，管理者須竭力進行資源的募集，這樣才能促使組織目標之達成。以下是不同形式的資源募集，現闡述如下：

（一）募集方案資源（Mobilization of Programme Resources）

社會服務機構的營運與服務提施雖是大同小異，但其成立背景卻不盡相同，當中除了本身的限制與束縛（Organizational Constraints），它亦須持續滿足社區的獨特需求及依循其內部運作指引而推行所定的方案／項目，比如說，機構若重視某些政治議題的倡導，其策略方針及工作重點便須針對這些政治期望（Political Expectations）而作出適切的回應。除此之外，服務提施於某程度上會受到資源、技術和知識所掣肘，加上社區問題日趨複雜，個別機構單憑其資源根本難以全然解決社區問題或滿足社區需求。管理者若要知己知彼，最好能為機構建立一套詳盡的《社區資源目錄》，這不單加強組織成員全面掌握同業競爭對手及合作伙伴的服務概況，還可藉着方案資源的識別與盤點以發掘現存服務的漏洞，這對機構的永續發展至為關鍵，管理者絕不可掉以輕心。

不言而喻，機構之間須戮力連接及彈性調動其方案資源[29]才可滿足多元的社區需求，並達到多贏局面。現時常用的方案資源連接機制（Linking Mechanisms）主要涵蓋下列四種類別（Lauffer, 1984；梁偉康，2012），現詳列如下：

1. 方案的連接機制（Programmatic Linking Mechanisms），它主要

---

29 區內社區資源的互相調動是機構之間服務交換的其中一種方式。

包括六種形式：

(1) 個案會議 (Case Conferences)

　　這是指兩間或以上的機構之前線工作人員透過定期會面以討論和／或發展合作性介入方案。

(2) 臨時個案協調 (Ad-hoc Case Coordination)

　　這是指機構之間為同一位受助人制定介入計劃而展開的溝通平台。

(3) 個案管理 (Case Management)

　　這是指社會工作員 (Social Worker) 肩負起個案經理 (Case Manager) 的角色，主責協調和監察受助人之介入計劃，並針對個案的服務需求而轉介予合適的社區資源及相關機構作出跟進。

(4) 聯合接案、篩選和服務轉介 (Joint Intake, Screening and Referral)

　　這是指區內機構共同建立一個中央檔案室，個案經理可依據某個案的獨特情況而進行聯合接案、篩選和服務轉介等。

(5) 資訊交換 (Information Exchanges)

　　這是指機構之間為促進個案管理的成效，主動交換個案的重要資訊。

(6) 聯合計劃 (Joint Projects/Ventures)：

　　這是指兩間或以上機構合資聯辦某項方案／項目，並成立工作小組共同策劃及推展整項活動。

2. 員工連接機制 (Staff Linking Mechanism)，它主要包括五種形式：

(1) 外派員工長期駐紮於另一間機構工作；

(2) 借調員工前往其他機構執行指派的工作任務；

(3) 派遣員工加入地區聯絡小組以合力策劃及推展某項方案／項目；

(4) 機構之間建立合作契約，並授權其管理層履行人才篩選和配置的職責；和

（5）由多間機構聯辦員工培訓活動和／或共同編製《服務運作手冊》。

3. 行政連接機制（Administrative Linking Mechanisms），它主要包括六種形式：
（1）為其他機構提供技術支援和諮詢，但亦會接受某些專業機構所提供的支援和諮詢服務；
（2）共同擬定服務提施或行政措施的標準和指引；
（3）制定一套整全的服務運作流程機制和工作指引，藉以提升機構間服務資訊的交流與分享；
（4）聯合推行公關、宣傳或社區教育等活動；
（5）共享服務設施和資源；和
（6）依據聯辦方案／項目的成果（Results）而進行評估工作，並共同制定可行的改善建議。

4. 財政連接機制（Fiscal Linking Mechanisms），它主要包括三種形式：
（1）服務採購
　　這是指某機構代表受助人與另一間機構簽訂服務協議，藉此進行服務採購；
（2）聯合財政預算
　　這是指兩間或以上機構合力提供服務之餘，同時共同承擔財務資源（如活動經費等），即使如此，機構之間卻不涉及任何金錢的交換，比方說，有三間機構合辦一所幼兒園，其中一間機構負責提供場地；另一間提供價值相若的玩具和設備；第三間則派遣幼兒工作員負責教學職務。依據聯合財政預算的做法，上述三間機構均須將其貢獻的部分清楚記錄於財政預算案之內。
（3）機構聯合對某項方案／項目提供所需經費：
　　個別機構可能因財務資源匱乏而未能提供某些特別的方案／項目，因此它可聯繫其他機構成為合作聯盟，這不單有效匯聚運

作經費，還可共享某些服務設施，甚至促進方案／項目的推行。

　　社會服務機構之間的合作交流雖有效滿足服務對象之需求，然而每間機構屬獨立個體，方案資源須相互協調才可提升資源的效率，因此高階管理層務必恪守機構資源互換的承諾。即使如此，資源互換亦有機會受到其他因素所影響，比如負責員工是否具備足夠的才幹、精力、政治影響力或社會地位以維繫和推動方案資源的互換？管理層是否認同此交換關係對組織本身和服務對象皆帶來好處？機構又能否妥善運用其策略性資源以進行方案資源的互換？面對以上問題，管理者須研精覃思，切勿鬆懈。

（二）推動人力資源（Mobilization of People Resources）

　　社會服務機構是屬於人力密集的組織（Labour Intensive Oraganizations），其財政開支主要用於員工薪酬和維繫人力資源相關的方案，可見員工是「最寶貴的資產」，而專業人員對機構尤為重要，他們主要是指那些能幹、具系統思維、遵循專業守則履行職務，並主動為其專業行為承擔責任的問責員工。可想而知，員工的經驗愈豐富，即反映其所接受的訓練愈專業，其所提供之服務亦愈具成效，但某些機構主管與下屬在工作上未能磨合，致使衝突與矛盾[30]頻生；有些主管在調派工作任務時，因沒有為下屬提供足夠的發揮空間，間接窒礙其專業判斷，並影響專業服務之成效；凡此種種，不僅激發員工的不滿情緒，還對工作士氣造成嚴重打擊，伴隨而來的只有高企的員工流失率、工作效率經常延誤、服務質素低劣以及工作績效不彰等，這等惡果若持續下去，百害而無一利，後果不堪設想。

　　不難想象，員工為機構全力以赴作出貢獻，絕對是促成組織目標的主要動力，因此，精明能幹的管理者非但注重服務和質素的水平，而且須緊密關注下屬的績效，包括其服務成果或工作障礙與挑戰等。有見及此，管理者須設法滿足員工的工作需求，透過適切的督導與支援，從而導引其個人工作目標朝向組織目標而邁進。為確保人力資源

30　員工期望的獎勵與機構所提供的出現落差、員工預期達到的目標和機構所制定的目標和／或員工個人性格和管理者風格迥異等，皆是導致職場衝突與矛盾的導火線。

得以有效善用，主管務必依據下屬的工作發展需求，並配合機構的發展策略而設計多元的員工培訓活動，此舉不單加強優秀人才的培育，還有效激發員工的無限潛能，對促進組織整體性績效之提升絕對是至關重要。儘管「三低員工」[31] 是機構的普遍現象，但主管若能主動關顧其需求和找出低績效的成因，並針對其個人的潛力與特質以發掘其長短處，繼而通過賦權以讓其盡展所長，相信可有助其改善工作績效。

身處資源匱乏的年代，義工的積極參與確實有利於擴展新的服務範疇，故他們可說是專業工作者和自然支援系統 (Natural Helping System) 的盟友，而工作形式大致涵蓋下列四方面：

1. 為受助人提供直接服務；
2. 協助機構執行文職或行政支援的工作；
3. 協助徵募或拓展策略性資源（比如鼓勵義工積極參與籌款活動，甚至推動社會大眾支持機構所提供的服務）；和
4. 邀請具備專業知識及才幹的義工成為機構的政策制定者或服務顧問。

另外，為提升義工資源之成效，管理者務必執行下列四個步驟 (Lauffer, 1984；梁偉康，2012)，這包括：

步驟一：徵募

負責策劃義工發展項目的員工必須先清楚明白有關工作之性質、類型及所需義工的類別，其後才進行義工的徵募。至於徵募方法眾多，其中最常見的是由那些積極熱心的義工介紹其朋友或親屬加入義工的行列。

步驟二：甄選

機構安排資深義工為義工申請者進行初步的審核，而在甄選過程中，須清楚說明義務工作的性質與意義，並按需要向其提供其他選擇，甚至作出適切的轉介，此舉不僅有助物色適當的義工人選，還可

---

31 所謂「三低員工」乃指那些「低動力」、「低能力」及「低情緒智商」的員工。

透過資深義工的分享，讓其親身剖白參與義工的心路歷程，藉以激勵更多義工投入服務。

步驟三：啟導

經過義工的遴選後，接着便是進入義工啟導的程序，主要內容包括簡介組織使命、價值觀、願景、組織架構、服務模式、服務對象特徵及服務類別等。此外，還須向義工介紹工作守則與指引、工作操守及工作任務等，此舉不單加快義工對機構的認識，還可促使其適應環境，從而更投入義工的行列。

步驟四：訓練

為協助新加盟的義工履行其工作任務，機構須依據其所需而度身訂造一系列的培訓活動，有關計劃主要包括下列五個階段：

1. 前期訓練

   此階段主要教導基本的義工知識、技能和正確的工作態度。

2. 啟動支持（Start-up Support）

   此階段主要由資深義工帶領及提供所需的協助與支援。

3. 維持努力訓練（Maintenance-of-effort Training）

   在整個服務期內，持續為義工提供在職訓練和／或定期督導，從而提升其義務工作的知識和技能。

4. 定期反饋（Periodic Review and Feedback）

   與義工檢討工作成效和提供適切的反饋，從而改善服務質素。

5. 過渡訓練（Transition Training）

   通過多元化培訓活動，不僅可促進義工的發展與成長，其工作滿足感及責任感亦得以持續提升，正因如此，他們更願意無私地奉獻其知識、能力及時間以投入義務的工作。

事實上，徵募義工的工作算不上艱辛，然而持續維繫這些寶貴的人力資源卻不能一蹴而就，因此義工統籌人員務必掌握激勵義工的要訣，比方說，提供機會以讓其參與解決及決策社區問題的過程、推動其參加組織內部和外間機構所舉辦的訓練活動以及針對其所提供的意見提供適時和正面的反饋。

　　由於義工方案（Volunteer Programme）屬於組織核心業務的一部分，因此須實施相應的行政管理措施以加強義工管理的成效，有關做法可參閱下列九項：

1. 制定明確、實際可行及可衡量的目標；
2. 邀請具專業能力和社會影響力的義工參與機構的策劃、問題解決和決策等事務；
3. 邀請義工與專業人員參與方案／項目轄下工作小組的策劃及推展工作；
4. 為義工提供短期或長期的發展平台，如安排切合其專長的工作任務和提供足夠的服務設施等；
5. 為義工提供啟導、訓練及促進能力改善和成長的活動；
6. 針對義務工作的不同性質而制定工作守則與指引；
7. 定期舉辦義工小組交流活動，加強義工團隊凝聚力之同時，亦可促進其經驗和服務心得之交流與分享；
8. 爭取與其他相關機構保持緊密的合作關係與交流；和
9. 針對義工所作的貢獻適時給予讚賞與嘉許。

　　人力資源中較為重要的範疇無疑是「自然支援系統」，當中包括家庭成員、親屬、朋友、鄰舍、義工及互助小組等，他們所組成的非正式照顧網絡（Informal Caring Network）能直接向受助人施予愛與關懷，甚至提供其所需的正面反饋和重要資訊。總之，自然支援系統能發揮不少功能（Lauffer, 1984；梁偉康，2012），現簡述如下：

1. 所提供的服務是個人化的（Personalized），並針對受助人個別需求設法予以滿足；
2. 有關服務是易於接觸和獲取的（Accessible）；
3. 服務基本是免費或收費低廉的；

4. 受助人有機會向他人表達其個人需求，就算面對困擾，亦可透過抒發以減輕其心理壓力的積累；

5. 有效實踐共同的價值導向（Common Value Orientation）；亦即是說，義工與機構能彼此共享願景、使命及價值觀，並為邁向組織目標而努力奮鬥；和

6. 機構與義工之間的溝通毋須使用艱深難明的專業術語。

由此可見，若動員上述的自然支援系統以滿足服務對象人口羣所需，機構所採用的策略可包括下列五方面（Froland, Pancoast, & Chapman, 1981；梁偉康，2012）：

1. 個人網絡策略

由專業人士為這些自然支援系統提供心理諮詢和支援。

2. 義工連接策略

將義工與缺乏社會支援的求助者進行配對，並透過友善的探訪以提供適切的援助。

3. 互助策略

將背景相近的受助人召聚一起，藉着互助小組以分享社區資源的訊息，此舉除可加強小組凝聚力，亦有助其跳出孤立的困境。

4. 鄰舍協助策略

機構須經常為那些已履行支援角色的社區居民提供正面的反饋，並對其努力付出予以肯定。

5. 社區授權策略

致力爭取社區領袖對社區問題的關注，並公開嘉許其所作的貢獻。

社會服務機構善用其自然支援系統以滿足社區需求時，即使面對不少困難，但在提升受助人利益之大前提下，積極建立融洽的合作關係，這不單促進正規和非正規支援網絡的整合，還可推動社區融和，

並營造和諧的社會環境。

（三）推動策略性資源（Mobilization of Strategic Resources）

若要成功推展上述方案，機構須致力善用其「有形」及「無形」的策略性資源，前者包括基金和設施等；後者則指機構管理層及組織成員所付出的時間和精力、專業知識和技術、政治影響力、社會地位、社會資本、信用、承諾及合法性等。在開拓財務資源和添購服務設施方面，除申請政府資助外，機構還須悉力採取各種募款方法以擴大其收入來源，筆者現簡述四項建議，詳見如下：

1. 由於時間和精力有限，因此機構須竭力擴大其策略性資源的效能，比方說，將部分員工調派往建立方案的交換（Programmatic Exchanges）以及減少員工耗費太多時間進行個案記錄的工作等。另外，建議主管及專業人員投入更多的時間和精力，並專心鑽研及實踐服務相關的專業知識和工作技能。

2. 倘若只靠賴員工的專業知識和技能是不足夠的，事實上，機構須積極與其他專業團體建立策略性聯盟，齊心合力，並針對社區所需推行各項解決社區問題及滿足社區需求之策略行動。而專業人員亦須主動向合作伙伴或策略性聯盟借鑒學習，並就機構現時所提供的服務方案與運作相關的事宜，向業界翹楚諮詢專業的意見。

3. 管理者可按需要運用辦公室政治手段，比方說，積極參與社區事務，透過接觸不同的社會階層以延伸其政治影響力（Political Influences），此舉不僅提升機構聲望，還對成功募集方案資源和人力資源起着立竿見影之效。

4. 社會大眾普遍關注復康、安老和家庭服務相關的議題，而這些機構基本能獲得較穩定的財務資源，包括定期接受政府撥款和基金會資助等。有見及此，筆者建議它們參照其未來的服務發展方向而進行《服務憲章》的修訂，如此才可更有效地進行資源的配置。

總的來說，針對方案、人力和策略這三種資源的推動過程，期冀

達到下列四個目標（Halley, Austin, & Kopp, 2007；梁偉康，2012），這包括：

(一) 全面識別及善用可資運用的資源，從而促進服務的推行；

(二) 適切調撥所需的社區資源，並與重要的資源控制者建立策略性合作伙伴，共同策劃及推展服務運作；

(三) 喚起社區居民關注區內的社區問題，並竭力爭取其支持；和

(四) 與重要持份者共同拓展創新的服務計劃，期冀有效解決社會大眾所面對的社區問題和／或滿足其社區需求。

小結

　　本章已針對社會服務機構如何有效拓展方案資源及推動社區資源這兩大範疇作出詳細的論述。不管目前還是可預見的未來，身處海峽兩岸暨香港、澳門的社會服務機構正面對着競爭激烈的社會環境，它們為了募集更多的社區資源，不惜使出「渾身解數」，甚至拼個「你死我活」，所謂「適者生存，不適者淘汰」，這是恆久不變的定律。由此可見，竭力尋求多元的財務資源才是其生存之法寶。然而管理者面對動盪的社會環境，他們不單要具備豐富的專業知識，還要適時發揮應變能力，審時度勢，洞悉先機，這才可募集多方的資源以達成組織使命和目標；倘若機構未能達到預期目標，加上不善拓展財源，甚至缺乏募集社區資源的能力，它們只會日漸萎縮，最終難逃被淘汰的厄運。無可否認，機構現時所面對的環境狀況並不理想，比如說，服務市場步向私有化、日趨激烈的服務競標、短期性服務合約、政府削減資助額，甚至不斷變更的社會政策和資助制度等；以上種種，皆對機構的生存構成威脅。有見及此，管理者必須定期檢視其現存方案／項目之成效，並配合人力和策略性資源之有效運用，有關做法可參閱下列六點，這包括：

(一) 加強財務拓展策略以提升財務來源的多元化；

(二) 徵收服務費用；

(三) 與其他機構建立策略性聯盟，並調撥足夠的人力資源以促進彼此合作，從而提供切合社區需求的方案／項目；

(四) 理事會／董事局及高階管理層積極擴展其影響力，藉此拓展更多的社區資源；

(五) 投入充裕的資源以開拓社會企業項目；和

(六) 管理者及組織成員須積極爭取重要持份者的支持，藉以募集其

所需的資源。

　　總括而言，社會服務機構須善用其本身的方案、人力及策略性資源，避免任何無謂的消耗，同時須應用嶄新的資訊科技系統以改善或重整內部的關鍵性流程、適切配置及重整人力資源以及持續進行服務改善等，而這些正是管理者值得深思的範疇，若然掌握箇中竅門，這將可有效推動機構達到永續的發展。

本 章 主 要 參 考 資 料

1. Aldgate, J., Healy, L., Malcolm, B., Pine, B., Rose, W., & Seden, J. (Eds.) (2007). *Enhancing social work management: Theory and best practice from the UK and USA.* London: Jessica Kingsley Publishers.

2. BoardSource (2010). *The handbook of nonprofit governance.* San Francisco, CA: Jossey-Bass.

3. Bowman, W., Keating, E., & Hager, M.A. (2007). "Investment income". In Young D.R. (Ed.), *Financing nonprofits: Putting theory into practice*, chapter 7, pp.157-182. Lanham, MD: AltaMira Press.

4. Brody, R., & Nair, M.D. (2003). *Macro practice: A generalist approach* (6th ed.). Wheaton, IL: Gregory Publishing.

5. Cockburn, C., & Wilson, T.D. (1996). *Business use of the world-wide web. International Journal of Information Management*, 1996, Vol.16 (2), April, pp.83-102.

6. Coley, S.M., & Scheinberg, C.A. (2000). *Proposal writing* (2nd ed.). Thousand Oaks, CA: SAGE Publications, Inc.

7. Drucker, P.F. (1990). *Managing the non-profit organization: Principles and practices.* New York: HaperCollins Publishers.

8. Ellis, R.A., Mallory, K.C., Gould, M.Y., & Shatila, S.L. (2005). *The macro practitioner's workbook: A step-by-step guide to effectiveness with organizations and communities.* Belmont, CA: Cengage Learning, Inc.

9. Flanagan, J. (2000). *Successful fundraising: A complete handbook for volunteer and professionals* (2nd ed.). USA: McGraw Hill Professional.

10. Froland, C., Pancoast, D.L., Chapman, N.J., foreword by Collins. A. H. (1981). *Helping networks and human services.* Beverley Hills, CA: SAGE Publications.

11. Greenfield, J.M. (2009). *Fundraising responsibilities of nonprofit boards* (2nd ed.). Washington, DC: BoardSource.

12. Halley, A.A., Austin, M.J., & Koop, J. (2007). *Delivering human services: A learning approach to practice.* Brantford, Ont.: Resource Services Library.

13. Hussey, D., & Perrin, R. (2003). *How to manage a voluntary organization: The essential guide for the non-for-profit sector.* London: Kogan Page Limited.

14. Kinzey, R.E. (2013). *Promoting nonprofit organizations: A reputation management approach.* New York: Routledge.

15. Lauffer, A. (1984). *Grantsmanship and fund raising.* Beverly Hills, CA: SAGE Publications, Inc.

16. McLaughlin, T.A. (1998). *Nonprofit mergers and alliances.* Hoboken, New Jersey: John Wiley and Sons, Inc.

17. Miller, C., & Scott, T. (1984). *Strategies and tactics: Planning and decision making in social services fieldwork teams.* London: National Institute for Social Work.

18. Renz, R.O., & Herman, R. D. (Eds.). (2016). *The Jossey-Bass handbook of nonprofit leadership and management*. San Francisco: John Wiley & Sons, Inc.

19. Rolland, A. (2019). "Engaging the six 'rights' of fundraising". Retrieved from https://blog.philanthropy.iupui.edu/2019/11/08/engaging-the-six-rights-of-fundraising/. Accessed on 9/9/2021.

20. Salamon, L.M., & Sokolowski, S.W. (Eds.) and Associates (2004). *Global civil society: Dimensions of the nonprofit sector*, Vol.2. Bloomfield, CT: Kumarian Press, Inc.

21. Weinstein, S., & Barden P. (2017). *The complete guide to fundraising management* (4th ed.). Hoboken, New Jersey: John Wiley & Sons, Inc.

22. Young, D.R., & Soh, J.I. (2016). "Nonprofit finance: Developing nonprofit resources". In Renz R.O., & Herman R.D. (Eds.), *The Jossey-Bass handbook of nonprofit leadership and management*, Chapter 19. San Francisco: John Wiley & Sons, Inc.

23. Yuen, F.K.O. Francis, Terao, K.L., & Schmidt, A.M. (2009). *Effective grant writing and program evaluation for human service professionals*. Hoboken, New Jersey: John Wiley & Sons, Inc.

24. 中國慈善聯合會 (2019),《2018 年度中國慈善捐助報告》(Giving China 2018),2019 年 9 月 21 日發佈。網址:http://www.charityalliance.org.cn/u/cms/www/201909/23083734i5wb.pdf。

25. 江明修主編 (1999),《第三部門經營策略與社會參與》。台北:智勝文化事業有限公司。

26. 香港世界宣明會 (2020),《香港世界宣明會 2020 年度報告》。網址:https://www.worldvision.org.hk/images/data/01_About_Us/01_Use_of_Donations/2020/WVHK_AnnualReport2020_0315_Online.pdf。

27. 梁偉康 (2012),《成效管理:非營利社會服務組織全面實踐策略》。香港:非營利組織卓越管理有限公司。

28. 陳政智 (2012),《非營利組織管理》(一版二刷)。台北:華都文化事業有限公司。

29. 曾華源、白倩如主編 (2017),《社會工作管理》。台北:洪葉文化事業有限公司。

30. 溫如慧、黃琇櫻、趙秋蕙譯 (2011),《社會工作管理》。台北:揚智文化事業股份有限公司。

31. 黃源協 (2015),《社會工作管理》(第三版)。台北:雙葉書廊有限公司。

12

社會服務機構管理審核

機制與組織能力建設

導言

　　社會服務機構由於接受政府和／或基金會的資助，因此管理者所承受的問責壓力，實在難以想象。學者約翰‧哈里斯（John Harris, 2007）指出這些機構所面對的是一羣社會大眾，隨着社區需求不斷增加，外間資源的競爭卻愈見激烈，因此管理者務必竭力提升社區資源的效能與效率，並確保充分善用與整合。倘若有些機構未能達到政府／基金會預期的績效目標，又或某方面被評為績效欠佳，最終只會被視為失靈組織（Failing Organizations）。伴隨而來是嚴重的人才流失、士氣崩潰及績效下滑等惡果，如此不單失去重要持份者的信任與支持，還將昔日辛苦經營的組織形象與聲譽毀於一旦，久而久之，不管是個人捐獻還是企業、政府和／或基金會的資源募集，勢必鎩羽而歸，後果堪虞。

　　為推動社會服務機構的績效達到預期成效，並確保短絀的社區資源得以善用，海峽兩岸暨香港、澳門政府已積極為受資助的民辦組織[1]建立表現監察機制，一方面透過表現指標的衡量以檢視其績效之優劣；另方面透過基金會和認證機構（Accrediting Bodies）之定期審核，從而發揮監察的功效，這對改善組織能力及整體性績效尤為重要。

　　筆者現闡述兩種提升組織績效之方法／策略，首先介紹機構如何建立管理審核機制（Management Audit System，簡稱 "MAS"），其次是論述組織能力的建設，而後者與組織能力的發展大致相同。

1　有關的社會服務機構是營運政府所資助的方案／項目。

何謂管理審核機制和組織能力建設

一、管理審核機制

「管理審核」乃指對機構各種管理系統之能力作出分析，從而評估績效的達標程度；換言之，建立管理審核機制可達成下列四個目的，這包括：

（一）檢視組織之管理效能；

（二）檢視管理者能否將重要持份者的利益置於優先考慮，從而提供其所需的服務／產品；

（三）檢視機構管理層能否與組織成員維持良好的工作關係；和

（四）檢視機構能否持續提供優良的服務質素？

　　具體而言，理事會／董事局聘請獨立顧問以對機構進行管理審核的工作，而審核範疇主要涵蓋內部管理團隊所需履行的重要職責，在推行管理審核的過程中，管理者須關注下列 10 點，這包括：

（一）組織架構有否清晰的彙報鏈（Clear Lines of Reporting）？

（二）財務部主管有否制定財務管理政策與程序，並加以切實執行？

（三）高階管理層有否將各部門之年度預算進行分析及彙整，從而制定務實的預算方案？

（四）管理者有否回應重要持份者的需求？

（五）高階管理層與組織成員的工作關係如何？

（六）機構現時所採用的風險管理措施是否有效？

（七）機構有否適時更新資訊科技系統，從而提升其工作效率？

（八）現時人員招募和維繫人才之機制是否有效？

（九）培訓活動能否提升組織成員的工作知識和技能，並持續保持最高效的水平？

（十）機構管理層能否有效領導轄下員工，並激勵其邁向組織所定的
　　　策略性方向和目標？

　　以上主要是有關人力資源管理、財務管理、策略性管理、資訊
管理及風險管理等範疇，透過管理審核的過程以對機構進行全面的
檢視，並識別其績效之優劣。簡言之，總評分獲取較高分數者，其績
效是屬於良好的；獲取較低分者則績效欠佳，必須予以改善，由此可
見，管理審核機制對推動組織能力建設和發展是一種可行和有效的方
法，管理者須切實應用。

二、組織能力建設

　　社會服務機構的「組織能力」（Organizational Capacity）乃指從
外間環境獲取資源，然後將資源投入而轉化為服務產出和成效的能
力；亦即是說，藉着善用資源，並依據組織使命、願景、目的和策
略而竭力為社區提供符合公益性和產生互惠的產品／服務（Product/
Service）。因而可知，機構與外間環境通過良性的互動而獲得具競爭
力的優勢，並在可持續發展的過程中，確保其發揮無限的潛能和維持
優良的服務質素（馬慶鈺等，2011；梁偉康，2016）。

　　組織能力建設與組織能力發展，兩者意義相近。簡單來說，組織
能力建設可說是一種程序，它對培養專業技術、建立管理體系、開發
資源和擴展學習網絡等起着舉足輕重之效。對社會服務機構而言，組
織能力建設乃依據組織使命、目標及身處的環境，通過持續學習、經
驗累積，以及培育的過程，除加強組織成員、功能部門及整間機構之
問題解決能力，還可達到其所定的目標和發展需求，最終其可持續發
展的綜合能力亦得以提升（NPO 信息諮詢中心主編，2003；馬慶鈺
等，2011；梁偉康，2016）。

社會服務機構為何要進行管理審核及組織能力建設

一、失靈組織及其成因

在討論社會服務機構為何進行管理審核及組織能力建設的成因前，筆者會先簡介失靈組織及其成因。「失靈」(Failing) 一詞被界定為「未能提供安全、一致及可靠的服務，且未能符合法定責任及有效管理資源以滿足相關人士的需求」(Department of Health, U.K., 2003)。舉例而言，英國某間受資助機構的績效被評為「失靈」，評審機構便會整合一份評估報告，當中詳述其失靈成因及附上相關的改善行動計劃。事實上，大部分失靈的案例皆涉及服務和／或績效相關的問題[2]，因此適當的介入或改善計劃必須集中失靈的部分。由此可見，「失靈組織」乃指那些接受政府／基金會資助的機構，由於未能配合法規要求而提供安全和可靠的服務，加上無法善用寶貴的資源以提供切合其目標對象人口羣所需的服務，最終其組織效能必定是一落千丈。

美國著名管理學大師彼得‧杜魯克 (Peter F. Drucker) 曾提到「不存在有問題的員工，只存在有問題的主管」，這絕對是至理名言。任何的機構，不管是失靈還是成功，「領導者」確實扮演着極其重要的角色。英國於 2002 年已開始採用國家綜合性績效評估框架 (National Comprehensive Performance Assessment Framework, "CPA")，它主要是

2　大部分機構並非呈現「整體性失靈」，反而主要是由於服務質素差劣和／或績效不彰而導致其成為「失靈組織」。

用作評審受資助社會服務機構之整體性績效，當中發現其失靈的主因是「差勁的領導和管理」，這方面管理者實在是難辭其咎。至於差勁的領導所呈現的特徵，大致包括下列四項：

(一) 對服務欠缺使命感和責任擔當；

(二) 缺乏遠大抱負；

(三) 對過往差勁的組織績效缺乏敏銳的醒覺性；和

(四) 高階管理層決策優柔寡斷，亦缺乏明確的績效問責線（Lines of Accountability）。

可想而知，差勁的領導不單對組織文化造成負面影響，還能降低管理效率，致使組織績效窳劣不堪；機構若缺乏策略性策劃、漠視服務指標（Targets）之制定、服務監察不足、財務收支不平衡、人力資源管理和資訊管理體系鬆散，以及管理者欠缺改革的雄心等，長此下去，機構只會逐步失卻服務市場的優勢，縮窄其生存空間之餘，最終亦難逃被淘汰的厄運。

二、社會服務機構要進行管理審核及組織能力建設的因由

不言而喻，社會服務機構藉着管理審核機制的建立以對其重要的管理體系進行全面的檢視，此舉除促進服務質素的改善，亦有利於組織能力的建設。至於進行管理審核及組織能力建設之主因，大致包括下列四方面：

(一) 藉着全面實施管理審核機制，可助機構識別各個現存的管理體系如組織目標、政策、執行程序及策劃等方面之不足，繼而進行適切的改善。

(二) 管理審核機制之建立可提高管理者的意識，藉以規避危機和預防問題的發生，從而制定對應措施及問題解決方案以進行持續的改善。

(三) 管理者須竭力善用資源以邁向組織使命、願景及目的之達成，在促進組織能力建設和發展之實踐時，須致力為目標對象人口羣提供優質的產品／服務，這樣才可佔據服務市場，提升競爭優

勢之餘，還達到可持續的發展[3]。

(四) 機構若不想被冠以「失靈組織」，它必須致力實施組織能力建設和發展的策略，這不單可持續提升組織績效，亦可避免受到社會大眾的抨擊。

社會服務機構如何建立和
實施管理審核機制

一、管理審核機制之範疇

　　管理審核主要涵蓋策略性管理、財務管理、流程績效衡量和管理、知識管理、資訊管理、人力資源管理、內部治理[4]、風險管理，以及與持份者的關係及服務推廣這九大範疇，它們皆被視為機構至關重要的管理系統，管理者若能躬行實踐，這勢必對推動組織能力建設和發展起着立竿見影之效。針對上述各個範疇，筆者現製備了一份「社會服務機構管理審核表」(Management Audit Form for SSOs) 供讀者參閱，詳見附件 12.3[5]。

3　現今中國內地民辦的社會服務機構恍如雨後春筍，每年擴展速度驚人，然而絕大部分屬於「失靈組織」，致使組織績效不彰，因此它們必須奮力提升組織能力；否則難以在如此競爭劇烈的環境下延續生存。

4　「內部治理」又稱「機構管治」。

5　參〈本章參考資料〉的附件二維碼。

二、如何建立及實施管理審核機制

現時實踐管理審核的方法眾多，礙於篇幅所限，筆者只簡述其中兩種。第一種是由專責小組／團隊負責以進行審核的工作，藉着查找不足，從而作出改進。具體而言，小組／團隊成員先依據審核過程中所識別的重點，繼而制定實際可行的改善方案，並切實執行，其後再向管理審核督導委員會（Steering Committee on Management Audit）作出交代及彙報，有關的改善行動若具成效，將可納入恆常的運作流程。第二種做法是由理事會／董事局向外聘請專業顧問以負責管理審核的推展工作，而審核範疇須涵蓋機構內部管理團隊所需履行的職責範疇。上述審核工作需要耗費數星期或數月時間完成，其後顧問須依據審核結果撰寫一份詳盡的報告，當中列明哪些優異的項目是值得表揚、哪些方面是未達水平而須予以改善？為了讓讀者更掌握如何運用有關的管理工具，筆者建議採用第一種做法 —— 成立管理審核小組／團隊，現引用實例加以說明。

香港特區某機構依據其年度策略規劃，並針對人力資源管理系統進行全面的審核，遂成立一個由社會服務總監、財務總監及內部總審計師所組成的審核團隊以履行上述職務。過程中，審核團隊先要求人力資源及行政總監審呈報一份有關人力資源管理的「自我評估檢查表」，經反覆澄清以進一步確認其所填報資料之真確性，繼而針對評估指標及預期風險而進行評估與分析，並提出改善建議與反饋。

筆者認為較大規模的社會服務機構可利用「自我評估檢查表」以對上述的九大範疇進行詳細的檢視；小型機構則毋須進行如此繁複的程序，以免費時失事，亦不符合成本效益。儘管如此，此表仍有助管理者檢視機構內部各項的重要範疇，並有助衡量指標之達成程度。另外，筆者亦制定了「管理系統審核自我評估檢查表」及「管理系統審核評估報告表」這兩份表格供讀者參閱，詳見附件 12.1 及 12.2。[6]

6　參〈本章參考資料〉的附件二維碼。

第 四 節

社會服務機構如何進行組織能力建設

一、組織能力建設的策略和方法

綜合多位學者的研究結論所得，社會服務機構的能力建設至少由以下幾個關鍵要素所組成（Eadie, 1997；馬慶鈺等，2011；梁偉康，2016），這包括：

圖 12-1：社會服務機構能力建設之五個關鍵要素

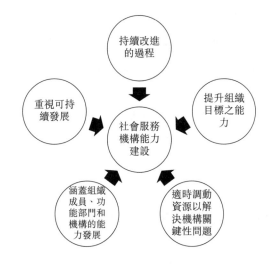

社會服務機構能力建設雖仍處於探索階段，但有些學者卻認為能力體系涵蓋着四個能力維度，包括使命、願景與策略／戰略規劃能力；內部治理[7]及領導能力；行政及財務管理能力；和人力資源管理能力。另一方面，馬慶鈺等（2011：14）則將組織能力建設細分為八

---

7 「內部治理」（Corporate Governance）亦稱為「機構管治」。

大範疇，包括內部治理能力、策略性管理能力、資源募集能力、財務管理能力、人力資源管理能力、公益營運與公關能力、項目管理能力，以及公信力管理能力，而此等與筆者前述的管理審核機制九大範疇頗有類同之處。

二、實踐組織能力建設的有效方法

　　經過多年的研精苦思，筆者現提出另一種可建設和發展組織能力的方法供讀者參考，附件12.4[8]乃為機構管理層[9]而設計的「社會服務機構能力自我評估表」，當中涵蓋了五項評估範疇，現簡列於下：

（一）組織使命、願景和策略性規劃；

（二）內部治理及領導力；

（三）行政及財務管理；

（四）人力資源管理；和

（五）方案和表現管理。

　　除此之外，在上述五項評估範疇之下再發展出 15 種能力，而每個範疇中所涵蓋的評估項目，亦有助進行組織整體性績效的衡量。一般而言，評分愈高，表現愈理想，亦毋須立即進行改善；評分愈低，表現則欠佳，必須儘快執行改善計劃。有關組織能力建設可參照五個重要的步驟落實執行，詳見如下：

步驟一：

　　成立工作小組[10]或管理團隊以推動整體性組織能力之提升。

步驟二：

　　小組 / 團隊將「社會服務機構組織能力自我評估表」（附件 12.4）[11]分發予管理層及前線主管填寫，然後統計每個範疇之得分。

8　參〈本章參考資料〉的附件二維碼。

9　小型機構可考慮邀請前線主管參與評估的工作。

10　最理想的做法是由一位高階管理人員擔任工作小組的召集人。

11　參〈本章參考資料〉的附件二維碼。

步驟三：

將所有評分加起來再除以填報人數，從而計算每個範疇所獲之平均分。

步驟四：

經識別最低得分的範疇後，小組／團隊須儘快辨析其關鍵性成因，繼而提出可行的改善策略／方案。此外，機構可成立一個改善團隊，並採用戴明圈（Deming Cycle）這種工具以執行相關的改善行動。

步驟五：

小組／團隊切實執行所定的策略／方法，並致力推行改善方案和持續檢討成效。這些做法若被驗證為具成效，可將之納入標準化運作程序之內。

筆者現扼要將有關步驟描繪出來，詳見圖 12-2。

筆者自 2013 年開始致力協助中國內地、香港及澳門三地的社會服務機構推動變革，透過建立重要的管理系統及進行人員培訓，從而提升其整體性組織能力。經過八年的光景，當中國內地有 10 多間機構經筆者悉心指導後，其整體性組織能力建設和績效都能竿頭直上，有些甚至被評選為社會服務機構「全國 100 強」或是被評為地區的「5A 機構」，成績斐然，堪以告慰。

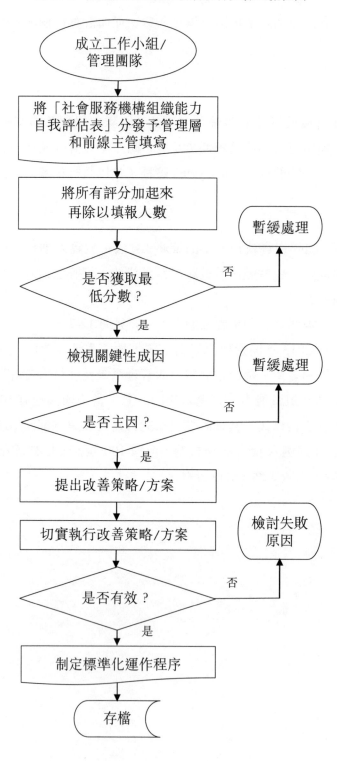

圖 12-2：組織能力建設和發展執行步驟之流程圖

成立工作小組/
管理團隊

將「社會服務機構組織能力
自我評估表」分發予管理層
和前線主管填寫

將所有評分加起來
再除以填報人數

是否獲取最
低分數？ 　否 → 暫緩處理

是

檢視關鍵性成因 　否 → 暫緩處理

是否主因？ 　否 → 暫緩處理

是

提出改善策略/方案

切實執行改善策略/方案 　否 → 檢討失敗
原因

是否有效？ 　否

是

制定標準化運作程序

存檔

三、管理審核機制與組織能力建設的關係

管理審核機制的推動與實踐，不管是外聘獨立的顧問專家，還是由管理層所組成的審核團隊負責，基本發揮着相若的作用。誠然，兩者皆有助機構識別其不足之處，藉着改善團隊的全力推動，這將可貫徹履行各項改善行動的策略／方案，甚至進行成效的檢討。顯而易見，管理審核機制不單能加快組織能力建設和發展，而且是邁向組織能力建設的一種有效工具，其重要性不容小覷。

第 五 節

其他可促使組織能力建設和
發展之策略／方法

一、學習型組織及逆學習型組織的建立

學習型組織（Learning Organization）倡導持續不斷的學習文化，組織成員若能學以致用，這不單促進其核心能力之提升，還有助其整體性績效及內部治理更臻完善。管理者如抱持開放態度以推動組織能力的建設，便須竭力發展員工之工作知識及專業技能；換言之，除適時回應其發展需求，亦須應對由此而衍生的各項挑戰。由此可見，機構若做到以顧客為尊、視員工為寶貴資產、制定鮮明的使命宣言以激勵員工達到其所定之目的、甚至積極推動參與式管理等，凡此種種，這將對其生存和永續發展產生關鍵性作用（Senge, 1990；Garvin, 1993；Ashton & Sung, 2002）。

為進一步探索所需的新知識，每一位組織成員須保持着一種超越學習的狀態——逆學習；亦即是説，它不只是發掘新事物和創造新知識的有效策略，亦是創造力和創意所在。綜上所述，管理者若冀望逐步提升組織能力，便須竭力倡導逆學習型組織（The Unlearning Organization）的建立，這樣才可有效激發組織成員其潛在的創造力和創意，並鼓勵其應用於工作實務之中。

二、知識管理的推動

「知識管理」（Knowledge Management）乃指知識的獲取、分類、儲存、分享和擴散、應用、創新及銷售，其首要任務是透過知識審核以識別工作所需的關鍵性知識，繼而制定知識管理的策略，並朝向預期的成果以提升其整體性組織能力。一般而言，社會服務機構的知識主要分為五個範疇（Pawson, Boaz, Grayson, Long, & Barnes, 2003），這包括：

（一）組織知識（Organization Knowledge）；

（二）實踐者知識（Practitioner Knowledge）；

（三）使用者和照顧者知識（User and Carer Knowledge）；

（四）研究知識（Research Knowledge）；和

（五）政策社區知識（Policy Community Knowledge）。

當中最典型的是「組織知識」，它可説是組織的標準，亦涵蓋管理機制和監察的要求，比如最基本及可接受的標準水平等，除此之外，還包括服務提施流程及重要的行政措施。其次是「實務者知識」，它乃指組織成員所擁有的知識和技能，一般是屬於隱性的知識（Tacit Knowledge）。至於「使用者和照顧者知識」是指服務使用者及照顧者所具備的知識和技能，由於機構致力倡導其積極參與，並賦予「當家作主」的權力，因此在生活質素方面的追求，不管是選擇還是控制已有所提升，故其對服務提施和決策的積極參與便變得相當重要。而「研究知識」所指的是社會服務機構最常採用的有效方法，這類型的知識乃建基於預設的研究策略之實證調查（Empirical Inquiries），並依據相關的評估和衡量以彙整所需的報告。最後是「政策社區知識」，它

主要建基於社會政策的發展，藉着知識的提供以識別哪些政策是「可為」及「不可為」，並配合其所面對的政治、社會和經濟等複雜環境的轉變，從而制定合適的對應策略。機構若推動知識管理以達到期望的成果，不單可提升其組織能力，還對績效改善作出更大的貢獻。至於組織整體性效能之提升則端賴其能否全面應用關鍵性知識，並實踐於服務運作之中。

三、全面優質管理的推行

「全面優質管理」（Total Quality Management，簡稱 "TQM"）乃指組織全體成員上下一心，羣策羣力，不斷改善其產品／服務質素，最終滿足和／或超逾服務受眾的期望與要求。TQM 強調過程衡量和控制（Process Measurement and Controls）是機構進行持續不斷改善之有效工具，而它對促進組織能力及績效之提升絕對是功不可沒。除此之外，其他實踐 TQM 的重要手段／工具還包括制定服務質素標準、設立監察機制、建立質素改善團隊，以及提供優質的顧客服務。

四、對關鍵性業務流程進行重整

這方法強調徹底重新設計運作的結構及關鍵性流程，以至在成本、速度、時間、服務和質素等五方面均有顯著的改善。業務流程重整（Business Process Re-engineering，簡稱 "BPR"）得以成功推行，機構轄下強大的領導團隊必須是有抱負、有魄力及能激發人心的，並由具創意及充滿幹勁的員工所組成的業務流程重整團隊負責構思和推行整項的重整計劃，再配合督導委員會（Steering Committee）[12] 所提出的實際建議，按部就班執行相關的改善行動計劃。

五、平衡計分卡之全面實踐

平衡計分卡可被視為一種績效衡量和管理工具，亦被視為一種策略性的管理工具，該方法將組織願景與策略轉變成為策略性或績效

---

12 機構轄下的督導委員會主要由高階管理層及管理顧問所組成。

目標及計劃 [13]，因此它可說是制定目標、衡量方法和追蹤績效之最佳工具。

　　社會服務機構所制定的平衡計分卡涵蓋幾個重要的構面（Moore, 2003；梁偉康、黎志棠主編，2006；梁偉康，2012），這包括學習與成長、內部流程、服務價值、服務成本，以及重要持份者之支持 [14]，而在此之下，機構須致力制定策略性 / 績效目標、關鍵性績效指標、所需達到的指標水平，以及達標所需推行的行動計劃等，藉着衡量各項指標的達成程度，將可判斷其能否依照所定的策略性目標而邁進。由此可見，若要改善組織整體性績效，平衡計分卡的設計須着重改善成效；亦即是説，它必須做到指標水平之提升，藉以驅動員工努力學習和關注內部流程之改善，達到預期成效之餘，最終亦能提升其組織能力及整體性績效。

六、組織文化之改變

　　組織文化（Organization Culture）是存在於機構的共同信仰、規範及價值系統，並透過故事、人物、語言與行為等呈現出來，並經過長時間醞釀而逐漸塑造獨特的風格、價值及判斷模式，繼而內化成為組織文化的一部分。組織成員若認同組織文化，自然願意無私付出，由此可見，組織文化能為員工行為提供方向性導引，甚至激發其奮鬥雄心，為機構作出貢獻之餘，亦創造更卓越的績效。

　　機構管理層若決心推動組織文化的改變，必須採取釜底抽薪的對策，並針對組織成員之基本價值觀、規範及信念等進行「教育工作」，此過程一般歷時 5 至 10 年才可做到，雖然此舉歷盡艱辛，但組織文化之改變對組織績效的提升極其重要，不容忽視。舉例而言，某社會服務機構管理層矢志推行全面優質管理，最終目的乃是滿足和甚或超逾服務受眾之期望和要求，因此機構必須竭力營造全面優質管理文

13　策略性或績效目標及計劃包括了衡量方法、所需達到的指標水平及行動計劃等。

14　羅伯‧柯普朗（Robert S. Kaplan）及大衛‧諾頓（David P. Norton）於 1992 年首創的平衡計分卡，只有財務、顧客、內部流程及員工學習與成長這四個構面；但機構可因應其組織特色及社會發展所需而制定不同的構面（Perspectives）。

化，不管是組織使命、價值觀、願景、規範還是管理層言行等方面，皆須竭力將優質服務、持續改善、秉承以客為尊及追求卓越等置於優先的考慮。為達到上述目標，機構必須按部就班地推動組織改革（Organizational Transformation），這樣才可促進全面優質管理成效之提升。

姑勿論如何，管理者若要推行全面優質管理、學習型組織、知識管理、平衡計分卡或業務流程重整等，先決條件是進行組織文化的改革，再配合內部治理手段及相關的管理策略工具之應用與實踐，這樣，邁向卓越組織想必是指日可待。

七、策略性策劃和管理

策略性策劃主要是對現行的組織使命、價值觀、願景、目的及策略進行適時的檢視，並針對內外環境進行分析，藉以識別其所須優先處理的關鍵性事件，其後依據資料所得，從而釐定策略性方向及制定相關的策略。管理者及全體員工若能戮力同心，積極推動所定的策略，並持續進行成效評估，這對實踐策略性管理絕對是事半功倍。

毋庸置疑，策略性策劃之有效執行，不僅促使機構「做正確的事」（Do the Right Things），亦可減少資源的浪費，這對改善其整體性績效確實大有裨益。筆者過往曾目睹中國內地、香港和澳門三地多間中型或以上規模的社會服務機構，在推行策略性策劃時，因沒有系統的規劃，不單未能釐定組織的策略性方向 —— 應向何處邁進？還欠缺策略重點之制定 —— 應做甚麼？但更糟糕的是不斷盲目擴展其服務「王國」，浪費社區資源之餘，機構亦陷入進退維谷的境地，長此下去，勢必步向垂死邊緣，管理者必須引以為鑒，切勿重蹈覆轍。

八、向借鑒機構進行標竿學習

「標竿學習」（Benchmarking）乃指機構向同業中優秀及卓越的機構相互進行產品、服務和運作等範疇之比較，藉着觀摩與持續改善，從而提升其競爭優勢。即使如此，推行標竿學習並不確保組織整體性績效一定得到改善，但透過比較及借鑒的過程，管理者可識別機構的

強─弱─機─危，再配合內部流程的改善與重整，這對提升組織績效頗著成效。

小結

　　總括而言，本章已詳述兩種提升組織績效的實用方法 —— 管理審核及組織能力建設，管理者可細心參閱所提供之實用性工具和表格，並竭力實踐於服務運作之中。

　　毋庸置疑，社會服務機構若要在競爭激烈的環境生存下去，它必須完成下列八大要項，這包括：

一、招攬卓越能幹的人才，而機構管理層亦須致力秉持「六種優良的習慣」[15]；

二、建立高效和凝聚力強的精英團隊，藉此推動組織改革，從而邁向成功之路；

三、制定一個可激發部屬共同努力追求的願景，繼而再發展策略性目的和目標；

四、建立薪效掛鈎制度，賞罰分明之餘，亦有助激勵人心；

五、培育組織成員全力以赴，勇於承擔責任；

六、倡導孜孜不倦及推陳出新的精神，並致力擴大服務／產品差異化（Service/Product Differentiation）的優勢；

七、懂得洞察先機、並抓緊發展契機，以讓機構茁壯成長；和

八、領導組織全體成員朝着機構的策略性方向而努力邁進，並矢志成為管理優良的社會服務機構。

---

15 「六種優良的習慣」包括有效的時間管理（Managing time）、委身貢獻以提升工作績效（Choosing what to contribute to the organization）、知人善任（Knowing where and how to mobilize strength for best effort）、決策果斷（Knitting all of them together with effective decision-making）、「重要的事先做」（Setting the right priorities），以及持續學習以追求卓越。前五種為彼得‧杜魯克（Peter F. Drucker）於 1996 年所提倡的五種高效能習慣；最後一種則為筆者加上的一種優良習慣，因世界上知識每一至兩年翻一翻，管理者必須養成持續學習之習慣，這樣才能有效提升本身的能力。

總括而言，上述的八大要項中以卓越的領導者及強大的管理團隊尤為重要，這亦是提升組織整體性績效所不可或缺的元素。

本 章 主 要 參 考 資 料

1. Aldgate, J., Healy, L., Malcolm, B., Pine, B., Rose, W., & Seden, J. (Eds.) (2007). *Enhancing social work management: Theory and best practice from the UK and USA.* London: Jessica Kingsley Publishers.

2. Ashton, D.N., & Sung, J. (2002). *Supporting workplace learning for high performance working.* Geneva: International Labour Office.

3. Audit Commission (2002). *The corporate performance assessment, consultation draft.* London: Audit Commission.

4. Brody, R., & Nair, M.D. (2014). *Effectively managing and leading human service organizations* (4th ed.). Thousand Oaks, CA: SAGE.

5. Cooperrider, D.L., & Whitney, D. (2005). *Appreciative inquiry: A positive revolution in change.* San Francisco, CA: Berrett-Koehler Publishers, Inc.

6. Department of Health (2003). *Turning around "failing" organizations: Literature review,* by Barnes J. for the Department of Health. London: Department of Health.

7. Drucker, F. P. (1966). *The effective executive: The definitive guide to getting the right things done.* New York: Harper and Row.

8. Eadie, D.C. (1997). *Changing by design: A practical approach to leading nonprofit organizations.* San Francisco, CA: Jossey-Bass.

9. Edwards, R.L., Yankey, J.A., & Altpeter, M. (Eds.) (1998). *Skills for effective management of nonprofit organizations.* Washington, DC: NASW Press.

10. French, W.L., & Bell, C.H. (1999). *Organization development: Behavioral science interventions for organization improvement.* Upper Saddle River, NJ: Prentice-Hall.

11. Garvin, D.A. (1993). "Building a learning organization". In *Harvard Business Review,* 1993, Jul-Aug, Vol.71(4), pp.78-91.

12. Hammond, S.A. (1998). *The thin book of appreciative inquiry* (2nd ed.). Thin Book Publishing Co.

13. Harris, J. (2007). "Looking backward, looking forward: Current trends in human services management". In Aldgate J., Healy L., Pine B., Rose W., & Seden J. (Eds.) (2007), *Enhancing social work management: Theory and best practice from the UK and USA,* Chapter 1. London: Jessica Kingsley Publishers.

14. Hasenfeld, Y. (2010). *Human services as complex organizations* (2nd ed.). London: SAGE Publication, Inc.

15. Lewis, J.A., Packard, T.R., & Lewis, M.D. (2012). *Management of human service programs* (5th ed.). Belmont, CA: Brooks/Cole.

16. Magnabosco, J. L., & Manderscheid, R.W. (Eds.) (2011). *Outcomes measurement in the human service: Cross-cutting issues and methods in the era of health reform* (2nd ed.). Washington, DC: National Association of Social Workers.

17. Moore, M.H. (2003). *The public value scorecard: A rejoinder and an alternative to*

"strategic performance measurement and management in non-profit organizations" by Robert Kaplan. Cambridge, MA: Kennedy School of Government-Hauser Centre, Harvard University.

18. National Audit Office (2007). *Value for money in public sector corporate services: A joint project by the UK Public Sector Audit Agencies*. UK: National Audit Office. Retrieved from https://www.nao.org.uk/wp-content/uploads/2007/05/0607vfm_corporateservices. pdf. Accessed on 24th May, 2021.

19. National Institute of Standards and Technology (NIST). *Malcolm Baldrige National Quality Award*. USA: Department of Commerce. Retrieved from https://www.nist.gov/ baldrige. Accessed on 4th June 2018.

20. Office of Public Services Reform (OPSR) (2002). *Principles of public services reform*. London: Cabinet Office.

21. Pawson, R., Boaz, A., Grayson, L., Long, A., & Barnes, C. (2003). *SCIE Knowledge Review 3: Types and quality of knowledge in social care*. UK: Social Care Institute for Excellence.

22. Proehl, R.A. (2001). *Organizational change in the human services*. Thousand Oaks, CA: SAGE Publications, Inc.

23. Senge, P.M. (1990). *The fifth discipline: The art and practice of the learning organization*. New York: Doubleday/Currency.

24. Watkins, J.M., Mohr, B.J., & Kelly, R. (2011). *Appreciative inquiry: Change at the speed of imagination* (2nd ed.). San Francisco, CA: Pfeiffer/John Wiley and Son, Inc.

25. Wheatley, M.J., & Kellner-Rogers, M. (1999). *A simpler way*. San Francisco, CA: Berrett-Koehler Publishers, Inc.

26. 馬慶鈺等（2011），《社會組織能力建設》。中國社會出版社。

27. 梁偉康（2012），《成效管理：非營利社會服務組織全面實踐策略》。香港：非營利組織卓越管理有限公司。

28. 梁偉康、黎志棠主編（2006），《表現衡量和管理全新攻略：社會服務平衡計分卡之構思與實踐》。香港：仁愛堂、香港仔坊會社會服務中心。

29. 梁偉康主編（2016），《追求卓越：非營利組織邁向優質管理之旅》。香港：非營利組織卓越管理有限公司。

30. 深圳市現代公益組織與評估中心（2014），《2014 年度深圳市社會工作服務機構績效評估實施方法》。深圳市現代公益組織與評估中心。

31. 莊明蓮、陳洪濤、梁偉康（1997），《社會服務機構質素標準的制訂和監察機制之建立》。香港：鷹聯管理叢書。

32. 葉匡時、俞慧芳（2004），《EMBA 的第一門課》。台北：商務印書館股份有限公司。

33. 戴國良（2011），《圖解人力資源管理》。台北：五南圖書出版股份有限公司。

附件二維碼

13

第三部分

方案與專業實務

介入評估

導言

　　社會服務機構致力提供不同的方案，一方面滿足社區需求和/
或解決社區問題，另方面彰顯其存在之價值和意義。為確保有關方
案能具成效及符合經濟效益[1]，機構必須定期進行方案評估，可見服
務方案是促成達標不可或缺的工具（Means）。至於專業實務介入
（Professional Practice Intervention）泛指專業社工所普遍採用的直接社
會工作方法，比如個案、小組及社區工作的介入，然而這些工作方法
能否導致受惠對象產生期望的改變，並藉此達到其所定的介入目標，
相信這是管理者及出資方務必關注的優先考慮。

　　為進一步加強讀者的認識，筆者於本文先闡述方案與專業實務介
入評估，繼而探討如何進行評估及介紹常用的評估方法。

1　基金會及出資方日漸重視方案對目標對象人口羣的成效衡量，為爭取更多的財務資源及撥款
　　資助，現時社會服務機構大多採用「成效為基礎的評估」（Outcome-based Evaluation）這種方案
　　評估方法以滿足出資方的要求。

何謂方案與專業實務介入評估

一、何謂方案與專業實務介入

　　方案是「一種問題解決的方法、措施及內涵，是一系列有目標、有計劃、有檢討的作為，是機構用來完成特定任務的處理策略」（翁慧圓主編，2016），故它可說是社會服務機構實踐使命、目的和目標之重要手段。廣義來說，「方案」的界定包含某項服務（如輔導服務）或某個項目（可包含一系列相關的活動）；但狹義來說，它則代表一個活動／計劃（Activity/Plan）[2]。至於「專業實務介入」乃指為特定的受助人或受助人羣體提供其所需的服務，而這些服務旨在實現目的和期望的成果（Brown, 2014）。除此之外，它亦被界定為促進受助人達到期望的改變之介入過程（Dudley, 2020）或是一個有規範、有計劃和有系統的介入／程序（陳永泰，1991）。

二、方案評估與專業實務介入評估含義

　　針對「方案評估」的定義，它被視為「一個系統的方法，用以搜集有用的資料以評估現時的方案、服務或項目」（Lai, 2001：4），而道爾頓等則指出，這是「運用系統性、質性研究和／或定量研究等方法來搜集證據及對資料進行分析，從而客觀判斷服務方案的成效與影響」（Dalton, Hitt, Certo, & Dalton, 2007）。然而，引用著名學者格林內爾等對方案評估所作的定義，它「是一個系統的過程，通過搜集有用的、倫理的、有切實根據及可靠的資料，以協助個案層面及方案層面的決策，以便我們專業的工作更能向持份者問責／交代」（Grinnell,

---

2　詳見梁偉康於 2012 年所著述的《成效管理：非營利社會服務組織全面實踐策略》第十四章。

William, & Unrau, 2012）。綜上所述，藉着運用方案評估此等有效手段，不僅突顯服務提供者（Service Provider）所付出的努力，還針對其性質、實施過程、效能、效率、成效及衝擊／影響（Impact）向重要持份者及出資方提供關鍵性資訊。正如中國台灣學者黃源協（2015）所言，「方案評估為一種對服務方案進行的過程或成果的評定，以檢視機構所推行的服務措施是否能確實地與計劃的目標相呼應與配合。」

大致而言，方案評估可歸納為四個主要特徵（Lai, 2001：4），這包括：

（一）方案評估是一項計劃性活動；

（二）方案評估可採用多種資料蒐集的策略和方法；

（三）方案評估的性質較多元化，並須視乎評估目的而定；和

（四）方案評估不應「盲目去做」，而管理者及服務策劃團隊須依據所識別的關鍵性資料及數據分析，為機構的長遠發展、政策制定、方案或服務提施及資源運用等作出明智的決策。

由此可見，方案評估包含着五種意義（Posavac & Carey, 1997；Lai, 2001；Lewis, Packard, & Lewis, 2012；梁偉康，2012；黃源協，2015），這包括：

（一）方案評估建基於系統性的資料蒐集和分析；

（二）方案評估乃依據方案努力（Programme Efforts）[3]、效能（Effectiveness）、效率（Efficiency）和適當性（Adequacy）而作出合理判斷的過程；方案評估強調方案能否切實執行及產生預期的成效；

（三）方案評估可促成方案管理（Programme Management）、加強責信程度[4]及改善方案的規劃；和

（四）方案評估除着重質素評估[5]外，還重視方案產出和成效之衡量，

3　「方案努力」乃指機構願意付出，並投放更多的資源於服務提施之上。

4　加強責信程度能有助機構向其資助團體或社會大眾作出交代，並確保公帑及社區資源用得其所。

5　質素因子包括可接近性／方便度（Accessibility）、可接受性（Acceptability）、可用性（Usefulness）、整合性（Integration）及延續性（Continuity）等。

因此，管理者及服務策劃團隊若能針對方案的質素、產出和成效持續進行評估，不僅促進組織整體性績效之改善，還能提升成本效益，其重要性不容爭辯。

至於「專業實務介入評估」方面，根據詹姆斯‧達德利（James R. Dudley）的研究指出，這是「一種探究專業實務者對其受助人體系的介入所進行的監察方式；其主要目的在於提升專業實務者介入之效能以及評估其介入能否成功協助受助人達到期望的目標」（Dudley, 2020）。

總括而言，方案評估旨在為某些受惠對象提供其所需的重要訊息，而非針對個別的受助人而進行評估；然而專業實務介入評估則主要衡量工作員[6]能否協助受助人達成其預期目標，雖然兩者皆聚焦於評估，但目的卻大相逕庭。

為致力提升服務質素及改善服務提施（Service Delivery），機構管理層及督導者必須持續監察方案和專業實務介入的成效，而當中較為重要的是個案層次評估（Case-level Evaluation）和方案層次評估（Program-level Evaluation）。前者乃針對機構為服務對象所提供的個人服務而進行效能和效率的衡量；後者則評估機構所提供的方案之整體效能和效率，由於兩者的評估重點不同，因此不可混為一談。

6　「工作員」乃指專業社工、專業實務工作者及臨床督導員等。

為何需要進行方案評估和
專業實務介入評估

一、進行方案評估的因由

社會服務機構藉着提供服務方案[7]以促進預期目標之達成，管理者及服務策劃團隊若能持之以恆，並竭力實踐方案評估以衡量服務的成效及效率，此舉無論對組織內部、出資方還是社會大眾，不單盡顯其問責的決心，亦證明方案資源能用得其所。另一方面，機構若要提升項目管理（Project Management）的成效，便須針對整個項目所推行的方案而進行成果衡量，由此可見，方案評估對服務方案之設計、策劃及項目管理是何等重要。

大體上，社會服務機構進行方案評估可達到下列八個目的（Gabor, Unrau, & Grinnell, 1998；陳錦棠，2008：16；Martin & Kettner, 2010：14-23；Lewis, Packard, & Lewis, 2012：208-211；梁偉康，2012；黃源協，2015；Dudley, 2020），這包括：

（一）問責與交代

大部分的資助機構是接受出資方的撥款以推行方案，為確保其達到服務成效和／或預期目標，選取合適和可行的評估方法絕對是關鍵所在；如此一來，不單確保有關的方案資源得以善用，還讓管理者切實履行問責與交代。

---

7 如前文所述，服務方案是促進機構達到預期目標不可或缺的「工具」（Means）。

（二）加強內部監察

　　機構管理層須積極推動內部監察，並賦權予服務策劃團隊持續進行方案評估[8]，此舉不僅確保方案內容的實施能如期執行，還藉着方案資源的有效運用以達到其所定的目標和成效。

（三）符合資助要求

　　社會服務機構於籌辦各項大型的服務計劃時須靠賴龐大的財政來源，可是囿於條件所限，故須尋求外間資助。現時大部分的活動基金申請，不單要求機構提交方案的內容，還需要列明方案評估機制，並詳述如何達到預期目標及最佳成效。可想而知，機構實踐方案評估無疑是社區資源募集的不二法門，與此同時，它亦印證了一些重要的準則，便是其所募集得到的資源種類、數量及性質為何；換言之，機構獲得的資助數額愈大，便足以反映其所申請的方案是頗具成效。

（四）方案設計的改善

　　毋庸置疑，管理者可從評估資料的分析中識別方案的績效水平及所需改善之處，藉着持續改善方案的設計和運作模式，從而提供高效率和效能的方案，最終達到機構所定的目標。

（五）帶動方案／介入策略之創新

　　有些社會服務機構致力投入資源以推動方案／介入策略之創新與研發，其管理層及專業團隊亦會身先士卒，從選取合適的方案評估工具以至推動方案／介入策略效能之評估等，皆不遺餘力，務求推動機構成為業界的先驅。

（六）方案／介入策略和期望成效之因果關係

　　一般來說，方案評估若採用嚴謹和實證為本的（Evidence-based）

8　通常大型的方案計劃包含着多項的方案活動，因而需要進行方案評估的工作，而本章會引用一個方案邏輯模式（Programme Logic Model）的實例以進行詳細的論述。

設計方法，不單有助識別目標對象受助人產生期望的改變，還可確認方案／介入策略與期望成效之因果關係。為確保善用資源，管理者及服務策劃團隊可從中選取「成本有效的」方案／介入策略，並將其納入年度計劃之內。

(七) 促進行政決策

藉着方案評估，管理者及服務策劃團隊可依據產出、質素和／或成效評估所得的資料和數據分析，從而作出行政決策；由此推論，方案的設計、執行或終止運作等重要資訊，可有效促進機構管理層作出客觀而明智的決策。

(八) 持續不斷的支持

社會服務機構為競相匱乏的社區資源而各出奇謀，由於方案評估能驗證方案的效能，因此管理者須竭力推動成效衡量的工作，此舉不單提高其在業界的專業地位及認受性，甚至還有助政治影響力之提升。由此可見，機構如獲得資助團體及重要持份者之廣泛推崇，將可獲得源源不絕的資源，而這對其永續生存是至關重要。

總的來說，縱使管理者履行其承諾而擔起責任（問責），其推行方案評估之目的並非為監察員工績效或查找不足，亦非藉着組織架構重組來削減預算，反而期望在行政決策、方案效能、問責與交代、方案成本效益等方面進行改善與提升，從而達到機構所定的目標。

二、進行專業實務介入評估之主因

除上述原因外[9]，專業實務介入評估最重要的是衡量工作員的介入能否有助受助人達到期望的目標，所以，此類評估只集中個人實務介入之成效而非方案效能之衡量。

9　上述的部分原因包括向出資方交代、方便督導者對專業實務者之監察、改善介入計劃之設計和推行以及測試新介入策略之成效等。

實踐方案評估的有效策略

整體來說，實踐方案評估有多種方法，本文首先探討其有效策略。追溯上世紀六零至七零年代，方案評估主要強調財務交代、方案產出及服務質素；至八十年代才開始關注受助人背景與問題／需求之探討和分析研究；至八十年代後期，則較重視受助人滿意度，因此，質素因子[10] 如可靠度（Reliability）、保證度（Assurance）、可見度（Tangibles）、關懷度（Empathy）及反應度（Responsiveness）是其中五個最多被採納為衡量滿意度的準則，管理者及服務策劃團隊依據上述的質素因子而設計問卷，繼而向受惠對象進行滿意度調查；而九零年代至今，方案評估則偏重於成效評估；亦即是說，它着重衡量受惠對象經接受方案後，在知識、技能、行為、態度和／或其他方面所產生的顯著變化。

對機構而言，實施方案評估是否只追求方案產出、服務質素、受助人滿意度和／或方案成效之達成？事實並非如此，管理者必須深思熟慮，並針對方案評估的實踐，按部就班地制定可行和有效的策略。為加強讀者進一步掌握推行方案評估的步驟，現從三個層面進行分析（Ginsbery & Keys, 1995；梁偉康，2012；黃源協，2015），詳見如下：

一、方案邏輯模式層面

這是指機構透過資源的投放以推行各項方案，並將方案與目標對象人口羣的現況進行分析，繼而檢視其能否產生預期的產出和成效；由此推論，上述各項已形成了一種邏輯和合理的因果關係（If - then Relationship），環環相扣，互為影響。

---

10 上述的五個質素因子簡稱為 "RATER"，主要是用來衡量受助人／服務使用者之滿意程度。

二、方案發展層面

　　這個層面需要針對目標對象人口羣的問題／需求而進行評估，藉此釐定其所需處理的問題／需求之優先順序和進行關鍵性成因的分析，並依據其主因而制定成效目標和過程目標，繼而擬定方案、執行方案和進行方案評估，以上步驟是實踐方案發展所需的歷程，亦是進行需求評量、評估性評量、過程評量、成效評量和效率評量不可或缺的要素。

三、方案評估層面

　　在這個層面上，管理者及服務策劃團隊需要制定明確的方案目標、擬定方案、執行方案、衡量成效以及評估方案對服務對象／社區所造成的衝擊，接着便進行方案目標達成評估、過程評估、成效評估以及衝擊評估等工作。

　　依據上述三個層面及所需執行之步驟而作出的分析，不難發現方案的評估模式確實有多種，粗略估計，迄今已發展超逾 40 種；儘管如此，筆者根據過往 40 年的觀察，社會服務機構較常採用的方案評估方法只少於 10 種，故從中挑選幾種較常用的類型和方法，並引用所設計的方案評估表格以進行詳細的介紹。筆者在此特別強調，由於「方案邏輯模式」較適用於方案評估和方案策劃[11]（Yuen, Terao, & Schmidt, 2009），因此管理層及服務策劃團隊必須學以致用，絕不可束之高閣。

11　管理者及服務策劃團隊採用方案邏輯模式可促進其擬定方案／項目計劃書（Project Proposal Writing）、制定目標及進行成效的衡量。

方案評估之類別和方法

方案評估大致分為形成性評估（Formative Evaluation）和總結性評估（Summative Evaluation）兩大類別（Dudley, 2020），前者主要是評估方案的投入、執行過程及監察方案之推行；後者則主要集中評估方案的成效、效率、目標達成情況以及評估其適用性。總而言之，若要進行形成性評估，便須進行方案投入評估、方案過程評估和方案監察評估；然而總結性評估則須進行成效評估、方案目標達成評估、方案效率評估及方案需求評估。

一、形成性評估

針對方案進行投入評估、過程評估及監察評估的做法及重要事宜，現簡介如下：

（一）方案投入評估

為收集方案效能的重要資訊，方案投入評估的設計便顯得非常重要。管理者及服務策劃團隊須先確定可用的資源，再分析可供採用的策略，繼而進行方案甄選、設計或流程改善，甚至制定達標的策略，故這種投入評估亦被稱為「策劃性評估」（梁偉康，2012；黃源協，2015；Dudley, 2020）。

（二）方案過程評估

這類型評估適用於需要充分了解某方案如何運作；亦即是說，這方案如何做才能達到期望的成果？然而管理者及服務策劃團隊在進行方案過程評估時，須檢視有否出現下列四種情況，這包括：

1. 機構雖長期提供此類型方案，但過去幾年已作出相應的改變；

2. 機構曾收到員工和／或服務受眾對此方案作出多次的投訴；

3. 方案的提施曾出現效率差勁的問題；和

4. 就外間團體[12]對方案的提施和實際運作要求之回應，機構所作的描述為何？

綜合而言，管理者及服務策劃團隊於進行方案過程評估時所需檢視的重要事項（Gabor, Unrau, & Grinnell, 1998；梁偉康，2012；黃源協，2015；Dudley, 2020），現簡列如下：

1. 機構所執行的方案是否依照原計劃推行？

2. 現時有何受助人接受方案的提供？他們為何被接納為服務對象？哪些目標對象人口羣適用於這些方案？

3. 哪些目標對象人口羣不被納入服務或被婉拒？原因何在？

4. 受助人接受整項方案的過程為何？

5. 工作員能否專業及熟練地提供方案的介入？哪方面需作出改善？

6. 受助人對方案是否感到滿意？原因何在？

7. 工作員和受助人對方案有何改善建議？另受助人不再需要此方案的理據為何？

8. 部分受助人為何退出方案？

正如前文所述，過程評估主要衡量方案有否依循所定的計劃和期望而推行，比如說，受惠人數是否足夠、能否按所定計劃而提供服務以及能否達到期望的質素等？姑勿論如何，其目的乃是「對方案的介入作出適當的調整和提供......，並提供反饋及影響某項方案的持續發展......」（Royse, Thyer, & Padgett, 2010：118-122）。至於進行過程評估所採用的三種方法包括：

1. 找出模範標準（Locate Model Standards）

　　管理者及服務策劃團隊可將專業團體所制定的模範標準加以整合，並從中識別適用於方案的相關標準，繼而建立機構內部的範本以供組織成員參考。

12　外間團隊所指的是基金會和／或出資方等。

2. 利用專家顧問（Expert Consultants）

　　透過專家顧問所採納的模範標準或一般標準[13] 以進行方案檢討，從而識別預期及實際的成果差異。

3. 由理事會／董事局轄下管理委員會成員、員工、社區人士和／或受助人等所組成之評估委員會切實執行過程評估的工作，並針對所搜集的資料進行分析，繼而制定改善建議。

　　雖然管理者及服務策劃團隊可藉着方案過程評估將執行標準進行分析比較，但亦須視乎目標是否明確[14]。除此之外，透過資訊管理系統的運用，亦可對過程評估所收集到的資料和數據進行詳細的分析，比如說，提供何種服務？由誰提供？為誰提供？有多少受惠者？在何處提供？所需成本為何？不言而喻，管理者及服務策劃團隊藉着上述的檢視與分析，可助其進一步評估方案的成效。

（三）方案監察評估

　　具體來說，若要持續進行過程評估，一方面須經常檢視方案所需的資料；另方面可藉此審視人力資源如何促進服務方案的推行，正因如此，它已被視為其中一種有效的方案監察評估方法。至於過程中所收集得到的重要資訊，管理者及服務策劃團隊須定期向理事會／董事局轄下管理委員會、出資方及重要持份者作出交代，此舉除可監察方案有否依循所定的目標和標準而運作，還促使其緊貼機構事務的發展。此外，透過重要資訊和數據的分析，藉此檢視方案能否滿足目標對象人口羣之需求。由此可見，機構必須建立反饋機制，這樣才可掌握方案在財務、產出、質素和成效等方面的表現。

　　綜上所述，方案監察評估能促進方案的監察、追蹤與調整，此舉除確保目標對象獲取其所需的服務[15] 外，還可促進組織目標之達成。

13　一般標準包括財務和管理審核標準等。

14　目標必須是具體及可衡量的。

15　若要確保目標對象獲取其所需的服務，可檢視其有否完成所協定的工作任務。

在此過程中，管理者和服務策劃團隊透過識別和審視現存的障礙與問題，從而及早制定相應的改善措施，並切實執行。

二、對方案實踐總結性評估

總結性評估乃指對方案進行成效評估、目標達成評估、效率評估及需要性評估。筆者現將這四種方法及其所需關注的範疇臚列於下：

(一) 方案成效評估

方案成效評估可分為深入和臨時性評估 (In-depth and ad hoc Evaluation) 及慣常的成效衡量 (Regular Outcomes Measurement) 這兩類別，前者大多用於獲取巨額資助的研究計劃；後者則較適用於衡量社會服務機構的方案。一般而言，它是針對某項方案所需達到的成果和改變 (Results and Changes) 而進行評量，故進行評估時，管理者及服務策劃團隊必須關注下列四個範疇，這包括：

1. 這方案能否達到預期的目標？

2. 這方案能否對服務對象或社區產生期望的改變[16]？比如改善非理想的社會性狀況[17]如提升新來港兒童之學習能力及紓緩護老者的照顧壓力等。另外，這方案能否達到期望的改變？若回應此問題，管理者及服務策劃團隊便須檢視一個最基本的問題——藉着方案的介入，服務對象或社區所產生之改變為何[18]？

3. 已接受方案與未接受方案的服務對象，兩者有何差異？前者會否因接受方案而變得更好？而這種改善可持續多久？後者又會

---

16 舉例而言，服務對象或社區產生期望的改變，包括新來港兒童之學習能力得到提升及護老者的照顧壓力獲得紓緩等。

17 詳見 "Evaluating social programs" (Chambers, Wedel, & Rodwell, 1992：248)，另社會服務機構所針對的社區問題主要非指非理想的社會性狀況 (Unfavourable Societal Conditions)，詳見本書第二章的介紹。

18 衡量受助人之改變可藉着評量其接受服務後之功能水平 (Level of Functioning) 有否出現明顯的變化而得出；而衡量社區之改變則可透過識別某些問題的影響範圍 (Incidence) 而作出評估，比如受虐婦女入住庇護中心之次數明顯下降等。

否因未能接受方案而變得更差？

4. 參與或接受此方案者，相對其他參與或接受類似的方案者較預期出現更理想的改變？

總括而言，方案成效評估之主要目的乃是集中衡量方案介入的成果，並藉此判斷方案資源能否有效善用，由此可見，其首要任務是制定明確、可衡量、可達成、實際可行、有時間規限、非重疊、互補／互相協調以及行為導向的目標 ——“SMART+NCB”原則[19]；而所定的目標亦須清楚列明出來，其後管理者及服務策劃團隊才可針對這些目標的達成程度而發展出相關的準則和衡量指標。

有關方案成效評估主要包括下列四種方法（United Way of America, 2003；Martin & Kettner, 2010：63-118；Murray, 2010；梁偉康，2012；Dudley, 2020），現簡述如下：

1. 數目核算（Numeric Counts）

這是衡量有多少服務對象經接受方案後獲得生活質素的改善，而當中大多集中評估受惠對象接受方案介入後，其狀況、地位和行為有否產生預期的改變。

2. 標準化工具（Standardized Instruments）

目前社會服務業界已發展出多種的標準化工具，它們主要應用於心理治療或滿足某些特殊的目標，並用以衡量受助人功能有否達到期望的改變（Gabor & Grinnell, 1994：113-115；Martin & Kettner, 2010：71-100；Royse, Thyer, & Padgett, 2010：190-193）。大致上，這些工具是易於運用，並可衡量不同的服務對象所面對之各種問題，甚至能闡釋及評估受助人之一般功能水平。此外，由於它們主要是採用標準化衡量指數（Standardized

---

19 制定目標的重要原則是“SMART+NCB”，前文已有述及，故不再重複；但如能按上述原則而制定方案目標，則必須衡量這些目標是否達成，這樣才可判斷方案之效能。中國內地各區所出版的《社會工作案例彙編》，其所提供的案例大多是錯漏百出，除引用不當的理論架構外，每個案例所制定的目標基本也是錯誤的，故後期所進行的方案目標達成評估亦無可避免紕漏叢生。

Measurement Indexes），因此可針對服務對象接受方案前後的情況而進行比較與分析，繼而判斷其生活質素或功能有否產生改變，當然最理想的是達到「期望的改變」。現時社會服務機構大多採用赫德森（Hudson, 1982）所發展的《臨床測量包》（The clinical measurement package），內附有 10 多種標準化工具以衡量受助人所產生的改變，詳見本書第十四章；另菲舍爾和科克倫（Fischer & Corcoran, 1994）所編輯的《臨床實踐和研究措施》（Measures for clinical practice and research），當中亦臚列出多種標準化工具，甚具參考價值 [20]。

3. 功能水平尺度法（Level of Functioning Scale）

這是衡量接受方案的受助人或其家庭之功能水平有否改善，亦可為受惠對象之功能作出前後測的評估。

4. 受助人感覺改變之衡量方法（Measures of Client's Perceptions of Change）

這是衡量服務使用者經接受方案後，自評其生活質素有否獲得改善的感受；換言之，這種成效衡量方法是利用問卷調查 [21] 以收集其滿意程度及感覺改變的狀況，甚至評估其接受服務前後對福祉需求所產生的變化。這種模式尤適用於評估受助人接受心理治療後之目標達成程度，而受助人感覺其本身功能可與標準化衡量方法和服務提供者之觀感一併作出綜合的判斷，這對受助人感覺其獲得良好的進展提供更真確的描繪。

（二）方案目標達成評估

眾所週知，所有方案基本上已制定一項或多項所需達成的目標，因此這類型評估旨在衡量方案達成其所定目標之程度為何？當設計這

20　中國於 2013 年出版了一本有關採用標準化工具的書籍，詳見戴曉明《常用心理學測量表》。

21　方案設計者可制定 4 至 5 分尺度法的調查問卷以收集服務使用者之滿意度。

類型評估以衡量目標達成程度時，管理者及服務策劃團隊須關注下列八個範疇，這包括：

1. 如何制定方案目標？而制定目標的過程是否合理？
2. 方案朝向目標達成之進展如何？
3. 目標能否如期依循方案實施期而完成？若否，原因為何？
4. 有否足夠資源（比如金錢、設施及訓練等）推行方案，並藉此達到其所定的目標？
5. 為達到所定的目標，哪些優先事項須作出調動與變更[22]？
6. 方案的實施期為何需要更改？如何調節[23]？
7. 方案目標為何需要更改？如何修訂[24]？
8. 日後如何制定更理想的目標？

方案目標主要是針對受惠對象達到期望的改變而制定，它可分為三種類別，包括知識目標、情感目標及行為目標；而方案目標達成評估則主要檢視達成目標的各種可能變數，並着重衡量方案所定的目標是否達成？為促進方案目標達成之衡量，管理者及服務策劃團隊須為每個方案目標制定其表現指標，此舉可作為評估方案目標達成與否的重要基準。

(三) 方案需求性評估

進行方案需求性評估所須關注的兩個重要問題，現簡列如下：

1. 方案所針對的社區在哪裏？而區內的目標對象人口羣受問題所困擾之嚴重程度為何？
2. 目標對象人口羣之特徵、面對問題、表達的需求以及其主要的期望為何？

倘若所提供的方案被視為有效解決目標對象人口羣之問題和 / 或需求，這不單印證此方案之重要性，還能彰顯機構的存在價值與意義。

---

22 這是大多數管理者及服務策劃團隊所作的決定。
23 當需要作出改變時，須檢視方案努力 (Programme Efforts) 為何與原定的實施期有所延誤？
24 當作出改變目標的決定前，管理者及服務策劃團隊須先了解方案努力為何未能達到其所定的目標？

（四）方案效率評估

　　這是衡量某項方案能否耗用較少的資源以達到成其既定目標之程度，而通常「金錢」是用以決定成本效率的資源；「時間」和「人力資源」則用作衡量成本效率的指標。至於衡量方案效率最普遍採用的兩種方法包括：

　　1. 成本效能分析（Cost-effectiveness Analysis）

　　　　它是參照方案之成效而衡量其本身可用於金錢計算之成本（Monetary Costs）。

　　2. 成本效益分析（Cost-benefit Analysis）

　　　　除依據金錢數額以衡量方案成本外，方案所產生之成效亦可進行衡量；但金錢數額則作為成效衡量的指標。

　　倘若採用成本效能分析這種方法，當中所須關注的核心問題是「相同的方案成果能否藉減低方案努力（Programme Efforts）的數量或採用其他成本較低的方案所替代」。方案努力包括了方案提供者所執行的活動形式和數量以及資源運用的整體成本，故努力水平（Level of Efforts）可作為衡量過程評估之其中一部分；方案效能（Programme Effectiveness）則可透過成效評估而作出準確的判斷。管理者若要審視過程評估和成效評估兩者成果，從而比較有關方案的成效，必須先假設兩種方案的效能是相同，然後從中選取較低成本者；倘若能達到相同的效能，便可摒棄成本較高的方案。由此可見，效率評估並不是只關注削減成本，它亦重視不同的方案在資源運用上所出現的差異，若能同時達到相同目標；亦即是說，方案達到相同的效能，這便算是成本有效的方案（Cost-effective Programme）。

　　最簡單的方案效率評估方法是計算單位成本（Unit Cost），首先將上述成本數據除以方案產出數量或金錢數額分配予該方案所產生的成果而計算出來。舉例而言，香港特區某機構獲香港賽馬會慈善基金贊助一百萬元以推行為期一年的輔導服務予一百名曾干犯週期性罪行或反社會行為的青少年，而有關方案的目標是這班青少年於一年內不再重蹈覆轍，並減少從事危害社會的不良行為。從以上數據得悉，方案

全年的單位成本是一萬元 [25]，然而只計算此成本可說是毫無意義，因此須同時進行方案過程評估，繼而將之與達到相同成效之類近方案作出比較。不單如此，這些方案若同時進行方案成效及方案效率評估，相信方案目標之達成更具說服力。綜言之，上述方案的成效主要是衡量曾接受輔導的青少年於一年內再沒有干犯週期性罪行或反社會行為；而方案成本的計算，可將之除以實際成功的個案數目，從而識別有關方案的成本效能。

學者勞斯、卡達萊及帕吉特 (Royse, Thyer, & Padgett, 2010) 曾引述其一個成本效能的研究，當中涵蓋了六個步驟，現簡列如下：

1. 界定方案模式及方案目標；
2. 計算成本 —— 這可透過方案預算之發展而達成，除非這項方案涉及幾類型的受惠對象及包含一系列方案，但最後仍可將所有的方案成本重新分配，繼而計算其方案效能；
3. 採用資訊系統以蒐集方案成效相關的資料；
4. 計算方案效能 —— 這是計算成果顯著之服務受眾數目；
5. 計算成本效能的比率 (Cost-effectiveness Ratio) —— 這是指方案成本除以成功達到效能之數目；和
6. 進行敏感度分析 (Sensitivity Analysis) —— 這是檢視方案介入、成本和效能之間的關係假設是否確立。

上述首三個步驟乃是實踐良好方案設計所不可或缺的，倘若順利完成，必然對後期的方案效率評估起着關鍵性作用，管理者不可掉以輕心。

除分析方案成本效能外，另一種方法是進行方案成本效益分析，這方法不單衡量金錢化的方案成本，還可對其成效作出評估。由於社會服務機構主要是針對受助人／衝擊性的人口羣 (Client/Impact Population) 而提供其所需的服務，然而有關的方案成效卻難以難轉化為金錢的計算，因此較少採用甚或摒棄使用，於成本使用分析 (Cost-

---

25 方案計劃資助額為 $1,000,000，服務對象人數為 100 人；因此，上述方案之單位成本為 $1,000,000 ÷ 100 人 = $10,000。

utility Analysis）和成本實用性分析（Cost-feasibility Analysis）亦甚少採用，故筆者只集中簡介成本效益分析方法。

採用成本效益分析以評估方案效率時，需要先列明方案目標，並將目標達成轉化為金錢的價值，繼而才衡量方案目標之達成程度、預估成本以及計算支出相關的效益比率。至於計算成本效益的方法，現引用例舉簡述如下：

假設某方案完成後所得到的正面報償差異 / 效益（Positive Compensating Variations/Benefits）[26] 之總數是 60,000 元，負面報償差異 / 成本（Negative Compensating Variations/Costs）是 20,000 元，故這方案之純收益是 60,000 元 - 20,000 元 = 40,000 元，其成本效益之比率為 "3"（即 60,000 元 ÷ 20,000 元 = 3）。現從上述例舉歸納出兩項指導性原則，這包括：

1. 當管理者進行方案甄選時，倘若方案之純效益是正面的；亦即是說，其成本效益比率是超逾 "1"，則表示這些方案可予以保留。
2. 管理者若要從多個方案作出取捨的抉擇時，其優先考慮必然是較高純效益之方案，有關做法可參閱表 13-1 所示。

表 13-1：比較三種不同的方案之純效益和成本效率比率（例舉）

可行方案	效益	成本	純效益	成本效益比率	排序
方案（甲）	$60,000	$20,000	$40,000	3	1
方案（乙）	$20,000	$10,000	$10,000	2	2
方案（丙）	$30,000	$20,000	$10,000	1.5	3

從上表得悉，方案（甲）之成本效益比率是 "3"，排列最優先位置，其次分別是方案（乙）及方案（丙）；經比較後，方案（甲）因具最高的成本效益，故獲優先推行。

倘若機構專款的用途不局限於某方案，還可用於其他具正面成本效益比率的方案，這些專款可說是具機會成本（Opportunity

26　詳見 Thompson, M.S., Chapter 5(1980)。

Cost）。假設某項專款可分配予其他方案，而這些方案的成本效益比率是 1.4，均低於表 13-1 之三個方案，管理者及服務策劃團隊便可在這三項方案中選擇其一，並採用客觀函數法（Objective Function）進行比較。這方法主要指出方案成本是建基於已放棄效益之機會成本；換言之，每個成本將被視為相等於 1.4 元之效益。假設下列三項方案並沒有使用這 1 元，故每項方案之客觀函數計算如下：

方案（甲）：$60,000 - (1.4 x $20,000) = $32,000

方案（乙）：$20,000 - (1.4 x $10,000) = $6,000

方案（丙）：$30,000 - (1.4 x $20,000) = $2,000

從上述函數所得，最佳的選擇是方案（甲），而方案（乙）則較方案（丙）優勝。即使上述做法很複雜，亦難以將方案效益轉化為金錢計算，但仍可考慮採用下列的工作表以對方案之成本效益進行分析，詳見表 13-2。

表 13-2：成效－效益分析工作表

可行方案	成本	服務人數	成本與服務人數比較	*推行此方案之好處	*推行此方案之弊處	比較的成本效率整體的評估
方案（甲）						
方案（乙）						
方案（丙）						

備註：* 請儘量轉化為金錢上的價值計算。

另一種較明確的方法是依據需求評估、過程評估、成效評估及效率評估這四大類別，再細分為多種的方案評估方法，筆者現嘗試將這些方法臚列於表 13-3，再加上前文曾述及的一些常用方法，以供讀者參閱。此外，管理者及服務策劃團隊亦可根據其本身的專業能力及可資運用的方案評估資源，從而甄選適用於機構的方案評估方法。

表 13-3：方案評估類別及方法一覽表

方案評估類別	方法	評估方法描述	目的
1. 需求評估	1.1 需求評量 (Needs Assessment)	這是對某方案所針對的問題類別、深度和範疇進行衡量，從而識別和／或預測方案的需求，其所關注的問題有二：(1) 方案之目標對象人口羣為何？(2) 機構須執行哪些方案以滿足社區需求？	✧ 驗證某個社區問題存在於某些特定的目標對象人口羣。 ✧ 對某些特定的目標對象人口羣進行方案需求之衡量。
	1.2 評估性評量 (Evaluability Assessment)	這是指判斷某方案是否滿足進行評估的預設條件 (Preconditions) 及如何設計評估以達到最高成效，其所關注的問題有三：(1) 方案可否被評估？(2) 評估之目的和理據為何？和 (3) 重要持份者對評估的期望和預期目標之達成是否已達到共識？	✧ 確認評估是否實際可行。 ✧ 識別最佳的評估設計及執行方法。
2. 過程評估	2.1 方案投入評估	這是指確認可資運用的資源，並對所採用的有效策略進行分析（即是針對策略達到其所定的目標而進行強弱分析的描述），此舉有助管理者及服務策劃團隊進行方案甄選、設計或流程改善，從而制定達標的策略。	✧ 識別和評估方案之能力。 ✧ 提供有用的資訊以指導方案策略發展和設計。

方案評估類別	方法	評估方法描述	目的
	2.2 方案過程評估	這是指判斷方案有否依照其原定的計劃和期望而運作，並藉此判斷方案的推行與原計劃之吻合程度。	✧ 探討某項成效是如何產生。
	2.3 方案監察評估	這是指評估人員檢視方案所涵蓋的範疇和提施（Coverage and Delivery），並集中對方案進行監視、追蹤及作出必要的調整。	✧ 確保方案預期的成效能夠達成。 ✧ 確保目標對象人口羣獲取其所需的服務。
	2.4 執行評估（Implementation Evaluation）	這是檢視方案能否依循其所構想而運作。	✧ 評估方案執行的符合程度，並藉此識別預期與實際之差異。
	2.5 受助人滿意度研究	這是找出受助人對其所接受的方案有何感覺及認識。	✧ 搜集受助人之反饋意見以進行方案的改善。 ✧ 向方案的受惠對象澄清誤解。
	2.6 形成性評估	這是在最初階段搜集方案的資訊、檢視有否按照原計劃而開展其所需付出的方案努力、識別可能遇到的困難或契機以及制定成功實現目標而進行的中期調整和糾正行動。	✧ 獲取有利於方案執行與提高方案成效之相關訊息。
	2.7 質素保證	這是指搜集方案過程相關的資料，並評估有否依循其所定的計劃而推行。	✧ 確保方案之推行過程能符合既定的標準及達到所需的指標水平。
3. 成效評估	3.1 審計和其他的會計調查（Auditing and Other Accounting Investigations）	這是指由資深的審計師及稅項專家所組成的獨立委員會對機構/單位之財務政策、程序和記錄等進行全面的審視。	✧ 確保財務相關的資料與數據是正確無誤，並符合法規之最新要求。
	3.2 黑箱作業評估（Black Box Evaluation）	這是檢視方案的產出，但毋須考慮方案之資源投入。	✧ 確定方案之影響/成果。
	3.3 評估研究（Evaluative Research）	這是對那些產生一般的方案效能之知識進行評估和研究，但毋須評價個別方案的優點。	✧ 增加一些新知識，並將之應用於方案及服務運作之中。

方案評估類別	方法	評估方法描述	目的
	3.4　方案產出評估	這是衡量方案推行後所產生的成品或服務數量。	✧　確定方案之服務單位（Units of Service）和／或服務完成（Service Completions）。
	3.5　方案質素評估	這是指衡量受惠對象接受方案後之滿意程度；而管理者及服務策劃團隊可選取適當的質素因子（Quality Dimensions）以設計服務使用者滿意度調查問卷，並藉此搜集所需的數據。	✧　衡量受惠對象對方案質素之滿意程度。
	3.6　非目的為主的評估（Goal-free Evaluation）	這是指直接搜集方案成果和效能之資料，但毋須檢視方案目的之達成。	✧　評估方案的實際成果而不受到其目的和成效期望（Outcome Expectations）所限制。
	3.7　目的為基礎底評估（Goals-based Evaluation）	這是指方案目的及效能的達成程度。	✧　衡量方案目的及效能之達成程度。
	3.8　成效評估	這是將實際及預期的方案成效進行比較，從而衡量方案成果及其所產生的改變。	✧　衡量方案能否導致受惠對象產生期望的改變。
	3.9　方案目標達成評估	這是對所定的方案目標之實現程度作出衡量。	✧　衡量方案目標達成之實現程度。
	3.10　表現評估（Performance Evaluation）	這是依據所制定的表現指標而評估方案的成果。	✧　描繪受惠對象因接受方案後其行為產生改變之成果。
	3.11　方案總結性評估	這是針對已完成的方案而進行之評估，有關的評估結果可促進管理者決定執行方案和／或政策的理據，並依據方案的產出與成效以及效益與成本進行全面的分析。	✧　促進管理者對方案之延續或終止作出正確而明智的決策。

方案評估類別	方法	評估方法描述	目的
	3.10 表現評估 (Performance Evaluation)	這是依據所制定的表現指標而評估方案的成果。	✧ 描繪受惠對象因接受方案後其行為產生改變之成果。
	3.11 方案總結性評估	這是針對已完成的方案而進行之評估，有關的評估結果可促進管理者決定執行方案和/或政策的理據，並依據方案的產出與成效以及效益與成本進行全面的分析。	✧ 促進管理者對方案之延續或終止作出正確而明智的決策。
	3.12 衝擊性評估 (Impact Evaluation)	這是指採用正規和系統的研究設計以驗證某些方案的介入是導致長期成效產生之主因，藉此降低社區問題對目標對象人口羣的衝擊/影響程度。	✧ 針對方案成果對目標對象人口羣所造成的長遠衝擊/影響而作出正確和有理據的判斷。
4. 方案效率評估	4.1 成本效能評估 (Cost Effectiveness Evaluation)	這是指參照幾個方案所達成的相同成效而衡量方案本身於金錢計算之成本。	✧ 衡量方案之效率。
	4.2 成本效益評估 (Cost-Benefit Evaluation)	這是對方案的成本和成效進行比較，而採用此方法須列明方案的目標以及將目標達成的程度轉變化為金錢的價值，繼而評估和/或預測方案目標達成的程度、方案成本與效率的比率。	✧ 根據某些方案之實際或預算的成本和已知或期望的成果所呈現之經濟效益而作出判斷。

備註：(1) 筆者已在這四大方案評估類別內明確臚列各種評估方法。

(2) 有關一些重要的方案評估方法將在本章後部分作詳細的介紹。

總的來說，管理者及服務策劃團隊在進行評估設計時，不應只盲目選取一種或多種的評估方法，反而需要作出慎重的考慮，有關做法可從下列七方面進行檢視，這包括：

1. 機構進行方案評估之目的為何？

2. 從評估中所獲取的資訊，哪方面可促進方案設計的改善？

3. 哪些反饋意見和/或資訊能有助服務的改善？

（1）所獲取的反饋意見和／或資訊能有助管理者及服務策劃團隊進一步了解服務產品／方案的生產過程，包括方案的投入、活動和產出。

（2）管理者及服務策劃團隊可從評估中獲取重要的反饋意見和／或資訊以識別受惠對象接受服務產品／方案後有何裨益？

（3）管理者及服務策劃團隊可從所獲取的反饋意見和／或資訊以探討服務產品／方案不足之處，繼而深入檢視其失敗之原因為何？

4. 蒐集所需資訊的來源為何？比如可從員工、受惠對象、員工及受助人所共同組成的小組、抑或從檔案資料中進行搜集？

5. 機構可透過哪些合理程序和渠道以進行資料的搜集，比如採用問卷調查、訪問、文獻翻閱、聚焦小組和／或觀察服務受眾行為／情況之改變等？

6. 何時進行資訊搜集？

7. 蒐集資料時，需要甚麼資源？

綜上所述，管理者及服務策劃團隊為何推動方案評估的工作？顯而易見，一來是持續掌握服務產品／方案之運作情況；二來為服務對象提供其所需的服務產品／方案，藉着促進期望改變之產生，從而達到所定的目標。為配合上述目的，重要資訊的搜集絕對是不可或缺；然而如何蒐集有關資料、何時進行以及所需運用的資源？凡此種種，管理者及服務策劃團隊必須專精覃思，一方面甄選出合適的方案評估方法；另方面透過方案評估以衡量服務產品／方案之成效。除此之外，在設計方案成效評估時，亦可採用單組後測、單組前後測、時間序列設計、雙組前後測設計（比較組）和雙組前後測設計（控制組），詳情請參看筆者針對方案與專業實務介入評估之最新著作，這裏不再贅述。

三、對較長期的方案進行評估

至於針對為期一年或以上的方案[27]及包含一系列相關的活動，管

---

27 「較長期性方案」的另一種釋義是指「項目」。

理者及服務策劃團隊可考慮採用方案邏輯模式和社會影響力為導向的模式（Social Impact Orientation Model）以進行方案評估，現將有關做法簡介如下：

（一）方案邏輯模式

此模式可用流程圖來描繪方案推行的流程，當中涵蓋了方案投入、活動、產出及促進受惠對象產生期望的成效，而各元素之間因相互連結，環環相扣，其邏輯關係不言而喻，有關詳情可參閱圖 13-1。

圖 13-1：方案邏輯模式

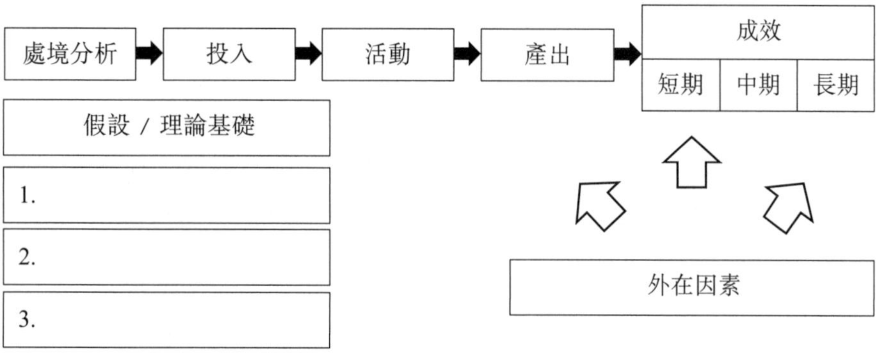

備註：(1) 詳見 University of Wisconsin-Extension（2003），"Program action-logic model"；香港基督教女青年會、陳錦棠（2006），《社會服務成效評估：程序邏輯模式之應用》，第 44 頁。

(2) 方案邏輯模式之主要名詞釋義：

(i) 處境分析 — 這是指對目標對象人口羣之問題或需求進行分析，亦是推行活動的理據所在。

(ii) 投入 — 這是指投放於活動之資源，包括人力、財務、物資和設備等。

(iii) 活動 — 這是指為服務受眾所推行的行動、工作任務或計劃的事項，亦泛指方案執行者所推動及具創意的活動為何？

(iv) 產出—這是指活動推行後所產生的服務產品/方案，比如教育宣傳資料分發的數量、提供治療小組節數的數量、運載體弱長者前往日間護理中心的人數等。

(v) 成效—這是指活動推行後受惠對象所產生的正面改變（Positive Changes）或成就（Accomplishments），比如提升受助人自尊、促使受助人遠離毒品或酗酒長達六個月或更長的時間等，而它可分為短、中及長期成效。

(vi) 假設/理論基礎—這是指推行各項活動時對目標對象人口羣所持的信念或理論假設，它能指引方案執行者訂立整體活動的方向，而這亦是其重點所在。

(vii) 外在因素—這是指影響活動、產出及成效的處境和外在因素，但這些因素卻不能控制。

有關推行方案邏輯模式的七個主要步驟（W. K. Kellogg Foundation, 2006；香港基督教女青年會、陳錦棠，2006：48；梁偉康，2012），現簡介如下：

步驟一：處境分析

針對目標對象人口羣之問題或需求而進行重要資料和數據的搜集及分析。

步驟二：選取假設／理論基礎

從眾多假設／理論基礎中選取有用的假設／理論基礎作參考，並用作方案活動的推行或達到成效的理據及方向。

步驟三：擬定初步成效

進行處境分析後可初步設定活動的成效，並可為短、中及長期成效進行定位；另為促進成效之衡量，可制定成效指標以檢視預期成效之達標程度。

步驟四：制定所需投入的資源

為促進短期成效及完成一系列活動，管理者及服務策劃團隊必須制定所需投入的方案資源。

步驟五：擬定活動量

為達到短期成效，管理者及服務策劃團隊必須擬定所需完成的活動量及推行方案之形式。

步驟六：推行活動及檢視外在因素對方案成效之影響

各項活動須按計劃如期推行，而管理者及服務策劃團隊亦須檢視外在因素對方案成效所產生之正面或負面的影響為何，除此之外，亦須衡量活動量或資源的投放需否作出調節，並檢視相關的成效指標需否作出修訂。

步驟七：衡量成效

　　管理者及服務策劃團隊可依據所定的成效指標而衡量活動的短期成效（針對學習的改變）、中期成效（針對態度和行為的改變）及長期成效（針對狀況的改變），上述三者亦可進行邏輯的連結；換言之，短期成效是期望受惠對象掌握有關的知識／技能，而中期成效能激發受惠對象關注其所面對的問題，並在態度和行為作出期望的改變。至於長期成效是指受惠對象能持續實踐所學，不單達到整體的改善，還持續產生深遠的影響。有關上述各個步驟的相互關係，現用圖 13-2 展示出來。

圖 13-2：實踐方案邏輯模式之各個步驟及關係圖

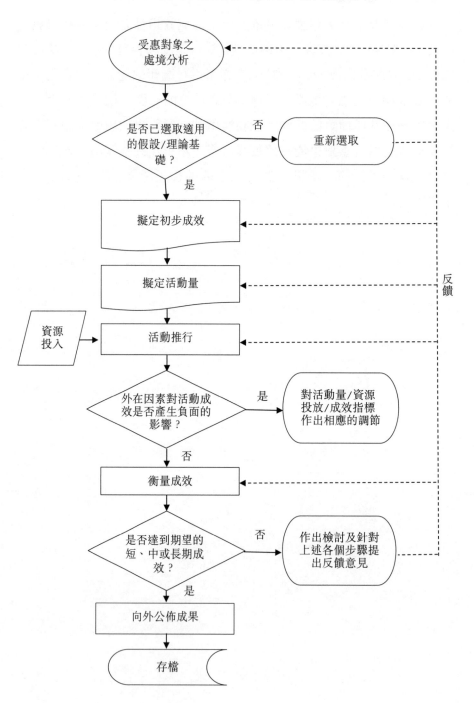

筆者現引用一個為期三年的大型方案，並闡述如何採用方案邏輯模式以進行評估的工作。香港特區某綜合家庭服務中心獲基金會資助推行一個為期三年的方案，有關其推行過程及成效現簡述如下：

項目名稱：未婚懷孕少女育兒及親職教育方案（例舉）

步驟一：處境分析

某區私立中學之高中女生大多缺乏正確的避孕知識，若然情竇初開，加上缺乏正確的性知識，便容易珠胎暗結。根據初步的資料顯示，全校就讀高中的三百位女生中便有 40 位意外懷孕，約佔女生總人數 13.3%。由於當中有 30 位未成年少女堅決將孩子生下來，並願意承擔育兒的職責，然而卻不懂得如何照顧，因此他們極需接受育兒教育的訓練，期望藉此加強育兒的知識和技巧，並確保幼兒獲得妥善的照顧。

步驟二：假設 / 理論基礎

一般而言，初為人母的未婚少女對照顧幼兒是束手無策，加上缺乏自信心，因此承受着沉重的照顧壓力。按理說，若能為這些未成年的未婚媽媽提供足夠的育兒及親職教育培訓及實質支援，不單有助自信心之提升，亦可紓緩其照顧壓力。

綜上所述，現提出下列的基本假設 / 理論基礎：

1. 未成年的未婚媽媽皆缺乏育兒的知識和技能；
2. 這些未婚媽媽因缺乏照顧幼兒之信心，致使照顧壓力沉重；
3. 這些未婚媽媽若能接受一系列的育兒和親職教育培訓及實質支援，不僅有助自信心之提升，還可減低其照顧壓力；
4. 這些未婚媽媽經提升自信心後，其照顧壓力相應獲得紓緩，在照顧幼兒方面亦逐漸得心應手。

步驟三：擬定初步的成效

當推行上述一系列方案後，預期之短、中及長期成效如下：

1. 短期成效 —— 集中學習知識和技能的改變

（1）未成年懷孕少女掌握妊娠期的營養和健康知識；

（2）初為人母的未婚少女認識正確的餵哺、溝通互動及相關的幼兒照顧技巧。

2. 中期成效 —— 集中態度和行為改變

（1）未成年懷孕少女能依循正確的營養和健康指引去調理身體；

（2）未成年懷孕少女順利誕生健康的嬰兒；

（3）初為人母的未婚少女能依循正確的餵哺方法以照顧其初生嬰兒。

3. 長期成效 —— 集中狀況的改變

幼兒各方面的成長在出生後幾個月獲得均衡的發展。

步驟四：資源投入訂定

上述中心為促進此方案以達到其所定的短、中及長期成效，所需投放的資源如下：

1. 一位專業社工；

2. 一位負責提供嬰兒護理培訓課程之導師；

3. 40 本《育嬰指南》；

4. 五套育嬰及妊娠健康教育的錄像短片；

5. 其他教學輔助工具；

6. 派出一位工作員以協助高中班老師跟進未成年懷孕女生的個案及轉介她們參加此方案。

步驟五：擬定活動量

上述方案所提供的活動包括：

1. 為已分娩三個月但不足一年之未婚媽媽提供一系列育兒及親職教育培訓課程，並教導其有關幼兒營養、發展和照顧之知識與技巧。為未婚媽媽提供支援性小組聚會。
2. 為已懷孕三至六個月的未成年少女提供一系列育兒及親職教育培訓課程，並教導其有關幼兒營養、發展和照顧之知識與技巧。
3. 為未成年懷孕少女提供支援性小組聚會。
4. 借用學校活動室以舉辦上述之親職教育培訓課程，每項課程一星期一次，每次一小時；兩個支援性小組聚會分別每星期舉行一次，每次兩小時。

步驟六：活動推行及檢視外在因素對方案成效之影響

上述各項活動按照實施期而推行，三年內共推行兩期，而每期招募的服務對象不超逾 20 位未婚懷孕少女，並於一年半內完成一期活動；至於長期成效則在兩期活動完成後半年作出衡量。各項活動推行期間，工作員須定期檢視外在因素對方案成效所產生之正面或負面影響，並按需要對活動量、資源投放或成效指標進行適當的調節。

步驟七：衡量成效

為促進成效衡量，方案成果之產出和成效均需要制定表現指標，並須依據這些指標以進行方案成效之衡量，詳情可參閱表 13-4 所示。

表 13-4：未婚懷孕少女育兒及親職教育方案產出和成效之衡量（例舉）

產出衡量		
產出	產出指標	達標情況
未婚懷孕之未成年少女出席各項活動的百分率	≥ 90% 少女出席每星期一次的育兒及親職教育培訓課程	≥ 98% 出席率
	≥ 90% 少女出席每星期一次的支援性小組聚會	≥ 95% 出席率
成效衡量		
1. 短期成效		
成效	成效指標	達標情況

1.1 未婚懷孕之未成年少女掌握妊娠期的營養和健康知識	1.1 ≥ 90% 少女能掌握妊娠期的營養和健康知識	1.1 ≥ 95% 少女掌握妊娠期的營養和健康知識
1.2 初為人母的未婚少女認識正確的餵哺、溝通互動及相關的幼兒照顧技巧	1.2 ≥ 90% 初為人母的未婚少女認識正確的餵哺、溝通互動及相關的幼兒照顧技巧	1.2 ≥ 95% 初為人母的未婚少女認識幼兒的照顧技巧
2. 中期成效		
成效	成效指標	達標情況
2.1 未成年懷孕少女能依循正確的營養和健康指引去調理身體	2.1 ≥ 90% 未成年懷孕少女能依循正確的營養和健康指引去調理身體	2.1 ≥ 90% 未成年懷孕少女之營養及健康狀況達到正常水平
2.2 未婚媽媽誕下健康的嬰兒	2.2 ≥ 95% 未婚媽媽誕下健康的嬰兒	2.2 100% 未婚媽媽誕下健康的嬰兒
2.3 初為人母的未婚少女能提供正確餵哺、溝通互動及相關的幼兒照顧	2.3 ≥ 85% 初為人母的未婚少女能提供正確的嬰兒餵哺、溝通互動及相關的幼兒照顧	2.3 ≥ 90% 未婚媽媽能盡初為人母的職責
3. 長期成效		
成效	成效指標	達標情況
3.1 幼兒各方面的成長在出生後幾個月獲得均衡的發展	3.1 ≥ 80% 幼兒在出生後六個月獲得均衡的發展	3.1 ≥ 85% 幼兒在出生後六個月獲得均衡的發展
3.2 親子關係獲得改善	3.2 ≥ 90% 未婚媽媽覺得其與幼兒的關係良好	3.2 ≥ 95% 未婚媽媽覺得其與幼兒的關係良好

　　筆者現將未成年懷孕少女的育兒及親職教育方案的重要組成部分之邏輯關係串連起來[28]，以供讀者參閱，詳見圖 13-3 所示。

28　因這個項目是採用方案邏輯模式進行評估。

**圖 13-3：未婚懷孕少女育兒及親職教育方案的重要組成部分
及彼此間之邏輯關係（例舉）**

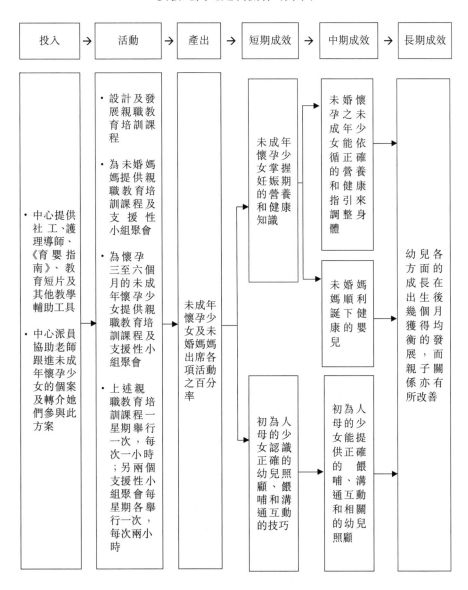

筆者已詳細介紹應用方案邏輯模式的各個步驟，包括其主要的流程如方案的投入、活動、產出及成效作出重點之描述，並引用實例加以說明。明確而言，上述流程的各個環節不單只環環相扣，同時藉着其合理的因果關係（If-then Relationship）而構成一種成效驅使的

（Outcome-driven）[29] 邏輯聯繫（Logic Links）。

除此之外，應用此模式以進行成效的衡量還包括數目核算、標準化工具、功能水平尺度法及受助人感覺改變等，本章前文已作介紹，這裏不再贅述；然而若將此模式稍作修訂，亦可應用於衡量一間組織之整體性績效。

(二) 社會影響力為導向的模式

社會影響力為導向的模式共分三大組成部分，包括策劃成果（Planning Results）、分析成果（Analyzing Results）及改善成果（Improving Results），上述每部分所需執行的步驟及採用的工具、方法、核對表及案例分析等，均可參閱由 PHINEO[30] 首席執行官安特烈亞斯・李凱爾特博士（Andreas M. Rickert）及其團隊成員所著述的《社會影響力評估指南》（Social Impact Navigator, 2016）[31]。筆者現只扼要介紹此模式每一部分所需完成的步驟及主要採用的工具／方法，並闡述如何應用此模式以衡量一個為期超逾一年的大型方案，其後將針對有關成果以進行詳細的分析。

第一部分：策劃成果

這部分主要包括三個步驟：

步驟一：檢視所面對的挑戰與需求評估分析

在規劃方案前，管理者及服務策劃團隊須先對目標對象人口羣進行需求評估與背景分析（Context Analysis），並進行下列五項範疇的檢視，這包括：

1. 方案於推行前將會面對的哪些社會性挑戰？所涉及的範圍及規

---

29 方案邏輯模式的七個組成元素包括了假設／理論基礎、處境分析、投入、活動、產出、成效和外在因素，詳見香港基督教女青年會及陳錦棠博士之著作（2006）。

30 PHINEO 是由德國一班專家顧問於 2009 年成立，它是謀求共同福利而支持公民參與的組織，並為非牟利組織提供專業的顧問服務。

31 詳見 https://www.phineo.org/themen/social-impact-navigator。

模是否一如所料？

2. 方案主要的目標對象（Targets）為何？他們對方案有何期望？除目標對象外，方案還涵蓋哪些重要持份者？

3. 現時區內有何類似的方案正在推行？其所需達到的方案成果為何？區內有何服務缺口須作填補？可從何處尋求合作的契機？又有何競爭對手？

4. 現時所面對的社會性挑戰之成因及後果為何？彼此間有何關聯？

管理者及服務策劃團隊可運用多種工具／方法以進一步探究機構所面對之挑戰與需求，如問題樹分析及持份者分析模板（Stakeholder-analysis Template）等；然而針對其所需處理的問題，則可透過文獻翻閱、檢視現存統計資料、使用分析及訪問有識之士等。

步驟二：制定項目目標

方案目標主要分為成效目標和衝擊目標兩類，前者乃指導致受惠對象產生預期的改變；後者乃指整個方案對社區帶來的長期影響／衝擊，而可供採用的工具／方法包括「解決樹」（Solution Tree）和名義小組方法等。

步驟三：發展邏輯模式

這模式有助管理者及服務策劃團隊掌握方案與其所投入的資源、活動和成效之間的相互關係，此舉不單有助監測方案之可信度和可行性，還可從資源投入、產出、成效與衝擊四個構面來檢視方案的各項流程，繼而才制定合理的指標水平。

第二部分：分析成果

這部分主要包括四個步驟：

步驟一：準備社會衝擊分析

此階段可透過監察和評估這兩種方法以進行資料的搜集與分析，前者強調方案之資源投入、產出和成效衡量[32]，它主要由內部的管理人員負責檢視方案的實施進度、依據重要資訊以進行決策和資源重組以及建立管理系統以加強重要資訊的整合與分析；後者則關注聚焦方案所產生之社會衝擊和成效，它主要由內部的審計人員或外聘的第三方評估人員負責搜集重要的資訊，並針對方案的進展和成果以進行全面的評估，繼而作出總結及改善建議。

步驟二：制定指標

與方案邏輯模式相似，當擬定產出和成效目標後，便須制定產出和成效指標，而有關指標乃用以衡量產出及成效能否達到預期的基準。另外，制定指標所採用的工具 / 方法不勝枚舉，其中之大腦激盪法和名義小組是較常用的方法，這裏便不再贅述。

步驟三：蒐集資料

若要檢視方案的推行能否達到其所定的指標，管理者及服務策劃團隊可透過專家訪談（Expert Interview）、個案和檔案分析及小組討論等方法 / 工具以蒐集重要的資料。

步驟四：處理和分析資料

方案資料一經搜集完畢，便須儘快進入資料整合、評估分析和審查的階段；切勿不了了之，否則只會增加遺失資料的風險。在此階段裏，亦須儘量安排相關的負責人及重要持份者參與其中，如此將可加快整體的進度。

第三部分：改善成果

當完成社會影響力分析後，管理者及服務策劃團隊須依據相關成

---

32 有關的成效是相對易於衡量。

果而切實執行改善的行動，這樣，當日後推行類同的方案時，便可取得更理想的績效；然而當中有兩個重要步驟是不可忽略的，這包括：

步驟一：學習與改善

機構管理層須鼓勵管理者及服務策劃團隊參照評估成果提出「反饋與反思」；換言之，反問為何出現不理想的成果？原因何在？有何感受？哪方面做得好？哪方面做得不好？如此類推。除此之外，亦須依據評估成果進行「規劃」，具體來說，便是檢視現時需要做甚麼？如何去做？所需採取的步驟為何？通過上述歷程，不單促進管理者及服務策劃團隊從檢討學習、意見交流及討論中反思不足，還可持續不斷地提升方案的成效。

再而，行動學習圈（Action Learning Cycle）亦是其中一種學習與改善的實踐方法，它的運作模式有兩種，詳見圖 13-4 所示。

圖 13-4：行動學習圈模式

行動學習圈：模式一

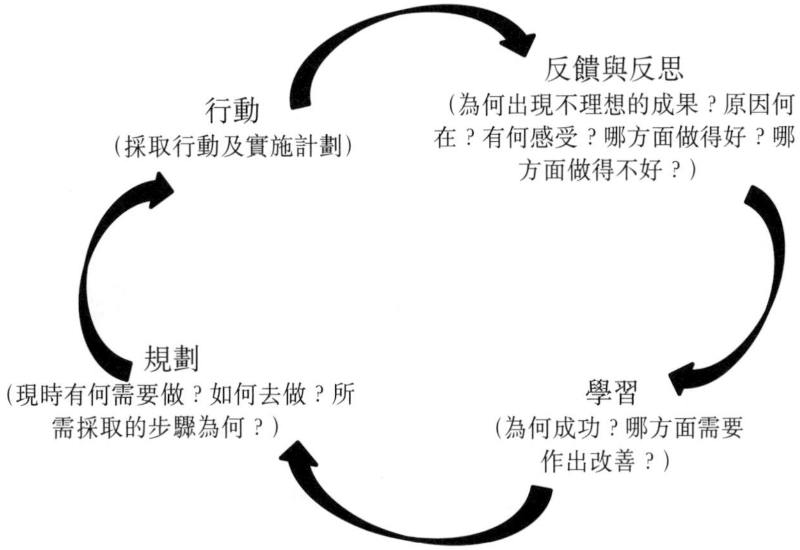

反饋與反思
（為何出現不理想的成果？原因何在？有何感受？哪方面做得好？哪方面做得不好？）

行動
（採取行動及實施計劃）

規劃
（現時有何需要做？如何去做？所需採取的步驟為何？）

學習
（為何成功？哪方面需要作出改善？）

行動學習圈：模式二

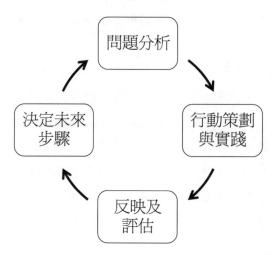

步驟二：發表成果

經過方案之社會影響力分析後，管理者及服務策劃團隊可依據社會彙報標準（The Social Reporting Standard）之格式來撰寫報告內容，其主要組成部分包括下列三方面：

1. 方案的概念與介紹

（1）陳述驅動機構和方案向前邁進之願景；和

（2）陳述報告的主題及概況。

2. 方案的主要工作及成果

（1）界定所要針對的社會事件及選取合適的方案評估方法，繼而識別機構現時有何需要處理的問題、主要成因及問題解決方法；

（2）針對所需的資源及預期達到的成果，從而識別機構所面對的社會衝擊事件為何；和

（3）針對未來目標、關鍵性風險和潛在的發展契機以制定組織願景，並落實策略性規劃工作的推行。

除利用圖表解說以讓更多組織成員了解報告之內容外，管理者及服務策劃團隊還須加強溝通技巧，並制定彙報時間表，從而定期向外

發佈方案成效的重要訊息。毋庸置疑，組織成員透過定期接收方案成果的資訊，能促進其持續學習與改善，有關詳情可參閱圖 13-5 的成果階梯（The Results Staircase）。

圖 13-5：成果階梯

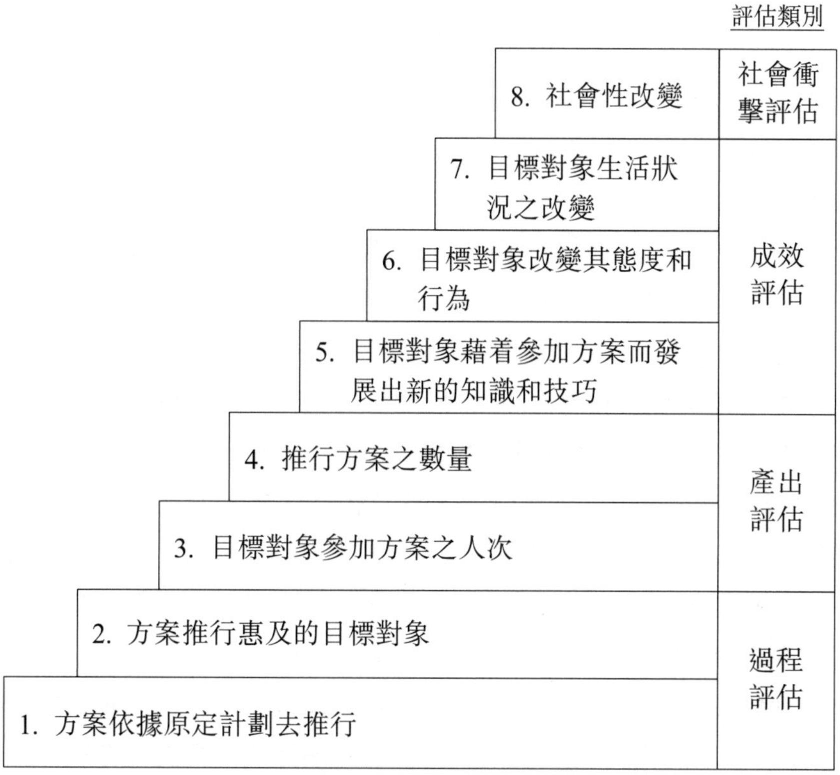

評估類別

8. 社會性改變	社會衝擊評估
7. 目標對象生活狀況之改變	
6. 目標對象改變其態度和行為	成效評估
5. 目標對象藉着參加方案而發展出新的知識和技巧	
4. 推行方案之數量	產出評估
3. 目標對象參加方案之人次	
2. 方案推行惠及的目標對象	過程評估
1. 方案依據原定計劃去推行	

備註：上述的成果階梯乃由李凱爾特博士（Dr. Andreas M. Rickert）及其團隊所創立，筆者已對此作出修訂。

筆者現引用例舉加以説明，首先，機構若要推行一個為期兩年的方案，管理者及服務策劃團隊必須先進行規劃，並制定兩年內所需推行的活動。倘若是針對上述方案有否依照原計劃去推行，而所推行的活動又有否惠及目標對象，這樣便需要進行過程評估；然而針對目標對象參加人次及所推行的活動數量，則須進行產出評估。此外，若要衡量目標對象完成活動後，他們有否發展新知識和技巧，其態度和行

為、以至生活狀況有否產生期望的改變等，這便需要進行成效評估。再者，針對方案能否紓緩社區問題之衡量（比如青少年自殺人數減少及體弱長者在家中意外死亡人數減少等），這便需進行社會衝擊評估，由此可見，上述的成果階梯可全面展示方案所需達到的成果。

四、方案評估實施的一些意見

筆者於前文已簡介形成性評估和總結性評估、方案評估類別以及進行各種的評估方法，但是哪些方法較為可取？哪些是必須執行[33]？哪些能提供重要資訊以促進方案評估設計的改善？以上問題，將於以下篇幅作出論述。

雖然方案評估方法眾多，比如方案投入評估、方案過程評估、方案監察評估、方案成效評估、方案目標達成評估及方案效率評估等，但社會服務機構較少採用「方案效率評估」，究其根由，主要是其所提供的方案對服務受眾和／或社區所產生的成效，比如達到所定之目標和預期成果，甚至產生正面的衝擊等，這些實在難以轉化為金錢的價值（醫療服務除外），故應用性不高；然而較為適用於社會服務機構的評估方法，可算是「方案效能評估」，管理者及服務策劃團隊藉此可識別一些成本較低，但又能達到相近成效的方案。但值得一提，這些機構囿於資源所限而無法悉力推動方案評估的工作，因此較為複雜的方案評估設計，最好能借助外來評估專家的援手，除非出資方提出特別要求、又或是機構已具備豐富知識和相關經驗的員工專責執行評估的工作；否則只是紙上談兵，難以成事。

總的來說，方案評估可概括分為兩種形式，第一種是針對那些較長期的核心方案，比如香港特區所營辦之綜合青少年服務中心的課餘托管服務計劃及長者地區中心的長者義工服務計劃等、又或包含一系列活動的大型方案，並需要採用較系統及複雜的方案評估設計，比

---

33 因要向資助團體或其他重要的支持者作出交代。

如説，方案邏輯模式[34]或社會影響力為導向的模式；第二種大多針對組織恆常提供的方案，因此可考慮採用多種的方案評估方法。除此之外，管理者及服務策劃團隊亦可整合幾種方案評估方法，並針對方案目標及其內容有否依循原計劃執行之達成程度以及對服務受眾有否產生期望的改變而進行全面的評估，由此可見，它亦算是一種方案整合性評估方法。當然，並不是每項方案都適用於整合性評估，倘若方案內容較為簡單、持續期又短，在進行方案評估時，只須集中採用一種至兩種方法便可，比如實踐過程評估及成效評估之其中一種、又或同時進行過程及成效評估；相對而言，那些內容豐富而持續期較長的核心方案，則可採用整合性評估或較具邏輯性之評估方法[35]。

事實上，方案目標愈是明確的、可衡量的、實際可行的及時限清晰的，目標達成之程度便愈容易衡量。可想而知，方案目標若制定得宜，往後制定有關的方案內容[36]不單只得心應手，還有助於履行過程評估的工作；換言之，方案的推行若依循計劃的內容而切實執行，並致使其受惠對象產生期望的改變，這將有利於方案成效評估之推行。

縱使整合性方案評估是相對理想的方法，管理者仍須審慎考慮機構能否投入充分的資源以進行相關的方案評估工作，但對於那些內容較豐富、實施期較長，甚至是大型的方案，則另作別論。針對一般方案之成效衡量，管理者及服務策劃團隊可選用一至兩種的評估方法，並依據機構所需及相關的重要資訊以進一步改善方案的設計。

---

34 由於方案邏輯模式着重成效的衡量，因此較為適合的評估方法包括標準化工具、功能水平尺度法和受助人感覺改變之衡量等。

35 其中一種具邏輯性之評估方法是「方案邏輯模式」。

36 方案內容包括活動項目及所需完成的工作任務。

第 五 節

專業實務介入評估類別和方法

一、進行專業實務介入評估之因由

根據布蘭（Brun, 2014）所作的定義，「專業實務介入」乃指專為某些特定的受助人或目標對象人口羣提供其所需的服務，藉此達成所定之目的和期望的成果；而達德利（Dudley, 2020）則認為它是一種促進受助人改變的社會工作介入手法。毋庸置疑，工作員若要為受助人提供專業的實務介入，實施評估絕對是不可或缺，其主要原因包括四方面（Grinnell & Unrau, 2011；Brun, 2013；Dudley, 2020）：

（一）實施評估能引領工作員邁向專業實務的導向；

（二）實施評估能提升專業實務介入之服務質素；

（三）實施評估能促進問責／交代，工作員藉此驗證其所提供的實務介入能有效導致受助人產生期望的成果；和

（四）專業實務介入評估是一種應用研究方法，它能促進工作員實踐其專業知識與實務經驗。

二、專業實務介入評估類別及方法

依據達德利（Dudley, 2020）的界定，專業實務評估可分為四大類別，現簡述如下：

（一）評估受助人的需求（Assessing Client's Needs）

「需求」乃指將某些社區問題轉化為「具體服務」，而這些服務是解決社區問題的必然手段。至於社區問題、需求及相關的社會工作解決方法之間的關係，現引用香港特區一些例舉，詳情可參閱表 13-5。

表 13-5：社區問題、需求及社會工作方案之關聯（例舉）

社區問題	社區需求	社會工作方案
家庭貧窮	✧ 需要獲取營養食物以維持家庭成員之健康	✧ 短期食物援助服務（Short-term Food Assistance Service, STFAS）
	✧ 需要金錢以購買家庭所需的基本物品	✧ 綜合社會保障援助計劃（Comprehensive Social Security Assistance Scheme, CSSA）
	✧ 需要獲得工作機會以賺取收入，從而支持家庭之開支	✧ 僱員再培訓計劃（Employee Retraining Scheme）

由此可見，當工作員進行受助人需求評估時，便是提供個案服務介入的首要步驟，這亦是依據問題解決之服務模式而進行的專業實務工作，而一般的需求評量過程可參閱圖 13-6 所示。

圖 13-6：需求評量過程

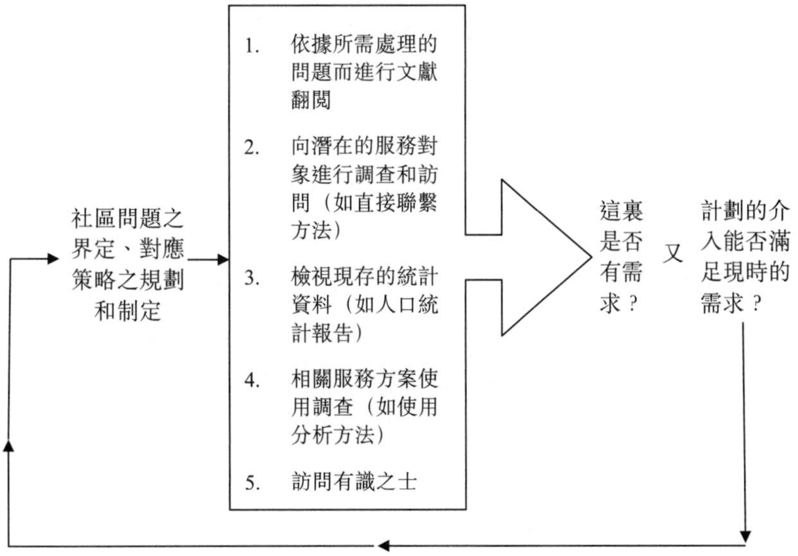

備註：(1) 以上各項所採用的評估方法可有助衡量目標對象（Target Group）之需求，並識別社區需求能否被滿足。

(2) 若然只處理問題，需求便會減少；但只處理需求，社區問題亦能獲得紓緩，由此可見，社區問題和需求可說是一個硬幣兩個面，彼此關係密不可分，互為影響，有關詳情可參閱本書第二章的分析。

總括而言，工作員可透過需求評估，一方面衡量其專業實務介入的成效；另方面識別受助人經接受有關方案後，其服務需求能否獲得滿足，可見實施需求評估是驗證方案成效重中之重的一環。

（二）監察實務 / 介入（Monitoring Practice/Interventions）

管理者及服務策劃團隊須密切監察工作員所提供的專業實務介入之成效，其中有四種方法可加以採用，現簡介如下：

1. 過程記錄（Process Recordings）

督導者須要求工作員定期提交個案 / 小組工作之實務介入過程記錄，一來通過督導過程以監察工作員之實務工作成效；二來依據相關資料所記錄之受助人行為和反應，以識別專業實務的介入有何需要改善之處（如一些被忽略之非語言行為或反應等）。

2. 直接觀察（Direct Observations）

督導者一方面透過雙面鏡（Two-way Mirror）或拍攝影像片段以觀察工作員所提供的專業實務介入過程；另方面針對工作員之介入手法而進行成效檢討及改善建議。

3. 個案扼要及日誌（Case Summaries and Logs）

為提升個案工作成效，工作員須定期依據其所提供的介入而進行扼要分析，並針對後續的介入而制定改善計劃。此外，工作員須鼓勵受助人按照其期望的行為改變而進行仔細的記錄，繼而針對這些日誌而與受助人進行詳細的討論與反思，此舉除可監察介入的過程，還能檢視個案工作之成效。

4. 個案管理（Case Management）

為有效履行個案經理[37]的角色，工作員必須加強下列五項職能，這包括：

37　個案工作員同時履行着「個案經理」（Case Manager）的職責。

（1）致力為受助人提供其所需的服務；

（2）主動與相關的服務提供者[38]洽談，藉以促成個案之服務協議；

（3）確保服務提供者依循服務協議而提供受助人所需的服務；

（4）為受助人發聲，並竭力爭取其權益；和

（5）持續監察其他機構所提供之服務質素和適切性。

事實上，個案管理可說是一個有系統的問題解決過程，它不單包含一系列的個案服務，還發揮着六項功能，這包括：

（1）為受助人建立正規的支援網絡；

（2）透過個案管理能評估受助人的能力與需求，然而此過程主要突顯其能力，而非進行問題 / 需求的識別；

（3）依據受助人所需，共同擬定個案的介入計劃；

（4）與受助人共同建立個人化支援網絡；

（5）全力監督個案介入的過程；和

（6）進行個案成效評估、結案及後續跟進。

綜言之，個案管理的主要步驟包括個案初評、制定介入計劃、服務協調、監察成效及質素、後續跟進及個案重檢等。

（三）衡量受助人滿意度（Assessing Client Satisfaction）

工作員須定期與受助人進行非正規的滿意度調查，從而搜集服務意見，繼而切實執行相關的改善計劃行動。除此之外，亦可進行客觀及科學化的手段，比方說，採用標準化衡量工具以評量受助人之滿意度。下列引用了史蒂芬・麥克默特里（Steven L. McMurtry, 1994）所設計的「受助人滿意度之調查問卷」以供讀者參閱，當中筆者已作出必要的修改。

---

38 「服務提供者」（Service Provider）乃指提供服務的機構和 / 或組織。

受助人滿意度調查問卷

（Client Satisfaction Inventory，簡稱 "CSI"）[39]

下列問卷主要是衡量您對服務的滿意度，請認真回答。由於這不是一種測試，故沒有對與錯之分，請依據下列的評估準則而在空格內填寫答案。

1 = 全無（None of the time）　　2 = 極少（Very rarely）　　3 = 很少（A little of the time）
4 = 有時（Some of the time）　　5 = 經常（A good part of the time）
6 = 大部分時間（Most of the time）　　7 = 全部時間（All of the time）
X = 不適用 (Does not apply)

1.	我所接受的服務對我有極大的幫助。	
2.	所有人對我真心關懷。	
3.	若我再有需求，我將會再次求助。	
4.	我覺得這裏沒有人真心聆聽我的心聲 / 説話。	
5.	這裏的人視我如一個人，不是一個號碼。	
6.	我已學到很多處理問題的技巧。	
7.	這裏的人只按自己的做法去辦事，並非誠心幫助我找出解決問題的方法。	
8.	我會向我關心的朋友推薦這裏的服務。	
9.	這裏的人清楚知道自己所作為何。	
10.	我在這裏獲得我真正所需的幫助。	
11.	不管我是誰，這裏的人都會接受我。	
12.	我現時較初來到時感覺更好。	
13.	以前我覺得無人能幫助我，直至來到這裏我才找到幫助。	
14.	我在這裏得到的幫助，真的是物有所值。	
15.	這裏的人將我的需求置於其需求之前。	
16.	當我表示不同意，這裏的人便會蔑視我。	
17.	我在這裏獲得最大的幫助，就是學習到如何幫助自己。	
18.	這裏的人正試圖排斥我。	
19.	認識我的人表示這裏能讓我獲得正面的改變。	
20.	這裏的人能指引我向其他地方尋求協助。	
21.	這裏的人看來很明白我的感受。	
22.	這裏的人只重視薪金的報償。	
23.	在這裏我已能敞開心扉，並放心與人傾訴。	
24.	在這裏所獲得的幫助是超逾我所期望的。	
25.	我冀盼能與這裏的人再進行會談。	

39　詳見 Client Satisfaction Inventory (Steven L. McMurtry, 1994)。

備註：

(1) 分數必須倒轉之項目：4,7,16,18 和 22（如項目 4 原先之答案是 7 分，倒轉便是 1 分，如此類推）。

(2) 標準的測量方法之計分方式如下列：

$$分數 = \frac{(\Sigma Y\text{-}N)\text{x}100}{N\text{x}6}$$

Y = 每一項目之回應

N = 項目完成之總數

Σ = 總和

假設項目分數之總和是 140 分，項目完成之總數是 20 項（除了其中 5 項是「不適用」外，其餘 20 項都是獲得 7 分），依照上述公式所得的分數是：

$$分數 = \frac{(140\text{-}20)\text{x}100}{20\text{x}6} = 100 \text{ 分}$$

上述分數顯示出受助人是百分百（100%）滿意該機構／中心所提供的服務。

（四）評量受助人之成效（Assessing Client Outcomes）

工作員須持續驗證其所提供之方案介入能夠改善受助人的狀況，並達到期望的改變，不單如此，還須經常撫心自問下列的問題，這包括：

1. 我的介入方案能否促進受助人達到預期的目標？

2. 我的介入方案有否導致受助人產生正面的改變？

3. 受助人經接受我的介入方案後，能否達到最初雙方所協定的目標？

4. 我的介入如何有效解決或紓緩受助人的問題？

5. 我的介入應如何作出改善，才能促進受助人實現所協定的目標？

若要從上述提問獲得明確的答案，管理者及服務策劃團隊可採用下列八種的評估工具，現簡介如下：

1. 時間序列設計（Time-series Design）／單項設計（Single-subject Design）

這種評估工具主要是驗證工作員的專業實務介入能否導致

受助人達到所定的目標或產生期望的改變，目前它廣泛應用於臨床社會工作實務，過程中，工作員須與受助人共同協商介入的目標，並定期監察其進展及預期成效之達成。一般來說，它有助衡量某項方案介入對個人／實驗組產生的成效，具體做法現簡述於下：

首先，工作員須制定明確的成效目標或介入目標；亦即是說，藉着方案介入評估方法之制定，從而檢視受助人產生期望的改變為何。當方案介入之前，工作員須在特定時間內進行多次的衡量，並作出清楚的記錄，而有關的資料和／或數據將會形成一條基線（Baseline）——代表個人或實驗組未接受服務介入時的狀況。當介入進行時，工作員須在特定時間內持續進行衡量；但當終止介入，便須針對個人／實驗組不同階段的進展和／或改變而作出清楚的評估記錄。當方案介入重啟時，工作員可再次衡量其所產生之預期成效，從而識別此方案是否具成效。

明確而言，時間序列設計主要是比較兩個時期，即是基線期與介入期之間所觀察和量度得到的變化[40]，繼而判斷目標對象的改變是否由方案介入所造成。此外，它亦包含着一種假設，便是工作員普遍認為就算結束介入，採用此方法所帶來的影響仍會存在，但事實上根本無法確保有關衝擊能長久延續下去。儘管如此，筆者認為下列三種方法可促進方案介入的持續性（陳永泰，1991；Grinnell & Unrau, 2011；Yegidis, Weinbach, & Myers, 2018），現簡列如下：

方法一：針對介入期進行適切的改良；換言之，把介入 "B" 逐漸淡出而變成 "B^1"，當影響程度逐漸減弱，再經過一段時間後，"B^1" 亦會漸漸消失，有關狀況如下圖所示：

40　轉變是指發生在個人／實驗組的狀況。

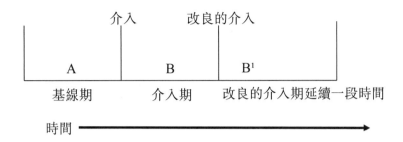

方法二："B" 的介入仍繼續存在，但加進新的介入 "C" 而變成 "BC"，而 "BC" 的介入持續一段時間後，有關狀況如下圖所示：

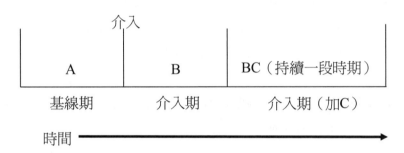

方法三：當 "B" 介入成功後便終止，但加入另一項新的介入而變成 "C"，並持續進行，有關狀況如下圖所示：

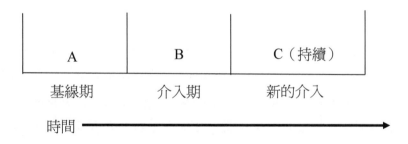

至於時間序列設計主要包括三大類型，現簡介如下：

(1) 基本實驗設計

這主要分為 "A-B-A" 及 "B-A-B" 兩種設計，前者是針對「基線期—介入期—基線期」之介入而衡量個人／實驗組之期望改變；後者是針對「介入期—基線期—介入期」之介入，當終止延

續介入後再進入基線期,這階段的個人/實驗組之改變若轉差,則須重新介入,並檢視其狀況有否好轉,有關狀況如下圖所示:

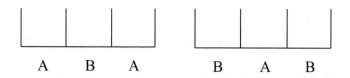

(2) 實驗性複製設計

這主要分為 "A-B-A¹-B¹" 及 "A-B-A-C-A" 兩種設計,前者是針對「基線期—介入期—第二次基線期—第二次介入期」之介入;倘若個人/實驗組在第二次基線期的狀況轉差,但第二次介入期之狀況轉好,這樣則驗證上述介入乃是導致個人/實驗組產生期望的改變之重要因素(或許是唯一的因素)。至於後者是針對「基線期—介入期—基線期—改良的介入期—基線期」之介入,它主要是測試 "B" 與 "C" 哪個是最有可能導致個人/實驗組產生期望的改變,有關狀況如下圖所示:

(3) 牽涉介入轉變的設計

這主要分為 "A-B-C" 及 "A-B-A-C" 兩種設計,前者是針對「基線期—介入期—改良的介入期」之介入;換言之,當介入期完成後便有新的介入取代,其後再檢視新的介入是否更具成效;後者是針對「基線期—介入期—基線期—新的介入期—基線期」之介入,這種設計可突顯 "B" 或 "C" 兩者的介入哪個是較具成效及持久性。

2. 目標達成尺度法(Goal Attainment Scale,簡稱 "GAS")

目標達成尺度法是由明尼蘇達方案評估中心兩位學者伯思斯·維爾(Thomas J. Kiresuk)和羅伯特·謝爾曼(Robert E.

Sherman）發展出來的（Kiresuk & Sherman, 1968），它是依據每位受助人之心理治療過程而發展出明確的評估準則。有關評估主要是依據一個 5 分尺度法，將期望達到之目標置於中間位置，而最理想的期望成果放於一端，另一端則是最不理想的期望成果。工作員除衡量受助人達到每個目標所獲得之分數外，亦須衡量一系列目標所獲得的總分，最後才評量每位受助人所獲得之平均分。具體做法主要包括下列四項：

(1) 選擇切實可行的介入目標

介入目標不宜太多，舉例而言，一位經常曠課的學生之介入目標可制定為：(i) 回校上課；(ii) 繳交習作；和 (iii) 成績進步，可見這三個目標乃專為上述個案而度身訂造。

(2) 界定目標重要性之比重 / 權重（Weight）

當完成各項目標之制定後，工作員便須為受助人進行資料的搜集，並藉此檢視有關的目標對其重要程度為何，繼而針對每項目標之重要性而進行比重 / 權重之界定與優先排列。

(3) 界定期望及相應的成果

每項目標以 5 分尺度（+2、+1、0、-1 及 -2）來劃分其達標程度，而當中最重要部分是期望的成果（Expected outcome/Expected level of success），這是經工作員與受助人協商，並依據其能力所及的行為表現而釐定，現以中間值 "0" 作為基準。建基於此為出發點，繼而分「佳」和「劣」兩方向的四個成果，它們分別是「最佳成果」（Best anticipated outcome/Most favourable outcome）、「較佳成果」（More than expected outcome/More success than expected）、「較差成果」（Less than expected outcome/Less success than expected）及「最差成果」（Most unfavourable outcome thought likely）。即使如此，各項成果必須是明確的、可被觀察的、實際可行的及不會重疊意義的行為指標，而憑藉這些指標便可進一步制定評估工具之相關指引。

(4) GAS 的實踐

當完成上述指引的制定後，繼而進行兩個階段的評估工作，

現簡介如下：

(i) 工作員依據觀察受助人的表現所得，以評估其行為在各項目標之符合程度。

(ii) 經過一段時間的介入後，工作員再評估受助人在各項目標之符合程度。

每次進行評估時，工作員可採用下列方程式以計算 GAS 之得分，有關做法如下：

$$T = 50 + \frac{(10 \sum W_iX_i)}{\sqrt{(1-p) \sum W_i^2 + P (\sum W_i)^2}}$$

備註：(1) W_i：這是指各項目標之比重 / 權重，它主要是用來衡量目標之重要性及難度。

(2) X_i：這是指受助人所呈現的行為與各項目標之達成程度，評分通常由 -2 至 +2。

(3) P：這是指各方案目標「關係的係數」(Correlation Coefficient)，而根據維爾及謝爾曼的研究所推算，P 假設是 0.30 (Kiresuk & Sherman, 1968)。

GAS 之總分若低於 50 分，則表示目標未能達到；若達到 50 分，即表示受助人的行為是在期望的成果之內；若高於 50 分，其達標程度便愈理想。除此之外，還可將兩個不同時期的得分相減而得出「目標達成更變得分」(Goal Attainment Change Score)，這種方法可反映受助人的狀況是進步（正值）或是退步（負值），筆者現引用下列兩個例舉加以說明。

表 13-6：GAS 例舉（一）

目標達成程度	每週回校上課 （Wi：50）	繳交習作 （Wi：30）	成績進步 （Wi：20）
+2	每週上課 5 天	繳交 71% 以上的習作	各科成績平均為 60 分以上
+1	每週上課 4 天	繳交 51%-70% 的習作	各科成績平均為 51-60 分
0	每週上課 3 天	繳交 21%-50% 的習作	各科成績平均為 41-50 分
-1	每週上課 1-2 天	繳交 11%-20% 的習作	各科成績平均為 31-40 分
-2	不再回校上課	繳交 10% 或以下的習作	各科成績平均為 30 分或以下

備註：Wi：各項目標之比重 / 權重

另一種計算 GAS 之方法是將「比重更變得分」除以「可能的比重更變得分」，此舉可得出「更變達標」之百分比，並判斷案主的更變程度，詳見例舉（二）。

表 13-7：GAS 例舉（二）

	目標一： 促使案主減低抑鬱至非臨床治療的水準（依據 *GCS 標準量表計算）	目標二： 減低案主體重少於 160 磅	目標三： 促使案主持續獲得全職的工作
權重／比重	$W_i = 25\%$	$W_i = 25\%$	$W_i = 50\%$
+2 較預期的更成功	GCS = 30 分或以下	體重低於 160 磅	持續獲得全職的工作
+1 較預期的成功	GCS = 31-43 分	體重 = 160-169 磅 （☒ 體重 165 磅）	獲得臨時的全職工作
0 期望的成功	GCS = 44-56 分 （☒ 得分 48 分）	體重 = 170-179 磅	獲得兼職的工作 （☒）
-1 較期望的成功少	GCS = 57-69 分 （☑ 得分 61）	體重 = 180-189 磅 （☑ 體重 188 磅）	雖仍未受聘，但家長仍提供經濟援助 （☒）
-2 想象中最不理想的成效	GCS = 70 分或以上	體重 = 190-199 磅	仍未受聘，且家長已終止經濟援助
總結	目標 1	目標 2	目標 3
比重	25	25	50
更變得分	1	2	1
比重更變得分	25	50	50
可能的比重改變	75	75	150
達標百分比	33.3%	66.7%	33.3%

備註：(1) "GCS" 全名為 "The Generalized Contentment Scale"（詳見 Walter W. Hudson, 1993）。

(2) ☑ = 初期達到水平；☒ = 終期達到水平。

(3) 受助人共有三個目標要達成，從上表得悉，目標二之達成程度較高（達 66.7%），其他兩個目標之達成程度則較低（各得 33.3%）。

(4) GAS 例舉（二）之方法是相對簡單和容易計算。

3. 目標問題尺度法（Target Problem Scale，簡稱 "TPS"）

　　這方法主要是透過某些方案介入以促進受助人紓緩和／或解決其問題，其後再評量有關問題已否轉差或有所改善，筆者現引用下列例舉以作說明。

表 13-8：TPS 例舉

針對的問題	嚴重程度（每節）						整體的改善或改變程度
	1	2	3	4	5	6	(1-5 分尺度)
1. 案主未有關注到疏忽照顧子女是一個問題	ES	ES	S	S	NVS	NVS	4
2. 案主出席社工面談時經常遲到	S	S	S	NP	NP	NP	5
3. 案主輕視與子女長久相處時間的需求	ES	NVS	NVS	NVS	NVS	NVS	4
4. 案主很晚才叫子女睡覺	ES	ES	ES	VS	ES	ES	2
5. 案主與其配偶經常互相大聲謾罵	S	S	S	S	S	NVS	3
平均的改變程度：							3.6

備註：

嚴重程度：NP = 無問題；NVS = 不太嚴重；S = 嚴重；VS = 十分嚴重；ES = 極之嚴重

改善尺度：1 = 劣；2 = 沒有改變；3 = 很少改善；4 = 部分改善；5 = 大部分改善

　　上述例舉不單說明案主及其配偶欠缺良好的親職技巧，而且還出現很多其他問題。經過工作員六節的介入後，可檢視其進步或變差的狀況為何。在最初的兩節裏，第一個問題已有所改善，在第五及六節尤為顯著。整體而言，受助人的改善程度是 3.6，即表示其問題基本已作出改善。

4. 功能水平尺度法

　　這主要是衡量受助人或其家庭之功能水平，亦可用於受助人

功能前後測的一種評估工具，而受助人功能之界定不單只是「功能」，亦包括其「行為」和「問題」。功能水平尺度法通常具有下列特徵（Martin & Kettner, 2010：100）：

(1) 每項功能水平尺度法只關注受助人其中一項功能範疇，而這項功能是可被觀察及描述的；

(2) 一般是由「十分低」至「十分高」作出排列；

(3) 當受助人開始使用某方案時，便要進行功能水平的衡量，直至完成治療或完成方案介入後再作出衡量；

(4) 在不同功能水平的層次中，每一層次皆可被衡量及分辨，並能正確識別受助人之行為；和

(5) 功能水平尺度法內所描述受助人之功能、行為或問題是建基於某些理論、研究和實踐之知識，並非隨意制定的。

5. 標準化衡量工具

　　標準化衡量工具主要是用作評估受助人之感受、態度和觀感，它採用了標準化衡量指數以對受助人進行前後測和比較分析，藉此識別其生活質素有何改變。凱文・科克倫（Kevin Corcoran）和喬爾・菲舍爾（Joel Fischer）所主編的《臨床實踐和研究措施》（*Measures for Clinical Practice and Research: A Sourcebook*, 1994）共輯錄 140 種標準化衡量方法，甚具參考價值。另中國內地所出版的《常用心理學測量表》（戴曉明，2013），亦詳列了 80 多種國際通用的標準化衡量指數（中文譯本），值得讀者多作參詳。

6. 從受助人角度以檢視介入的成效評估

　　這是衡量受助人接受專業實務介入後之感受，現引用下列兩個實例加以說明：

(1) 短期小組 / 活動計劃

　　這是針對小組 / 活動計劃能否達到預期的目標。提問例舉：

你認為本小組／活動計劃能否有效達到所定的目標？

1. 非常不能夠；2. 不能夠；3. 頗能夠；4. 能夠；5. 非常能夠

(2) 個案服務

當受助人求助或開始接受輔導服務後，工作員須安排上述個案對問題困擾之嚴重程度作出評分；而當介入結束時，須針對相同問題再進行評分，此舉有助檢視受助人面對上述問題之困擾程度有否改善。其後再隔一段時間，工作員針對受助人的問題再進行評估。

提問例舉：

你現在（或在輔導過程）感到困擾的問題是……（總結案主的觀點），現時這問題對你的困擾程度是：

1. 全不困擾……7. 非常困擾

7. 從轉變角度看介入的成效評估

這是指受助人接受專業實務介入後感覺有何轉變，現引用下列兩個實例加以說明：

(1) 短期小組／活動計劃

工作員須先將小組／活動計劃的目標具體化，繼而比較受助人有否產生顯著的改變，舉例而言，某機構舉辦工作坊的目標是提升青少年應付挫折的信心，因此工作員會要求參加者在活動前後評估自己應付挫折的自信程度，並檢視有否作出明顯的改善。

提問例舉：

我現在應付挫折的自信程度是（活動前後比較）：

1. 全沒有信心……7. 非常有信心

(2) 個案服務

由工作員評估案主的進展，並衡量介入的成效。在個案結

束後，工作員總結受助人接受整個的介入過程，當中除了從觀察所得的具體轉變外，還包括受助人對其自身改變的描述而作出的評級：

1. 退步／變差；2. 沒有改變；3. 輕微改善；
4. 頗有改善；5. 很大改善

8. 其他

其他用作衡量受助人接受專業實務介入後產生期望的改變之評估方法，還包括受助人滿意度和效能（Client Satisfaction and Effectiveness）、服務計劃成效核對表（A Service Plan Outcome Checklist）、工作任務達成尺度法（Task Achievement Scaling）和頻率核算（Frequency Counts）。因篇幅所限，筆者將在另一本著作詳細介紹這些評估方法及引用實用評估表格以供讀者參閱。

小結

筆者在本章主要簡介方案評估和專業實務介入評估類別，除了推介幾種常用的方案評估方法及闡述實踐方案評估策略外，亦用了較長的篇幅以論述如何對為期超逾一年的大型方案進行評估。誠然，管理層不僅要審慎選取合適的方案評估方法，還要「量力而為」，一方面衡量機構本身可資採用的資源，另方面亦要識別哪些方案評估方法能有助搜集機構所需的重要資訊。毋庸置疑，方案評估的方法愈是複雜（如方案邏輯模式和方案整合性評估方法等），不單只投入龐大的資源，還需要靠賴評估專家或具相關評估經驗的員工推行，這樣機構在推行評估的工作才可得心應手。儘管如此，筆者一直認為簡單易用的方案評估方法絕對是關鍵，因它除可滿足機構的實際需求外，亦有助促進管理者作出明智的決策，如此方案評估的實踐將會更加得心應手。此外，機構若要向資助團體申請撥款以推行較長期的方案時，管理者及服務策劃團隊可參照方案邏輯模式或社會影響力為導向模式的框架以撰寫項目建議書，上述方法皆有利於成效評估和社會衝擊評估的實施。

不論如何，由於參與式評估方法（Participatory Evaluation Method）是一種以持份者和受惠對象共同評估，並強調「以人為本」的評估方法（Hardina, Middleton, & Montana, 2007），因此已日漸受到重視，加上他們的積極參與是整個評估過程之關鍵元素，而這種舉措恍如社會照顧的共同生產模式（Co-production Model）。由此可見，機構藉着設立不同的渠道，以讓持份者和受惠對象參與問題識別、評估設計、資料搜集與分析以及依據評估成果而制定改善的行動。除此之外，還可採納服務使用者及持份者之反饋意見[41]以促進組織整體性績效之提升，因此這種評估模式絕對值得在業界廣泛推廣與實踐。

---

41 服務使用者及持份者所提供之反饋意見，當中涵蓋不少專業知識和真知灼見，管理者絕不可置若罔聞。

本 章 主 要 參 考 資 料

1. Brown, S.J. (2014). *Evidence-based nursing: The research-practice connection* (3rd ed.). Burlington, MA: Jones & Bartlett Learning.

2. Brun, C.F. (2013). *A practical guide to social service evaluation* (2nd ed.). Chicago: Lyceum Books, Inc.

3. Chambers, D.E., Wedel, K.R., & Rodwell, M.K. (1992). *Evaluating social programs*. Massachusetts: Allyn and Bacon.

4. Corcoran, K., & Fischer, J. (1994). *Measures for clinical practice* (2nd ed.). New York: The Free Press.

5. Dalton, D.R., Hitt, M.A., Certo, S.T., & Dalton, C.M. (2007). *The fundamental agency problem and its mitigation: Independence, equity, and the market for corporate control.* Academy of Management Annals, Vol. 1, pp.1-6.

6. Dudley, J.R. (2020). *Social work evaluation: Enhancing what we do* (3rd ed.). New York: Oxford University Press.

7. Fischer, J., & Corcoran, K. (1994). *Measures for clinical practice: A source book* (2nd ed.). New York: The Free Press.

8. Gabor, P., & Grinnell, R,M. (1994). *Evaluation and quality improvement in the human services*. Boston: Allyn and Bacon.

9. Gabor, P., Unrau, Y.A., & Grinnell, R.M. (1998). *Evaluation for social workers: A quality improvement approach for the social services*. Boston: Allyn and Bacon.

10. Ginsbery, L.H., & Keys, P.R. (Eds.) (1995). *New management in human services* (2nd ed.). Washington, DC: NASW Press.

11. Grinnell, R.M., & Unrau, Y.A. (Eds.) (2011). *Social work research and evaluation: Foundations of evidence-based practice* (9th ed.). New York: Oxford University Press.

12. Grinnell, R.M., Jr. William, M., & Unrau, Y.A. (2012). *Research methods for social workers: An introduction*. Kalamazoo, MI: Pair Bond Publications.

13. Hafford-Letchfield, T. (2010). *Social care management, strategy and business planning*. London: Jessica Kingsley Publishers.

14. Hardina, D., Middleton, J., Montana, S., & Simpson, R.A. (2007). *An empowering approach to managing social service organizations*. New York: Springer Publishing Company.

15. Hudson, W.W. (1982). *The clinical measurement package: A field manual*. Homewood, IL: Dorsey Press.

16. Kapp, S.S., & Anderson, G.R. (2010). *Agency-based program evaluation: Lessons from practice*. Los Angeles: SAGE Publications, Inc.

17. Kettner, P. M., Moroney, R.M., & Martin, L. L. (2017). *Designing and managing programs: An effectiveness-based approach* (5th ed.). Los Angeles: SAGE Publications, Inc.

18. Kiresuk, T. J., & Sherman, R. E. (1968). "Goal attainment scaling: A general method for evaluating comprehensive community mental health programs". *Community Mental Health Journal*, 1968, Vol. 4, pp.443-453

19. Lai, W. L. (2001). *Application of program logic model in outcome evaluation (Lecture handouts)*. Hong Kong: Department of Social Work, CUHK.

20. Levin, H.M. (2005). "Cost-benefit analysis". In Mathison S. (Ed.), *Encyclopedia of evaluation*, pp.86-90. Thousand Oaks, CA: SAGE Publications, Inc.

21. Lewis, J.A., Packard, T.R., & Lewis, M. D. (2012). *Management of human service programs* (5th ed.). Belmont, CA: Brooks/Cole.

22. Martin, L. L. (2008). "Program planning and management". In Patti R. J. (Ed.), *The handbook of human services* (2nd ed.), pp.339-350. Thousand Oaks, CA: SAGE Publications, Inc.

23. Martin, L. L., & Kettner, P. M. (2010). *Measuring the performance of human service programs* (2nd ed.). Thousand Oaks, CA: SAGE Publications, Inc.

24. McDavid, J.C., Huse, I., & Hawthorn, L.R.L. (2013). *Program evaluation and performance measurement: An introduction to practice*. Thousand Oaks, CA: SAGE Publications, Inc.

25. McMurtry, S.L. (1994). *Client satisfaction inventory (CSI)*. Tallahassee, FL: Walmyr Publications.

26. Murray, V. (2010). "Evaluating the effectiveness of nonprofit organizations". In Renz D.O. (Ed.) and the Associates, foreword by Herman R.D., *The Jossey-Bass handbook of nonprofit leadership and management* (3rd ed.), Chapter 16, pp. 431-458. San Francisco, CA: Jossey-Bass.

27. Posavac, E.J., & Carey, R.G. (1997). *Program evaluation: Methods and case studies* (5th ed.). Upper Saddle River, NJ: Prentice-Hall.

28. Rickert, A.M. (Ed.) (2016). *Social impact navigator: The practical guide for organizations targeting better results*. PHINEO.

29. Rossi, P.H., Lipsey, M.W., & Freeman, H.E. (2004). *Evaluation: A systematic approach* (7th ed.). Thousand Oaks, CA: SAGE Publications, Inc.

30. Royse, D., Thyer, B.A., & Padgett, D.K. (2010). *Program evaluation: An introduction* (5th ed.). Belmont, CA: Brooks/Cole-Wadsworth Thompson Learning.

31. Smith, M. J. (2010). *Handbook of program evaluation for social work and health professionals*. New York: Oxford University Press.

32. Social Impact Navigator (2016). *The practical guide for organizations targeting better results*. Retrieved from http://www.phineo.org/themen/social-impact-navigator/. Accessed on 11th June 2018.

33. Thompson, M.S. (1980). *Benefit-cost analysis for program evaluation*. Beverly Hills, Calif.: SAGE Publications, Inc.

34. United Way of America (2003). *Outcome measurement in national health and human service and accrediting organizations*. Alexandria, VA: Author.

35. University of Wisconsin-Extension (2003). *Program action-logic model*. Retrieved from https://www.fs.usda.gov/Internet/FSE_DOCUMENTS/stelprdb5104517.pdf. Accessed on 7th November 2018.

36. Weinbach, R. W. (2005). *Evaluating social work services and programs*. Boston: Pearson/Allyn and Bacon.

37. W. K. Kellogg Foundation (2006). *W. K. Kellogg Foundation evaluation handbook: Logic model development guide*. Retrieved from http://www.wkkf.org/resource-directory/resource/2010/w-k-kellogg-foundation-evaluation-handbook/. Accessed on 11th June 2018.

38. Yegidis, B.L., Weinbach, R.W., & Myers, L.L. (2018). *Research methods for social workers* (8th ed.). Pearson/Allyn and Bacon.

39. York, R. O. (2009). *Evaluating human services: A practical approach for the human service professional*. Boston: Pearson Education, Inc.

40. Yuen, F.K.O., Terao, K.L., & Schmidt, A.M. (2009). *Effective grant writing and program evaluation for human service professionals*. Hoboken, N.J.: John Wiley & Sons, Inc.

41. 陳永泰（1991），《社會服務評估法》。香港：香港基督教服務處。

42. 香港基督教女青年會、陳錦棠（2006），《社會服務成效評估：程序邏輯模式之應用》。香港：香港基督教女青年會。

43. 陳錦棠（2008），《香港社會服務與審核》。北京：北京大學出版社。

44. 黃松林、趙善如、陳宇嘉、萬育維（2009），《社會工作方案評估與管理》。台中：華都文化事業有限公司。

45. 梁偉康（2012），《成效管理：非營利社會服務組織全面實踐策略》。香港：非營利組織卓越管理有限公司。

46. 黃源協（2015），《社會工作管理》（第三版）。台北：雙葉書廊有限公司。

47. 翁慧圓、陳心怡、林秉賢、唐宜楨（2016），《方案設計與評估》。台北：洪葉文化事業有限公司。

14

社會服務機構整體性績效衡量與評估

導言

　　海峽兩岸暨香港、澳門之社會服務機構，它們大多仰賴政府和 /
或基金會的資助撥款以維持日常營運，但針對其所提供的方案 / 項
目，這些機構有否採用方案評估以衡量其服務成效？又或是針對組織
整體性績效進行策略性及系統性的評估？倘若欠缺表現衡量，機構如
何能向其持份者作出交代？又如何能證明其所提供的服務是具有成
效？甚至如何能判斷其所投入的資源是用得其所？凡此種種，絕對是
政府相關部門、基金會以及機構管理層所需深思的問題，切勿掉以輕
心。

　　為加深讀者的認識，本文首先簡介過往 30 多年社會服務機構績
效評估的演變歷程及常用的績效評估模式，其後筆者會針對幾個可行
的模式進行論述，並提供多種有助提升組織整體性績效的方法，機構
管理層可考慮本身的專長和 / 或其所需而選取合適的績效評估模式。

社會服務機構績效評估之演變

二十世紀九十年代前，社會服務機構已開始關注績效評估，但只集中財務收支、服務產出、質素保證、效率及服務使用者滿意程度。九十年代之後，美國政府於 1993 年頒佈了《美國政府績效與成果法》（Government Performance and Results Act, "GPRA"），其後加拿大政府建基於上述法案作出相關的修訂，當中要求各個公共機構須識別可行的績效衡量和管理方法，一方面建立成果為本的管理問責架構（Result-based Management Accountability Framework）；另方面要求機構定期向有關當局彙報指標之達成程度（McDavid & Hawthorn, 2006）。經過加拿大政府的積極倡導，以成效導向為主的績效評估模式恍如雨後春筍，於各政府部門及社會服務機構迅速發展與應用。至於近年與績效評估相關之最新發展大多與策略性管理有關（譬如平衡計分卡的應用），然而上述工具較着重衡量服務使用者滿意度；但績效評估除強調組織使命和目標之達成外，亦十分重視整體性績效衡量和管理策略之銜接。由此可見，社會服務機構績效評估的發展，從初期集中衡量財務績效和服務產出，以至後期逐步強調服務成效之評量，這足可證明策略性管理與績效衡量之因果關係是至關重要的；而績效評估發展至今，其所發揮的功能已涵蓋不同的範疇，現簡述如下：

一、財務交代評估

這是衡量機構如何運用其所獲得的資金／資助。

二、服務產出評估

這是衡量機構如何計算其所提供之服務量及接受服務之人數／人次。

三、服務質素評估

這是衡量機構所提供的服務有否依循服務質素標準和／或法規而運作。

四、關鍵性績效指標評估

這是衡量機構如何計算各類績效的比率，譬如效益／成本比率、成效／成本比率、產出／成本比率以及效益／產出比率等。

五、滿意度評估

這是指機構選取有用的質素因子，譬如可靠度、保證度、可見度、關懷度和反應度等以設計「滿意度調查問卷」，藉以衡量服務使用者接受服務後或對組織整體性績效之滿意程度。

六、成效及衝擊評估

這是衡量機構所提供的服務對其服務受眾所產生的成效（初期、中期及長期成效）以及對解決或紓緩社區問題所產生的衝擊程度。

社會服務機構為何要進行
整體性績效評估

社會服務機構進行整體性績效評估主要達到四個目的，這包括：

一、監察

這是指社會服務機構藉着整體性績效的衡量，可有效監察其所提供的服務能否達到所定的使命與目標。

二、保證

這是指社會服務機構透過績效評估以檢視其所提供的服務和運作流程是否符合所定的標準與要求，從而判斷其服務運作能否達到可接受的質素水平。

三、問責

這是指社會服務機構向出資方及持份者作出合理的交代，從而爭取更多「有形的社會資源」[1]及提升「無形的社會資源」[2]以促進其永續發展。

四、改善

這是指社會服務機構藉着整體性績效評估的推動，從而驅使其持續不斷地追求自我完善。

---

1 「有形的社會資源」乃指金錢和實物的捐獻以及吸引社區居民投身義工行列等。
2 「無形的社會資源」乃指組織聲譽、公信力、誠信及政治影響力等。

社會服務機構績效評估模式

　　社會服務機構績效評估模式大體上可以分為兩大類別，其一是將過往一年其「實際的績效」與「計劃的績效」進行比較，藉此判斷其績效水平為何；其二是為組織度身訂造一套合適的績效評估模式。筆者現先簡介第一類的做法，其後會詳述第二類的做法供讀者參閱。

一、建基於績效標準的評估

　　績效標準的評估源自美國，由於該國的免稅組織[3]在收取巨額收入之餘（包括捐款與資助），還享有稅務豁免與優惠，因此完善的整體性績效評估機制能有效衡量其社會效益及認受性。在績效標準評估的發展過程中，多個美國組織進行了長期的研究，經過多年的實踐經驗，遂制定出適用於衡量社會服務機構績效標準之框架，當中以美國馬利蘭州非營利組織協會（Maryland Association of Nonprofit Organizations）於 2004 年所制定的《卓越標準：非營利組織的道德和責任準則》（Standards for Excellence：An Ethics and Accountability Code for the Nonprofit Sector）[4]較為全面。至於明利亞普利斯聯合勸募組織（The United Way of Minneapolis Area）所制定的「指標核對表」，其指標內容主要包括了法律、機構管治、人力資源、規劃、財務及籌募，並分別以「達標」、「已向指標邁進但仍需努力」、「未達標」或「不適用」來標示每項指標的達標程度；而指標評分則分為「必須的

3　參照 1996 年的統計資料，美國約有 50 萬間免稅組織；至今超過 20 年的發展，估計這些組織的數目已達 100 萬。它們除接受個人、公司和基金之捐款（可用作扣稅）外，其日常營運亦會收取服務費及接受政府／基金會的撥款資助。

4　美國馬利蘭州非營利組織協會於 2004 年所制定的《卓越標準：非營利組織的道德和責任準則》共有八項指導原則及 54 項標準。

或基本要求」、「推介的指標」和「附加的指標」[5]。除此之外，其餘的績效評估標準還包括明尼蘇達非營利組織聯會（Minnesota Council of Nonprofits）所制定的「原則與實踐」[6]、國家慈善組織資訊局（National Charities Information Bureau，簡稱 "NCIB"）所制定的慈善事業標準等，以上這些績效標準的評估方法皆可為社會服務機構提供重要的原則，並有助管理者檢視組織的運作是否穩健和管理優良。

中國深圳特區在 2009 年 12 月率先啟動社會工作機構（即非營利組織，下簡稱「社工機構」）的第三方評估機制，而深圳市現代公益組織研究與評估中心採用綜合評估項目以評估社工機構之整體性績效，有關標準的評估體系共分為六個「一級指標」，包括組織建設、內部治理、服務管理、財務運作、外部治理及服務產出，至於「一級指標」之下共有 29 個「二級指標」，向下更細分了 99 個「三級指標」及兩個「附加指標」，各項指標加起來的總分是 1,005 分[7]。這些指標雖然已作出細分，可是各項指標仍未有清晰的界定，加上評估中心大多偏用在學研究生到訪社工機構及執行評審的工作；然而有關人員能否全面理解績效指標的內容和要義，又能否有效掌握評估技巧等，相信此等不穩定因素將直接影響績效評估結果之信度及效度，管理者絕不可視而不見。

二、建立社會服務機構之整體性績效評估模式

從 1972 年至 2021 年這 49 年間，有關社會服務機構績效評估模式大致歸納為下列五種類別（官有垣、陳錦棠、陸宛蘋主編，2008；張玉周，2009；梁偉康，2012），這包括：

---

5 「必須的或基本要求」用 "E" 表示，乃指這些指標對社會服務機構之運作是不可或缺的；倘若未能符合要求，則反映該機構正陷於危機邊緣；「推介的指標」用 "R" 代表，乃指這些指標被視為社會服務機構之標準運作；「附加的指標」用 "A" 表示，乃指機構可考慮推行這些指標以助其管理和營運之提升。

6 這些「原則與實踐」已被視為較全面及原則導向的評估工具，並有效促進社會服務機構提升其運作效率與成效。

7 中國內地各省、市所建立的評估體系都是以「指標」一詞代替「標準」，加上深圳每兩至三年轉換第三方評估機構，因而指標的數目及內容亦會相應作出調整，但很多社工機構卻對此變動感到無所適從。

（一）目的達成模式（The Goal-attainment Model）

這模式假設社會服務機構所制定之目的是明確和清晰的，而績效主要是衡量其能否成功達到上述目的；換言之，主要識別出組織所要達到之目的為何，並依據這些目的向下發展更明確和易於衡量的目標，繼而為這些目標制定相關的「績效指標」[8]及用以達標之可行方案[9]，有關做法詳見圖 14-1。具體來説，經推行有效及可行的方案後便可達到預期目標；倘若所有目標已達到，便可推斷所定之目的亦可達成，機構其後可依據目的之達成程度而衡量組織整體性績效，可見這種因果關係是非常符合邏輯性。至今用來衡量社會服務機構績效之模式大多是依據「目的達成模式」而加以發展及改進，當中較為常見的「成效管理評估模式」、「全面方案評估模式」及「平衡計分卡」便是由這種模式演變出來。

圖 14-1：目的達成模式

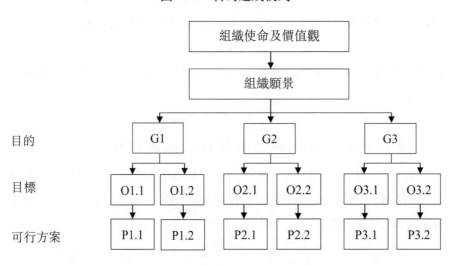

備註：(1) G = Goal（目的）；O = Objectives（目標）；P = Programme（可行方案）

(2) 後期發展的成效管理評估模式、全面方案評估模式及平衡計分卡也是建基於上述模式而加以發展及改進。

---

8 「績效指標」是用以衡量目標能否達成的重要基準。

9 方案（Programme）可被界定為一項活動、一種服務（例如個人輔導服務）或一個項目（含一系列活動）。

(二) 系統資源模式 (The System Resource Model)

這模式主要假設社會服務機構所擁有的資源之「質」與「量」能決定其生存條件，故衡量一間機構之績效乃依據其如何善用策略性資源；亦即是說，它能否有效運用政治、經濟、社會影響力等各種手段以向外間環境爭取更多資源，從而維持和／或延續組織的營運。過程中，主要是蒐集機構從外間獲取資源相關的收入數據，而此亦可作為衡量組織績效的重要指標；倘若它藉着獲取大量的外間資源以有效維持各項營運，便足可證明其社會認受性已不斷提升。若然社會大眾對組織績效感到滿意，基本能吸引更多的外間資源，同時彰顯其存在對社會所產生的重要價值和意義是無可爭辯。

(三) 盛譽／聲望模式 (The Reputational Model)

這模式主要依據重要持份者[10]對社會服務機構的態度與認受程度以判斷組織績效；與此同時，管理者須建立績效衡量的框架，從而收集持份者對組織整體性績效之滿意程度。

(四) 決策過程模式 (The Decision-making Model)

這模式主要假設社會服務機構的內部決策是影響組織績效的關鍵因素，當中依據管理者對各種資源和資訊之獲取、儲存、摒棄、分配、操縱與詮釋的整體能力進行衡量，不單如此，還須檢視組織內部資源與資訊之管理和溝通的決策狀況，繼而發展衡量內部決策過程的指標（Stone & Cutcher-Gershenfeld, 2001：38；官有垣、陳錦棠、陸宛蘋主編，2008：309-310；張玉周，2009）。

(五) 行動體系模式 (Action Systems Model)

這模式主要認為社會服務機構管理的核心是衡量組織使命之達成程度；歸根結底，組織的存在價值乃彰顯某些社會價值的特殊需求（Linderberg, 2001：267-268），但將這種社會價值轉化為可作衡量的

---

10 重要持份者包括服務使用者、義工、職員、捐款者、理事會／董事局成員及社區領袖等。

具體單位，殊不容易。姑勿論如何，管理者採用這種模式以衡量組織績效時，大前提是先識別與組織使命相關的關鍵性指標，其後須針對指標之達成程度作出衡量；然而管理者必須先清晰界定「組織使命」為何，繼而將之轉化為明確的「目的」[11]，接着依據「目的」之發展而制定「成效目標」，最後才制定可用作判斷「成效目標」是否達成的「績效指標」[12]，詳情如圖 14-2 所示。

圖 14-2：行動體系模式

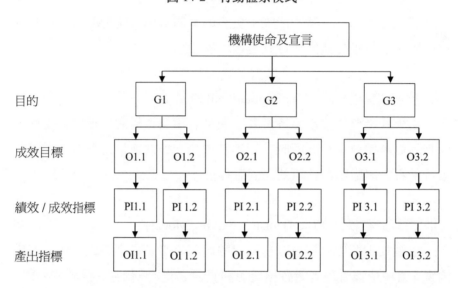

備註：G=Goal（目的）；O=Outcome Objectives（成效目標）；PI=Performance/Outcome Indicators（績效／成效指標）；OI=Output Indicators（產出指標）

綜觀上述各種組織績效評估類別之可行性及實用性，筆者現詳細介紹六種實用的模式，包括成效管理評估模式、行動體系模式、平衡計分卡、公共價值計分卡、擴大的體系評估模式及方案邏輯模式，並引用實例以闡述社會服務機構如何應用這些模式以衡量組織整體性績效，讀者可作參閱。

---

11 「目的」可在三至五年達到。
12 「成效目標」可在一至兩年達到。

社會服務機構普遍採用的
績效評估模式及實例分析

一、成效管理評估模式

筆者認為這是其中一種較易掌握及實用的模式。眾所週知，任何一間社會服務機構之存在價值和意義，乃是要解決社區問題和／或滿足目標對象人口羣之社區需求 [13]，因此管理者必須對社區問題進行系統的分析，從而有效識別目標對象人口羣之獨特需求。除此之外，針對那些優先要處理的問題／需求之成因，亦必須進行全面而系統的分析，然後循序漸進地依據關鍵性成因而制定成效目標、過程目標 [14] 以及列明達到過程目標所需推行的方案。具體來説，成效目標乃依據關鍵性成因而制定，而過程目標是達到成效目標之主要手段，接着才發展可行的具體方案；方案若能按照既定計劃內容而推行，過程目標及成效目標之達成亦是順理成章。綜上所述，成效目標乃依據問題／需求之關鍵性成因而制定，成效目標若能達到，便可推斷所需處理的社區問題已可迎刃而解和／或受問題所困擾的目標對象之需求獲得滿足，故組織使命之達成勢必指日可待。

至於服務衡量方面，管理者須制定成效指標及產出指標以判斷成效目標和過程目標是否達到，有關做法主要是針對已完成的方案進行成效評估和產出評估；倘若兩者皆已達標，甚或超逾指標所定之要

13　致力解決社區問題和／或滿足目標對象人口羣之需求亦是社會服務機構所肩負的使命。

14　過程目標乃是朝向成效目標達成之主要手段。

求，則可判斷機構具備了相關能力以解決目標對象人口羣之社區問題和／或滿足其社區需求。由此可見，組織使命若能達到，其整體性績效之社會認受性亦相應提高，按理説，重要持份者對機構所提供的服務亦會感到滿意，詳情可參閱圖 14-3。

圖 14-3：成效管理評估模式

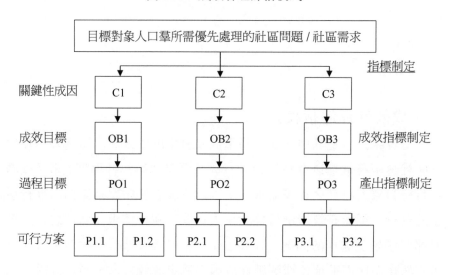

備註：C = Critical Cause（關鍵性成因）；OB = Outcome Objective（成效目標）；
　　　PO = Process Objective（過程目標）；P = Programme（可行方案）

現引用一個實例以闡述成效管理評估模式之應用。假設一間社會服務機構成立之宗旨乃是防止長者受到虐待，其使命為「提供全面預防虐老服務予區內長者以降低其被虐風險，並致力建立關愛社區」；換言之，其服務大方向及大原則乃是解決長者被虐的問題，藉着推動預防虐老的方案，這不單提升組織的存在價值和意義，還有效促進其使命之達成。具體而言，機構管理層成立服務策劃及評估小組（下簡稱「專責小組」），透過資料搜集、問題評估及分析的過程，從中識別社區的「虐老問題」是非常嚴峻，而長者被虐之關鍵性成因主要有四項，這包括：

（一）護老者對照顧體弱長者感到很大壓力；

（二）被照顧長者之身體健康情況每況愈下，對護老者之依賴程度

很高；

(三) 護老者缺乏正規的支援網絡；和

(四) 護老者與其被照顧長者之關係惡劣。

專責小組針對上述成因制定有關的成效目標，這包括：

成因　　　　　　成效目標

針對成因 (一)：減低護老者之照顧壓力

針對成因 (二)：降低長者對護老者之依賴程度

針對成因 (三)：擴大護老者之正規支援網絡

針對成因 (四)：改善護老者與被照顧長者之關係

依據上述的成效目標，專責小組遂制定下列的成效指標，藉以評估成效目標達成與否，有關的指標包括：

成效目標　　　　　成效指標

針對成效目標 (一)：≥ 70% 接受服務之護老者其照顧壓力獲得紓緩

針對成效目標 (二)：≥ 70% 護老者覺得長者對其依賴程度有所下降

針對成效目標 (三)：≥ 80% 護老者至少建立兩個正規的支援網絡

針對成效目標 (四)：≥ 50% 護老者與被照顧長者之關係獲得改善

為達到上述的成效目標及成效指標，專責小組乃制定下列的過程目標，而過程目標乃是作為達到成效目標之手段，這些目標包括：

成效目標　　　　　　　　　　過程目標

1. 減低護老者之照顧壓力　➔　1.1 舉辦一系列護老技巧 / 知識培訓課程

　　　　　　　　　　　　　　　1.2 推行建立護老者互助網絡計劃

　　　　　　　　　　　　　　　1.3 提供長者所需的支援服務

2. 降低長者對其護老者之依 ➡ 2.1 提供長者一系列體檢及健康諮
賴程度 詢服務

2.2 提供體弱長者一系列自理能力
提升的訓練課程

3. 擴大護老者正規的支援 ➡ 3.1 提供護老者所需的支援服務
網絡

4. 改善護老者與被照顧長者 ➡ 4.1 舉辦一系列以關懷長者為主題
之關係 之家庭活動

4.2 舉辦一系列改善人際溝通技巧
之小組

4.3 舉辦推廣護老敬老的多元化
活動

　　專責小組依據上述的過程目標而制定出有關的過程／產出指標，
而這些指標是用以衡量過程目標達到與否，現臚列如下：

項目	過程目標		過程／產出指標
1.1	舉辦一系列護老技巧／知識培訓課程	➡	舉辦 ≥ 20 項護老技巧／知識培訓課程
1.2	推行建立護老者互助網絡計劃	➡	推行 ≥ 3 項護老者互助網絡計劃
1.3	提供長者所需的支援服務	➡	≥ 90% 受照顧長者每月接受至少三項社區支援服務
2.1	提供長者一系列體檢及健康諮詢服務	➡	≥ 70% 長者每月獲得一次體檢及健康諮詢服務
2.2	提供體弱長者一系列自理能力提升的訓練課程	➡	≥ 80% 體弱長者每週至少接受一次日常生活自理的訓練活動
3.1	提供護老者所需的支援服務	➡	護老者每月獲得 ≥ 1 次支援服務

4.1 定期舉辦以關懷長者為　➡　每年舉辦 ≥ 6 項的家庭活動
　　 主題之家庭活動

4.2 舉辦改善人際溝通技巧　➡　每年舉辦 ≥ 4 個改善人際溝通技
　　 之小組　　　　　　　　　　 巧之小組

4.3 舉辦推廣「護老敬老」的　➡　每年舉辦 ≥ 4 項「護老敬老」的
　　 多元化活動　　　　　　　　 多元化活動

以上過程目標已清楚列出達到目標所需採用的手段為何，至於過程目標之下是具體和明確的方案，筆者現引用成效目標（一）及其三個過程目標，並列舉可行方案供讀者參閱。

成效目標	過程目標	可行方案
1. 減低護老者之照顧壓力	1.1 舉辦一系列護老技巧／知識培訓課程	1.1.1 預防長者跌倒講座 1.1.2「護老常識你要知」講座
	1.2 推行建立護老者互助網絡計劃	1.2.1「眷望里」關懷長者鄰里計劃 1.2.2 護老者「盡訴心中情」電話輔導計劃
	1.3 提供長者所需的支援服務	1.3.1 護老者義工服務 1.3.2 長者暫託服務 1.3.3 健康器材借用服務 1.3.4 轉介服務

大致而言，當所有方案依據既定的程序內容推行後，理應達到其所定的過程目標；另依據成效目標而發展的過程目標完全達標後，成效目標亦可達成，如此，機構須確保所有方案已按既定的程序內容如期執行，並切實進行過程評估。再者，當確定所有過程目標及有關方案完成後，須進行成效評估以確定服務對象（譬如護老者或長者）有否達到期望的改變；倘若出現期望的改變而又符合或超逾成效指標

之要求，則表示成效目標已達成，如此類推。而當成效目標全部達成後，便可判斷導致問題產生之關鍵性因素已悉數解決；與此同時，這亦反映其所識別的社區問題已獲得紓緩或解決。

由於上述長者服務機構之存在價值和意義乃是竭力紓緩／解決虐老問題，因此，若要證明服務的成效，一方面須衡量組織績效能否達到可接受的水平；另方面須悉力完成組織使命──「提供全面預防虐老服務予區內長者以降低其被虐風險，並致力建立關愛社區」。可想而知，機構若能完成組織使命，不單獲得重要持份者之全力支持，而這些期望的改變亦是他們所冀盼的。

二、行動系統模式

「行動系統模式」亦稱為「年度衝擊監察與評估系統」（Annual Impact Monitoring and Evaluation System，簡稱 "AIMES"），而後者乃是設於美國總部的基督教兒童基金會（Christian Children's Fund，簡稱 "CCF"）所採用的名稱。行動系統模式主要是建基於一個大原則──「社會服務機構的使命乃是反映某些社會價值的特殊需求，故應儘可能將其使命轉化為可進行評量的具體單位，即合理地制定足可代表其使命達成與否的指標……」（Lindenberg, 2001：267-268）。因此，若要實踐這種模式，主要的工作步驟包括：

(一) 清楚界定組織使命；

(二) 將組織使命轉化為針對其服務目標對象人口羣而產生的期望改變；亦即是制定成效目標，並衡量其能否有效達到成效指標；

(三) 依據成效指標而發展產出指標；和

(四) 詳列制定有關指標的原則與理由。

現將上述模式的主要步驟用下列簡圖加以說明，詳見圖 14-4。

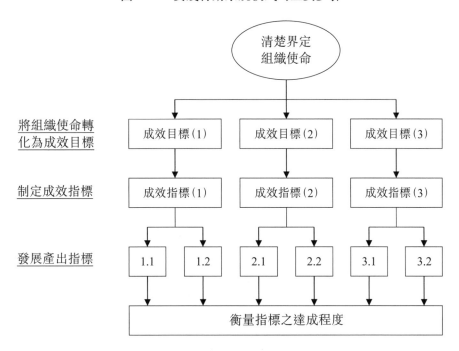

圖 14-4：實踐行動系統模式的主要步驟

上述模式可讓組織成員清楚知悉使命、成效目標以及用以衡量目標達成與否的指標，並促使組織匯聚資源，從而達到其所定的使命和目標。筆者現引用美國基督教兒童基金會所採用之年度衝擊監察與評估系統加以說明，詳情可參閱圖 14-5。前文曾述及，這系統乃是建基於行動系統模式而發展出來，只是其名稱稍作修改罷了。

綜合而言，管理者若採用上述方法以進行績效評估，務必注意下列五項事宜，這包括：

(一) 須清楚界定組織使命，並藉此彰顯其存在的價值和意義；

(二) 所制定的成效目標最好是 10 個以下；數目若是太多，日後的衡量工作將變得複雜而艱巨；

(三) 須為成效目標制定成效指標，但每項目標最好只制定一至兩項指標；否則難以作出衡量；

(四) 如前所述，由成效指標發展出來的產出指標也要謹守上述原則；換言之，指標數量不宜太多，同時每個成效指標之下只發展一個產出指標；和

（五）倘若無法直接衡量組織所產生的衝擊 / 影響，不妨參照類近的方案，譬如未能精準評估預防長者自殺的數量，機構亦可參閱長者接受心理輔導或相關支援的個案服務數據。

圖 14-5：依循行動系統模式而發展的年度衝擊監察與評估系統

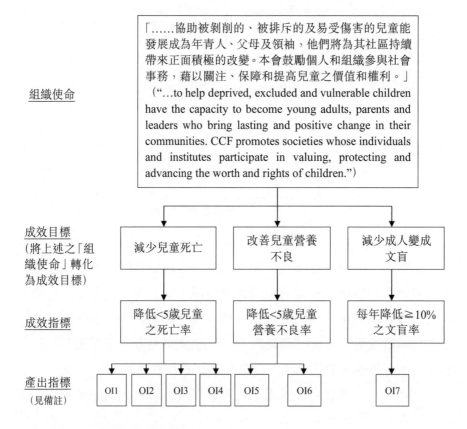

備註：(1) OI1：1 至 2 歲兒童的免疫人數；

　　　(2) OI2：新生兒童接種破傷風疫苗（Tetanus Toxoid）的人數；

　　　(3) OI3：正確處理患有嚴重呼吸感染兒童的家庭數目；

　　　(4) OI4：正確處理兒童腹瀉的家庭數目；

　　　(5) OI5：使用安全飲用食水的家庭數目；

　　　(6) OI6：使用安全衞生設備的家庭數目；和

　　　(7) OI7：接受成人教育之年青人 / 成人數目。

三、平衡計分卡

平衡計分卡（Balanced Scorecard，簡稱 "BSC"）被評為廿世紀 20

種影響全世界的重要管理工具之一，羅伯‧柯普朗（Robert S. Kaplan）及大衛‧諾頓（David P. Norton）於 1992 年開始推動企業機構採用 BSC 這種績效衡量和管理工具（Kaplan & Norton, 1996），其後於 2000 年初，兩位學者依據社會服務機構的特色而把原先設計的 BSC 作出適切的修訂，當中保留了「內部流程」及「學習與成長」兩個構面，並以「服務提供成本」及「服務價值」分別取代了原有的「財務」及「顧客」，同時新增了「權威機構／認可機構支持」。由於此計分卡的最頂部分是「組織使命」，這正好有效反映了「社會服務機構的存在價值和意義乃是要達到所定的使命」（Kaplan & Norton, 2006）之特色。

　　除上述兩位學者針對社會服務機構整體績效的衡量而對 BSC 作出必要的修訂外，另一位積極推動社會服務機構實踐 BSC 的管理顧問保羅‧尼文（Paul R. Niven, 2003）亦對此卡作出相應的修訂；具體來說，他只將「組織使命」置於 BSC 最前端，並保留原有的四個構面，但將「財務」構面放於較後的位置。筆者現引用尼文（Niven, 2003：32）所修訂及專為社會服務機構而設計之 BSC，並闡述其如何衡量組織整體性績效。至於為何選用尼文的 BSC 修訂版，主要是它基本保留原創者所制定的四個構面，其他的只是加插「組織使命」於 BSC 之頂端及將「財務」構面放於較後的位置，詳見圖 14-6 所示。由此可見，相對於其他學者的，尼文所提出的修訂版是較為簡單和易明；與此同時，對強調開源節流的社會服務機構來說，實在有較高的適用性。

圖 14-6：社會服務機構平衡計分卡之模式（Niven, 2003：32）

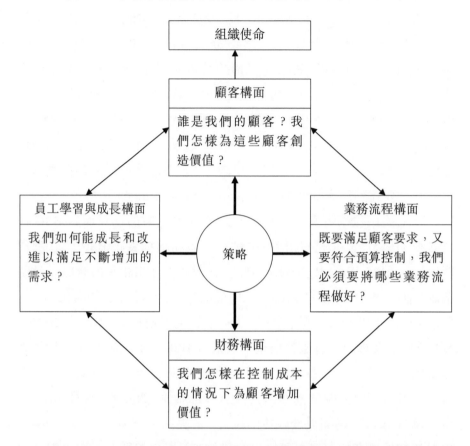

從圖 14-6 可見，社會服務機構之整體性績效主要涵蓋「非財務的」及「財務的」衡量，但後者只屬少數，主要是機構並非以盈利為最終目標，而是以達成使命為依歸；然而尼文（Niven, 2003：34）認為若無「財務」構面，BSC 便顯得不完善，因而保留此構面。

針對 BSC 設計方面，主要分為制定策略圖（Strategy Map）及表現藍本（Performance Blueprint）這兩部分，筆者現引用實例以闡述香港特區某社會服務機構所制定之策略圖、表現藍本以及依循表現藍本所定的指標水平（Target Level）而執行有關的行動計劃。直至財政年度終結時，上述機構的管理層於衡量組織之達標情況時，便需計算出 BSC 所得的總分，此舉有助其對組織整體性績效作出判斷，而有關的策略圖及表現藍本，可參閱圖 14-7 及表 14-1。

圖 14-7：某社會服務機構之策略圖（例舉）

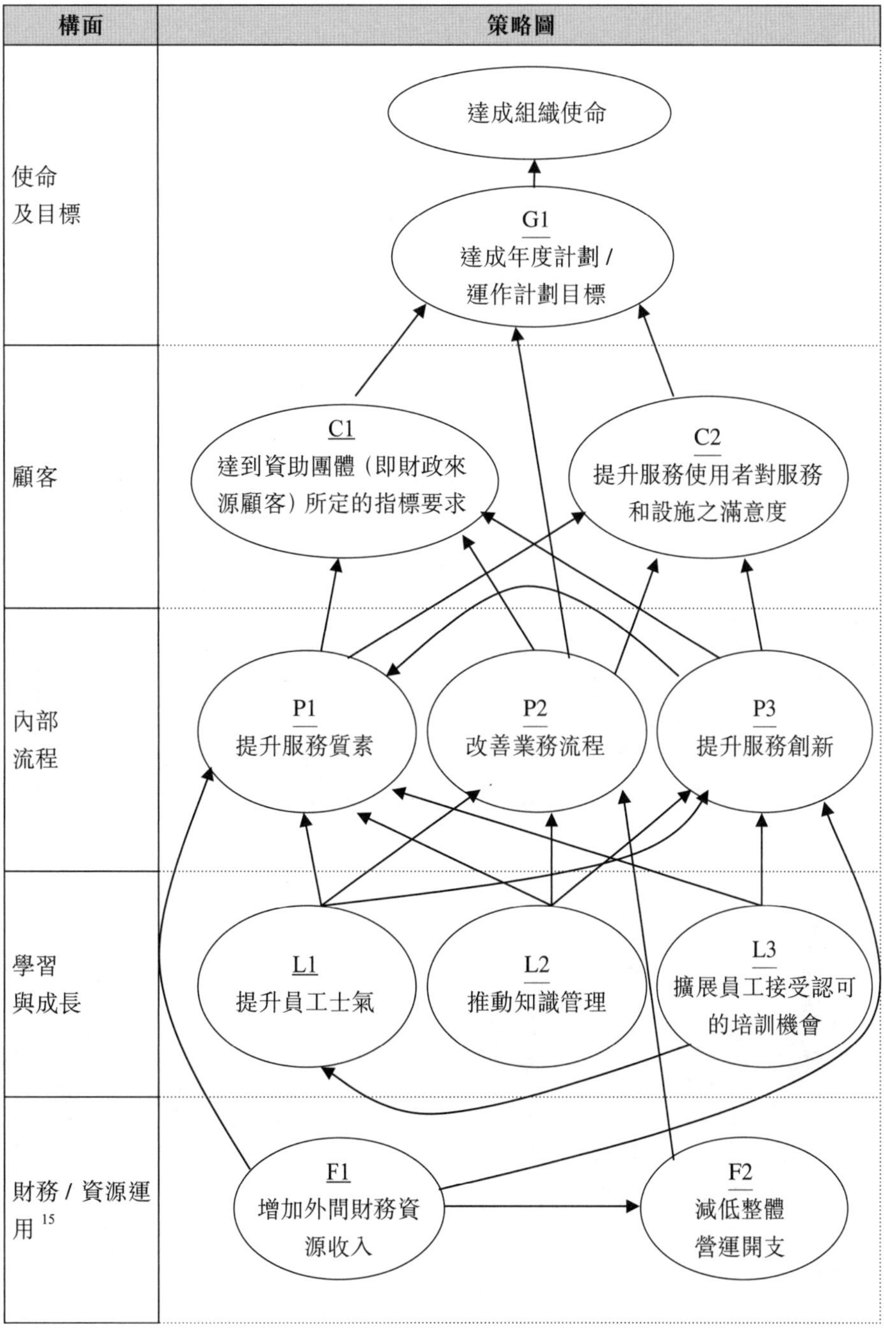

構面	策略圖

使命
及目標

顧客

內部
流程

學習
與成長

財務 / 資源運
用 [15]

達成組織使命

G1
達成年度計劃 /
運作計劃目標

C1
達到資助團體（即財政來
源顧客）所定的指標要求

C2
提升服務使用者對服務
和設施之滿意度

P1
提升服務質素

P2
改善業務流程

P3
提升服務創新

L1
提升員工士氣

L2
推動知識管理

L3
擴展員工接受認可
的培訓機會

F1
增加外間財務資
源收入

F2
減低整體
營運開支

---

15 「財務」構面亦涵蓋「資源運用」。

表 14-1：某社會服務機構之表現藍本（例舉）

構面	策略性目標	關鍵性表現指標	衡量方法	指標水平					比重
				優	常	可	劣	全未達成	
				良	大部分達成	至少一半目標達成	部分達成		
使命及目標	G1 達成年度計劃／運作計劃目標	年度計劃／運作計劃目標達成程度	年度終結後衡量年度計劃／運作計劃既定的目標達成程度	完全達成	大部分達成	至少一半目標達成	部分達成	全未達成	15%
顧客	C1 達成資助團體（財政來源顧客）所定的指標要求	達成財政來源顧客表現指標要求之百分比	年度終結後衡量達成財政來源顧客所定的表現指標要求之水平	≥ 99%	97-98%	93-96%	91-92%	≤ 90%	10%
	C2 提升服務使用者對服務和設施之滿意程度	服務使用者對服務和設施之滿意程度	衡量服務使用者對組織之服務和設施滿意之程度	≥ 85%	80-84%	70-79%	65-69%	≤ 64%	10%
內部流程	P1 提升服務質素	服務使用者滿意服務質素之百分比	每年分兩次採用隨機抽樣方式抽取班組／活動之參加者及要求他們填寫「服務滿意度調查問卷」，從而衡量其對服務質素之滿意度	≥ 85%	80-84%	70-79%	65-69%	≤ 64%	5%
	P2 改善業務流程	關鍵性業務流程改善之數量	年度終結後衡量關鍵性服務流程獲得改善之數量	≥ 6 項	5 項	4 項	3 項	≤ 2 項	10%
	P3 提升服務創新	員工投放於創新服務之策劃和推行之平均日數	年度終結後衡量放於服務創新計劃和推行平均日數	≥ 35 日	30-34 日	20-29 日	15-19 日	≤ 14 日	10%

構面	策略性目標	關鍵性表現指標	衡量方法	指標水平					比重
				優	良	常	可	劣	
學習與成長	L1 提升員工士氣	員工對工作滿意之百分比	員工對年度終結後衡量員工對工作滿意之百分比	≥85%	80-84%	70-79%	65-69%	≤64%	10%
	L2 推動知識管理	員工參與知識管理活動之平均次數	員工參與年度終結後衡量員工參與知識管理活動之平均次數	≥18次	13-17天	6-12天	1-5天	0天	10%
	L3 擴展員工接受認可的培訓機會	員工獲取認可培訓證書與上年度比較增加之百分比	員工獲得年度終結後衡量員工獲取認可培訓證書與上年度比較增加之百分比	≥35%	30-34%	20-29%	15-19%	≤14%	10%
財務／資源運用	F1 增加外間財務資源收入	外間財務資源收入與上年度比較增加之百分比	衡量 XX/XX 年度外間財務資源收入增加之百分比，其計算方式如下：$\dfrac{xx/xx\ 年度外間財務資源收入}{上年度外間財務資源收入}\times100\%$	≥4%	3%	2%	1%	0%	5%
	F2 減低整體性營運開支	整體營運開支與上年度比較減少之百分比	衡量 XX/XX 年度整體營運收入與營運支出的比率與上年度比較減少之百分比，其運算方式如下：$\left[\dfrac{E1}{I1}\times100\%\right]-\left[\dfrac{E2}{I2}\times100\%\right]$	≥4%	3%	2%	1%	0%	5%
								總比重：	100%

備註：

(1) E1＝上年度營運支出；I1＝上年度營運收入；E2＝本年度營運支出。

(2) 若第一項減去營運收入是「正」數，則表示本年度的整體營運開支已下降。

圖 14-7 之策略圖主要是要將達成的各項策略性目標及其彼此間之因果關係仔細描繪出來，這對制定 BSC 是至關重要的；而表 14-1 之表現藍本則主要詳列用以衡量策略性目標是否達成的關鍵性表現指標、衡量方法、指標水平、比重以及達到指標水平所必須採取的行動計劃。至於如何衡量組織整體性績效，主要是因應機構的達標情況及所得總分而進行績效衡量，而參照表 14-1 例舉所獲之總得分為 83.65%（表 14-2）；亦即是說，上述機構之整體性績效評級為「良」。

表 14-2：社會服務機構達標情況及評分（例舉）

代號	關鍵性表現指標	指標水平					比重
		優	良	常	可	劣	
G1	年度計劃／運作計劃目標達成程度	完全達成	大部分達成	至少一半目標達成	部分達成	全未達成	15%
C1	達到資助團體（財務來源顧客）表現指標要求之百分比	≧ 99%	97-98%	93-96%	91-92%	≦ 90%	10%
C2	受助人顧客對服務和設施之滿意程度	≧ 85%	80-84%	70-79%	65-69%	≦ 64%	10%
P1	服務受眾滿意服務質素之百分比	≧ 85%	80-84%	70-79%	65-69%	≦ 64%	5%
P2	關鍵性業務流程改善之數量	≧ 6 項	5 項	4 項	3 項	≦ 2 項	10%
P3	員工投放於服務創新計劃之策劃和推行之平均日數	≧ 35 日	30-34 日	20-29 日	15-19 日	≦ 14 日	10%
L1	員工對工作滿意之百分比	≧ 85%	80-84%	70-79%	65-69%	≦ 64%	10%
L2	員工參與知識管理活動之平均次數	≧ 18 次	13-17 次	6-12 次	1-5 次	≦ 0 次	10%
L3	員工獲取認可培訓證書與上年度比較增加之百分比	≧ 35%	30-34%	20-29%	15-19%	≦ 14%	10%
F1	外間財務資源收入與上年度比較增加之百分比	≧ 4%	3%	2%	1%	0%	5%

代號	關鍵性表現指標	指標水平					比重
		優	良	常	可	劣	
F2	整體營運開支與上年度比較減少之百分比	**≥ 4%**	3%	2%	1%	0%	5%
							100%

備註：(1) 組織績效評級可分五等：優（≧ 85%）、良（80-84%）、常（70-79%）、可（60-69%）和劣（≦ 60%）。

(2) 參照上述例舉，每個構面之下其關鍵性表現指標之得分為：

四個「優」：C1（92.5%）、C2（92.5%）、F1（92.5%）及 F2（92.5%）；

五個「良」：G1（82%）、P1（82%）、L1（82%）、L2（82%）及 L3（82%）；和

兩個「常」：P2（74.5%）、P3（74.5%）。

(3) 依據上述得分，並按照每個指標比重（如表 14-3 右列）而計算這 11 項指標所獲分數之總和是：

(82% x 15%)＋(92.5% x 10%)＋(92.5% x 10%)＋(82% x 5%)＋(74.5% x 10%)＋(74.5% x 10%)＋(82% x 10%)＋(82% x 10%)＋(82% x 10%)＋(92.5% x 5%)＋(92.5% x 5%)

= 12.3%＋9.25%＋9.25%＋4.1%＋7.45%＋7.45%＋8.2%＋8.2%＋8.2%＋4.625%＋4.625%

= 83.65%

(4) 以上各項指標之達標情況只是「約數」，譬如 C1 的達標水平為「≧ 99%」，參照備註（1）便歸入 85 至 100% 級別，即是取 85 至 100% 之中間的平均數（〔100%-85%〕÷2），然後用 100% 減去此數（7.5%），便得出 92.5%，因此 C1 的績效評級為「優」；另一個例子是 G1，其達標水平為「大部分達成」，參照備註（1）便歸入 80 至 84% 級別，即是取 80 至 84% 之中間數的平均數（〔84%-80%〕÷2），然後用 84% 減去此數（2%），因此 G1 所獲分數為 82%，評級為「良」；再引用多一個例子，P3 的達標水平為「20 至 29 日」，參照備註（1）便歸入 70 至 79% 級別，即是取 70%-79% 之中間的平均數（〔79%-70%〕÷2），然後用 79% 減去此數（4.5%），便得出 74.5%，因此 P3 的績效評級為「常」，如此類推。

(5) 上述機構之平衡計分卡的總得分為 83.65%，故可判斷其整體性績效所獲評級為「良」；如備註（1）對評級得分之界定，「良」這一項評別是界乎 80-84%。

(6) 香港生產力促進中心所發展的平衡計分系統較複雜，可詳見筆者 2012 年出版的《成效管理：非營利社會服務組織全面實踐策略》第十五章。

除此之外，管理者須針對達標情況未如理想的策略性目標、關鍵性表現指標、指標水平以及行動計劃等作出全面檢討，如檢視所定的目標、指標和 / 或指標水平是否定得太高？抑或是否因採取的行動計劃出現問題而導致未能達標？此舉有助管理者識別哪些未能達標情況的端倪，以便日後作出相應的改善行動。

四、公共價值計分卡

近年針對社會服務機構應用與實踐平衡計分卡方面，提出較重大的修訂意見，尤以美國哈佛大學甘迺迪政府學院教授馬克‧摩爾（Mark H. Moore, 1995）為主，他不僅對羅伯‧柯普朗和大衛‧諾頓所制定的 BSC 提出了嚴厲的批評，還建議公共機構採用「公共價值計分卡」取代「平衡計分卡」。摩爾教授所提出的公共價值計分卡，其框架主要由三個範疇所組成，包括合法性及支持（Legitimacy and Support）、組織能力（Organizational Capabilities）及社會使命（Social Mission），而三者之間展現出策略性三角關係，並互相依存、互為影響，詳見圖 14-8 所示。

圖 14-8：公共價值計分卡之策略性三角關係

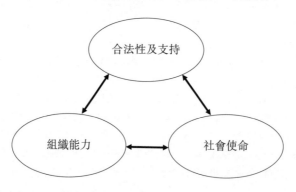

資料來源：詳見 Moore, M.H. (2003). *The public value scorecard.*

摩爾教授認為社會服務機構必須先與其持份者及相關的地區團體保持緊密的合作關係，增加互信之餘，亦可促進彼此溝通與合作，這樣才可加強其在社會的「合法性及支持」；因此，機構必須建立良好的聲譽及口碑，並致力鞏固其在業界的地位，如此才可獲取其重要持份者（包括社會大眾、捐款者、政府及出資方等）的忠實支持。再者，社會服務機構所秉持的「使命」基本可彰顯其存在的價值和意義，一般而言，使命之下制定願景（五至十年內達到）；願景之下制定目的（三至五年內達到）；而目的之下則制定目標（一至兩年內達到），至於「目的」及「目標」亦可作為達到「願景」和「使命」之重要手段／工

具。具體來說，機構所制定之目的，主要是促進目標對象人口羣解決其所面對的社區問題或改變某些非理想的社會性狀況，譬如協助貧困家庭接受經濟援助以改善其生活質素、擴大貧窮家庭的子女接受教育之機會以提升知識的學習等，管理者若要達成「使命」則須將之變成「社會使命」。由此可見，社會服務機構在加強其「合法性及支持」以達到社會使命之同時，亦須竭力提升其「組織能力」，比如說，加強與伙伴及協作機構的合作，從而解決社區問題或滿足目標對象人口羣之需求、鼓勵組織成員積極學習和創新、加強員工培訓以提升組織核心能力等，此舉可確保機構能具備足夠的能力以達成其所定之目的及目標。不言而喻，組織能力若持續加強，其服務質素亦會相應提升；權威／認可機構對組織的支持若持續提升，其合法性亦會相應提升；社會使命之達成便是指日可待，顯而易見，「組織能力」便成為這策略性三角關係中最重要的構面。

前文曾述及適用於社會服務機構之 BSC 及公共價值計分卡皆着重「非財務」衡量項目；而柯普朗、諾頓及摩爾三位學者亦強調「權威／認可機構的支持」能有效促成「社會使命」。而兩者相異之處，主要是 BSC 仍保留「內部流程」及「學習與成長」兩個構面，但公共價值計分於則另加三個新構面——「服務提供成本」、「服務價值」及「權威／認可機構的支持」以取代適用於組織／企業的「顧客」和「財務」構面；而「內部流程」、「學習與成長」及「服務提供成本」這三個構面可歸納於公共價值計分卡之「組織能力」此構面之內，因其所衡量的與「組織能力」所衡量的，基本上是大同小異；至於「服務價值」則歸納於「社會使命」此構面之內。

筆者認為公共價值計分卡較 BSC 更有可取之處，主要是它較為簡單易明，並能清楚描繪出策略性三角關係；與此同時，它亦考慮到社會使命之獨特性，繼而發展出具社會服務機構及公共部門之特色設計。筆者現嘗試依據上述的公共價值計分卡進行適切的修訂[16]，

---

16 經筆者修訂之公共價值計分卡，主要是加插了一些專為社會服務機構而設計的 BSC 構面，詳見圖 14-9。

相信較適用於海峽兩岸暨香港、澳門之第三界別組織（Third-sector Organizations），因此期冀機構管理層多加實踐與應用，並戮力持續發展一套適用於社會服務機構的策略性管理及績效衡量的評估工具，有關構思如圖 14-9 所示。

圖 14-9：適用於社會服務機構之公共價值計分卡

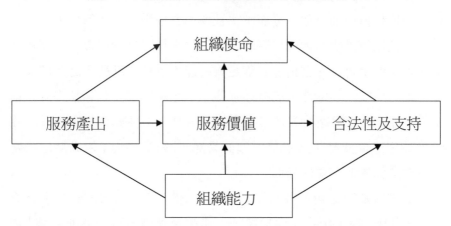

從圖 14-9 可見，社會服務機構若要衡量其整體性績效，可集中針對非財務的衡量（Non-financial Measures）、過程衡量（Process Measures）及成效衡量（Outcome Measures），甚至完全摒棄財務的衡量（Financial Measures）。可想而知，機構必須先提升其「組織能力」，這樣才可促進「服務產出」之達成；不單如此，還須竭力促進目標對象人口羣其期望之改變，繼而便可達成「服務價值」。由於機構一方面提供具成效的服務；另方面具備良好的組織能力，毋庸置疑，這不僅獲得權威／認可機構、出資方及重要持份者的支持和信賴，其合法地位還變得更鞏固。既然服務產出已達到既定要求，服務亦具成效，同時又獲得合法性及重要持份者的廣泛支持，因此組織使命基本已達成，而圖 14-9 已將各項的因果關係清晰展示出來，這裏不再贅述。

以下筆者將簡述每個構面的衡量項目，因考慮到海峽兩岸暨香港、澳門社會服務機構之適用性，故那些較難處理，包括難以進行資料蒐集及衡量的項目已作摒棄，至於達到「組織使命」的四個構面所

涵蓋的衡量項目，現列述如下，這包括：

(一) 組織能力構面 (Organizational Capabilities Perspective)
　　1. 員工士氣 (百分比)
　　2. 員工生產力 (數量)
　　3. 員工獲得外間培訓機構認可證書 (人數)
　　4. 員工資源用於創新性計劃 —— 核心業務範圍 (百分比)
　　5. 與大學 / 外間合作伙伴研究合作計劃 (數量)
　　6. 專業社工或主管職級員工提出改善的建議 (數量)
　　7. 義工對能達到組織使命及目的之滿意程度 (百分比)
　　8. 與合作伙伴或協作機構共同舉辦之培訓活動 (數量)

(二) 服務產出構面 (Service Outputs Perspective)
　　1. 組織主要的核心服務中期產出 (增加數量或百分比)
　　2. 組織主要的核心服務最後產出 (增加數量或百分比)

(三) 服務價值構面 (Service Value Perspective)
　　1. 服務受眾滿意服務質素之程度 (百分比)
　　2. 關鍵性的核心服務對服務受眾所產生之成效 (百分比)

(四) 合法性及支持構面 (Legitimacy and Support Perspective)
　　1. 政府相關部門 / 資助團體對組織整體性績效之滿意程度 (百分比)
　　2. 政府相關部門 / 資助團體 / 協作機構對組織關係之滿意程度 (百分比)
　　3. 重要持份者 (機構轄下的管理委員會及會員代表) 對組織整體性績效之滿意程度 (百分比)
　　4. 資金 / 資源提供者 (數量)
　　5. 機構在傳媒心目中的聲譽 (優良名聲之百分比)
　　筆者未能悉數列出所有的衡量項目，只列出其中一些重要的項目

供讀者參考，管理者若採用公共價值計分卡以衡量組織整體性績效，可考慮以上建議或自行提出一些新項目以作替代。儘管如此，管理者仍須謹記制定衡量項目之數量，最好在 20 個以內，否則只會適得其反。此外，分析數據時，不宜耗費太多時間搜集資料，否則進行成效衡量及彙整報告時，只會變得舉步維艱。

下列是筆者專為香港特區某間社會服務機構而設計的公共價值計分卡，當中包括了策略圖及表現藍本，前者主要將要達成的各項策略性目標及其彼此間之因果關係作出詳細的描繪；後者則列出衡量策略性目標能否達成的關鍵性表現指標、衡量方法、指標水平以及主要的行動計劃。此外，筆者會簡介組織使命之達成及闡述如何作出衡量。

正如本章所述，組織使命一般是恆久不變的，其之下須制定願景，願景之下制定目的，目的之下再制定目標，而願景和使命可被視為達到組織之最終目的（Ends）；目的和目標則被視為達成使命和願景之工具。社會服務機構每年制定其年度計劃或運作計劃，當中須列明目標對象人口羣之社區問題 / 社區需求、所識別的關鍵性成因、依據主因而制定的成效目標、為要達到成效目標而制定的過程目標以及為要達到過程目標而制定的可行方案 / 項目等。基本上，這些方案 / 項目乃依據所制定的計劃而執行，繼而達到所定的過程目標，如此成效目標亦將可達成，甚至能紓緩目標對象之社區問題或滿足其需求，如此組織使命和願景終必達成。

依上所述，筆者現依據上述所修訂的公共價值計分卡構面而制定下列的策略性目標，這包括：

（一）組織使命構面
　　1. 達成組織使命
　　2. 達成組織所定的年度計劃 / 運作計劃目標

（二）服務產出構面
　　1. 提升組織的核心服務產出

（三）服務價值構面

　　1. 提升服務受眾對服務質素之滿意程度

　　2. 促進服務受眾接受整項治療／服務計劃後達到期望的改變

（四）合法性及支持構面

　　1. 提升政府相關部門／資助團體／協作機構對組織關係之滿意程度（或用下列目標所取代：達成政府相關部門／資助團體之資助及服務協議所定的指標要求）

　　2. 提升重要持份者對組織整體性績效之滿意程度

（五）組織能力構面

　　1. 提升員工士氣

　　2. 增加專業員工／主管提交的改善建議

　　3. 增加員工接受認可課程的培訓

　　4. 擴展創新性服務計劃

　　　　筆者現依循上述的策略性目標而繪製策略圖，透過線條以連結相關的各個目標，從而清楚顯示彼此的因果關係，詳見圖14-10。

圖 14-10：依據策略性目標而發展的策略圖（例舉）

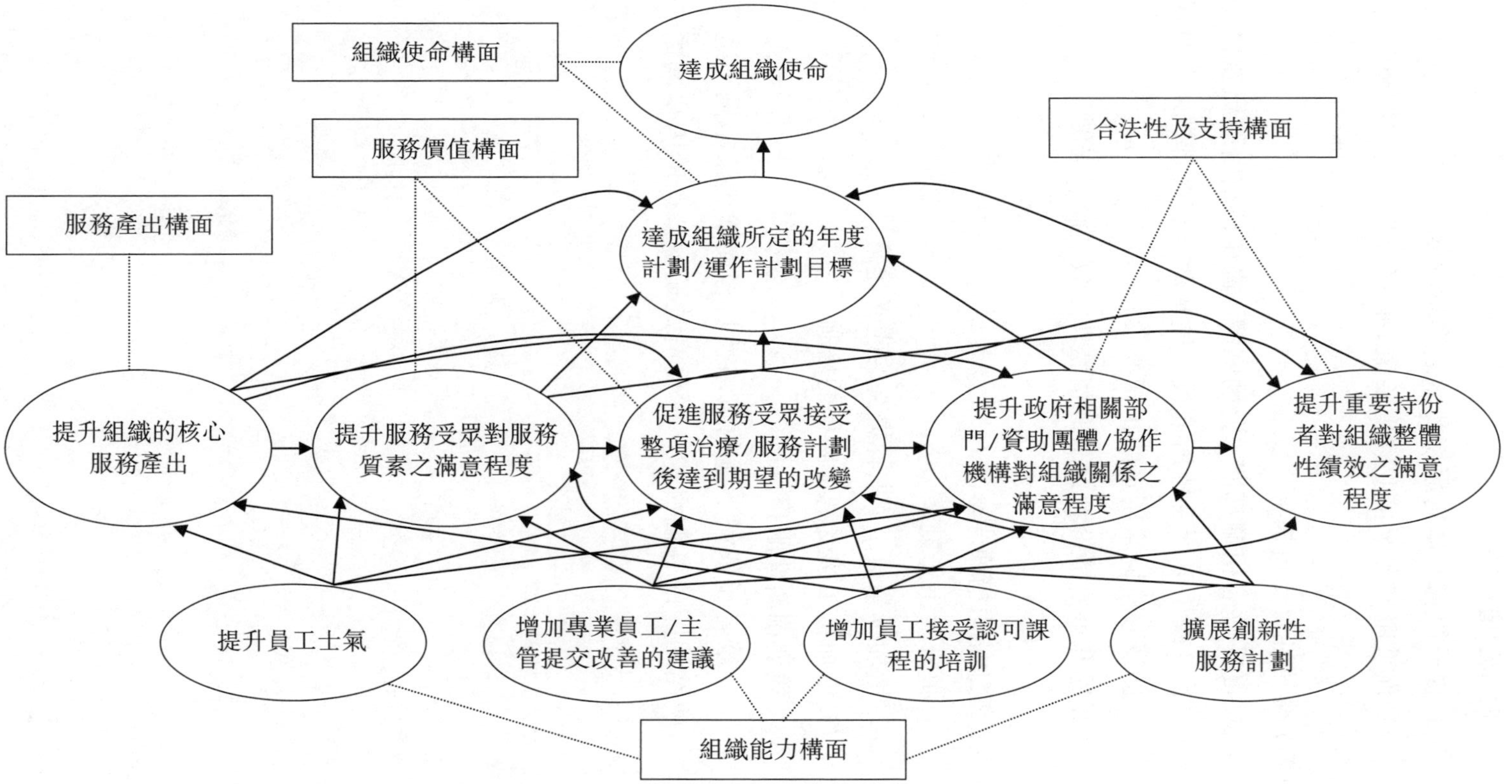

此外，筆者參照上述的策略性目標而制定出關鍵性表現指標，藉以衡量上述目標之達成程度，有關詳情列述如下：

構面	策略性目標	關鍵性表現指標
組織使命	✧ 達成組織所定的年度計劃／運作計劃目標	→ 年度計劃／運作計劃目標達成程度
服務產出	✧ 提升組織的核心服務產出	→ 增加核心服務中期產出數量之百分比
		→ 增加核心服務最後產出數量之百分比
服務價值	✧ 提升服務受眾對服務質素之滿意程度	→ 服務受眾對服務質素滿意程度之百分比
	✧ 促進服務受眾接受整項治療／服務計劃後達到期望的改變	→ 服務受眾完成整項治療／服務計劃後達到期望的改變之百分比
合法性及支持	✧ 提升政府相關部門／資助團體／協作機構對組織關係之滿意程度（或達成有關政府部門／資助團體之資助及服務協議指標的要求）	→ 有關政府部門／資助團體／協作機構滿意與組織關係之百分比（或達成其資助及服務協議所定的指標之百分比）
	✧ 提升重要持份者對組織整體性績效之滿意程度	→ 重要持份者滿意組織整體性績效度之百分比
組織能力	✧ 提升員工士氣	→ 員工對工作滿意程度之百分比
	✧ 增加專業員工／主管提交改善的建議	→ 增加專業員工／主管提交改善的建議之百分比
	✧ 增加員工接受認可課程的培訓	→ 增加員工獲取認可培訓證書之百分比
	✧ 擴展創新性服務計劃	→ 專業職級員工用於發展創新性服務計劃之平均日數

筆者依據上述策略性目標及關鍵性表現指標而制定之表現藍本，現詳列如下：

表 14-3：依據策略目標及關鍵性表現指標而制定之表現藍本（例舉）

構面	策略性目標	關鍵性表現指標	衡量方法	指標水平					比重
				優	良	常	可	劣	
組織使命	達成組織所定的年度計劃/運作計劃目標	年度計劃/運作計劃目標達成程度	年終時衡量組織年度計劃/運作計劃目標達成程度	完全達成	大部分達成	有一半達成	部分達成	全未達成	15%
服務產出	提升組織的核心服務產出	1. 增加核心服務中期產出數量之百分比	年終時隨機抽出六項主要的核心服務以衡量其中期產出與上個年度作一比較，從而衡量其增加之百分比	≥10%	7%-9%	4%-6%	1%-3%	<0%	10%
		2. 增加核心服務最後產出數量之百分比	年終時隨機抽出三項主要的核心服務以衡量其最後產出與上個年度作一比較，從而衡量其增加之百分比	≥10%	7%-9%	4%-6%	1%-3%	<0%	10%
服務價值	提升服務受眾滿意服務質素	服務受眾對服務質素滿意程度之百分比	採用問卷方式以搜集資料以衡量服務受眾對服務質素之滿意程度	≥90%	80%-89%	70%-79%	60%-69%	≤59%	15%
	促進服務受眾接受整項治療/服務計劃後達到期望的改變	服務受眾接受治療/服務項目治療/服務計劃後達到期望之百分比	衡量服務受眾接受治療/服務計劃後達到期望之百分比	≥90%	80%-89%	70%-79%	60%-69%	≤59%	15%

602

構面	策略性目標	關鍵性表現指標	衡量方法	指標水平					比重
				優	良	常	可	劣	
合法性及支持	提升政府相關部門／資助團體／協作機構對組織關係程度	政府相關部門／資助團體／協作機構滿意與組織關係關係之百分比	衡量政府相關部門／資助團體／協作機構滿意與組織關係之百分比	≥90%	80%-89%	70%-79%	60%-69%	≤59%	10%
	提升重要持份者對組織整體績效之滿意程度	重要持份者滿意組織整體性績效之百分比	採用問卷方式搜集資料，從而衡量重要持份者滿意組織整體性績效之百分比	≥90%	80%-89%	70%-79%	60%-69%	≤59%	5%
組織能力	提升員工士氣	員工對工作滿意度之百分比	採用問卷方式以搜集資料，而衡量員工對工作滿意程度之百分比	≥90%	80%-89%	70%-79%	60%-69%	≤59%	5%
	增加專業員工／主管提交改善建議	增加專業員工／主管提交改善的建議之百分比	衡量專業員工／主管提交改善建議之數量與上個年度比較加之百分比	≥40%	30%-39%	20%-29%	10%-19%	≤9%	5%
	增加員工接受認可課程的培訓	增加員工獲取認可培訓證書之百分比	衡量員工獲取認可培訓證書與上個年度比較增加之百分比	≥40%	30%-39%	20%-29%	10%-19%	≤9%	5%
	擴展創新性服務計劃	專業職級員工用於發展創新性服務計劃之平均日數	衡量專業職級員工用於發展創新性服務計劃之平均日數	≥30日	20-29日	10-19日	0-9日	<0日	5%
								總數：	100%

備註：(1) 中期產出是指服務數量或服務人次；最後產出則是指服務完成 (Service Completions)。

(2) 上述公共價值卡之計分制度可參照平衡計分卡之計分方法。

綜上所述，以上為社會服務機構而設計的公共價值計分卡確能為組織達成的最終價值進行衡量；儘管如此，由於它以「非財務」衡量項目為主，因此任何「財務」的表現只被視為達到目的之手段而非最終目的。具體來說，此卡的聚焦重點不單是服務受眾，它還着重社區人士[17]、政府相關部門、基金會以及合作伙伴/協作機構等，並藉此募集其所需的財務資源，從而達到期望的成果。除此之外，此卡甚為重視與合作伙伴及協作機構所建立的良好關係，究其根由，主要是社區問題難以由一間機構獨力處理；反之，需靠賴其他機構/團體之通力合作。由此可見，任何一間社會服務機構之績效衡量，不僅衡量它能否擴大其市場佔有率，還須評估其能否與同業機構持續維繫友好的合作關係。

五、擴大的體系評估模式

這模式是由羅蘭士‧馬田（Lawrence L. Martin）和彼得‧基那（Peter M. Kettner）於 1996 年發展出來，它主要是從效率構面（Efficiency Perspective）、質素構面（Quality Perspective）和效能構面（Effectiveness Perspective）三方面以評估組織整體性績效；顧名思義，它所強調的是產出、質素與成效之衡量，詳見圖 14-11 所示。

---

17 社區人士主要是指納稅人士。

圖 14-11：擴大的體系評估模式

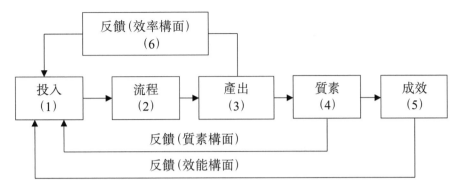

備註：(1)「投入」乃指用於人羣服務方案的資源（比如資金、員工、設備及義工等）。

(2)「流程」乃指服務提供之過程。

(3)「產出」乃指人羣服務方案所製造或提供的服務數量，譬如處理個案的總數、舉辦活動之數量及提供輔導服務時數等。

(4)「質素」乃指人羣服務方案所提供的服務能符合特定的質素標準之數量或受助人滿意度之百分比。

(5)「成效」乃指人羣服務方案導致受助人產生期望的改變。

(6)「反饋」乃指一種既定的評估方式，它用以提供資源以說明人羣服務方案之表現如何，而衡量的方式包括產出（效率）、質素、成效（效能）以及效率和效能之比率（Ratios）。

美、加公營部門及社會服務機構主要採用的績效衡量方法，大多集中於產出（效率）、質素及成效（效能），甚至會衡量效率和效能之比率（Martin & Kettner, 2010）。但筆者認為衡量效率和效能之比率較繁複，因此衡量組織整體績效集中於產出、質素及成效這三方面便已足夠，現用下列篇幅作較詳細的論述。

服務成品／產出基本是指組織所生產的成品之類別和數量；而社會服務機構所提供的方案／項目則主要分為兩類產出（Martin & Kettner, 2010）── 中期產出（Intermediate Outputs）和最後產出（Final Outputs）。前者亦稱為「服務單位」（Units of Service），乃指產出過程中最後產出的成品和服務；後者亦稱為「服務完成」（Service Completions），乃指受助人完成整個治療過程／計劃或已接受整套服務（A Full Complement of Services）。衡量中期產出最重要是決定如何衡量服務單位，一般採用的方法包括：（一）一個物料單位（A Material

Unit），譬如一餐飯或一張代用券等；（二）一件事項單位（An Episode Unit），譬如一項探訪、一節陪診服務或一次面談等；和（三）一個時間單位（A Time Unit），譬如一小時或一日等。

完成服務後，管理者可將所搜集的資料進行分析，然後識別相關方案／項目之服務產出，比如說，綜合家居照顧服務隊共提供多少送飯餐數、多少小時之陪診服務等。至於香港特區受政府資助的社會服務機構，定期須向社會福利署提交「季度／年度服務統計表」，而當中所彙報的資料及數據大多是與中期產出有關的。

至於最後產出的衡量，主要涵蓋兩種方法（Martin & Kettner, 2010）——標準化方法（The Standardized Approach）和個案計劃方法（The Case Plan Approach）。前者乃指受助人必須接受標準的或最基本的服務數量以確保其完成有關的治療；後者因應個案之個別化需求而為其制定不同的服務單位（Varied Units of Service），受助人經接受有關服務後，便可依據其個別需求而制定完成整項治療計劃所需之標準或最基本的服務數量。舉例而言，有些接受輔導的個案可能需要 20 至 30 節輔導服務；有些個案則由於面對較複雜的問題，因此需要較多的輔導節數，可見有效衡量最後產出最好是採用個案計劃方法。

針對服務質素的衡量主要採用兩種方法（Martin & Kettner, 2010）——產出具質素因子方法（The Outputs with Quality Dimensions Approach）和受助人滿意方法（Client Satisfaction Approach）。第一種方法主要是關注服務質素，並利用質素因子進行衡量，而現時與質素相關之因子頗多（Zeithaml, Parasuraman, & Berry, 1990：27；梁偉康、陳洪濤，1995：164-165），讀者可參閱表 14-4 所示。

表 14-4：質素因子的定義

質素因子	定義
可接觸度（Accessibility）	產品和服務是容易接近和獲取。
保證度（Assurance）	員工能友善待人、有禮貌、對人關懷備至及具有豐富的專業知識。
溝通（Communication）	員工與服務使用者溝通時，主要是採用他們懂得和易於明白的語言以介紹相關產品／服務的資訊。
能幹（Competence）	員工擁有提供產品或服務所需的知識和技巧。
符合度（Conformity）	產品／服務是符合標準的要求。
謙恭（Courtesy）	員工對服務使用者展現出禮貌、尊敬和關懷。
缺陷（Deficiency）	產品／服務提供之過程中任何不被識別出的質素特徵——劣質素；而這些特徵是對服務使用者之滿意程度產生負面的影響。
耐用性（Durability）	產品／服務對服務使用者所產生之良好表現或成果並非轉瞬即逝。
仁慈度（Humaneness）	員工在提供產品／服務時所持之態度，乃是竭力維護服務使用者之尊嚴和自我價值。
關懷度（Empathy）	員工主動關心及照顧服務使用者所需。
表現（Performance）	機構提供高質素的產品（包括成品和服務）。
可靠度（Reliability）	機構按所承諾的提供可靠的產品或服務，不論時間有多長久或面對不同類型的服務使用者，亦只出現些微的差異。
反應度（Responsiveness）	員工樂於協助服務使用者，並隨時為他們提供所需的服務及儘量滿足其要求。
安全性（Security）	機構能在安全的環境為服務使用者提供其所需的服務，並不受任何不利的因素所影響。
可見度（Tangibles）	機構的設施、出版刊物及員工儀容等皆令人留下不可磨滅的良好印象。

　　儘管質素因子眾多，然而管理者須懂得甄選合適的因子，並將其特性與人羣服務方案連結起來，甚至將相關的質素因子轉化為「即時產出績效衡量方法」[18]，其中較可取的做法是採用聚焦小組以徵集服務使用者及重要持份者的寶貴意見，筆者現引用下列例舉，詳情可參閱表 14-5。

---

18 「即時產出績效衡量方法」亦稱為「服務單位」（Units of Service）。

表 14-5：將質素因子轉化為即時產出績效衡量方法（例舉）

服務類別	將質素因子轉化為即時產出績效的衡量
1.　資訊提供和轉介服務	
1.1 可靠度	➜　一次適合的轉介
1.2 反應度	➜　一次電話查詢即獲得接聽及解答
2.　送飯服務	
2.1 可靠度	➜　餐飯送抵服務使用者家中時仍能保持攝氏 60 度或以上
2.2 反應度	➜　餐飯能按預定的時間準時送到服務使用者家中
3.　輔導服務	
3.1 可靠度	➜　輔導員為個案提供一小時的專業輔導服務
3.2 反應度	➜　輔導員能按照預約時間為個案提供輔導服務

　　另一種質素衡量方法是受助人滿意方法，執行步驟大致與第一種相近。具體做法是先選用適合的質素因子，而調查問卷的設計可按需要進行修訂。筆者現參照表 14-5 的內容以設計一份「服務使用者滿意調查問卷」（表 14-6）供讀者參閱。

表 14-6：服務使用者滿意調查問卷（例舉）

1. 資訊提供和轉介
    1.1 您所獲取的資訊和轉介能否幫助您獲取所需的服務？

從不				經常
1	2	3	4	5

    1.2 當您致電查詢有關服務／轉介時能否即時獲得接聽及回應？

從不				經常
1	2	3	4	5

2. 送飯服務
    2.1 遞送給您的飯餸是否經常保持安全食用的溫度（如攝氏60度或以上）？

從不				經常
1	2	3	4	5

    2.2 遞送給您的飯餸是否經常準時到達（即在預定時間 10 分鐘內送到家中）？

從不				經常
1	2	3	4	5

3. 輔導服務
    3.1 輔導員有否對您作出適切的關懷？

從不				經常
1	2	3	4	5

    3.2 輔導服務是否準時開始（即在預定時間10分鐘內開始）？

從不				經常
1	2	3	4	5

～ 謝謝您的意見～

　　除衡量產出及質素外，機構所提供的人羣服務方案之最終目的乃是讓服務使用者之生活質素達到期望的改善，因而需要進行成效衡量。有關成效衡量方法主要涵蓋四種（Martin & Kettner, 2010：66），分別是數目核算、標準化衡量方法、功能水平尺度法以及受助人改變

的觀感[19]。

　　筆者於論述如何運用成效衡量方法之前，現先針對兩大範疇，其一，受助人趨向期望的改變；其二，受助人偏離某些非理想的改變，並針對情況、地位、行為、功能、態度、感受及觀感這七個項目對生活質素所產生的改變而列出一些例舉供讀者參閱，詳見表 14-7。

　　在數目核算方面，它主要是衡量有多少受助人接受方案／項目後獲得生活質素的改變，尤其是針對受助人情況、地位和行為改變之衡量。

　　此外，標準化衡量方法主要採用標準化衡量指標對受助人之感受、態度和觀感，並進行前後測比較，藉以判斷其生活質素有何改變。菲舍爾和科克倫 (Fischer & Corcoran, 1994) 主編的 *Measures for Clinical Practice：A Sourcebook* 共輯錄了 140 種標準化的衡量方法，參考價值甚高。

19　除此之外，還有其他方法如目標達成尺度法 (Goal Attainment Scale，簡稱 "GAS") 和時間序列設計 (Time-series Design) 等，詳見本書第十三章，這裏不再贅述。

表 14-7：受助人生活質素改變範例

---

1. 受助人趨向期望的改變：

            項目   例舉

    1.1 情況 （Condition） ➔ 一位流離失所的受助人獲得居所庇護

    1.2 地位 （Status） ➔ 一位失業的受助人獲得一份工作

    1.3 行為 （Behaviour） ➔ 一位青少年學生增加上課的次數

    1.4 功能 （Functioning） ➔ 一位受助人之問題解決能力得以提升

    1.5 態度 （Attitude） ➔ 一位青少年學生對接受教育的價值觀念得以提升

    1.6 感受 （Feeling） ➔ 一位受助人之歸屬感得以提升

    1.7 觀感 （Perception） ➔ 一位受助人之自尊心得到增強

2. 受助人偏離某些非理想的改變：

            項目   例舉

    2.1 情況 （Condition） ➔ 一位沒有居所的受助人減少於晚上流連街上之次數

    2.2 地位 （Status） ➔ 一位有濫藥傾向之受助人減少曠工次數

    2.3 行為 （Behaviour） ➔ 一位在學青少年缺課次數減少

    2.4 功能 （Functioning） ➔ 一位受助人與其配偶減少家暴次數

    2.5 態度 （Attitude） ➔ 一位青少年減少暴力事件之發生次數

    2.6 感受 （Feeling） ➔ 一位青少年降低對環境無能為力之感覺

    2.7 觀感 （Perception） ➔ 一位受助人降低對其他種族之負面觀感

筆者現引用實例以說明標準化衡量方法之應用，下列表 14-8 是針對受助人一般的滿足感進行衡量，具體做法是先用此表衡量受助人未接受輔導服務計劃的狀況；其後完成有關計劃後，再用此表作出衡量與比較分析，從而判斷其有否產生重要的改變。上述方法乃是學者沃爾特・赫臣（Walter W. Hudson）於 1974 年發展出來，共有 25 條問題，每題可給予的分數由 "1" 至 "5" 分不等。然而有些項目所獲得之分數是非正比的，譬如表 14-8 中有關顛倒分數之項目分別是第 5、8、9、11、12、13、15、16、21、22、23 和 24 題。假設項目 5 之答案是 "4"，其所獲得之分數是 "2" 而不是 "4"；又假設項目 8 之答案是 "5"，其所獲得之分數是 "1" 而不是 "5"，如此類推。至於其評分之計算方程式，現簡列如下：

$$\text{分數} = \frac{(\Sigma \text{Y-N})\,(100)}{(\text{N})\,(4)}$$

備註：Y= 每一項目之回應；
N= 項目完成之總數；和
Σ= 總和。

由此可見，受助人所獲分數愈高，反映其所面對的問題愈見嚴重。此方法的關鍵分數是以 30 分為基準線，得分若超越 30 分，便顯示受助人所面對的範疇已呈現出種種問題；而改變程度若超越 5 分者；則會視為「重要的改變」，不容忽視。

表 14-8：一般的滿足感衡量表

（Generalized Contentment Scale, Hudson W.W., 1974）

姓名：_____ 日期：_____

　　本問卷設計之目的，旨在測量您對生活及環境之滿足程度。這不是測驗，所以並沒有標準的答案，請仔細地回答下列問題，並根據下列五種陳述，將您認為正確的答案填入空格中。

　1　幾乎沒有　　　2　很少有　　　3　間中有　　　4　經常有　　　5　時刻都有

請開始：

1.	我感到無能為力去改變自己的生活。	_____
2.	我覺得憂鬱。	_____
3.	我坐立不安，並且不能安靜下來。	_____
4.	我經常哭泣。	_____
5.	我很容易放鬆下來。	_____
6.	我對於着手要做的事感到困難。	_____
7.	我晚上睡得不好。	_____
8.	當我遇到困難時，我覺得總能有一個可作求助的人。	_____
9.	我覺得我的前途是光明的。	_____
10.	我覺得鬱鬱不歡。	_____
11.	我覺得別人需要我。	_____
12.	我覺得我會得到別人的讚賞。	_____
13.	我享受活躍和忙碌的生活。	_____
14.	我覺得這世界如果沒有了我，別人會好過些。	_____
15.	我享受與他人共處。	_____
16.	我覺得做決定是一件很容易的事。	_____
17.	我覺得別人壓制我。	_____
18.	我覺得很容易發怒。	_____
19.	我很容易覺得不開心。	_____
20.	我很不容易才有一段美好的時光。	_____
21.	我的生活很美滿和充實。	_____
22.	我覺得其他人都很關心我。	_____
23.	我的生活充滿樂趣。	_____
24.	我在早上會感到很愉快。	_____
25.	我覺得我的境況是毫無希望。	_____

必須顛倒分數之項目：5、8、9、11、12、13、15、16、21、22、23和24。
備註：前文已針對顛倒分數之項目作出解釋，這裏不再贅述；而上述譯本以英文版本為準。

至於功能水平尺度法（Level of Functional Scales），它主要是衡量受助人或其家庭之功能水平，同時亦可用作前後測的評估工具。事實上，受助人功能的界定並非只針對功能，還可包括行為和問題，而它大致具有五項特徵（Martin & Kettner, 2010：100），這包括：

（一）每項功能水平尺度法只關注受助人之其中一項功能範疇，而這項功能是易於被觀察及描述出來的；

（二）一般由「十分低」至「十分高」作出排列；

（三）當受助人開始使用某項方案／項目時，便可進行功能水平的衡量，直至完成治療或接受服務後再作出衡量；

（四）功能水平有不同的層次，而每一層次皆可被衡量及分辨，且能正確反映受助人之行為；和

（五）功能水平尺度法中有關受助人功能、行為或問題的描述，主要是建基於某些理論、研究和實務知識與經驗，並非隨意制定的。

　　筆者現引用表 14-9 以說明如何採用上述方法為居住於護老機構的長者進行功能水平之衡量。

表 14-9：採用功能水平尺度法以衡量長者之互動行為（例舉）

			十分低				十分高

一、 <u>社交化（Socialization）</u>　　　　　　十分低　　　　　　　　十分高
　　　　　　　　　　　　　　　　　　　　1　　2　　3　　4　　5

　　　層次（一）：　退縮、喜歡孤獨，從不主動與員工及其他長者說話或
　　　　　　　　　　接觸，並沒有興趣與他人建立人際關係。

　　　層次（三）：　須經鼓勵才願意與員工及其他長者接觸，對人際關係
　　　　　　　　　　之建立興趣不大。

　　　層次（五）：　非常健談，並能積極主動與員工及其他長者建立關
　　　　　　　　　　係。

　　　　　　　　　　　　　　　　　　　　　十分低
二、 <u>參與性（Participation）</u>
　　　　　　　　　　　　　　　　　　　　1　　2　　3　　4　　5

　　　層次（一）：　在任何情況下均拒絕參與院舍所舉辦的活動。

　　　層次（三）：　須經鼓勵才會參與院舍所舉辦的一些活動。

　　　層次（五）：　積極參與並能鼓勵其他長者參加院舍所舉辦的活動。

　　　　　　　　　　　　　　　　　　　　　十分低　　　　　　　　十分高
三、 <u>交談（Conversation）</u>
　　　　　　　　　　　　　　　　　　　　1　　2　　3　　4　　5

　　　層次（一）：　對員工及其他長者之談話皆不感興趣或反應冷淡。

　　　層次（三）：　雖與別人交談，但只限於言語間之互動。

　　　層次（五）：　樂意與員工及其他長者交談。

備註：　(1) 此表屬於五分尺度法，層次（一）獲最低分；層次（五）獲最高分，如此類推。
　　　　(2) 如界乎層次（一）與層次（三）之間便是層次（二）；層次（三）與層次（五）
　　　　　　之間便是層次（四）。

表 14-9 是屬於五分尺度法，層次（一）是屬於最低的，層次（五）是最高的。倘若某長者未接受方案／項目（如個人輔導計劃），其社交化、參與性及交談等三個範疇是處於層次（一）；但經接受三個月的輔導服務後，上述三項範疇皆有所轉變，平均達到層次（三），總的來說，可反映其行為／態度已作出正面的改變。

另一方面，受助人改變的觀感（Client's Perception of Change）是指受助人透過參與人羣服務方案自我檢視其生活質素獲得改善的感受，相對上述所介紹的成效衡量方法，它比較簡單和易於應用，而下列是一份檢視參加者完成親職講座活動後其改變的感受之調查表（梁偉康，2012），詳見表 14-10。

表 14-10：剛為人父母之親職講座活動參加者改變的感受調查表

您毋須在此調查表寫上名字，但您的忠實回答將有助本機構改善親職講座活動之設計與安排。

1. 您覺得是次的親職講座如何？
   □非常滿意　　□滿意　　□尚可　　□有點失望　　□非常失望
   改善意見：＿＿＿＿＿＿＿＿＿＿＿＿＿＿＿＿＿＿＿＿

2. 您覺得下列所採用的教學方法如何？

	很有用	有用	有點用處	不大有用
2.1 演講	□	□	□	□
2.2 技巧示範	□	□	□	□
2.3 角色扮演	□	□	□	□
2.4 討論	□	□	□	□
2.5 教材分類	□	□	□	□

   根據過往經驗，您認為教學方法應如何作出改善？＿＿＿＿＿＿＿

3. 請覺得下列的講座內容如何？

	很有用	有用	有點用處	不大有用
3.1 家庭成員的角色和職責	□	□	□	□
3.2 溝通技巧	□	□	□	□
3.3 共同作出決定之技巧	□	□	□	□
3.4 處理家庭衝突	□	□	□	□
3.5 幫助兒童之人格成長	□	□	□	□

   3.6 您認為應用哪一種親職技巧是最有效？請詳述之。
   ＿＿＿＿＿＿＿＿＿＿＿＿＿＿＿＿＿＿＿＿＿＿＿
   ＿＿＿＿＿＿＿＿＿＿＿＿＿＿＿＿＿＿＿＿＿＿＿

   3.7 您認為應用哪一種親職技巧是最困難？請詳述之。
   ＿＿＿＿＿＿＿＿＿＿＿＿＿＿＿＿＿＿＿＿＿＿＿
   ＿＿＿＿＿＿＿＿＿＿＿＿＿＿＿＿＿＿＿＿＿＿＿

　　綜上所述，筆者已針對產出、質素及成效這三方面的衡量方法作出介紹；然而，社會服務機構若要有效評估組織整體性績效，以上三者的衡量是至關重要，缺一不可。即使如此，影響服務產出的關鍵因素絕對是資源，而投入資源的多寡亦直接影響服務質素的水平和預期成效的達成，顯而易見，產出、質素和成效是存在着因果關係，彼此

相互依存，相互影響。

　　針對效率的衡量，主要是評估機構所投入的資源而產出的數量為何，管理者如能採用有效措施，譬如推行完善的財務策劃和控制，這將可達到最大的產出，並藉此提升資源投入與產出的比率，如此便可判斷組織績效是具效率的。另一方面，機構若透過具質素的產出（即方案／項目）以讓受惠對象產生期望的改變；則可說其績效是具成效的。毋庸置疑，機構若能證明其所提供的服務是具效率和成效，這不單獲取社會大眾的認受及支持，還可推動服務發展日臻完善。

六、方案邏輯模式

　　另一種較常見的績效衡量方法是方案邏輯模式，管理者可採用此方法以評估組織整體性績效，具體做法是履行下列的四項任務（Martin & Kettner, 2010；梁偉康，2012），這包括：

（一）列明機構所需處理的社區問題

　　社會服務機構之存在價值和意義乃是解決某項「社區問題」，而「問題」可說是「一個負面界定的狀況」（Negatively Defined Condition），並被視為存在的問題（Netting, Kettner, & McMurtry, 2008）；因此機構可善用其財務資源，譬如政府資助及社區募款等以提供特定的方案／項目，從而解決或紓緩社區問題，但先決條件是執行方案假設（Programe Assumptions）這項重要的工作任務。

（二）識別所需處理的社區問題假設

　　當機構識別所需處理的社區問題及其主要成因，繼而便可依據其主因而制定成效目標、過程目標和方案／項目，可見其發展主要是依據社區問題產生因素之假設[20]；而此過程可說是一種「藝術」多於「科學」，因支持假設的來源眾多，包括理論的框架與模式、最新的研究、評估研究以及實務經驗，因此管理者必須選擇最合適的假設以發展相關的方案／項目。現時有多項研究顯示，導致體弱長者被虐的主因是

20　這主要參考一些研究理論而得出。

護老者在照顧過程中產生沉重的照顧壓力；假如能減輕其壓力，相信可避免虐老問題的發生。舉例而言，「個人輔導服務」及為護老者「提供實質支援」這等方案／項目，經實證研究可確認能有效紓緩護老者的照顧壓力，建議社會服務從業員多加應用。

(三) 設計方案

經完成上述兩項工作任務後，管理者基本能掌握組織所需處理的社區問題為何，從而識別及發展方案假設，其後才制定相關方案。至於方案可被界定為一項重要及持續的服務，當中包括政策、目的、目標和預算，藉此產生某項特定的產品或服務 (Martin, 2009)，換言之，機構為處理某項社區問題，究竟需要推行多少方案／項目？如此，管理者便需對組織使命、策略性規劃目的、預算、人力資本及其他因素作出詳細考慮。

有部分學者認為社會服務機構不應提供超逾 10 種的核心方案／項目 [21] (Anthony & Young, 2003)；否則將面對眾多互相競爭的優先項目；亦即是說，太多的「目的」和「目標」，或許互相產生衝突，因而有機會窒礙部分方案／項目之目標達成。姑勿論如何，識別及界定方案／項目是非常重要；而組織績效之衡量則須依據方案成效數據以作分析。

(四) 進行績效衡量

針對所需處理的社區問題而推行相關的方案／項目，便可依據產出、質素及成效進行組織整體性績效的衡量。第一種是集中服務數量衡量 (Measures of Service Volume) 和服務完成 (Service Completions)；第二種主要着重產出符合質素標準之數目或百分比，亦可衡量受助人之滿意程度；至於最後一種主要是衡量方案／項目所產生的成效及其對社區問題所造成的衝擊。圖 14-12 是方案邏輯模式的框架，它將社區問題、假設、人羣服務方案以及各種績效衡量作出聯結；筆者則引用實例以說明如何為社會服務機構的整體性績效進行衡量。

---

21 方案所指的是服務而非一項活動，但服務通常包括多個活動項目。

圖 14-12：採用方案邏輯模式將社區問題、假設、人羣服務方案
及績效衡量進行連結

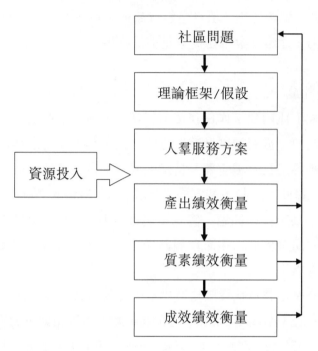

資料來源：Martin, L.L., & Kettner, P.M. (2010). *Measuring the performance of human service programs*, pp.27。筆者已將上圖作出修改。

　　為讓讀者加深認識，筆者現引用實例以說明方案邏輯模式之應用。某長者服務機構成立的使命是為那些處於危機的長者（65 歲或以上，身體行動不便，且居於偏遠地區）解決問題和 / 或滿足需求，從而有效防止虐老事件的發生。由於有些長者正身處危機當中，然而其需求未獲滿足和 / 或未被覺察，因而未能接觸所需的社區支援服務；不單如此，護老者同時面對上述情況。正因如此，機構為防止長者受虐及滿足他們和護老者之各項需求，遂提供一系列的人羣服務方案，包括長者外展服務[22] 和輔導熱線計劃服務[23]，而這些方案乃建基於一些假設而發展出來。方案經提供後，管理者須定期進行評估，並蒐集相關的績效數據以對其整體績效進行衡量與分析，詳情可參閱表 14-11。

22　長者外展服務包括進行外展工作以識別處於危機的長者、目標對象人口羣的需求評估以及提供交通運輸工具等。

23　輔導熱線計劃服務包括設立 24 小時熱線、安排義工探訪以及安排社工定期家訪，從而檢視長者有否處於危機狀況等。

表 14-11：採用方案邏輯模式以對某長者服務
機構之整體性績效進行衡量（例舉）

社區問題和需求　一羣 65 歲或以上及行動不便的長者之獨立生活情況未能維持，部分長者不單有機會長期受到虐待（社區問題），他們及護老者之需求還未獲得滿足（社區需求）。

↓

假設　　　　　1.　長者及護老者均有很多需求未獲滿足
　　　　　　　2.　長者及護老者未有覺察或未能接觸現有的社區支援服務
　　　　　　　3.　護老者欠缺社區支援服務而承受沉重的照顧壓力，導致虐老行為的出現

↓

方案 / 項目　　1.　長者外展服務
　　　　　　　　1.1　長者外展工作
　　　　　　　　1.2　目標對象人口羣之需求評估
　　　　　　　　1.3　交通運輸工具之安排
　　　　　　　2.　輔導服務熱線計劃
　　　　　　　　2.1　24 小時輔導服務熱線
　　　　　　　　2.2　義工探訪活動
　　　　　　　　2.3　社工家訪及提供輔導服務

↓

績效衡量：

衡量類別 方案 / 項目名稱	產出績效衡量		質素績效衡量
1. 長者外展服務	1.1 外展服務總小時	→	接案後 24 小時內，接受服務之長者數目 (反應度)
	1.2 完成需求評估個案總數	→	個案完成需求評估後對社工之專業能力評價 (保證度)
	1.3 安排交通運輸工具予目標對象之次數	→	準時及安全抵達目的地之受助人數目 (反應度及安全度)
2. 輔導服務熱線計劃	2.1 提供電話輔導服務予長者及護老者之總時數	→	接受電話輔導服務之長者或護老者覺得義工很關心他們，並願意聆聽其訴求 (關懷度)
	2.1 義工探訪長者總時數	→	受訪長者對義工探訪服務之接受程度 (可接受性)
	2.3 專業社工家訪總時數	→	社工在接獲家訪要求時能在八小時內進行家訪 (反應度)
	2.4 專業社工為受訪長者提供輔導之總時數	→	個案接受輔導後對社工專業技能和態度之評價 (保證度)

成效績效衡量

短期成效：
長者及護老者覺得其需要獲得滿足之百分比

⇩

中期成效：
護老者其照顧壓力得以紓緩之百分比及減少出現虐老行為之次數

⇩

長期成效：
長者能繼續其獨立的生活之數目或百分比

備註：(1) 上述的長者服務機構所提供的人羣服務方案可算是貴精不貴多，這樣可集中進行績效衡量的工作。

(2) 為有效衡量組織績效，管理者必須清楚界定服務對象，並儘量將資源集中運用。

(3) 產出和質素若超逾所定的要求，通常能達到預期的成效。

小結

　　筆者已對組織績效評估模式的類別作出簡介，並詳細闡述幾種適用於衡量社會服務機構的整體性績效評估模式。總括而言，現時廣泛採用的績效評估系統着實很多，因每一種皆有重點與特色，並為機構及評估專家帶來不同的價值和效益，由此可見，至今根本沒有一種「天下無敵」的組織績效評估方法，每種方法皆有其利弊之處，管理者只須擇優而選便可。再者，由於社會服務機構本身具有獨特性，其服務運作及目標對象人口羣亦異常複雜，尤以規模龐大的機構更甚，因此較難衡量其服務成效；即使號稱為「優良績效的機構」——服務先驅，它們亦缺乏一套完備的績效衡量標準，故只能採用不同的評估模式和／或績效標準，而此舉亦被視為相對客觀的績效衡量。可是機構若採用綜合性績效評估模式，更需耗費大量資源以進行研發的工作，這對資源匱乏的社會服務機構而言，反而不切實際。

　　試問社會服務機構須採用何種評估模式？筆者認為管理者必須慎而重之，並認真篩選一些可行的績效衡量方法及準則，當然簡單易行的模式能有效促進組織成員的應用與參與；姑勿論如何，這對不採用任何績效衡量來得更具意義，可見，不管是重要持份者，還是社會大眾，他們皆冀盼機構能善用公帑及財務資源，從而提供具成效及高質素的服務。

　　總的來說，筆者認為較適合社會服務機構所需的績效評估模式是平衡計分卡或公共價值計分卡；若然是滿足社會大眾及出資方的要求，擴大的系統評估模式因可提供服務產出、質素以及成效等相關數

據，而這些亦是其所關注的 [24]，所以絕對是首選的評估模式。但值得一提的是中國內地各省、市所建立的績效評估標準體系 [25]，其在評估模式的設計和推行過程中皆出現很多紕漏 [26]，管理者若未能與時並進，切實加以改善，只會為機構帶來被淘汰的風險。至於筆者所構思的績效評估標準體系，旨在拋磚引玉，期冀為海峽兩岸暨香港、澳門的第三方評估機構提供實用的參照框架，從而推動管理者切實執行組織整體性績效之衡量。

---

24 筆者曾於 2013 至 2015 年在中國佛山市南海區大瀝鎮擔任社工委顧問，同時為兩間受資助的大型綜合服務中心制定 30 多個產出、質素及成效指標，於年終時用以衡量上述中心是否達標，從而判斷其績效。除此之外，亦為該兩間中心制定了 25 個績效標準以衡量其服務表現。

25 類似基於績效標準評估。

26 詳見筆者於 2016 年出版的《追求卓越：非營利組織邁向優質管理之旅》，第 294-296 頁。

本 章 主 要 參 考 資 料

1. Abels, P., & Murphy, M.J. (1981). *Administration in the human services: A normative systems approach*. Englewood Cliffs, N.J.: Prentice-Hall.

2. Anthony, R.N., & Young, D.W. (2003). *Management control in nonprofit organizations* (7th ed.). Boston: McGraw-Hill/Irwin.

3. Board of Governors of the Federal Reserve System (1993). "Government Performance and Results Act". Retrieved from https://www.federalreserve.gov/publications/gpra.htm. Accessed on 9th September 2021.

4. Cameron, K.S., & Whetten, D.A. (Eds.) (1983). *Organizational effectiveness: A comparison of multiple models*. New York: Academic Press.

5. Cameron, K. (2008). *Positive leadership: Strategies for extraordinary performance*. San Francisco, CA: Berrett-Koehler Publishers, Inc.

6. Fischer, J., & Corcoran, K. (1994). *Measures for clinical practice: A sourcebook* (2nd ed.). New York: The Free Press.

7. Hudson, W.W. (1977). *The assessment of depression affect in clinical practice. Unpublished manuscript*. Honolulu: University of Hawaii School of Social Work.

8. Hudson, W.W. (1993). *The WALYMR assessment scale scoring manual* (Copyright 2015 by WALMYR). Tallahassee, FL.: WALMYR Publishing Co. Retrieved from https://shop.walmyr.com/pdf/GCSSAMPLE.pdf. Accessed on 1st October, 2020.

9. Kaplan, R.S., & Norton, D.P. (1996). *The balanced scorecard: Translating strategy into action*. Boston, Mass: Harvard Business School Press.

10. Kaplan, R.S. & Norton, D.P. (2006). *Alignment: Using the balanced scorecard to create corporate synergies*. Boston, Mass: Harvard Business School Press.

11. Lindenberg, M. (2001). "Are we at the cutting edge or the blunt edge? Improving NGO organizational performance with private and public sector strategic management frameworks". In *Nonprofit Management and Leadership*, 11(3): 247-270.

12. Martin, L.L. (2009). "Program planning and management". In Patti R.J. (Ed.), *The handbook of human services management* (2nd ed.), Chapter 16, pp.339-350. Thousand Oaks, CA: SAGE Publications.

13. Martin, L.L., & Kettner, P.M. (2010). *Measuring the performance of human service programs* (2nd ed.). Thousand Oaks, CA: SAGE Publications.

14. McDavid, J.C., & Hawthorn, L.R.L. (2006). *Program evaluation and performance measurement: An introduction to practice* (2nd ed.). Thousand Oaks, CA: SAGE Publications.

15. Moore, M.H. (1995). *Creating public value: Strategic management in government*. Cambridge, Massachusetts: Harvard University Press.

16. Moore, M.H. (2003). *The public value scorecard: A rejoinder and an alternative to "strategic performance measurement and management in non-profit organizations"*

by Robert Kaplan. Working paper #18. Cambridge, MA: Hauser Centre for Nonprofit organizations, Harvard University.

17. Netting, F.E., Kettner, P.M., & McMurtry, S.L. (2008). *Social work macro practice* (4th ed.). Boston: A&B/Pearson.

18. Niven, P.R. (2003). *Balanced scorecard step-by-step for government and nonprofit agencies* (2nd ed.). Hoboken, N.J.: John Wiley & Sons, Inc.

19. Patti, R.J. (Ed.) (2009). *The handbook of human services management* (2nd ed.). Thousand Oaks, CA: Sage Publications.

20. Poister, T.H. (2003). *Measuring performance in public and nonprofit organizations*. San Francisco, CA: John Wiley & Sons, Inc.

21. Quinn, R.E., & Rohrbaugh, J. (1983). "A spatial model of effectiveness criteria: Towards a competing values approach to organizational analysis". In *Management Science*, 29(3): 363-377.

22. Rojas, R.R. (2000). "A review of models for measuring organizational effectiveness among for-profit and non-profit organizations". In *Nonprofit Management and Leadership*, 11(1): 97-104.

23. Stone, M.A., & Cutcher-Gershenfeld, S. (2001). "Challenges of measuring performance in non-profit organizations". In Flynn P., Hodgkinson V.A. (Eds.), *Measuring the impact of the nonprofit sector*, pp.33-58. New York: Kluwer Academic/Plenum Publishers.

24. United Way of America (2003). "Outcome measurement resource network". Alexandria, V.: United Way of America. Retrieved from http://www.pacenterofexcellence.pitt.edu/documents/Outcome_Measurement_Showing_Results_Nonprofit_Sector.pdf. Accessed on 1st October, 2020.

25. York, R.O. (1982). *Human service planning: Concepts, tools, and methods*. Chapel Hill: The University of North Carolina Press.

26. Zeithaml, V.A., Parasuraman, A., & Berry. L.L. (1990). *Delivering quality service: Balancing customer perception and expectations*. New York: The Free Press.

27. 梁偉康、陳洪濤（1995），《在服務機構推行全面優質管理》。香港：集賢社。

28. 梁偉康（1997），《社會服務機構行政管理與實踐》。香港：集賢社。

29. 梁偉康、黎志棠主編（2006），《表現衡量和管理全新攻略：社會服務平衡計分卡之構思與實踐》。香港：仁愛堂、香港仔坊會社會服務中心。

30. 官有垣、陳錦棠、陸宛蘋主編（2008），《非營利組織的評估：理論與實務》。台北：洪葉文化事業有限公司。

31. 張玉周（2009），《非營利組織績效三維評價體系研究》。北京：經濟科學出版社。

32. 梁偉康（2012），《成效管理：非營利社會服務組織全面實踐策略》。香港：非營利組織卓越管理有限公司。

33. 梁偉康編著（2016），《追求卓越：非營利組織邁向優質管理之旅》。香港：非營利組織卓越管理有限公司。

15

社會服務機構如何成

為成功及管理優良的

組織

導言

　　自 2010 年開始，筆者為內地、香港及澳門三地的社會服務機構擔任機構顧問，一方面竭力協助其提升整體性組織能力；另方面激勵管理者朝着卓越管理的目標而邁進，然而，試問有多少機構願意投入額外資源，並透過外聘顧問以加強管理者的督導與培訓？估計屈指可數。

　　事實上，現時有不少的受資助機構因管理不善，致使財務、營運、服務質素和內部治理等均出現很多紕漏，若置之不理，這些機構便會成為失靈的組織，其特徵大致如下：

一、未能善用其寶貴資源，以至方案效率持續下降；

二、未能有效推行策略性規劃及制定策略性計劃，致使年度計劃之方案實施經常滯後，甚至遭到擱置或摒棄；

三、未能針對目標對象人口羣所面對的社區問題和 / 或需求而進行全面評估，因此其所提供的方案是欠缺效益及效率；

四、管理者及服務策劃團隊對方案評估方法一竅不通，更遑論推動方案成效及組織整體性績效之實踐與衡量；

五、未建立策略性人力資源管理系統與機制，因而在吸引人才、培訓人才、發展人才和善用人才等方面舉步維艱；

六、高階管理層領導及管理能力薄弱，處事敷衍塞責，導致組織整體性績效下滑；

七、管理者對組織之內部矛盾和衝突視若無睹，而組織成員對邁向使命亦顯得力不從心，致使組織整體性效能每況愈下；

八、機構內部治理混亂，理事會 / 董事局形同虛設，亦無法發揮管治及監察的職能；

九、人才嚴重缺失，亦未能招攬兼具高績效導向及人格魅力的管理人才帶領組織朝向所定的目標而邁進；和

十、未能建立完善的全面質素保證機制（Total Quality Assurance System），致使全面優質管理的發展停滯不前。

　　總的來說，海峽兩岸暨香港、澳門的社會服務機構普遍呈現上述特徵，為鞏固其內部治理，管理者及組織成員必須全力以赴，在加強本身的核心職能之餘，更須戮力提升組織整體性績效，這樣，除可緊隨社會服務管理的發展步伐，更有望成為管理優良的組織。

　　筆者於本文先簡介成功機構的特徵及所需具備的關鍵性要素，繼而論述如何成為管理優良的機構。

成功機構的特徵及所需具備
的關鍵性要素

一、成功機構的特徵

隨着時間的推移，社會服務機構為免成為失靈的組織，管理層確實任重道遠，一方面與竭力鞏固內部治理；另方面窮盡精力以奠定日後成功的基礎，至於成功機構的特徵大致涵蓋下列八項（Wheatley & Kellner-Rogers, 1996；Fletcher, 1999；Ashton & Sung, 2002；梁偉康編著，2016），現簡介如下：

（一）機構重視員工賦權，各層級的員工代表享有充分的機會參與重要事務之決策；

（二）藉着管理者的強勢與英明領導，帶領組織成員制定清晰和明確的使命、價值觀、願景、目的以及達標的相關策略；

（三）機構管理層高瞻遠矚，除制定明確的發展策略、可衡量的目標和指標水平外，亦適時對組織成員為機構所付出的努力與貢獻予以肯定與嘉許；

（四）組織成員[1]不單積極學習，還學以致用，透過集思廣益，為機構所面對的困難／問題共謀良策，管理層並依據所收集的反饋意見而持續執行相關的改善方案；

（五）機構內一班變革型領袖（Transformational Leaders）能按部就班推動各項建設性和重大的組織變革；

---

[1] 這裏所指的是前線主管和中層管理人員。

（六）機構已建立完善的工作輪調和薪效掛鈎制度，並切實執行自我
　　 導向的工作團隊（Self-directed Work Teams）、360 度績效評核機
　　 制和個人發展計劃等；

（七）機構彌漫着開放的組織氣氛，此舉不單促使員工發展工作相關
　　 的知識和技能，還針對工作所需及服務改善而提供正面反饋，繼
　　 而為組織作出更多貢獻；和

（八）機構已建立全面的服務監察及評估機制，一方面確保其所提供的
　　 服務能按照原計劃而推行；另方面針對產出、質素和成效三方
　　 面而對其整體性績效進行全面的衡量。除此之外，亦會針對核
　　 心的社區問題進行衝擊性評估（Impact Evaluation），此舉不單確
　　 保方案介入對受惠對象產生長遠的影響，還減低嚴重性之蔓延。

二、成功的機構所需具備的關鍵性要素

　　除上述成功機構的特徵外，綜觀筆者過往的經驗所得，促進成功
機構涵蓋了領導、策略以及參與／增權這三方面的關鍵性要素，現將
有關重點及具體做法詳列於表 15-1。

表 15-1：成功機構所需具備的關鍵性成功要素

領導	策略	參與／增權
管理者秉持宏大的抱負	將首要的事項放於第一位	組織成員肩負解決問題的職責
管理者具溝通及協調能力	建立完善的員工績效管理制度	履行服務使用者參與機構服務的承諾
管理者必先將組織績效與領導的屬性行為連接起來	採取最佳價值的導向	機構重要事務的參與和決策
管理者運用適當的政治手段	進行組織變革	改變組織文化
管理者採取不同的情境式領導風格	—	促進管理層與組織成員之溝通
理事會／董事局及管理者竭力推動內部治理	—	建立強大的伙伴關係

成功機構的實踐策略

針對領導、策略及參與/增權這三大成功機構之關鍵性要素，筆者現進一步闡述如下：

一、領導方面

(一) 管理者秉持宏大的抱負

管理者須具備分析力及創造力，並致力為機構制定願景和策略性方向（Strategic Direction），其中願景之制定必須符合 "ICACC" 的原則；顧名思義，它是具感染力的（Inspirational）、富挑戰性的（Challenging）、可達到的（Achievable）、簡潔易記的（Concise）及清晰易明的（Clear）。由此可見，管理者確立機構的策略性方向和制定策略性重點後，其後須切實執行有關的策略性行動計劃和持續進行成效評估。

(二) 管理者具溝通及協調能力

管理者須與組織成員保持緊密和融洽的工作關係，除了主動接觸他們，亦要聆聽其意見，從善如流，而透過「巡視式的管理」（Management by Walking Around）可進一步掌握其工作實況和期望。毋庸置疑，員工是機構重要的內部顧客，管理者若能有效發揮領導和協調的角色，率先垂範、上行下效，這不單激發員工關注服務對象之需求而提供其所需的服務，還促進組織整體性績效之提升。

(三) 管理者必先將組織績效與領導的屬性行為連接起來

管理者須聚焦提升組織的核心能力，這樣才可創造更佳的績效。

由於社會服務機構的資源異常匱乏，因此公帑及基金撥款的運用必須用得其所，「問責」遂成為社會大勢所趨。毋庸置疑，機構若是績效不彰，勢必被社會大眾所抨擊，對此理事會／管理層及高階管理層絕對是責無旁貸。有見及此，先由最基本的做起，管理者須將組織績效與領導的屬性行為連接起來，當中包括審視內外環境、將願景轉化為實踐、分享權力與權威、建立組織的基礎建設、善用工作團隊、促使變革的發生以及創造正面的形象等；以上種種，均有助機構邁向成功之路。

（四）管理者運用適當的政治手段

管理者須與機構的重要持份者（Key Stakeholders），包括政府相關部門[2]、理事會／董事局、基金會、出資方及服務對象等保持緊密的溝通，除定期彙報機構的服務發展外，亦藉着意見的收集，致力滿足他們的合理期望。不單如此，管理者亦須積極參與社區事務，並主動與政府相關部門及不同階層的人士接觸，而運用適當的政治手段亦是至關重要，此舉除擴大個人和／或組織的政治影響力外，日後在募集方案和人民資源（Programme and People Resources）更能事半功倍[3]。

（五）管理者採取不同的情境式領導風格

不言而喻，一間成功的機構須靠賴高效的管理者推動卓越的領導，而領導風格大致可分為四種類別（Hersey, Blanchard & Johnson, 1996），這包括：

1. 指示式

這是指管理者向員工提出具體的工作指示，並緊密監督其工作進展與成效；

---

2 以香港特區為例，政府相關部門包括民政局及社會福利署等。

3 有關如何募集資源，請參閱筆者於 2012 年出版的《成效管理：非營利社會服務組織全面實踐策略》。

2. 教導式

這是指管理者持續向員工發出工作指示，除緊密監察其工作進展與成效外，還向員工交代其重大決策的理據；

3. 支持式

這是指管理者輔導員工完成工作任務之餘，亦與他們共同承擔決策的責任；和

4. 授權式

這是指管理者依據員工能力與專長而進行適當的賦權，並加強其參與事務的決策和責任承擔。

若要有效運用情境式的領導術，管理者必須掌握彈性 (Flexibility)、診斷 (Diagnosis) 和協定 (Contracting) 這三種技巧，並依據不同的處境、部屬特性及其工作表現而選取合適的領導方式，所謂「輕拍重擊、因人而異」(Different Strokes for Different Folks)，絕不可一成不變。

(六) 理事會／董事局及管理者竭力推動內部治理

參照本書第七章有關「內部治理」[4] 的闡述，它涵蓋了理事會／董事局和監事會的組成與運作，由於前者是機構的最高權力架構，亦是高階管理層的緊密合作伙伴，因此透過權力、交代、領導、指揮、監控和管理的實踐過程，並藉着內部治理的推動以促進組織整體性績效之提升（Australian National Audit Office, 1999；效率促進組，2015；黎志棠，2018）。大致而言，理事會／董事局其中最重要的功能是制定組織使命和策略性方向，並為高階管理層提供緊密的督導與監察。最後但同時重要的，理事會／董事局須循序漸進地推動機構的整體性績效評估邁向「常規化」，藉以作為持續創新和提升效能之必要手段（劉春湘，2016）。

4　「內部治理」又稱為「機構管治」。

理事會 / 董事局與高階管理層的核心職能與責任分工必須清楚界定[5]與劃分,否則不單混淆職責與職權,還有機會衍生不必要的衝突。除此之外,雙方須相互支持,各司其職,並朝向組織目標而奮力邁進。至於監事會的主要職責乃是監督理事會 / 董事局及其轄下委員會以及由高階管理層所組成之專責委員會,當中包括定期查核機構的財務報告、處理理事會 / 董事局成員與高階管理層違反組織憲章和不良操守等行為以及列席理事會 / 董事局會議及提供建設性意見。

二、策略方面

(一) 將首要的事項放於第一位

管理者及組織成員須明白時間管理的重要性,由於時間和精力所限,管理者更須將重要及緊急的事務置於首位,並須優先處理關鍵的 / 重要的少數 (Vital Few),這些舉措是實踐彼得・杜魯克 (Peter F. Drucker, 2003) 所提倡的五種優良習慣之其中一項 ——「將首要的事項放於第一位」(First Things First)。

(二) 建立完善的員工績效管理制度

事實上,機構若要達到預期的目標,建立完善的員工績效管理制度必不可少,其主要功能包括:

1. 制定各部門的年度績效目標及員工個人年度績效目標;
2. 透過輔導 / 教練以促進員工發揮潛能,並促進績效目標之達成;
3. 依據「五個準則」[6]而設計績效評核表格,並進行員工績效評估;和
4. 激勵員工發揮潛能,並為表現優異的員工爭取合理的報酬。

5　詳見筆者 2016 年之著作《追求卓越:非營利組織邁向優質管理之旅》,第 678-679 頁。
6　「五個準則」所指的是「評估的」、「發展的」、「人際的」、「避免錯誤」及「經濟的」,然而現時並沒有一種員工績效評核方法是完全符合上述的準則。

總括而言，完善的員工績效管理制度主要涵蓋績效策劃、績效監察與教練、績效評估以及績效反饋和改善等。然而，現時大多數機構只偏重員工績效評核，卻未建立全面的員工績效管理機制，若能補偏救弊，機構才有望成為一間成功的機構。

(三) 採取最佳價值的導向

「最佳價值」(Best Value) 是指管理者採取最經濟、最具成效和效率的方式提供服務，而支持這些價值主要涵蓋四項重要的原則 (Department of the Environment, Transport and the Regions, U.K., 1998；梁偉康，2012)，這包括：

1. 挑戰 (Challenge)

這是指機構為何及如何提供這項服務？

2. 比較 (Compare)

這是指機構與其他提供類近服務之組織進行績效的比較，看誰優誰劣？

3. 諮詢 (Consult)

這是指機構制定指標時須徵詢服務使用者及重要持份者之意見；和

4. 競爭 (Competition)

這是指機構重視同業對手的相互競爭，藉以實踐效率和成效最大化的必要手段。

成功機構的管理者須秉持最佳價值的導向，這樣不單可持續進行改善[7]，還可紓緩這個問責時代為機構帶來的各種挑戰與壓力。

---

[7] 持續的改善包括提升服務質素和降低服務成本等。

（四）進行組織變革

機構推行組織變革一般與其績效差距（Performance Gap）有關，主要是由於實際績效與期望達到的績效出現明顯的差距，因此需要進行組織變革（Hasenfeld, 2010）。在這個瞬息萬變的年代，機構須竭力提升其服務效能和效率才能屹立不倒，若然如此，管理者必須定期檢視機構各項的管理系統及運作機制，藉着查找不足及持續改善，從而加強內部管治的效能。

誠然，推動組織變革不可一蹴而就，管理者必須視整個組織為一個「有機體」，鼓勵員工學習之餘，亦促進組織能力之提升，因此願景的制定必須做到激發人心，這樣才可驅使員工積極參與組織變革。由此可見，不管是推動變革還是資源的調配，高階領導層的全力支持絕對是至關重要，若他們採用有效策略以促進組織成員習慣變革、接受變革，甚至喜歡變革，足以反映機構及其員工能夠與時並進，而且變得更自主、主動及持續學習，這種具生命力的脫變不單徹底改變組織的本質及文化，亦是邁向成功變革的印證（葉匡時、俞慧芸，2004）。

三、參與／增權方面

（一）組織成員肩負解決問題的職責

眾所週知，社會服務機構是人力密集的組織，而所有的服務提施、方案及專業實務介入等皆靠賴組織成員的努力付出而完成，藉以達到組織所定的使命和目的，正因如此，通過推行各項的方案／項目[8]及完成相關的流程（Processes），這不單對服務對象產生增值的作用，其需求亦可獲得滿足。毋庸置疑，最了解流程的人莫過於流程的擁有者或執行者，期間如出現任何問題，他們須主動解決問題及進行改善；亦即是說，管理者一方面提升組織成員之能力[9]；另方面強調當責，並肩負解決流程所衍生的種種問題。至於當責的四個步驟（Steps

---

8　「項目」包含了一系列活動。

9　提升組織成員的能力是其中一種「賦權」的做法。

to Accountability）包括正視現實（See It）、承擔責任（Own It）、解決問題（Solve It）及着手完成（Do It）（Connors & Smith, 2011），這是社會服務機構理應建立的當責文化，同時還可避免責備遊戲（Blame Game）[10] 或受害者循環（Victim Cycle）此等劣質文化的出現。

（二）履行服務使用者參與機構服務的承諾

學者哈森費爾德及英倫（Hansenfeld & English, 1974）曾指出社會服務機構[11] 有四個弊端，這包括：

1. 未能有效回應及滿足目標對象人口羣之需求；
2. 機構所提供的方案及專業實務介入，其專業性及服務效益存疑；
3. 機構只依據現存所提供的服務而建立相關機制，致使服務逐漸淪為「非個人化的」、「非以客為尊的」，甚至「未能切實回應服務對象的特性和需求」；和
4. 機構管理及服務質素皆低於可接受的水平，並且欠缺成效和成本效益，造成社區資源錯配與浪費。

一間成功機構的管理者，必須時刻銘記社會服務機構的存在價值和意義乃是促進服務對象問題之解決和需求之滿足，若要達到上述目的，機構必先進行社區問題的識別，並採用聚焦小組和服務使用者滿意調查等方法以對受問題所困擾的人士進行資料搜集，繼而全面分析其需求。此外，管理者及組織成員須將「以客為尊」放於首位，並致力推動服務對象參與機構的事務，比如成立由六至八位服務對象代表所組成的聚焦小組，透過定期會議以收集其對機構服務的意見，而當中所須檢視列的三個問題包括：

1. 本機構所提供的服務哪方面做得好？
2. 本機構所提供的服務哪方面做得不好？
3. 本機構哪些政策、程序和守則是需要檢討、修訂、加強、取消

---

10 「責備遊戲」乃指推卸責任的行為。

11 「社會服務機構」亦稱為「人羣服務組織」。

或增加？

聚焦小組會議主持人經搜集小組成員的意見後須作出扼要的分析及總結，然後再徵詢他們是否同意；若是同意，機構則可依據此而成立不同的改善團隊，並邀請合適的服務對象代表參與其中，而改善團隊亦可採用戴明圈[12]以推動各項的改善工作。

(三) 機構重要事務的參與和決策

一間成功機構必須是一個賦權的組織（Empowering Organization），其管理者經常採用內在的激勵方式，並致力推動組織成員參與機構的重要事務及重大決策的制定、擴大員工之工作自由度、豐富其工作範圍與職責以及分配更多富趣味性和具挑戰性的工作等（Hardina, Middleton, Montana, & Simpson, 2007）。此外，亦可考慮將各級員工組成「成果導向的工作團隊」以執行各項的工作計劃及吸納員工代表加入管治組織，藉此針對員工福利、機構發展及服務提施等方面的事宜進行討論，甚至參與相關的決策。

(四) 改變組織文化

「組織文化」泛指機構內共同的信仰、規範和價值觀，它是經過長久的醞釀與培育而逐漸形成其內在的行事風格與價值判斷模式。優良的組織文化不僅塑造機構的獨特性，還可強化員工對機構的認同，促使其為機構的利益和聲譽而願意犧牲個人的利益。再者，它亦為員工行為提供具方向性的指引，藉着匯集組織成員所付出的努力，繼而為機構創造更大的效益。

無可否認，良好組織文化的孕育與推廣，對機構整體性績效之提升起着關鍵性作用。舉例而言，某社會服務機構矢志推行全面優質管理，並銳意打造成為一間高績效的機構，如此一來，它必須建立全面優質管理的文化，尤其在組織使命、價值觀、願景、規範及管理

12　「戴明圈」亦稱「改善圈」或「PDCA圈」，它分為四個階段實施，包括策劃、執行、覆核及處理，詳情可參閱筆者於 2016 年的著作《追求卓越：非營利組織邁向優質管理之旅》。

層言行等方面，皆致力朝向優質、持續改善、以客為尊、追求卓越及全面參與等重要元素而邁進，由此可見，組織文化是推動組織變革（Organizational Transformation）及塑造成功機構不可或缺的手段。

總的來說，管理者於推動組織文化的改變時，其所需關注的中心思想涵蓋下列四點（Connors & Smith, 2011），現簡介如下：

1. 組織文化乃依據機構所需而建立；
2. 組織文化與機構績效（成果）是互為影響的；
3. 最高境界的組織文化是「當責文化」；和
4. 催速組織文化的變革不單產生新的績效，還可帶來競爭的優勢。

（五）促進管理層與組織成員之溝通

一間成功機構須透過不同的渠道以促進管理層與組織成員之溝通。舉例而言，管理層若要推動組織變革，其中一個可行方案便是籌辦全體員工退修會，此舉有助其進一步傳達實踐全面優質管理的訊息，期間管理層與組織成員可直接進行對話、回應及訊息澄清。此外，員工若感到不滿，直屬主管亦可透過面談以進一步了解箇中原因及共商問題的解決方案，繼而依據所實施的改善方案以持續進行檢討；但整個過程中，最重要的是主管須掌握員工對解決不滿事件之滿意程度。至於其他有效的溝通媒介包括發佈組織內部訊息、設立意見箱、張貼告示、傳閱內部文件及運用即時通訊軟件系統（如電郵、Whatsapp 及微信等）以發放機構的重要訊息。

（六）建立強大的伙伴關係

管理者須與組織成員建立強大的伙伴關係，而透過不同工作團隊的成立將有效促進員工潛能的發揮。在此過程中，管理者須採用正面的鼓舞、支持與激勵以取代負面的批評與抨擊，除此之外，還須聆聽員工的意見，並致力推動其參與機構重要事務的決策。

筆者已於前文簡述實踐成功機構的重要策略，然而，提升組織能力及改善組織績效是兩個極其重要的範疇，管理者不可忽視；惟篇幅所限，加上本書第十二章及第十四章已作討論，這裏不再贅述。

第 三 節

成為管理優良的社會服務機構

一、如何檢視社會服務機構是否管理優良

　　一間機構如能符合下列六項準則才被界定為「管理優良」，(Sugarman, 1988；Kettner, 2013；梁偉康，2016)，現將有關準則簡列如下：

(一) 它的使命已作出清晰界定，組織成員亦清楚明白，並依據組織所定的願景、價值觀和目的而制定其所需實踐的行動計劃。

(二) 它的組織架構清晰明確，管理者及組織成員各司其職，並針對服務對象所需而提供適切的服務方案，最終達到組織所定的目標。

(三) 它貫徹實踐高效的管理，並憑藉德才兼備的管理者之卓越領導，竭力引領組織成員邁向組織所定之目標。

(四) 它的管理者能施展高效的領導力，並凝聚及激勵各層級員工朝向組織目標而邁進。

(五) 它已建立一套有效的方案監察和反饋機制，藉此評估其識別的問題為何、所投入之資源是否具成本效益以及所需採取的改善行動為何？

(六) 它與重要持份者[13]建立良好的溝通，並竭力爭取其支持與合作，不單如此，藉着策略性聯盟之建立，從而提升其社區影響力及服務效能。

　　除此以外，一間管理優良的組織亦須進行下列六方面的改變 (Culter & Waine, 2000；Glendinning, Powell, & Rummery, 2002；Newman, 2005)，現簡列如下：

(一) 它須為核心的服務方案清楚界定其目標對象 (Targets)；

13　重要的持份者乃指政府相關部門、基金會、核心服務對象、策略性合作伙伴等。

（二）它須為組織成員（尤其是專業人員）進行績效監察及評核；

（三）它須採用系統的績效衡量方法 [14] 以衡量組織整體性績效；

（四）它須積極與地區組織建立策略性聯盟；

（五）它須依據組織所定的使命、願景、價值觀和目的而制定策略性規劃；和

（六）它須善用各種嶄新和高效的管理工具以達到組織所定之目標。

二、如何成為管理優良的社會服務機構

依據筆者數十年的管理經驗，並參照實踐成功機構及組織變革的各項準則與策略，若要成為一間管理優良的機構，其先決條件是為組織制定策略性發展方向，繼而適切調撥資源以執行各項方案，在此過程中，管理者必須持續監察有關資源是否用得其所，並針對核心服務方案、流程及整體性績效之成效進行衡量 [15]。簡單來說，一間管理優良的機構，其管理者務必履行下列九項職責，這包括：

（一）制定清晰的組織使命、價值觀、願景、目的 [16] 以及制定達標之重要策略，繼而竭力推動組織成員努力完成。

（二）建立完善的組織架構、制定政策及推行的程序指引、編製財政預算和控制預算、進行策略性人力資源策劃及人員配備以及建立財政和資源管理系統。

（三）建立策略性人力資源管理機制，全力推動吸引人才、培訓人才、善用人才、發展人才和維繫人才等策略，並緊密配合組織的策略性發展方向。

---

14 本書第十四章論述多種有效衡量組織整體性績效的方法，讀者可作參詳。

15 依據筆者過往 40 年的觀察，內地、香港與澳門超逾 100 間社會服務機構所推展的工作，當中絕少針對其核心服務方案和關鍵性流程（Critical Processes）進行全面而系統的評估，至於如何有效衡量其整體性績效，繼而作出相應的改善，可說是乏善足陳。究其根因，相信是缺乏具備專業評估經驗和資歷的人才，因此管理者在推動組織績效衡量方面便顯得力不從心。

16 筆者在擔任機構顧問這 10 多年間，曾涉獵過數百本社會服務機構／非營利組織所出版的年報，當中發現很多機構管理層對組織使命、價值觀、願景（MVV）、目的、目標和策略之制定根本一竅不通，更遑論前線員工掌握此方面的技巧，正因如此，很多機構最終未能進行方案目標達成評估。

（四）建立完善的內部治理機制及確保切實執行，除設立理事會／董事局及監事會外，還至少設立數個重要的委員會，包括執行委員會（The Executive Committee）、審計委員會、財務委員會、推舉委員會（The Nominating Committee）及報償委員會[17]（The Compensation Committee）。

（五）採用有效的方法／工具以對理事會／董事局及轄下管理委員會之效能、核心服務方案及員工的年度績效作出適切的評估，藉着持續不斷的改善以提升組織整體性績效。

（六）實施有效的策略性管理工作，並致力進行策略性規劃、切實執行所定的策略、推行策略性行動計劃以及持續進行成效評估，藉以應對瞬息萬變的外間環境對機構帶來的契機和新挑戰。

（七）管理者須針對內部的關鍵性流程進行持續的改善或重整（Re-engineering），藉此提升其服務效率和效能。

（八）管理者須竭力推動機構成為一個「健康的組織」，確保上下一心、組織成員士氣高昂，並願意全力以赴為機構作出貢獻。至於如何進行「組織健康評估」，請參閱本章附件 15.1[18]。

（九）管理者及組織成員須不斷學習、不斷創新及再創新，此舉除可建立優良的服務口碑外，還能突顯其在社會服務市場之服務／產品差異化（Service/Product Differentiation）。

---

17 報償委員會之主要功能是負責為高級行政人員制定薪酬和津貼機制。近年，香港特區曾有多間大型的受資助社會服務機構因財政管理不善，導致其所營運的部分項目需要終止，相關員工亦被遣散。而問題的成因，矛頭直指機構最高管理層「肥上瘦下」，他們除享受高薪厚職外，還領取巨額津貼，但理事會／董事局及其轄下執行委員會卻毫不知情，這是荒謬至極！由此可見，設立報償委員會不僅起着「把關」的作用，還可監察機構所享用的資源（如政府公帑、基金會資助及社區募款）是否有效善用。

18 參〈本章參考資料〉的附件二維碼。

小結

　　毋庸置疑，海峽兩岸暨香港、澳門社會服務機構若要成為一間成功和卓越管理的組織，仍需要走一段漫長的路。香港特區的社會服務發展至今已接近 70 年，有些機構的發展亦漸具規模，甚至可說是邁向「優質管理之旅」，這是可喜的現象。但海峽兩岸暨澳門的民辦及受政府資助的社會服務機構，其整體性績效與一間成功和管理優良的組織仍相距甚遠，服務成效更相形見絀，所以，它們仍須努力奮鬥，如此日後才有機會提升至優質管理的水平。不言而喻，一班具遠見卓識的高階領導層絕對是不可或缺，藉着其英明領導，加上強大管理團隊之配合，成為成功機構是指日可待。

　　本文已詳述成為一間成功及管理優良的機構所需具備之關鍵性要素及所需實踐的策略供讀者參閱，筆者衷心期望具使命感及問責的管理者能切實執行，這樣機構才有機會邁向成功的一天。筆者深信只有成功及卓越的社會服務機構，它們不單能面對外來多變的環境所帶來的種種挑戰和衝擊，還能自強不息，茁壯成長。

本 章 主 要 參 考 資 料

1. Aldgate, J., Healy, L., Malcolm, B. Pine, B., Rose, W., & Seden, J. (Eds.). (2007). *Enhancing social work management: Theory and best practice for the UK and USA*. London: Jessica Kingsley Publishers.

2. Ashton, D.N., & Sung, J. (2002). *Supporting workplace learning for high performance working*. Geneva: International Labour office.

3. Connors, R., & Smith, T. (2011). *Change the culture, change the game: The breakthrough strategy for energizing your organization and creating accountability for results*. USA: Penguin Group, Inc.

4. Culter, T., & Waine, B. (2000). *Managing the welfare state: Text and sourcebook*. Oxford: Berg.

5. Department of Health (2003). *Turning around "failing" organizations: Literature review*, by Barnes J. for the Department of Health. London: Department of Health.

6. Department of the Environment, Transport and the Regions (1998). *Modernising local governess: Improving local services through best value*. UK: Department of the Environment, Transport and the Regions.

7. Drucker, P. F. (2001). *The essential Drucker: In one volume the best of sixty years of Peter Drucker's essential writings on management*. New York: Harper Business.

8. Drucker, P.F. (2003). *Peter Drucker on the profession of management*. Boston, Massachusetts: Harvard Business School Press.

9. Fletcher, J.K. (1999). *Disappearing acts: Gender, power, and relationship practice at work*. Cambridge: MIT Press.

10. Glendinning, C., Powell, M., & Rummery, K. (Eds.). (2002). *Partnerships, new labour and the governance of welfare*. Bristol: The Policy Press.

11. Hardina, D., Middleton, J., Montana, S., & Simpson, R.A. (2007). *An empowering approach to managing social service organizations*. New York: Springer Publishing Company, LLC.

12. Harris, J. (2007). "Looking backward, looking forward: Current trends in human services management". In Aldgate J., Healy L., Malcolm B., Pine B., Rose W., Seden J. (Eds.), *Enhancing social work management: Theory and best practice for the UK and USA*, Chapter 1, pp.17-33. London: Jessica Kingsley Publishers.

13. Hasenfeld, Y., & English, R.A, (1974). *Human service organizations: A book of readings*. Ann Arbor: University of Michigan Press.

14. Hasenfeld, Y. (2010). *Human services as complex organizations* (2nd ed.). Thousand Oaks, CA: SAGE Publications, Inc.

15. Hersey, P., Blanchard, K.H., & Johnson, D.E., (1996). *Management of organizational behavior: Utilizing human resources* (7th ed.). Upper Saddle River, NJ: Prentice-Hall.

16. Newman, J. (2005). "Enter the transformational leader: Network governance and the

micro-politics of modernization". *Sociology*, 2005, Vol.39(4), pp.717-734.

17. Stanford, N. (2013). *Organizational health: An integrated approach to building optimum performance*. London: Kogan Page Limited.

18. Wheatley, M.J., & Kellner-Rogers, M. (1996). *A simpler way*. San Francisco, CA: Berrett-Koehler Publishers, Inc.

19. 劉春湘（2016），《社會組織運營與管理》。北京：經濟管理出版社。

20. 梁偉康（2012），《成效管理：非營利社會服務組織全面實踐策略》。香港：非營利組織卓越管理有限公司。

21. 梁偉康編著（2016），《追求卓越：非營利組織邁向優質管理之旅》。香港：非營利組織卓越管理有限公司。

22. 葉匡時、俞慧芸（2004），《EMBA 的第一門課》。台北：商務印書股份有限公司。

附件二維碼

結

語

身處瞬息萬變的社會環境，社會服務機構不僅承受各種內外壓力和危機，其管理者所面對的新挑戰更是前所未有。適值新公共管理方興未艾，社會服務機構為求生存，管理者遂承接這種機遇而推動組織變革，並致力將顧客[1]為尊、優質服務／成品、經濟效益及效率、績效衡量、責信及內部治理等加以實踐，而這些亦是其邁向卓越管理不可或缺的手段。有見及此，機構的策略發展與方向必須迎合成效、顧客和市場導向，同時其服務提施須講求效率、效能、彈性與創新，並竭力履行維護公平公義的社會使命，從而成為以成果為基礎底組織（Results-based Organization）。為達到上述目的，管理者須悉力排除萬難，現將其所面對的問題與挑戰臚列如下：

一、強調成本效能

　　毋庸置疑，政府的財政支出不可能無止境的增長，很多有識之士指出，有些先進的福利國家因龐大的社會福利開支，不單成為政府的財政包袱，更迫使社會經濟陷入困境[2]，進退維谷。有見及此，政府及基金會開始重視社會服務機的成本效益，並要求受資助機構所提供的服務必須是成本有效，因此，管理者當務之急便是建立一套全面的組織整體性績效評估機制。雖說如此，海峽兩岸暨香港、澳門很多社會服務機構至今仍因軟硬件不足，加上管理者有心無力，致使其服務成本效益一直存疑，最終無法贏取政府、基金會及社會大眾的認受與支持，日後進行資源的募集更加舉步維艱。

二、重視服務評估和反饋

　　社會服務機構的存在價值與意義乃是要解決社區問題及滿足社區需求，可見管理者極為任重道遠。針對解決社區問題方面，大前提是識別問題的成因，繼而透過各種有效的評估方法以進行分析和解構，而管理者及服務規劃團隊藉着相關的重要資訊進一步制定策略與實

1　「顧客」又稱為「服務使用者」。

2　現時部分歐洲的福利國家正面對不同程度的財政危機，舉例來說，2019年法國政府擬透過推動社會福利制度改革以預防國家陷入更嚴峻的財政危機，可是因國民強烈反對而發生激烈的示威與抗爭，最終造成流血傷亡的慘劇。

務方案。然而，最棘手的問題是須發展一套有效的評估和反饋機制，從而切實執行服務評估。事實上，如何獲得所需的資訊作評估之用？如何選取合適的資料以進行分析？如何確定評估能帶來服務質素之改善？如何及早識別核心的服務方案所衍生的問題，繼而制定出可行的替代方案？凡此種種，管理者必須予以正視，切勿掉以輕心。

三、競相爭逐匱乏的財務資源

囿於社區資源有限，導致社會服務機構競相爭逐，有些更因服務成本高漲，但財務資源異常短絀而無奈收縮其運作規模，因此，管理者必須想方設法籌劃資源募集及策略性規劃，並加以實踐；否則將難逃被淘汰的厄運。究其做法，一來管理者及服務規劃團隊須識別那些促進預期成效的優先方案；二來制定一系列措施以進行資源募集；三來切實執行最具效益及效率的方案；四來進行成本效益評估，藉着上述舉措不單可檢視其所推行的方案是否達到成本效益，還可掌握財務資源的運用是否用得其所。

四、目標對象人口羣之問題識別和需求評估

社會服務機構所提供的服務如能有效解決非理想的社會性狀況和 / 或滿足服務對象之需求，足以反映其存在的價值和意義。正如前文所述，基於服務需求殷切，加上目標對象人口羣的社會觸覺日漸提升，倘若管理者仍未制定適切的問題識別 / 需求評估方法，相信其所提供的服務方案不只難以紓緩社區問題，而且未能切合服務對象之需求。在這種不利的情況下，除了浪費社區資源，還會牽動服務對象之不滿情緒[3]，若處理不當，更會損害組織形象和聲譽，不可小覷。

五、人力資源管理

縱使人力資源管理的理論多不勝數，然而哪一種適用於社會服務機構，至今仍有很多爭辯。事實上，現時在實務與理念的融合經

3　服務對象若不滿服務，他們將有機會向機構管理層、政府相關部門和 / 或傳媒作出申訴。

常出現脫節，雖然這是預料之內，但亦反映社會服務機構的人力資源管理成效仍須進一步提升。舉例而言，有些管理者傾向於諮詢式（Consultative）及參與式（Participative）的領導風格；惟缺乏適當的人際關係技能，以至人際衝突頻仍。另有些管理者嘗試將下屬的工作豐富化（Job Enrichment），但因缺乏督導技能，以至無法推動其有效完成預期的工作。但值得一提，機構若因人力資源管理不善而窒礙服務提施，弱勢社羣[4]將受到不必要的影響，他們的福祉一旦受到損害，機構必會成為眾矢之的。面對人力資源管理普遍存在的問題，如工作散漫以至績效低劣、抗衡機構政策而採取不合作態度、肆意向外散播不實謠言以破壞組織形象和流失率高企等，以上絕對是棘手的人事問題，管理者實要煞費苦心。

六、服務監控

管理者的其中一個重要職責是履行服務監控；亦即是說，如何確保服務成效達到期望的要求？資源有否用得其所？如何保證所推行的服務能夠按時完成？又如何監察組織成員依循機構政策和程序切實執行？凡此種種，管理者責無旁貸，絕不可視若罔聞，敷衍塞責。

七、組織設計和服務擴展

任何機構進行組織設計（Organizational Design）必先考慮其規模及功能性，兩者環環相扣，相輔相成，不可偏廢；否則必會衍生管理相關的問題。舉例來說，一間頗具規模的社會服務機構，它若沒有全面檢視其組織結構及所需履行之功能，在推動各項策劃與變革時，終必舉步維艱；就算組織設計強調彈性，但服務擴展卻缺乏策略性方向，加上不斷盲目拓展與擴充，漠視監控與問責，不言而喻，這對機構勢必構成高度的潛在危機。

---

4 弱勢社羣包括體弱長者、傷殘人士、少數族裔及單親家庭等。

八、服務質素和創新

　　早在二十世紀八十年代，顧客主義[5]已逐漸抬頭，他們對公共及公營機構的服務質素期望甚殷，因此管理者及服務規劃團隊必須進行意見收集，藉着服務提施以滿足服務對象之需求。此外，亦須審時度勢，與時並進，並針對服務對象及社會大眾的期望，力求創新，追求卓越。儘管如此，「創新」並非一蹴而就，反而需要靠賴知識管理、學習型組織、全面優質管理以及業務流程重整等管理工具／方法之有效實踐，藉此激勵員工的創新與冒險精神，並打破常規竭力研議新的服務模式。但可惜的是，現時管理者大多故步自封，不單忽略服務創新，資源亦非用得其所，因此組織整體性績效不彰亦常為社會大眾所詬病。

　　社會服務機構管理者面對新公共管理浪潮所衝擊，再加上內外種種危機之挑戰，其重中之重是提升整體性組織能力，並致力提升服務效能。有見及此，策略性人力資源管理制度、策略性管理、財務管理、內部治理與運作、風險管理、方案與專業實務介入評估、組織／單位整體性績效衡量以及管理審核機制等有效實踐，上述都是提升組織能力所不可或缺的。至於推行業務流程重整、學習型組織、知識管理、全面優質管理及創新管理等，亦是促進社會服務機構邁向卓越管理的成功要素。

　　毋庸置疑，管理者及服務規劃團隊若要加強內部治理及提升整體性績效水平，需要經歷歲月的洗禮，欲速不達。雖然如此，他們若是具備高瞻遠矚及鍥而不捨的精神，全力以赴，建立成功的機構勢必指日可待。筆者雖已屆耄耋之年，但仍努力不懈埋首著述，期冀提升海峽兩岸暨香港、澳門社會服務機構的管治水平，推動它們成為管理優良組織之餘，亦達到永續的經營，是所至禱。

5　「顧客主義」又稱為「消費者主義」。